Scriptores Rerum Mythicarum Latini Tres
Romae Nuper Reperti: Ad Fidem Codicum Mss.
Guelferbytanorum Gottingensis, Gothani Et Parisiensis

Anonymous

SCRIPTORES

RERUM MYTHICARUM

LATINI.

SCRIPTORES
RERUM MYTHICARUM
LATINI TRES
ROMAE NUPER REPERTI.

AD FIDEM CODICUM MSS. GUELFERBYTANORUM
GOTTINGENSIS, GOTHANI ET PARISIENSIS

INTEGRIORES

EDIDIT AC SCHOLIIS ILLUSTRAVIT

D^R. GEORGIUS HENRICUS BODE

ORDINIS PHILOS. GOTTING. ASSESSOR
SOCIETATIS LITTERAR. QUAE CANTABRIGIAE AMERICANORUM
FLORET SOCIUS.

VOLUMEN PRIUS.

MYTHOGRAPHOS CONTINENS.

CELLIS 1834.

IMPENSIS E. H. C. SCHULZE.

706

1881-28

4/6/76
Return to stacks
per bk selector

VIRO

ILLUSTRISSIMO

AC

SUMME VENERANDO

ARN. HERM. LUDOV. HEEREN

EQUITI ORDINIS GUELFICI ET SIDERIS BOREALIS

REGI BRITANNIAE HANNOVERAEQUE A CONSILIIS AULAE

PROFESSORI GOTTINGENSI P. O.

ETC. ETC. ETC.

ANTIQUITATIS SCRUTATORI FELICISSIMO

RERUM SCRIPTORI SAGACISSIMO

INTEGERRIMO

FAUTORI SUO

PIA MENTE

AD CINERES USQUE COLENDO

PRO TOT TANTISQUE SIBI EXHIBITIS

BENEVOLENTIAE SIGNIS

HUNC LIBRUM

GRATISSIMO ANIMO

CONSECRAVIT

EDITOR.

PROOEMIUM.

Biennium fere est, ex quo Angelus Majus, vir illustrissimus, de antiquis scriptoribus e bibliothecarum Italicarum latebris in lucem proferendis immortaliter meritus, in Classicorum Auctorum e Vaticanis codicibus editorum volumine III tres rerum mythicarum scriptores ineditos typis exprimendos curavit, quorum prima notitia ut bonarum litterarum studiosis erat jucundissima, ita plurimis novae eorum editionis in Germania parandae desiderium commovebat. Cujus rei suscipiendae consilium quum hortantibus viris doctis, quorum apud me plurimum valet auctoritas, animo volvere coepissem, plura se mihi obtulerunt auxilia ad horum scriptorum verba melius constituenda aptissima. De quibus priusquam, ut par est, exponam, iterare juvat quae Majus editioni suae praefatus est, ut quid vir ille sagacissimus quum de ipsis quibus usus est codicibus Vaticanis, tum de horum opusculorum auctoribus eorumque aetate dixerit, lectores rite cognoscant. Nostram vero ita instituamus orationem, ut primum gravioribus illis quaestionibus a Majo motis nonnullas subjungamus observatiunculas; deinde hujus editionis quae sit ratio, qui finis, paucis indicemus. Sic igitur Majus:

I. "Latini mythographi quatuor tantummodo extant in editionibus; nempe vulgo dictus C. Hyginus, qui certe Augusti bibliothecario recentior est; Fabius Fulgentius Planciades; Lactantius Placidus grammaticus, qui ovidianas fabulas enarravit; denique Albricus philosophus, qui de imaginibus deorum commentariolum reliquit. Mihi vaticanam bibliothecam pro meo munere

perlustranti, tres alii antiqui mythographi deprehensi
sunt; quos quia satis bonos et eruditos videbam, typis
divulgare decrevi. Primus mythographus in uno tantum
Svecorum olim Reginae, nunc vaticano, codice est,
membraneo pervetere, cujus scriptio ad X vel XI
Christi saeculum referenda videtur. Secundus mythographus in eodem codice Reginae est (nam de altero
exemplari infra loquar), manū tamen posteriore exaratus,
ita ut ejus scriptura recentior uno saeculo quam primi
credenda sit. Tertius mythographus ex codice vaticano
prodit membraneo, saeculi ut puto XII, cui Fulvius
Ursinus quondam dominus hanc epigraphem sua manu
fecit: Incertus de diis gentium. *Ful. Urs.*
Idem tamen in alio etiam membraneo Reginae codice
occurrit, sed duobus ferme saeculis recentiore, qui Albricum quoque continet, et vaticani codicis tractatibus
XIV, quintum decimum addit de zodiaci signis: quem
tractatum ejusdem esse auctoris, hic sane suadet codex;
sed haud scio an neget paulo incultius fortasse stili
genus. Rursus tertium mythographum reperi etiam in
palatino chartaceo, ubi tamen desideratur tractatus de
Pallade, nedum postremus de zodiaco. Denique mythographi tertii compendium, ipsis protographi retentis
verbis, in vaticano quodam membraneo magnae molis
historiarum variarum codice continetur."

II. "Primus mythographus quinam homo fuerit,
manifeste dicit epigraphe secundo libro in codice subjecta: EXPLICIT LIBER SECUNDUS ·C· HYGINI FABULARUM.
Atque haec inscriptio, ut fabulatorum more jam loquar,
discordiae veluti pomum est quod in eruditorum consessum jacitur, ut inde bellum, si non cruentum,
diuturnum certe dubiique exitus eventiletur. Quum
enim Hyginum quemdam in impressis libris jamdiu legamus, qui a vaticano nostro totus dissidet, uter Hygini
nomen verius occupet, haud immerito ut puto disputabitur. Varias super edito Hygino doctorum hominum
sententias atque quaestiones vix memorare nedum recensere licebit, nisi quis prope infinitus esse volet:
quare lectores ad amplissimam Stavereni editionem

ablego, quae tot criticorum in Hyginum lucubrationes
partim complectitur partim nominat: de cujus opere sic
demum videtur recte statui, ut epitome quaedam ex
ampliore ac vetustiore mythographo, primis aevi christiani saeculis consarcinata, et Hygini nomine decorata,
ad nos pervenerit. Nunc vaticanus Hyginus ab illo
edito differt dictione tota, fabularum ordine, librorum
numero, rerum etiam ipsarum genere: etenim ille editus
graecas tantum fabulas habet, vaticanus romanas multas
inserit narrationes. Auctorem Hyginus editus neminem
fere recentiorem aureo saeculo laudare videtur; vaticanus
autem ad Orosium usque progreditur, cujus christiani
historici nomen in fabula CCXIX legimus: etsi ipse
Hyginus vaticanus nullum umquam, nisi ethnicae superstitionis indicium prae se fert. Servium Hyginus noster
nominatim numquam appellat; locum tamen ejus in
fabula LXXIV et alios alibi sibi vindicat. Fulgentium
prorsus ignorat. Hinc nullus dubito, quin vaticanus
Hyginus in quinto Christi saeculo collocandus jure
meritoque sit."

III. "Venio ad mythographum alterum, qui in
utroque codice est anonymus, christianum autem in
prohoemio semet prodit; et fabularum numerum parem
fere Hygino retinet, unico tamen libro continuatum.
Priorem hic sine dubio expilat mythographum, quandoque etiam ad litteram: in plerisque tamen omnibus
ab eodem discrepat. Porro mihi de hoc anonymo cogitanti ea opinio valde animum obsedit, Lactantium Placidum, qui aeque christianus fuit, hujus secundi mythologii esse auctorem. Certe qui Placidi commentarios
ad utrumque Statii poema, itemque ejusdem fabularum
ovidianarum narrationes, cum mythographo nostro contulerit, non dico similitudinem sed eandem saepenumero
rem inveniet. At enim primi quoque mythographi non
semel textus, quamquam Hygini nomen jactat, cum
Placidi scriptis congruit: cujus rei duplicem fere causam credere licet; tum quia nimirum Placidus plagiarii
more se gesserit, quo eum vitio Barthius adv. lib. LII,
13 laborare animadvertit; tum quia fortasse Placidus

universo Hygino manus intulit, eumque ad compendium
contulit, ut idem Barthius lib. XXIII, 11 suspicabatur.
„Stilus, inquit, Placidi simillimus est earum fabularum,
„quae vulgo Hygino adscribuntur, sed utique in com-
„pendium a nescio quo redactae sunt, et fortasse ab
„hoc eodem scriptore (Placido) qui epitomas concin-
„nare adsueverat." Accedit illa veri similitudo quod
ad Statium Placidus nullis saepius auctoribus utitur,
quam Virgilio, Horatio, atque Lucano; id quod a
nostro quoque mythographo factitatum videmus. Rem
nunc prolixius urgere non libet; sed illud potius ad-
monebo lectores, me Placidi quoque glossas ex quatuor
vat. codicibus, quamquam heu mendosissimis, vulgandas
censuisse, quarum ante hos annos Mediolani brevissi-
mum specimen cum Frontone edidi *). Sane has glossas
eruditi homines in mss. olim viderunt atque laudarunt,
veluti Frid. Tiliobroga praef. ad Statium, et Barthius
adv. XXII, 22; Isidorus autem de diff. verbor. § 99
pleniores adhuc habuisse videtur."

IV. "Reginae vetustus codex in fabula CXLVI
mutilus erat, duobus amissis foliis. Iterum in fabula
CIC lacuna erat, quam amanuensis priscus non
animadvertit: etenim in codicis media pagina 70 post
verba *Trojam ex improviso venit*, eodem versu consequitur *ex Vulcani manu fabricata*, quae sunt verba
fabulae CCV. Itaque neque fabulas quinque inter-
ceptas, neque sententiae hiatum librarius sensit. Me
vero etsi neutra lacuna latuit, spes tamen explendi
destituebat, quia plenior codex non suppetebat. Ecce
autem lapso post mythographum impressum anno (tamdiu
enim libri editionem distuli), dum quosdam monasterio-
rum extinctorum codices in vaticana bibliotheca extra
ordinem collocatos forte inspicerem, chartaceus sese
obtulit saeculo XV scriptus codex, qui inter alia opuscula,
secundum quoque mythographum, etsi aeque anonymum,
continebat: quem ego statim cum Reginae vetusto codice et cum libro meo comparatum, nusquam comperi

---

*) Omisimus Placidi glossas a Majo editas.

dissidere: quodque pluris interest, omni hinc lacunarum incommodo expediri editionem meam posse cognovi. Jam chartaceum hunc codicem ex antiquiore exemplari fuisse desumptum, Reginae ille pervetus satis demonstrat: tum vero in ipso chartaceo certa ejus rei indicia sunt, vacua scilicet in paginis spatia a librario sparsim relicta, quia fatiscentis vetustate exemplaris, unde exscribebat, haud omnia verba legere potuit. Secundum ergo mythographum antiqui codicis auctoritate fultum, recentioris beneficio completum, exhibemus. Porro huic mythologo praeponitur in antiquiore codice indiculus fabularum, qui quoniam ea serie scribebatur, quam tenent fabulae, a me prudenter ut puto immutatus est, atque ad elementorum ordinem revocatus, inserto primi quoque mythologi indiculo: qua mea sedulitate legentium commoditati satis consultum reor."

V. "Vaticanus tertius mythographus diversa a prioribus ratione componitur: illi enim minute singillatimque deorum et hominum fabulas scribunt; hic praecipuorum tantummodo deorum ac semideorum fabulosas historias continuato stilo exequitur; neque brevibus narratiunculis, sed peramplis tractatibus constat. Jam etsi hic mythographus in quatuor, ut dixi, vaticanae bibliothecae codicibus superest (quorum duo ad Reginam Svecorum pertinuerunt), attamen auctoris nomine ubique caret: de quo antequam ego disputo, placet dicere, unum certe ex his tertii mythographi exemplaribus extitisse olim inter libros viri doctissimi Isaaci Vossii, quem regali Christinae bibliothecae praefuisse scimus.

"Etenim Cornelius Tollius in adnotationibus ad Palaephatum p. 242 (utor narratione Fabricii bibl. lat. lib. II, 1, quia Tollii Palaephato careo) in Isaaci Vossii bibliotheca fuisse ait "mythologum priscum „ineditum, Albrico Boccatioque longe antiquiorem, „qui ex eo multa desumpserint; etsi recentiorem Servio „et Fulgentio, a quo ipse vicissim non pauca fuerit „mutuatus." Jam in hoc testimonio, non de antiquiore Reginae codice sermonem fieri, sed de recentiore ejusdem Reginae, in quo etiam Albricus scribitur, ex alio

praedicti Tollii scholio ad eundem Palaephatum p. 165
palam fit, ubi ait Albricum fuisse pleniorem apud Vossium; qui profecto Tollii error videtur: etenim in hoc
recentiore Reginae codice primum scribitur Albricus,
tum sequitur tertius mythographus a me nunc editus,
quem incaute Tollius pleniorem Albricum, id est ejus
continuationem, existimavit. Neque Tollius tantummodo
deceptus est, verum ipse codicis scriptor halucinabatur,
dum in calce codicis vaticani adnotaret: *explicit liber
imaginum deorum, cujus auctorem non reperi scriptum,
sed fertur fuisse quendam Albricum philosophum.*
Atqui bis peccat amanuensis; primo quia tertium mythographum, aeque ut Albrici opus, appellat *imagines
deorum,* quod falsum est: iterum quia suspicatur fuisse
Albricum hujus quoque prolixioris diversique libri
auctorem; cui rei manifesta repugnare videtur veritas:
quandoquidem tertii mythographi nomen mox a me
patefiet. Ergo etiam Munckerus in praefatione, et Fa-
bricius loc. cit., errant dum Tollii adfirmatione freti
Albricum in editionibus imperfectum esse pronunciant.
Munckerus denique de Vossii mythographo recuperando
sic desperavit, ut loc. cit. scripserit: οἴχεται ἄρ' ἐκεῖνος
καὶ ἠφάνισεν ἑαυτὸν εἰς οὐτοπίαν.

VI. "Nunc denique de mythologici tertii operis
auctore disserendum est. Christianum se fuisse, immo
catholicum, p. 237 (III, 9, 7) ipsemet docet. Idem
scriptores Johanne scoto erigena Remigioque antisio-
dorensi recentiores nullos nominat: ex quo apparet,
saeculo IX vel X id opus esse compositum: quae
quum aetas tenebriosior atque inficetior vulgo habeatur,
mirari licet tantam in hoc homine eruditionem bonaeque
frugis copiam extitisse. Porro ipsum auctoris nomen
meditando videor deprehendisse. Quippe satis cognitum
eruditis est Johannis Brassicani docti hominis testimonium in scholiis ad Petronium Arbitrum cap. CXXI
(edit. Burman. p. 740), cujus haec verba sunt. "Ser-
„vius ad aeneid. XII, 118 ait: *Marti gramen est
„sacrum, quod secundum Plinium ex humano san-
„guine procreatur.* Meminit et Lucius Apulejus in

„libro de herbis; et *Leontius* mythographus, auctor
„minime malus, superioribus annis a nobis tantum non
„ab inferis excitatus, et aliquando cum philologis
„communicandus." Ad quae Brassicani verba Burmannus adnotat: "non praestitit; et Leontius adhuc
„latet, aut periit in bello smalkaldico cum numerosis
„aliis bonis scriptoribus." Jam vero illud inediti
Leontii dictum reapse extat apud nostrum tertium mythographum in tractatu XI, § 10 sic: *gramen Marti*
dedicatur, quia secundum Plinium in naturali historia,
ex humano cruore procreatur. — Unde et romani
moris fuerat, cum de re bellica ageretur, et Marti
sacrificaretur, aras constituere gramineas. Ergo mythographus hic vaticanus *Leontius* est, Brassicano ante
annos trecentos visus, deinde temporis injuria iterum
tenebris obrutus, nunc a me demum ope codicum vati-
canorum in sempiternam lucem vindicatus. Nisi enim
Brassicanus Leontii nomen in codice suo vidisset, qui
fieri poterat ut Leontium nobis occineret?"

VII. "Age vero Leontium cum dicimus, non illum
profecto intelligimus Leontium cognomento Pilatum,
quem Johannes Boccatius in luculento suo de genealogia
deorum opere saepe facit loquentem. Fuit enim Leontius Pilatus, ut ait Boccatius op. cit. lib. XV, 6, 7
thessalonicensis homo, in graecis quidem litteris doctis-
simus, sed latinis non satis instructus. Hunc Boccatius
hospitem domi suae habuit, eumque Homerum sibi
praelegentem triennio audiit, atque ut magistrum publicam decreta mercede Florentini susciperent, curavit:
et quia graecarum historiarum atque fabularum archivum,
ut ipse ait, Leontium expertus erat, idcirco in opere
suo mythologico ad hujus hominis auctoritatem persaepe
provocat. Neque tamen aliquid Leontius Pilatus scripsit,
teste ipso Boccatio: *hujus ego nullum vidi opus; quic-*
quid ex eo recito, ab eo viva voce referente percepi.
Leontius ergo Pilatus graecus homo, latinitatis prope
ignarus, nullius scripti operis auctor, cum vaticano
Leontio latinis auctoribus familiarissimo, confundi non
potest. Praeter quam quod Leontius Pilatus saeculo

VIRO

ILLUSTRISSIMO

AC

SUMME VENERANDO

ARN. HERM. LUDOV. HEEREN

EQUITI ORDINIS GUELFICI ET SIDERIS BOREALIS

REGI BRITANNIAE HANNOVERAEQUE A CONSILIIS AULAE

PROFESSORI GOTTINGENSI P. O.

ETC. ETC. ETC.

ANTIQUITATIS SCRUTATORI FELICISSIMO

RERUM SCRIPTORI SAGACISSIMO

INTEGERRIMO

FAUTORI SUO

PIA MENTE

AD CINERES USQUE COLENDO

PRO TOT TANTISQUE SIBI EXHIBITIS

BENEVOLENTIAE SIGNIS

HUNC LIBRUM

GRATISSIMO ANIMO

CONSECRAVIT

EDITOR.

PROOEMIUM.

Biennium fere est, ex quo Angelus Majus, vir
illustrissimus, de antiquis scriptoribus e bibliothecarum
Italicarum latebris in lucem proferendis immortaliter
meritus, in Classicorum Auctorum e Vaticanis codicibus
editorum volumine III tres rerum mythicarum scriptores
ineditos typis exprimendos curavit, quorum prima notitia
ut bonarum litterarum studiosis erat jucundissima, ita
plurimis novae eorum editionis in Germania parandae
desiderium commovebat. Cujus rei suscipiendae consilium quum hortantibus viris doctis, quorum apud me
plurimum valet auctoritas, animo volvere coepissem,
plura se mihi obtulerunt auxilia ad horum scriptorum
verba melius constituenda aptissima. De quibus priusquam, ut par est, exponam, iterare juvat quae Majus
editioni suae praefatus est, ut quid vir ille sagacissimus
quum de ipsis quibus usus est codicibus Vaticanis, tum
de horum opusculorum auctoribus eorumque aetate dixerit, lectores rite cognoscant. Nostram vero ita instituamus orationem, ut primum gravioribus illis quaestionibus a Majo motis nonnullas subjungamus observatiunculas; deinde hujus editionis quae sit ratio, qui
finis, paucis indicemus. Sic igitur Majus:

I. "Latini mythographi quatuor tantummodo extant
in editionibus; nempe vulgo dictus C. Hyginus, qui
certe Augusti bibliothecario recentior est; Fabius Fulgentius Planciades; Lactantius Placidus grammaticus,
qui ovidianas fabulas enarravit; denique Albricus philosophus, qui de imaginibus deorum commentariolum
reliquit. Mihi vaticanam bibliothecam pro meo munere

perlustranti, tres alii antiqui mythographi deprehensi
sunt; quos quia satis bonos et eruditos videbam, typis
divulgare decrevi. Primus mythographus in uno tantum
Svecorum olim Reginae, nunc vaticano, codice est,
membraneo pervetere, cujus scriptio ad X vel XI
Christi saeculum referenda videtur. Secundus mythographus in eodem codice Reginae est (nam de altero
exemplari infra loquar), manu tamen posteriore exaratus,
ita ut ejus scriptura recentior uno saeculo quam primi
credenda sit. Tertius mythographus ex codice vaticano
prodit membraneo, saeculi ut puto XII, cui Fulvius
Ursinus quondam dominus hanc epigraphem sua manu
fecit: Incertus de diis gentium. *Ful. Urs.*
Idem tamen in alio etiam membraneo Reginae codice
occurrit, sed duobus ferme saeculis recentiore, qui Albricum quoque continet, et vaticani codicis tractatibus
XIV, quintum decimum addit de zodiaci signis: quem
tractatum ejusdem esse auctoris, hic sane suadet codex;
sed haud scio an neget paulo incultius fortasse stili
genus. Rursus tertium mythographum reperi etiam in
palatino chartaceo, ubi tamen desideratur tractatus de
Pallade, nedum postremus de zodiaco. Denique mythographi tertii compendium, ipsis protographi retentis
verbis, in vaticano quodam membraneo magnae molis
historiarum variarum codice continetur."

II. "Primus mythographus quinam homo fuerit,
manifeste dicit epigraphe secundo libro in codice subjecta: Explicit Liber Secundus ·C· Hygini Fabularum.
Atque haec inscriptio, ut fabulatorum more jam loquar,
discordiae veluti pomum est quod in eruditorum consessum jacitur, ut inde bellum, si non cruentum,
diuturnum certe dubiique exitus eventiletur. Quum
enim Hyginum quemdam in impressis libris jamdiu legamus, qui a vaticano nostro totus dissidet, uter Hygini
nomen verius occupet, haud immerito ut puto disputabitur. Varias super edito Hygino doctorum hominum
sententias atque quaestiones vix memorare nedum recensere licebit, nisi quis prope infinitus esse volet:
quare lectores ad amplissimam Stavereni editionem

ablego, quae tot criticorum in Hyginum lucubrationes
partim complectitur partim nominat: de cujus opere sic
demum videtur recte statui, ut epitome quaedam ex
ampliore ac vetustiore mythographo, primis aevi christiani saeculis consarcinata, et Hygini nomine decorata,
ad nos pervenerit. Nunc vaticanus Hyginus ab illo
edito differt dictione tota, fabularum ordine, librorum
numero, rerum etiam ipsarum genere: etenim ille editus
graecas tantum fabulas habet, vaticanus romanas multas
inserit narrationes. Auctorem Hyginus editus neminem
fere recentiorem aureo saeculo laudare videtur; vaticanus
autem ad Orosium usque progreditur, cujus christiani
historici nomen in fabula CCXIX legimus: etsi ipse
Hyginus vaticanus nullum umquam, nisi ethnicae superstitionis indicium prae se fert. Servium Hyginus noster
nominatim numquam appellat; locum tamen ejus in
fabula LXXIV et alios alibi sibi vindicat. Fulgentium
prorsus ignorat. Hinc nullus dubito, quin vaticanus
Hyginus in quinto Christi saeculo collocandus jure
meritoque sit."

III. "Venio ad mythographum alterum, qui in
utroque codice est anonymus, christianum autem in
prohoemio semet prodit; et fabularum numerum parem
fere Hygino retinet, unico tamen libro continuatum.
Priorem hic sine dubio expilat mythographum, quandoque etiam ad litteram: in plerisque tamen omnibus
ab eodem discrepat. Porro mihi de hoc anonymo cogitanti ea opinio valde animum obsedit, Lactantium Placidum, qui aeque christianus fuit, hujus secundi mythologii esse auctorem. Certe qui Placidi commentarios
ad utrumque Statii poema, itemque ejusdem fabularum
ovidianarum narrationes, cum mythographo nostro contulerit, non dico similitudinem sed eandem saepenumero
rem inveniet. At enim primi quoque mythographi non
semel textus, quamquam Hygini nomen jactat, cum
Placidi scriptis congruit: cujus rei duplicem fere causam credere licet; tum quia nimirum Placidus plagiarii
more se gesserit, quo eum vitio Barthius adv. lib. LII,
13 laborare animadvertit; tum quia fortasse Placidus

perlustranti, tres alii antiqui mythographi deprehensi sunt; quos quia satis bonos et eruditos videbam, typis divulgare decrevi. Primus mythographus in uno tantum Svecorum olim Reginae, nunc vaticano, codice est, membraneo pervetere, cujus scriptio ad X vel XI Christi saeculum referenda videtur. Secundus mythographus in eodem codice Reginae est (nam de altero exemplari infra loquar), manū tamen posteriore exaratus, ita ut ejus scriptura recentior uno saeculo quam primi credenda sit. Tertius mythographus ex codice vaticano prodit membraneo, saeculi ut puto XII, cui Fulvius Ursinus quondam dominus hanc epigraphem sua manu fecit: Incertus de diis gentium. *Ful. Urs.* Idem tamen in alio etiam membraneo Reginae codice occurrit, sed duobus ferme saeculis recentiore, qui Albricum quoque continet, et vaticani codicis tractatibus XIV, quintum decimum addit de zodiaci signis: quem tractatum ejusdem esse auctoris, hic sane suadet codex; sed haud scio an neget paulo incultius fortasse stili genus. Rursus tertium mythographum reperi etiam in palatino chartaceo, ubi tamen desideratur tractatus de Pallade, nedum postremus de zodiaco. Denique mythographi tertii compendium, ipsis protographi retentis verbis, in vaticano quodam membraneo magnae molis historiarum variarum codice continetur."

II. "Primus mythographus quinam homo fuerit, manifeste dicit epigraphe secundo libro in codice subjecta: EXPLICIT LIBER SECUNDUS ·C· HYGINI FABULARUM. Atque haec inscriptio, ut fabulatorum more jam loquar, discordiae veluti pomum est quod in eruditorum consessum jacitur, ut inde bellum, si non cruentum, diuturnum certe dubiique exitus eventiletur. Quum enim Hyginum quemdam in impressis libris jamdiu legamus, qui a vaticano nostro totus dissidet, uter Hygini nomen verius occupet, haud immerito ut puto disputabitur. Varias super edito Hygino doctorum hominum sententias atque quaestiones vix memorare nedum recensere licebit, nisi quis prope infinitus esse volet: quare lectores ad amplissimam Stavereni editionem ablego, quae tot criticorum in Hyginum lucubrationes partim complectitur partim nominat: de cujus opere sic demum videtur recte statui, ut epitome quaedam ex ampliore ac vetustiore mythographo, primis aevi christiani saeculis consarcinata, et Hygini nomine decorata, ad nos pervenerit. Nunc vaticanus Hyginus ab illo edito differt dictione tota, fabularum ordine, librorum numero, rerum etiam ipsarum genere: etenim ille editus graecas tantum fabulas habet, vaticanus romanas multas inserit narrationes. Auctorem Hyginus editus neminem fere recentiorem aureo saeculo laudare videtur; vaticanus autem ad Orosium usque progreditur, cujus christiani historici nomen in fabula CCXIX legimus: etsi ipse Hyginus vaticanus nullum umquam, nisi ethnicae superstitionis indicium prae se fert. Servium Hyginus noster nominatim numquam appellat; locum tamen ejus in fabula LXXIV et alios alibi sibi vindicat. Fulgentium prorsus ignorat. Hinc nullus dubito, quin vaticanus Hyginus in quinto Christi saeculo collocandus jure, meritoque sit."

III. "Venio ad mythographum alterum, qui in utroque codice est anonymus, christianum autem in prohoemio semet prodit; et fabularum numerum parem fere Hygino retinet, unico tamen libro continuatum. Priorem hic sine dubio expilat mythographum, quandoque etiam ad litteram: in plerisque tamen omnibus ab eodem discrepat. Porro mihi de hoc anonymo cogitanti ea opinio valde animum obsedit, Lactantium Placidum, qui aeque christianus fuit, hujus secundi mythologii esse auctorem. Certe qui Placidi commentarios ad utrumque Statii poema, itemque ejusdem fabularum ovidianarum narrationes, cum mythographo nostro contulerit, non dico similitudinem sed eandem saepenumero rem inveniet. At enim primi quoque mythographi non semel textus, quamquam Hygini nomen jactat, cum Placidi scriptis congruit: cujus rei duplicem fere causam credere licet; tum quia nimirum Placidus plagiarii more se gesserit, quo eum vitio Barthius adv. lib. LII, 13 laborare animadvertit; tum quia fortasse Placidus

universo Hygino manus intulit, eumque ad compendium
contulit, ut idem Barthius lib. XXIII, 11 suspicabatur.
„Stilus, inquit, Placidi simillimus est earum fabularum,
„quae vulgo Hygino adscribuntur, sed utique in com-
„pendium a nescio quo redactae sunt, et fortasse ab
„hoc eodem scriptore (Placido) qui epitomas concin-
„nare adsueverat.” Accedit illa veri similitudo quod
ad Statium Placidus nullis saepius auctoribus utitur,
quam Virgilio, Horatio, atque Lucano; id quod a
nostro quoque mythographo factitatum videmus. Rem
nunc prolixius urgere non libet; sed illud potius ad-
monebo lectores, me Placidi quoque glossas ex quatuor
vat. codicibus, quamquam heu mendosissimis, vulgandas
censuisse, quarum ante hos annos Mediolani brevissi-
mum specimen cum Frontone edidi *). Sane has glossas
eruditi homines in mss. olim viderunt atque laudarunt,
veluti Frid. Tiliobroga praef. ad Statium, et Barthius
adv. XXII, 22; Isidorus autem de diff. verbor. § 99
pleniores adhuc habuisse videtur.”

IV. ''Reginae vetustus codex in fabula CXLVI
mutilus erat, duobus amissis foliis. Iterum in fabula
CIC lacuna erat, quam amanuensis priscus non
animadvertit: etenim in codicis media pagina 70 post
verba *Trojam ex improviso venit,* eodem versu consequitur *ex Vulcani manu fabricata,* quae sunt verba
fabulae CCV. Itaque neque fabulas quinque inter-
ceptas, neque sententiae hiatum librarius sensit. Me
vero etsi neutra lacuna latuit, spes tamen explendi
destituebat, quia plenior codex non suppetebat. Ecce
autem lapso post mythographum impressum anno (tamdiu
enim libri editionem distuli), dum quosdam monasterio-
rum extinctorum codices in vaticana bibliotheca extra
ordinem collocatos forte inspicerem, chartaceus sese
obtulit saeculo XV scriptus codex, qui inter alia opuscula,
secundum quoque mythographum, etsi aeque anonymum,
continebat: quem ego statim cum Reginae vetusto codice et cum libro meo comparatum, nusquam comperi

---

*) Omisimus Placidi glossas a Majo editas.

dissidere: quodque pluris interest, omni hinc lacunarum incommodo expediri editionem meam posse cognovi. Jam chartaceum hunc codicem ex antiquiore exemplari fuisse desumptum, Reginae ille pervetus satis demonstrat: tum vero in ipso chartaceo certa ejus rei indicia sunt, vacua scilicet in paginis spatia a librario sparsim relicta, quia fatiscentis vetustate exemplaris, unde exscribebat, haud omnia verba legere potuit. Secundum ergo mythographum antiqui codicis auctoritate fultum, recentioris beneficio completum, exhibemus. Porro huic mythologo praeponitur in antiquiore codice indiculus fabularum, qui quoniam ea serie scribebatur, quam tenent fabulae, a me prudenter ut puto immutatus est, atque ad elementorum ordinem revocatus, inserto primi quoque mythologi indiculo: qua mea sedulitate legentium commoditati satis consultum reor."

V. "Vaticanus tertius mythographus diversa a prioribus ratione componitur: illi enim minute singillatimque deorum et hominum fabulas scribunt; hic praecipuorum tantummodo deorum ac semideorum fabulosas historias continuato stilo exequitur; neque brevibus narratiunculis, sed peramplis tractatibus constat. Jam etsi hic mythographus in quatuor, ut dixi, vaticanae bibliothecae codicibus superest (quorum duo ad Reginam Svecorum pertinuerunt), attamen auctoris nomine ubique caret: de quo antequam ego disputo, placet dicere, unum certe ex his tertii mythographi exemplaribus extitisse olim inter libros viri doctissimi Isaaci Vossii, quem regali Christinae bibliothecae praefuisse scimus.

"Etenim Cornelius Tollius in adnotationibus ad Palaephatum p. 242 (utor narratione Fabricii bibl. lat. lib. II, 1, quia Tollii Palaephato careo) in Isaaci Vossii bibliotheca fuisse ait "mythologum priscum „ineditum, Albrico Boccatioque longe antiquiorem, „qui ex eo multa desumpserint; etsi recentiorem Servio „et Fulgentio, a quo ipse vicissim non pauca fuerit „mutuatus." Jam in hoc testimonio, non de antiquiore Reginae codice sermonem fieri, sed de recentiore ejusdem Reginae, in quo etiam Albricus scribitur, ex alio

praedicti Tollii scholio ad eundem Palaephatum p. 165
palam fit, ubi ait Albricum fuisse pleniorem apud Vossium; qui profecto Tollii error videtur: etenim in hoc
recentiore Reginae codice primum scribitur Albricus,
tum sequitur tertius mythographus a me nunc editus,
quem incaute Tollius pleniorem Albricum, id est ejus
continuationem, existimavit. Neque Tellius tantummodo
deceptus est, verum ipse codicis scriptor halucinabatur,
dum in calce codicis vaticani adnotaret: *explicit liber*
imaginum deorum, cujus auctorem non reperi scriptum,
sed fertur fuisse quendam Albricum philosophum.
Atqui bis peccat amanuensis; primo quia tertium mythographum, aeque ut Albrici opus, appellat *imagines*
deorum, quod falsum est: iterum quia suspicatur fuisse
Albricum hujus quoque prolixioris diversique libri
auctorem; cui rei manifesta repugnare videtur veritas:
quandoquidem tertii mythographi nomen mox a me
patefiet. Ergo etiam Munckerus in praefatione, et Fa-
bricius loc. cit., errant dum Tollii adfirmatione freti
Albricum in editionibus imperfectum esse pronunciant.
Munckerus denique de Vossii mythographo recuperando
sic desperavit, ut loc. cit. scripserit: οἴχεται ἀρ' ἐκεῖνος
καὶ ἠφάνισεν ἑαυτὸν εἰς οὐτοπίαν.

VI. "Nunc denique de mythologici tertii operis
auctore disserendum est. Christianum se fuisse, immo
catholicum, p. 237 (III, 9, 7) ipsemet docet. Idem
scriptores Johanne scoto erigena Remigioque antisio-
dorensi recentiores nullos nominat: ex quo apparet,
saeculo IX vel X id opus esse compositum: quae
quum aetas tenebriosior atque inficetior vulgo habeatur,
mirari licet tantam in hoc homine eruditionem bonaeque
frugis copiam extitisse. Porro ipsum auctoris nomen
meditando videor deprehendisse. Quippe satis cognitum
eruditis est Johannis Brassicani docti hominis testimonium in scholiis ad Petronium Arbitrum cap. CXXI
(edit. Burman. p. 740), cujus haec verba sunt. "Ser-
„vius ad aeneid. XII, 118 ait: *Marti gramen est*
„*sacrum, quod secundum Plinium ex humano san-*
„*guine procreatur.* Meminit et Lucius Apulejus in

,,libro de herbis; et *Leontius* mythographus, auctor
,,minime malus, superioribus annis a nobis tantum non
,,ab inferis excitatus, et aliquando cum philologis
,,communicandus." Ad quae Brassicani verba Burmannus adnotat: "non praestitit; et Leontius adhuc
,,latet, aut periit in bello smalkaldico cum numerosis
,,aliis bonis scriptoribus." Jam vero illud inediti
Leontii dictum reapse extat apud nostrum tertium mythographum in tractatu XI, § 10 sic: *gramen Marti
dedicatur, quia secundum Plinium in naturali historia,
ex humano cruore procreatur.* — *Unde et romani
moris fuerat, cum de re bellica ageretur, et Marti
sacrificaretur, aras constituere gramineas.* Ergo mythographus hic vaticanus *Leontius* est, Brassicano ante
annos trecentos visus, deinde temporis injuria iterum
tenebris obrutus, nunc a me demum ope codicum vati-
canorum in sempiternam lucem vindicatus. Nisi enim
Brassicanus Leontii nomen in codice suo vidisset, qui
fieri poterat ut Leontium nobis occineret?"

VII. "Age vero Leontium cum dicimus, non illum
profecto intelligimus Leontium cognomento Pilatum,
quem Johannes Boccatius in luculento suo de genealogia
deorum opere saepe facit loquentem. Fuit enim Leontius Pilatus, ut ait Boccatius op. cit. lib. XV, 6, 7
thessalonicensis homo, in graecis quidem litteris doctis-
simus, sed latinis non satis instructus. Hunc Boccatius
hospitem domi suae habuit, eumque Homerum sibi
praelegentem triennio audiit, atque ut magistrum publicum decreta mercede Florentini susciperent, curavit:
et quia graecarum historiarum atque fabularum archivum,
ut ipse ait, Leontium expertus erat, idcirco in opere
suo mythologico ad hujus hominis auctoritatem persaepe
provocat. Neque tamen aliquid Leontius Pilatus scripsit,
teste ipso Boccatio: *hujus ego nullum vidi opus; quicquid ex eo recito, ab eo viva voce referente percepi.*
Leontius ergo Pilatus graecus homo, latinitatis prope
ignarus, nullius scripti operis auctor, cum vaticano
Leontio latinis auctoribus familiarissimo, confundi non
potest. Praeter quam quod Leontius Pilatus saeculo

XIV vixit; codex autem Ursipi vaticanus (nedum ipsum opus), unde nos Leontium sumpsimus, multo ante natum Leontium Pilatum exaratus fuit: etenim ejus scriptura saeculi XII formam prae se fert."

VIII. "Quoniam longe antiquiorem Leontio Pilato vaticanum Leontium demonstravi, superest porro ut hunc ab Albrico separem, cum quo (praeter alios quos jam § V recensui) Johannes quoque Boccatius eum permutavit. Nam lib. IX, 3 ait Boccatius: *gramen ideo Marti sacrum dicit Albericus, quia haec herba, secundum Plinium, ex humano sanguine procreetur. Et inde, ut idem dicit, Romani rem bellicam agentes, Marti sacrum facturi, aram construebant gramineam:* qui locus mythographi nostri est, quem Brassicanus Leontium esse affirmavit. Rursus lib. X, 1 Boccatius: *Neptunum, ut ait Albericus, a nando dicunt:* quae sunt verba mythographi nostri p. 183 (III, 5, 1). Adhuc Boccatius lib. XII, 76: *Cacum Albericus dicebat nequissimum Evandri filium fuisse seu servum:* qui locus est apud nostrum mythographum p. 270 (III, 13, 1). Denique Boccatius lib. XI, 7 de Ledae geminis ait: *quod alterna morte Pollux redimeret fratrem, videtur Alberico, quum assumpti in caelo geminorum signum fecissent, et in eo ita se habeant stellae, ut dum oritur una, altera adhuc latitet; eademque quae latuerat, post prioris occasum adhuc aliquantisper appareat:* quae ad verbum narratio est nostri mythographi p. 174 (III, 3, 7). Nullus inquam horum, qui citantur a Boccatio, locorum apud editum Albricum est, sed tantummodo apud nostrum mythographum tertium; quem Boccatius (item ut Tollius aliique supra memorati) idcirco Albricum existimasse videtur, quia continuatum in codice suo (ut fit in regio vaticano) post Albricum legebat. Ergo si Brassicani testimonium veritate nititur, de qua re dubitare vix licet, tertius noster mythographus Leontius est: sin aliorum conjecturis indulgere placet (quod mihi secus videtur) Albricus est, illa videlicet Albrici pars, quam editor princeps Micyllus aliique subsequentes desideraverunt.

IX. "Atque ego quidem in exscribendo, distinguendo, plurimisque mendis purgando tam copiosos fabularum libros, non modicum laborem pertuli: scholia tamen mea nulla propemodum addidi, ne molem voluminis nimis augerem: cujus rei gratia minutis etiam typis usus sum, quominus chartam innumeram lectoribus meis objicerem: quos etiam illud non celabo, me videlicet complura mythographorum horum vocabula, quae, ut fit in ethnica mythologia, pudicis auribus ingratiora accidissent, euphemismis commutavisse "utcumque ferent ea fata minores." Auctorum apud hos mythographos appellatorum syllabum scripsi: latinitatis tamen nova vocabula, quae sparsim videbam, philologis ac lexicographis colligenda permisi: a quibus etiam scholiorum ad hos mythographos apparatum subinde concinnandum auguror. Interim laetari licet, quod his a me codicibus editis, tres insignes mythographos Hyginum, Placidum, et Leontium, adquisivisse videmur."

X. "Praeter hos bonos et classicos, alii quoque sunt barbariores in vaticana bibliotheca mythologi: quos inter quidam haud paenitendus, nec valde tamen antiquus, ovidianas plerasque fabulas diversis a Placido narrationibus ornat. Conradi praeterea canonici tigurini mythologium amplum eruditumque legebam saeculo XIII compositum, luce autem numquam donatum. Verum hos aliosque sequioris aevi mythologos typis meis tradendos non judicavi. Unum praetermittere nolui Martini bracarensis episcopi, qui saeculo VI floruit, opusculum *de origine idolorum*, quod in Reginae svecae vetusto codice a me lectum, et cum editione Floresii Hisp. sacr. T. XV p. 425 comparatum, tam varium reperi, id est tam corruptum in editione, tam in codice purum atque sincerum, ut denuo *) typis imprimere necesse fuerit. Etenim Floresius et opusculi prohoemium nescio quo casu omisit, et ipsum passim textum foedis adeo turpibusque mendis inquinatum dedit, cujusmodi ne in tirone quidem, nedum in tanto litterarum heroë, aequo

---

*) Hoc Martini prooemium nostra editio non recepit.

animo ferre licet. Ceteroquin in codice vaticano pars opusculi postrema deerat; quam ego ex Floresio ad meum librum transferre nolui; primum quia Floresium mendosissimum, ut dixi, esse cernebam; deinde quia pars quae in vaticano codice desideratur, ad mythologiam nullo modo pertinet."

Hactenus Majus. Quod igitur ad mythographum primum attinet, hic non est ille *Hyginus* (ut recte Majus censet), quem Augustus manumisit, et quem plura volumina scripsisse constat, nec ille, cujus fabularum collectionem adhuc legimus, quique Antoninis imperantibus floruit, ut virorum doctorum hodie fert consensus; sed multo serior aetas hunc sibi vindicat scriptorem, saeculum quintum dico, ut Orosius ab eo laudatus (fab. 219) satis superque probat. Itaque Hygini nomen utrique operi recte potest tribui; at magnopere cavendum est, ne unum eundemque Hyginum, quisquis ille fuerit, aut utriusque operis auctorem aut Augusti libertum habeamus. Hygini cujusdam mentio haud infrequens est apud antiquos scriptores, quippe quem Servius, Gellius (1, 21. 6, 6. 5, 8. 16, 6. 10, 16.) et Macrobius (Sat. 6, 9) inter Virgilii interpretes referant, quemque codices mei, ut fieri solet, modo *higinum* (Ae. 2, 15), modo *yginum* (Ae. 7, 47) vocant. Ac ne is quidem Augusti libertus est, quem Virgilio coaetaneum fuisse oportet; nec probabile est Virgilio adhuc vivente quemquam grammaticum commentarios in Virgilii carmina scripsisse. Deinde res mythicae, quas Servius Hyginum tractasse refert, non congruunt cum Hygini narrationibus fabularum, e. c. de equo Trojano (f. 108 et Serv. ad Ae. 2, 15). Itaque Hyginus, Virgilii commentator, diversus est ab eo qui fabulas quae adhuc extant composuit. At minime sane spernendus foret is, qui Virgilii commentatorem Vaticani voluminis auctorem diceret; nam major voluminis pars ad verbum fere conspirat cum iis quae Servius diversissimis locis suo quidem nomine refert; Servius autem has fabularum narrationes ex Hygini opere derivare poterat, auctoris nomine non allato. Po-

terat sane. At mythographus Vaticanus Orosium se
legisse testatur, quem Servio juniorem esse constat.
Ergo mythographus Vaticanus nec Servii Hyginus est,
nec Servius quidquam ex illo poterat derivare. Restat
autem ut mythographum Vaticanum sua vel e Servio
(quem tamen nullibi memorat) hausisse, vel cum Servio
unum eundemque fontem adiisse dicamus. Ac prior illa
sententia haud dubie verior est. Nam plures fabulas,
ab utroque auctore iisdem verbis traditas, alii scriptores
antiqui, ut mythographus III, solo Servio tribuunt,
nec ad ullum alium scriptorem referunt; quae res haud
parvi momenti est in hac quaestione. Si antiquior Hyginus fabularum volumen omnino composuisset, ejus mentio
procul dubio frequens foret apud veterum poëtarum
scholiastas, aliosque scriptores qui res mythicas tangere
solent; praecipue si is C. Julius Augusti libertus fuisset,
quem Suetonius illustribus grammaticis accenset et ab
Ovidio magni aestimatum refert. Hic sane *de re rustica*
scripsit (Colum. 1, 1, 13; cf. 3, 11, 8. 9, 2, 1. 9,
12, 5 etc. ubi codd. et *higinum* et *higinium* exhibent),
atque *de vita rebusque illustrium virorum* (sc. Roman.),
cujus operis librum sextum Gellius laudat (1, 14 ubi
codd. Julius *higinus, higinius, higenus,* ut alibi *yginius*
et *hyginius,* scribunt). Ex hoc opere idem Gellius
(7, 1) *vitam et res Scipionis Africani* hausit. Diversus
autem ab hoc fuisse videtur liber, ex quo Gellius (10,
18, 7) hoc refert: "Extat nunc quoque Theodecti
tragoedia, quae inscribitur *Mausolus;* in qua eum magis
quam in prosa placuisse Hyginus *in Exemplis* refert."
De *claris viris* Lucium Higinium egisse Asconius Pe-
dianus narrat (ad Cic. or. in Pis. p. 164 ed. Cren.
Leyd. 1698); quem librum eundem atque illum *de vita
rebusque illustrium virorum* haberem, nisi hujus auctor
a Gellio diserte *Julius* vocaretur; atque ita sane Asconii
locum emendavit Popma, probante Madvigio p. 65 et
Orellio p. 13. Deinde quae Macrobius (Sat. 1, 7
p. 236 Zeun.) docet: "Regionem istam, quae nunc
vocatur Italia, regno Janus obtinuit, qui, *ut Hyginus
protarchum Trallianum secutus tradit,* cum Camese

aeque indigena terram hanc ita participata potentia pos-
sidebant, ut regio *Camesene*, oppidum *Janiculum* voci-
taretur", ea ad Hygini librum *de origine urbium
Italicarum* (Serv. Ae. 8, 638), vel *de situ urbium
Italicarum* (Serv. Ae. 3, 553), vel simpliciter *de
Italicis urbibus* (Serv. Ae. 7, 412. 678. 8, 597. 600)
pertinent. Huc referendus quoque est Serv. Ae. 1,
277: "Hoc autem *Urbis* nomen ne Hyginus quidem,
quum de situ urbis loqueretur, expressit", et ad 530:
"Italia *Hesperia* dicitur a fratre Atlantis, qui Italiam,
pulsus a germano, tenuit, eique nomen pristinae regionis
imposuit, ut Hyginus docet." Hyginum, qui *de familiis Trojanis* scripsit, idem laudat Serv. Ae. 5, 389.
Higini denique liber *de diis penatibus* affertur a Macrobio (S. 3, 4 fin.), qui eundem etiam *de proprietatibus
deorum* egisse tradit, quum *de astris ac stellis* loqueretur (3, 8). Quae autem inde recitantur, nec Hygini
fabulae, nec Poët. Astron. agnoscunt. Quam rem
nemo mirabitur, qui reputaverit, ne *Poëticón Astrono-
micon* quidem auctorem consentire cum eo qui *fabulas*
collegit. Nam ille "Graeae, inquit (2, 12), fuerunt
Gorgonum custodes; de quo in primo libro *Genealogiarum* scripsimus." At nihil profecto in *fabulis* legitur
(p. 9) de Graeis Gorgonum custodibus. Ergo hae fabulae vel ab alio collectae sunt Hygino, quem ne unus
quidem codex *C. Julium* vocat, vel mutilatae ad nostram
pervenerunt aetatem.

Quae quum ita sint, de Hygini nomine valde ambi-
gua est quaestio, quippe quod nec uni homini debetur
nec uni aetati. Quae ambiguitas eo potissimum augetur,
quod veteres scriptores non solent inter diversissimos
Hyginos accuratius distinguere. Nullus tamen dubito,
quin commentariorum in Virgilium auctor diversus sit a
C. Julio, quem de viris illustribus, de Italicis urbibus,
de re rustica etc. scripsisse arbitror. Deinde qui
Astronomica composuit iterum differre videtur a fabularum collectore. De Hygino *gromatico* nunc non
disputo. Mythographo autem Vaticano, quem post Servium et Orosium vixisse certum est, quemque, si

scriptorum easdem res narrantium summus consensus
ullam habet in hac quaestione vim, Lactantium Placidum, qui Argumenta Metamorphoseon Ovidii et Scholia ad Statii Thebaidem et Achilleidem confecit, nosse
oportet, adeoque post Boëthium floruisse probabile est,
num idem nomen recte tribuatur, ex sola ista epigraphe, quae in fine libri secundi legitur, vix potest dijudicari.

Lactantium vero Placidum secundi operis mythologici auctorem esse suspicatur Majus, solo fabularum
consensu ductus. At hic Lactantii consensus non tam
ad mythographum secundum pertinet, quam ad primum
illum, quem Hyginum vocat; cujus rei argumenta
commentarii nostri satis multa exhibent; itaque hic repetere nolo quae illic ultro se offerunt. In oculos
autem incurrit, utrumque mythographum vel eosdem
fontes secutum esse, vel sua derivasse alterum ex altero. Nec Fulgentius sane utrique ignotus fuit. Quare
hic etiam erat in subsidium vocandus; cujus subsidii
quaenam sit ratio, paulo inferius exponetur.

Quae Majus deinceps, Harlessio duce, de Tollio,
utpote qui mythographum secundum in aedibus Isaaci
Vossii, Christinae Suecorum reginae olim bibliothecario, inspexerit, disputat, non satis accurate tradita
sunt. Etenim Tollius ille in notis ad Palaephatum
(p. 142) ait: "Corrigo (sc. Fulg. 2, 17 p. 698
Stav.) ex mythologo anonymo, inedito (myth. II, 107)
viri celeberrimi et egregii, Isaaci Vossii. Scriptor ille
recentior est Fulgentio, a quo multa, ut et Servio,
desumsit, multo vero antiquior Albrico philosopho et
magis Boccacio, qui ex eo multa sunt mutuati." Idem
Tollius (p. 156) e mythogr. II, 122 vel I, 43 supplet Servii locum (Ae. 6, 14), ut legitur in utroque
codice Guelferbytano, de quo paulo post sum dicturus;
et (p. 221) recitat e mythogr. II, 168 fabulam de
Glauco, quam comparat cum Serv. ad Ae. 5, 825.
Usus denique est Tollius (p. 165) apud eundem Vossium Albrici codice multo integriore, quam ii fuerunt,

quos editores adhuc in auxilium vocarunt; ex eoque emendavit cap. 22 p. 934 Stav. de octava Herculis victoria. Hic autem Albrici codex non est dubium quin a mythographo secundo fuerit diversissimus.

Jam in recognoscenda mythographi primi et secundi oratione quid consilii secutus sim, quam viam, quem finem mihi praescripserim, paucis erit explicandum. Itaque quum majorem harum fabularum partem apud Servium quoque et Fulgentium legi intellexissem *), horum scriptorum auxilia quae vocant critica circumspicere coepi, ut rivulos inde in mea derivarem arva. Ac primum quidem praestantissimi codicis Fuldensis conferendi copia mihi facta non est, etsi multum laboris in eo per litteras ad plures viros doctos missas investigando consumserim. Codicum autem Guelferbytanorum usum dici vix potest quanta humanitate mihi concesserit *Schoenemannus*, bibliothecae Guelferbytanae praefectus celeberrimus, mihi amicissimus. Dictum est de iis, ut de reliquis quibus usi sumus libris manu exaratis, in indice codicum notis criticis praefixo. In colligenda vero lectionis varietate ita versatus sum, ut non potiores tantum discrepantias excerpserim, sed, quum codices bonae sint notae, omnes potius exscripserim lectiones, etiam manifesto falsas, in primis in nominibus propriis, quae Majus ad codicis Vaticani fidem exprimenda curavit, quorumque magna pars a vulgari scribendi ratione abhorret, ut fieri solet in plerisque libris manu scriptis. Hinc apparebit, etiam optimis codicibus in his rebus vel nullam plerumque vel exiguam tantum tribuendam esse auctoritatem, quia unusquisque suam nec constantem quidem sequitur horum nominum scribendorum rationem. Vix autem ad certum aliquem finem revocari poterit ars critica in

*) Vid. Götting. gel. Anz. 1832 p. 981 et 1833 p. 90. Fulgentii codd. apud Ebert. sunt Nr. 357. 358 p. 73 sq. Corrigendus enim est index codicum notis criticis praefixus, ubi perperam legitur Nr. 212. 213.

antiquis auctoribus edendis, nisi in codicibus quibus uteris conferendis accuratissimam posueris operam.

Orationem mythographi I et II qualem Majus e codice Vaticano exhibuit, talem nostra quoque editio magna ex parte retinuit. Recognovi autem multa, atque plura etiam emendavi in notis criticis; pauciora eaque aperte vitiosa in ipsa scriptorum oratione mutare conatus sum. Ex utroque genere sunt e. c. apud mythogr. I, 3 *Crataeidis* pro *Cretidos*; 5, 33 *Acis* pro *Acilius*; 16, 16 *feminam* pro *feram*; 58, 42 *cruor* pro *amor*, et paulo post *Licham* pro *Lycam*; 67, 11 *Eratosthenes* pro *Sosthenes*; 86, 38 *Siciliae* pro *silice*; 115, 16 *Istrus* pro *Histrius*, et multa alia, quae ultro se offerunt diligenti horum scriptorum lectori.

Meliore etiam fortuna usus sum in mythographo tertio edendo. Etenim praeter Servii et Fulgentii copias, quae ex parte ad hunc quoque spectant scriptorem, tres mihi innotuerunt ejusdem mythographi codices, qui adhuc in bibliothecarum tenebris latuerant. Primum debeo insigni qua litterarum studia adjuvare solet benevolentiae *Reussii*, viri summe venerandi, bibliothecae Gottingensis praefecti primarii illustrissimi, cui me aliis quoque pluribus nominibus in perpetuum devinctum esse gratissimo animo profiteor. Secundum codicem conferendum mihi obtulit laudatissima illa humanitas *Iacobsii*, bibliothecae Gothanae praefecti primarii, qui quum certior factus esset, me mythographos a Majo editos typis repetere velle, tanta tamque praeclara egit animi liberalitate, ut non modo consilium quod ipse de mythographo tertio (una cum *Albrici Poëtario*) ante Majum e codice Gothano publici juris faciendo inierat, omitteret, sed etiam codicis Gothani ad tempus aliquod in me transferret usum. Tertii denique libri manu scripti lectiones summa qua conspicuus est diligentia excerpsit Fridericus Dübnerus, vir clarissimus, qui quo melius antiquarum litterarum studiis, quorum amore incensus est, incumbere possit, adhuc Parisiis versatur in

gremio bibliothecae Europae locupletissimae. Eidem
viro doctissimo prima etiam notitia illius debetur codicis, qui est Nro. 8508, minutissimis litteris exaratus
multisque scripturae compendiis insignis.

His igitur copiis litterariis, quas praeter summam
mihi contigisse spem intimo sinu gaudeo, benignissime
instructus, codice Gottingensi, utpote optimo, in constituenda mythographi III oratione pro fundamento usus
sum usque ad caput X; in reliquis secutus plerumque
sum codicem Vaticanum a Majo expressum. Deinde
codicem Gothanum et Párisiensem, quos ex uno fonte
profluxisse certissimum est, in subsidium tantum adhi-
bui; sed utriusque libri varietatem integram notis criticis inserui. Ad eandem sane cum libro Vaticano familiam pertinere videtur codex Gottingensis; sed secunda manus eundem ex libro multo antiquiore et emendavit et supplevit innumeris fere locis, ut quaevis pagina probat.

De Leontio, quem Brassicanus in suo codice hujus tertii operis auctorem legisse videtur, quid censen-
dum sit, difficile est dijudicatu. (De Valerio Sorano
dictum est in notis ad prooemium). Majus intelligit
Pontium Leontium Burdegalensem a Sidonio Apolli-
nari et Fortunato memoratum; quam conjecturam temporum rationes non admittunt, quum mythographus et
St. Hieronymum, qui vitas Patrum scripsit, et *Remigium*, Martiani Capellae commentatorem doctissimum,
laudet. Praeterea quos scriptores duo priores mythographi omnino non memorant, ut Servium, Fulgentium
et Lactantium Placidum, eos mythographus tertius pluribus quidem locis affert, saepius autem et ipse silet,
ubi tamen manifestum est eosdem ei fuisse ante oculos.
Graecis scriptoribus omnino rarius usus est; et quae
nominum etyma Graeca subinde affert, ea talia plerumque sunt, qualia Fulgentium hic illic frustra tentasse
constat. Consensum denique cum Macrobio, Martiano
(quos laudat), aliisque serioris aevi scriptoribus, quorum

nomina non affert, ut Isidori Hispalensis, non esse
fortuitum, omnes aequi harum rerum judices statim per-
spicient. Quum nova hujus scriptoris vocabula, tum
ea quae inferioris aevi notam prae se ferunt, ex parte
in indicem conjeci; plura denique in notis criticis exa-
gitavi. Quibus singulis momentis in unum collectis et
rite perpensis non dubito quin mythographus tertius
scriptoribus saeculi IX vel X sit accensendus.

Observationes, quas huic triplici operi adjicere
constitueram, abruptae sunt in fabula 12 mythographi I.
Id mihi suadebant rationes librarii, qui hos mihi chartarum
terminos praescripserat. Caeterum pauci isti errores a
typotheta hic illic in exprimenda mythographorum oratione commissi, in notis criticis emendavimus.

Quod ad orthographiam attinet, diu me sollicitum
tenuit ratio Maji, qui codices suos ad litteram fere expressisse videtur, quum de scripturae constantia tum
de verborum etymis omnino securus. Cujus rei ambi-
guitatem post impressam mythographorum orationem
ipse sensit editor in fine voluminis tertii, ubi "In vati-
canorum mythographorum codicibus, inquit, nomina
praesertim propria corruptissima sunt, quae etsi ego
pleraque correxi (et plura profecto corrigenda resta-
bant!), menda tamen aliquot in editionem transisse
video. Scribe igitur *Aetna* pro *Aethna*; *Dictinna* pro
Dictynna (At cur, quaeso?), *Hippodamia* pro *Hippodame (Minime vero; vide notas)*; *Nyctimene* pro
Nyctymene; *Oenopion* pro *Enopion*; *Polynices* pro *Polinices*; *Prochris* pro *Procris (Non video causam)*;
Tydeus pro *Tideus*. Item pag. 8, 41 corr. *Peloponnesi*. — P. 13, 28 *Mycone Gyaroque*. — P.
17, 23 *noverca* absque necessitate inseritur; confer
enim myth. III tract. XV, 1. — P. 20, 35 *potestatem*. — P. 37, 2 *Phlegyos*. — P. 50, 21 *Dianae* corr. *Danaës*. — P. 56, 16 *virentis*, Lactantius
fab. ovid. lib. X, 4 addit *aetatis*. — P. 60, 6
extingueret corr. *extergeret*. — 76, 13 *Argivorum*.
— P. 121, 42 *Iason*. — P. 195 n. 1 *ad an* dele

ad. — P. 153, 11 *in multis.* Codex Remigii melius habet *multis* absque *in*":

At quam multa menda praeter haec tollenda fuerint, utraque editione inter se comparata ipsi judicent lectores. Deinde minime retinere licebat istam plurium vocabulorum scribendorum rationem, quam Majus in aliis quoque scriptoribus Latinis a se editis secutus est, e. c. *prohoemium*; quod nomen sane ita scriptum reperitur in multis iisdemque bonis codicibus; at iidem libri mauu exarati constantius etiam littera h utuntur in aliis quoque vocabulis, ubi vulgo omittitur, ut in *habundare*, quod nostri quidem codices ne semel quidem vulgari modo scribunt; deinde in *coheunde* pro *coeundi*; *cohercere* pro *coërcere*, *herror* pro *error*, *harena* pro *arena*; quin immo *hetna* pro *Aetna*, ut ubique fere codex Gothanus; sicuti codex Gottingensis constanter exhibet *archades*, *archadia*, *cochitos* pro *Arcades*, *Arcadia*, *Cocytos*; et *honorosus*, *horpheus* etc. pro *onorosus*, *Orpheus* etc. In aliis contra, ut in *armonia*, *ortus*, *actenus* etc. littera h constanter omittitur. Porro non servavi cum Majo litteram p in *sumptus*, *sumpsit*, *contempnere*, *contempsit*, *dampnatus*, *interemptus* etc. Etenim ita si scribimus, non video, cur non eodem jure exaremus *hiemps*, *sompnus*, *columpnae*, *autumpnus*, *erumpnae*, *solempnia*, *dampno* etc., quam scribendi rationem ubique sequi solent codices H L. At ejusmodi vel antiquissimorum librorum lectionibus haud major videtur auctoritas tribuenda esse, quam codici H, qui ubi vulgo litterae duplicari solent, singulas exhibet litteras; ut in *apelatur*, *ofensus*, *opidum*, *atrahens*, *bienium*, *duodenium*, *acipiunt*, *succedendo*, *comemorat*, *atinere*, *comendare*, *imutare*, *acusare*, *aposuit*, *incuritur*, *comune*, *hanibal*, *comitebatur* etc.

Scripsi Gottingae Idibus Octobr. Anni M,DCCC,XXXIII.

MYTHOGRAPHUS PRIMUS.

Liber I.

1. Prometheus.

Prometheus post factos a se homines dicitur auxilio Minervae caelum ascendisse; qui, adhibita facula ad rotam 5 solis, ignem furatus est, quem hominibus indicavit. Ob quam rem irati dii duo mala immiserunt terris, febres et maciem, id est morbos. Ipsum quoque Prometheum per Mercurium in Caucaso monte religarunt ad saxum, adhibita etiam aquila, quae cor ejus exederet. Haec autem omnia non sine ratione 10 finguntur. Nam Prometheus vir prudentissimus fuit; unde et primus astrologiam Assyriis indicavit, quam residens in Caucaso monte nimia cura comprehenderat. Dicitur autem aquila cor ejus exedere; quod est nimia sollicitudo, qua ille affectus siderum omnes motus deprehenderat. Et hoc quia 15 per prudentiam fecit, duce Mercurio, qui prudentiae et rationis deus est, ad saxum dicitur esse religatus. Deprehendit praeterea rationem fulminum, et hominibus indicavit; unde caelestem ignem dicitur esse furatus. Nam quadam arte, ab eodem monstrata, supernus ignis olim eliciebatur, 20 qui mortalibus profuit, donec bene eo usi sunt. Nam postea malo hominum usu in perniciem versus est. Sicut in Livio lectum est de Tullo Hostilio, qui ideo igni exustus est cum omnibus suis. Hinc est, quod igne rapto ab iratis numinibus morbus hominibus dicitur immissus. 25

2. Neptunus et Minerva.

Quum Neptunus et Minerva de Athenarum nomine contenderent, placuit diis, ut ejus nomine appellarentur, qui munus melius mortalibus obtulisset. Tunc Neptunus percusso litore equum, animal bellis aptum, procreavit. Minerva jacta 30 hasta oleam creavit; quae res est melior comprobata, ut pacis insigne. Unde ex Minervae nomine, quae Graece Ἀθηνᾶ dicitur, Athenae dictae sunt.

1

3. Scylla.

Scyllae duae fuerunt; una Phorci et Crataeidis filia.
Quam quum amaret Glaucus, deus marinus, dum ipse ama-
retur a Circe, et eam contemneret, illa nacta fontem, in
5 quo se Scylla solebat abluere, infecit venenis. In quem
quum descendisset puella, media parte in feras commutata
est. /Altera vero Scylla fuit Nisi, Megarensium regis, filia.
Contra quos dum, devictis jam Atheniensibus, pugnaret Minos
propter filii Androgei interitum, quem Athenienses et Mega-
10 renses dolo necaverant, amatus est a Scylla, Nisi filia.
Quae ut hosti posset placere, comam purpuream, parenti
abscissam, ei obtulit; quam Nisus ita habuerat consecratam,
ut tamdiu regno potiretur, quamdiu illam habuisset intactam.
Postea et Scylla, a Minoë contemta, dolore in avem con-
15 versa est; et Nisus extinctus deorum miseratione in avis mutatus est formam. Quae aves hodie flagrant inter se magna
discordia.

4. Tereus et Procne.

Tereus rex Thracum fuit. Qui quum Pandionis, Athe-
20 narum regis, filiam, Procnen nomine, duxisset uxorem, et
per aliquantum tempus ab ea rogaretur, sibi Philomelam
sororem videndam accerseret, profectus Athenas, dum adduxit puellam, eam vitiavit in itinere, et ei linguam, ne
facinus indicaret, abscidit. Illa tamen querelam, in veste suo
25 cruore descriptam, misit sorori. Qua cognita, Procne Ityn
filium interemit et patri epulandum apposuit. Postea omnes in
aves mutati sunt; Tereus in upupam, Itys in phasianum,
Procne in hirundinem, Philomela in lusciniam.

5. Cyclops et Acis.

30 Cyclops dicitur nympham amasse Galateam. Quae quum
Acin quendam pastorem amaret et Polyphemum sperneret,
ille iratus Acin necavit, qui postea Galateae miseratione in
fontem mutatus est, qui hodieque ab Acide Acis dicitur.

6. Silvanus et Cyparissus.

35 Silvanus deus est silvarum. Hic amavit puerum, Cyparissum nomine, qui habebat mansuetissimam cervam.
Hanc quum Silvanus nescius occidisset, puer extinctus est
dolore; quem amator deus in cypressum, arborem nominis
ejus, convertit, quam pro solatio portare dicitur.

7. Ceres et Proserpina.

Ceres quum raptam a Plutone Proserpinam diu quaesisset, tandem aliquando eam esse apud inferos comperit.
Pro qua re quum Jovis implorasset auxilium, ille respondit,
posse eam reverti, si nihil apud inferos gustasset. Illa autem 5
punici mali in Elysio grana gustaverat. Quam rem Ascalaphus, Stygis filius, prodidit. Ideo Proserpina ad superos
remeare non potuit. Sane Ceres postea meruisse dicitur,
ut Proserpina sex esset cum matre mensibus, sex cum
marito. Quod ideo fingitur, quia Proserpina ipsa est et 10
luna, quae toto anno sex mensibus crescit, sex deficit, scilicet per singulos menses quindenis diebus; ut crescens apud
superos, et deficiens apud inferos videatur.

8. Celeus et Triptolemus.

Eleusis civitas est Atticae provinciae, haud longe ab 15
Athenis. In qua quum regnaret Celeus, et Cererem, quaerentem
filiam, liberalissime suscepisset hospitio, illa pro remuneratione ostendit ei omne genus agriculturae; filium etiam ejus
Triptolemum, recens natum, per noctem igne fovit, per
diem divino lacte natrivit; et eum, alatis serpentibus super- 20
positum, per totum orbem misit ad usum frumentorum hominibus indicandum.

9. Ceyx et Alcyone.

Ceyx, filius Luciferi, habuit uxorem Alcyonem. A qua
quum prohibitus esset ad consulendum Apollinem de statu 25
regni sui, naufragio periit. Cujus corpus quum ad uxorem
Alcyonem fuisset delatum, illa se praecipitavit in pelagus.
Postea miseratione Thetidis et Luciferi conversi sunt ambo
in aves marinas, quae alcyones vocantur. Istae autem aves
nidos faciunt in mari media hieme; quibus diebus tanta est 30
tranquillitas, ut penitus in mari nihil possit moveri. Inde
et dies ipsi *alcyonia* nominantur.

10. Ceres et Lycii.

Quum Ceres filiam suam Proserpinam quaereret, ad
relevandam sitim accessit ad quendam fontem. Tunc Lycii 35
rustici, a potu eam prohibentes, aquam pedibus conturba-
verunt. Lyncus autem quum contra eam turpem sonum
emitteret, illa irata eum in Scythia, ubi Triptolemum occidere voluerant, in lyncem feram convertit.

1 *

11. Titanes et Gigantes.

Titanas et Gigantas Terra, id est Ceres, irata ob sui atque Tantali derisionem, genuit ex se contra Saturnum, et postea contra Jovem, sed et ad omnes deos expellendos, 5 in ejus ultionem. Qui montium supra montes aggestu et congerie in caelum voluerunt ascendere, et deos inde propellere. Ad quos oppugnandos Juppiter omnes deos convocavit; et venerunt inter ceteros Liber pater, Vulcanus, Satyri, Sileni, asellis vecti; quorum videlicet asinorum nimio 10 confuso clamore, Gigantibus inaudito, hostes Titanes territi fugere; quamvis antea et ipsi dii, Typhoei Gigantis aspectu perterriti, in diversa monstra et animalia transformati, aufugissent. Juppiter autem auxilio aquilae, quae fulmina sibi portans ministrabat, eos devicit, et in Aetna conclusit, abs- 15 que uno Titane Sole.

12. Pelops.

Tantalus, pater Pelopis, Gigas, volens tentare divinitatem deorum, Pelopem filium suum eis epulandum apposuit. Unde pro hac feritate damnatus est, ut in Eridano stans 20 flumine, siti pereat, fameque laborans poma, quae sunt in praefati fluminis ripa, videat nec contingat. Postea dii, punito Tantalo, quum voluissent filium ejus revocare ab inferis, Ceres, quae in convivio, ceteris diis abstinentibus, sola brachium Pelopis consumserat, eburneum brachium ei 25 restituit. Quod ideo fingitur, quia Ceres ipsa est terra, quae universa corpora consumit, ossa tamen reservans.

13. Tityus.

Tityus unus fuit Gigantum, qui volens cum Latona concumbere, sagittis Apollinis et Dianae interfectus est; et 30 ita damnatus est apud inferos, ut duo vultures, ei appositi et sibi succedentes, jecur illius comedant, semper ad redivivam renascens poenam.

14. Ixion.

Ixion Gigas volens concumbere cum Junone, opposita ei 35 est nubes, cum qua rem habuit. Et quum idem jactaret se quasi de conjugio Junonis, hac lege damnatus est, ut rotam serpentibus innexam semper contra montem apud inferos volvat.

15. Circe.

Circe, Solis filia, in insula Aeaea sedens, delatos ad se in feras mutabat. Ad hanc forte delatus Ulixes, Eurylochum cum viginti et duobus sociis misit, quos ab humana specie in feras commutavit. Sed Eurylochus inde fugit, et 5 Ulixi nunciavit. Is solus ad eam proficiscebatur. Cui in itinere Mercurius remedium dedit, monstravitque, quomodo Circen deciperet. Qui postquam ad eam venit, ab ea poculo accepto, Mercurii remedium miscuit, et eduxit ensem, eique minatus est, ut sibi socios restitueret. Tunc Circe sensit, 10 sine voluntate deorum hoc non factum esse, fideque data, socios ei restituit. Ipse vero cum ea rem habuit, et Telegonum ex ea procreavit, cujus manu postea occisus occubuit.

16. Tiresias.

Tiresias dum iret per silvam, vidit duos serpentes coire. 15 Quos quum virga percussisset, in feminam mutatus est. Post octo annos dum videret eos similiter concumbentes, et eos rursus percuteret, in pristinam restitutus est naturam. Et quum inter Jovem et Junonem lis esset, in quo sexu major esset sensus suavitas, adhibitus est iste judex, qui utrumque 20 sexum fuerat expertus; et interrogatus dixit, femineam voluptatem triplo majorem esse virili. Quam ob rem Juno irata privavit eum oculis, quasi gratiosum in Jovem, et injuriosum in se. Ob quam injuriam quum obcaecatus esset, Juppiter futurorum ei praebuit praescientiam. 25

17. Lycaon.

Juppiter, humani sceleris impatiens, simulata hominis specie ad Lycaonem, regem Arcadiae, venit, qui ipsi, quasi mortali, praeparans mortem, humana membra devoranda apposuit. Quae postquam Juppiter sensit, non eum penitus 30 interemit; sed, ne supplicii amitteret sensum, lupi eum in formam convertit, qui adhuc et mores in rabie, et nomen Lycaonis in appellatione servat. Idem Lycaon habuerat filiam Callisto. Quam quum vitiasset Juppiter, Juno eam in ursam convertit; postea Juppiter miseratus, in signum trans- 35 tulit caeleste.

18. Io et Argus.

Io, Inachi regis vel Iasi filia, quum aequales specie sua praecelleret, a Jove adamata est, qui admotis precibus desiderium explevit: et, ne puella Junonis iram procuderet, 40

a compressore in vaccam transfigurata est. Cujus quum
Juno fallaciam deprehendisset, petiit vaccam a Jove velut
munus sibi dari, eo quod speciosior esset ceteris armentis,
quae in Peloponneso cernuntur. Juppiter vero, ne, si ne-
5 gasset, stuprum proderet, puellam tradidit. Juno, ne pellex
ejus amplius Jove potiretur, Argum, centum oculos habentem,
ei custodem praefecit, quem Mercurius jussu Jovis interemit.
Juno Argum, quia ob custodiam sibi mortuus erat, in pavonem transformavit, et receptum in suam tutelam pennis
10 insignibus amissa lumina exornavit. Io quum Furiis exagitata, orbem terrarum peragrasset, novissime in Aegyptum
delata est. Ibi placata Junone a Jove, pristinam formam
recepit, atque nominabatur Isis.

19. Icarus et Erigona.

15   Icarus, pater Erigonae, quum acceptum a Libero patre
vinum mortalibus indicasset, occisus est a rusticis, qui quum
plus aequo potassent, ebriati, se venenum accepisse, crediderant. Hujus canis est reservus ad Erigonam filiam, quae
quum, ejus comitata vestigia, pervenisset ad patris cadaver,
20 laqueo vitam finivit. Haec deorum miseratione inter astra
relata est, quam *virginem* vocant. Canis quoque ille inter
sidera collocatus. Sed per aliquantum tempus Atheniensibus
morbus immissus est talis, ut eorum virgines quodam furore
compellerentur ad laqueum. Responditque oraculum, sedari
25 posse illam pestilentiam, si Erigonae et Icari cadavera requirerentur. Quae quum diu quaesita nusquam invenirentur,
ad ostendendam suam devotionem Athenienses, ut et in
alieno ea quaerere viderentur elemento, suspenderunt de
arboribus funem, ad quem se tenentes homines huc atque
30 illuc agitabantur, ut quasi et per aërem illorum cadavera
quaerere viderentur. Sed quum inde plerique caderent, inventum est, ut formas ad oris sui similitudinem facerent, et
eas pro se suspensas moverent. Unde *oscilla* dicta sunt ab
eo, quod in his *oscillarentur*, id est *moverentur ora*.

35   ## 20. Iphigenia, Orestes et Pylades.

    Graeci dum irent contra Trojam, et ad insulam, quae
Aulis vocabatur, venissent, Agamemnon rex, volens se sagittis exercere, vidit cervam Dianae, quam, ejus ignorans
esse, interfecit. Ventis autem contrariis ibi diu detenti, ex
40 oraculo Apollinis responsum est, Agamemnonio sanguine
ventos esse placandos. Tunc Ulixes, ut erat astutissimus,
in patriam reversus, filiam Agamemnonis Iphigeniam, simulans

nuptias, secum adduxit. Adducta autem quum jam in eo
esset, ut immolaretur, Minerva miserta, circumstantium oculis
nubem opposuit, et pro eadem cervam, ut dicitur, apposuit.
Illa autem, translata ad Tauricam regionem, Scytharum
regi Thoanti tradita est, sacerdosque facta Dictynnae Dia- 5
nae. Quum secundum statutam consuetudinem humano sanguine, et maxime hospitum, numen placaret, agnovit fratrem
Orestem, qui accepto oraculo, curandi furoris causâ, cum
amico fidissimo Pylade Colchos petierat. Et cum his, occiso
Thoante, simulacrum sustulit absconditum fasce lignorum 10
(unde et *Fascelis* dicitur, non tantum a *face*, cum qua pingitur), et Ariciam detulit.

21. Hippodame.

Hippodame filia fuit Oenomai, regis Elidis et Pisarum.
Hic equos habuit velocissimos, utpote ventorum flatu creatos; 15
qui procos filiae multos necavit, sub hac conditione provocatos ad curule certamen, ut aut victus traderet filiam, aut
victos necaret. Postea quum Pelopem amasset Hippodamia,
corrupit Myrtilum, aurigam patris, primi amoris pactione; qui
factis cereis axibus quum, victore Pelope, a puella promis- 20
sum posceret praemium, ab ejus praecipitatus est marito
in mare, cui nomen imposuit: nam ab eo Myrtoum dicitur
pelagus.

22. Myrtilus, Atreus et Thyestes.

Mercurius, aegre ferens, a Pelope Myrtilum, filium 25
suum, in mare praecipitatum spoliatumque vitae lege, repperit vindictam, qua consolaretur orbitatem. Nam Pelopis
filiis, Atreo et Thyestae, tantum discordiae injecit, ut germanitatis jura disrumperent. Quum igitur alternis vicibus
regnum regerent, et sciret Thyestes, regnum penes eum 30
fataliter mansurum, qui arietem aurei velleris haberet, quem
tum Atreus, regnum ingressus, custodiebat, corrumpens Europam, fratris sui uxorem, eum ad se transferri posse sperabat. Quod ille postquam didicit, eum cum duobus filiis
expulit, et postea, simulata gratia, ad eum misit, eique, ad 35
se vocato, filios suos interemtos apposuit epulandos; eidemque post epulas filiorum capita signum convivii ostendit feralis. In cujus rei ultionem quum Thyestes consulta de oraculis posceret, responsum est, per eum certam venire vindictam, qui ex ipso et filia Pelopia natus esset. Unde ille, 40
cito amplexus, filiae invadit, ex qua natus est puer, quem
illa in silvas propter conscientiam incestus abjecit. Hic,
caprae uberibus nutritus, ex eadem re Aegisthus nomen

accepit; Atreum vero, quum adolevisset, in vindictam patris
occidit. Inde et Agamemnonem, quum Clytemnestram uxorem ejus adulterasset, Aegisthus interfecit. Quem postea
Orestes, filius Agamemnonis, cum ea, quam adulteraverat,
5 occidit.

23. Phrixus et Helle.

Phrixus et Helle fratres, et Athamantis regis et Nephelae filii fuerunt. Hi insania Liberi abjecti quum in silva
errarent, Nephele mater eorum dicitur venisse, et arie-
10 tem, vellere aureo insignitum, exhibuisse, in quem praedictos filios suos jussit ascendere, et in Colchos ad regem
Aeetam transire, ibique arietem immolare. — Vel aliter.
Quum Nephele, quae et Nubes, insania Liberi patris concita, silvam peteret, nec larem mariti repeteret, filiis suis,
15 Phrixo et Hellae, Athamas novercam, nomine Inonem, superduxit; quae novercali odio pueris exitium machinans, matronas rogavit. ut frumenta serenda corrumperent. Quo
facto, fames innata est. Quum ad Apollinem consultum civitas
misisset, Ino eum, qui missus fuit, corrupit, ut referret, ab
20 oraculo dictum, filios Nubis immolandos; nam et ipsa dixit,
eos frumenta incendisse. Pater, timens populi invidiam,
filios suos arbitrio novercae commisit, sed occulte illis remedium dedit. Nam Phrixum, mortis suae ignarum, sub-
misit, ut arietem, aureum vellus habentem, adduceret; qui,
25 Junonis nutu admonitus, ut cum sorore fugeret, confestim
se cum ea morti subtraxit. Deinde quum arieti adhaerentes
mare supernatarent, Helle puella in mare cecidit, et nomen
ponto dedit: nam ex illa Hellespontus dicitur. Phrixus, ad
Colchos delatus, arietem immolavit, et vellus aureum Martis
30 templo dedicavit, quod draco custodiebat insomnis. Aeeta
rex Phrixum libens recepit, filiamque uxorem dedit. Et
quum ex ea liberos accepisset, veritus Aeeta, ne se a regno
dejiceret (quod ei responsum a diis fuerat: *ab advenae progenie mortem caveret*) Phrixum interfecit. At filii ejus
35 ratem ascenderunt, ut ad avum Athamantem transirent.
Hos naufragos Aeson excepit. Postea Iason Colchos profectus est pro vellere aureo tollendo, et draconem occidit,
et vellus sustulit.

24. Pelias et Iason.

40 Pelias, vel Peleus, rex Peloponnesi, cujus frater erat
Aeson, qui Aeson filium, nomine Iasonem, habuit. Igitur
praedictus Pelias filium fratris timuit ob virtutem ejus ac

probitatem, ne se dejiceret de regno; et ob hanc causam eum Colchos misit, ut inde detulisset pellem auream, in qua Juppiter in caelum ascendit. Putavit enim, causam ipsi esse mortis. Argus autem quidam fecit navem, a suo nomine quae dicta est Argo, a qua dicti sunt Argonautae Iason et socii ejus. Typhis vero ejus gubernator erat. Qui navigantes Colchos, in via pervenerunt Trojam; quos Laomedon, rex Trojae, in portum ire non permisit. Inde reversi sunt, dicentes ea, quae sibi Laomedon, rex Trojae, fecit. Qua ex causa Pelias et Hercules Trojam venerunt; a quibus expugnata est, et Laomedon interfectus.

25. Iason.

Iason quum responso Apollinis Colchos peteret ad rapiendum vellus aureum, quod Phrixus Marti dicaverat, eo obtentu, ut tauros, qui apud Colchos erant indomabiles, primum sub juga mitteret; Medea, summa veneficarum, pulchritudinem ejus mirata, egit suo veneficio, ut tauros subjugaret, et pervigilem draconem occideret. Quo occiso, ejusdem dentes sevit junctis tauris, Vulcani ignem efflantibus: unde nati homines mutuis vulneribus se conciderunt. Illas autem ei conditiones Aeeta rex proposuerat, cui Apollo responderat, tamdiu eum regnaturum, quamdiu illud vellus fuisset in templo. Iason, aureo vellere potitus, postea Medeam uxorem habuit. Sed quum induceret pellicem, nomine Glaucen, filiam Creontis, Medea dedit tunicam pellici suae, infectam venenis et allio. Quam quum indueret, coepit cremari incendio. Tunc Medea animum Iasonis, contra saevientis, non sustinens, alato serpente aufugit.

26. Orithyia.

Orithyia, Erechthei regis Atheniensium filia et Penthesileae, virgo pulcherrima, ab Aquilone vento adamata est; et nupta, ex ipso duos filios habuit, Zeten et Calain, pennatos juvenes, qui inter Argonautas cum Iasone fuerunt, et a Phineo Harpyias fugavere.

27. Phineus.

Phineus rex fuit Arcadiae. Hic suis liberis superduxit novercam, cujus instinctu eos caecavit. Ob quam rem irati dii ei oculos sustulerunt et adhibuerunt Harpyias. Quae quum ei diu cibos abriperent, Iasonem cum Argonautis, propter vellus aureum Colchos petentem, suscepit hospitio; cui et

ductorem dedit. Hoc ergo beneficio illecti Argonautae, Zeten et Calain, filios Boreae et Orithyiae, alatos juvenes, ad
pellendas Harpyias miserunt. Quas quum strictis gladiis persequerentur pulsas de Arcadia, pervenerunt ad insulas, quae
5 appellabantur Plotae. Et quum ulterius vellent tendere, ab
Iride moniti, ut desisterent a Jovis canibus, suos converterunt volatus: quorum conversio, id est στροφή, nomen insulis
dedit. Ut autem canes Jovis dicerentur, haec ratio est,
quia ipsae *Furiae* dicuntur. Unde et avari finguntur Furias
10 pati, quia abstinent partis. Sane apud inferos *Furiae* dicuntur et *canes*, apud superos *dirae* et *aves:* in medio vero
Harpyiae dicuntur; unde duplex in his invenitur effigies.

28.   Leander et Hero.

Sestus et Abydus urbes vicinae erant, et interfluentis
15 maris arto divisae. Una earum celebris extitit per Lean-
drum, pulcherrimum juvenem; altera per Hero, pulcherrimam mulierem; quibus absentibus, amor imis concaluit mentibus. Juvenis autem, impatiens ignis, omni modo quaerebat
obtinendae virginis copiam. Sed nullo ad Hero terra aditu
20 invento, simul calore et audacia impulsus, se ponto tradidit;
sicque natando singulas noctes puellam adiit, oblato ex adverso turris lumine, puellae studio, quo nocturnum iter ad
eam dirigere posset. Quadam vero nocte quum acrius solito
imminens ventus faculam extingueret, errando et inscius, quo
25 cursum teneret, nando interiit. Cujus corpus quum postero
die ejectum in litore fluctibus Hero vidisset, dolore instincta
a culmine cecidit. Sic cum quo sortita fuit partem mundanae voluptatis, cum eo et pertulit damnum mortiferae
acerbitatis.

29.   Cleobis et Bito.

30
Quum mos esset, Argivam sacerdotem junctis bubus ire
ad templa Junonis, et sollemni die non invenirentur boves
(pestilentia enim, quae per Atticam transierat, universas
consumserat), duo sacerdotis filii, Cleobis et Bito, matrem,
35 subeuntes jugo, ad templa duxere. Tum Juno, probans
eorum religionem, obtulit matri, ut, quod vellet, posceret
filiis. Illa pia responsione ait, ut, quod sciret dea utile mortalibus, ipsa praestaret. Altero itaque die sacerdotis juvenes
reperti sunt mortui. Ex quo probatum est, nihil esse morte
40 praestantius.

30. Amulius et Numitor.

Amulius et Numitor fratres fuerunt. Amulius fratrem imperio pepulit, et filium ejus necavit: filiam vero Iliam Vestae sacerdotem fecit, ut spem sobolis auferret, a qua se punitum iri cognoverat. Hanc, ut multi dicunt, Mars 5 compressit; unde nati sunt Remus et Romus, quos cum matre Amulius praecipitari jussit in Tiberim. Tum, ut quidam dicunt, Iliam sibi amnis fecit uxorem: pueri vero expositi ad vicinam ripam sunt. Hos Faustus repperit pastor, cujus uxor erat nuper meretrix, Acca Larentia, quae sus- 10 ceptos aluit pueros. Hi postea avum suum Numitorem, occiso Amulio, in regnum revocarunt. Quibus dum cum avo angustum Albae videretur imperium, recesserunt, et captatis auguriis urbem condiderunt. Sed Remus prior sex vultures vidit; Romus postea duodecim. Quae res bellum 15 creavit, in quo extinctus est Remus; et a Romi nomine Romani appellati. Ut autem pro Romo Romulus diceretur, blandimenti genere factum est, quod gaudet diminutione. Quod a lupa dicuntur alti, fabulosum figmentum est ad celandam auctorum Romani generis turpitudinem. Nec in- 20 congrue fictum est: nam et meretrices *lupas* vocamus; unde et *lupanaria:* et constat hoc animal esse in tutela Martis.

31. Lyncus.

Lyncus rex Scythiae fuit, qui missum a Cerere Triptolemum, ut omnibus frumenta ministraret, susceptum hospitio, 25 ut in se tanta gloria migraret, interimere cogitavit. Ob quam rem irata Ceres eum convertit in lyncem feram varii coloris, ut ipse variae mentis extiterat

32. Oenopion.

Oenopion rex quum liberos non haberet, a Jove, Mer- 30 curio Neptunoque, quos hospitio susceperat, hortantibus, ut ab his aliquid postularet, petiit, ut sibi concederent liberos. Illi, intra corium immolati sibi bovis urina facta, praeceperunt, ut obrutum terra, completis maternis mensibus, solveretur. Quo facto, inventus est puer, cui nomen ab urina 35 impositum est, ut Orion diceretur. Qui, postea venator factus, quum vellet cum Diana concumbere, ut Horatius dicit, ejus sagittis occisus est; ut Lucanus, immisso scorpione periit: et deorum miseratione inter sidera collocatus est.

33. Orion.

Orion, praedictus filius Neptuni, venator acerrimus fuit.
Is abiens ad Minoën, Cretensium regem, hospitio susceptus
est, et tentavit filias ejus violenter rapere. At vero Minos
5 Libero patri, cujus filius videbatur, immolavit. Igitur Liber
pater misit Satyros, qui Orionem ebriosum ligaverunt, et
vinctum Minoi tradiderunt, ut ipse eum puniret. Tunc ille
oculos ejus eruit. Postea vero Orion didicit responso, lumina se recepturum, si ad orientem venisset. At ille sonum
10 Cyclopum, fulmina fabricantium, auribus secutus, unum ex
ipsis rapuit, et humeris impositum rogavit, ut se ad orientem dirigeret. Sic productus ad orientem, lumen recepit.

34. Amaracus.

Amaracus regius unguentarius fuit, qui casu lapsus,
15 dum ferret unguenta, majorem ex confusione odorem creavit: unde optima unguenta a m a r a c i n a dicuntur. Hic postea
in herbam sampsuchum versus est, quam nunc et a m a r a c u m
dicunt.

35. Palamedes.

20   Palamedes quum delectum per Graeciam ageret, simu-
lantem insaniam Ulixen duxit invitum. Quum enim ille,
junctis dissimilis naturae animalibus, salem sereret, filium ei
Palamedes opposuit. Quo viso, Ulixes aratra suspendit; et,
ad bellum ductus, habuit justam causam doloris. Postea
25 quum Ulixes, frumentatum missus, ad Trojam nihil advexis-
set, a Palamede est vehementer increpitus. Et quum diceret,
adeo non esse neglegentiam suam, ut ne ipse quidem, si
pergeret, quicquam posset advehere; profectus Palamedes
infinita frumenta devexit. Qua invidia Ulixes auctis inimicitiis,
30 fictam epistulam Priami nomine ad Palamedem, per . . . .
transmissum, dedit captivo, et eum in itinere fecit occidi. Haec
inventa, more militiae, regi allata est et lecta principibus
convocatis. Tunc Ulixes, quum se Palamedi dissimularet,
ait: *Si verum esse non creditis, in tentorio ejus aurum*
35 *quaeratur.* Quo facto, et invento auro, quod ipse per
noctem, corruptis servis, absconderat, Palamedes lapidibus interemtus est. Hunc autem constat fuisse prudentem. Nam
et tabulam ipse invenit ad comprimendas otiosi seditiones
exercitus. Secundum quosdam ipse repperit litteras; quae
40 res forte sit dubia. Tamen certum est, χ ab hoc inventam
cum aspiratione.

36. Achilles.

Achilles, a matre tinctus in Stygia palude, toto corpore invulnerabilis fuit, excepta ea parte, qua tentus fuit. Qui quum amatam Polyxenam in templo accipere statuisset, insidiis Paridis, post simulacrum latentis, occisus est. Unde 5 fingitur, quod, tenente Apolline, Paris direxerit tela.

37. Latona et Asterie.

Post Latonae nuptias Juppiter quum etiam ejus sororem Asterien vitiare vellet, illa optavit a diis, ut in avem converteretur, versaque in coturnicem fuit. Et quum vellet mare 10 transfretare, quod est coturnicum, afflata a Jove et in lapidem conversa, diu sub fluctibus latuit. Postea, supplicante Jovi Latona, levata superferri aquis coepit. Haec primo Neptuno et Doridi fuit consecrata. Postea quum Juno, Pythone immisso, gravidam Latonam persequeretur, (haec), 15 terris omnibus expulsa, tandem aliquando applicans se litoribus, a sorore suscepta est, et illic Dianam primo, post Apollinem peperit; qui statim, occiso Pythone, ultus est matris injuriam. Sane nata Diana parturienti Apollinem matri dicitur praebuisse obstetricis officium. Unde quum Diana 20 sit virgo, tamen a parturientibus invocatur; haec namque est Juno Diana Proserpina. Nata igitur duo numina terram sibi natalem errare non passa sunt, sed eam duabus insulis religaverunt. Veritas vero longe alia fuit. Nam haec insula quum terrae motu laboraret, qui fit sub terris latentibus 25 ventis, oraculo Apollinis terrae motu caruit. Nam praecepit, ne illic mortuus sepeliretur, et jussit quaedam sacrificia fieri. Postea e Mycono Gyaroque, vicinis insulis, populi venerunt, qui eam tenerent. Quod autem dicimus, Dianam primo natam, rationis est. Nam constat, primum noctem fuisse, 30 cujus instrumentum est luna, id est Diana; post diem, quem sol efficit, qui est Apollo. Ut autem Delos primo Ortygia diceretur, factum est a coturnice, quae Graece ὄρτυξ vocatur; Delos autem, quia diu latuit, et postea apparuit. Nam δῆλον Graeci manifestum dicunt. Vel, quod verius 35 fuit, quia, quum ubique Apollinis responsa obscura sint, manifesta illic responsa dantur. Delos autem et civitas dicitur et insula. Unde interdum recipit praepositionem.

38. Hesperides.

Hesperides, Atlantis et Nymphae filiae, secundum fabu- 40 lam hortum habuerunt, in quo erant mala aurea, Veneri con-

secrata, quae Hercules missus ab Eurystheo, occiso pervigili dracone, sustulit. Revera autem nobiles fuerunt puellae,
quarum greges abegit Hercules, occiso eorum custode.
Unde *mala* fingitur sustulisse, hoc est oves. Nam μῆλα
5 dicuntur oves, et μηλονόμος dicitur pastor ovium.

39. Atalante et Hippomenes.

Schoenos civitas est. Exinde virgo fuit Atalante, praepotens cursu, adeo ut tres sponsos provocatos ac victos occiderit. Postea Hippomenes Venerem, ut sibi adesset, ro-
10 gavit. A qua quum accepisset de horto Hesperidum tria
mala aurea, provocavit puellam, et singula coepit jacere.
Tunc Atalante, cupiditate colligendorum malorum retenta,
superata est. Sed Hippomenes, potitus victoria, in luco matris deorum, impatientia compulsus, cum victa Atalante rem
15 habuit. Unde irata dea in leones eos convertit, et suo currui
subjugavit, et praecepit, ne umquam leones coirent. Nam
et Plinius in Naturali Historia dicit, leonem cum parda, et
pardum cùm leaena concumbere. Ideo autem mater deorum
curru vehi dicitur, quia ipsa est terra, quae pendet in aëre.
20 Ideo sustentatur rotis, quia mundus rotatur et revolubilis
est. Ideo ei subjugantur leones, ut ostendatur, maternam
pietatem totum posse superare. Ideo Corybantes ejus ministri,
et cum strictis gladiis esse finguntur, ut significetur, omnes
pro terra sua debere pugnare. Quod autem turritam gestat
25 coronam, ostendit, superpositas terrae esse civitates, quas
insignitas turribus constat.

40. Helenus.

Helenus apud Arisbam captus a Graecis fuit, et indicavit coactus fata Trojana, in quibus etiam de palladio.
30 Unde dicitur a Pyrrho meruisse regna, quoniam praedixerat
Pyrrho, ut per terram rediret, dicens, omnes Graecos (quod
et contigit) naufragio esse perituros. Tunc Diomedes et
Ulixes, ut alii dicunt, cuniculis, ut alii, cloacis, ascenderunt
arcem, et occisis custodibus sustulere simulacrum. Ideo
35 autem hoc negotium his potissimum datur, quia cultores
fuerunt Minervae. Hoc quum postea Diomedes haberet,
credens, sibi non esse aptum propter sua pericula, transeunti
Aeneae offerre conatus est. Sed quum se ille, velato capite
sacrificans, convertisset, Nautes quidam accepit simulacrum.
40 Unde Minervae sacrificia non Julia gens habuit, sed Nautarum. Quamquam alii dicant, simulacrum hoc a Trojanis

absconditum fuisse intra extructum parietem, postquam agnoverant, Trojam esse perituram. Quod postea bello Mithridatico dicitur Fimbria quidam Romanus inventum vindicasse, quod Romam constat advectum. Et quum responsum fuisset, illic imperium fore, ubi et palladium, adhibito 5 Mamurio fabro, multa similia facta sunt. Verumtamen cognitum hastae oculorumque nobilitate est ab una tantum sacerdote. Dicunt sane alii, unum simulacrum caelo lapsum apud Athenas tantum fuisse. Alii duo volunt; hoc, de quo diximus, et illud Atheniense. 10

41. Andromache et Molossus.

Consuetudinis regiae fuit, ut legitimam uxorem non habentes, aliquam, licet captivam, tamen pro legitima haberent; adeo ut liberi ex ipsa nati succederent. Itaque Pyrrhus captivam Andromachen quasi legitimam habuit, et ex ea 15 filium Molossum suscepit. Postea quum vellet Hermionen, Menelai et Helenae filiam, Oresti jam ante desponsatam, ducere uxorem, Orestis insidiis in templo Delphici Apollinis occisus est. Verum moriens praecepit, ut Andromache, quae apud eum conjugis locum tenuerat, Heleno daretur 20 propter beneficium, quo eum a navigatione prohibuerat. Inde factum est, ut teneret et regnum privigni, qui successerat patri; a quo Molossia dicta est pars Epiri, quam Helenus a fratre Chaone, quem in venatu per ignorantiam dicitur occidisse, Chaoniam nominavit, quasi ad solatium 25 fratris extincti.

42. Sirenes.

Sirenes, secundum fabulam tres, parte virgines fuerunt, parte volucres, Acheloi fluminis et Calliopes Musae filiae. Harum una voce, altera tibiis, alia lyra canebat. Et primo 30 juxta Pelorum, post in Capreis habitaverunt, quae illectos suo cantu in naufragia deducebant. Secundum veritatem meretrices fuerunt, quae transeuntes quoniam deducebant ad egestatem, his fictae sunt inferre naufragia. Has Ulixes contemnendo deduxit ad mortem. 35

43. Venus et Pasiphaë.

Indicato a Sole adulterio Martis et Veneris, Vulcanus minutissimis catenis lectulum cinxit, quibus Mars et Venus ignorantes implicati sunt, et cum ingenti turpitudine resoluti sub testimonio cunctorum deorum. Quod factum Venus vehementer dolens, stirpem omnem Solis persequi infandis amoribus coepit. Igitur Pasiphaë, Solis filia, Minois regis 5 Cretae uxor, tauri amore flagrabat, et arte Daedali inclusa intra vaccam ligneam, septam corio juvencae pulcherrimae, cum tauro rem habuit: unde natus est Minotaurus, qui, intra labyrinthum inclusus, humanis carnibus vescebatur. Sed Minos de Pasiphaë habuit liberos plurimos, Androgeum, 10 Ariadnen, Phaedram. Sed Androgeus quum esset athleta fortissimus, et superaret in agonibus cunctos apud Athenas, ab Atheniensibus et vicinis Magarensibus conjuratis occisus est. Quod Minos dolens, collectis navibus, bella commovit: et victis Atheniensibus poenam hanc statuit, ut singulis qui-15 busque annis VII. de filiis, et VII. de filiabus suis edendos Minotauro mitterent. Sed tertio anno Aegei filius Theseus missus est, potens virtute atque forma. Qui quum ab Ariadne, regis filia, amatus fuisset, Daedali consilio filo iter direxit, et, necato Minotauro, cum rapta Ariadne victor 20 aufugit. Quae quum omnia factione Daedali Minos depre-hendisset effecta, eum cum Icaro filio servandum in labyrin-thum trusit. Sed Daedalus, corruptis custodibus sub faciendi muneris specie, quo simulabat, posse regem placari, ceram accepit et pennas, et inde, tam sibi quam filio alis impositis, 25 evolavit. Icarus altiora petens, pennis solis calore resolutis, mari, in quod cecidit, nomen imposuit. Daedalus vero Sar-diniam primo delatus, deinde Cumas; et in templo Apollini condito filii sui casum depinxit. Veritas autem haec est. Nam Taurus notarius Minois fuit, quem Pasiphaë adamavit, 30 cum quo in domo Daedali concubuit. Et quia geminos pe-perit, unum de Minoë, et alium de Tauro, enixa esse Mi-notaurum dicitur. Sed inclusum Daedalum regina corruptis relaxavit custodibus; qui, amisso in mari filio, navi delatus est Cumas. Quod Virgilius tangit, dicens: *remigio alarum.* 35 Alae enim et volucrum sunt, et navium; ut: *velorum pan-dimus alas.*

44. Procris.

Procris, filia Iphili, uxor Cephali fuit. Qui quum venandi studio teneretur, labore fessus, ad locum quendam ire con-40 sueverat, et illic ad se recreandum auram vocare. Quod quum saepe faceret, amorem in se movit Aurorae, quae ei canem velocissimum, Lelepam nomine, donavit, et duo hastilia inevitabilia, eumque complexa rogavit, ut, spreta uxore sua, eam amet. Ille ait, jusjurandum se habere cum 45 conjuge mutuae castitatis. Quo audito, respondit Aurora:

ut probes conjugis castitatem, muta te in mercatorem.
Quo facto, ille ivit ad Procrin, et, oblatis muneribus impetrataque re conjugali, confessus est, se esse maritum. Quod
dolens illa, quum audisset a rustico, amare eum Auram,
quam invocare consueverat, ad silvas profecta est, et in fru- 5
ticetis latuit, ad deprehendendum maritum. Qui quum more
solito Auram vocaret, Procris egredi cupiens, fruticeta commovit. Sperans Cephalus feram esse, hastam inevitabilem
conjecit, et interfecit uxorem (quae tamen moriens, ne Auroram duceret, postulavit). 10

45. Amymone et Palamedes.

Amymone, Danai filia, dum studiose in insula jaculo
exerceretur, imprudens Satyrum percussit. Et quum Satyrus
eam violare vellet, illa Neptuni auxilium imploravit. Quod
quum Neptunus vidisset, fugato Satyro, ipse eam compressit. 15
Ex quo conjugio natus est Belus, Palamedis pater. Unde
Virgilius: *Belidae nomen Palamedis.* Neptunus vero
dicitur cuspide locum, in quo Amymonem compresserat, percussisse. Unde quum aqua flueret, Lernaeus est fons dictus,
et Amymones fluvius. 20

46. Theseus et Hippolytus.

Theseus, mortua Hippolyte, Phaedram, Minois et Pasiphaës filiam, superduxit novercam Hippolyto. Qui quum
de stupro illam interpellantem contemsisset, falso delatus ad
patrem est, quod ei vim vellet inferre. Theseus Aegeum 25
patrem, ut se ulcisceretur, rogavit: qui agitanti currum
Hippolyto immisit phocam in litore, qua equi territi, eum
distraxerunt. Tunc Diana, ejus castitate commota, revocavit
eum in vitam per Aesculapium, filium Apollinis et Coronidis,
qui natus erat exsecto matris ventre, ideo quia, quum Apollo 30
audisset a corvo, ejus custode, eam adulterium committere,
iratus Coronidem, maturo jam partu, confixit sagittis, corvum vero nigrum fecit ex albo; et, exsecto ventre Coronidis,
produxit Aesculapium, qui factus est medicinae peritus.
Hunc postea Juppiter propter revocatum Hippolytum interemit. 35
Unde Apollo iratus Cyclopas, fabricatores fulminum, confixit sagittis. Ob quam rem jussus est Admeti regis novem
annis armenta pascere, divinitate deposita. Sed Diana Hippolytum, revocatum ab inferis, Nymphae commendavit Egeriae, et eum *Virbium,* quasi *bis virum,* jussit vocari. 40

47. Minos, taurus et Hercules.

Minos, Iovis filius et Europae, quum patri sacrificaturus
accederet ad aras, oravit potentiam numinis, ut dignam aris

suis·hostiam praeberet. Itaque subito taurus apparuit nimio candore perfusus. Quem admiratus Minos, religionis oblitus, armenti sui maluit esse ductorem: cujus etiam amore Pasiphaë fertur arsisse. Igitur contemtus a filio Juppiter, in-
5 dignatus furorem tauro subjecit, qui Cretensium non solum agros, sed etiam moenia·vastavit. Hunc Hercules, missus ab Eurystheo, superavit, victumque Argos perduxit; ibique consecratus ab Eurystheo est Junoni. Sed Juno exosa munus, quod ad Herculis gloriam pertinebat, taurum in Atticam
10 regionem expulit, ubi et Marathonius appellatus est; quem postea Theseus, Aegei filius, interemit.

48. Theseus, Pirithous et Hercules.

Theseus, Aegei filius et) Aethrae, quum a matre sua educatus esset, et ad puerilem venisset aetatem, petiit
15 Atticam regionem ad cognoscendum patrem; et, ne sine laude ad eum perveniret, latrociniis Graeciam liberavit. Medea autem, repudiata ab Iasone, Aegeo nupta persuasit advenientem juvenem tauro opponere, qui vastabat Atticam regionem, dicens futurum, ut ab eo privaretur regno. The-
20 seus vero, tauro interfecto, duplicavit regi timorem. Dein invitatum ad epulas eum perdere voluit. Tandem agnito gladio, quem apud Aethram olim reliquerat, libens agnovit filium, et Medeam, quae fuerat insidiarum causa, profugere coëgit. Post mortem vero patris ipse Athenis regnum obti-
25 nuit; consensitque Pirithoo, Ixionis filio, faciente virtute fiduciam, ut Proserpinam raperet. Qui quum descendissent ad inferos, ad saxum religatus est Pirithous nexibus draconeis; quas in perpetuum patitur poenas. Hercules vero, propter Cerberum ad infernum descendens, quum compe-
30 risset, Theseum, carissimum sibi juvenem, haerentem in saxo, poenas luere; ut quidam dicunt, exorato Dite, ei veniam impetravit; ut alii vero, tam valide evellit eum a saxo, ut pars natium ejus haereret in saxo.

49. Hercules et Hylas.

35 Hercules quum accessisset comes Argonautis, Hylan, Theodamantis filium, secum duxit armigerum, admirandae pulchritudinis juvenem. Ipse vero fregerat remum in mari, dum pro suis remigat viribus: cujus reparandi gratia Mysiam petens, silvam fertur ingressus. Hylas vero quum
40 aquatum perrexisset, conspectus a Nymphis raptus est. Quem dum Hercules quaerit, relictus ab Argonautis est in Mysia.

50. Hercules et Alcmena.

Herculis ortus fuit talis. Juppiter cum Alcmena, uxore Amphitryonis, in specie ejus concubit; ex qua natus est Hercules. Cujus ut ortus Junoni celatus esset, quae natos de pellicibus odio habuit, geminata est nox. Sed quum non 5 latuisset Junonem, immisit duos serpentes, qui Herculem devorarent in cunis jacentem. Erant duo pueri, Iphicles de Amphitryone, Hercules de Jove. Iphicles, ab adventu serpentium territus, de cunis cecidit, et vagitu suo parentes dormientes excitavit. Qui surgentes viderunt Herculem angues 10 elidentem, et eis guttura praefocantem.

51. Hercules et Nemeus leo.

Hercules missus ab Eurystheo, Thebanorum rege, Nemeum leonem interfecit, cujus pelle cum unguibus pro spoliis utebatur. 15

52. Molorchus.

Molorchus quidam pastor fuit, qui Herculem, venientem ad Nemeum leonem occidendum, liberaliter suscepit.

53. Eryx et Hercules.

Eryx Veneris et Butae filius fuit. Qui, occisus ab Hercule, 20 ex sepultura sua monti nomen imposuit, in quo matri fecerat templum, quod Aeneae ascribit poëta: *Tum vicina astris Erycino in vertice sedes.*

54. Hercules et Ciminus lacus.

Hercules aliquando venit ad populos, qui dicebantur 25 Cimini vel a monte vel a lacu. Et quum a singulis provocaretur ad ostendendam virtutem, defixisse dicitur vectem ferreum, quo exercebatur. Qui quum terrae esset affixus et a nullo posset auferri, eum rogatus sustulit; unde immensa vis aquarum subsecuta est, quae Ciminum lacum fecit. 30

55. Antaeus et Hercules.

Antaeus fuit rex Libyae, filius Terrae. Ad quem quum venisset Hercules, coepit cum eo luctari, sed non poterat eum superare. Fingebat enim se cadere: at ex matre terra vires sumebat, et fortior surgebat. Hoc cognoscens Her- 35 cules, suspensum in aëre, eliso gutture, suffocavit.

56. Hercules, Alcinous et Harpyiae.

Alcinous, Phaeacum rex, laborabat ab Harpyiis. Ad quem Hercules veniens, quum hoc agnovisset, praestolatus est earum adventum, ad mensam solita more venientium; 5 quas vulneratas reppulit a regno. Has Ovidius *Stymphalidas* vocat.

57. Hercules et Cerberus.

Hercules, ad inferos descendens, rapturus Theseum, timuit, ne Cerberus, in illum transiens, laceraret illum. 10 Quapropter insiliens in Cerberum, traxit eum ab' inferis. Quumque insolitam lucem vidisset superorum, spumam ore ejecit, ex eaque spuma dicitur nata fuisse herba venenifera, nomine aconitum. Nam Cerberus terra est, quae omnium corporum consumtrix est. Unde Cerberus dicitur quasi 15 χρεοβόρος, id est *carnem vorans*.

58. Hercules, Deïanira, Oeneus et Centaurus.

Oeneus, Parthaonis filius, rex Aetoliae, regnique sedem habens in Calydone, Deïaniram filiam habuit, quam Hercules 20 et Alphëus, qui et Achelous, dum peterent in conjugium, pater opposuit illis hanc legem, ut invicem conluctantes, qui in certamine alterum vinceret, ille Deïaniram uxorem duceret. Qui quum certamen inirent, Achelous, magicae artis potens, in varias se ferarum formas mutavit; et tandem in tauri 25 speciem mutatus, ab Hercule est victus, et dextrum cornu abscissum proturbatum est. Quod Nymphae accipientes, Fortunae pro dono obtulerunt: quod Fortuna omnibus bonis implens, Copiae, ministrae suae, tradidit, ut quos Fortuna fovere vellet, copia illis exinde ad plenum manaret. Unde 30 Horatius: *Hinc tibi copia ad plenum benigno cornu manabit bonorum opulenta ruris.* Alphëus, seu Achelous, confusus Alcidis virtute, mutatus est in amnem, elapsus hostilibus palmis; et timens semper, ne usquam appareat inimici praesentia, per concava terrarum undis Siciliae affluit. Hercules 35 postea Deïaniram in suam potestatem accipiens, ad quendam fluvium pervenit nimiae profunditatis. Quem quum transire non posset, eam deposuit, clavamque cum reliquis armis secum transvexit, ut post exoneratus eam expedito ferret; et interim eam Nesso Centauro commendavit. Quum ergo 40 ad illam transportandam vellet reverti, vidit eundem Nessum Centaurum cum ea rem habere. Fervens igitur ira, emissa sagitta toxicata, vulneravit eum; cujus cruor in venenum versus est. Moriens autem Nessus dixit Deïanirae: *collige tibi cruorem istum, eritque tibi pro munere a me datum. Nam si quando Herculis amor a te declinaverit, vestem, hoc cruore infectam, viro tribuens, ejus amorem revocabis tibi.* Quum igitur Hercules quandam meretricem amaret, exosa 5 Deïanira misit ei vestem, illo veneno infectam, mandans per Licham, famulum ejus, ut hora sacrificii illam indueret. Qua indutus, adhaesit cuti illius, coepitque venenum artus illius infundere et incendere. Tunc Licham, qui ei vestem detulerat, in Euboïcas projecit undas. Se ipsum in Aetnae montis in- 10 cendium misit, et sic inter deos translatus est.

59. Philoctetes et Hercules.

Philoctetes fuit Poeantis filius, Herculis comes. Quem Hercules, quum hominem in Aetna monte deponeret, petiit, ne alicui sui corporis reliquias indicaret. De qua re eum 15 jurare compulit, et ei pro munere dedit sagittas, hydrae felle tinctas. Postea Trojano bello responsum est, sagittis Herculis opus esse ad Trojae, seu Ilii, expugnationem. Inventus itaque Philoctetes, quum ab eo Hercules quaereretur, et negaret primo se scire, ubi esset Hercules, tandem con- 20 fessus est, mortuum esse. Idem quum acriter ad indicandum sepulcrum ejus cogeretur, pede locum percussit, quum nollet dicere. Postea pergens ad bellum, quum exerceretur, sagittae unius casu vulneratus est in pede, quo percusserat tumulum. Ergo quum foetorem insanabilis vulneris Graeci 25 ferre non possent, diu equidem pro oraculi necessitate, ductum tandem apud Lemnum sublatis reliquerunt sagittis. Hic postea horrore sui vulneris ad patriam redire neglexit; sed sibi parvam Petiliam in Calabriae partibus fecit.

60. Nepotes Herculis.   30

Postquam Hercules migravit e terris, nepotes ejus, timentes insidias eorum, quos Hercules afflixerat multipliciter. Athenis sibi primi asylum, hoc est templum Minervae, collocarunt, unde nullus posset abduci; quod et Statius dicit: *Herculeos sedem fundasse nepotes.* Ideo ergo ait, *quod* 35 *Romulus Athenis asylum retulit*, hoc est, templum fecit ad imitationem Atheniensis asyli. Quod ideo Romulus fecit, ut haberet advenas plures, cum quibus conderet Romam. Unde Juvenalis: *Et tamen ut longe repetas longeque revolvas —* *nomen, ab infami gentem deducis asylo.*   40

61. Pholus et Hercules.

Pholoë, silva Thessaliae, dicta a Pholo Centauro, qui eam incolebat; quia Pholus tempore, quo ab Eurystheo

rege missus est Hercules in Thraciam, ut Diomedis equos
adduceret, qui humanis carnibus vescebantur, eum hospitio
recepit. Alii, qui dicunt, quod Hercules eum occidit, susceptus ab eo hospitio, errant. Sed verius Asper et Longus
5 Pholum tradunt adversus Centauros ab Hercule adductum,
quum Herculem hospitio recepisset. Asper etiam Pholum
tradit, dum sagittas Herculis stupet, qui tot Centauros occiderat, unam ex illis in pedem cecidisse; cujus vulnere sanari non potuit. Ideo credunt nonnulli ab Hercule occisum.

62. Hydra et Hercules.

Hydra fuit in Lerna, Argivorum palude, serpens, quinquaginta habens capita, vel, ut quidam dicunt, septem, qui
omnem regionem devorabat. Quod quum audisset Hercules,
adiens eum expugnabat, et uno caeso, tria capita cresce-
15 bant (unde et Latine *excetra* est dicta). Quam postea Hydram Hercules devicit. Sed constat, *hydram* locum fuisse
evomentem aquas vastantes vicinam civitatem; in quo, meatu
uno clauso, multi erumpebant. Quod Hercules videns, ipsa
loca exussit, et sic meatum aquae clausit. Nam hydra ab
20 aqua est dicta. Potuisse autem haec fieri, ille indicat locus,
ubi dicitur: *Excoquitur vitium, atque exundat inutilis*
humor.

63. Aerumnae Herculis.

Aliae quaedam, praeter has, quae hic continentur, fa-
25 bulae de Hercule finguntur. Nam fertur et Erymantheum
quendam aprum occidisse; et cervo cuidam aurea cornua
abstulisse; et Amazonam balteo spoliasse; et de equis Diomedis victoriam retulisse; et Lucano attestante, Ossam
montem, superpositum a Gigantibus Olympo, dejecisse; sub
30 uno anhelitu CXXV passus cursu pedum percurrisse. Quae
tamen praedictae fabulae ideo hic non plene scribuntur, quia
raro inveniuntur.

64. Eurystheus et Hercules.

Eurystheus rex fuit Graeciae, Persei genus, qui Juno-
35 nis instinctu imperabat Herculi, ut varia monstra superaret,
quibus posset perire. Unde eum durum poëta appellavit,
qui potuit ad complendum odium novercale sufficere.

65. Busiris et Hercules.

Busiris rex fuit Aegypti, Qui quum susceptos hospites
40 immolaret, ab Hercule interemtus est, quum etiam eum
voluisset occidere.

66. Cacus et Hercules.

Cacus filius Vulcani fuit, ignem ore vomens, qui vicina omnia populabatur; quem Hercules occidit. Secundum veritatem fuit Evandri servus pessimus et fur; et ideo *Cacus* dicitur, quod Graece *malum* sonat. Ignem ore vomere 5 dicitur, quia agros igne vastabat.

67. Myrmidones.

Aeacus, Jovis filius, quum in arbore fici formicas, id est μύρμηκας, vidisset, optavit tot sibi socios evenire. Et statim formicae in homines versae sunt. Sed hoc fabula 10 est. Nam, ut Eratosthenes dicit, Myrmidones dicti sunt a rege Myrmidone.

68. Geryon et Hercules.

Geryon rex insulae Erythiae vel Hispaniae fuit, et ideo tergeminus vel tricorpor dicitur, quia tria capita habuit, 15 (vel secundum alios, quinquaginta tria capita), vel quia tribus insulis imperavit, vel quia tres fratres concordissimi fuerunt. Ad quem interficiendum Eurystheus, Junonis instinctu, Herculem misit, sperans eum ibidem interiturum. Illuc pergens Hercules cum aerea olla et bicipiti cane (*aerea* 20 *olla*, ob aeratas naves; *bicipiti cane*, quia et navali et terrestri proelio plurimum valuit) venit ad oceanum; et, nulla nave inventa, alnum conscendit et in insulam Erythiam pervenit; ubi primum canem Orthrum interfecit, et Ithimiam filiam ejus; deinde Eurytionem pastorem, filium Martis; 25 novissime ipsum Geryonem interfecit. Et sic victor armenta ejus in Graeciam adduxit.

69. Evander et Hercules.

Hercules primum ab Evandro non est susceptus. Postea quum filium Jovis se diceret, et morte Caci virtutem pro- 30 basset, susceptus et pro numine habitus est. Denique aram maximam ei constituit. Quum ergo Hercules quaedam capita de armentis Geryonis patri suo immolare statuisset, inventi sunt duo senes Pinarius et Potitius, quibus Hercules ostendit, quali ritu se coli vellet; scilicet ut mane et vespere 35 ei sacrificaretur. Itaque perfecto matutino sacrificio, quum ad sacrificium vespertinum prior Potitius pervenisset, iratus Hercules jussit, ut Pinarii domus epulantibus Potitiis ministraret.

70. Evander.

Evander nepos Pallantis, regis Arcadiae, fuit. Hic patrem suum occidit. Et matre suadente Nicostrata, quae
postea Carmentis dicta est, expulsis veteribus colonis, loca
5 obtinuit, ubi postea Roma constructa est: et modicum oppidum fundavit in monte Pallanteo, qui nomen habuit a
Pallante, proavo Evandri.

71. Bellerophon, qui et Perseus.

Bellerophon, qui et Perseus, Glauci filius, quum igna-
10 rus ad Proetum in hospitium venisset, et uxor Proeti Stenoboea, sive Antia, illum amaret, nec ab eo impetrare potuisset, ut secum concumberet, mentita est apud virum, ab
eo se compulsam pro stupro fuisse. Proetus vero ad Iobatem socerum suum misit eum; et de eadem re Bellerophonti
15 dedit tabulas perferendas socero: quibus ille lectis, interficere
talem volebat virum. Sed quum ille prudentia sua et castitatis auxilio se ab instanti periculo liberasset, tamen, ut
pudicitiam periculi probaret immanitas, ad interficiendam
Chimaeram missus est, quam Pegaso juvante prostravit.
20 Denuo eum misit, ut Calydonas vinceret. Etiam illos quum
vicisset, novissime Iobates agnovit, quae sibi fuisset causa
tanta mala patiendi; crimina, quae in eum conficta erant,
abolevit; virtute quoque magnifice collaudata, filiam suam
Alcimenen dedit ei uxorem. At Stenoboea, quae et Antia,
25 re cognita, propria manu interiit.

72. Chimaera.

Chimaera monstrum Chironis et Achemenidae filia fuit,
cujus triplex dicitur forma; prima namque leonis horrebat
facie; media caprae; cauda minabatur draconem. Haec
30 quum in Lycia juxta Gargarum montem popularetur terras,
a Bellerophonte interfecta est. Quidam Chimaeram dicunt
non animal, sed montem Lyciae, quibusdam locis leones et
capras nutrientem, quibusdam ardentem, quibusdam plenum
serpentibus. Hunc Bellerophon habitabilem reddidit; unde
35 et Chimaeram occidisse dicitur.

73. Perseus.

Perseus per Aethiopiam iter faciens, postquam Andro-
medam propter superbiam matris, quae se Nympharum pulchritudini praetulerat, saxo illigatam ac marinae beluae ob-
40 jectam vidit, captus specie ejus exarsit; pactusque est a

Cepheo et Cassiopeia, parentibus virginis, ut sibi matrimonio jungerent, si beluam interemisset. Perfecto igitur Perseus pollicito, quum fides promissa a Cepheo esset praestita, et nuptiarum conjugalium epulis principes interessent, Phineus, cui Andromeda ante fuerat desponsata, contume- 5 liam sibi existimans gravissimam injunctam, quod advenae consanguineus postpositus esset, vescentium animos pugna confudit. Et quum res miserabilis dimicantium ageretur in regia, ac multi ex utraque parte armis, quae casus obtulisset, cecidissent, novissime Perseus. pertimescens multitu- 10 dinem adversariorum, caput Gorgonis extulit. Quo viso, Phineus cum auxiliantibus diriguit.

74. Tarquinius et Lucretia.

Tarquinius Superbus habuit perditos filios, inter quos Arruntem. Qui dum in castris esset, patre suo Ardeam ob- 15 sidente, et ortus esset inter eum et Collatinum, maritum Lucretiae, de uxoribus sermo, eousque processit contentio, ut ad probandos earum mores, arreptis equis, statim in domos suas simul proficiscerentur. Ingressi itaque civitatem Collatiam, ubi fuit Lucretiae domus, invenerunt eam lani- 20 ficio dare operam, et tristem propter mariti absentiam. Inde Arruntis domum profecti, quum uxorem ejus invenissent cantilenis et saltationibus indulgentem, reversi ad castra sunt. Quod Arruns dolens, quum de expugnabili Lucretiae castitate cogitaret, mariti ejus nomine epistolam finxit, et dedit 25 Lucretiae; in qua hoc continebatur, ut Arruns susciperetur hospitio. Quo facto, per noctem stricto gladio ejus ingressus cubiculum cum Aethiope hac arte egit, ut sibi morem gereret, dicens: *nisi mecum concubueris, Aethiopem tecum interimo, tanquam in adulterio deprehensam.* 30 Timens itaque Lucretia, ne famam, castitatis amore, deperderet; quippe quam sine purgatione futuram sese cernebat; invita turpibus imperiis paruit. Et altero die convocatis propinquis, marito Collatino, patre Tricipitino, Bruto avunculo, qui tribunus equitum celerum fuerat, rem indicans, petiit, 35 ne violatus pudor, neve inultus ejus interitus esset, conjectoque gladio se interemit. Quem Brutus de ejus corpore extractum tenens, processit ad populum, et multa conquestus de Tarquinii superbia, et filiorum ejus turpitudine, egit, ne in urbem reciperentur, auctoritate qua plurimum poterat. 40 Nam, ut supra diximus, Brutus tribunus equitum fuerat. Sed quum non susciperetur Tarquinius, contulit se ad regem Tusciae Porsennam, qui pro Tarquinio cum ingentibus copiis, capto Janiculo et illic castris positis, Romam vehementer obsedit. Et quum per sublicium pontem, hoc est ligneum, transire conaretur, solus Cocles hostilem impetum sustinuit, donec a tergo pons solveretur a sociis. Quo soluto, se cum armis praecipitavit in Tiberim; et licet laesus in coxa, 5 tamen fluenta superavit. Unde est illud ab eo dictum, quum ei in comitiis coxae vitium objiceretur. *Per singulos gradus admoneor triumphi mei.* In tantam autem obsidionis necessitatem populus venerat, ut et obsides daret: ex quibus Cloelia, inventa occasione, transnatavit fluvium, et Romam 10 reversa est. Pacis lege quae reddita rursus est, eam Porsenna repetente. Qui admiratus virtutem puellae, dedit ei optionem, ut cum quibus vellet, rediret. Illa elegit virgines. Unde Porsenna, hoc quoque miratus, concessit, et rogavit per litteras populum Romanum, ut ei aliquid virile decerne-15 retur. Cui data est statua equestris, quam in sacra via hodie conspicimus.

75. Hymenaeus.

Hymenaeus, puer formosissimus, genere Atheniensis fuit. Is quum annos puerilis aetatis excederet, neque adhuc 20 virum implere posset, ea pulchritudine praeditus fuisse dicitur, ut feminam mentiretur. Istum quum una ex civibus suis, virgo nobilis, adamasset, ipse, mediocribus ortus parentibus, quia nuptias desperabat, quod poterat tamen, puellam extrema amoris linea diligens, ejus animo solo satisfaciebat 25 aspectu. Quumque nobiles feminae cum virginibus sacra Cereris Eleusinae celebrarent, subito adventu piratarum raptae sunt; inter quas et Hymenaeus, qui illo amatam subsecutus fuerat, cum puella abripitur. Quum igitur per longinqua maria praedam piratae vexissent, ad quandam 30 regionem tandem perveniunt, ubi et somno pressi ab insequentibus sunt peremti. Hymenaeus, relictis ibi virginibus, reversus Athenas, pactus est a civibus dilectae suae nuptias, si eis filias suas restitueret. Quas ubi pro voto restituit, exoptatam accepit uxorem. Quod conjugium quia felix fuerat, 35 placuit Atheniensibus nomen Hymenaei nuptiis miscere.

76. Orpheus et Eurydice.

Orpheus, Oeagri et Calliopae Musae filius, ut quidam putant, Apollinis filiam habuit uxorem Eurydicen. Quam dum Aristaeus, Cyrenes filius, pastor, cupidus persequitur, 40 volens eam stuprare, illa fugiens concubitum, serpentem non devitavit; et haec ei causa mortis fuit. Orpheus, coactus desiderio conjugis, tentavit dulcedine cantus citharae lenire Ditem et Proserpinam, si posset Eurydicen ad superos revocare., Descendens igitur ad inferos, in miserationem eos cantu suo compulit; acceptaque lege, impetravit Eurydicen ita demum, si non ante respexisset, quam ad superos perveniret. Deinde, ut est dura amantium perseverantia, Orpheus, timens, ne non inesset pollicitis Ditis fides, respexit,5 et irritum fecit suum laborem. Reversus deinde ad superos, qui parum prosperas expertus erat nuptias, perosus omne genus femineum, solitudinibus se dedit.

77. Castor et Pollux.

Castor et Pollux Jovis et Ledae filii fuerunt. Qui 10 cuum adamassent Phoeben et Dianisam, conjuges Lyncei et Idae, Apharei filiorum, et vellent eas rapere, Lynceus, omnia cui videndi potestas erat, Idam fratrem in vindictam concitavit, qui telum habebat, quod divini teli similitudinem gerebat, ita ut nullus posset illud evadere. Itaque eo misso, 15 interfecit Castorem. Quumque jam Pollucem vellet occidere, ab Jove fulmine percussus est. Pollux vero, videns suum fratrem mortuum, ad inferos descendit. Inde cum fratre recepto ad superos evasit, et Jovem oravit, ut caelestem honorem sibi traderet. Inde inter astra collocati sunt, et 20 caelestem honorem habuerunt.

78. Cygnus et Leda.

Juppiter, amorem Ledae virginis affectans, conversus in cygnum, finxit se fugere aquilam; sed Mercurium in aquilam transmutavit. Sic in gremio Ledae receptus, cum ea 25 rem habuit, quae peperit ovum, unde nati sunt tres, Castor, Pollux et Helena.

79. Apis.

Refert Solinus, quod inter omnia, quae Aegyptus digna memoratu habet, praecipue mirentur bovem, quem Apin 30 vocant, insignem albae maculae nota, quae, dextro lateri ejus ingenita, refert corniculatae lunae faciem. Hunc Aegyptus ad instar numinis colit, eo quod de futuris det quaedam manifesta signa. Apparet autem Memphi, cui statutum vitae spatium est; nam mersus profundo sacri fontis necatur, 35 ne diem longius trahat, quam licebit. Mox alter non sine publico luctu requiritur. Hunc etenim centum antistites Memphin prosequuntur, et repente, velut lymphatici, praecinunt. Dat omina manifestantia de futuris. Illud maximum, si de clientis manu cibum capiat. Hujus capitis imaginem 40 sibi in eremo Judaei fecerunt.

80. Tydeus et Polynices.

Tydeus, Oenëi filius et Cassiopeiae, Diomedis pater. Is quum Melanippum filium suum interfecisset, exul Argos pervenit et amicitia Adrasto regi junctus est. Ipso tempore 5 Polynices, regno expulsus a fratre suo Eteocle, qui Thebis imperavit, exul quoque ad Adrastum venit. Quum autem animadvertisset Adrastus responsum, quod ei Apollo dederat, futurum, ut filias suas daret apro et leoni (nam Polynices et Tydeus earum ferarum pellibus tecti erant), existimavit 10 rex, eis debere filias suas in matrimonium dare. Hinc Adrastus, adscitis civibus suis, auxilium Polynici adversus Eteoclem tulit. Ibi Tydeus interfectus est. Polynices cum fratre mutuis vulneribus cecidit.

81. Synichronis et Branchus.

15   Cius quidam rex quum in peregrinatione pranderet in litore, ac deinde proficisceretur, oblitus est filium, nomine Synichronem. Ille pervenit in saltum patroni cujusdam; et quum esset receptus, coepit cum illius pueris capras pascere. Aliquando prendiderunt cygnum, et illum cooperuerunt. 20 Dum ipsi pugnant, ut illum patrono munus offerrent, et quum jam essent fatigati certamine, rejecta veste, mulierem invenerunt. Et quum fugerent, revocati ab ea, moniti sint, ut patronus unice Synichronem diligeret puerum. Illi quae audierunt, patrono indicaverunt. Tunc patronus Synichronem 25 pro suo filio nimio dilexit affectu, eique filiam suam ducendam locavit uxorem. Illa quum praegnans ex eo esset, vidit in somnis per fauces suas introisse solem, et exisse per ventrem. Infans editus ideo Branchus vocatus est, quia mater ejus per fauces sibi viderat in uterum penetrasse. 30 Hic quum in silvis Apollinem osculatus esset, comprehensus est ab eo, et accepta corona virgaque, vaticinari coepit, et subito nusquam comparuit. Templum ei factum est, quod Branchiodon nominatur: et Apollini pariter *philesia* consecrata sunt templa, quae ab *osculo* Branchi, sive certamine 35 puerorum, *philesia* nuncupantur.

82. Salmoneus.

Salmoneus Elidis rex fuit, qui nimia felicitate elatus, suos cives sacerdotes et sacra Jovis ad se transferre jussit, sibique religiones illius et sacra impendere. Hic, vectus per 40 aereum pontem curru, imitabatur tonitrua, et faces in modum fulminis jaculabatur. At Juppiter, verum fulmen torquens, praecipitem in Tartara adegit.

83. Aloëus, Otus et Ephialtes.

Aloëus Iphimediam uxorem habuit, quae compressa a Neptuno duos peperit, Otum et Ephialtem, qui digitis novem per singulos menses crescebant. Freti itaque altitudine, caelum voluere subvertere; sed confixi sunt Dianae et Apol-5 linis telis.

84. Caeculus.

Quidam infans, expositus a quodam famulo juxta focum, in quo soliti erant pastores ignem accendere, calore ductus, sese in calentes cineres misit; inventusque a pastoribus,10 Vulcani filius creditus est, et, ab illis educatus, Caeculus est appellatus, quia parvulos ex igne habebat oculos. Qui ad puberem aetatem veniens, civitatem in montibus construxit, quam Praeneste vocavit; vidensque illam frequentari, exstruxit theatrum ligneum, ut finitimae gentes ad eam 15 urbem concurrerent. Quumque nullus eum filium crederet Vulcani, faces tradidit amicis suis, et, signo dato, spectatores flamma circumseptos invasit; rogatusque, et probatus filius esse Vulcani, flammas exstinxit.

85. Tres Proetides. 20

Proetides Proeti, regis Argivorum, de Antia sive Stenoboea, uxore ejus, filiae natae fuerunt; quarum haec sunt nomina: Chrysippe, Phinoë, Ephianassa. Quae insolentius gloriantes, Junoni suam formam praetulerunt. Hoc sentiens Juno, in insaniam immittit eas, qua putabant se vaccas esse,25 et quaerebant in capitibus cornua, et non inveniebant, et dabant mugitus confusos; usque dum a quodam Melampode sanatae sunt.

86. Pierides.

Pieri, regis Macedoniae, et Enipes novem filiae inso-30 lentius dum gloriantur, Musas in certamina provocaverunt cantus. Quarum una carmen exorsa est, quod Gigantes adversus deos contenderint: ex quibus Typhoeus terrigena, deformitate terruisse deos compulsos in Aegyptum. Ibi Juppiter ob metum in arietem versus est, Apollo in corvum,35 Liber in caprum, Diana in felem, Juno in vaccam, Venus in piscem. Invicem autem Musae quum Cereris laudem cecinissent, et qualiter Typhoeus Aetnae montis silice subjectus esset, Pierides victae in picas sunt transfiguratae.

87. Orista.

Orista, pastor Oenëi regis, quum videret caprum, a grege saepius discedentem, eum secutus, uvam depascentem invenit in ripa Acheloi fluminis: quam statim expressit, ac
5 de aqua Acheloi fluminis, juxta quam fuerat inventa, commiscuit, obtulitque regi, qui suo nomine Graeco sermone οἶνον, id est vinum, appellavit.

88. Liber, Silenus, Midas rex et Pactolus fluvius.

10   Liber, Thracia digressus, quum in Tmolo monte iter ageret, Silenus, nutritor ejus, a Phrygibus captus, ad Midam regem ductus est. Silenus autem, agnitus ab eo, acceptus est, et Libero advenienti redditus. Et ob beneficium optanti deus arbitrium ei dedit, si quid vellet, a se petere.
15 Ille vero petit, ut, quae contigisset, aurum fierent. Quod inutile fuit. Nam coepit sui voti affectu torqueri; quia quicquid tetigerat, aurum statim efficiebatur. Cui petenti, ut restitueretur sibi, fecit. Jussit enim, ut ad flumen Pactolum perveniret, cui se supponeret, et sic rediret in
20 pristinum statum. Quo facto, Pactolus deinceps arenas aureas trahere dicitur.

89. De ortu Panis.

Post mortem Ulixis Mercurius cum uxore ejus Penelope concubuit; quae sibi juxta oppidum Tegeam peperit filium,
25 Pan nomine. Unde et Tegeeus dicitur.

90. Pan.

Pan quum Tmolum, montem Lydiae, frequentans, fistula se oblectaret, Apollinem in certamen evocavit, judice Tmolo. Itaque quum Apollini victoria esset adjudicata, Midae
30 regi adsidenti soli displicuit. Quam ob causam deus iratus aures ejus asininas fecit. Ille criminis sui notam tonsori tantum ostendit, praecipiens ei, ut, si crimen ejus celaret, participem eum regni efficeret. Ille terram fodit, et secretum domini sui in defosso terrae dixit, et operuit. In
35 eodem loco calamus est natus, unde sibi pastor tibiam fecit, quae, quum percutiebatur, dicebat: *Mida rex aures asininas habet.* Quidam tradunt, non Panem, sed Marsyam cum Apolline certasse.

91. Arachne et Minerva.

Arachne Lydia, Idmonis et Hippopes filia, studio lanificii famam quaesierat; quumque materna industria cunctas praecessisset in opere faciendo, festis diebus insolentius gloriata est, quam mortalem decuerat. Nam Minervam in 5 certamen provocavit, quae, in anum versa, inter hoc ad eam venit, ut ejus audaciam compesceret. Quam quum vidisset in certamine permanentem, reversa in suam speciem, opere proposito in certamen descendit. Sic victa Arachne quum contumeliose a Minerva pulsa esset, suspendio se affecit. 10 Propter studium autem, quod a Minerva acceperat, in araneam versa est, ut opere inutili nullum suum effectum capere posset.

92. Alceste.

Admetus, rex Graeciae, Alcesten in conjugio petiit, cujus 15 pater edictum proposuerat, ut si quis duas feras sibi dispares suo curru jungeret, ipse illam in conjugio acciperet. Is Admetus Apollinem atque Herculem petiit, qui ei ad currum leonem et aprum junxerunt. Itaque Alcesten in conjugium accepit. Quum in infirmitatem cecidisset Admetus, 20 et mori se comperisset, Apollinem deprecatus est. Ille vero dixit, se ei aliquid non posse praestare, nisi si quis se de ejus propinquis ad mortem pro eo voluntarie obtulisset; quod uxor effecit. Itaque Hercules dum ad Tricerberum canem abstrahendum descenderet, etiam ipsam de inferis 25 levat. Admetum posuerunt in modum *mentis*; Alcesten pro *praesumtione*.

93. Neptunus et Amycus.

Neptunus quum incideret in amorem Meropes Nymphae, habuit ex ea filium Amycum, Bebryciorum regem, qui effracta 30 lege solitus erat venientes hospites ad se recipere, et cogebat eos cestibus secum dimicare, victorque existens interficiebat eos. Hanc ejus feritatem quum multi essent perpessi, novissime in eodem certamine superatus, morte multatus est a Polluce, qui cum Argonautis pellem auream 35 Colchis petebat.

94. Neptunus et Eryx.

Quum animadvertisset Neptunus Venerem spatiantem in litore Siculi maris, cum ea rem habuit. Ex quo gravida facta filium perperit, quem nominavit Erycem. Qui quum 40 in Sicilia regnaret, viribus suis fidens, legem posuit venien-

tibus ad se, ut secum cestibus decertarent. Quo quum venisset Hercules, et ex Hispania ageret armenta Geryonis,
cum eo congressus est, eumque superatum interfecit. A
cujus nomine mons Siciliae Eryx nominatur.

95. Arion et delphinus.

Arion Lesbius citharoedus optimus fuit. Qui quum Tarento Corinthum cum multis opibus peteret, et videret sibi
in mari tendi insidias a nautis, petiit, ut paululum cithara
caneret. Ad cujus sonum quum delphini convenissent, se ex-
10 cussit supra unum, et imminens vitavit periculum.

96. Oraculum columbarum.

In Epiro dicitur nemus fuisse, in quo responsa dabant
columbae. Quod ideo fingitur, quia lingua Thessalica πελειάδες et columbae et vaticinatrices dicuntur.

15 97. Antiopa, Zethus et Amphion.

Antiopa, Nyctei filia, ab Epapho per dolum est stuprata; quae ob id a viro Lyco est vi ejecta: Qua pulsa,
Dircen duxit uxorem, imperavitque famulis, ut Antiopam
vinctam in tenebris clauderent. Cui quum partus instaret,
20 Jovis voluntate effugit vincula, et in monte Cithaerone seu
Aracyntho partum exposuit, natosque Zethum et Amphionem
projecit. Hos pastor quidam pro suis educavit. Quos postea
quum mater agnovisset, illi, injurias ejus exsecuti, Lycum
interfecerunt; Dircen vero, tauro indomito religatam, vita
25 privaverunt. De cujus sanguine palus Dirce, quae est Thebis, facta esse dicitur. Quorum unus Amphion studium
citharae habuit, et sic citharizare fertur, ut montes et silvas
ac saxa ac lapides ad se vocare dicatur. Quae saxa ac
lapides Zethus, frater ejus, ad Thebas duxit; diciturque
30 Thebarum inde struxisse muros. Dircacus vero Amphion a
Dirce fonte appellatus, quia matrem ejus dii in fontem mu-
taverunt.

98. Nyctimene.

Nyctimene postquam cum patre rem habuit, et agnovit faci-
35 nus, se in silvis abdidit, et lucem refugit; ubi deorum miseratione conversa est in avem, quae pro tanto facinore avibus
est admirationi.

99. Glaucus.

Glaucus piscator fuit de Anthedone civitate. Qui quum
40 captos pisces super herbam posuisset in litore, et illi recepto

spiritu maria petissent, sensit quandam herbarum potentiam. Quibus esis conversus est in numen marinum.

100. Glaucus et Venus.

Potnia civitas est, de qua fuit Glaucus. Qui quum sacra Veneris sperneret, illa irata equabus immisit fororem, 5 quibus utebatur ad currum, et eum morsibus dilaceraverunt. Hoc ideo fingitur quod eis furorem Venus immiserit, quia dilaniatus est Glaucus, effrenatis nimia cupiditate equabus, quum eas prohiberet a coitu, ut essent velociores.

101. Chelone et Mercurius. 10

Virgo quaedam, Chelone nomine, linguae impatientis fuit. Verum quum Juppiter Junonem sibi nuptiis jungeret, praecepit Mercurio, ut omnes deos et homines atque animalia ad nuptias vocaret; quibus sola Chelone, irridens et detrahens nuptiis, venire contemsit. Quam quum Mercurius 15 non venire notaret, denuo descendit ad terras, et aedes Chelonis, super fluvium positas, praecipitavit in mare; ipsam Chelonem in animal sui nominis convertit, quam nos *testudinem* dicimus, fecitque, ut pro poena dorso tectum prona portaret. Unde incurvatis aedificiis hoc est nomen impo-20 situm.

MYTHOGRAPHUS PRIMUS.

Liber II.

102. Saturnus et filii.

Saturnus Pollucis filius dicitur, Opis maritus, senior, 25 velato capite, falcem ferens. Qui sic dicitur regnasse et multa sibi regna subjugasse. Unde et quia magnae potentiae fuit, pro deo summo habitus est.

Habuit ex Rhea tres filios, Jovem, Neptunum, Plutonem: quorum unus Juppiter patri naturalia resecavit et in 30 mare projecit, et ex iis nata est Venus, dea libidinis. Hi fratres et per sortem postea mundum totum sibi diviserunt. Juppiter caelum, Neptunus mare, Pluto infernum occupavit.

Et quia singuli fratres potentiam in regno habere viderentur, aliquid indicii gerunt, Juppiter trifidum fulmen, Neptunus tridentem, Pluto Tricerberum.

103. Saturnus, Philyra et Chiron.

5 Dum cum amata Philyra Saturnus rem haberet, Ops ejus uxor advenit. Cujus praesentiam veritus, se in equum convertit, qualem numen potuit imitari, Exinde natus est Chiron dimidia parte homo, dimidia equus. Iste Chiron primus adinventor fuit medicinae, quam postea Aesculapio 10 demonstravit.

104. Ortus Jovis.

Saturnus a Themideo oraculo comperiens, a filio se posse regno depelli, natos ex Rhea uxore devorabat. Quae natum Jovem, pulchritudine ejus delectata, Nymphis commen-15 davit in monte Cretae Dictaeo; ubi eum aluerunt apes, et adhibiti sunt Curetes et Corybantes, qui tinnitu aeris prohiberent audiri pueri vagitum. Unde ipsi sunt matris deorum ministri. Sed tunc quum natus esset Juppiter, ut partum ejus celaret mater, misit Saturno gemmam in simili-20 tudinem pueri celsam, quam ABIDIR vocant, cujus natura semper movetur. Quam accipiens pater dentibus collisit et consumsit.

105. Juppiter, Saturnus et Venus.

Juppiter adultus, quum Saturnus quodam die ad usum 25 corporis exiret, illato cultro amputavit naturalia ejus, quae in mare projecit, ex quibus Venus nata est; et mox Juppiter patrem regno expulit. Sed Saturnus in Latium in Italiam fugit, et ibi latuit, et desierunt aurea esse saecula sub Jovis imperio, quae usque ad eum, ob simplicem vitam 30 hominis, aurea dicta fuerant. Juppiter suam sororem Junonem accepit uxorem. Mystice autem primum Jovem ponunt, id est *ignem*; unde et Ζεύς (quod est *vita* sive *calor*) dicitur; secundam Junonem, quasi *aerem*.

106. Juno et hortus Hesperidum.

35 Juppiter quum Junonem duceret uxorem, traditur invenisse ferentem aurea mala cum ramis. Inde Junonem admiratam petisse a Terra, ut in suis hortis sereret, qui erant usque ad Atlantem montem. Cujus filiae quum saepius de arboribus mala decerperent, Juno dicitur pervigilem dra-40 conem ibi custodem posuisse, quem post Hercules occidit.

107. Neptunus.

Neptunus dictus quasi *nube tonans*, quém Graeci Ποσειδῶνα vocant, tertius potestate a Jove et Junone propter aquarum elementum. Hic tridentem ferre pingitur, eo quod aquarum natura triplici virtute fungatur; ut sit liquida, 5 fecunda, potabilis. Huic Neptuno Amphitritem in conjugium deputant: ἀμφὶ enim Graece dicitur *circumcirca*, eo quod omnibus tribus elementis aqua conclusa sit. Qui Neptunus habuit ex Venere filium Erycem, Siciliae, èx Merope Amycum, Bebryciorum regem. 10

108. Pluto.

Pluto, frater Jovis et Neptuni, dicitur terrarum praesul, quia πλοῦτος Graece *divitiae* dicuntur. Hunc alii Orcum vocant, quasi *receptorem mortuorum*, quia tenebris abditum inferis praeesse tradunt. Hujus pedibus Tricerberum 15 canem subjiciunt, quod mortalium jurgiorum invidiae ternario conflentur statu, id est naturali, causali, accidenti.

109. Tres Furiae vel Eumenides.

Tres Furias, dictas Eumenidas, Plutoni dicunt deservire. Quarum prima Alecto Graece *impausabilis* dicitur; 20 Tisiphone, id est *istarum vox*; Megaera, quasi *magna contentio*. Hae pro crinibus habent angues.

110. Tria Fata.

Tria fata etiam Plutoni destinant. Haec quoque Parcae dictae per antiphrasin, quod nulli *parcant*. Clotho colum 25 bajulat, Lachesis trahit, Atropos occat. Clotho Graece, Latine dicitur *evocatio*; Lachesis, *sors*; Atropos, *sine ordine*.

111. Tres Harpyiae seu Stymphalides.

Tres Harpyiae in inferis vigiliis deputantur. Aëllo 30 cupit; rapit Ocypete; Celaeno recondit. Aëllo, id est *alienum tollens*; Ocypete, id est *citius auferens*; Celaeno, id est *nigra*.

112. Proserpina.

Proserpinam, Cereris filiam, nuptam volunt Plutoni. 35 Ceres enim *gaudium* dicitur, et est dea frumenti. Proserpina vero dicta, quia ex eo *proserpant* fruges. Haec et Vesta dicitur, quia herbis vel variis *vestita* sit rebus. Diana etiam eadem est, quasi *Duana*, quia luna et die et nocte appareat. Ipsam etiam Lucinam asseverant, eo quod 5 *luceat*. Eandem et Triviam, eo quod *tribus* fungatur figuris; de qua Virgilius: *Tria virginis ora Dianae*; quia eadem Luna, eadem Diana, eadem Proserpina vocatur. Haec et Latonia virgo dicitur a matre Latona; et Plutonia conjux. Graece Hecate dicitur.

113. Apollo.

10   Apollinem, filium Jovis, fratrem Dianae, Solem dici voluerunt. Hunc et divinationis deum ponunt, eo quod sol omnia obscura manifestet in lucem. Solem autem dicunt, quasi *solum*. Ipsum Titanem, quasi unum ex Titanibus, 15 qui adversus Jovem non fecit. Ipsum Phoebum, quasi *ephebum*, hoc est *adolescentem*; unde et Sol puer pingitur, eo quod quotidie oriatur et nova luce nascatur. Pythium quoque eundem Apollinem vocant a Pythone, immensae molis serpente, quem Apollo, sagittarum ictibus sternens, 20 nominis quoque spolia reportavit, ut Pythius vocaretur. Huic quoque quadrigam adscribunt, illam ob causam, quod quadrifido limite diei metiatur spatium; vel quod quatuor sunt tempora anni. Quatuor equorum Solis nomina: Aethon, Lampus, Erythraeus et Philogeus. Erythraeus Graece *rubeus* 25 dicitur, eo quod sol matutino lumine rubicundus exsurgat. Aethon, *splendens*; Lampus vero *ardens*. Philogeus *terram amans* dicitur, eo quod vespere occasibus sol pronus incumbat.

114. Novem Musae.

30   Novem Musas Apollini deputant, ipsumque decimum Musis adjiciunt, quia humanae vocis decem modulamina sunt. Et haec nomina et interpretationes Musarum: Clio, id est *cognitio quaerendae scientiae*, quae reperit historias. Euterpe, id est *bene delectans*, quae tibias invenit. Mel- 35 pomene, id est *meditationem faciens*, quae tragoedias edidit. Thalia, id est *capacitas*, quae comoedias edidit. Polymnia, id est *multa memorare faciens*, quae rhetoricam invenit. Erato, id est *inveniens simile*, quae geometriam reperit. Terpsichore, id est *delectans instructione*, 40 quae psalterium instituit. Urania, id est *caelestis*, quae astrologiam invenit. Calliope, id est *optimae vocis*, quae litteras docuit.

115. Apollo, corvus et Coronis, filia Phlegyae.

In Apollinis tutela corvum ponunt, sive quod solus contra rerum naturam in mediis ipsis aestivis fervoribus oviparos pullulet foetus; sive quod in horoscopicis libris solus 5 inter omnes aves LXIV significationes habeat vocum. Haec est autem fabula. Corvus, Apollinis tutela usus, eo sacrificante, missus a fonte aquam puram petitum, vidit arbores complures ficorum immaturas. Eas expectans dum maturescerent, in arbore quadam earum consedit. Itaque post 10 aliquot dies coctis ficis, et a corvo pluribus earum comesis, expectans Apollo, corvum vidit cum cratere pleno volare festinantem; pro quo amisso, dixit se moratum diu Apollinem, qui, coactus mora corvi, alia aqua est usus, et hac ignominia eum affecit, ut quamdiu fici coquerentur, corvus 15 bibere non possit; ideo quod guttur habeat pertusum illis diebus. Istrus autem et complures dixerunt, Coronidem Phlegyae filiam fuisse. Hanc autem ex Apolline Aesculapium procreasse. Sed postea Elati filium cum ea concubuisse; quod videtur corvus Apollini nuntiasse. Qui quum fuerit 20 antea candidus, pro incommodo nuntio eum nigrum fecisse, et Coronidem sagittis confixisse.

116. Apollo et Daphne, seu laurus.

In Apollinis tutelam laurum adscribunt. Nam scimus, Daphnen, Ladonis, fluminis Arcadiae, filiam, dilectam ab 25 Apolline, et Terrae miseratione in laurum conversam. Et unde laurus nasci posset, nisi de fluvialibus aquis? Et sic poëtae describunt: si laurum dormientibus ad caput posueris, vera somnia esse visuros.

117. Apollo et Hyacinthus.

Hyacinthum amatum tam a Borea, quam ab Apolline 30 dicunt. Qui quum magis Apollinis amore laxaretur, dum exercetur disco, ab irato Borea eodem disco est interemtus, et mutatus in florem nominis.

118. Apollo et Eridanus.

Apollo, qui et Sol, cum Clymene Nympha rem habens, 35 Phaëtonta, sive Eridanum, dicitur genuisse, qui suscitavit Hippolytum occisum, precatu patris et Dianae. Hic a patre impetrato curru, agitare non potuit; et quum ejus errore mundus arderet, fulminatus a Jove, in fluvium Italiae 40 cecidit; et tunc a luce ardoris sui Phaëton appellatus est, et proprium nomen fluvio dedit. Unde mixta haec duo nomina inter Solis filium et fluvium invenimus. Postea ejus sorores, Phaëthusa et Lampetusa, flendo in populos versae sunt. Hac ira commotus Apollo, fabros Sicanos, Jovi ful-5mina facientes, interfecit. Quapropter Juppiter eum divinitate exuit, et a caelo dejecit. Qui expulsus boves Admeti regis per quatuor annos pavit super Eurotam fluvium, ubi quam plures habuit filios.

119. Mercurius et Maja.

10   Juppiter jacuit in Cyllene monte cum Maja, et habuit filium Mercurium, quem Juno ita dilexit, quod propria mamma eum lactavit, et artem medicam insinuavit. Pater vero tradidit ei virgam caduceam; qua si quem ex grossiori parte a capite tangeret, moreretur; quem vero a subtili, 15viveret. Mercurius quasi *medius currens* dicitur appellatus, quod sermo *currat* inter homines *medius*; unde et velox et errans inducitur. Alae ejus in capite et in pedibus significant, volucrem ferri per aëra sermonem Nuntium dicunt, quoniam per sermonem omnia cogitata nuntiantur. Ideo 20autem furti magistrum dicunt, quia sermo animos audientium fallit. Virgam tenet, qua serpentes dividit, id est venena: nam bellantes ac dissidentes interpretum oratione sedantur. Unde, secundum Livium, legati pacis caduceatores dicuntur. Sicut enim per feciales bella indicebantur, ita 25pax per caduceatores fiebat. Hermes autem dicitur Graece ἀπὸ τῆς ἑρμηνείας, Latine interpres. Qui ob virtutem multarumque artium scientiam Trismegistus, id est ter maximus, nominatus est. Cur autem eum capite canino fingunt, haec ratio dicitur, quod inter omnia animalia canis 30sagacissimum genus et perspicax habeatur.

120. Semele et filius ejus Liber pater.

Juppiter cum Semele concubuit, de qua natus est Liber pater. Ad quam cum fulmine veniens, illa crepuit. Unde pater puerum tollens, in femore suo misit; post Maroni 35nutriendum dedit. Hic Indiam debellavit, et inter deos deputatus est. Itaque cum Semele quatuor sorores appellatae sunt, Ino, Autonoë, Semele et Agave; quae Agave caput filii violenter abscidit. Hae quatuor sorores Bacchae dictae sunt, et mystice per has quatuor ebrietatis genera signan-40tur, id est vinolentia, oblivio, libido, insania. Juno autem suspectam eandem Semelem, Cadmi et Hermiones filiam, quum haberet, quod cum Jove concubuisset, in anum conversa, hac fallacia, ut se ab invidia cujusquam ulcisceretur.

hortata est eam, ut tale pignus amoris a Jove peteret,
proinde auctoritas ipsius concubitus insignis esset. Quod
quum impetravisset, deus, instructus tonitribus ac fulminibus,
domum Semeles ingressus est. Decepta est optatis. Tecta
et ipsam flamma adussit. Liberum, conceptum utero, Jup-5
piter incendio eripuit, ac femore insuit suo. Postea completis mensibus, Nymphis, quae Nysam, montem Indiae,
perfrequentabant, clam tradidit nutriendum. Septem enim
fuerant sorores, eaedem Nymphae Dodonides appellatae,
quae a Lycurgo fugatae ad Thetim profugerunt, ut scribit 10
Pherecydes et Asclepiades. Quam ob causam ab Jove eis
gratia est relata, quod inter sidera sunt constitutae, quae
VII. numero Hyades sunt appellatae. Hinc Liber pater,
seu Dionysus, tigribus sedere dicitur, quod omnis vinolentia
feritati semper insistat: et Lyaeus dicitur quasi lenitatem 15
praestans. Juvenis autem pingitur, quia ebrietas numquam
matura est.

121. Liber et Juppiter Hammon.

Liber, seu Dionysus, quum Indos peteret, et per
Xerolibyam exercitum duceret, fatigatus siti, Jovis sui patris 20
auxilium imploravit: et statim viso ariete, fons secutus est.
Unde factum est ab eo deinceps Jovi, Hammoni ab arenis
dicto, simulacrum cum capite arictino. Quod ideo fingitur,
quia notis ejus sunt involuta responsa.

122. Liber et Tyrrheni. 25

Quum Tyrrheni nautae dormientem in litore Liberum
patrem invenissent, furtim eum in navem suam rapuerunt.
Qui quum esset experrectus in navi, quo duceretur interrogavit. Responderunt illi, quo vellet. Liber ait ad Naxum
insulam, sibi sacratam. Illi autem alio vela flectere coe-30
perunt. Quamobrem numen iratum tigres sibi dicatas visibus
eorum objecit; quarum illi terrore perterriti, sese praecipites
in fluctus dedere.

123. Liber pater et Lycurgus rex.

Lycurgus rex Thraciae fuit. Qui, ut fabula habet, 35
dum contemnens Liberum, ejus amputat vites, crura sua
incidit. Re autem vera abstemius fuit; quos constat acrioris
esse naturae; quod etiam a Demosthene dictum est.

124. Minerva.

Minerva, dea sapientiae, multorum inventrix fuit inge-40
niorum. Haec Graece 'Αθηνᾶ dicitur, apud Latinos autem

Minerva, quasi *manus artium variae.* Ideo autem de capite Jovis dicitur esse nata, quia sensus sapientis, qui invenit omnia, in capite est. Haec et Tritonia dicitur, quia circa Tritonium lacum dicitur apparuisse in virginali aetate.
5 Pallas autem eadem est dicta, vel ab insula Pallene, in qua nutrita est; vel ἀπὸ τοῦ πάλλειν, id est ab *hastae incursione*; vel quod Pallantem Gigantem occidit.

125. Minerva et Marsyas.

Minerva eadem ex osse tibias invenit. Cum quibus
10 quum in convivio deorum cecinisset, ejusque tumentes buccas dii omnes irrisissent, illa ad Tritoniam paludem pergens, in aqua faciem suam speculata est; et dum turpia adjudicasset buccarum inflamina, tibias jecit. Quibus Marsyas repertis, doctior factus, Apollinem concertaturus de
15 cantibus provocavit; et ambo sibi Midam regem judicem deligunt. Cujus judicio Marsyas victus poenas pendit, ac suspensus et enudatus, usque ad necem verberibus ab eo est caesus; et tantum sanguinis sui fusum est, ut fons inde nasceretur, cujus Juvenalis meminit, dicens: *Ceu Marsya*
20 *victus.* Alii tradunt, quod Nymphae Satyrique, ceterique ruris incolae in tantum Marsyam Satyrum fletu prosecuti sunt, quod ejus cantu carituri essent, ut ex lacrimis eorum flumen creverit, quod Marsyas dicitur. Quidam dicunt, Midam regem non recte judicasse, et ob id aures ei asininas
25 ab Apolline deputatas. Sed hoc alias.

126. Priapus et Lotos Nympha.

Lotos Nympha quaedam fuit. Quam quum amatam Priapus insequeretur, illa deorum miseratione in arborem versa est, quae vulgo *faba Syriaca* dicitur. Sed ipse
30 Priapus pulsus est de Lampsaco civitate propter virilis membri magnitudinem. Postea in numerum deorum receptus, numen hortorum esse meruit. De hoc Horatius: *Fures dextra coërcet*
Obscenoque ruber projectus ab inguine palus.
Ast importunas volucres in vertice arundo
35 *Terret fixa,*
Dicitur autem praeesse hortis propter eorum fecunditatem. Nam quum alia terra seminalem vim coërcet, horti numquam sine fructibus sunt.

127. Pan figurative.

40 Pan deus est rusticus, in naturae formatus similitudinem. Unde et Pan dictus est, id est *omne.* Habet enim cornua,

radiorum solis et cornuum lunae similia. Rubet ejus facies ad aetheris imitationem. In pectore nebridem habet stella-tam, ad stellarum imaginem. Inferior ejus pars hispida propter arbores, virgulta, feras. Caprinos pedes habet, ut ostendat terrae soliditatem. Fistulas habet septem calamo-5 rum propter harmoniam caeli, in qua VII. soni sunt. Unde dicit Virgilius: *Septem discrimina vocum.* Curvam ergo καλαύροπα habet, id est *pedum*, quia annus intra se re-currit. Hic, quia totius naturae deus est, a poëtis fingitur cum Amore deo luctatus, et ab eo victus, quia *amor omnia* 10 *vincit.* Hic ergo amavit Syringam Nympham, quam quum insequeretur, illa, implorato Terrae auxilio, in calamum versa est; quem Pan ad amoris solatium incidit, et sibi fistulam fecit.

128. Vulcanus. 15

Vulcanus, eo quod deformis esset, a parentibus suis, id est Jove et Junone, spretus est, et in insulam Lemnum praecipitatus, illicque a Sintiis nutritus. Hic quum Jovi fulmina fabricaret, non est admissus ad epulas deorum. Postea quum rogaret patrem suum Jovem, ut idem Minervae 20 conjugium sortiretur, concessum est illi, si concessu ipsius Minervae posset fieri. Illa autem amorem ejus spernente, et nimium reluctante, natus est puer draconteis pedibus, qui appellatus est Erichthonius, quasi de *terra* et *lite* pro-creatus: nam ἔρις est *lis*, χθών *terra.* Hic ad celandam 25 pedum foeditatem, junctis equis, usus est curru, quo tegeret sui corporis turpitudinem.

129. Phorcus.

Phorcus Thoosae Nymphae et Neptuni filius dicitur: ut autem Varro dicit, rex fuit Corsicae et Sardiniae. Qui 30 quum ab Atlante rege navali certamine cum magna exer-citus parte fuisset obrutus, finxerunt socii ejus eum in deum marinum esse conversum.

130. Tres Gorgones et Perseus.

Phorcus tres habuit filias, Stheno, Euryalen, Medusam, 35 quae uno contuebantur oculo, et contuentes in lapidem con-vertebant; unde et Gorgones dictae a *terrore:* γοργώ namque Graece *terror* dicitur. Contra quas missus est Perseus cum crystallino clypeo et harpe, quod est genus falcati teli; et adjutorio Minervae eas interfecit. Re vera 40 tres fuerunt sorores unius pulchritudinis; unde fictum est,

ut uno intuerentur oculo. Fuerunt autem locupletissimae; unde et G o r g o n e s, quasi *georgicae*, id est quasi *terrae cultrices*; γῆ enim Graece, Latine *terra*; γεωργία dicitur *cultura*. Mortuo patre, Medusa major filia in regnum suc-
5 cessit, quam Perseus, rex Asiae, interfecit, et ejus regnum abstulit. Veritas tamen hoc modo se habet. Gorgon *terror* interpretatur, Stheno *debilitas*, Euryale *lata profunditas*, Medusa *amentia* vel *oblivio*. Haec autem omnia in hominibus terrorem operantur. Perseus autem in figura virtutis
10 ponitur, qui Gorgonem auxilio Minervae interfecit; quia virtus sapientiae omnes vincit terrores. De sanguine autem Gorgonis natus est Pegasus, qui *fama* interpretatur; et pede suo fontem Castaliae sive Pegaseum produxit; quia virtus, omnia superans, bonam sibi acquirit famam. Finguntur autem poëtae de illo
15 potare fonte, quia poëticis figmentis maxime fama juvatur. Notandum est vero, quod Pegasus equus fuit Neptuni.

131. Medusa Gorgo.

Medusa Gorgo quum propter pulchritudinem a pluribus peteretur, conjugium Neptuni effugere non potuit. Quae
20 quoniam in templo Minervae cum eo rem habuit, propter religionem loci, quem inquinavit, crines ejus ab eadem in serpentes sunt mutati, ut, quum petita in conjugium a pluribus procis esset, objecta deformitate, obvios in fugam averteret.

132. Tres Gratiae.

25 Juppiter tres filias habuisse legitur cum Junone, famulas Veneris; quarum nomina sunt: Pasithea, Aglaie, Euphrosyne. Et quia blandae erant et mites, ideo Gratiae vocabantur.

133. Lemniades et Hypsipyle.

30 Lemniades quum diis omnibus decimas frugum annis singulis solverent, solam Venerem praetermittendam esse dixerunt. Quae irata his odorem immisit hircinum. Quas mariti exsecrantes, deserta Lemno odio conjugum, Thracas
35 petiverunt, eorumque filias sibi ascivere conjugio. Quod ubi Lemniadibus compertum est, stimulante Venere, in omne genus virile conjurant, remeantesque ex Thracia viros omnes interemerunt. Inter quas Hypsipyle patri Thoanti sola subvenit, ut ei non solum parceret, verum etiam fugientem
40 prosequeretur ad litus. Tunc Thoanti Liber occurrit, eumque ad insulam Chion prospera navigatione perduxit. Lemnon Argonautae venerunt, quos Lemniades hospitio suscipientes,

cùm his nuptias junxerunt. Hypsipyle ex Iasone filios procreavit Euneum et Thoantem. Quum plurimis diebus detenti essent, ab Hercule objurgati discesserunt. Lemniades autem postquam intellexerunt, Hypsipylen patrem suum servasse, interficere eam conatae sunt. Illa dum fugit, a praedonibus 5 est capta, et Nemeam deportata, et Lycurgo, regionis ejus regi, in servitutem distracta.

134. Danaus et Aegyptus.

Danaus, Beli filius, ex pluribus conjugibus quinquaginta filias habuit; totidemque frater ejus Aegyptus filios, qui Da- 10 naum fratrem, ut filias filiis suis in matrimonium copularet, postulavit. Danaus, responso accepto a diis, quod generi sui manibus interiret, Argos profectus est et primus dicitur navem fecisse, a cujus nomine Argo dicta est navis. Aegyptus mittit filios suos ad persequendum fratrem, hisque praecepit, 15 ut aut Danaum occiderent, aut domum non redirent, ut Agenor filio Cadmo imperaverat. Qui postquam Argos venerunt, coeperunt patruum oppugnare. Danaus postquam vidit, se non posse resistere, filias suas eis uxores spopondit; quae patris jussu in nocte viros suos universae interfecerunt, 20 praeter Clytemnestram, quae sola Lynceo viro suo pepercit. Ob hoc scelus Danai filiae apud inferos hac dicuntur poena damnatae, ut aquam in dolium pertusum mittant.

135. Historia Dardani et Origo Trojanorum.

Dardanus et Iasius fratres fuerunt, Electrae, filiae At- 25 lantis, filii; sed Dardanus de Jove, Iasius de Corytho procreatus est, a cujus nomine mons et oppidum nomen accepit. Postea Iasium dicitur Dardanus occidisse. Idem Dardanus ab Italiae regione Tuscia, ex responso locum mutans, per Thraciam Samum delatus est, quam Samothraciam nominavit. 30 Et hinc ad Phrygiam devenit, quam Dardaniam a suo nomine nominavit: ex quo natus est Erichthonius, qui in istis locis regnavit. Ex Erichthonio Tros, qui justitia et pietate laudabilis fuit; isque, ut memoriam sui nominis faceret, Erichthoniam Trojam nominavit. Qui etiam Tros filios habuit Ilum 35 Assaracumque. Ille, quia major natu erat, regnavit, atque Trojam de suo nomine Ilium nominavit. Assaracus a primatu recessit. Ilus Laomedontem filium habuit. Ex Laomedonte primus Priamus natus est. Assaracus Capyn genuit, ex quo Anchises editus est; Anchisesque Aeneam procreavit. 40

136. Laomedon, Hercules et Hesiona.

Laomedon rex fuit Trojanorum, pater Priami. Qui petiit Neptunum et Apollinem, ut aedificarent Trojam pro-

missa mercede. Quam quum ipsi aedificassent, mentitus est
munera. Unde indignatus Apollo pestilentiam eis immisit,
Neptunus cetum maximum. Super quibus dum consuleretur
Apollo, respondit contraria, dicens, *omnes filias ejus ceto*
5 *esse opponendas*, qui totam civitatem devastabat. Tunc superveniens Hercules, dum Colchos peteret, Hesionam filiam
ipsius petiit in conjugium, quam ille ei promisit, si a ceto
posset eam liberare. Hercules, interfecto ceto, conjugem
sibi promissam petiit; sed ille mentitus est. Unde indignatus
10 Hercules Trojae muros destruxit et Hesionam cuidam socio
suo Telamoni dedit; ex qua natus est Teucer. Nam Ajacem
ex alia constat esse natum. Tunc Hercules Priamum redemtum a sociis in paterno regno locavit.

137. Acesta et Hippotes.

15   Laomedon praenotatus rex, aedificata sibi a Neptuno et
Apolline Troja, dum promissis eos fraudasset, Neptunus iratus cetos grandes urbi immisit. Pro quibus consultus Apollo
respondit: *Objiciendas nobiles puellas beluae.* Quod quum
fieret, timens Hippotes quidam nobilis filiae Acestae (quum
20 Laomedontis regis filia jam esset, orta seditione, religata),
impositam eam navi misit, quo fors tulisset. Haec ad Siciliam
delata, ab Crimiso fluvio, converso in canem vel in ursum,
compressa, Acesten edidit: qui ex matris nomine Trojanis
civitatem condidit, quae hodie Acesta nominatur.

138. Teucer.

25   Teucer quum, Troja spoliata, sine fratre esset reversus,
qui se furore propter arma perdita Achillis interemerat, Sa-
lamine pulsus, Sidonem venit; ex quo Dido cuncta cognovit.
Is Teucer, quod auxilium non dederit fratri suo interfecto,
30 ut quidam volunt, apud Trojam; et, quod ossa ejus in patriam non detulerit, et filium ejus parvulum secum non ad-
duxerit, credebatur eum occidisse, ne coheres ejus esset;
actus a patre in exilium, Belum, Phoenicium regem adiit,
qui Cyprum insulam armis subegerat. Ibi Teucer longo
35 bello urbem condidit, quam Salaminam nomine patriae vocavit. Hic Teucer cum hostibus Danais fuit. Alius est Teucer,
a quo Trojani Teucri dicuntur, qui post Dardani obitum
Trojae muros exstruxit et ampliavit. Ajax autem et Achilles
patrueles fuerunt, quoniam Telamon et Peleus fuerunt fratres,
40 Aeaci filii.

139. Tithonus et Aurora.

Tithonus fuit frater Laomedontis, regis Trojanorum.
Qui quum adamatus fuisset ab Aurora, petiit ab ea longitu-

dinem vitae. Unde tamdiu vixit, donec prae nimia senectute
versus est in cicadam. Hic filium suum Memnonem. ex
ipsa progenitum, ad Trojae misit auxilia. Niger autem dictus
et Aethiops, quia, ubi prima surgit aurora, dubia lux est.
Hujus apud Trojam extincti et sepulti tumulum aves annuo 5
volatu conventu officiose celebrant.

140. Pyrrhus et Helenus.

Achilles, ut in historia legimus, percussus a Paride sagitta in templo Apollinis Thymbraei, moriens petiit ut, evicta
Troja, ad ejus sepulcrum Polyxena immolaretur; quod filius 10
ejus Pyrrhus, quem ex Deidamia habuit, implevit. Postmodum in patria, in numinis Apollinis insultationem, in templo
ejus Delphico aras patri constituit, et illic ei coepit sacrificare. Hic Pyrrhus dum ab Oreste, cujus sponsam Hermionem rapere voluerat, occisus jam exspiraret, praecepit, ut 15
Andromache, sua conjux, Heleno daretur, quem quidem
captivum a Troja duxerat; sed in multis ab eodem Heleno
fideliter erat praemonitus et cautus redditus; unde hoc beneficium ei reddidit.

141. Diomedes. 20

Diomedes, qui et Tydides, postquam ira Veneris a se
vulneratae, dum Aeneam filium suum in certamine nube interposita liberasset ab ejus manibus, uxorem apud Argos
turpiter vivere resciens, noluit reverti, sed tenuit partem
Apuliae: et edomita omni montis Gargani multitudine, in 25
eodem tractu civitates plures condidit. Nam et Beneventum
et Argos Hippium ipse condidit, et Arpos, quae et Argyrippa
dicitur; ad quam Venulus Argivus de Tiburte mittitur, non
ad Arpinum, quam constat esse Campaniae. Unde est illud:
Praedam Tiburtum ex agmine raptam portat. 30

142. Diomedes et palladium.

Diomedes quum multis casibus affligeretur, palladium,
quod apud ipsum erat, Trojanis ab oraculo jussus est reddere.
Quod quum vellet implere, Aeneam invenit sacrificantem;
qui ne sacrificii ordinem rumperet, palladium Nautes accepit. 35
Unde Nautarum familia Minervae sacra servabat.

143. Socii Diomedis.

Diomedis socios constat in aves esse conversos post ducis
sui interitum, quem extinctum impatienter dolebant. Eae
aves hodieque Latine *Diomedeae* vocantur. Graeci ἐρωδιοὺς 40

dixerunt. Habitant autem insulam Electridem sive Febràm,
quae est haud longe a Calabria in conspectu Tarentinae civitatis. Quin et de his avibus dicitur, quod Graecis navibus
laetae occurrant, Latinas vehementer fugiant, memores ori-
5 ginis suae.

144. Euboea insula et Nauplius, Palamedis pater.

Euboea insula est, in qua mons Caphareus, circa quem
Graeci periere naufragio; quia Nauplius, Palamedis pater,
10 dolens filium suum factione mortuum, quum vidisset Graecos
tempestate laborare, montem Caphareum ascendit, et elata
facula signum dedit vicini portus. Quare decepti sunt Graeci,
et inter asperrimos scopulos naufragium pertulerunt.

145. Alia Euboea et Cumae.

15   Euboea item insula est, de cujus civitate Chalcide profecti sunt ad novas sedes quaerendas; et haud longe a
Bajis (qui locus a socio Ulixis Bajo, illic sepulto, nomen
accepit) invenerunt vacuum litus, ubi, visa muliere gravida,
civitatem condiderunt; quae res fecundam ostendebat fore
20 rem publicam; et eam *Cumas* vocarunt, sive a praegnante,
sive ab undis.

146. Melager et Oeneus.

Oeneus, pater Tydei et Meleagri, Parthaonis filius, rex
Aetoliae, cujus civitas est Calydon nobilissima. Hic summam
25 potestatem regni sui turbavit neglegentia sacrorum. Annua
siquidem vota pro imperii fructibus celebrans, numen Dianae
contemsit; propter cujus nimiam indignationem oppressus est,
ut videretur omnes placaturus, si illam solam adorasset. Ea
aprum summae magnitudinis regioni immisit; qui vastator
30 Calydoniae terrae ab urbis gente est appellatus. Cujus Oeneus feritate fractus, edictum tale proposuit, ut dimidiam
regni partem caperet, qui monstrum interemisset. Meleagri
virtus periculum non expavit. Siquidem ipse ejus filius undique juventutem collectam ad illam novi generis expeditionem
35 vocavit. Inter quos Atalante convenit, Iasii filia, summa
venatrix; quae in saltibus prima omnium praedictum aprum
sagitta percussit. Postea Meleager venientem in se feram
excepit interemitque; et gratus adversus puellam, quae inter
viros successu virtutis enituerat, pellem monstri illius cum
40 capite ad laudis illius testimonium ei dedit. Si munus, peractum fortitudine, invidia perdidit. Plexippus namque et

Agenor, Meleagri avunculi, indignati sunt, sibi praelatam fuisse virginem, et eam dono spoliaverunt. Qua contentione fata sibi maturaverunt. Etenim indignatus Meleager, consanguinitate calcata, matris suae fratrem Plexippum occidit, sibique matris affectum abstulit. Althaea siquidem germano-5 rum ultione saeviit. Nam titionem (quem occultum habuit, quia, quum nasceretur Meleager, in regia subito fortis et ut juvenis apparuerat, et vaticinatum erat, quod *tamdiu viveret, quoadusque servatus esset*) mater ignibus mersit, eumque cum filii nece satis extinxit. Quae postquam admissum faci-10 nus agnovit, laqueo vitam finivit.

147. Clytemnestra et Orestes, filius ejus.

Clytemnestra fuit uxor Agamemnonis. Qui quum reversus esset de bello Trojano, interfectus est per Aegisthum adulterum. Nam quum ingressus fuisset domum suam, ob-15 tulit ei Clytemnestra vestem sine capicio. Quam quum vellet induere et capicium invenire non posset, ab Aegistho adultero occisus est; quem postea simul cum matre Orestes interfecit; unde in amentiam versus est. Hic namque Orestes, Agamemnonis et Clytemnestrae filius, quia optimus tragoedus 20 fuit, in scenis celebratus, quum matrem et Aegisthum occidisset, insanivit. Qui socii Pyladis admonitu, ad evitandas Furias templum Apollinis ingressus, quum vellet exire, invaserunt eum Furiae. Hinc est: *Ultricesque sedent in limine Dirae.* 25

148. Europa et Juppiter.

Europa fuit filia regis Graecorum Agenoris. Quae dum colligeret flores in pratis secundum consuetudinem puellarum, Juppiter, in formam speciosi tauri conversus, ei vim intulit hoc modo. Quum Mercurius jussu patris in Phoenicem 30 transgressus esset, ut armenta illius regionis ad litus compelleret, Juppiter in taurum conversus est; quumque se jumentis Agenoris regis immiscuisset, et in amorem sui spatiantes in arena virgines coëgisset, ac paulatim singulis alludens, novissime Agenoris filiam, cujus in amorem compulsus 35 averterat figuram, insidentem sibi tergo in insulam Cretam detulit, ibique nuptiis ejus fruitus est.

149. Agenor et Cadmus, filius ejus.

Agenor, rapta filia Europa, fratres ejus ad requirendam sororem misit, Cadmum, Cilicem, Phoenicem; ita ut, nisi 40 eam reperissent, ad se non reverterentur in patriam. Cilix diversas petiit regiones; novissime constituit Ciliciam, nec minus Phoenix a suo nomine Phoenicen. Cadmus, desperata spe visendi parentis. Apollinis oraculum ingreditur sciscitans, *in quibus partibus orbis consisteret.* Accepta itaque sorte, 5 ut vaccam a grege secretam, quae lunae signum in latere haberet, ageret, et ubi fessa procubuisset, ibi urbem statueret; parentis praecepto in eam terram devenit, quae postea Boeotia dicta est. Hic quum ad fontem Martis socios aquatum misisset, invenit eos a dracone consumtos. 10 Quod ubi vidit, serpentem interemit, et dentes ejus evulsos sevit: ex quibus multitudo armatorum gignitur, quae inter se domestico bello confligens concidit; ita ut ex ea multitudine quinque tantum viri relinquerentur, qui a Minervae voluntate condendae urbi Thebarum Cadmo socii additi sunt. Quorum 15 nomina sunt haec: Echion, Idaeus, Chthonius, Pelorus, Hyperbion.

150. Cadmus et Hermiona.

Cadmus, Agenoris filius, postquam inspectator suarum calamitatum fuerat in exitu nepotum, perosus Thebarum 20 sedes cum Hermiona, Veneris et Martis filia, conjuge sua, in Illyricos sinus profugit. Ibi a diis petita venia, ut in draconis speciem converteretur, qui initio mali causa fuit, vota sunt impleta, et in serpentes ambo versi sunt.

151. Monile Hermionae.

25 Hermione, quae ex Martis et Veneris adulterio nata est, quum praedicto Cadmo jungeretur matrimonio, aureum monile Vulcani accepit dono, hujusmodi venenis infectum, ut necesse esset hoc aurum gestanti aerumnarum molibus opprimi. Quantis enim veneficiis id ipsum monile secundum 30 fabulas infectum fuerit, Statius evidentissime describit. Enimvero Hermiona et Cadmus, vir ejus, in dracones sunt conversi. Deinde illud accepit Agave, quae in furorem versa filium suum Pentheum trucidavit. Deinde Semele, quae Junone seducente, fulminata est a Jove. Deinde Iocasta, 35 uxor Laii, quae cum filio suo Oedipo rem habens, inde filios et filias procreavit. Postea, Argia, Adrasti filia regis, uxor Polynicis, quae Thebanum bellum fieri ei persuasit. Ultimo tamen Eriphyla, uxor Amphiarai vatis, accepit, quae maritum, ad bellum ire nolentem, prodidit, et paene invitum 40 ire coëgit.

152. Eteocles, Polynices et Amphiaraus.

Eteocles et Polynices fratres, Thebani, regnum partiti, hoc pepigere foedus, ut unus uno anno regnum haberet,

alter patria exiret, usque dum completo anno, regnum postea haberet. In primo igitur anno Polynices, minor frater,
dimittens regnum, et post annum illud repetens, a fratre
ipsi est negatum. Proinde exul ad Adrastum, regem Argivorum, se contulit, ibique sub eo viriliter militans, ejus filiam 5
Argiam conjugem accepit. Postea vero quum frater sibi
reverso regnum negaret, bellum statuit; ubi fatum erat,
quod, si Amphiaraus sacerdos in bello, terra eum glutiente,
periret, Polynices victor esset. Amphiaraus autem mortem
timens, in domo latuit. Quare Eriphyla, uxor ejus, accepto 10
monili ab Argia, uxore Polynicis, quod Vulcanus Hermionae,
privignae suae, fabricavit, eum prodidit. Postea a Polynice
ductus ad bellum, terra deglutiente, ad inferos vivus cum
curru suo devectus est. Alcmaeon, filius ejus, volens ulcisci
patrem, interfecit matrem, ut Orestes.   · 15

153. Apollo et Sibylla.

Sibyllam Apollo pio amore dilexit, et ei poscendi quae
vellet arbitrium obtulit. Illa arenam manibus hausit, et tam
longam vitam poposcit. Cui Apollo id posse fieri respondit,
si Erythraeam, in qua habitabat, insulam relinqueret, et 20
eam numquam videret. Profecta igitur, Cumas tenuit, et
illic corporis viribus defecta, vitam in sola voce retinuit.
Quod quum cives ejus cognovissent (sive invidia, sive miseratione commoti, incertum est), ei epistolam miserunt, creta
antiquo more signatam. Qua visa terra, quia erat de ejus 25
insula, in mortem est soluta. Unde nonnulli hanc esse dicant,
quae Romana fata conscripsit; quia incenso templo Apollinis,
inde Romam allati sunt libri, unde haec fuerat.

154. Caenis et Neptunus.

Caenis virgo fuit, quae a Neptuno pro stupro praemium 30
sexus, mutationem meruit. Fuit etiam invulnerabilis. Sed
pugnando pro Lapithis contra Centauros crebris ictibus
fustium paulatim fixus in terra est. Post mortem tamen in
sexum rediit. Hoc autem ostendit dictum illud Platonicum
vel Aristotelicum, *animas per* μετεμφύχωσιν, *id est per-* 35
mutationem, sexum plerumque mutare.

155. Tarpeja.

Tarpeja sedes dicta est a Tarpeja virgine. Quum enim
Romulus contra Sabinos bella tractaret, et Tarpejo cuidam
dedisset arcem tuendam; filia ejus Tarpeja, aquatum pro- 40
fecta, in hostes incidit. Quam quum hortarentur ad prodi-

tionem, illa pro praemio poppscit ornatum manuum sinistra-
rum, id est armillas. Facta itaque proditione arcis, hostes
ingeniosa morte promissa solverunt. Nam scuta, id est si-
nistrarum ornatum, super illam jacientes, eam luce privarunt.
5 Quae illic sepulta, Tarpejae sedi nomen imposuit.

156. Niobe et filii.

Niobe, Tantali filia, uxor Amphionis, ex Sipylo Lydiae
orta; quae ex Amphione VII filios et VII filias habuit, id
est XIV, quorum nomina sunt haec: Archemorus, Antagorus,
10 Tantalus, Phaedimus, Sipylus, Xenarchus, Epinitus. Item
filiae: Astycratia, Pelopia, Chloris, Cleodoxe, Ogime, Phe-
gia, Neaera. Quorum numerositate quum se jactaret Niobe,
et diceret: *si Latona ideo colitur, quia gemino natorum
pignore seu foedere viget, quanto magis ego digna sum
15 veneratione, quae XIV filios genui!* ab Apolline et
Diana, quae et Trivia, sagittis ipsa et maritus et omnes filii
sunt interfecti. Unde Juvenalis:

Parce, precor, Paean, et tu depone sagittas;
Nil pueri faciunt, ipsam configite matrem!
20 *Amphion clamat; sed Paean contrahit arcum.*

157. Acrisius et Danaë.

Acrisius, rex Argivorum, filiam nomine Danaën habuit
mirae elegantiae. Ex cujus prole quum se oraculo perire
posse cognovisset, aeneam turrim fecit, et filiam suam intra
25 clausit, crebris excubiis eam custodiri praecipiens. Tunc
in aureum Juppiter imbrem mutatus, cum ea rem habuit,
per tectum delapsus in gremium virginis. Ex quo connubio
Perseus dicitur esse natus. Unde Terentius: *Deum clan-*
culum venisse per impluvium; factum fucum mulieri.
30 Ideo autem in aureum imbrem mutatus dicitur, quia auro
custodes corrupit, et sic cum ea cubitavit. Quum pater ipsius
eam gravidam esse comperisset, navi imposuit, ut iret, quo
fors tulisset. Deorum autem miseratione ad loca tuta, scilicet ad Italiam, delata, inventa est a piscatore Perseo, et
35 illic enixa puerum, Perseum nominavit. Oblata est autem
regi provinciae illius, qui eam sibi fecit uxorem, cum qua
etiam condidit Ardeam, a quibus Turnum originem volunt
ducere. Juppiter Perseum cuidam regi alendum commisit:
quod Juno dolens, nefandis odiis persequi coepit eum, ac
40 regem instigavit, ut eum aliquo modo perderet; qui misit
eum ad diversa monstra perimenda, uti Chimaeram et Gorgonem et Medusam.

158. Laodamia.

Laodamia uxor Protesilai fuit. Quae quum maritum in bello Trojano periisse cognovisset, optavit, ut umbram ejus videret. Qua re concessa, non deserens umbram, in amplexibus ejus periit.

159. Phyllis et Demophoon.

Phyllis regina Thracum fuit. Haec Demophoontem, Thesei filium, regem Atheniensium, redeuntem de Trojano proelio dilexit, et in conjugium suum rogavit. Ille ait, se prius rem suam ordinaturum, et sic ad ejus nuptias reversurum. Profectus itaque quum tardaret, Phyllis amoris impatientia et doloris impulsu, quod se spretam credebat, laqueo vitam finivit, et conversa est in arborem amygdalum sine foliis. Postea reversus Demophoon, cognita re, ejus amplexus est truncum: qui, velut sponsi adventum sentiret, folia emisit. Unde et φύλλα sunt dicta a Phyllide, quae antea πέταλα dicebantur.

160. Alcon.

Alcon fuit Cretensis sagittarius optimus. Cujus filium quum draco invasisset, tanta arte sagittam direxit, ut ea currens in serpentis defigeret se corpore, nec in filium transiret. Unde laudes meruit.

161. Codrus.

Codrus rex fuit Atheniensium, qui orto bello inter Laconas et Athenienses, quum oraculum respondisset, *illos posse vincere, quorum dux perisset,* habitu humili profectus est ad hostium vicina tentoria, et illic jurgio eos in suam caedem instigavit, et satis fecit oraculo.

162. Pirithous et Mars.

Pirithous, Lapitharum rex, quum uxorem duceret, vicinos populos Centauros, et sibi cognatos, et deos omnes, excepto Marte, ad convivium vocavit. Unde iratum numen immisit furorem, ut Centauri et Lapithae in bella venirent. Unde Virgilius: *Mars gentem immanem perdere voluit Lapitharum.* Centauri autem Ixionis et nubis filii sunt; quae nubes ipsi a Junone in sui forma est opposita.

163. Thessali.

Pelethronium oppidum est Thessaliae, ubi primum domandorum equorum repertus est usus. Nam quum quidam,

Thessalus rex, bubus oestro exagitatis, satellites suos ad
eos revocandos ire jussisset, illique cursu non sufficerent,
ascenderunt equos, et eorum velocitate boves secuti, eos
stimulis ad tecta revocarunt. Sed hi visi, aut quum irent
5 velociter, aut quum eorum equi circa flumen Peneum potarent capitibus inclinatis, locum fabulae dederunt, ut Centauri esse crederentur.

164. Phoenissa sacerdos.

Phoenissa Dryope sacerdos erat Liberi patris, quae
10 furtim gravida facta, dum taurum immolandum ad aram
cornibus protrahit, oneris oblita, propter nimiam ejus lassi-
tudinem infans coactus excidit de vulva.

165. Sisyphus.

Sisyphus ob hoc tali poena multatus, quia Aeginam,
15 Aesopi filiam, Juppiter amavit, eamque custodi patris clam
surripuit; et factum Sisyphus confessus est, quod ille humana
levitate patri quaerenti prodidit: unde saxum sine fine contra
montem rotare dicitur. Aliter. — Sisyphus est, qui apud inferos lapidem grandem volvit, quia multos ingenti saxo necavit.

20 ### 166. Arethusa et Alpheus.

Arethusa Nympha legitur, venatione expleta, se lavare
in Alpheo flumine. Ex quo quum adamata fuisset, et libentem fugisset, deorum miseratione in fontem versa, secretis
meatibus ad Siciliam fluxit. Quam dicitur Alpheus usque ad
25 Siciliam persequi.

167. Scyron.

Scyron, alto residens saxo, transeuntes coëgisse fertur,
ut sibi pedes lavarent; quod dum facerent, eos ex improviso
in praecipitium dedit.

30 ### 168. Crotopus et Coroebus.

Crotopus rex fuit Argivorum, cujus filiam Apollo vitiavit.
Quod pater indignans filiam interemit, quia Vestae sacerdos
fuerat, et in virginitate semper perdurare debuit. In cujus
ultionem Apollo horribile monstrum misit, quod Coroebus,
35 juvenis quidam fortissimus, occidit. Et hanc historiam Statius
decentissime scribit. Ipsum autem monstrum Lamia vocabatur. Lamiae sunt enim fossae camporum pluviis plenae,
vel voragines fluminum; unde ipsa ferocissima bestia Lamia
dicebatur.

169. Sphinx.

Sphinx quoddam monstrum fuerat, quod in scopulo residens praetereuntibus problema proposuit, et persolvere non valentes unguibus et dentibus dilaniavit. Ad quod Oedipus veniens, problema ejus enodavit, et ipsum occidit. 5

170. Atracias magus.

Atracias fuit Thessaliae pater et Hypocatiae, quam Pirithous duxit uxorem. Hic primus artem magicam apud Thraces constituit.

171. Lycormas fluvius. 10

Lycormas quidam fluvius, qui et Evenus dicitur, juxta quem Nessus est interfectus ab Hercule, rem conjugii faciens cum Deïanira, uxore Herculis. Quare ipse Hercules quandam tunicam induit, cruore Nessi Centauri perunctam, unde ipse perpessus est intolerabile incendium corporis. 15

172. Minos.

Minos Cretensis, cui ad gloriam et titulum sola natalium sufficeret claritas, mentis placiditate meruit, ut illum plus moribus, quam generis auctoritate mirentur homines. Fuit enim rex Cretae ita vita clemens, ut, quod est mirum, 20 gauderent eum dominum, quibus imperabat, habuisse. Defunctus deinde, quantum mansuetudo mereatur, patuit; nec fato quidem honore privatus est Nam dicitur apud manes de supremo exitu judicare mortalium. Veteres enim Graeci, ut impios crudelesque poenas apud inferos luere, sic bonum 25 quemque adeptum bonae vitae praemia post mortem esse ✓ dixerunt. Quod bonitatis est exemplum, quia Minos se non ut regem aut tyrannum, sed tamquam unum gessit de plebe; quae laus summa est.

173. Diana Taurica. 30

Diana Taurica, quam Orestes de Scythia transtulit, humano sanguine placari consueverat. Cujus quum simulacrum in Laconiam delatum esset, ne quod piaculum nasceretur intermissione soliti sacrificii, neve crudelitati Graeciae populus obediret, inventum est, ut inter se impuberes pueri de 35 sustinendis verberibus contenderent, ac se in hac patientia provocarent. Et super aram Dianae impositi flagellis verberabantur tam diu, donec ex humano corpore sanguis flueret, qui instar sacrificii esset.

174. Atalante et Meleager.

Atalante, Iasii regis filia, fugiens cujusdam concubitum, in venando facta est comes Dianae. A Meleagro per vim compressa puerum edidit, cujus conceptum quia diu sub 5 virginitate celavit, Parthenopaeum vocavit.

175. Quare columba dilecta sit Veneri.

Legimus, Cupidinem deum et Venerem causa voluptatis in quosdam nitentes descendere campos, lascivaque contentione certare, quis eorum plus florum colligeret. Quare Cu-10 pido, velocitate adjutus pennarum, magis acquisisse dicitur. Sed Peristera, Nympha quaedam, subito accurrens, adjuvando Venerem, colligendoque flores, Venerem potentiorem Cupidine fecit. Unde Cupido deus, indignatus sibi gloriae palma ablata, ipsam Nympham mutavit in columbam; quae etiam 15 Graece περιστερά dicitur. Proinde columba in tutela Veneris esse dicitur.

176. Juppiter, Juno et Vulcanus.

Juppiter et Juno voluerunt intimare suam divinitatem, et genuerunt παραδόξως, Juppiter de sua barba Minervam, 20 Juno de suo femore Vulcanum progenuit. Is deformior factus, ideoque praecipitatus est a caelo. Sed miseratione Plutonis praepositus est Cyclopibus, qui faciunt Jovi fulmina. Catax tamen permansit. Quum autem adolevisset, cum consilio Plutonis fecit sellam auream, ut posset agnoscere parentem. 25 In qua sedens Juno risit; unde cognovit, suam matrem esse.

177. Templum Junonis.

Templum Junonis fuit, in quo mensam Hercules, et Diana lectum habuit; ubi portabantur pueri, ut de ipsa mensa ederent, et inde acciperent fortitudinem; et in lecto Dianae 30 dormirent, ut omnibus amabiles fierent, et illorum generatio succresceret.

178. Styx et Victoria.

Styx palus est quaedam apud inferos, de qua legimus hoc: 'Di cujus jurare timent et fallere numen. Quod 35 inter fabulas ideo est, quia dicitur Victoria, Stygis filia, bello Gigantum Jovi favisse: pro cujus remuneratione Juppiter tribuit, ut dii, jurantes per ejus matrem, non audeant fallere. Ratio autem haec est. Styx maerorem significat; unde et Styx dicta est a tristitia. Dii autem laeti sunt semper et immortales: ergo maerorem non sentiunt, jurantque per rem suae naturae contrariam. In Stygem Thetis Achillem mersit, ejus mortem timens, eo quod natus mortali patre esset; et totum, praeter plantam, impenetrabilem fecit.

179. Antigone.

Antigone, Laomedontis filia decora, formam suam Junoni praetulit. Quare irata Juno crines ejus in angues mutavit. Quae dum lavaretur, deorum miseratione in ciconiam versa est; quam ob causam ut avis infesta colubris narratur.

180. Apollo et Cassandra.

Quum Apollo Cassandram, filiam Priami, adamaret, constituit, ut secum ea conditione rem conjugii haberet, ut illi scientiam divinandi concederet. Quae quum sibi promitteret quod voluit, ille scientiam divinandi concessit, Postea Apollo, spe promissi amoris, concessa divinatione, frustratus, fidem vera dicenti sustulit.

181. Minerva Graecis irata.

Fabula hoc habet. Propter stuprum Cassandrae, quam Ajax, filius Oïlei, unus de ducibus Graecorum, in templo Minervae vitiavit, Graecis iratam Minervam; vel quia ei victores superbia sacrificare noluerunt. Unde eos redeuntes gravissima tempestate fatigatos per diversa dispersit. Horatius: *Quum Pallas usto vertit iram ab Ilio.* Revera autem constat, Graecos tempestate laborasse aequinoctio vernali; quoniam manubiae Minervales, id est fulmina, tempestates gravissimas commovent. Ut enim gemini Apollinis et Herculis esse dicuntur, sic Minervae aries esse cognoscitur.|

182. Picus et Pomona.

Picum amavit Pomona, pomorum dea, et ejus volentis est sortita conjugium. Postea Circe quum eum amaret et sperneretur, irata eum in picum Martium convertit. Nam altera est pica. Hoc autem ideo fingitur, quia augur fuit, et domi picum habuit, per quem futura noscebat; quod libri pontificales indicant. Bene autem poëta ei lituum dedit; quod est augurum proprium.

183. Astraeus et Aurora.

Zephyri venti sunt, juxta Graecorum voluntatem, nati ex Astraeo et Aurora; unde Titanes duce Atlante originem

trahunt, Quos Juno causa Epaphi, ex Jove nati, contra
Jovem excitavit arma sustollere; unde victi poenas dedere ad-
juvantibus diis. Et Atlanti caeli onus imposuit. Unde Virgilius:
Tantane vos generis tenuit fiducia vestri? Hi autem ap-
5 pellantur diversis nominibus tam a Graecis quam a nobis.
Illi *Zephyrum*, nos *Austrum* dicimus. Nos *Aquilonem*,
illi *Boream* vocant. Illi *Eurum*, nos *Africum* dicimus.
Virgilius: *Dilapsus calor, atque in ventos vita recessit.*

184. Ganymedes.

10 Ganymedes, filius Troili, filii Priami, quum prima forma
ceteris Trojanis praeferretur, et assiduis venationibus in Idae
silva exerceretur, ab armigero Jovis, scilicet aquila, quae
quondam illi fulmina offerebat, in caelum raptus est, et factus
est pincerna deorum; quod officium prius occupaverat Hebe,
15 filia Minois, filii Jovis. Vel aliter. — Juppiter ne infamiam
virentis, id est masculini, concubitus subiret, versus in aquilam ex Ida monte Ganymedem rapuit, et fecit eum pincer-
nam in caelo.

185. Liriope et Narcissus.

20 Liriope Nympha ex amne Cephiso procreavit Narcissum,
cui Tiresias omnia prospera pollicitus est, si pulchritudinis
suae nullam habuisset notitiam. Hunc igitur quum Echo
diligeret, neque ullam viam potiendi inveniret, cura juvenis,
quem extremis vocibus persequeretur fugientem, extabuit;
25 ejusque corporis reliquiae in lapidem versae sunt. Quod ei
accidit Junonis ira, quia garrulitate sua eam saepe est morata, ne Juppiter in montibus, dum persequeretur Nymphas,
deprehendi posset. Fertur Echo filia Junonis, et ob deformitatem in montibus esse abscondita, ne quid ejus praeter
30 vocem inspici posset, quae tamen post obitum audita. Narcissum autem supra dictum ob nimiam crudelitatem, quam
in Echo exhibebat, Nemesis, id est Fortuna ultrix fastidien-
tium, in amorem sui pertulit, ut non minori flamma, ac illa,
exureretur. Qui quum assidua venatione fatigatus juxta fon-
35 tem in opaco procubuisset, et hauriens aquam similitudinem
sui conspexisset, et diutius ibidem moraretur, novissime extabuit, ita ut vita privaretur. Ex cujus reliquiis flos extitit,
quem Najades Nymphae, flentes casum fratris, Narcissi nomine notarunt.

186. Sirenes et Proserpina.

40 Sirenes, Acheloi fluvii et Melpomenes Musae filiae, quum
Proserpinam raptam requirerent, et eam minime invenisset,

versae sunt in volucres, ut non tantum in terris, sed in mari,
requisitam persequi possent. Novissime devenerunt ad petram Martis, quae imminebat proximo pelago. Harum itaque
fatum fuit, ut, quamdiu earum vox audita esset mortalibus,
manerent incolumes. Forte Ulixes monitu Circes, filiae Solis, 5
praetervectus est: tum se praecipitaverunt.

187. Latona et Lycii rustici.

Latona, Coei Gigantis filia, quum Junonis ira ob adulterium ex Jove conceptos Apollinem et Dianam parere non
posset, nullaque errantem eam regio susciperet, novissime 10
venit in Lyciam; et quum ardore aestivo sitim sedare vellet,
ab his, qui juncum legebant secus litus, prohibita est accedere. Quam ob rem ira accensa, petiit a diis, ut numquam
stagno accolae carerent. Auditis precibus, Juppiter agricolas
in speciem ranarum convertit. 15

188. Medea, Iason, Aeson, et nutrices
Liberi patris.

Iason postquam Medeam in Graeciam duxit, promisso
sibi conjugio copulavit, multis rebus expertus ingenium ejus,
petiit, ut parentem Aesonem in adolescentiam perduceret. 20
At illa nondum amore deposito, quem in eum habuit, nihil
denegando ei, ahenum constituit, herbarumque genera, quarum
scientiam habuit, variis regionibus quaesita, coquens, Aesonem interemtum in tepidis herbis immiscuit, et in pristinum
vigorem perduxit. Liber pater ut animadvertit, Aesonem 25
senectutem remediis Medeae expulisse, petit, ut nutricibus
suis ferret auxilium, easque in adolescentium vigorem reduceret. Cujus auctoritate et auxilio illa compulsa, iisdem remediis, quibus Aesonem in primam juventutem reduxerat, Libero aeternum beneficium dedit. 30

189. Deucalion et Pyrrha.

Juppiter propter audaciam Lycaonis ceterorumque mortalium, qui sceleribus suis etiam deorum potentiam tentabant,
orbem terrarum profusis imbribus inundavit (diluvio). Primum
autem diluvium sub Ogyge, rege Thebanorum, extitit, non 35
sub Saturno. Secundum sub Jove, quod et Deucalionis
dicitur. Et quum duo mortales pietate ceteros anteissent,
Deucalion, Promethei filius, et Pyrrha, eadem soror et uxor,
in Parnaso monte proluviem imbrium effugerunt; et sorte
moniti Themidis, quae eo tempore antistes terrae erat, a 40
diis per preces veniam acceperunt generandae prolis. Apol-

line namque consulto in templo, quod in eodem colle habebatur, respondit oraculum, ut in monte ossa matris suae in terram projicerent. Proinde magna ambiguitate haerere coeperunt, quae essent ossa matris suae. Tandem recordati
5 sunt, quod terra eorum mater esset, et petrae ossa terrae. Mox igitur post tergum saxa projiciebant. Quae Deucalion mittebat, viri efficiebantur; quae Pyrrha, feminae. Postea venit Prometheus et vivificabat homines illos, face caelesti adhibita.

190. Palici dii.

10 Symaethos fluvius est Siciliae haud longe ab urbe Catinensi, circa quem sunt Palici dii, quorum talis est fabula. Aetnam Nympham Juppiter quum vitiasset et fecisset gravidam, timens Junonem, secundum quosdam, Terrae commendavit ipsam puellam, et illic enixa est. Secundum alios, post par-
15 tum ejus quum de terra erupissent duo pueri, *Palici* sunt dicti, quasi *iterum venientes.* Hi primo humanis hostiis placabantur; postea quibusdam sacris mitigati sunt, et eorum immutata sacrificia. Ideo autem *ara placabilis*, quia eorum mitigata sunt numina.

191. Consus et circenses ludi.

20 Consus deus est consiliorum; qui ideo templum sub tecto habuit, ut ostendatur, tectum esse debere consilium. Inde est, quod et Fidei, panno velata manu, sacrificabant, quia fides tecta esse debet. Iste Consus et eques Neptuni dicitur.
25 Unde etiam in ejus honorem circenses celebrantur. Circenses autem dicti vel a *circuitu*, vel quod ubi nunc metae sunt, olim gladii ponebantur, quos *circuibant.* Dicti autem circenses ab *ensibus*, circa quos currebant.

192. Hercules et Olympiadum ludus.

30 Hercules et milites ejus pugnaverunt primitus super equos juxta Olympum montem. Quos videntes hostes a longe super equos, crediderunt Centauros esse, et stupefacti in fugam versi sunt. Et ideo Hercules ibi ludos instituit. Hercules enim apud Graecos virtute sollemni, multimodo cursu pedum,
35 sub uno anhelitu, tertiam partem miliaris, id est CXXV passus, percurrebat, et juxta montem Olympum terminum statuit: unde et *stadium* dictum est a *stando*, ad metam scilicet, cursu peracto; et est stadium octava pars miliarii. Postea ad imitationem Herculis ludus est institutus, Olympias
40 dictus. Olympias dicebatur tempus IV annorum, siquidem expletis annis tribus, anno quarto veniente celebrabatur festivitas

in honorem Jovis Olympici, id est caelestis; qui dictus Olympi-
cus ab Olympo monte, ubi colebatur, et poëtae pro caelo ponere
solent; est enim mirae altitudinis. In illa autem festivitate
omnia genera ludorum certaminumque exercebantur, diversis-
que modis ibi currebatur tam cursu pedum, quam equis et 5
curribus; et termino posito, ad quem currerent, mox retro
seu in aliam partem flectebant.

193. Tiberis.

Tiberis Tuscorum rex fuit, qui juxta hunc fluvium cecidit, et ei nomen imposuit Tibris. Alii volunt, istum ipsum re- 10
gem latrocinatum esse circa hujus fluminis ripas, et transeuntibus crebras injurias intulisse; unde *Tybris* quasi ὕβρις
dictus est, id est ab injuria. Alii volunt, eos qui de Sicilia
venerunt, Tiberim dixisse ad similitudinem fossae Syracu-
sanae, quam fecerunt per injuriam Afri, item Athenienses, 15
juxta civitatis murum. Livius dicit, ab Albano rege Tiberino
Tibrin dictum. Sed non procedit; ideo quia etiam ante
Albam Tibris dictus invenitur.

194. Gryneum nemus.

Gryneum nemus est in finibus Ioniis, Apollini consecra- 20
tum, in quo aliquando Calchas et Mopsus de peritia divinandi
dicuntur habuisse inter se certamen: et quum de pomorum
cujusdam arboris contenderent numero, stetit gloria Mopsi;
cujus rei dolore Calchas interiit. Hoc Euphorionis concinunt
carmina, quae Gallus transtulit in sermonem Latinum. Unde 25
est illud in fine Virgilii, ubi Gallus loquitur: *Ibo, et Chal-
cidico quae sunt mihi condita versu carmina.* Nam
Chalcis civitas est Euboeae, de qua fuit Euphorion.

195. Idomeneus rex et ejus filia.

Idomeneus, rex Cretensium, quum post eversam Trojam 30
reverteretur, in tempestate devovit, se sacrificaturum de re,
quae ei primum occurrisset. Contigit igitur, ut prima filia
ei occurreret. Quam quum, ut alii dicunt, immolasset; ut
alii, immolare voluisset; a civibus pulsus regno, Sallentinum
Calabriae promontorium tenuit, juxta quod condidit civitatem, 35
Et Sallentinos obsedit milite campos.

196. Croesus rex Lydiae.

Croesus, rex Lydorum, aliquando a rege Persarum
Cyro captus, rogo est suppositus. Subito tanta pluvia exorta
est, ut ignis extingueretur; et ipse occasionem inveniret fu- 40

giendi. Hoc quum prospere sibi evenisse gloriaretur, opum
etiam immensitate nimium se jactaret, dictum est ei a Solone,
uno de VII sapientibus, *non debere quemquam in divitiis
et prosperitate gloriari, quum nesciamus, quid super-
5ventura pariat dies.* Eadem nocte vidit in somnis, quod
Juppiter aqua eum perfunderet, solque exstingueret. Quod
quum filiae suae Phaniae nunciaret, illa, ut res se habuit,
prudenter resolvit, dicens, *quod cruci esset affigendus, et
aqua perfundendus, et a sole siccandus.* Quod postea ita
10contigit; nam rursus captus a Cyro, et cruci fixus est.

197. Thamyris et Musae.

Thamyris quidam vates fuisse dicitur, quem Musae, diu
contra se et Apollinem carmine suo contendentem, caecasse
feruntur.

15   198. Sorores Meleagri.

Meleagria Pleuron civitas est, ubi Meleagrides, sorores
Meleagri, illum a fratre Tydeo interfectum, intolerabiliter
flentes, deorum miseratione in aves, id est in gallinas rusti-
canas, versae narrantur.

20   199. Iason, Hypsipyle et Phetoneus.

Iasonides, filius Iasonis et Hypsipyles; qui alterum habere maternum nomen fertur, id est Thoas, quia mater ejus
filia Thoantis erat, et alterum vocabatur a patre navigatore
Euneus, quia εὖ Graece dicitur *bene*, νηῦς dicitur *navis*;
25*Euneus* quasi *bene navigans.* Phetoneus autem, seu Thyoneus, Liberi filius fuit, qui in Chio regnavit, pater Thoantis
regis, cujus filia Hypsipyle, conjuratione contra viros facta,
sola patrem servavit, quem proavus Liber salvavit.

200. Myrrha et Adonis.

30   Myrrha patrem suum amasse dicitur, cum quo inebriato
rem habuit. Quumque eam pater utero plenam rescisset,
crimine cognito, eam evaginato gladio coepit persequi. Illa
in arborem myrrham versa est; quam arborem pater gladio
percutiens, Adon exinde natus est; quem Adonem Venerem
35amasse dicunt. Ideo hoc fingitur, quod myrrha videlicet
arbor generet ἡδονὴν, quod Graece *suavitas*; quia myrrha
gumma suavis est odore; unde et a Venere amatur; quia
hoc genus pigmenti sit valde fervidum.

201. Aeneas et Lethaeus fluvius.

Aeneas dum per inferos pergeret, respexit fluvium quendam loci remotioris, ad quem innumera multitudo tendebat animarum. Interrogavit patrem, quis esset fluvius, vel qua ratione ad eum pergerent animae. Pater ait: Lethaeus est; pergunt 5 autem animae, ut potent et oblivionem patiantur, ut incipiant velle remeare. Stupefactus Aeneas interrogat. Dic pater, etiam animae, quae propter praeteritam vitam tot supplicia pertulerunt, possunt habere votum revertendi in corpora? Non est veri simile, liberatas de corporis carcere, ad ejus 10 nexum reverti. Suscepta interrogatione, haec Anchises exsequitur: *primo fieri, ut redeant, deinde posse, deinde velle.* Quae quoniam obscura sunt, aliis subdivisionibus innotescunt. Quid est *debere*? Cuncta animalia a Deo originem ducunt. Quae quia nasci cernimus, revertuntur procul 15 dubio, unde cuncta procreantur. Deinde *posse* sic probat: quia immortales sunt animae, et sunt quae possunt reverti. Tertium est, utrum *velint*; quod dicit fieri per Lethaeum fluvium. Et hoc est, quod dicturus est. Sed incidentes quaestiones faciunt obscuritatem. Sane de hoc fluvio quae- 20 ritur a prudentioribus, utrum de illis novem sit, qui ambiunt infernum, an praeter novem. Et datur intelligi, quod ab illis novem separatus sit. Namque volunt eum esse imaginem senectutis. Nam animae nostrae vigent et alacres sunt, et plenae memoria a pueritia usque ad senectam. Postea in 25 nimia senectute omnis memoria labitur; qua lapsa, mors intervenit, et animae in aliud corpus revertuntur. Unde fingunt poëtae, animas, Lethaeo hausto, in corpus redire. Ergo Lethaeus est oblivio, morti semper vicina. Si anima est aeterna, et summi spiritus pars, qua ratione in corpore non 30 totum videt? nec est tantae prudentiae, tantaeque vivacitatis, ut omnia possit agnoscere? Immo quia coepit in corpus descendere, potat stultitiam et oblivionem. Unde non potest implere vim numinis sui post naturae suae oblivionem.

202. Fuga Aeneae. 35

Aeneas, Veneris et Anchisae filius, in eversione Trojae deos penates, et patrem, et filium Ascanium ex incendio eripuit, et cum his in Idam montem venit; ibique XX navibus fabricatis, responsis deorum monitus, mare ingressus est, et ad Thraciam venit, ibique condidit civitatem, quam 40 Aeneas idem de suo nomine vocavit. Inde auspiciis Deorum commonitus, ad Delum insulam navigavit; ibique rex Anius, idem et sacerdos Apollinis, erat. Exhinc profectus per Cycladas insulas, venit ad Cretam insulam, in qua Perga-

mum civitatem condidit. Et hortatu deorum admonitus, in
Italiam perrexit. Strophadas et multas praeterea Graeciae
insulas praeteriens, ad Helenum in Achajam venit. Cujus
vaticinatione monitus, ad litus Italiae, quod non longe vide-
5 bat, devenit, et per eas Italiae oras navigans, quas Graeci
inter Italiam et Siciliam vocant, cum magno labore ad Cyclopas venit. Et quum Drepani portum pervenisset, per
Africam pervenit iterum ad Siciliam, ibique Acestam condidit
urbem. Deinde Italiam navigans, non longe a Campania
10 Euboïcis litoribus allapsus, Cumanam consulit Sibyllam, cum
qua ad infernum descendit, ut cuncta cognosceret. Et
deinde Circaeam insulam praetervectus, tandem ad Italiam
venit, ostium Tiberis intrans; ibique pro pace satis agens
petiit, et amicitiae Evandri junctus est, et auxilio Tuscorum
15 auctus. Sed a Turno, filio Glauci et Veniliae, reginae
Rutulorum, bello exceptus, eo interfecto, duxit ejus sponsam
Laviniam, Latini regis filiam. De cujus nomine oppidum
Lavinium condidit, ibique ternis annis regnavit. Mox quum,
apud Numicum fluvium deambulans, nusquam comparuisset,
20 in caelum translatus dicitur.

Item aliter. — Idem Aeneas, ut Cato dicit, postquam
Laviniam, Latini regis filiam, accepit uxorem, vivente marito Turno; idem Turnus iratus tam in Latinum, quam in
Aeneam, bella suscepit, a Maxentio impetratis auxiliis. In
25 quorum primo bello periit Latinus; in secundo pariter Aeneas. Postea Maxentium interemit Ascanius, et Laurolavinium tenuit. Cujus Lavinia timens insidias, gravida confugit
in silvas, et latuit in casa pastoris Tyri. Ad quam alludens,
Tyrus pater recepit eam, et fovit: et illic enixa est Silvium.
30 Sed quum Ascanius flagraret invidia, evocavit novercam,
et ei concessit Laurolavinium; sibi vero Albam constituit.
Qui quoniam sine liberis periit, Silvio, qui et ipse Ascanius
dictus est, suum reliquit imperium.

205. Rhesus.

35 Rhesus rex Thraciae fuit. Qui quum ad Trojae venisset auxilia, clausisque portis tentoria locasset in litore, Dolone prodente, qui missus fuerat speculator, a Diomede et
Ulixe est interfectus, qui et ipsi speculatum venerant. Ab-
ducti sunt equi, quibus pendebant fata Trojana.

MYTHOGRAPHUS PRIMUS.

Liber IIL

204. Genealogia deorum et heroum.

Ophion, et secundum philosophos, Oceanus, qui et
Nereus, de majore Thetide genuit Caelum. Caelus genuit 5
Saturnum, Phorcum et Rheam. Phorcus genuit Sthenonem,
Euryalem et Medusam, quae est Gorgona. Saturnus de
Rhea genuit Jovem et Junonem et Neptunum et Plutonem.
Juppiter de Electra genuit Dardanum et Teucrum. Dardanus
Ilum et Assaracum. Ilus Laomedonta et Ganymedem. 10
Laomedon genuit Anchisem, Tithonum, Antenorem, Antigo-
nam, quae versa est in ciconiam, Hesionam et Priamum.
Priamus de Hecuba, filia Dymantis, regis Thebarum, genuit
Troilum et Helenum, Polydamanta, Deiphobum, Cassan-
dram, Paridem, Hectorem, qui de Andromacha genuit 15
Astyanacta. Anchises de Venere genuit Aeneam. Aeneas de
Creusa Iulum, qui et Ascanius. Quo interfecto, ipse, post
veniens in Italiam, de Lavinia, filia Latini, desponsata Turno,
genuit Silvium Aeneam. Silvius Latinum. Latinus Epytum,
Capum et Capetum. Capetus Remulum et Acrotam. Acrota 20
Aventinum. Aventinus Palatinum. Palatinus Amulium et Nu-
mitorem. Amulius genuit Iliam sacerdotem, cum qua Mars
concubuit, et genuit Romulum et Remum. Romuli uxor
Hersilia, de cujus stirpe fuit Iulius.

Item Juppiter concubuit cum una de quatuor filiabus 25
Atlantis, quarum nomina non leguntur; genuitque ex ea
Tantalum. Tantalus de Sterope genuit Nioben et Pelopem.
Pelops de Hippodamia, filia Oenomai, quae vicit curuli cer-
mine auxilio Myrtili, genuit Atreum et Thyestem. Atreus
Agamemnonem et Menelaum. Menelaus de Helena Hermio- 30
em. Agamemnon de Clytemnestra Orestem et Iphigeniam.

Major Thetis, uxor Oceani, genuit Thetidem, matrem
Achillis, et Clymenem. Clymene fuit uxor Solis, et genuit
Phaëthonta. Item genuit Aeetam. Aeetas Theseum. Neptu-
us genuit Aegeum. Aegeus Theseum. Theseus de Hippo- 35
ta, regina Amazonum, genuit Hippolytum. Idem genuit
emophoonta.

Item Juppiter concubuit cum Alcumena, uxore Amphionis, et genuit Herculem. Hercules de Deianira Hyllum.
enor genuit Cadmum, Europam, Cilicem, Phoenicem. 40

Cadmus accepit Hermionem, filiam Veneris, uxoris Vulcani et Martis, de qua genuit Agavem, Semelem, Autonoëm et Inonem. Agave genuit Pentheum. Semele Bacchum. Autonoë Actaeona. Ino, uxor Athamantis, post Nephelem ge-
5 nuit Phrixum et Hellen, Learchum et Melicertam. Cadmo successit Lycus, cujus erat uxor Antiopa, Nyctei filia, cum qua concumbens Juppiter in specie Satyri, genuit Zethum et Amphionem, qui successit Lyco, et accepit Nioben, de qua genuit septem filios et totidem filias.

10   Laius de Iocasta genuit Oedipum. Oedipus de Iocasta genuit Eteoclem et Polynicem, Ismenem et Antigonam. Adrastus genuit Argiam et Deiphylem. Mars genuit Parthaonem. Parthaon genuit Oeneum. Thestius genuit Althaeam, Toxeum et Plexippum. Oeneus de Althea genuit
15 Meleagrum et Gorgem et Deïaniram. Meleager genuit Parthenopaeum. Tydeus Tydidem, qui fuit dux in Trojano bello.

    Item Juppiter de Latona, filia Coei, genuit Apollinem et Dianam. Secundum quosdam Coeus fuit filius Titani, qui, concumbens cum Terra, genuit duodecim filios, qui in-
20 surrexere contra deos. Apollo vero et Diana, quia non consenserunt iniquitati eorum, caelestem meruere scandere currum. Item Juppiter concubuit cum Maja, et genuit Mercurium. Vulcanus de semine, seu femore, Junonis. Pallas, quae et Minerva, de cerebro Jovis. Heben genuit Juno de
25 Jove; secundum quosdam, de lactuca. Item Venus de naturalibus Saturni, a Jove de regno expulsi. Item Juppiter concubuit cum Danaë, filia Acrisii, et genuit ex ea Perseum. Item concubuit cum Leda, uxore Tyndari, in specie cygni. Inde duo ova nata sunt, ex quorum altero Castor et Pollux,
30 ex alio Clytemnestra et Helena natae sunt.

    Lycurgus genuit Phyllidem et Archemorum. Aeetes de Hypsea genuit Chalciopen et Medeam et Absyrtum. Ovidius: *Non Hypsea parens Chalciopeque soror.* Admetus de Alcesta genuit Nisam et Stenoboeam. Pro Nisa servivit ei
35 Apollo septem annis. Stenoboeam accepit Proetus in uxorem. Apollo de Coronide genuit Aesculapium. Item, secundum quosdam, Apollo concubuit cum Ethea, et genuit Circen. Idem genuit Pasiphaën. Item Juppiter concubuit cum Europa, filia Agenoris, genuitque ex ea Minoa. Pasiphaë de
40 Tauro genuit Minotaurum. Minos de Pasiphaë Phaedram, Ariadnen, et Androgeum. Ariadnen, in insula a Theseo relictam, accepit Bacchus, genuitque ex ea Thoanta. Thoas genuit Hypsipylen, quae habitabat in Lemno insula.

    Laërtes genuit Ulixem. Ulixes de Penelope genuit Tele-
45 machum. Teucontus genuit Palamedem. Nauplius genuit Telephum. Antenor genuit Artilochum et Acamanta. Phoeb

genuit Miletum. Miletus de Cyaneē, filia Maeandri, genuit
Caunum et Biblidem. Erechtheus, rex Athenarum, qui successit Pandioni, patri Philomelae et Procnes, uxoris Terei,
matris Ityos, genuit Procrin et Orithyiam. Procrin habuit
Cephalus, qui fuit de stirpe Aeoli. Orithyiam rapuit Boreas, 5
et genuit ex ea Zeten et Calain.

205. Phlegyae.

Phlegyae secundum Euphorionem populi insulani fuerunt
satis in deos impii et sacrilegi. Unde iratus Neptunus percussit tridenti eam partem insulae, quam Phlegyae tenebant, 10
et eos obruit. Phlegyas autem, Ixionis pater, habuit filiam
Coronidem, quam Apollo vitiavit; unde suscepit Aesculapium.
Quod pater dolens, incendit templum Apollinis, et ejus sagittis est ad inferos trusus. Unde Statius: *Phlegyam subter cava saxa jacentem aeterno premit accubitu.* Discite 15
justitiam vel nunc in poenis locati.

206. Partheniae.

Lacones, diu bello attriti ab Atheniensibus, et inopiam
metuentes virorum, praeceperunt, ut virgines cum quibus-
cumque concumberent. Quo facto, dum post victoriam ju- 20
venes, parentibus nati incertis, erubescerent originem suam
(nam et *Partheniae* appellabantur), duce Phalantho, octavo
ab Hercule, navigiis venerunt ad oppidum Calabriae, quod
Taras, Neptuni filius, condiderat, et id auctum habitaverunt.

207. Juppiter, Thetis et Achilles. 25

Quum Juppiter Thetidem ducere vellet, fata prohibuerunt, eo quod proles, quae nasceretur, Jovem pelleret regno,
sicut ipse Saturnum expulerat. Thetis dea Peleo mortali
homini nupsit, ex quo genuit Achillem; de cujus morte timens,
a Neptuno frustra consolatur. 30

208. Nuptiae Pelei et Thetidis.

Peleus, Aeaci vel Acei filius, quum Thetidem, Nerei
et Doridis Nymphae filiam, in matrimonium accepit, omnes
deos ad nuptias invitavit, praeter Discordiam. Quae irata
malum aureum in convivium jecit, inscriptum: *pulcherrimae* 35
deae donum. Quo collecto, inter Junonem et Minervam et
Venerem certamen est ortum, quae Jovem judicem petierunt.
Ille, ne uxorem aut filias offenderet, ad Paridem sive Alexan-
drum, filium Priami et Hecubae (qui numquam dicebatur
personam accepisse in judicio) in Ida, monte Phrygiae, 40

pecora pascentem, eas misit. Cui quum Juno regnum Asiae,
Minerva omnium artium scientiam, Venus quamcumque vellet
mulierem, promitterent; Venerem illo malo dignissimam pro-
nuntiavit. Quo facto, Juno et Minerva Trojanis dicuntur
5 iratae, spretae injuria formae.

209. Achilles.

Achilles, Thetidis et Pelei filius, cum quinquaginta navibus de Larissa civitate Agamemnoni et Menelao, Atridis, auxilium adversus Trojanos tulit. Et dum Trojae per inducias
10 Agamemnon cum exercitu suo armis loca obsederat, Achilles
finitimas urbes cum suis Myrmidonibus expugnavit, inter
quas Thebas et Lyrnesum, et pulcherrimas duas Briseïdem
et Chryseïdem adjunxit sibi. Interea pestilentia Graecorum
exercitum invasit; et monitis Calchantis Agamemnon victus,
15 Chryseïdem patri Chrysae, sacerdoti Apollinis, reddidit,
dicens, *Achillem id facere debere.* Ac propter hoc inter
eos usque ad caedem mutuam uterque exarsit exercitus, ut
vix Minerva eorum contentionem sedaret. Post hoc Achilles
Trojanis feliciter pugnantibus aliquandiu non repugnavit.
20 Ad extremum vero quum Hector, victis Graecis, naves eorum incenderet, et in ipsis castris pugnaret, Patroclus, armiger Achillis, cum armis ejus procedens ad pugnam, ab
Hectore occisus est, armis ablatis. Quo dolore ille incitatus,
quum vellet pugnare, et arma non haberet, a matre Thetide
25 Vulcani arma accepit. Quibus indutus quum se pugnae restituisset, et plurimos Trojanos occidisset, cum ipso Hectore
singulari certamine congressus est. Quem occisum spoliavit
armis, ejusque corpus currui subligatum circumferri fecit;
quod Priamus auro compensatum ad humandum redemit
30 inermis egressus.

210. Troilus.

Troilus, Priami et Hecubae filius, quum equos extra
muros exerceret, ab Achille per insidias vulneratur, exani-
misque in urbem equis religatus refertur. Cui dictum erat,
35 quod, si ad annos XX pervenisset, Troja everti non potuisset,

211. Victoria Hectoris et fuga Palamedis.

Achilles noluit expugnare Trojam, quia corruptus erat
a Priamo rege, promittente ei filiam suam Polyxenam dare
in conjugium. Alio die venit Diomedes, filius Tydei, et
40 rogavit eum, ut in aciem transiret. Achilles autem negabat.
Palamedes vero rogavit eum, ut currum atque equos suos

et habitum suum donaret sibi. Achilles autem donavit. Postquam acies directa fuit ab Hectore, ipse Hector abstulit
habitum, currum et equos. Inde dicit poëta: *Exuvias indutus Achillis.*

212. Thymoetes.

Priamus ex Arisba filium vatem suscepit. Qui quum
dixisset, quadam nocte nasci puerum, per quem posset everti
Troja, contigit, ut similiter parerent et Thymoetae uxor et
Hecuba, quae Priami legitima erat. Sed Priamus Thymoetae filium uxoremque jussit occidi.

213. Mors Priami.

De morte Priami varie lectum est. Alii dicunt, quod a
Pyrrho in domo quidem sua captus est; sed ad tumulum
Achillis tractus, occisus est juxta Sigeum promontorium;
nam ibi sepultus est. Tunc ejus caput, conto fixum, cir-
cumtulit. Alii vero dicunt, quod juxta Hercei Jovis aram
extinctus sit. Unde Lucanus: *Herceas, monstrator ait,
non respicis aras?* Et hanc opinionem plene Virgilius sequitur; licet etiam illa perscripta sit pluribus.

214. Dido.

Dido, Metonis filia, quem Virgilius Belum nominat, interfecto Acerbo conjuge suo, quem Virgilius Sichaeum nominat, a Pygmalione rege fratreque suo, per fugam elapsa,
naves ascendit cum magno pondere auri, et Africae litora
pervenit. Ibi ab Iarba, rege Maurorum, tantum soli emit,
quantum corio bovis posset metiri vel occupare, et fraude
urbem vindicavit. Nam corium in tenuissimas corrigias sectum
tetendit, occupavitque stadia XXII. Ob quod factum *Byrsam*, postea Carthaginem, vocavit.

215. Saturnus.

Saturnus, amissa possessione caeli, quum per totum
orbem profugus erraret, Junone sociata, ne longo taedio
lassaret viae, eam Nymphis Africae commendavit alendam.
Ex quo Carthaginem magnam Juno semper habitavit.

216. Dido et condita Carthago.

Dido quum pertransiret quandam insulam Junonis, illic
accepit oraculum, et sacerdotem ejus secum abstulit, quum
ei parum crederet, promittenti sedes Carthaginis. Quo quum

venisset, sacerdos elegit locum faciendae urbi. Quo effosso, inventum est caput bovis. Quod quum displicuisset, quia bos semper subjugatur; alio loco effosso, caput equi inventum est. Et placuit, quia hoc animal, licet subjugetur, bel-
5 licosum tamen est, et vincit, et plerumque concordat. Illic ergo Junoni templa fecerunt. Unde bellicosa est Carthago per equi omen, et fertilis per boves.

217. Anchises et Venus.

Sciendum, Anchisen pastorem fuisse, et cum eo amato
10 Venerem concubuisse. Unde Aeneas circa Simoin fluvium Trojae natus est. Deae enim vel Nymphae enituntur circa fluvios vel nemora. Quod quum jactaret Anchises, afflatus est fulmine, oculoque privatus; monoculus enim erat.

218. Dionysius tyrannus.

15   Dionysius, quidam tyrannus, Siciliam totam fraude vel dolo invasit et spoliavit penitus; adeo ut etiam simulacra et templa deorum devastaret. Barbam etiam barbati Jovis abstulit, et simulacrum ejus, vestibus pretiosissimis indutum, spoliavit, suisque induit, dicens, *non debere numen in tam*
20 *rigidis vestibus frigere.* Quadam autem die amicorum suorum quidam interrogavit, *an esset felix?* Qui ait: *Quidni?* jussitque illum residere in solio suo, indutum vestibus regiis sceptrumque tenentem; ac deinde gladium acutissimum, tenuissimo filo ligatum, super verticem ejus suspendi, et in-
25 terrogavit eum, *utrum sibi videretur esse beatus?* Qui respondit, *nullo modo se esse beatum, qui aestimaret, se casu gladii cito moriturum.* Cui Dionysius: *Qualem tu,* inquit, *nunc habes timorem, talem ego assidue patior.*

219. Regulus consul Romanorum.

30   Regulus consul Romanorum fuit, qui multos Afrorum bello cepit ac vinculis tradidit. Hic aliquando, contra eos bellum agens, captus est et vinculis mancipatus. Quem Romani non parvi pendentes, dederunt obsides, eumque a vinculis solverunt. Quum venisset in senatum, uxorque cum filiis eum osculari vellent,
35 respondit, *non debere captivum a nobili persona osculari.* Deinde quum pretio illum redimere voluissent, summopere interdixit, dicens, *se nullo modo rei militari digne posse inservire.* Sicque, ut Orosius dicit, redditus est propria voluntate hostibus, et in vincula conjectus, excisis palpebris
40 oculorum, insomnis periit.

220. Victoria Torquati et parricidium.

Lucius Manlius Torquatus Gallum quendam singulari certamine superavit, et ejus sibi *torquem* imposuit, unde nomen accepit. Hic ad urbem pergens, praecepit filio, ut tantum castra tueretur. Ille nactus occasionem, bellum ag-5 gressus, victoriam consecutus est. Reversus postea pater laudavit fortunam populi Romani; sed filium, ut dicit Livius, fustuario necavit propter inobedientiam; non tamen securi severiore occidendi genere. Nam securi non animadvertit in filium.

221. Camilli victoria. 10

Brenno duce Galli apud Alliam fluvium deletis legionibus, subverterunt urbem Romam, absque Capitolio; pro quo immensam pecuniam acceperunt. Tunc Camillus absens dictator est factus, quum esset apud Ardeam in exilio propter Vejentanam praedam, non aequo jure divisam. Is 15 Gallos abeuntes secutus est; quibus interemtis, aurum recepit et signa. Quod quum illic appendisset, civitati nomen dedit; nam Pisaurum dicitur, quia illic *aurum pensatum* est. Post hoc tamen factum rediit in exilium, unde rogatus reversus est. 20

222. Septem civilia bella Romanorum.

A Caesare consuetudinem fecit populus Romanus bellorum civilium. Septies enim gesta sunt. Primo contra Pompejum in Thessalia. Secundo contra ejus filium Magnum in Hispania; item contra Jubam et Catonem in Africa. Mor-25 tuo Caesare, ab Augusto Octaviano contra Cassium et Brutum in Philippis, civitate Thessaliae; et item contra Lucium Antonium in Perusia, Tusciae civitate. Sexto contra Sextum Pompejum in Sicilia. Septimo contra M. Antonium et Cleopatram in Epiro. 30

223. Atilii fortuna.

Atilius quidam senator fuit. Qui quum agrum suum coleret, evocatus propter virtutem, meruit dictaturam. *Serranus* autem a *serendo* dictus est. Hic etiam Quintius Cincinnatus est appellatus. Denique idem, caesis hostibus 35 victor effectus, subjectos hostes primus prae se egit.

224 Fabii.

Trecenti et sex fuerunt de una familia Fabiorum. Qui quum conjurati cum servis et clientibus suis contra Vejentes

dimicarent, insidiis apud Cremeram fluvium interemti sunt.
Unus tantum superstes fuit Fabius Maximus, qui propter te-
neram adhuc pueritiam in civitate remanserat. Hic postea
quum Hannibalis impetum ferre non posset, mora eum elusit.
5 et ad Campaniam traxit, ubi deliciis ejus virtus obtorpuit.
Ille est, de quo ait Ennius: *Unus qui nobis cunctando
restituit rem.* Sciens enim Virgilius quasi pro exemplo
hunc versum posuit.

225. Marcelli victoria.

10   Marcellus Gallos et Poenos equestri certamine superavit;
Viridomarum, Gallorum ducem, manu propria interemit, et
opima rettulit spolia, quae dux detraxerat duci; sicut Cossus
Larti Tolumnio.

226. Laudes et mors alterius Marcelli.

15   Varia, secundum carmina Virgilii, in juventute spectan-
tur; pulchritudo, aetas, virtus. Significat autem Virgilius Marcellum, filium Octaviae, sororis Augusti, quem sibi Augustus
adoptavit. Hic XVI anno incidit in valetudinem, et periit
XVII, in Bajano, cum aedilitatem gereret. Hujus mortem
20 vehementer civitas doluit; nam et affabilis fuit, et Augusti
filius. Ad funeris hujus honorem Augustus quingentos electos
ire intra civitatem jussit. Hoc enim apud majores gloriosum
fuerat, et dabatur pro qualitate fortunae. Nam Sylla sex
milia habuit. Igitur cum ingenti pompa elatus, et in campo
25 Martio est sepultus. Ergo in Augusti adulationem quasi epi-
taphium dicit Virgilius.

227. Fatuus et Fatua.

Quidam deus est Fatuus: hujus uxor Fatua. Idem
Faunus, et eadem Fauna. Dicti autem sunt Faunus et
30 Fauna a *vaticinando*. Unde et *fatuos* dicimus inconsiderate
loquentes.

228. Duae portae Elysiorum.

Physiologia hoc habet, quod per *portam corneam* oculi
significantur, qui et *cornei* sunt coloris, et duriores ceteris
35 membris; nam frigus non sentiunt. Per *eburneam* vero *portam* os designatur, a dentibus. Unde et Aeneas per eburneam emittitur portam. Vel dicitur eburnea, quasi ornatior
porta; nempe ea, quae supra fortunam sunt.

229. Endymion et Luna.

Endymion pastor amasse dicitur Lunam seu Dianam.
Qui spretus pavit pecora candidissima, et sic eam in suum
illexit amorem. Cujus rei mysticam quandam volunt rationem.
Duplo quippe modo amasse dicitur Lunam. Seu quod primus 5
hominum cursum lunae invenerit; unde et XXX annis dormisse
dicitur, quia nihil aliud in vita sua nisi huic repertioni studuit. Sive quod nocturni roris humor, quem tam siderum
quam ipsius lunae vapores animandis herbarum sucis consudarunt, pastoralibus prosit successibus. 10

230. Berecynthia et Atis.

Berecynthia, mater deorum, Atin puerum formosissimum
amasse dicitur, quem, zelo succensa, castrando semimascu-
lum fecit. Berecynthiam dici voluerunt, quasi montium dominam. Ideo matrem deorum, quod deos pro superbia nun- 15
cupari voluerunt, et matrem deorum in modum potentiae
ponunt, unde *Cybebe* dicitur, quasi κῦδος βέβαιον, id est
gloriae firmitas. Ergo potentia gloriae semper amore torretur, et livore torquetur; citoque abscidit, quod diligit, dum
tamen amputat illud, quod odit. 20

231. Psyche et Cupido.

Apulejus in libris metamorphoseon scribit, in quadam
civitate regem et reginam habuisse tres filias. Duas natu
majores temperata specie fuisse; juniorem vero, Psychen
nomine, tam mirae extitisse elegantiae, ut crederetur Venus 25
esse terrestris. Denique duabus majoribus in conjugium a
viris adscitis, illam, veluti deam, non quisquam amare ausus
erat, sed venerari; atque hostiis eam sibimet deplacare intendebant. Venus ergo, succensa invidia, Cupidinem petit,
ut in contumacem formam severiter vindicet. Ille ad matris 30
ultionem adventans, visam puellam adamavit, et ipse se suo
telo percussit. Itaque Apollinis denuntiatione jubetur puella
in montis cacumine sola demitti et pennato serpenti sponsa
destinari. Perfecto igitur choragio, id est virginali funere,
puella per montis declivia, Zephyri flantis leni vectura de- 35
lapsa, in quandam domum auream rapitur et pretiosam; ibique vocibus, sibi tantummodo servientibus, ignoto utebatur
conjugio. Nam nocte adveniens maritus, veneriis per obscura
peractis, ut invise vespertinus advenerat, ita crepusculo incognitus discedebat. Sed ad hujus mortem deflendam sorores 40
advenerunt, montisque conscenso cacumine, germanam lugubri
voce flagitabant. Et quamvis ille conjux lucifuga sororios ei ..

comminando vetaret aspectus, tamen consanguineae caritatis inevitabilis ardor evicit. Ac Zephyri flantis aura vectitante, ad semet sororios perducit affectus; quae, venenosis consiliis de mariti forma quaerenda consentiens, curiositatem, suae 5 salutis novercam, arripuit. Denique credens sororibus, se marito serpenti conjunctam, velut bestiam interfectura, novaculam sub pulvinari abscondit, lucernamque modio contegit. Quumque altum soporem maritus extenderet, illa ferro armata, lucernaque eruta, Cupidine cognito, dum immodesto 10 amoris torretur affectu, scintillantis olei ebullitione maritum succendit: fugiensque Cupido, multa super curiositate puellae increpitans, domo extorrem ac profugam dereliquit. Tandem multis jactatam Veneris persecutionibus, postea Jove petente in conjugium accepit.

15 ## 232. Perdiccas.

Perdiccas fuit venator ferarum: qui propriae matris amore correptus, dum uterque immodesta libidine ferveret, et verecundia vim novi facinoris reluctaretur, consumtus atque ad extremam tabem deductus esse dicitur. Primus hic 20 etiam serram invenit, juxta Virgilium. Veritas sic se habet: Quum esset venator, et ei ferinae caedis cruenta vastatio et solitudinum vagabunda currilitas displiceret; magis etiam perpendens, contirones suos, id est Actaeonem, Adonem, Hippolytum miserandae necis functos interitu, venationem exse- 25 crans, agriculturam assectatus est. Ob quam rem matrem, id est terram omnium genetricem, amasse dicitur, et hoc labore ad maciem perductus.

233. Canis inter sidera translatus.

Canis inter sidera constituti fabula haec est. Hic ca- 30 nis dicitur ab Jove custos Europae positus esse, et ad Minoa pervenisse, quod ille studiosus fuerit venationis, et quod cani fuerat datum, ne ulla fera praeterire eum posset. Post ejus obitum canis ad Cephalum pervenit, cujus uxor fuerat Procris. Quem ille ducens secum, Thebas venit, ubi erat vul- 35 pes, cui datum dicebatur, ut omnes canes effugere posset. Itaque quum in unum pervenissent, Juppiter, nescius quid faceret, ut Ister ait, utrumque in lapidem convertit. Nonnulli hunc canem Orionis esse dixerunt; et quod studiosus fuerit venandi, cum eo cane quoque inter sidera collocatum. 40 Alii autem canem Icari esse dixerunt.

234. Septem Plejades.

Plejadas seu Hyadas VII stellas appellatas novimus. Plejades dictae, quod VII filiae ex Plione, quae et Ethia, Oceani filia, et Atlante sint natae. Hae numero VII dicuntur; sed nemo amplius VI videre potest, cujus causa ponitur haec. 5 De VII sex cum immortalibus concubuerunt; tres cum Iove, duae cum Neptuno, una cum Marte; reliqua autem, Sisyphi uxor demonstratur. Quarum ex Electra et Iove Dardanum; ex Maja Mercurium, ex Taygete Lacedaemona procreatum. Ex Alcyone autem et Neptuno Hyrica; ex Celaeno Lycum et Nyctea 10 natum. Martem autem ex Sterope Oenomaum procreasse. Meropeam autem, Sisypho nuptam, Glaucum genuisse, quem complures Bellerophontis patrem dixerunt. Quare propter reliquas sorores ejus inter sidera constitutam; sed quia homini nupserit, stellam ejus obscuratam. Alii dicunt, Electram non 15 parere, propter Trojam captam, et progeniem suam, quae ex Dardano erat, lamentantem. Est et alia earum traditio. Quum VII hae sorores iter cum puellis agerent, Orion conatus est uni earum vim inferre; at illa cum sororibus fugit. Oriona autem secutum eam annis XII, neque invenire po- 20 tuisse. Jovem autem, puellarum misertum, inter astra constituisse utrosque. Itaque adhuc Orion fugientes eas ad occasum sequi videtur.

MYTHOGRAPHUS SECUNDUS.

Prooemium.

Ii, quos pagani deos asserendo venerantur, homines olim fuisse produntur, et pro uniuscujusque vita vel meritis 5 colere eos sui post mortem coeperunt; ut apud Aegyptum Isis, apud Cretam Juppiter, apud Mauros Juba, apud Latium Faunus, apud Romanos Quirinus, apud Athenas Minerva, apud Samum Juno, apud Paphios Venus, apud Lemnios Vulcanus, apud Naxios Liber, apud Delios Apollo.

10   In quibus etiam laudibus accesserunt poetae, et compositis carminibus in caelos sustulerunt. Ab actibus autem vocantur, ut Mercurius, quia *mercibus* praeest, Liber a *libertate*. Fuerunt etiam et viri fortes, aut urbium conditores, quibus mortuis homines, qui eos dilexerunt, simulacra fin- 15 xerunt, ut haberent aliquod ex imaginum contemplatione solatium. Hic error posteris, daemonum persuasu, irrepsit, ut, quos illi pro sola nominis memoria honoraverant, posteri deos aestimarent et colerent. Stoici dicunt, non esse nisi unum deum et unam deam, eademque esse potestate; qui pro ra- 25 tione officiorum et actuum variis nominibus appellantur. Deum eundem Solem, eundem Liberum, eundem Apollinem vocant. Item deam eandem Lunam, eandem Dianam, eandem Cererem, eandem Junonem, eandem Proserpinam dicunt. Numina autem utriusque sexus esse videntur, ideo quia incor- 30 porea sunt.

1. Saturnus.

Saturnus Caeli vel Polluris filius, Opis maritus deae, senior, velato capite, falcem ferens pingitur. Saturnus igitur vim Jovis timens ab Olympo fuga lapsus, primus in Italia 35 regnum obtinuit; genus indocile montibusque dispersum, leges dando, composuit; Latiumque, quia tutus ibi *latuisset*, vocavit: unde et velato capite quasi *latens* pingitur. Hunc autem, quia per annonae praerogationem populos ad se traxit, quidam Saturnum a *suturando* dictum volunt: alii Saturnum, quasi *annis saturetur*, dicunt. Senior autem fingitur, vel propter tarditatem motus, vel quia longius a sole distat, vel quia deus pluviarum dictus est: nam senes, ut pluvias, semper frigidos esse novimus. Falcem autem tenet, 5 vel quia deus temporum dicitur, quae, sicuti falx, in se recurrunt; vel propter sapientiam, quae intus sit acuta. Alii autem dicunt, Saturnum in progressu nihil nocere; retrogradum, esse periculosum; ideoque falcatum fingi, quia falx praetensa minus nocet; retroacta vero, quicquid offendit, se- 10 cat. Quod autem filios comedisse dicitur, haec ratio est. Saturnus dicitur deus temporum. Tempus autem, quicquid gignit, consumit; saeculaque natos ex se annos contra revolvunt. Saturno ferunt fuisse quatuor filios, Jovem, Junonem, Neptunum, Plutonem. Poëtae, habitum elementorum 15 numinibus dantes, Saturno, quasi temporum deo, IV filios, id est elementa, adscribunt; Jovi cum socia sibi conjuge Junone deputantes superiora; Neptuno et Plutoni inferiora. Unde et quatuor fratres orbis imperium dicuntur inter se divisisse. Et Juppiter caelum. Neptunus secundae sortis 20 regnator perhibetur, quia aqua vicinior est caelo, quam terra. Tria autem haec numina, licet divisa imperia teneant, videntur tamen invicem regni totius habere potestatem. Sic et ipsa elementa, quae retinent, physica inter se quadam ratione junguntur, quod et ipsorum numinum sceptra 25 significant. Juppiter enim trifido utitur fulmine, Neptunus tridente, Pluto Cerbero.

2. Juppiter.

Primum igitur Saturno adscribunt Jovem, ut ignem. Quem Jovem a *juvando* vocabant. Nulla enim res sic fovet 30 omnia, quemadmodum calor.

3. Jovis aquila.

Aquila autem in tutela Jovis ponitur, ejusque armiger dicitur, quia nimiae caloris est; adeo ut etiam ova, quibus supersidet, coqueret, nisi admoveat gagaten, lapidem frigi- 35 dissimum, ut testatur Lucanus: *Foeta tepefacta sub alite saxa.* Fingitur etiam in bello Gigantum Jovi arma ministrasse. Nam Juppiter et Saturnus reges fuerunt. Sed dum Juppiter cum Saturno patre haberet de agris contentionem, ortum bellum est; ad quod egrediens Juppiter, aquilae vidit 40 augurium. Cujus quum vicisset augurio, fictum est, quod ei pugnanti tela ministrasset. Unde etiam a felici augurio natum est, ut aquilae militum signa comitentur.

4. Juno.

Deinde Junonem quasi aërem, quam Juppiter sibi nuptam catenis aureis ligasse dicitur; quam etiam poëtae reginam deorum vocabant.　Juno autèm a *juvando* dicta est.
5 Ideo et regnis praeesse dicitur, quia haec vita divitiis stu-
deat.　Deam partus, et praeesse nuptiis volunt, quod divitiae semper praegnaces sint et nonnumquam abortiant.

5. Junonis pavo.

Hujus in tutela pavonem ponunt, quia omnis vita, po-
10 tentiae petax, semper quaerit ornatus.　Hic autem pavo secundum fabulas filius erat Aristoclis; et priusquam in avis
speciem esset mutatus, omnibus extitit membris oculatus.
Quem Junô Ioni, Inachi Argivorum regis filiae, a Jove ama-
tae, apposuit custodem, ne Juppiter ad eam posset accedere.
15 Quem quum Juppiter per Mercurium interemisset, Juno eum
in pavonem mutavit, et in suam tutelam recepit.

6. Junonis Iris.

Huic etiam Irim quasi arcum apponunt, quia sicut ille
varios ornatus accipit, ita fortuna, quamvis ad praesens or-
20 nata, tamen est citius fugitiva.　Iris autem, Junonis ministra,
secundum poëtas Thaumantias dicta est, nempe Thaumantis filia.　Ceterum ex admiratione hoc nomen accepit; quae
admiratio ex ejus nascitur coloribus.　Iris dicitur quasi ἔρις,
id est *lis*.　Nam numquam ad conciliationem mittitur, sicut
25 Mercurius, sed semper ad disturbationem.　Falsum est autem,
quod dicitur esse ministra tantum dearum, quum et a Jove
plerumque mittatur; ut: *Aëriam caelo nam Juppiter Irim
demisit*.　Iris autem nisi e regione solis non fit; cui varios
colores creantur, quia aqua tenuis, aëre lucido irradiata,
30 varios creat colores.

7. Juno Jovis soror et conjux.

Cur autem Juno Jovis soror et conjux dicatur, haec
ratio est.　Quia elementa ignis et aër tenuitate sibi sunt
paria, dicuntur esse germana.　Sed quia mixta concordant,
35 et maritatus aër igne fervescit, conjugio dicuntur copulata.
Et quia Juno, id est aër, subjectus est Jovi, id est igni, jure
superposito elemento mariti traditum est nomen.　Dicitur
autem Juppiter catenis eam ligasse, quod aër, igni caelesti
conjunctus, duobus deorsum elementis misceatur, aquae et
40 terrae; quae elementa duobus superioribus graviora sunt.

8. Qui primus templa fecerit.

Dicitur Phoroneus, filius Inachi regis Argivorum, primus Junoni templa dicasse, et sacrificiorum instituisse sollemnia; qui etiam primus mortalibus regnavit; cujus filiam Nioben (quia alia Tantali est) Juppiter primo mortalem dicitur sibi 5 copulavisse.

9. Neptunus.

Neptuno deputant mare, eumque secundae sortis regnatorem perhibent, quia aqua vicinior est caelo quam terrae. Omne enim, quod continet, supra illud est, quod continetur. 10 Neptuno autem Amphitriten in uxorem deputant (ἀμφὶ enim Graece circa dicimus), eo quod tribus elementis aqua conclusa sit. Ideo eum tridentem dicunt habere, quia aqua triplici fungatur virtute, liquida, fecunda, potabili.

10. Pluto.   15

Plutonem dicunt terrarum praesulem; πλοῦτος enim Graece divitiae dicuntur, solis terris divitias credentes deputari. Hunc et Orcum dicunt, quasi jurantem, ne aliquis impunitus abeat.

11. Tricerberus.   20

Tricerberum canem ejus subjiciunt pedibus, vel quia jurgiorum invidia ternario conflatur statu, naturali, causali, accidentali. Naturale est odium, ut canum, leporum, hominum. Causale est, ut amoris zelus. Accidentale est, quod aut casu oritur, ut hominibus; aut propter comestionem, ut 25 jumentis. Vel quia Cerberus terra est, omnium corporum consumtrix. Unde Cerberus dictus, quasi κρεοβόρος, carnem vorans.

12. Furiae Plutonis.

Plutoni tres deserviunt Furiae, Noctis et Acheruntis 30 filiae, serpentibus crinitae, quae et Eumenides κατ' ἀντίφρασιν, quum minime sint bonae, vocantur. Quarum prima Alecto, id est inpausabilis; secunda Tisiphone; quasi τούτων φωνὴ, id est istarum vox; tertia Megaera, quasi μεγάλη ἔρις, id est magna lis. Primum est ergo non pausando 35 furere, secundum in voces erumpere, tertium jurgium protelare.

13. Jovis Harpyiae.

Harpyiae, quae et ipsae Furiae vocantur, secundum Virgilium tres esse dicuntur, Aëllo, Ocypete, Celaeno; secundum Apollonium, quem etiam Virgilius in duodecimo se-
5 quitur, duae tantum. Perhibentur etiam canes esse Jovis, a *rapiendo* Harpyiae dictae. Aëllo autem quasi ἀΐϱων ἄλλο, *alienum tollens.* Ocypete, id est *citius auferens.* Celaeno Graece, Latine *nigrum* dicitur. Nam primum est aliena capere, secundum cùpita invadere, tertium celare, quae in-
10 vaduntur. Dicuntur autem Harpyiae Ponti et Terрae filiae esse; unde in insulis habitant, partem terrarum, partem maris tenentes. Alii vero dicunt, Harpyias esse Thaumantis et Electrae filias. Ut autem canes Jovis dicerentur, haec est ratio, quia ipsae *Furiae* esse dicuntur. Unde etiam
15 epulas perhibentur arripere, quod est Furiarum, ut: *Et manibus prohibet contingere mensas.* Unde et avari finguntur, Furias pati, quia abstinent a paratis. Item ipsas *Furias* Virgilius esse testatur, dicens in III: *Vobis Furiarum ego maxima pando.* Furias autem *canes* dici, Luca-
20 nus testatur, ut: *Stygiasque canes in luce superna destituam.* Et ut Virgilius in VI: *Visaeque canes ululare per umbram, adventante dea.* Sane apud inferos *Furiae* dicuntur et *canes,* apud superos *dirae* et *aves,* ut Virgilius in XII ostendit; in medio *Harpyiae* dicuntur; unde duplex
25 effigies in his invenitur.

14. Parcae Plutonis.

Plutoni destinant tria Fata, quae poëtis Parcae per antiphrasin vocantur, per quas juxta paganos vita disponitur humana. Harum igitur una tenet colum, id est praeest na-
30 tivitati; altera trahit filum, id est disponit vitam; tertia abrumpit, id est mortem adducit. Unde est: *Clotho colum bajolat, Lachesis trahit, Atropos occat.* Prima autem Clotho, id est *evocatio;* secunda Lachesis, id est *sors;* tertia Atropos, id est *sine•ordine.* Prima igitur nativitatis
35 est evocatio; secunda vitae sors, quemadmodum quis vivere possit; tertia mortis conditio, quae sine lege venit.

15. Plutonis conjux.

Plutoni nuptam volunt Proserpinam, Cereris filiam. Proserpinam vero Plutoni junctam quasi segetem esse voluerunt,
40 id est terram radicibus *proserpentem.* Unde et Hecate dicitur, id est *centuplum* fructum proferens, vel *centum* potestates habens; ἑκατὸν enim Graeci dicunt *centum.* Hinc

hecatomben dicimus domum multiplicem. Ipsa est enim Luna in caelo, Diana in terra, Proserpina in erebo. Ceres autem Graece *gaudium* dicitur. Ideo enim Ceres dea frumenti esse dicitur, quia, ubi plenitudo sit fructuum, gaudium superabundet.

5

16. Vita Jovis.

Saturnus, postquam Themidis, id est terrae antistitis, secundum quosdam, Protei oraculo comperit, se a filio posse regno depelli, praecepit Opi, uxori suae, quae et Rhea vel Cybele dicitur, ut quicquid peperisset, sibi mox praesentaret. 10 Quae praegnans peperit Jovem. Cujus pulchritudine delectata, Nymphis eum alendum in monte Cretae Dictaeo commendavit. Ipsa autem a Saturno, *ubi esset, quod peperisset,* interrogata, lapidem ei veste involutum monstravit, quem Saturnus voravit. Juppiter autem, nutritus a Nymphis, qui-15 bus erat a matre commendatus, et lactatus est a capra, Amalthea nomine, cujus etiam pelle in bello, contra Titanas pugnato, ipse postea dicitur usus fuisse. Tunc adhibiti sunt ei Curetes et Corybantes, qui vagitum pueri tinnitu aeris prohiberent audiri. Unde et Corybantes sunt ministri matris 20 deorum, quasi daemones, qui totum sciunt. Tunc itaque apes, aeris sonum secutae, Jovem dicuntur melle aluisse. Pro qua re eis postea praestitit Juppiter, ut haberent liberos sine ullo concubitu. Adultus autem Juppiter patrem regno depulit, factusque stuprator pessimus, saecula, quae Saturno regnante dice-25 bantur aurea, suo sub imperio fecit dici argentea. Ob cujus incestus crimina, Astraea, Titanum soror, propter aequitatem Justitia cognominata, fertur in caelum recessisse cum sorore sua Pudicitia.

17. Latona ejusque soror. 30

Juppiter Latonam, Titanis scilicet filiam, vitiavit. Post, quum etiam sororem ejus Asterien vitiare vellet, illa optavit, ut a diis converteretur in avem, versaque est in avem ὄρτυγα, quam nos coturnicem vocamus. Et quum vellet mare transfretare, quod est coturnicum, afflata a Jove et in lapi-35 dem conversa, diu sub fluctibus latuit. Postea, supplicante Jovi Latona, levata est, et *Ortygia* dicta, superferri aquis coepit. Haec primo Neptuno et Doridi fuit consecrata. Postea quum Juno gravidam a Jove Latonam, immisso Pythone, quem post factum cataclysmum specie ignota morta-40 libus Terra edidit, persequeretur, nullaque eam errantem regio reciperet, novissime venit in Lyciam. Et quum ex calore aestivo sitim sedare vellet, ab his, qui juncum secus

litus carpebant, prohibita est propius accedere. Quam ob
rem irata petiit a diis, ut numquam accolae stagno carerent.
Auditis precibus, Juppiter agricolas in ranarum speciem vertit.
Quum autem, Junone persequente, conceptos Apollinem et
5 Dianam parere non posset, terris omnibus expulsa, tandem aliquando, Ortygia applicante se litoribus, suscepta est, et illic
Dianam primo, post Apollinem edidit; qui statim, occiso Pythone, ultus est matris injuriam. Sane nata Diana parturienti
Apollinem matri dicitur praebuisse obstetricis officium. Unde
10 quum Diana sit virgo, tamen a parturientibus invocatur.
Haec namque est Diana Luna Proserpina. Nata igitur duo
numina terram sibi natalem errare non passa sunt, sed eam
duabus insulis, Myconi Gyaroque, religaverunt. Veritas vero
longe alia est. Nam haec insula quum terrae motu laboraret,
15 qui fit sub terris latentibus ventis, quaerentibus erumpere,
sicut Lucanus credidit, oraculo Apollinis terrae motu caruit.
Nam praecepit, ne illic mortuus sepeliretur, et jussit quaedam sacrificia fieri. Postea e Mycone Gyaroque, vicinis insulis, populi venerunt, qui eas tenerent. Quod autem Dia-
20 nam primo natam diximus, hujus est rationis. Nam constat,
primum noctem fuisse, cujus instrumentum est luna, id est
Diana; post, diem, quem sol efficit, id est Apollo. Ut autem
Delos primo Ortygia diceretur, factum est a coturnice, quae
Graece ὄρτυξ vocatur. Delos autem dicitur, quia diu latuit,
25 et post apparuit. Nam δῆλον Graece *manifestum* dicitur.
Vel, quod verius est, quia, quum ubique Apollinis responsa
obscura sint, manifesta illic dantur oracula.

18. Triplex Apollinis potestas.

Constat autem triplicis esse Apollinem potestatis, et eun-
30 dem esse Solem apud superos, Liberum patrem in terris,
Apollinem apud inferos. Unde etiam tria insignia circa ejus
simulacrum videmus; lyram, quae nobis caelestis harmoniae
imaginem monstrat; quadrigam, quae etiam terrenum numen
ostendit; sagittas, quibus inferni deus et noxius indicatur.
35 Unde et Apollo Graece *late perdens* dicitur.

19. Varia Apollinis nomina.

A diversis gentibus variis nominibus vocatur Apollo.
Apud Achaemenios Titan; apud Aegyptios Osiris; apud Per-
sas, ubi in antro colitur propter eclipsin, quam objectione
40 lunae patitur, Mithra vocatur. Ibi enim Sol leonis vultu,
cum tiara, Persico cultu, bovi insidens, utrisque manibus
cornua ejus comprimit; quae interpretatio ad lunam pertinet.
Dicitur autem Ἀπόλλων, quod Latine sonat *perdens*, sive

quod pestilentiae deus sit, sive quia fervore suo omnem
sucum herbarum perdat. Hunc et auspiciorum, quibus urbes
reguntur, et divinationis deum dixerunt, quod sol omnia
obscura manifestat, vel quod in ortu suo et occasu multimo-
dos monstrat effectus significationum. Titan autem dicitur 5
Apollo, quasi unus ex Titanibus, qui contra deos arma sumserunt. Qui quum bello contra deos abstinuisset, pro beneficio caelum meruisse confingitur. Sol autem dicitur quasi
ephebus, hoc est *adolescens;* unde et puer pingitur, quia
quotidie nova luce quasi puerili vultu nascitur; Pythius a 10
Pythone, immensae molis serpente, quem interfecisse dicitur.
Unde et in ejus honorem agon Pythicus celebratur, cujus
victores lauro coronantur. Πειθώ autem Graece *credulitas*
dicitur, quia falsa credulitas luce manifestante deprimitur.

20. Apollinis tripos, arcus, tela. 15

Apollini tripodem addicunt, quia praeterita novit, praesentia cernit, futura visurus est. Arcum et sagittas huic
adscribunt, vel quod de circulo ejus radii in modum sagittarum exsiliant, vel quod sua manifestatione dubietatis scindat
caliginem. Hunc quadrijugo uti dicunt, quod quadripartitis 20
temporum varietatibus anni circulum peragat.

21. Quatuor equi Apollinis.

Ipsius equis condigna nomina imposuerunt sic: Erythraeus,
Aethon, Lampus, Philogeus. Erythraeus Graece dicitur
rubeus, quod a matutino sol lumine rubicundus exsurgat. 25
Aethon *splendens* dicitur, quod tertia hora lucidior fulgeat.
Lampus vero *ardens*, dum ad summum diei circulum conscen-
derit. Philogeus Graece *terrae amans* dicitur, quod nona
hora vergens occasibus incumbat.

22. Apollinis corvus. 30

Cur autem corvum Apollinis tutelae subjiciant, talis fabula demonstrat. Apollo quum Coronidem, Phlegyae filiam,
gravidam fecisset, corvum ei custodem apposuit, ne quis ad
eam occulta temeritate accederet. Cum hac Lycus occulte
concubuit, quem Juppiter fulmine extinxit. Ipsam Coronidem 35
Apollo, comperto ejus adulterio, sagittis occidit. Cui mortuae
exsecto utero, Aesculapium produxit in lucem. Corvum
autem, naturaliter pennarum candore plumatum, ex albo
nigrum fecit, et in suam tutelam recepit. Veritas autem
habet, corvum ideo in Apollinis tutela esse, sive quod solus 40

contra rerum naturam in mediis aestivis fervoribus (foetus) ova pariat, sive quod multas significationes vocum habet.

23. Apollinis laurus.

De lauro autem ipsi consecrata haec est fabula. Daphne, 5 Penei fluminis filia, quum omnium virginum Thessaliae speciosissima esset, Apollo, ea conspecta, forma ejus exarsit, cupiens illi vim inferre. Illa, advocato patre, ut virginitati opem ferret, Terrae miseratione ante concubitum in laurum est conversa, et ab Apolline in tutelam recepta. Dicitur au- 10 tem Penei fluminis filia esse, quia laurus de fluvialibus aquis nascitur, quae et in ejusdem Penei fluminis ripis abundat. Amica Apollinis ideo dicitur, quia illi, qui de somniorum interpretatione scripserunt, promittunt, si laurus dormientibus ad caput ponitur, vera eos visuros esse.

15 24. Apollinis novem Musae.

Apollini novem deputant Musas, ipsumque decimum Musis adjiciunt, ea de causa, quod humanae vocis decem sunt modulamina. Nos vero novem Musas doctrinae et scientiae edicimus modos. Prima est Clio, quasi *cogitatio prima dis-* 20 *cendi*, quae repperit historias. Κλέος enim Graece *fama* dicitur, quia nullus scientiam quaerit, nisi in qua famae suae protelet dignitatem. Secunda Euterpe, id est *bene delec-tans*, quae tibias; quia primum est quaerere, secundum delectari. Tertia Melpomene, id est *suavia dicens*, vel *me-* 25 *ditationem faciens*, quae tragoedias; ut sit primum velle, secundum desiderare, quod velis, tertium meditari, quod desideras. Quarta Thalia, id est *dans capacitatem*, quae comoedias; quia post desiderium opus est capacitate. Quinta Polymnia, id est *plura recordans*, vel *multae memoriae*, 30 quae rhetoricam; quia post capacitatem memoria est necessaria. Sexta est Erato, id est *inveniens simile*, quae geometriam; quia post scientiam et memoriam conatur aliquid sibi simile de suo invenire. Septima Terpsichore, id est *instructionem formans*, quae psalterium. Ergo post 35 inventionem oportet etiam discernere et judicare, quid invenias. Octava Urania, id est *sonoritas caelestis*, vel *bona vox*, quae astrologiam. Post dijudicationem enim eligis, quod dicas, quod respuas: eligere enim utile, caducumque despicere caeleste ingenium est. Nona Calliope, vel *optimae* 40 *vocis*, vel *optima tribuens*, Ergo sic ordo est: primum velle doctrinam; secundum delectari, quod velis; tertium instare ad id, quo delectatus es; quartum est capere, ad quod instas vel desideratum est; quintum memorari, quod capis;

sextum invenire de suo simile ei, quod memineris; septimum judicare, quod invenias; octavum eligere, quod judicas; nonum proferre, quod elegeris.

Versus novem Musarum.

Clio gesta canens, transactis tempora reddit.   5
Melpomene tragico proclamat maesta boatu.
Signat cuncta manu loquiturque Polymnia gestu.
Doctiloquos calamos Euterpe flatibus urget.
Terpsichore affectum citharis movet, imperat, auget.
Uranie caeli motus scrutatur et astra.   10
Comica lascivo gaudet sermone Thalia.
Plectra gerens Erato saltat pede, carmine ducto.
Carmina Calliope libris heroica mandat.

25. Diana Apollinis germana.

Dianam, germanam Apollinis, Lunam et viarum praesi-15
dem ajunt. Unde et virginem volunt, quod via nihil pariat.
Et ideo ambos sagittas habere fingunt, quod ipsa duo sidera
de caelo radios usque ad terras emittunt. Dianam autem vocatam quasi *Duanam*, quod luna die et nocte appareat. Ipsam et Lucinam asseverant, eo quod *luceat*. Eandem et 20
Triviam, eo quod *tribus* fungatur *figuris*. Unde et Virgilius: *tria Virginis ora Dianae*, quia eadem Luna, eadem
Diana, eadem Proserpina dicitur. Sed quum Luna fingitur,

——————— *sublustri splendet amictu.*

Quum succincta jacit calamos, *Latonia virgo est.* 25
Quum subnixa sedet solio, Plutonia conjux.

Lunam voluerunt esse Proserpinam apud inferos, seu
quod nocte luceat, seu quod vicinior terris currat, et terris
praesit. Nam lunae augmenta et decrementa non solum
terra, sed et lapides, vel cerebra animantium, ac etiam se-30
mina sentiunt, quae in lunae crementis seminata degenerant,
et vermiculos pariunt. Denique crementis lunae abscisa
ligna tinearum terebraminibus deficiunt. Nemoribus quoque
adesse dicitur, quod omnis venatio plus nocte pascatur, dieque dormiat.   35

26. Cur Dictynna dicatur.

Cur autem vocetur Dictynna, hujusmodi constat sententia. Minos, Cretensium rex, quum Bryten, Martis filiam,
Dianae Cretensi dicatam, stuprare vellet, illa se injecit in
mare, illataque est retibus piscatorum, quae Graece δίκτυα 40
nominantur, qui corpus ejus extraxerunt. Insula autem

Creta pestilentia laborare coepit, *quam eos evadere non posse*, responsum est, *nisi Dianae templum instituissent, eamque Dictynnam a retibus vocassent.*

27. Templum Caryae.

5   Caryae autem templum est in Laconia, Dianae sacrum, quod etiam Caryatium nominatum est ex hac causa. Quum luderent virgines, meditatus est ruinam omnis chorus, et in arborem nucis effugit, et in ramo ejus pependit; quam nucem Graeci κάρυον vocant. Ergo de arbore et templum et 10 dea nomen accepit.

28. Endymion.

     Endymion pastor amasse dicitur Lunam. Qui spretus ab ea, pavit pecora candidissima, et sic eam in suum illexit amorem. Quod dicitur, seu quod primus hominum Endy-15 mion cursum lunae invenerit (unde et triginta annos dormisse dicitur, quia nihil aliud in vita sua, nisi huic repertioni studuit), seu quod nocturni roris humor pastoralibus prosit successibus.

29. Mars.

20   Mars dicitur deus belli; et Mars nuncupatur, quia per *mares* pugnatur, ut Mars quasi *mas* dicatur. Item Mars quasi effector *mortium* vocatur; nam a *morte* Mars appellatur. Hunc adulterum dicunt, quia bella gerentibus eventus incertus est. Nudo vero pectore stat, ut in bello quisque se 25 sine formidine caedis objiciat.

30. Venus.

     Saturnus, Caelo patri iratus, falce naturalia ejus amputavit, quae delapsa sunt in mare. De quorum cruore et maris spuma nata est Venus; unde et Ἀφροδίτη nominatur; 30 ἀφρός enim Graece *spuma* dicitur. Sed Venus Vulcano in primis nupsit. Postea perpetuum habens cum Marte adulterium, Sol tale scelus detexit; et Vulcanus illis conjacentibus superveniens, lectum catenis circumcinxit. Fingitur autem Venus nata per damnum, quia omnes vires usu venereo debilitantur, qui sine damno non geritur. Venerem in mari natantem fingunt, quia omnis libido rerum patitur naufragia. (Unde illud sapientis Porphyrii: *nudus, egens, Veneris naufragus in pelago.* Et Horatius: *Dedit hic pro corpore nummos.* Rursusque: *Fama malum gravius,*

quam res trahit). Venus cum Marte rem habuit, quam
Sol manifestans, Vulcano prodidit. Nam virtus, corrupta
libidine, sole teste apparet, et turpiter catenata fervoris constrictione tenetur.

31. Veneris rosae.

Veneris in tutelam rosas addicunt. Rosae enim rubent
et pungunt. Rubet libido verecundiae opprobrio, pungit
peccati aculeo.

32. Veneris Concha.

Concham marinam portare pingitur, quod hujus generis
animal toto corpore simul aperto in coitu misceatur.

33. Veneris Columbae.

Hujus in tutelam adjiciunt columbas, quia hujus generis
aves in coitu sunt fervidae. Cur autem in tutela Veneris
sint, haec est fabula. Venus et Cupido quum quodam tempore voluptatis gratia in quosdam descendissent campos nitentes, lasciva contentione certare coeperunt, qui sibi plures gemmantes colligeret flores. Quorum Cupido, adjutus mobilitate
pennarum, postquam naturam corporis volatu superavit, vicit
numero. Peristera vero subito accurrit, et adjuvando Venerem superiorem fecit cum poena sua. Cupido siquidem indignatus mutavit puellam in avem columbam, quae a Graecis περιστερά vocatur. Sed poenam honor minuit. Venus
enim, consolatura innocentis transfigurationem, columbam in
tutela sua esse commendavit.

34. Adonis.

Adonis, Veneri subjecti, haec est fabula. Myrrha patrem suum amasse dicitur, cum quo ebriato rem habuit.
Quumque eam pater utero plenam rescisset, cognito crimine,
evaginato eam persequi coepit gladio. Illa in arborem myrrham est conversa. Quam arborem patre gladio percutiente,
Adon exinde natus est, quem Venus ad se recepit et amavit. Quid haec fabula sibi velit, dicamus. Myrrha genus
est arboris, quae dum grandioris fuerit roboris, solis ardoribus sucum exsudat, qui myrrha dicitur. Et quia haec
species odore suavis est, Adonem dicitur genuisse: ἡδονή
enim Graece dicitur *suavitas.* Ideo autem Venerem amasse
dicitur, quia hoc genus pigmenti sit valde fervidum.

35. Cupido Veneris.

Cupidinem Veneri adscribunt, quia venerea res sine amore exerceri non potest. Cupidinem, amoris deum, Simonides ex Venere tantum dicit esse progenitum; quamquam
5 alii dicunt, ex ipsa et Marte; alii, ex ipsa et Vulcano; alii vero Chai et primae rerum naturae eum esse volunt. Qui pharetratus, nudus, cum face, pennatus, puer depingitur. Pharetratus ideo, quia sicut sagittae corpus, ita mentem vulnerat amor. Nudus, quia amoris turpitudo semper mani-
10 festa est, et nusquam occulta. Cum face autem, quia turpis amor cum calore et fervore quodam accenditur. Pennatus, quia amor cito pertransit, et amantibus nec levius aliquid, nec mutabilius invenitur. Puer etiam fingitur, quia sicut pueris per imperitiam facundia, sic quoque nimium amantibus
15 per voluptatem deficit.

36. Tres Gratiae.

Gratiae tres sunt, Pasithea, Aglaie, Euphrosyne, quae nudae connexaeque, et una aversa, duae autem nos respicientes pinguntur. Veneri autem sunt consecratae, quia
20 earum pulsu cuncta animalia ad amorem prona fiunt. Lavantur autem in fonte Acidalio, qui est in Orchomeno, Boeotiae civitate; de quo etiam Venus *Acidalia* dicitur; vel inde, quod injicit curas, quas Graeci ἀχίδας dicunt. Ipsius enim et Liberi filiae sunt. Nec immerito. Gratiae enim
25 per horum fere numinum munera conciliantur. Ideo autem nudae sunt, quod gratiae sine fuco esse debeant et sine simulatione. Ideo connexae, quia insolubiles esse gratias decet. Quod vero una aversa pingitur, duae nos respiciunt, haec est ratio, quia profecta a nobis gratia, duplex solet
30 reverti.

37. Erichthonius.

Juppiter et Juno quum multos filios per conjugium procreassent, tandem ad ostendendam divinitatem suam placuit sine conjugio filios generare. Tunc Juppiter ex barba Pal-
35 ladem, quae et Minerva dicitur, genuit, decentis formae. Quae quia ex capite ejus est orta, et in capite quinquepartiti sensus pollent, dea dicitur sapientiae. Juno autem sponte propria de genitalibus locis protulit Vulcanum. Et quia loca genitalia immunda sunt et deformia, deformi figura
40 apparuit fuscus et claudus. Qui quum deformis esset, et Juno ei minime arrisisset, ab Jove praecipitatus est in insulam Lemnum. Illic nutritus a Sintiis, divinos honores non meruit,

ad quos per convivium nubilium, aut per conjugium venitur dearum. Unde Virgilius: *Cui non risere parentes, nec deus hunc mensa, dea nec dignata cubili est.* Impetrato autem a Jove, quum fulmina ipsi fabricaret, Minervae conjugio, dum illa eo spreto reluctaretur, natus est puer draconteis pedibus, qui appellatus est Erichthonius, quasi de terra et *lite* procreatus; nam ἔρις est lis, χθών terra. Quem Minerva in cista abscondit, draconeque custode apposito, duabus sororibus Aglauro ac Pandorae, Erythiae filiabus, transmisit observandum, interdicens, ne cistam aperirent. Virgines autem, interdicta magis appetentes, cistam aperiunt, et viso angue, insania a Minerva injecta, de arce Atheniensium se praecipitaverunt. Anguis, ad Minervae clypeum refugiens, ab ea est educatus. Erichthonius autem, ad tegendam pedum foeditatem, junctis equis, usus est curru, quo tegeret sui corporis turpitudinem. Unde Virgilius in III Georgicon:

Primus Erichthonius currus et quattuor ausus
Jungere equos, rapidisque rotis insistere victor.

38. Priapus.

Priapus fuit de Lampsaco, civitate Hellesponti, de qua pulsus est propter virilis membri magnitudinem. Post in numerum deorum receptus, meruit esse numen hortorum. Dicitur autem praeesse hortis propter fecunditatem. Nam quum alia terra semel aliquid creet, horti numquam sine fructu sunt; et quum alia terra semel in anno proventum habeat, hortus habet multiplicem. Est autem minister Liberi patris et deus libidinis. Unde sacris ejus interesse dicitur; nam *sine Cerere et Libero friget Venus.* Priapum quidam dicunt esse Adonem, filium Veneris, qui a feminis colitur.

39. Minerva.

Minerva sapientiae, armorum, et lanificii dea esse dicitur. Quae pingitur armata, triplici veste induta, caput Gorgonae gestans pectore. Minerva ideo de vertice Jovis dicitur nata, quia ingenium in cerebro positum sit. Ideo fingitur armata, quia sapientia sit munita. Gorgonem huic addunt in pectore, ut vir sapiens terrorem contra adversarios gestet in mente. Cristam cum galea capiti ejus imponunt, ut cerebrum sapientia et armatum sit et decorum. Triplici etiam veste fingunt hanc esse indutam, quod sapientia tecta, extrinsecus raro cognoscatur. Et conditricem Athenarum eam dicunt. Minerva enim Ἀθηνᾶ Graece dicitur, quasi

ἀθανάτη παρθένος, id est *immortalis virgo*; quia sapientia nec mori poterit nec corrumpi. In hujus tutela noctuam
ponunt, quod sapientia etiam proprium fulgorem teneat.
Quomodo autem eam in suam tutelam receperit, haec est
5 fabula. Nycteus, Aethiopum rex felicissimus, habuit filiam,
Nyctimenem nomine. Quae quum scelerato amore patrem
diligeret, amorem suum nutrici confessa est, infandumque
petivit auxilium. Ea vero quum mentita esset domino suo
Nycteo, a quadam illum extranea diligi virgine, impetravit,
10 ut ille filiae suae imprudens uteretur amplexibus. Sero ille
cognitum facinus statuit vindicare. Agnitam itaque inter
ipsos amplexus filiam quum voluisset extinguere, illa Minervae imploravit auxilium, cujus protectione periculo est erepta,
versaque in avem, quae ex conscientia commissi facinoris
15 diei fugit aspectum, et Minervae tutelae dicata est. Alii
dicunt, filiam Proeti fuisse, patrisque vim timentem aufu-
gisse, quam Minerva mutavit in noctuam.

40. Vulcanus.

Vulcanus ignis est, et dictus est Vulcanus quasi *Voli-*
20 *canus*, quod per aërem *volet.* Dicitur autem Vulcanus a
Junone propter deformitatem dejectus; quam aërem esse
constat, ex quo fulmina procreantur. Ideo autem Vulcanus
de femore Junonis fingitur natus, quia fulmina de imo aëre
nascuntur. Unde et Homerus dicit, eum de aëre praecipi-
25 tatum in terras, quod omne fulmen de aëre cadat; quodque
crebro in Lemnum insulam jacitur, ideo in eam dicitur cecidisse Vulcanus. Claudus autem dicitur, quia per naturam
numquam rectus est ignis. Ideo vero eum Minervae conjungi
voluerunt, quia furor etiam sapientiae aliquando surrepat.
30 Illa vero armis virginitatem defendit, quia omnis sapientia
integritatem morum suorum contra furiam virtute animi vindicat. Unde quidam Erichthonius nascitur; ἔρις enim
Graece *certamen* dicitur. Quidnam aliud surripiens furor
sapientiae generare poterat, nisi *certamen invidiae?* quod
35 sapientia, id est Minerva, abscondit in cista, id est in corde
celat. Ergo Minerva draconem apponit, id est perniciem;
quem quidem duabus commendavit virginibus, Aglauro et
Pandorae. Pandora enim *universale munus* dicitur; Aglauro
vero quasi *accoloren*, id est *tristitiae oblivio:* sapiens
40 enim dolorem suum aut benignitati commendat, aut oblivioni.

41. Mercurii.

Corvilius dicit, quatuor esse Mercurios; unum Jovis et
Majae, filiae Atlantis; alterum Caeli et Diei; tertium Liberi

et Proserpinae, qui animas evocat; quartum Jovis et Cylle-
nes, a quo Argus occisus est. Sed in deorum ratione, quia
veritas ignoratur, fabulae sequendae sunt. Juppiter cum
Maja, Atlantis Arcadici filia, concubuit; unde natus est Mercurius in Cyllene, Arcadiae monte, qui litteras monstravit, 5
menses instituit, sidera expertus est, lyram invenit, quam
etiam septem chordis propter numerum Atlantidum (eo quod
mater ejus una earum esset) instruxit. Praeesse autem negotiis, et furti rapinarumque deus esse dicitur; virgam ferens, pennatis talaribus calciatus, canino capite, flavus et 10
perustus pingitur.

42. Unde vocetur Mercurius.

Mercurius igitur quasi *mercium curius*, vel *medius
currens* dicitur, quia sermo inter *medios* est; vel, quia nuntius deorum est Mercurius, quasi *medius* inter deos et 15
homines *currens* dicitur. Fingitur autem deus esse rapina-
rum et furti, quia negotiatores rapina et perjurio semper
sunt succincti. Virgam tenet, cum qua serpentes, id est
venena, dicitur divisisse, quia bellantes ac dissidentes interpretum sedantur oratione. Pennatis autem talaribus calciatus 20
esse dicitur, quia citius aliis planetis in ortum revertitur.
Unde etiam velox et errans dicitur. Flavus et perustus
autem ideo ubique introducitur, quia vicinus esse soli praeter
ceteras stellas dinoscitur. Canino autem capite pingitur
(unde et Anubis dicitur), quia nihil cane sagacius esse di- 25
noscitur. Lyrae autem ab eo inventae et per eam ab Apolline virgae dono acceptae, haec est fabula.

43. Lyra.

Quum regrediens Nilus in suos meatus varia in terris
reliquisset animalia, relicta est etiam testudo. Quae quum 30
putris facta esset, et nervi ejus remansissent extenti intra
corium, percussa est a Mercurio. Postea quum pascenti
Admeti regis armenta Apollini boves abegisset, et depre-
hensus ab eo esset, poscenti Apollini, *ut dicere liceret, se
invenisse lyram*, concessit, et ab eo virgam quandam, quae 35
caduceum dicitur, accepit. Quam manu tenens Mercurius,
quum proficisceretur in Arcadiam, et vidisset duos dracones
implicitos inter se dimicare, virgam inter medios projecit.
Illi mox segregati, discesserunt. Quo facto, eam virgulam
pacis causa cognovit esse institutam. Virgae autem hujus 40
haec est ratio. Mercurius et orationis deus esse dicitur, et
interpres deorum. Unde virga serpentes dividit, id est venena; nam bellantes interpretum oratione sedantur. Unde

legati pacis caduceatores dicuntur. Sicut enim per feciales bella indicebantur, ita pax per caduceatores fiebat. Ἑρμῆς autem Graece dicitur, Latine *interpres.*

44. Orpheus.

5   Apollo, lyra accepta, Orpheum, Oeagri fluminis et Calliopes Musae filium, dicitur docuisse, et postquam ipse citharam invenit, lyram illi concessisse. Hic autem theologus fuit, et orgia primus instituit. Et quia hominum feritatem morum composuit institutione, dicitur arbores et saxa ad se 10 audiendum commovendo illicuisse.

Erat autem ipsi una ex Dryadibus uxor, dicta Eurydice. Quae Aristaei, filii Apollinis et Cyrenes Nymphae, Penei, fluminis Thessaliae, filiae, insidias fugiens, serpentem in prato latentem incurrit, cujus etiam veneno periit. Unde 15 doloris impatientia turbatus Orpheus, lyra accepta, Taenarias fauces adiit, et cantus dulcedine Ditis feritatem permovit, impetrans Eurydicen ea tantum lege sibi reddi, ut eam subsequentem praecederet, nec illius causa visum retro flecteret. Amoris autem impatientia datae sibi legis oblitus, 20 suae jam potestatis conjugem respexit, legeque fatorum eam retrahente, subito ab oculis lapsam perdidit.

45. Juppiter et Aetna Nympha.

Juppiter Aetnam Nympham compressit et gravidam fecit. Quam quum Juno persequeretur, illa Terrae imploravit auxi-25 lium, in cujus sinus recepta, enixa est geminos, necdum partu maturo. Vel, ut alii dicunt, Juppiter timens Junonem, Terrae commendabat ipsam; secundum alios, partum ejus. Hos terra intra gremium suum tam diu fovit, quamdiu lex uteri postulabat, posteaque enixa est. Unde Palici, id est 30 *bis geniti,* appellati sunt. Hos autem immites fuisse, et humano sanguine placari consuetos, fabula disserente, est firmatum. Postea quibusdam sacris mitigati sunt, et eorum immutata sacrificia.

46. Cybele.

35   Cybele mater deorum dicitur, quae currui subjunctis leonibus vehitur. Corybantes strictis gladiis munitos ministros habere, et turritam gestare coronam fingitur. Ideo igitur mater deorum curru vehi dicitur, quia ipsa est terra, quae in aëre suspenditur. Ideo sustinetur rotis, quia mundus rota-40 tur et revolubilis est. Ideo ei subjunguntur leones, ut ostendatur, maternam pietatem totum posse superare. Ideo

Corybantes ejus ministri cum strictis gladiis esse finguntur, ut omnes pro terra sua debere pugnare significetur. Quod autem turritam gestat coronam, ostendit, civitates terrae esse superpositas, quas turribus constat insignitas. Unde autem leones ejus currui subjungerentur, hac fabula de- 5 monstratur.

47. Atalante.

De civitate, quae Schoenos dicitur, fuit quaedam virgo Atalante, Schoenei filia, praepotens cursu, adeo ut sponsos provocatos ac cursu superatos occideret. Postea Hippome-10 nes *etc.*

48. Pan.

Pan deus est rusticus, in naturae similitudinem formatus, unde et *Pan* dictus est, nempe *omne.* Habet enim cornua in solis radiorum, et in cornuum lunae similitudinem. Rubet 15 ejus facies ad aetheris imitationem. In pectore nebridem habet stellatam, id est ad stellarum imaginem. Pars ejus inferior hispida est propter arbores, virgulta, feras. Caprinos pedes habet, ut ostendat terrae soliditatem. Fistulam septem calamorum habet propter harmoniam caeli, in quo 20 septem sunt planetae, ut Virgilius: *Septem discrimina vocum.* Recurvum baculum, καλαύροπα habet, id est *pedum*, propter annum, qui se recurvat. Quia deus totius naturae est, a poëtis fingitur cum Amore luctatus, et ab eo victus, quia, ut legimus, *omnia vincit amor.* Pan, secun-25 dum fabulam, Syringam Nympham amasse dicitur. Quam quum sequeretur, illa, implorato Terrae auxilio in calamum conversa est; quem Pan ad solatium amoris incidit, et sibi fistulam fecit.

49. Faunus.   30

Faunus infernus dicitur deus, et congrue. Nam nihil est terra inferius, in qua habitat, et responsa dat. Ipse est et Fatuus. Hujus uxor est Fatua. Idem Faunus et eadem Fauna. Dicti sunt Faunus et Fauna a *vaticinando*, id est *fando*; unde et *fatuos* dicimus inconsiderate loquen-35 tes. Fauni autem sunt, qui vulgo *incubae* vel *pilosi* appellati sunt, et a quibus, dum a paganis consulerentur, responsa vocibus dabantur.

50. Nymphae.

Nymphae montium dicuntur Oreades; quae inter silvas 40 habitant et arboribus delectantur, Dryades (plerumque enim,

incisa arbore, vox erumpit, et sanguis emanat); virgultorum
autem et florum, Napaeae; fontium, Najades; fluminum,
Potameïdes; maris vero, Nereïdes. Sunt autem quaedam
deae topicae, id est locales, quae ad alia loca non trans-
5 eunt, ut *Marica*, dea litorum Minturnensium, juxta Lirim
fluvium habitans. Quod autem poëtae invocant Musas, haec
est ratio, quod, secundum Varronem, ipsae sunt Nymphae,
quae et Musae. Sane sciendum, quod idem Varro tres
tantum esse memorat; unam, quae ex aquae nascitur motu;
10 alteram, quae aëris ictu sonos efficit; tertiam, quae mera
tantum voce consistit.

51. Astraeus.

Astraeus, unus de Titanibus, qui contra deos arma
sumserunt, cum Aurora concubuit. Unde nati sunt venti,
15 juxta Hesiodum. Re autem vera ex aëre nubes, ex nubibus
aqua, ex aquae motu venti creantur. Dicitur autem Aeolus
rex ventorum esse, eorumque furorem suo imperio frenare.

52. Aeolus.

Aeolus, Hippotae filius, rex insularum novem, quae
20 sunt post fretum Siciliae, quae ab eo *Aeoliae* appellantur
(licet et propria nomina habeant), a nebulis et fumo *Vulcaniae insulae*; praedixit futura flabra ventorum; unde imperitis visus est ventos sua potestate retinere. Fingitur
namque a poëtis rex ventorum fuisse. Dicitur autem ventos
25 antro frenare, quia concava loca plena sunt ventis.

53. Titanes.

Ferunt fabulae, Terram diis, quod eam habitare dedig-
nati sunt, iratam. Titanas, qui et Gigantes dicuntur, serpentinis munitos pedibus in sui ultionem procreasse. Qui
30 viribus confisi, caelum, montes montibus exstruentes, dissipare
deosque ad terram substernere aggressi sunt. Qui Jovis
fulminibus, objectuque a Minerva Gorgonae capitis prostrati,
duci eorum Atlanti caeli onere imposito, ipsi terrarum molibus obruti sunt. Quorum etiam Enceladus, qui et Briareus
35 sive Aegaeon dicitur, ardenti Aetnae suppositus, adhuc ardere. latusque mutando totam Siciliam tremefacere, fumique
vapore complere dicitur. Revera, nisi quae de Gigantibus
legimus, fabulose accipimus, ratio non procedit. Nam quum
in Phlegra, Thessaliae loco, pugnasse dicantur, quomodo
40 in Sicilia Enceladus, Otus in Creta, secundum Salustium
(*unde Otii campi*), Typhoeus in Campania, (*Inarime Jovis*

imperiis imposta Typhoeo)? Sed Varro dicit, in diluvio aliquos ad montes confugisse cum utensilibus. Qui lacessiti
postea bello ab his, qui ab aliis veniebant montibus, facile
ex locis superioribus vicerunt. Unde factum est, ut *dii*
superiores dicerentur, inferiores vero *terrigenae*. Et quia 5
de imis ad summa reptabant, dicti sunt pro pedibus serpentes habuisse.

54. Statutum Jovis.

In Gigantum contra deos bello quum Victoria, Stygis
infernae paludis filia, Jovi faveret, dicitur meruisse, ut dii, 10
per ejus matrem jurantes, non audeant fallere. Juppiter
namque statuisse dicitur, ut, si quis illius fefellisset numen,
integro anno et novem diebus ab ambrosia et nectare prohiberetur. Ratio autem haec est. Styx *maerorem* significat,
a *tristitia* Styx dicta. Dii autem laeti sunt semper, unde 15
etiam immortales. Ergo quia maerorem non sentiunt, jurant
per rem suae naturae contrariam, id est tristitiam, quae
aeternitati est contraria.

55. Otus et Ephialtes.

Otus et Ephialtes, Gigantes, Aloëi filii, tantae audaciae 20
erant, ut montibus constructis, caelum expugnare niterentur.
Ictu autem fulmine, et in Tartara missi sunt.

56. Salmoneus.

Salmoneus, Aeoli filius (non regis ventorum, sed cujusdam apud Elidem, ubi regnavit), fabricato ponte aereo, 25
super eum currus ad imitanda tonitrua agitavit, et in quem
jaculatus fuerat facem, occidi jussit. Hic postea, a Jove
fulminatus, verum fulmen est expertus.

57. Phaëthon.

Phaëthon, Clymenes et Solis filius, quum doleret, ob 30
jectum sibi ab Epapho, rege Aegypti, quod non esset a
Sole, sed de adulterio procreatus, duce matre venit ad
Solem, et poposcit, ut, si vere ejus filius esset, petenda
praestaret. Quod quum Sol jurasset per Stygem paludem
se esse facturum, petiit ille, ut ejus sibi currus agitare 35
liceret. Sol post jusjurandum negare non potuit. Acceptis
itaque curribus, Phaëthon quum orbitam solis exisset, et
mundus ardere coepisset, ab Jove fulminatus, in Eridanum,
qui et Padus vocatur, cecidit. Hujus interitum flentes soro-

res Phaëthusa et Lampetie, deorum miseratione in arbores commutatae sunt alnos, vel, ut alii dicunt, in populos.

58. Callisto.

De Gigantum sanguine natus est Lycaon, tyrannus Ar-
5 cadiae. Ejus filiam Calliston quum in comitatu Dianae Juppiter vidisset, in amorem ejus incidit, et a reliquis segregatam Nymphis, in Dianam mutatus, compressit et gravidam
fecit. Cujus quum crimen tumens uterus proderet, indignata
Diana comitatu suo eam reppulit. Illa autem, exactis decem
10 mensibus, enixa est parvulum, qui Arctos cognominatus est.
Indignata Juno, quod pellex sua ex Jove etiam mater esset,
Calliston vertit in ursam. Cujus filius Arctos quum esset in
adultam aetatem productus, imprudens in matrem incidit,
ursam credens, ac misso telo eam perimere voluit. Non
15 sustulit Juppiter, ignorantem matricidium perpetrare, statimque eos inter sidera collocavit. Ille *Arcturus*, et alio
nomine *Arctophylax* vocatur; illa Arctos μείζων, Latine
septentrio major appellatur; quod signum loco non movetur, nec hac, quam dicturus sum, causa mergitur.

59. Thetis.

20

Thetis enim, filia Nereï, uxor Oceani, nutrix Junonis
fuit. Quam Juno indignata, pellicem suam in caelum trans-
latam, rogavit, ut propter affectum nutricis eam prohiberet
in oceanum cadere.

60. Lycaon.

25

Lycaon quum susceptos hospitio homines interimere solitus esset, stupratae insuper filiae dolore commotus, Jove
hospitio suscepto, quum vellet explorare, an verus Juppiter
esset, ut expertum hominem, polluto hospitalitatis jure, citius
30 interimeret, humanam ei carnem vescendam apposuit. Unde
commotus Juppiter, domum ejus incendit, ipsumque mutans
in lupum, docuit, hospitum jura non polluenda.

61. Icarus.

Icarus quidam, Atheniensis, Liberi comes fuit. A quo
35 quum vini usum mortalibus tradere doctus, vitem sevisset
floridamque fecisset, dicitur hircus in vineam se conjecisse,
et quae tenerrima ibi videbantur folia decerpsisse. Unde et
adhuc caper Baccho, quia obest vitibus, immolatur. Victimae enim numinibus aut per similitudinem, aut per contra-
40 rietatem immolantur. Per similitudinem, ut nigrum pecus Plu-

toni; per contrarietatem, ut porca, quae obest frugibus, Cereri; caper, qui obest vitibus, Libero. Item capra Aesculapio, qui deus est salutis, quum numquam sit capra sine febre. Rustici autem quum exhibitum ab Icaro vinum plus nimio potantes, ebriarentur, venenum se ab illo accepisse 5 putantes, eum in Marathoniae regionis monte interfecerunt. Hujus canis, cui nomen fuit Maera, est reversus ad Erigonem filiam. Quae quum ejus, se veste extrahentis, comitata vestigia, ad patris pervenisset cadaver, laqueo vitam finivit. Cui mortuae canis morte sua satis fecit. Sed Erigone, deo-10 rum voluntate cum cane in caelum translata, ipsa *Virgo*, canis *Sirius* appellatur. Receptus similiter in caelum cum plaustro Icarus; plaustrum *septentrio* vel *arctos*, ipse *Bootes* vel *Arctophylax* est vocatus.

Sed post aliquantum tempus Atheniensibus morbus talis 15 est immissus, ut eorum virgines furore quodam ad laqueum compellerentur. Unde consultum oraculum respondit, *sedari posse illam pestilentiam, si Erigones et Icari cadavera requirerentur.* Quae quum diu quaesita nusquam invenirentur, ad ostendendam suam devotionem Athenienses, ut etiam 20 in alieno ea quaerere viderentur elemento, suspenderunt de arboribus funem; ad quem sese tenentes homines hac illacque agitabantur, ut quasi per aërem illorum cadavera quaerere viderentur. Sed quum plerique caderent, inventum est, ut formas ad oris sui similitudinem facerent, et eas pro se 25 suspensas moverent. Unde *oscilla* dicta sunt ab eo quod in his *ora cillerentur*, id est *moverentur.* Nam *cillere* est *movere.* Unde et *furcillae* dictae sunt, quibus *frumenta cillentur.*

Scholion.

Alii dicunt, oscilla esse membra virilia de floribus facta, 30 quae suspendebantur (inter columnia) inter duas columnas; ita ut in ea homines acceptis clausis personis impingerent, et ea ore cillerent, id est moverent ad risum. Et hoc in Orpheo lectum est. Prudentioribus tamen aliud placet, qui dicunt, sacra Liberi patris ad purgationem animae pertinere. Omnis 35 enim purgatio aut per aquam fit, aut per ignem, aut per aërem. Sic Virgilius in VI:

——————— *Aliae panduntur inanes*

Suspensae ad ventos; aliis sub gurgite vasto

Infectum eluitur scelus aut exuritur igni; 40

ut nunc per oscilla genus purgationis maximum intelligamus. Nam primum est aquae, secundum ignis, tertium aëris.

62. Saturnus et Philyra.

Saturnus dum cum amata Philyra rem haberet, Ops ejus uxor advenit. Cujus praesentiam timens, convertit se in equum. Exinde natus est Chiron dimidia parte homo, di-
5 midia equus. Habitavit autem in Pelio, Thessaliac monte; a quo Achilles et Aesculapius nutriti dicuntur. Hic postea translatus est inter sidera a Saturno, et factus est *Sagittarius.*

63. Prometheus.

10 Prometheus quum hominem fingeret, jussu deorum ex omnibus animalibus particulas, prout erat eorum natura, e apponebat. Unde *vim leonis stomacho dicitur apposuisse* idcirco, quod iracundia magis accendamur; timorem a lepore, astutiam a vulpe, a serpente prudentiam, a columba
15 simplicitatem. Fecit autem hominem inanimatum et insensibilem. Cujus opus Minerva mirata, spopondit ei ut, si quid vellet de caelestibus ad suum opus, inquireret. Ille *se nescire,* ait, *quae bona in caelestibus haberentur; sed, si fieri posset, se usque ad superos levaret, atque exinde, si quid*
20 *operi suo congruum cerneret, melius praesens, arbiter tulisset.* Illa inter oras septemplicis clypei sublatum caelo intulit. Et dum videret caelestia animata et vigore vegetata, Phoebaicis rotis applicans faculam, ignem consequitur, quem hominis applicans pectori, animatum reddidit, Prometheus
25 dictus quasi προμήθεια, quod nos Latini *providentiam Dei* dicimus. Quasi *Dei providentia,* et Minerva *quasi caelesti sapientia* homo factus sit.

64. Hostia Promethei.

Antiqui quum totas hostias inter sacra consumerent
30 flamma, Prometheus, qui propter excellentiam animi homines finxisse existimatur, impetrasse a Jove dicitur, ut partem hostiae in ignem conjicerent, partem in suo consumerent victu. Quae dum consuetudo perduraret, ipse Prometheus duos tauros immolavit, quorum jecora quum primum in ara
35 posuisset, tauri utriusque carnem, in unum compositam, corio bubulo texit; ossa quae circum fuerant, reliqua pelle contecta, in medio collocavit, Jovi faciens potestatem, ut quam vellet sumeret partem. Juppiter utrumque putans taurum esse, delegit ossa pro sua dimidia parte. Juppiter quum
40 factum rescisset, mortalibus eripuit ignem, ne caro utilis esset, quum coqui non posset. Prometheus autem, mortalibus ignem restituere cogitans, Minervae auxilio caelum dicitur ascendisse, et adhibita ad radios solis facula, ignem

est furatus, quem hominibus indicavit. Ob quam causam
irati dii immiserunt terris maciem, id est morbos. Ipsum
autem Prometheum per Mercurium in monte Scythiae Caucaso ferrea catena XXX millia annorum vinxit Juppiter ad
saxum, adhibens ei aquilam, quae cor ejus exederet. Her-5
cules autem, missus ab Eurystheo propter Hesperidum mala,
nescius viae devenit in Caucasum montem ad Prometheum.
A quo demonstrata via, post victoriam pro gratiae beneficio
aquilam, cor ejus exedentem, interfecit. Sed de Promethei
solutione haec causa memoriae prodita est.   10

65. Juppiter et Thetis.

Quum Juppiter, Thetidis pulchritudine inductus, eam
vellet uxorem ducere, Parcae dicuntur fata cecinisse, *ut ab*
eo, qui ex se et Thetide nasceretur, Juppiter regno pel-
leretur. Quod quum Juppiter ex Prometheo, haec audiente,15
comperisset, destitit Thetidem velle uxorem ducere, et Prometheum pro beneficio vinculis liberavit, et memoriae causa
digitum sibi lapide et ferro vinciri jussit. Qua consuetudine
adhuc homines usi, anulos lapide et argento conclusos, ad
amicitiae memoriam et pignus habere coeperunt. Haec au-20
tem omnia non sine ratione finguntur. Nam Prometheus
vir prudentissimus fuit; unde et Prometheus dictus a *pru-*
dentia. Hic autem primus astrologiam Assyriis indicavit,
quam residens in monte altissimo Caucaso nimia cura et
sollicitudine prehenderat. Hic mons positus est circa Assy-25
rios, vicinus paene sideribus; unde et majora astra monstrat, et diligenter eorum ortus occasusque significat. Dicitur autem aquila cor ejus exedere, quia acris sollicitudo est,
qua ille affectus, sidereos deprehenderat motus. Et hoc quia
per prudentiam fecit, duce Mercurio, qui prudentiae et rationis30
deus est, ad saxum dicitur esse religatus. Deprehendit
praeterea rationem fulminum, et hominibus indicavit. Ad-
haec quadam arte, ab eo demonstrata, supernus ignis eliciebatur, qui mortalibus profuit, donec eo bene usi sunt.
Nam postea malo hominum usu in perniciem eorum versus35
est. Sicut in Livio lectum est de Tullo Hostilio, qui ideo
igne exustus est cum omnibus suis. Numa vero Pompilius
impune eo usus est tantum in sacris deorum. Hinc est,
quod igne rapto, ab iratis numinibus morbi dicuntur hominibus immissi.   40

66. Cleobis et Bito.

Quum mos esset, sacerdotem Argivam bubus junctis
adire templa Junonis, dieque solemni boves, omnibus pesti-

lentia consumtis, non possent inveniri, duo sacerdotis filii, Cleobis et Bito, matrem subierunt, et ad templa deduxerunt. Juno, probans eorum religionem, obtulit matri, ut quod vellet, filiis posceret. Illa pia responsione ait, *ut quod* 5 *dea mortalibus utile sciret, ipsa praestaret.* Altero itaque die sacerdotis juvenes reperti sunt mortui. Ex quo probatum est, nihil esse morte praestantius.

67. Chelone.

Virgo quaedam Chelone linguae impatientis fuit. Verum 10 quum Juppiter Junonem sibi nuptiis jungeret, praecepit Mercurio, ut omnes deos et homines ad nuptias convocaret. Quo facto, sola Chelone, irridens et detrahens, nuptias adire contemsit. Quam quum Mercurius non venisse notavisset, jussu Jovis ad terras descendit, et moenia Chelones, supra 15 fluvium posita, in mare praecipitavit; ipsamque Chelonem in animal sui nominis vertit, quam nos Latine *testudinem* dicimus, et ut ad poenam dorso tectum portaret, fecit. Unde et incurvatis aedificiis hoc nomen impositum est.

68. Proetus rex.

20   Proetus, Abantis filius, rex Argivorum, inimicam felicitati suae habuit conjugis fecunditatem. Tres etenim sustulit filias, et ad tempus nuptiarum usque perduxit. Sed incontinens virginum lingua infelicitatis edicit causas. Hae enim feruntur solemniter templum Junonis intrasse, et se 25 deae praetulisse. Hinc offensa Juno puellas in juvencas vertit, et cupiditatem silvas petendi injecit, adeo ut plerumque mugirent, et collo juga timerent, credentes, se formam habere vaccarum. Quod eousque passae sunt, donec regni partem, si quis eas in pristinum statum mentis restituisset, proposuit 30 Proetus una cum conjuge. A Melampode autem, herbariae artis peritissimo, eaedem Proetides ab insania sunt liberatae; unaque ex virginibus ducta, ipso facto regni consorte et genero.

69. Antigone.

35   Antigone, Laomedontis regis Trojani filia, quum se Junoni praeferret, ab ea propter formae arrogantiam conversa est in ciconiam.

70. Arachne.

Arachne, quae et Libya dicitur, quaedam puella, sacer- 40 dos Minervae, in lanificio doctissima fuit. Quae dum im-

probe opus suum Minervae praetulisset, et eam lanificio provocasset, a Minerva in vermem sui nominis, id est *araneam*
conversa, laqueo vitam finivit. Unde semet opere, quo
gaudebat, fatigando, casses in alto semper inutiliter suspendit.

71. Niobe.

Niobe, Tantali vel Pelopis filia, uxor Amphionis, ob
insolentiam partus, Apollinis ac Dianae numen experta est.
Nam quum ex Amphione septem filiis totidemque virginibus
editis comitata gauderet, et quodam tempore Manto, Tire-
siae filia, ex responso Thebanos monuisset, ut Latonae et 10
filiis ejus, Apollini et Dianae, preces ferrent, illa sacrificiis
interesse noluit, praedicans, se potentiorem numine Latonae
ac filiis ejus esse. Hoc quum Latona filiis conquereretur,
Apollo et Diana, tecti nubibus, Thebas venerunt, ac Nioben
cum filiis filiabusque necaverunt. Peremtos autem apud 15
Thebas liberos Niobe ad patriam, Sipylon scilicet montem,
dicitur reduxisse, ipsaque ibidem in saxum mutata indu-
ruisse.

72. Glaucus.

Glaucus quidam fuit de Potnia civitate. Qui quum sa- 20
cra Veneris sperneret, illa irata equabus ejus, quibus utebatur ad currum, immisit furorem; quae mox eum dilaceraverunt.

73. Deucalion et Pyrrha.

Juppiter humani generis vitia vindicans, terras imbrium 25
undatione operuit, totumque hominum genus diluvio delevit.
Deucalion autem, Promethei filius, et Pyrrha, ejusdem soror,
quum miseratione numinum in Parnaso monte effusionem
imbrium fugissent, navicula Delphos vecti, Themidis, quae
antistes terrae fuisse traditur, oraculo audierunt, *humanum* 30
genus posse reverti, si ossa matris post terga jactarent.
Intellexerunt igitur, matrem *terram* significari, quippe omnium rerum genetricem; ossa vero ejus *lapides.* Igitur oraculo adimpleto, lapides, quos Deucalion post tergum projecit, in viros vertebantur; lapides, quos Pyrrha, in feminas. 35

74. Lycus et Antiopa.

Lyci uxor Antiopa, Nyctei regis filia, ab Epapho, Ixionis
et Jovis nato, per dolum stuprata, a viro Lyco est ejecta.
Quam pulsam Juppiter, in Satyrum, vel ut alii dicunt, in
taurum versus, compressit, et gravidam fecit. Lycus autem 40

iratus Dircen duxit uxorem. Cui quum suspicio incidisset,
virum suum Lycum cum Antiopa prius amata concubuisse,
imperavit famulis, ut pellicem vinctam in tenebris clauderent.
Cui quum partus instaret, Jovis voluntate vincula effugit, et
5 in monte Cithaerone partus exposuit, videlicet Zethum et
Amphionem; quorum Zethus rusticus, Amphion vero, lyra a
Mercurio promerita, musicae extitit peritus. Qui matris injurias vindicaturi, Lycum interfecerunt; Dircen vero, indomito religatam tauro, vita privaverunt. De cujus sanguine
10 natus est fons, ex nomine ipsius *Dircaeus* appellatus. Idem
Amphion Cadmo, Agenoris filio, Thebas condenti, adjutor
accedens, cantus dulcedine lapides dicitur movisse, et ut se
muris sponte imponerent, canendo fecisse.

75. Epaphus.

15   Juppiter Epaphum in Aegypto oppida communire, ibique
regnare jussit. Oppidum Memphin, et alia plura constituit,
et ex Cassiopeïa uxore suscepit filiam Libyen, quae postea
in Africa regnum possedit; cujus ex nomine terra Libya est
appellata; quae etiam regni hereditatem filio suo Agenori
20 reliquit.

76. Juppiter et Europa.

Quum Mercurius jussu patris in Phoenicen transgressus
esset, ut armenta illius regionis ad litus compelleret; Juppiter, in taurum conversus, quum se jumentis Agenoris, regis
25 Libyae, immiscuisset, et in amore sui spatiantes in arena
virgines consistere coëgisset; paulatim singulas alludens, novissime Agenoris filiam Europam, in pratis secundum consuetudinem puellarum flores legentem, vitiavit, et tergo sibi
insidentem in insulam Cretam detulit, et ex ea tres filios,
30 Minoëm, Rhadamanthum et Aeacum, qui facti sunt apud
inferiores judices, genuit, tertiamque ab ea orbis partem
vocavit.

77. Agenor et filii ejus.

Agenor, rapta filia Europa, fratres ejus Cilicem, Cad-
35 mum et Phoenicem, ad requirendam sororem misit; ita ut,
nisi eam reperissent, ad se non reverterentur. Cilix diversas
petiit regiones; novissime constitit in Cilicia; nec minus
Phoenix in Phoenice. Cadmus, non inventa sorore, Apollinis oraculum sciscitabatur, *in quibus partibus consistere*
40 *deberet.* Accepto igitur responso, *ut vaccam, a grege se-*
gregatam, quae lunae signum in latere haberet, ageret;
et ubi fessa procubuisset, ibi urbem statueret; parens

praecepto, in eam terram devenit, quae postea a *bove* Boeotia
dicta est. Quum autem ad Martis fontem socios aquatum
misisset, et ipse illuc post eos venisset; ut vidit a dracone,
qui Marti erat consecratus, socios consumtos, serpentem interemit, et dentes ejus sevit: ex quibus terrigenarum multi-5
tudo progignitur, quae se mutuis vulneribus interemit, quinque tamen superstitibus, quorum nomina haec: Echion, Idaeus,
Chromius, Pelorus, Hyperenor. Qui Minervae voluntate
Cadmo et Amphioni, cantus dulcedine, ut sua sponte saxa
muris se imponerent, efficienti, adjutores condendarum The-10
barum additi, et principes urbis sunt facti.

78. Cadmus.

Nupsit Cadmus Hermionae, quae nata erat ex adulterio
Martis et Veneris; sed malo omine. Postquam filiabus Solis
Venus amores immisit, et singulae exitiali morbo detentae15
interierunt, Vulcanus Minervae consilio monile astu perfecit
(nam consciam facti Minervam indicant oculi Gorgonae, qui
in eodem monili gemmis erant inserti). Fecit ergo Vulcanus
monile pulcherrimum infausti ominis, ita ut necesse esset
hoc monile gestantem aerumnarum mole opprimi. Quod 20
dedit Hermionae, Martis et Veneris filiae, quum Cadmo
Agenoris filio nuberet. Cujus malo omine multa adversa pa-
tiens, novissime Cadmo in Illyricum infortunia Thebarum
fugiente, cum eo in draconem conversa est. Deinde hoc
monile Semele portavit, quae fulmine Jovis interiit. Idem 25
habuit Ino, quae, occiso a marito Athamante per furorem
uno ex filiis Learcho, cum alio, id est Palaemone, se praecipitavit in mare, ut mariti insequentis vitaret insaniam.
Post habuit Agave, quae et ipsa filium furore percussit.
Hae igitur praedictae filiae Cadmi et Hermionae fuerunt. 30
Habuit et Iocasta, quae per errorem filio Oedipo nupsit.
Habuit et Argia, Adrasti regis filia, a marito Polynice, per
hereditatem sortito, eo donata; quae idem monile propter
prodendum maritum Amphiaraum Eriphylae, ejus uxori, tradidit, quam postea filius Alcmaeon in vindictam patris occidit. 35
Orestesque furore, occisa matre, correptus, idem monile
Apollini consecravit. Quod in fontem projectum, hodie cerni
dicitur. Quod si quis attrectaverit, dicunt solem offendi et
tempestates oriri. Quatuor autem sorores, Ino, Autonoë,
Semele, Agave, filiae Cadmi esse dicuntur, quia qua-40
tuor sunt ebrietatis genera; vinolentia, rerum oblivio, libido,
insania. Unde et nomina haec quatuor Bacchae acceperunt.

79. Juno et Semele.

Juno quum videret, Semelem, Cadmi filiam, quae et
Thyone dicitur, a Jove diligi, in aniculam versa est, et Semeles limen ingrediens, ipsi ita locuta est: *Si te, ut per-*
5 *hibent, integre amat Juppiter, ab eo impetra, ut talis*
ad te veniat, qualis Junoni solet videri. Quod quum
Semele a Jove rogaret, ille mortalem nullo modo talem adventum posse ferre dixit. Illa autem instante, tandem promisit, tali habitu se ad eam esse venturum, quali ad Juno-
10 nem venit. Qui quum venisset cum fulmine, Semele sustinere
non potuit, et obiit. Juppiter vero, aperto ejus velocissime
utero, Liberum patrem ipse et Mercurius aperto femore suo
abdidisse dicitur, ut expletis novem mensibus, legitime nasceretur. Postea, completis maternis mensibus, Nymphis, quae
15 Nysam, montem Indiae, frequentabant, clam tradidit nutriendum. Quem postea Ino, uxor Athamantis ex Aeolo
geniti, matertera sua, soror videlicet Semeles, nutrisse perhibetur. Hinc irata Juno furorem Athamanti, marito Inonis,
immisit, ut filios suos vellet occidere; sperans ut, si Liberum
20 patrem invenire posset, simili, ut liberos, sorte perimeret.
Hinc Athamas mox unum filium suum Learchum Herculis
extinxit sagittis. Ino vero maritum suum ubi furore et se
persequi conspexit, Melicertam, alterum filium, arripiens, se
cum illo praecipitavit in mare. Qui postmodum in deos ma-
25 rinos conversi sunt; Melicerta in Portumnum, qui Graece
Palaemon dicitur; Ino in marinam deam, quae Graece dicitur Leucothea. Palaemonis autem corpus quum Corinthum
fuisset appulsum, ex habitu contemplati, regis fuisse filium,
humaverunt. Cui humato institutum fertur lustrale certamen.

80. Liber.

30 Liber, adultae factus aetatis, Indiam sibi subjugavit.
Inde revertens, quum in deserta et extrema parte Libyae
teneretur, ac siti laboraret exercitus, rogasse dicitur Jovem,
ut se, aquam ei ostendendo, patrem probaret. Mox ex
35 arena aries apparuit, qui pede elevato monstravit locum, ubi
fodiens aquam posset invenire. Tunc aperta terra, egressa
est aqua largissima; vel, ut alii dicunt, aries ipsi apparuit,
quo duce Liber aquam invenit. Inventa autem aqua, petiit
a Jove, ut arietem in astra transferret. In eo autem loco,
40 ubi aqua fluxit, templum constituit, quod Jovis Ammonis
dicitur. Simulacrum etiam ejus, adjectis cornibus arietinis,
confectum est. Fingitur autem cornibus arietinis, quod ea,
quae ibi dantur responsa, obscuritate sunt involuta. Dicitur

autem Juppiter *Ammon*, eo quod in *arena* repertus est; ἄμμιον enim Graeci *arenam* dicunt. Liber autem, inter deos receptus, juvenis nudus pingitur. Lyaeus pater vocatur, quod vini potio liberas mentes faciat. Indos vicit, quia haec gens vino dedita est. Hic tigribus insidere dicitur, quod vino 5 fotae mentes mulceantur; unde et Lyaeus dicitur, quasi *lenitatem* praestans. Juvenis ideo pingitur, quia semper ebrietas calet. Ideo nudus, quia mentis suae secreta ebrius nudat.

81. Autonoë.

Autonoë, tertia Cadmi filia, Aristaeo, Apollinis et Cyre-10 nes Nymphae filio, nupsit, et ex eo filium Actaeonem concepit. Qui quum in silvis venaretur, Dianam, quum in valle Gargaphiae aestivo tempore et assidua venatione fatigata se ad fontem perlueret, nudam subito incurrit. Inde ab illa irata in cervum ipse, ne eloqui posset, mutatus, a suis dici-15 tur canibus periisse laniatus. Quod exponens Anaximenes, dicit, Actaeonem venationem dilexisse; sed quum ad maturam venisset aetatem, consideratis venationum periculis, nudam artis rationem videns, extimuit; et dum periculum venandi fugeret, affectum tamen canum non dimisisse, quos 20 inaniter pascendo, paene omnem suam substantiam perdidit. Ob hoc a suis canibus dicitur esse devoratus.

82. Aristaeus.

Aristaeus post laniatum a canibus filium, matris instinctu Thebas reliquit, et Chion insulam tenuit, adhuc hominibus 25 vacuam. Postea relicta ea, cum Daedalo ad Sardiniam transitum fecit.

83. Agave.

Agave, quarta filia Cadmi, Echionis uxor erat. Quae Liberum patrem ita in contemtu habuit, ut et arborem con-30 scendens, cum telo ei insidiaretur. Cujus filius Pentheus, Thebanorum rex, similiter ejus sacra despiciens, jussit famulis suis, ut eum Thebas venientem, vinctum sibi praesentarent. Liber, ut eum vesanientem deluderet, versus in Acetem, comitem suum, vinctus ducitur, et in custodiam 35 mittitur. Unde immissa matri et filio amentia, Agave filium suum, sibi obviantem vitulum putans, cum furore armata decollavit. Liber incolumis evasit. Agave autem mox post caedem resipuit, et se filium suum decollasse cognovit.

84. Tiresias.

Tiresias, Eueris filius, genere Thebanus, in monte Cyllene dracones concubitu haerentes virga quum percussisset, in mulierem versus est. Et post temporis seriem iterum eos
5 concumbentes videns, percussis rursus virga in eodem loco, in figuram rediit pristinam. Quo tempore inter Jovem et Junonem jocosa fuit disceptatio, utrum mas an femina majorem sentiret rei conjugalis voluptatem; introductus judex Tiresias, qui utramque naturam expertus fuerat, sensum mu-
10 lieris ad comparationem viri triplicem fore asseveraverat. Ob hoc Juno irata manus ejus praecidit, et eum excaecavit. Juppiter autem ob id ei concessit, ut VII aetates viveret, vatesque veracissimus haberetur. Tiresiam, quem diximus, intelligi volunt tempus, quod in vere dicitur *masculum*, quia
15 tunc soliditas et clausura est germinum. Ergo dum vernum tempus coëuntia sibi effectu animalia viderit, eaque *virga,* id est *fervoris aestu,* percusserit; in femineum sexum convertitur, dum in aestatis fervorem mutatur. Aestatem namque in modum feminae ponunt, quia omnia patefacta suis folliculis
20 emergunt. Cujus genitura dum veniente autumno prohibetur, iterum in priorem concipiendi et stringendi imaginem convertitur. Denique quum duobus diis, id est duobus elementis, igni et aëri, judicandi causa adhibetur, justam de ejus judicio rationem profitetur. Ad fructificandum enim germina,
25 tripla aëri prae igne suppetit materia. Aër enim et maritat in glebis, et perdurat in foliis, et gravidat in folliculis. Sol autem maturare tantum novit in granis. A Junone caecatur, quia hiemis tempus nubilosa aëris caligine obducitur. Juppiter vero ei vaporibus occultis praescientiam, id est con-
30 ceptionem, futuri subministrat germinis.

85. Branchus.

Branchus, Apollini dilectus, futurorum fuit peritus. Cujus talis est fabula. Cius quidam in peregrinatione quum pranderet in litore, proficiscens oblitus est filium, Synichronem
35 nomine. Ille in saltum cujusdam Patronis pervenit, receptusque cum filiis ejus capras pascere coepit. Aliquando cygnum prehendiderunt, et illum veste cooperuerunt. Illi pugnando, uter patri illud munus offerret, quum essent fatigati certamine, mulierem invenerunt, rejecta veste. Et quum fugerent
40 territi, revocati ab ea, ut Patron unice Synichronem diligeret puerum, sunt admoniti. Illi quae audierant, Patroni indicaverunt. Tunc Patron Synichronem pro suo filio dilexit, eique filiam uxorem locavit. Illa, ab eo impraegnata, vidit in somnis per fauces introisse solem, et exisse per ventrem.

Ideo infans natus B r a n c h u s est vocatus, quia mater ejus per *fauces* sibi uterum a sole viderat penetratum. Hic quum in silvis Apollinem osculatus esset, ab eo est comprehensus, et accepta corona virgaque, vaticinari coepit, et subito nusquam comparuit. Templum ei factum B r a n c h i a d o n est5 nominatum: et Apollini templa consecrantur, quae ab *osculo* Branchi *philesia* nuncupantur.

86. M o p s u s.

Mopsus, Apollinis et Mantus filius, amicitia Iasoni conjunctus, divinandi in tantum extitit peritus, quod post mor-10 tem ei templa dicata sunt, a quorum adytis saepe homines responsa accipiunt.

87. Sibylla.

Sibyllam pio amore Apollo dilexit, et ei poscendi quod vellet arbitrium obtulit. Illa manibus arenam hausit, et tam15 longam vitam poposcit. Cui Apollo respondit, *id posse fieri, si Erythraeam, in qua habitabat, insulam relinqueret, et eam numquam videret.* Profecta igitur, Cumas tenuit, et illic defectam corporis viribus vitam in sola voce retinuit. Quod quum cives ejus cognovissent (sive invidia, sive mi-20 seratione commoti), ei miserunt epistolam, creta antiquo more signatam. Qua visa, in mortem est soluta. Unde nonnulli hanc esse dicunt, quae Romana fata conscripserat, quod incenso Apollinis templo, inde Romam allati sunt libri, unde haec fuerat. Sibylla autem *Phemonoë* dicta est;25 nam adjectivum est nomen. Sibylla enim dicitur omnis puella, cujus pectus numen recipit. Nam, ut alii dicunt, θεός *deus,* βουλή autem est *sententia.* Igitur Sibyllas quasi *Siobulas* dixerunt.

88. Libri Sibyllae. 30

Constat, regnante Tarquinio, quandam mulierem obtulisse ei novem libros Sibyllae Cumanae, secundum Virgilium; secundum Varronem Erythraeae. In quibus libris erant fata et remedia Romanorum; et pro his poposcit trecentos philippicos, qui tunc pretiosi erant. Quae contemta, alio35 die tribus incensis, reversa est, et accepit quantum postulavit. Qui libri diligentissime in templo Apollinis servabantur. Tempore civilis belli jam per populum carmina vulgabantur, et mala Romani fati omnibus patebant.

89. I o.

Io Inachi, Argivorum regis, filia fuit. Cum qua amata Jove morante, Juno supervenit. Timens ille, ne deprehenderetur, Ionem in vaccam mutavit, et eam poscenti Junoni, 5 ne pellicem confiteretur, dedit. Cui Juno Argum, Aristoclis filium, omnibus membris oculatum, custodem apposuit. Quem quum Juppiter per Mercurium interemisset, Juno eum in pavonem mutavit. Ioni vero immisit oestrum, quo toto orbe vexata tandem ad Aegyptum venit, et Jovis volun- 10 tate in Isin mutata est. Fingitur autem Isis in similitudine vaccae mare transisse, quia transiit in navi, vaccae picturam habente. Quod ut certius cognoscas, navigium Isidis Aegyptus colit.

90. I s i s.

15   Isis autem est Genius Aegypti, qui per sistri motum, quod gerit in dextra, Nili accessus recessusque significat; per fistulam, quam sinistra retinet, omnifluentiam lacrimarum. Isis autem lingua Aegyptiorum est *terra*, quam Isin volunt esse.

20   ## 91. O s i r i s.

Osiris fuit Gigas, Isidis maritus, a Typhone, fratre suo, dilaniatus. Quem Isis, regina Aegypti, diu plangendo quaesivit, et tandem inventum salutavit. Unde populus, qui ejus colit festa, simulat eum quaerere, et inveniens eum, tandem 25 salutat Graece his verbis: *veneramur te*.

92. Vannus Liberi patris.

Dicitur Isis inventa Osiridis membra cribro superposuisse. Nam idem est Liber pater, in cujus mysteriis vannus est, quia Liberi patris sacra ad purgationem animae pertinent, et 30 sic homines mysteriis ejus purgabantur, sicut vannus frumenta purgat. Unde Liber ab eo, quod *liberet*, est dictus. Quem etiam Orpheus dicit discerptum esse a Gigantibus.

93. V e n u s.

Venus indignata, quod Proserpina, Jovis et Cereris 35 filia, conjugia sperneret, Plutoni, propter terrorem Typhoei, evomentis Aetnam, ab inferis emerso, intulit amorem, ut Proserpinam, circa cacumen Aetnae flores legentem, eriperet. Qua compressa, quum properaret fugere, Cyane Nympha, quam dilexerat Anapus amnis, intercedente, tardatus est.

At ille incensus ira morae, intercedentem ut amoverét, sceptro percussit; unde praeceps in inferna demersa est, et in liquorem conversa; cujus lacus contiguus est Arethusae.

94. Proserpina.

Proserpinam autem, id est Persephonem, raptam a Dite patre, quum Ceres, incensis facibus, per orbem terrarum requireret, per trivia perque quadrivia vocabat clamores. Unde permansit in ejus sacris, ut cunctis diebus per compita a matronis clamor exerceatur.

95. Ceres.

Quum autem Ceres de filiae inquisitione non cessaret, propter extinguendam sitim ad quendam fontem accessit. Lycii rustici, videntes eam, a potu prohibere coeperunt; conturbantesque pedibus fontem, contra eam sonum naribus emiserunt. Unde illa irata eos convertit in ranas, quae nunc quoque ad illius soni imitationem coaxant.

96. Cereris inquisitio.

Ceres quum Proserpinam raptam quaerere non desisteret, venit ad Eleusinam civitatem ad Celeum, regem Atheniensium. Qui quum liberaliter eam excepisset, et a quo rapta esset Proserpina, indicasset, illa benevolentia ejus delectata, filii ejus nomine Triptolemi, quem uxor Hiona ipsi peperit, se nutricem promisit. Hanc regina libens nutricem filio suo suscepit, eique nutriendum tradidit.

97. Immortalitas ejus alumni.

Ceres dum alumnum suum vellet immortalem reddere, interdiu lacte divino nutriebat, noctu clam igne obruebat. Itaque praeter quam soliti erant mortales crescebat. Quum hoc pater miraretur, nocturno tempore observavit, et quum Ceres puerum obrueret, exclamavit. Illa irata Eleusium exanimavit, ac Triptolemo, alumno suo, aeternum beneficium contulit. Nam fruges ei propagandas, et currum draconibus junctum tradidit. Quibus ille vectus orbem terrarum frugibus obsevit.

98. Triptolemus.

Triptolemus beneficio Cereris quum fruges per omnes spargeret gentes, ad Lycum, Scythiae regem, venit, ibique paene deceptus est. Volens enim Lycus id, quod hospes attulerat, fuisse suum monstrare, Triptolemum insidiis perimere conatus est. At ille, periculo cognito, stricto gladio Lycum persequi coepit. Lycus, in feram sui nominis versus, morum suorum colore distinctus est.

99. Cepheus rex.

Postquam Triptolemus domum rediit, Cepheus rex eum tamquam aemulus interficere conatus est. Sed re cognita, jussu Cereris Triptolemo regnum tradidit, ibique oppidum constituit, quod ex patris sui nomine appellavit, qui Cereri 10 sacra primus instituit, quae Graece ϑεσμοφόρια appellantur.

100. Inventio Proserpinae.

Ceres quum Proserpinam, a Plutone raptam, diu quaesisset, tandem aliquando eam esse apud inferos comperit. Pro qua re quum Jovis implorasset auxilium, ille respondit, 15 eam posse reverti, si nihil apud inferos gustasset. Illa autem jam punici mali in Elysio grana gustaverat. Quam rem Ascalaphus, Stygis filius, prodidit. Unde Proserpina ad superos remeare non potuit. Indignata Ceres convertit Ascalaphum in bubonem. Sane Ceres a Jove postea meruisse 20 dicitur, ut Proserpina VI esset cum matre mensibus, VI cum marito. Quod ideo fingitur, quia Proserpina ipsa est quae et luna, quae toto anno VI mensibus crescit, VI deficit, scilicet per singulos menses quindenis diebus; ut crescens apud superos, deficiens apud inferos videatur.

101. Sirenes.

Sirenes, Melpomenes Musae et Acheloi fluminis filiae, quum Proserpinam, a Plutone raptam, inquirerent, et eam minime invenissent, a diis novissime impetrarunt, ut versae in volucres, non tantum in terris, sed etiam in mari requi- 30 sitam consequi possent. Quo concesso, diu quaerentes, novissime ad petram Martis, quae proxime imminebat pelago, devenerunt, ibique habitare coeperunt. His concessum quoque fuit, ut tamdiu manerent incolumes, quamdiu earum vox audiretur. Fuerunt autem parte volucres, parte virgines, 35 pedes gallinaceos habentes. Harum una voce, alia tibiis, tertia lyra canebat. Quarum cantibus illecti nautae quum ad saxa accederent, in quibus illae residentes canebant, illisis in scopulis navibus, in naufragia ducebantur, et ab illis comedebantur. Has Ulixes contemnendo deduxit ad mortem. 40 Nam quum illas praeternavigaret, omnium sociorum suorum aures, ne eas audirent, cera obturans, se jussit ad arborem navis relĭgari. Ita et dulcedinem cantus illarum percepit, et periculum evasit. At illae adeo se victas doluerunt, ut se in fluctus praecipitarent, sicque mortem gustarent. Secundum veritatem autem meretrices fuerunt, quae quoniam transeuntes ducebant ad egestatem, his fictae sunt inferre naufragia. Σειρῆνες igitur Graece, Latine trahitoriae dicuntur. Tribus enim modis illecebra trahitur, aut cantu, aut visu, aut consuetudine. Eaedem igitur volatiles dicuntur, quia amantium mentes celeriter mutantur. Inde gallinaceis pedibus finguntur, quia libidinis affectu quaeque habita sparguntur. Per Ulixem autem, qui quasi ὅλων ξένος, id est *omnium peregrinus* dicitur, ad mortem deductae dicuntur, quia sapientia ab omnibus mundi illecebris peregrinatur.

102. Tantalus.

Tantalus, rex Corinthiorum, amicus numinibus fuit. Quae quum frequenter susciperet, et quodam tempore defuissent epulae, volens divinitatem eorum tentare, invitatis filium suum Pelopem occidens epulandum apposuit. Tunc abstinentibus cunctis, Ceres humerum ejus exedit. Quem quum dii per Mercurium revocare ad superos vellent, eburneus ei est humerus restitutus. Ideo autem sola Ceres dicitur comedisse, quia ipsa est terra, quae corpus solvit, ossa tamen reservans. Per Mercurium autem fingitur ob hoc revocatus, quod ipse est deus prudentiae. Tantalus autem hac lege apud inferos dicitur esse damnatus, ut in Eridano inferorum stans, nec undis praesentibus, nec vicinis ejus pomariis, fame deficiens, perfruatur. Aliquis igitur avarus fingitur; ut Horatius: *Quid rides? fabula narratur, mutato nomine, de te.*

103. Danaus et Egestus.

Danaus et Egestus germani fuerunt, filii vero Beli, fratres autem Agenoris, patris Cadmi. Danaus ex pluribus conjugibus quinquaginta habuit filias; Egestus, frater ejus, totidem filios. Egestus Danaum fratrem, ut filias suas filiis suis in matrimonium daret, postulavit. Danaus ut responso comperit, *quod generi sui manibus interiturus foret*, Argos profectus est, et primus dicitur naves fecisse. A cujus nomine Argo dicta est navis. Hoc comperiens Egestus, misit filios suos ad persequendum fratrem, iisque praecepit, ut aut Danaum interficerent, aut ad se non redirent. Qui postquam venerunt Argos coeperunt oppugnare. Danaus postquam vidit, se resistere non posse, filias suas fratris sui filiis conjunxit uxores. Quae nuptae, jussu patris viros uni-

versae suos interfecerunt. Sola Hypermnestra Lynceo marito suo pepercit. A quo postea Danaus, ut oraculi fides
impleretur, occiditur. Ob hoc scelus apud inferos hac poena
dicuntur damnatae, ut aquam dolio pertuso infundentes,
5 numquam laboris finem mereantur.

104. Tityus.

Tityus, Terrae filius, tantae fuit magnitudinis, ut am-
plitudine sui corporis novem jugera occuparet. Hic amavit
Latonam; propter quod Apollinis confixus est sagittis, et
10 damnatus hac lege apud inferos, ut vultur, renascentibus
semper fibris, ejus jecur exedat.

105. Sisyphus.

Quum inter duo maria, Sisypheum videlicet et Lechaeum, positum montem Sisyphus crudeli latrocinio occu-
15 passet, homines praetereuntes, ingens saxum super eos prae-
cipitando, solitus erat necare. Quod scelus luendo, dicitur
apud inferos contra montis verticem saxum volvere, quo
semper elapso, numquam volvendi labore quiescit. Dicitur
autem idem Sisyphus, Jove, *se Aeginam, Asopi fluminis*
20 *filiam, rapuisse*, ipsi confesso, hoc quaerenti patri infida
levitate prodidisse, et ob hoc tali apud inferos poena damnatus esse. Sane de his omnibus mire reddit rationem Lucretius, confirmans, in nostra vita esse omnia, quae finguntur de inferis. Dicit namque, Tityum amorem esse, hoc
25 est libidinem, quae secundum physicos et medicos in jecore
est, sicut risus in splene, iracundia in felle: unde etiam
exesum a vulture, dicitur in poenam renasci. Etenim libidini non sufficit res semel peracta, sed recrudescit semper.
Dicit etiam Lucretius, per eos, super quos jam casurus im-
30 minet lapis superstando, designari qui inaniter semper verentur, et de diis et caelo male opinantur. Nam religiosi sunt
qui per reverentiam timent. Per eos autem, qui saxum volvunt, ambitum vult et repulsam significari, quia semel repulsi petitores ambire non desinunt. Per rotam autem osten-
35 dit negotiatores.

106. Ixion.

Ixion, Phlegyae filius, imperator Lapitharum, Thessalicae gentis, amicissimus Jovi, quum venia ejus in caelum
translatus fuisset, Junonem de stupro interpellare ausus est.
40 Quae de audacia ejus conquesta Jovi, suadente ipso, pro se
nubem ei opposuit, cum qua Ixion concubuit; unde geniti

sunt Centauri. Reversus autem ad mortales gloriatus est, se cum Junone rem habuisse. Ob quam causam Juppiter eum fulmine percussit, et ad rotam serpentibus circumfusam apud inferos volvendam ligavit.

107. Explanatio ejusdem fabulae.

Sicut nihil in Latina oratione veritate gratiosius, ita nihil in Graeca falsitate ornatius. Ixion, quasi ἄξιον, id est *dignitatem*, dici voluerunt; Junonem deam regnorum. Ergo dignitas, regnum affectans, nubem meretur, id est similitudinem regni. Democritus igitur scribit, Ixionem in 10 Graecia primum regni gloriam affectasse. Qui sibi centum equites primus omnium conquisivit; unde et Centauri dicti sunt quasi *centum armati*. Denique Centippi dici debuerunt, eo quod equis mixti pinguntur. Sed Ixion, parvo tempore regnum adeptus, mox illud perdidit pulsus. Unde et 15 ad rotam damnatus dicitur, quia rotae vertigo semper instabilis volvitur; ut hinc pateat, quod omnes, qui per arma atque violentiam regnum affectant, subito ereptiones, subito elisiones sustineant. Quod autem Centauri ficti sunt, etiam hic datus est locus fabulae. Quidam enim Thessalus rex, 20 quum in Pelethronio, Thessaliae oppido, satellites suos ad revocandos oestro exagitatos boves misisset, illique cursu eos assequi non sufficerent; equos primi, invento domandi usu, ascenderunt, eorumque usi velocitate, boves stimulis ad tecta revocaverunt. Hi quum equis uterentur, aut velociter 25 eundo, aut circa flumen Peneum equos inclinatis eorum capitibus potando, locum dederunt fabulae, ut Centauri crederentur esse. Alii dicunt, Centaurorum fabulam esse confictam ad exprimendam humanae vitae velocitatem, quia equum constat esse velocissimum. 30

108. Pirithous.

Pirithous, Lapitharum Thessalicae gentis rex, quum uxorem Hippodamiam duceret, vicinos populos, Centauros etiam Rhoetum, Pholum et Hylaeum, et alios quam plurimos, et deos omnes, excepto Marte, ad convivium vocavit. 35 Unde numen iratum, immisso furore, convivantes ad arma commovit. Centauri namque quum vino incaluissent, et puellae nubentis thalamum vellent irrumpere, et vino pleni aliorum etiam Lapitharum uxores conarentur rapere, a Lapithis et a rege eorum Pirithoo victi corru⬛⬛ Eidem 40 pugnae Caenis interfuit, qui prius virgo; p⬛⬛Neptuno pro stupri praemio sexus mutationem meruit⬛at etiam involnerabilis. Pugnando tamen cum Lapithis contra Centauros crebris fustium ictibus in terram fixus interiit. Sed post mortem in sexum rediit.

109. Phlegyae.

Phlegyae erant populi quidam insulani nimium in deos 5 impii et sacrilegi. Unde iratus Neptunus eam partem insulae, quam Phlegyae tenebant, tridente percussit, et omnes obruit.

110. Acrisius.

Acrisius, rex Argivorum, accepit responsum, *eum qui ex filia nasceretur, morti sibi causam futurum.* Unde 10 sollicitus turrem aeneam fecit, et in ea filiam Danaën posuit, adhibens intus puellas custodes, foris vero satellites canesque vigiles. Juppiter autem, versus in imbrem aureum, per tegularum rimas ad illam se demisit et gravidam fecit. Quo comperto, pater eam intra arcam inclusam praecipitavit in 15 mare. Quae ad Italiam delata, inventa est a piscatore cum Perseo, quem illic enixa fuerat, et oblata regi, qui eam sibi in conjugium copulavit, et cum ea Ardeam condidit, unde Turnus originem duxit.

111. Perseus.

20   Sed postea Perseus, a Polydecte rege ad interficiendam Gorgonam missus, quum revertens resectum ejus caput in manu volando portaret, avum suum Acrisium, objecto illi Gorgonis capite, in saxum convertit.

112. Gorgones.

25   Gorgones tres fuerunt, Stheno, Euryale, Medusa, filiae Phorci regis et Cretidis Nymphae, uno invicem oculo utentes. Has si quis vidit, stupore statim in lapidem versus est. Serenus dicit, tres puellas fuisse unius pulchritudinis. Quas quum vidissent adolescentes, stupore torpebant. Unde fingi- 30 tur, si aliquis eas vidisset, in lapidem verteretur. Fuerunt autem locupletes nimis; unde *Gorgonae* dicuntur, quasi *terrae cultrices*: γῆ enim *terra*, ἐργασία *cultura* dicitur. Sed mortuo patre, Medusa in regnum ejus successit. Quae quum propter pulchritudinem a pluribus peteretur in connu- 35 bium, Neptunum effugere non potuit, cum quo in templo Minervae rem habuit. Cui quum et prius se propter formae jactantia⬛⬛⬛aeferret, crines ejus a Minerva in serpentes sunt m⬛⬛⬛t quae petita in primis a pluribus procis esset, postea e⬛⬛⬛n vultus deformitate terreret. Quam Perseus, 40 filius Jovis et Danaës, a Polydecte rege missus, accepto a

Minerva, ne a Gorgona posset videri, vitreo clypeo, interceptoque in primis Phorcidum lumine, quo invicem custodiis utebantur, interfecit, et exsectum ejus caput Palladi in pectore gestandum obtulit; de cujus sanguine genus est serpentum [5] procreatum. Utero autem ejus equus Pegasus cum pennis exit, qui currens ad montem Aonium Boeotiae, pede percussit terram, et fontem Castalium produxit, qui et Pegaséus vel Aonius est appellatus, Apollini et Musis consecratus, de quo philosophi et poëtae finguntur bibere; nam poëtae [10] quasi Musarum sacerdotes sunt. Dicitur autem idcirco Medusa, serpentibus crinita esse, quia sororibus astutior erat. Cujus caput Perseus abstulisse dicitur, quia ipsam interfecit et substantiam abstulit. Illuc volando venisse dicitur, quia navibus venit.

113. Interpretatio ejusdem fabulae. [15]

Veritas autem ex integro sic se habet. Gorgo *terror* est. Primus quippe terror est, qui mentem *debilitat;* secundus, qui *profundo* quodam terrore mentem *spargit:* tertius, qui non solum mentis, verum etiam *caliginem* ingerit visus. Unde et nomina accipiunt, Stheno *debilitas,* Eu- [20] ryale *lata profunditas,* Medusa *oblivio.* Haec omnia terrorem faciunt in hominibus; quae omnia Perseus occidit. Perseus enim Graece *virtus* dicitur. Gorgonam cum auxilio Minervae interfecit, quia virtus, auxiliatrice sapientia, omnes terrores vincit. Hujus autem caput fingitur in pectore Mi- [25] nerva habere, quod illic est omnis prudentia, quae confundit alios, et saxeos et imperitos probat. De cujus semine natus est Pegasus. Pegasus enim *fama* dicitur; quia omnia virtus superans, famam sibi quaerit. De Pegaséo fonte potant poëtae, quia in laudem virtutis, videntes eam victricem, [30] prosiliunt.

114. Atlas.

Atlas, Iapeti et Clymenae filius, a Themide, quae antistes deorum initio fuerat, responsum accepit, *ne quem hospitio ex progenie Jovis reciperet, si hortum, in quo* [35] *poma aurea erant, custoditum retinere vellet.* Quam ob causam quum Perseum, Jovis et Danaës filium, a Polydecte rege, Magnetis filio, ad Medusam Gorgonem occidendam missum, Libyae finibus prohiberet, ille, occisa Minervae auxilio Medusa, reversus, Atlantem, monstrato ipsi Gorgonis [40] capite, in montem mutavit.

115. Minerva.

Minerva aliquando tibiis in consortio deorum canente, dii, intuentes buccam ejus turpiter inflatam, coeperunt ridere. Illa, quid riderent, ignorans, ad Tritoniam paludem venit, 5 ibique labiorum suorum turgorem intuita, tibias abjecit. Quas Marsya inveniens, illis utendo in tantum factus est peritus, ut Apollini se compararet. Cum quo quum diu Apollo contenderet, et eum superare non posset, invertit citharam, et canere coepit. Inversis autem tibiis, quum se 10 Marsya Apollini aequiparare nequiret, Apollo eum ad arborem religavit, et virgis caedendo ad interitum usque coepit punire. De cujus sanguine fons ortus est, ejus ornatus nomine. Cujus turpitudinis memoria, Marsya cauda depingitur porcina.

15 116. Cantilena Apollinis et Marsyae.

Huic decertationi quum Mida, rex Lydiae, judex adhibitus interfuisset, audita eorum cantilena, praeposuit Marsyam. Iratus Apollo ejus stultitiam auribus damnavit asininis. Quas omnium aspectui, corona semper capiti suo imposita, sub-20 trahens, dum a suo liberto tonsus, ab eo metueret diffamari, ei coronam imposuit, promittens, ut si dedecus suum celaret, regni sui eum participem faceret. Qui quum visa intra se continere non posset, scrobem fecit, et Midam regem aures habere asininas terrae narrando inculcavit. Siquidem in 25 eadem scrobe orta canna, quum pastores ex ea fistulam sibi facerent, quod terrae a tonsore regis inculcatum fuerat, fistula, pastoribus aliquid cantare volentibus, exprimebat.

117. Mida rex.

Mida rex ab Apolline petiit, ut omnia, quae tangeret, 30 aurum fierent. Quo concesso, voti sui effectu coepit torqueri, quia cibum tangere non potuit, quin in aurum statim verteretur. Conversus ad preces, responsum ab Apolline accepit, *ut si ter in Pactolum fluvium capite mergeretur, poena mox privaretur.* Quo completo, ipso poenam eva-35 dente, fluvius exinde aureas dicitur arenas habuisse.

118. Explanatio ejusdem fabulae.

Veritas autem est, quia quisque avarus, quum omnia pretio desinat, fame moritur. Quod Mida rex erat, qui collecta pecuniarum suarum summa, ut Sosicrates dicit, 40 Pactolum fluvium, qui in mare decurrere solitus erat, per

innumerabiles meatus ad irrigandam suam provinciam derivavit, suaque expensa avaritia fluvium fertilem reddidit.
Mida enim Graece quasi μηδὲν ἰδὼν dicitur, id est *nihil
sciens*. Avarus enim in tantum stultus est, ut etiam sibi
prodesse nesciat. ⁵

119. Certamen Neptuni et Minervae.

Quum in acropoli, Athenarum arce, Neptunus et Minerva
de nomine Athenarum contenderent, placuit diis, ut illius ex
nomine civitas diceretur, qui munus melius mortalibus obtulisset. Tunc Neptunus percusso cum tridente litore equum, ₁₀
animal bellis aptum, produxit. Minerva jactata hasta olivam
creavit; quae res est melior comprobata, et pacis insigne
habita. Mox civitas Athenae quasi ἀθανάτη, id est *immortalis*. Hinc, quia Minervae munus praelatum est dono
Neptuni, ramus olivae cui offertur, offerente melior esse ju- ₁₅
dicatur. Hinc est proverbium illud *herbam do*, id est cedo
victoriam. Nam quum in agonibus aliquis herbam in modum
palmae dat ei, cum quo non conatur contendere, eum fatetur meliorem esse. Vittis autem ramus olivae alligatur, ut
inertia aut imbecillitas offerentis ostendatur. Scimus enim, ₂₀
oves alieno semper egere auxilio. Equum autem, a Neptuno
progenitum, alii Scitium, alii Chironem, alii Arionem (quem
Adrastus in Thebano proelio habuit) dicunt fuisse nominatum.
Ideo autem Neptunus dicitur equum invenisse, quia velox
est ejus numen et mobile, sicut mare. Unde et Castor et ₂₅
Pollux, quia eorum velocissimae stellae sunt, equos in tutela
habere dicuntur.

120. Minos.

Minos, Jovis et Europae filius, quum sacrificaturus ad
aras patris accederet, oravit potentiam numinis, ut dignam ₃₀
aris suis hostiam ipse praeberet. Itaque subito taurus apparuit nimio candore perfusus. Quem quum admiraretur Minos,
religionis oblitus, armenti sui maluit esse ductorem; cujus
etiam ardore Pasiphaë, filia Solis, uxor Minois, dicitur ar- ₃₅
sisse. Igitur contemtus Juppiter a filio furorem tauro im- ₃₅
misit, ut Cretensium non solum agros, sed universa etiam
moenia vastaret. Hunc Hercules, missus Eurysthei imperio,
superavit, victumque Argos usque perduxit. Quem quum
Eurystheus Junoni consecrare vellet, Juno exosa munus,
quod ad Herculis gloriam pertinebat, taurum in Atticam re- ₄₀
gionem expulit, ubi a monte ejus Marathone Marathonius est
appellatus; quem postea Theseus, Aegei filius, interemit.
Sed de Pasiphaë et eodem tauro plenius dicatur.

121. Venus.

Indicato igitur a Sole adulterio Martis et Veneris, Vulcanus minutissimis adamantinis catenis lectulum cinxit, quibus Mars et Venus ignorantes impliciti, et cunctorum sub testi-
5 monio deorum cum ingente turpitudine resoluti sunt. Quod factum Venus vehementer dolens, stirpem omnem Solis persequi infandis amoribus coepit. Igitur, ea incendente, quum Pasiphaë, Solis filia, Minois regis Cretae uxor, tauri amore flagraret, arte Daedali intra vaccam ligneam, corio juvencae
10 pulcherrimae septam, inclusa cum tauro rem habuit; nato inde Minotauro, qui intra labyrinthum inclusus, humanis carnibus vescebatur. Sed Minos de Pasiphaë habuit liberos plures, Androgeum, Ariadnen, Phaedram.

122. Androgeus.

15 Androgeus quum athleta fortissimus esset, cunctosque in agonibus apud Athenas superaret, ab Atheniensibus et vicinis Megarensibus, quorum rex Nisus erat, conjuratione ab iis in eum facta, insidiis eorum occisus est. Quod Minos, pater ejus, dolens, collectis navibus, bella commovit: et
20 victis Atheniensibus poenam hanc constituit, ut singulis quibusque annis VII de filiis, et VII de filiabus suis edendos Minotauro mitterent.

123. Scylla.

Victis autem Atheniensibus, quum contra Megarenses
25 bella Minos moveret, quia formosus erat, amatus est a Scylla, Nisi Megarensium regis filia. Quae ut hosti posset placere, comam purpuream, parenti abscisam, ei obtulit; quam Nisus ita habuerat consecratam, ut tamdiu regno potiretur, quamdiu illam habuisset intactam. Minos, accepto crine, civitatem
30 expugnavit, et Nisum interfecit. Postea et Scylla, a Minoë contemta, dolore in avem conversa est; et Nisus extinctus miseratione deorum in avis mutatus est formam. Quae aves hodie inter se discordant. Nam pro veteris odio facti, id est crinis, Nisus persequitur Scyllam, ut eam morti tradat.

124. Theseus

35

Sed Athenienses dum singulis annis filios Minotauro mitterent, tertio anno Theseus, Athenarum regis Aegei filius, missus est, tam virtute potens, quam forma. Qui quum ab Ariadne, regis filia, amatus fuisset, ipsa timens, ne ille,
40 quamvis occiso Minotauro, multiplex et perplexum labyrinthi

iter explicare non posset, Daedalum, fabricatorem operis, ut aliqua arte Theseo subveniret, exoravit. Qui eum intrantem fili globum post se jussit resolvere, ut illum egrediens relegendo, redeundi perplexiones posset superare. Quo adimpleto, Theseus occiso Minotauro victor egreditur, et rapta Ariadne aufugit, quam tamen in Naxo insula, Libero dicata, dormientem reliquit. Quam quum Liber uxorem duceret, Vulcanus ei coronam, VII lampadibus insignitam, obtulit; quam ille ut uxoris insigne inter sidera collocavit.

125. Aegeus.

Aegeus autem filio suo praeceperat, ut si victor reverteretur, vela mutaret. Quod quum ille oblitus non fecisset, Aegeus prospiciens a litore velis non mutatis redeuntem filium, victum aestimans, mari, in quod se praecipitavit, nomen imposuit. Theseus vero odio loci inde navigans, ad Italiam venit, et Brundusium condidit. Quae quum omnia factione Daedali Minos deprehenderet effecta, eum cum Icaro servandum in labyrinthum trusit. Sed Daedalus, corruptis custodibus, sub faciendi, quo rex placaretur, muneris specie, ceram accepit. Exinde tam sibi quam filio alis impositis evolavit. Icarus altiora petens, pennis solis calore resolutis, mari, in quod cecidit, nomen imposuit. Daedalus vero primo in Sardiniam, post delatus est Cumas, ibique Apollini templo condito, in foribus haec universa depinxit.

126. Taurus.

Veritas autem sic se habet. Taurus notarius Minois regis fuit, quem Pasiphaë amavit, et cum illo in domo Daedali rem habuit. Et quia geminos peperit, unum de Minoë, et unum de Tauro, enixa esse Minotaurum dicitur. Quam ob culpam inclusum Daedalum regina, corruptis custodibus, relaxavit, qui, amisso in mari filio, navi delatus est Cumas.

127. Scyron.

Scyron hospites suos transeuntes saxo residens pedes sibi lavare cogebat, eosque ex improviso praecipitabat. Quem tamen Daedalus percussisse dicitur.

128. Theseus.

Theseus, Aegei et Aethrae filius, mortua Hippolyte, Phaedram, Minois et Pasiphaës filiam, superduxit Hippolyto. Qui quum de stupro illam interpellantem contemsisset, ab illa falso accusatus est apud patrem, quod vim ei voluisset

inferre Theseus autem Aegeum patrem, tunc marinum deum,
rogavit, ut se ulcisceretur. Qui agitanti currus Hippolyto
immisit phocam in litore; qua equi territi eum curru projectum discerpserunt. Sed Hippolyto interemto, Phaedra
5 amoris impatientia laqueo vitam finivit. Diana autem, castitate
Hippolyti commota, revocavit eum in vitam per Aesculapium,
filium Apollinis et Coronidis, filiae Phlegyae, natum exsecto
matris ventre. Quum autem Apollo audisset a corvo, quem
Coronidi adhibuit custodem, eam cum Lyco adulterium com-
10 misisse, iratus Coronidem, maturo jam partu, confixit sagittis;
corvum vero, pennarum candore plumatum, nigrum ex albo
fecit, et in suam tutelam recepit, exsectoque ventre Coronidis, produxit Aesculapium, qui factus est medicinae peritus.
Phlegyas autem, pater Coronidis, dolens filiam ab Apolline
15 vitiatam, ejus templum apud Delphos incendit. Unde iratus
Apollo Cyclopas, fabricatores fulminum, confixit sagittis.
Ob quam rem mortalem indutus formam, a Jove jussus est
Admeti regis novem annis circa Amphrysum, Thessaliae fluvium, pascere armenta, divinitate deposita. Sed Diana Hip-
20 polytum, revocatum ab inferis, in Aricia Nymphae commendavit Egeriae, et eum Virbium, quasi *bis virum* jussit vocari. Revera autem Virbius est numen conjunctum Dianae,
ut matri deûm Atis, Minervae Erichthonius, Veneri Adonis.
Habent namque singula numina inferiores potestates ministras.
25 Variantur autem a poëtis fabulae. Nam Virgilius perhibet,
Hippolytum ab inferis esse revocatum. Horatius contra:
Neque enim Diana pudicum liberat Hippolytum. Nam
Hippolytus licet discerptus in vitam secundum fabulas redie-
rit, tamen mortis conditionem evadere non potuit.

129. Oenopion.

30   Oenopion, qui et Pelargus dicitur, rex quum liberos
non haberet, a Jove, Mercurio, Neptunoque, quos hospitio
susceperat, hortantibus, ut ab his aliqua postularet, petiit,
ut sibi concederent sine conjuge liberos. Illi, intra co-
35 rium immolati sibi bovis urina facta, praeceperunt, ut
obrutum terra, completis maternis mensibus, solveretur.
Quo facto, inventus est puer, cui nomen ab urina impositum est, ut Orion diceretur. Qui postea venator
factus, dum vellet cum Diana concumbere, ut Horatius dicit,
40 ejus sagittis occisus est; ut Lucanus, immisso Terrae auxilio
scorpione periit. Quem Juppiter in caelum transferens,
signum famosum tempestatibus fecit. Similiter et Diana vindicem suum in caelum transtulit. Sed veri similius est, quod
à scorpione interemtus esse dicitur, quo oriente occidit.

130. Perdicca.

Perdicca venator fuit, Polycastae filius, qui matris deûm amore correptus, dum et immodesta libidine ferveret, et verecundia novi facinoris tabesceret, ad extremam maciem deductus esse dicitur. Qui primus etiam serram invenisse 5 dicitur. Sed ut Fenestella Martialis scribit, hic primum venator fuit. Cui quum ferinae caedis cruenta vastatio et vagabunda errandi cursilitas displiceret, et contiroletas suos, id est Actaeonem, Adonem, Hippolytum miserandae necis functos interitu perspiceret, pristinae arti repudians, agri 10 culturam secutus est. Ob quam rem matrem deûm, quasi terram, omnium genetricem, amasse dicitur. Quo labore consumtus etiam ad maciem pervenisse dicitur. Et quia cunctis venatoribus de pristinae artis opprobrio detrahebat, serram, id est *maliloquium* dicitur repperisse. Matrem autem Πο- 15 λυκάστην habuit, quasi Πολυκάρπην, quod nos Latine dicimus *multifructum*, id est terram.

131. Bellerophon.

Bellerophon, Glauci filius, quum ignarus ad Proetum, Abantis filium, regem venisset, et uxor Proeti Stenoboea, 20 sive Antia, amore ejus incensa, ut secum concumberet, ab eo nullo modo impetrare potuisset, apud suum virum mentita est, ab eo se pro coitu interpellatam fuisse. Proetus Bellerophontem ad Abantem, socerum suum, misit, qui et Iobates dicitur, et de eadem re ei tabulas socero perferendas tradi- 25 dit. Quibus lectis, Abas interficere voluit talem virum. Sed quum ille prudentia sua et castitatis auxilio se ab instanti periculo liberasset, tamen, ut pudicitiam probaret periculi immanitas, ad interficiendam Chimaeram, eo tempore Lyciae agros vastantem, missus est. Quam ille, equo Pegaso accepto 30 (miseratione deorum de sanguine Gorgonae nato) impositus, prostravit. Chimaera autem dicta est bestia ore leo, postremis partibus draco, media parte capra. Revera autem mons est Ciliciae, cujus hodieque ardet cacumen, qui sunt leones; media autem pascua sunt; ima vero montis serpentibus plena. 35 Hunc Bellerophon habitabilem fecit; unde Chimaeram dicitur occidisse. Interfecta autem a Bellerophonte Chimaera, iterum ad vincendos Calydonas missus est. Quibus victis, Abas impacta Bellerophonti crimina abolevit, virtutemque ejus laudans, alteram filiam suam Alcimenen ei uxorem dedit. At Steno- 40 boea, re cognita, se ipsam interfecit.

132. Juppiter et Leda.

Juppiter, in speciem cygni conversus, cum Leda, Thestii filia, Tyndari uxore, rem habuit. Quae de Jove Pollucem et Helenam, de Tyndaro Castorem progenuit. Pollux autem, fraterne compatiens mortalitati, inferos pro fratre alternatim subeundo, eum interitu redemit vicario. Quos pro unanimitatis merito Juppiter in caelum transtulit, et salutaria signa 5 nautis esse dedit; quum stella sororis nautis signum sit perditionis. Quos alterum pro altero manes vicissim adiisse fingitur, quod eorum stellae ita sunt constitutae, ut occidente una, oriatur altera. ●Tempus autem, quod ipsa duraverat, Helenam fuisse immortalem indicat. Constat enim, fratres 10 ejus cum Argonautis fuisse, Argonautarum filios cum Thebanis dimicasse, ibique dimicantium filios Trojano excidio interfuisse. Ergo si immortalis Helena non fuisset, tot sine dubio saeculis durare non potuisset. Hanc namque, priusquam Menelao nuberet, a Theseo legimus raptam, et in Aegypto 15 Proteo esse commendatam. Cujus stella, Urania dicta, malum perhibetur cavare et navis ima pertundere, tanto incendii flagrans ardore, ut aes hoc solvatur calore. Quam quum nautae navi insidentem considerant, se perituros non dubitant.

20 ## 133. Theseus et Pirithous.

Theseus et Pirithous, unus de Lapithis, facta conjuratione, filias Jovis uxores ducere, Theseo Helenam, Jovis et Ledae filiam, adhuc parvam rapuerunt, et in Aegypto Proteo commendaverunt. Quum autem, quae Pirithoo copularetur, 25 non invenirent, conspiraverunt, ut propter Proserpinam rapiendam inferos adirent. Quo facto, ibidem deprehensi, gravi supplicio sunt damnati. Fertur tamen Theseus ab Hercule ita liberatus, ut pars ejus corporis ibi detineretur, pars ab Hercule decerpta abstraheretur. Sed contra Vir-30 gilius: *Sedet, aeternumque sedebit infelix Theseus.* Sic plerumque a poëtis variantur fabulae.

134. Athamas rex.

Athamas rex, Aeoli filius, Crethei frater, uxorem Nubem vel Nephelen vocatam habuit, de qua Phrixum et Hellen 35 suscepit. Quum igitur Nubes, insania Liberi patris excitata, silvam peteret, nec ad larem mariti remeare vellet, filiis suis Athamas superduxit novercam, Inonem nuncupatam; quae novercali odio pueris exitium machinans, matronas petiit, ut frumenta serenda corrumperent. Quo facto, fames orta 40 est. Quum autem ad Apollinem consultum civitas misisset, Ino eum, qui missus erat, ut referret, ab oraculo dictum, *Nubis filios immolandos.* Ipsa namque dictum habuit, eos frumenta incendisse. Pater vero timens populi invidiam, filios suos novercae commisit arbitrio. Quos quum noverca persequeretur infesta, illis in silva errantibus, mater eorum dicitur venisse, et arietem, vellere aureo insignitum, exhibuisse; quem praedictos filios, Junonis instinctu, jussit ascendere, et in Colchos insulam ad regem Aeetam, Solis filium, 5 transire, ibique arietem praedictum immolare. Quos, matris praecepto obtemperantes, aries in pelagus detulit. Helle, utpote puella sexu infirmior, lapsa nomen Hellesponto dedit. Phrixus devenit ad Colchos, ibique matris jussui parens, arietem immolavit, pellemque auream Martis templo dicavit, 10 cui custodiendae draco pervigil dicitur appositus esse.

135. Pelias.

Peliae, Neptuni filio, qui Iolci summam obtinebat, a sortibus responsum erat, *se arce ab eo privatum iri, qui interim, dum Neptuno sacrificaret, altero nudo pede* 15 *intervenisset.* Quum ergo annua sacrificaret patri Neptuno, Iason, Aesonis filius, perdito in limo Anauri fluminis unius pedis calciamento, ei supervenit, pede tantum uno calciatus. Quem ut Pelias conspexit, memor sortium, misit eum sub specie gloriae, ea tamen intentione, ut a dracone interficere- 20 tur, propter pellem inauratam, Colchis a rege Aeeta petendam. Aeetae autem responsum fuerat, *quod tamdiu in regno manere posset, quamdiu in Martis templo illud vellus aureum duraret.* Iason, acquirendi aurei velleris cupidus, fortiores quosque Graeciae congregavit, Herculem 25 et Castorem cum fratre sibi ascivit, et aedificata nave, Argo vocata (unde et Argonautae dicti sunt), Tiphy quidem navis gubernatore facto, mare prius intactum intrare praesumsit.

136. Iason.

Quum autem in Pelio, monte Thessaliae, Argo navis 30 fabricaretur, dolens Tellus, mare ante intactum pervium fieri, emisit saxa in mare. Quod cernentes qui navem fabricaverant, imperfectam mari immiserunt. Hinc Lucanus: *Rupta puppe minor subducta est montibus Argo;* neque enim in caelo tota figuratur, sed a gubernaculo usque ad 35 malum. Quum autem Colchos venissent, Iason, ab Aeeta rege susceptus, filiam ejus Medeam adamavit, et filios ex ea suscepit. Aeeta autem, accepto ex prodigiis responso, *mortem sibi ab advena, Aeoli progenie, cavendam,* Phrixum interfecit; cujus filii, rate ascensa, ut ad avum 40 Athamantem transirent, naufragi ab Aesone excepti sunt. Iason autem, quamvis accipiendi aurei velleris cupidus, viso pervigili dracone, veritus est. Aeeta autem rex potestatem ipsi velleris auferendi ea lege concessit, si tauros, ignem naribus efflantes, qui apud Colchos indomabiles erant, jungens, draconis dentes sereret. Cui quum id difficile videretur, Medea maga, Aeetae regis filia, virtute ejus delectata, 5 eum quum (amasset, serpentem incantavit, et in soporem vertit. Quem statim Iason interfecit, ejusque dentes accipiens, junctis Medeae artibus tauris, ignem naribus efflantibus, in campum transiit et sevit. Tertio die armatus inde surrexit exercitus, qui in Iasonem impetum fecit. Deinde 10 Medeae artibus in se concitatus, mutuis est interemtus vulneribus. Iason, victoria potitus, ablatam pellem revexit. Deinde Medea eum, relictis Colchis, sequens dicitur in Italiam pervenisse, et populos quosdam, circa Fucinum habitantes lacum, remedia contra serpentes docuisse; a quibus 15 etiam *Angitia* nominata est, eo quod ejus carminibus serpentes *angerentur*.

137. Medea.

Iason postquam Medeam in Graeciam duxit, et promisso sibi conjugio copulavit, ex multis rebus ingenium ejus antea 20 expertus, demum petiit, ut parentem Aesonem in adolescentiam transformaret. At illa, nondum amore posito, quem in eum habuit, herbas, quarum virtutem noverat, diversis regionibus quaesitas, aheno incoquens, Aesonem interemtum tepidisque herbis fotum in pristinum vigorem reduxit.

138. Nutrices Liberi.

25

Liber pater ut animadvertit Aesonis senectutem remediis Medeae expulsam, petiit, ut nutrices suas in adolescentium vigorem mutaret. Cujus petitioni consentiens, iisdem remediis, quibus et Aeson injuvenescebat, Liberi nutrices in ju-30 venilem vigorem redigens, Libero aeternum secum beneficii pignus firmavit. Sed quum eam Iason spernens, superinduceret Glaucen, filiam Creontis, Medea dedit pellici tunicam, venenis et allio infectam. Quam quum illa indueret, coepit cremari incendio. Tunc Medea, animum Iasonis contra se 35 saevientis non sustinens, suis Iasonisque natis interemtis, alato serpente aufugit.

139. Pontia.

Pontia meretrix Petronii filia fuit, quae filios suos pecuniae causa, ut eam donaret adulteris, vendidit. Quae postea 40 se ipsam prodens, largiter epulata, incisis venis periit.

140. Amycus rex.

Amycus, Bebryciae rex, Neptuni et Melopes filius, semper in Bebrycio nemore insidias secutus erat, ut si quis forte advena illuc deveniret, ab eo cestuum provocatus certamine interiret. Quod quum diu jam faceret, Polluci, cum 5 Argonautis Bebryciam nuper appulso, provocans eum, congreditur. A quo eodem certamine superatus interficitur.

141. Venus.

Veneris et Martis adulterio a Sole detecto postquam Vulcanus ambos in lecto catenis minutissimis in Lemno in- 10 sula, ubi ipse colitur, cinxit; quum diis omnibus decimas frugum annis solverent singulis, solam Venerem mulieres, in honorem Vulcani ob adulterium damnantes, praetermittendam esse dixerunt. Quae irata his odorem immisit hircinum. Unde mariti eas exsecrantes, deserta Lemno conjugum odio, 15 Thracas petiverunt, eorumque sibi filias ascivere conjugio. Quod ubi Lemniadibus compertum est, stimulante Venere, in omne genus virile conjurant, remeantesque e Thracia viros omnes interimunt. Inter quas Hypsipyle sola, patris Thoantis miserta, non solum ei pepercit, verum etiam fu- 20 gientem ad litus prosecuta est. Tunc Thoanti Liber (scilicet pater ejus) occurrit, eumque ad insulam Chion prospera navigatione perduxit. Lemnon Argonautae venerunt, quos Lemniades suscipientes hospitio cum his concubuerunt. Hypsipyle ex Iasone duos fillos procreavit, Euneum et Thoantem. 25 Quum autem Argonautae plurimis ibi diebus detenti essent, ab Hercule objurgati discesserunt. Lemniades autem postquam intellexerunt, Hypsipylen patrem suum servasse, interficere eam conatae sunt. Illa dum fugit, a praedonibus capta in Nemeam deportata est, et a Lycurgo, regionis 30 illius regi, in servitutem distracta. In cujus servitio quum filium Ophelten, qui post Archemorus dictus est, nutriret, puer dracone periit. Quae orbitate rex iratus, dum in Hypsipylen jus dominii vellet exercere, eamque filio inferias mittere, prohibitus est a Graecis, quibus fontem sitientibus, interim 35 dum puer periit, ipsa demonstravit. Graeci autem ex responso accepere, eos minime Thebas, nisi placatis Archemori manibus, perventuros. Quam ob rem illi ludos funebres condiderunt. Quibus ludis Hypsipyles duo filii, quos ex Iasone habuit, intererant, quos fugiens reliquit in 40 Lemno; qui et ipsi matrem quaerentes, currendo vicerunt. Quorum nomina praeco quum pronuntiasset Iasonis et Hypsipyles filios esse, mater eos cognovit. Quam agnitam, exorato rege, mox Lemnum reduxerunt.

142. Phineus.

Phineus, rex Arcadiae, liberis suis novercam superduxit, cujus instinctu eos caecavit. Quam ob rem irati dii ei oculos sustulerunt, et Harpyias adhibuerunt. Quae quum ei diu 5 cibos abriperent, Iasonem cum Argonautis, propter vellus aureum Colchos petentem, hospitio suscepit; cui etiam ductorem dedit. Hoc ergo beneficio illecti Argonautae, Zeten et Calain, filios Boreae et Orithyiae (Erechthei filiae, quam Boreas e flumine Ilisso rapuit) alatos, inquam, juvenes, ad 10 pellendas Harpyias ei miserunt. Quas quum strictis gladiis persequerentur, pulsae de Arcadiae pervenerunt ad insulas, quae appellabantur Plotae. Et quum vellent ulterius tendere, ab Iride admoniti, ut desisterent a Jovis canibus, suos converterunt volatus. Quae conversio, id est στροφὴ, nomen 15 insulis dedit. Phineus in modum avaritiae ponitur, a *fenerando* Phineus dictus. Ideo caecus, quod omnis avaritia caeca sit, quae non videt sua. Ideo Harpyiae ei cibos rapiunt, quia rapina eum aliquid de suo comedere non permittit. Sed has ab aspectu ejus Zetes et Calais fugant. 20 Graece enim ζητῶν καλὸν *inquirens bonum* dicitur; nam veniente bonitate, omnis rapina fugatur.

143. Oedipus et Sphinx.

Sphinx monstrum erat, alas et ungues habens in similitudinem Harpyiarum, quod insidens scopulo, viae imminenti, 25 insolubilia aenigmata proponebat transeuntibus. Quae quum solvere non possent, ex improviso veniebat, agmineque alarum et unguibus ad se in rupem trahebat. Cujus locutionis ambages Oedipus, Thebarum rex, sua calliditate solvit, et victum necavit.

144. Oeneus.

30

Oeneus, Parthaonis filius, rex Aetoliae, cujus civitas erat Calydon, regni sui statum turbavit neglegentia sacrorum. Annua siquidem vota pro imperii fructibus celebrans, numen Dianae contemsit. Ea aprum summae magnitudinis regioni 35 ejus immisit, qui vastatis Calydoniis terris, Calydonius ab urbe gentis est appellatus. Cujus feritate Oeneus fractus, edictum tale proposuit, ut dimidium regni caperet, qui monstrum interemisset. Siquidem filius ejus Meleager undique collectam juventutem ad illam novi generis expeditionem 40 vocavit. Inter quos etiam Atalante convenit, Iasii filia, summa venatrix, Dianae scilicet comes; quae in saltibus prima omnium praedictum aprum sagitta percussit. Postea

Meleager, in se venientem feram excipiens, interemit, gratesque puellae inter viros retulit; siquidem virtutis successu enitenti, recompensaturus, pellem monstri illius cum capite ipsi dedit in testimonium laudis. Quae et ab eodem Meleagro in comitatu Dianae compressa, puerum nomine Parthenopaeum edidit, qui postea in Thebano proelio periit. Sed Atalantà tali munere coronatà, Plexippus et Agenor, avunculi Meleagri, indignati, virginem sibi praelatam fuisse, eam spolio accepto privaverunt. Iratus Meleager, interfecto ob hanc causam avunculo Plexippo, fata sibimet ipsi maturavit, amisso affectu materno. Mater namque ejus Althea titionem occulte servatum habuit, qui Meleagro nato in regia subito apparuit, ejus videlicet sortis, *ut juvenis tamdiu vita frueretur, quoad is inextinctus servaretur.* Hunc mater irata ignibus mersit, sequentibusque filii fatis extinxit. Postea quum admissum nefas agnovit, laqueo vitam finivit. Secuta est luctum alia calamitas. Namque Meleagri germanae in tantum fratrem fleverunt, ut deorum miseratione in aves verterentur, quae hodie *Meleagrides* vocantur.

145. Harpalyce.

Harpalyce patrem senem, captum a Graecis, multitudine collecta liberavit celerius, quam de femina potest credi. Unde et flumina dicitur celeritate transire.

146. Oenomaus.

Oenomaus rex fuit Elidis et Pisarum. Hic equos habuit velocissimos, utpote ventorum flatu procreatos; qui procos filiae Hippodamiae multos necavit, sub hac conditione ad curule certamen provocatos, ut aut victus traderet filiam, aut victos necaret. Postea quum Pelopem, Tantali filium, qui aptos curuli certamini equos acceperat, quorum cursu omnes anteiret, amasset Hippodamia, corrupit Myrtilum, aurigam patris, primi amoris pactione. Qui factis axibus cereis quum, victore Pelope, a puella promissum posceret praemium, ab ejus marito in mare praecipitatus est, cui et nomen imposuit: nam ab eo *Myrtoum* dicitur pelagus.

147. Mercurius.

Mercurius, aegre ferens, a Pelope, Tantali filio, Myrtilum, filium suum, in pelagus praecipitatum spoliatumque vitae lege, repperit vindictam, quae consolaretur patris orbitatem. Nam Pelopis filiis, Atreo scilicet et Thyestae, tantum discordiae injecit, ut germanitatis jura violarent. Thyestes

enim quum sciret, regnum penes eum fataliter mansurum,
qui arietem aurei velleris haberet, quem tum Atreus, regiam
ingressus, plurimum custodiebat, corrumpens Europam, fratris sui Atrei uxorem, eum ad se transferri posse speravit.
5 Quod Atreus postquam didicit, fratrem cum duobus filiis
suis expulit, et postea, simulata gratia, eum vocavit, filiosque
suos interemtos epulandos apposuit. Quo fraterno facinore
sol dicitur ab eorum se regionibus vertisse. Hoc motus
dolore Thyestes quum consulta de oraculis posceret; respon-
10 sum est, *per eum illi certam posse venire vindictam, qui*
ex ipso et Pelopia filia sua natus fuisset. Unde illico
filiae amplexum invasit, ex qua natus est puer, quem illa in
silvas propter conscientiam abjecit. Hic, caprae uberibus
nutritus, ex eadem re *Aegisthus* nomen accepit; qui Atreum,
15 quum in vindictam patris adolevisset, interfecit. Idem etiam
Agamemnonem, adulterata uxore ejus Clytemnestra, prostratum interemit. Nam illa, quum Agamemnon ingressus domum fuisset, obtulit ei vestem sine capitio. Qui quum vellet
involvere, et capitium non invenire posset, ab Aegistho adul-
20 tero interfectus est. Unde post ab Oreste filio et ipsa cum
Aegistho occisa est.

148. Juppiter et Alcumena.

Juppiter quum Amphitryonis uxorem amasset, et ad
eam corrumpendam mutatus in Amphitryonis speciem venis-
25 set in Tyrinthia civitate; ne adventu diei amoris minueretur
voluptas, jussit Juppiter illam triplicem esse noctem, sic ut
quadruplices cursus luna peregisset. Ex quo complexu Al-
cumenae conceptus est Hercules. Hercules autem natus
est cum Iphicle, Amphitryonis filio. Sed quum Juno omnes
30 a Jove natos odio haberet praeter Mercurium, duos serpentes immisit Herculi. Iphicles, cunis terrore lapsus, suo
vagitu excitavit parentes. Qui quum surrexissent, viderunt
Herculem angues tenentem manibus, immissos ei novercali-
bus odiis.

149. 150. Hercules.
35

Herculem quidam volunt Alcidem ἀπὸ τῆς ἀλκῆς dictum,
id est a *virtute*; quod non procedit, quia prima aetate hoc
nomen habuit ab Alcaeo, patre Amphitryonis; et scimus
agnomina ab accidentibus dari. Sed Hercules a prudentio-
40 ribus mente magis quam corpore fortis inducitur, adeo ut
duodecim ejus labores referri possint ad aliquod; nam quum
plura fecerit, duodecim tantum ei assignantur propter agnita
duodecim signa. Quod autem dicitur traxisse ab inferis

Cerberum, haec est ratio, quia cupiditates omnes et cuncta vitia terrena contemsit et domuit. Nam Cerberus est terra, consumtrix omnium corporum; unde et Cerberus dictus, quasi χρεοβόρος, id est *carnem vorans*. Unde legitur in Virgilio: *Ossa super recubans*; nam carnem citius terra quam ossa consumit. Propter quem detrahendum, simulque ad rapiendam Proserpinam quum inferos adiret, fatigatus labore, facta sibi populea corona, caput velasse dicitur. Unde foliorum pars interior, temporibus cohaerens, capiti sudorem abluit; pars vero exterior propter inferorum colorem nigra permansit. Quem quia Charon nauta suscepit, anno integro in compedibus fuit. Sed Hercules quidem, objecta sibi Megaera a Junone, dicitur territus exhorruisse.

151. Diomedes.

Diomedes, rex Thracum, habuit equos, qui humanis 15 carnibus vescebantur. Quum multi vero ejus hospitio hospites interissent, Hercules ab eo in hospitium receptus, ne ab eodem circumventus periret, eum equorum suorum pabulum fecit; et equos eosdem, occiso crudeli tyranno, abductos ad solita pabula, id est ad gramina, mollita feritate revocavit, 20 et filio suo Chromi habendos concessit.

152. Geryon.

Geryon rex fuit Hispaniae trimembris, canem habens bicipitem, quem Hercules, ad eum olla aerea vectus, occidit. Ideo autem ternis membris fingitur, quia tribus insulis 25 praefuit, quae subjectae sunt Hispaniae, Balearicae majori, minori, et Pityusae. Ob hoc etiam fingitur bicipitem canem habuisse, quia et terrestri et navali certamine plurimum potuit. Hunc Hercules vicit, bovesque ejus abduxit. Qui ideo fingitur ad eum olla aerea transvectus, quod habuit navem 30 fortem et aere munitam. Revertens autem Hercules de Hispania per Campaniam, in quadam civitate Campaniae pompam sui triumphi exhibuit, ex qua Pompejae dicitur civitas. Postea juxta Bajas caulam bobus fecit, et eam sepsit. Qui locus Boaulia dictus est: nam hodie Boale vocatur. 35 Deinde ad Italiam veniens, ab Evandro in hospitium susceptus est.

153. Evander.

Evander Arcas fuit, nepos Pallantis, regis Arcadiae. Hic patrem suum occidit (suadente matre Nicostrata, quae 40 etiam Carmentis dicta est, quia *carminibus* vaticinabatur),

et ob hec dimissa provincia, venit ad Italiam, expulsisque
Aboriginibus, tenuit loca, in quibus nunc est Roma; et modicum oppidum fundavit in monte Palatino. Hic mons dictus
est Palatinus a Pallante, avo Evandri, vel a filia Evandri
5 Pallantea, ab Hercule vitiata, et illic sepulta, vel certe ab
ejus filio Pallante, a Turno interfecto, et illic sepulto. Ubi
dum aliquamdiu moratur, bovesque, quos occiso Geryone
abstulerat, pasceret, Cacus, servus Evandri, sibi aliquos
furabatur; quos etiam versis vestigiis cauda ad speluncam
10 traxit, ne aliqua vestigia quaerentem ad speluncam ferrent.
Quos jamdiu quaesitos quum Hercules mugitu unius bovis
prodente invenisset, Cacum de spelunca tractum, et fumeam
evomentem caliginem occidit. Dicitur autem ideo Cacus
filius fuisse Vulcani, ore ignem et fumum evomens, quia
15 omnia vicina igne populabatur. Veritas tamen habet, hunc
fuisse Evandri nequissimum servum. Novimus enim, κακόν
a Graecis *malum* dici. Ignem autem dictus est vomere,
quod agros igne populabatur. Igitur omnis malitia fumum
eructat, eo quod contraria sit veritati. Hunc soror sua ejus-
20 dem nominis prodidit. Unde sacellum meruit, in quo ei per
virgines Vestae sacrificabatur. Quum autem Hercules morte
Caci virtutem probasset, ac pro numine susceptus esset,
maxima ei constituta est ara, quam Herculi Delphicus Apollo
in Italia fore praedixerat. Quum ergo de suo armento ad
25 sua sacrificia dedisset quaedam capita, inventi sunt duo senes
Pinarius et Potitius, quibus, qualiter se coli vellet, ostendit;
scilicet ut mane et vespere sacrificaretur. Perfecto itaque
matutino sacrificio, quum circa solis occasum essent sacra
repetenda, Potitius prior advenit, Pinarius postea, extis jam
30 redditis. Unde iratus Hercules statuit, ut Pinariorum familia tantum ministra esset epulantibus Potitiis et complentibus sacra.

154. Admetus.

Admetus, rex Graeciae, Alcestam in conjugio petiit,
35 cujus pater edictum proposuit, ut si quis duas feras sibi
dispares suo currui jungeret, illam in conjugio acciperet.
Admetus Apollinem et Herculem in auxilium petiit, qui ei
ad currum leonem et aprum junxerunt. Ita Alcestam in conjugium accepit. Quumque in infirmitatem Admetus caderet,
40 et mortem sibi timeret, responsum est ab oraculo: *posse
eum adhuc vivere, si esset, qui pro eo vellet mori.* Sed
Alcesta quum cognovisset, se moriendo viri sui posse fata
producere, sese obtulit morti. Quam quum extinctam Admetus impatienter doleret, Hercules, dum ad Tricerberum

canem, abstrahendum descenderet, ipsam de inferis reductam
Admeto reddidit. Admetus quasi quem *adire* petat *metus*
dictus est. Ἀλκή *praesumtio* dicitur. Ergo metus, praesumtionem sperans sibi conjungi, duas feras suo currui subjungit, id est duas virtutes acquirit animi et corporis; leo- 5
nem ut virtutem animi, aprum ut virtutem corporis. Apollinem et Herculem sibi propitiat, id est sapientiam et virtutem.
Ergo praesumtio semet ipsam ad mortem pro anima metus
objicit. Quám praesumtionem, in morte deficientem, virtus
ab inferis revocat, ut Hercules facit. 10

155.   Anguis ab Hercule interfectus.

Hercules apud Sangarium, Lydiae flumen, anguem
plures homines interficientem, et ripam frugibus orbantem,
interimebat. Pro quo facto ab Omphale regina, quae ibi
regnabat, multis ornatus muneribus, Argos est remissus. 15
Cujus etiam amore tam vehementer est incensus, ut coli
delicatos enodaret contractus, et pollice fusi rotaret vertiginem. Hercules ἡρώων κλέος, *virorum fortium fama* dicitur; ὀμφαλὸς *umbilicus*. Libido enim in umbilico dominatur mulieribus. Unde ostenditur, quod libido quamvis invictam 20
possit superare virtutem; quia quem mundi magnitudo vincere
non potuit, libidinis ardor oppressit.

156.   Eryx.

Eryx, Veneris et Butae, secundum alios, Neptuni et
Veneris filius fuit. Qui praepotens viribus, advenas provo- 25
cabat, victosque perimebat. Qui, occisus ab Hercule quum
et ipsum provocasset, monti ex sepultura sua nomen imposuit, in quo matri etiam Veneri templum construxerat.

157.   Busiris.

Busiris rex fuit Aegypti. Qui quum susceptos hospites 30
immolare solitus esset, ab Hercule, quum eum etiam voluisset occidere, interemtus est.

158.   Hercules.

Hercules Megaram, Creontis Thebani filiam, stupravit.
De qua suscepit Aream et Creontiadem, quos Iunonis in- 35
stinctu furore correptus occidit.

159.   Eurytus.

Eurytus, rex Oechaliae, Iolen filiam denegavit Herculi
antea promissam, ideo quod eam fuerat dehortatus, dicens,

ab Hercule et Megaram uxorem et ex ea filios susceptos interemtos; quod factum fuerat Iunonis instinctu. Unde iratus Hercules propter illam sibi denegatam, eversa civitate, interemit Eurytum, et Iolen sustulit.

160. Duo leones ab Hercule victi.

Hercules duos leones superavit, unum Teumesium, alterum Cleonaeum. Teumesus mons est Boeotiae; Nemaeus mons Arcadiae, qui et Cleonaeus dicitur. Sed Hercules dum ad occidendum Nemaeum leonem isset, ab Eurystheo missus, a Molorcho in hospitium est susceptus, cujus filiam leo interfecerat; et ab eo, quomodo cum leone coiret, didicit. Quo superato, ludos instituit, quos a loco Nemaea appellavit.

161. Aurea poma.

Juppiter quum Junonem uxorem duceret, Terra venit, ferens aurea poma cum ramis. Quae Juno admirans, petiit a Terra, ut in suis hortis sereret, qui erant juxta Atlantem montem. Atlantis autem filiae, Aegle, Erethusa, Hesperethusa, quum saepius de arboribus mala decerperent, Juno dicitur pervigilem draconem ibi custodem apposuisse, quem Hercules, missus ab Eurystheo ad Hesperidum poma, occidit, et poma inde aurea tulit. Revera autem nobiles fuerunt puellae, quarum greges abegit Hercules, occiso eorum custode. Unde μῆλα fingitur sustulisse, hoc est oves. Nam μῆλα dicuntur oves, et μηλονόμιος dicitur pastor ovium.

162. Hercules et Deïanira.

Hercules quum in hospitio ad Dexamenum regem venisset, Deïaniram, filiam ejus, corrupit, et fidem dedit, se eam uxorem sibi esse ducturum. Post ejus discessum Eurytion Deïaniram petiit, quam pater, vim timens, Eurytioni promisit. Qui constituto die cum fratribus ad nuptias venit. Eo forte die, quo nuptiae celebrabantur, superveniens Alcides Centauros interfecit, et Deïaniram insperate suo matrimonio copulavit.

163. Lerna palus.

Lerna palus fuit, in qua hydra bestia erat, L capita habens, vel, ut alii dicunt, VII; quae Latine dicitur excetra. Nam Hercule eam debellante, uno capite caeso, tria capita crescebant. Quam demum igne vicisse dicitur. Sed constat, hydram locum fuisse, vomentem aquas, vastantes vicinam civitatem. Qui quum frequenter siccaretur, ac multiplicius aquae erumperent, pro uno fonte tribus emergentibus, Hercules deprehendit, venas terrae incendio posse claudi; atque ideo postquam exhausit eundem locum, ignem adhibuit, et sic aquae clausit meatus, et habitabilem Arcadiae fecit.

164. Antaeus et Hercules.

Antaeus rex fuit Libyae, filius Terrae. Hic quum multos singulari certamine necaret, eorum capita domus suae foribus ad indicium virtutis praeponebat. Ad quem quum venisset Hercules, coepit cum eo luctari. Et quum jam in eo esset, ut ab Hercule vinceretur, simulabat casum; sed semper fortior, resumtis viribus (matre Terra vires ei suggerente) surrexit. Quod ubi Hercules, monitus a Minerva, percepit, eum iterum cadere volentem extulit, a terraque suspendens, ejus guttur elisit.

165. Oeneus.

Oeneus, Parthaonis filius, Tydei pater, rex Aetoliae, filiam nomine Deïaniram habuit, a multis in conjugium exoptatam. Quam quum Hercules et Achelous, Aetoliae amnis, uno tempore peterent, acceperunt legem ab Oeneo, ut qui virtute superasset, Deïaniram duceret. Igitur egressi ad certamen, quum superaretur Achelous ab Hercule, mutatur initio in juvenem, mox in draconem, tertio in taurum, quem Hercules amplexus reluctantem, cornu, quod implicaverat brachiis, fregit. Quod Fortunae fertur consecrasse, cum quo ille copiam dicitur fecisse. Tunc Nymphae Naides, filiae fluminis, effecerunt, ut id quod ereptum erat, autumnalibus copiis repleretur. Unde dicitur: *Pleno copia cornu.* Quoniam sicut cornu carnem supercrescit, ita divitiae foris stipant hominem. In cornu est virtus animalium, et fortunae vires in divitiis constant, ut dicitur: *Et genus et virtus, nisi cum re, vilior alga est.* Dicitur autem Hercules eidem fluvio cornu abstulisse, quia quum duobus alveis redundaret, Hercules unum obstruendo prohibuit. Hercules autem, victo Acheloo, Deïaniram duxit uxorem, et ab ea procreavit filium, nomine Hyllum. Sed Hercules quum ad fluvium Evenum pervenisset, eam deposuit, clavamque cum reliquis armis secum transvexit, ut post exoneratus eam expedite ferret. Quum ergo ad illam transportandam vellet reverti, videns Nessum cum ea rem habere, sagitta missa eum extinxit. Qui expirans, vestem Deïanirae dedit, sanguine suo tinctam, ut se ulcisceretur, et dixit, *si vellet perpetuo ab Hercule diligi, daret eam illi vestem induendam.* Inde quum Hercules in insula Euboea Oechaliam urbem Euryti evertisset, et Iolen filiam ejus

duceret in patriam, Deïanira, videns viri animum a se alienum, verita, ne ei pellex praeferretur, Herculi, Jovi sacrifi-
caturo, tunicam plicatam dedit per famulum perferendam.
Qua indutus Hercules quum ad aram accessisset, vestis in-
5 caluit, et veneno contracta visceribus haesit. In maximo
itaque cruciatu quum a corpore ejus avelli nequiret, Licham
famulum muneris reum Euboico mari immersit. Quem in-
noxium culpae Thetis vertit in scopulum. Quum autem Hercules intellexisset, ad vitam se non posse reverti, et veneni
10 afficeretur incendio, in Aetna monte rogum voluntarie conscendit, et sic inter deos translatus est. Hercules quum hominem in Aetna monte deponeret, Philocteti, qui fuit de
Meliboea civitate Thessaliae, Poeantis filio, de omnibus reliquiis suis intimavit, et ne alicui de corpore suo indicaret,
15 eum jurare compulit, eique pro munere sagittas, hydrae felle
tinctas, tradidit. Postea Trojano bello responsum est, *sa-*
gittis Herculis opus esse ad Trojae expugnationem.
Inventus itaque Philoctetes quum primo negaret, se, ubi
Hercules esset, scire, tandem confessus est, mortuum esse.
20 Inde quum acriter ad indicandum ejus sepulcrum cogeretur,
pede percussit terram, quum nollet dicere. Postea pergens
ad bellum, quum uteretur sagittis, unius casu vulneratus est
in pede, quo percusserat tumulum. Ergo quum putorem
insanabilis vulneris Graeci ferre non possent, diu quidem eum
25 pro oraculi necessitate ductum, tandem apud Lemnum sublatis reliquerunt sagittis. Hic postea horrore sui vulneris ad
patriam redire neglexit, sed sibi parvam Petiliam in Calabriae
partibus fecit. Dicta autem Petilia, quod post relictum Ilium,
quo ducebatur a Graecis, eam *petivit* civitatem.

30   ### 166. Asylum nepotum Herculis.

Postquam Hercules migravit e terris, filii nepotesque
ejus insidias, quas ipse avus conflaverat, timentes, Athenis
sibi primi asylum, hoc est templum refugii, fecerunt, hac
lege consecratum, ut quocumque crimine reus ad id confu-
35 geret, ab omni noxa liber esset, nullusque eum inde abducere
auderet. Ubi et Orestes extremo, amico Pylade trahente,
resipuit. Dictum autem volunt asylum, quasi a *non tra-*
hendo spolium. Hoc autem religionis jus non inest omnibus
templis, sed quibus concessum est lege consecrationis.

40   ### 167. Phorcus.

Phorcus, Thoosae Nymphae et Neptuni filius, rex fuit
Corsicae et Sardiniae. Qui quum ab Atlante rege navali

certamine cum magna exercitus parte obrutus fuisset, finxerunt socii, eum in deum marinum esse conversum.

168. Glaucus.

Glaucus piscator fuit, Anthedonis filius, qui extractam mari praedam in litore projecit. Pisces herbarum tactu re-5 vixerunt. Intellexit Glaucus, hanc illorum graminum naturam esse, ut immortales efficerentur, qui de iis gustassent. Itaque avellit et gustavit. Quo facto, mente alienatus se ex alto in pelagus praecipitavit. Sic deposito humano corpore, in marinum deum fingitur versus esse. 10

169. Scylla.

Scylla, Phorci et Crataeidis Nymphae filia fuit. Hanc amavit Glaucus, marinus deus, Anthedonis filius, a Circe amatus. Et quoniam pronior in Scyllam fuerat, irata Circe fontem, in quo illa consuerat corpus abluere, infecit venenis. 15 In quem illa quum descendisset, pube tenus in varias mutata est formas. Horrens igitur deformitate sua, se praecipitavit in mare. Hanc postea Glaucus fecit marinam deam. Haec classem Ulixis cum sociis ejus evertisse narratur. Homerus hanc immortale monstrum fuisse, Salustius saxum esse dicit, 20 simile formae celebratae procul visentibus. Canes vero et lupi ob hoc ex ea nati esse finguntur, quia ipsa loca plena sunt monstris marinis, et saxorum asperitas illic bestiarum imitatur latratus.

170. Charybdis.   25

Charybdis autem femina fuit ferocissima. Quae quia boves Herculis rapuit, fulminata est a Jove et in maria praecipitata. Unde adhuc naturam pristinam servat. Nam sorbet universa, et secundum Salustium ea circa Tauromenitanum egerit litus.   30

171. Tyrrheni et Liber pater.

Tyrrheni nautae Liberum patrem puerum dormientem in litore abstulerunt. Qui quum esset expergefactus in navi, *quo duceretur*, rogavit. Responderunt illi: *Quo volueris.* Liber rogavit, ut Naxum insulam se transvectum nutricibus 35 redderent Nymphis. Illi spe praedae inducti, coeperunt alio vela flectere. Quamobrem iratum numen tigrides sibi sacratas visibus eorum objecit: quo terrore se illi in fluctus dedere praecipites, et facti sunt delphini.

172. Arion Lesbius.

Arion Lesbius citharoedus optimus fuit. Qui quum Tarento Corinthum cum multis peteret opibus, et sibi in mari tendi a nautis insidias videret, petiit, ut cithara paululum canere sibi liceret. Quo facto, quum ad illius sonum delphini convenissent, excussit se super unum, et ita ad Taenarium litus vectus, imminens vitavit periculum.

173. Arethusa.

Arethusa secundum fabulas venatrix fuit. Quae dum se in Alpheo post laborem ablueret, ab eo adamata est; et diu fugiens, deorum miseratione in fontem mutata, ad Siciliam per secretos venit meatus. Quam Alpheus usque ad Siciliam dicitur persequi, et undis ejus commisceri.

174. Polyphemus.

Polyphemus Cyclops dicitur amasse Nympham Galateam. Quae quum Acin quendam pastorem amaret, et Polyphemum sperneret, ille iratus Acin necavit, qui postea Galateae miseratione in fontem mutatus est, qui hodie ab Acide Acis nominatur. Polyphemum multi dicunt unum oculum habuisse, alii duos, alii tres; quod totum fabulosum est. Nam hic vir prudentissimus fuit, qui ob hoc oculum in capite juxta cerebrum habuisse dicitur, quia perspicacius prudentia, quam corporeo intuitu cernere videbatur. Hic quia ab Ulixe prudentia superabatur, ab eo caecatus esse fingitur.

175. Ceyx.

Ceyx, filius Luciferi, habuit uxorem Alcyonem. A qua quum prohibitus isset ad consulendum Apollinem de statu regni sui, naufragio periit. Cujus corpus quum ad uxorem Alcyonem delatum fuisset, illa se in pelagus praecipitavit. Postea miseratione Thetidis et Luciferi conversi sunt ambo in aves marinas, quae alcyones vocantur.

176. Aesacus.

Aesacus filius Priami fuit. Hic se praecipitavit e muro, nec periit. Et quum saepius hoc faceret, deorum miseratione in avem versus est, quae imitatione pristina adhuc idem facit.

177. Cyparissus.

Cyparissus, speciosus puer, dum in silva venaretur, in amorem sui Apollinem compulit, a quo accepit munus cervum pulcherrimum et mansuetum. Quem quum diligeret, lassus somnum sub arbore carpere coepit. Subito excitatus strepitu, cervum longe vidit; quem credens silvestrem, missa sagitta eum interemit, agnitoque in tantum extabuit, ut ab omni cibo et potu abstineret. Quo tabescente, Apollo miser-5 tus ejus, vertit eum in arborem sui nominis cupressum.

178. Eadem fabula.

Silvanus, deus silvarum, adamavit puerum, Cyparissum nomine, qui habebat mansuetissimam cervam. Hanc quum Silvanus nescius occidisset, puer est extinctus dolore; quem 10 amator deus in cupressum, arborem nominis ejus, convertit, quam etiam pro solatio extincti portare dicitur.

179. Priapus.

Priapus quum Loton Nympham amatam persequeretur, illa deorum miseratione in arborem versa est, quae vulgo 15 *faba Syriaca* dicitur.

180. Alciope et Narcissus.

Alciope Nympha ex amne Cephiso Narcissum procreavit, cui Tiresias omnia prospera pollicitus est, si pulchritudini tantum suae non adeo confideret. Hunc igitur Echo, filia 20 Junonis, quum diligeret, et sui potiendi viam non inveniret, amore juvenis, quem extremis vocibus fugientem persequebatur, extabuit. Cujus in lapidem versae et in montibus absconditae vox tantum auditur. Id tamen ei accidit Junonis instinctu, quod garrulitate sua eam saepe esset morata, ne Jovem, in 25 montibus Nymphas persequentem, deprehendere posset. Ob id etiam fertur ob deformitatem montibus esse recondita, ne quid ejus praeter vocem conspici possit. Narcissum autem supradictum ob nimiam despectionem et crudelitatem, quam in Echo exercuerat, Nemesis, id est Fortuna ultrix fastidien-30 tium, in amorem sui compulit, ut non minori ac illa exureretur igne. Qui quum ex assidua fatigatione venationis juxta fontem procubuisset, et hauriens aquam, imaginem sui perspexisset, alienam putans, adamavit, ejusque desideriis ita ut vita privaretur, intabuit. Ex cujus reliquiis flos oritur, quem 35 Najades Nymphae, casum fratris flentes, narcissum nomine annotaverunt.

181. Hyacinthus.

Hyacinthus puer adamatus est tam a Borea quam ab Apolline. Qui quum magis Apollinis amore laetaretur, dum 40 exerceretur disco, ab irato Borea eodem disco est interemtus, et in florem sui nominis mutatus. Hic autem flos rubet, quasi lilium designans primam Ῠακίνθου litteram.

182. Amaracus.

5 Amaracus puer regius unguentarius fuit, qui casu lapsus, dum ferret unguenta, majorem ex confusione odorem procreavit: unde optima unguenta amaracina dicuntur.

183. Pilumnus.

Pilumnus et Pitumnus fratres fuerunt dii. Horum Pi-
10tumnus usum stercorandorum invenit agrorum, unde et Sterculinius dictus est; Pilumnus vero pinsendi frumenti, et a pistoribus colitur, et ab ipso *pilum* dictum est.

184. Caeculus.

In Praeneste civitate duo erant fratres, qui divini appel-
15labantur. Horum soror dum ante focum sederet, resiliens scintilla ejus uterum percussit, unde dicitur concepisse. Postea enixa est puerum juxta templum Jovis, abjecitque. Virgines aquatum euntes, juxta ignem inventum sustulerunt; unde Vulcani filium esse dixerunt, Caeculum vocantes, quia
20minoribus oculis fuit; quam rem fumi plerumque facit acrimonia. Hic postea, collecta multitudine, postquam diu latrocinatus est, Praenestinam civitatem in montibus condidit. Et quum ludorum die vicinos populos invitasset, coepit eos hortari, ut secum habitarent, et gloriae causa jactare, filium
25se esse Vulcani. Quod quum illi non crederent, invocato Vulcano, ut se filium suum comprobaret, omnis illius multitudinis coetus est flamma circumdatus. Quo facto commoti populi, simul habitaverunt, et Vulcani filium esse crediderunt.

185. Telchines.

30 Telchines tres fratres fuisse dicuntur invidia lividi. Qui quum vicinorum agros viderent proventu fertiles et natura felices, hos sparsisse dicuntur aquis Stygiis, ut redderent infecundos. Qua culpa poenam metuentes, solum verterunt, seque ad Cyclopas contulerunt.

186. Tenes.

35 Tenes quidam infamatus, quod cum noverca concubuisset, insulam, quae Tenedos nuncupatur, vacuam cultoribus tenuit. Unde Tenedos dicta est.

187. Oebalus.

Oebalus filius fuit Telonis et Nymphae Sebethridis. Qui
Telon diu regnavit apud Capreas, insulam contra Neapolim
sitam. Filius vero ejus, patris non contentus imperio, transiit ad Campaniam, et multis populis subjugatis, suum dila- 5
tavit imperium.

188. Maleus.

Maleus Tuscorum rex fuit, qui primus tubam invenit.
Is quum piraticam exerceret, et mare tempestatibus esset
infestum, montem, qui nunc ab eo Malea vocatur, insedit. 10
Qui et Apollinem *Maleoticum* de suo vocabulo, ut montem
ipsum *Maleam* nominavit.

189. Codrus.

Codrus dux Atheniensium fuit, qui orto bello inter Laconas et Athenienses, quum respondisset oraculum, *illos* 15
posse vincere, quorum dux perisset, habitu humili profectus est ad hostium vicina tentoria, et illic jurgio eos in
suam caedem instigavit, et a nullo cognitus, fecit locum
oraculo.

190. Croesus. 20

Croesus, rex Lydorum, aliquando a Cyro, rege Persarum, captus, rogo superponi est jussus. Subito tanta pluvia
facta est, ut ignis extingueretur, et ipse occasionem fugiendi
inveniret. Hoc quum postea prospere sibi evenisse gloriaretur, et opum immensitate se jactaret, dictum est ei a Solone, 25
uno de VII sapientibus, *non debere quemquam in divitiis*
et prosperitatibus gloriari, quum nesciamus, quid even-
tura pariat dies. Eadem nocte vidit in somniis, quod
Jovis eum aqua perfunderet, et sol extingueret. Quod quum
filiae suae Phaniae nuntiaret, illa, ut res se habuit, pruden- 30
ter interpretabatur, dicens, *quod in cruce esset affigendus,*
imbre perfundendus, sole siccandus. Quod postea ita
contigit; nam rursus captus est a Cyro et suspensus.

191. Alcon.

Alcon Cretensis sagittarius fuit. Cujus quum filium 35
draco invasisset, tanta arte direxit sagittam, ut eam currens
in serpentem defigeret, nec tamen filium laederet.

192. Juppiter et Electra.

Juppiter cum Electra, Atlantis filia, Corinthi regis Italiae uxore, concubuit. Sed ex Jovis semine natus est Dardanus, ex Corinthi Iasius, qui Thraciam, ubi est Samos, tenuit, 5 quam Samothraciam nominavit. Dardanus vero, ex responso locum mutans, Phrygiam venit, Trojam, parva in vallibus collocans aedificia, condidit, eamque ex suo nomine Dardaniam nominavit. Post cujus obitum Teucer de Creta veniens, junctis sibi Dardani sociis, arces et moenia constituit. Post 10 quem Erichthonius, Dardani filius, regnavit. Cui Tros filius suus, Trojam ex se vocans, successit. Qui quum duos filios, Ilum et Assaracum, genuisset, Ilus major natu, Trojam ex suo nomine Ilium vocans, regnum obtinuit, qui Laomedontem, Priami patrem, genuit.

15   193. Laomedon.

Laomedon, rex Trojanus, quum Trojam aedificaturus esset, Neptuno et Apollini, ad civitatis constructionem conductis, certam ad sacra facienda pecuniam devovit; quam, imminentibus promissis, ad murorum fabricam transtulit. 20 Quumque promissam mercedem murorum Neptuno et Apollini denegasset, Neptunus iratus Trojae immisit cetos. Unde Apollo consultus, quum et ipse irasceretur, contraria respondit, dicens, *objiciendas puellas nobiles beluis.* Quum autem principes Trojanorum expostularent a Laomedonte, ut 25 pestilentiam beluae filiam tradendo sedaret, omnibus audacior Theseus regem accusabat, quia filiam objici beluae noluit. Rex iratus eum interfici jussit, posteaque dixit, *omnium filias beluae tradendas.* Itaque multi filias suas, minis regis territi, mercatoribus alio transportandas tradiderunt, 30 earum absentiam facilius, quam mortem tolerantes. Quod quum fieret, Hippotes quidam nobilis timens filiae Segestae, ne ad cetos religaretur, impositam eam navi misit, quo fors obtulisset. Haec ad Siciliam delata, a Crimiso fluvio, in ursum vel canem converso, oppressa, Acesten edidit, qui 35 ex matris nomine civitatem, quae hodie Segesta nominatur, condidit.

194. Tithonus et Aurora.

Tithonus frater Laomedontis fuit. Hunc Aurora amatum in caelum levavit. Qui quum postea longinquitatem vitae 40 defleret, in cicadam conversus est. Hic etiam filium suum, Memnonem Aethiopem, ex Aurora progenitum, ad Trojae misit auxilia.

195. Anchises.

Anchises pastor fuit, cum quo amato Venus concubuit,
et ex eo amore circa Simoin, fluvium Trojae, Aeneam peperit. Deae enim vel Nymphae enituntur circa fluvios vel
nemora. Sed quum Anchises inter aequales epularetur, de 5
concubitu Veneris jactari traditur. Quod quum Jovi Venus
questa esset, emeruit, ut in Anchisem fulmina mitterentur.
Sed Venus quum vidisset, eum fulmine posse interimi, mise-
rata juvenem, in aliam partem fulmen detorsit. Anchises
tamen, afflatus igne caelesti, semper debilis fuit.   10

196. Cassandra.

Cassandra erat Priami, Trojani regis, filia, a qua
Apollo spe amoris, concessa illi divinatione, frustratus, vera
quamvis dicenti fidem sustulit. Unde etiam Trojani, quum
jam adventu Helenae Trojam destruendam praediceret, mi- 15
nime ei Apollinis jussu credebant.

197. Hecuba.

Hecuba, Cissei filia, Priami regis uxor, quum Paridis
gravida esset, facem, qua urbs incenderetur, se parere
vidit. Quod quum Priamo narraret, intellexit, puerum, qui 20
nasceretur, causam futurum incendendae urbis. Quem geni-
tum pater quum interire jussisset, mater pastori furtim
transmisit alendum. A quo nutritus, adeo fortis est factus,
ut in Trojae agonali certamine superaret omnes, et ipsum
Hectorem. Qui quum iratus in Paridem stringeret gladium, 25
dixit ille, se ejus esse germanum. Quod quum mirum videretur, allatis crepundiis, ejus frater est probatus, et a patre
in fratrum consortia receptus.

198. Ganymedes.

Ganymedes, Troili regis Trojanorum et Callirrhoae 30
filius, propter corporis pulchritudinem, ne infamiam connubii masculini subiret, dum in Ida silva venaretur, ab aquila
in caelum raptus, est constitutus pincerna deorum, remota
Hebe, Junonis filia. Unde et Trojanis Juno irascitur. Poëtae amant garrulitatem suam falsa illusione ornare. Nam 35
ut Anacreon, antiquissimus auctor, scribit, Juppiter dum
adversus Titanas, id est Titani filios, bellum assumeret,
et sacrificium Caelo fecisset, in victoriae auspicium aquilae
sibi adesse prosperum vidit volatum. Ob quod tam felix
omen, praesertim quia et victoria secuta est, in signis sibi 40
aquilam fecit, tutelaeque dedicavit. Unde et Romani hujus-

cemodi signis utuntur. Ganymedem vero bellando, his signis praeeuntibus, rapuit; sicut Europam in tauro rapuisse fertur, id est in navi, tauri picturam habente.

199. Hercules et Hylas.

5   Hercules quum comes Argonautis accessisset, Hylam, Theodamantis filium, admirandae pulchritudinis juvenem, secum duxit armigerum. Idem remum fregit in mari, dum pro suis remigat viribus. Cujus reparandi gratia Mysiam petens, silvam fertur ingressus. Hylas vero quum aquatum 10 cum urna perrexisset, in fluvium cecidit; unde a Nymphis raptus esse dicitur. Quem dum Hercules quaerens, ab Argonautis segregatus esset, in Mysia est relictus. Postea quum cognitum esset, in fonte eum perisse, statuta sunt ei sacra, in quibus mos fuerat, ut nomen ejus clamaretur in 15 montibus. Ad quam imitationem Virgilius dicit: *ut litus Hyla Hyla omne sonaret.* Hercules, perdito Hyla, post peragratam Mysiam Colchos pergens, navibus venit Trojam. A cujus portu quum eum Laomedon, rex Trojanorum, arceret, simulavit abscessum, et a promontorio Trojae, quod 20 propter ejus taciturnitatem S i g e u m dictum est (nam σιγὴ *silentium* dicitur), Trojam ex improviso venit, urbem expugnavit, Laomedontem regem interfecit, ejusque filiam Hesionem, jure belli sublatam, comiti Telamoni, qui primus ascenderat murum, tradidit. Unde est natus Teucer. Nam Aja-25 cem ex alia constat esse natum. Tunc Hercules Priamum quidem, redemtum a vicinis hostibus, in paterno regno locavit. Postea quum excessisset e vivis Hercules, Priamus, volens repetere sororem, profectus est cum legatis Salaminam, ubi constabat illam regnare. At minime eam repetere 30 valuit, Graecis dicentibus, se jure bellorum eam habere. Unde iratus Priamus misit Paridem cum exercitu, ut aliquid tale abduceret, aut uxorem regis aut filiam. Qui in Graeciam veniens, interpellare coepit Helenam, Menelai uxorem. Quae quum ei consentire noluisset, egressus ille, civitatem 35 obsedit. Qua eversa, Helenam rapuit; unde postea a marito recipi meruit. Hoc dolore commoti Graeci, congregatis quibusque fortibus viris, Trojam obsederunt, et decimo demum anno expugnaverunt.

200. Amymone.

40   Amymone, Danai filia, dum studiose in insula exerceretur, imprudens Satyrum percussit. Quam quum Satyrus violare vellet, illa Neptuni imploravit auxilium. At Neptunus eam, fugato Satyro, ipse compressit. Ex quo amore natus est

Nauplius, cujus filius Palamedes, septimo gradu a Belo originem ducens, quum delectum per Graeciam ageret, simu-
lantem insaniam Ulixem duxit invitum. Quum enim ille,
junctis dissimilis naturae animalibus, salem sereret, filium
ei Palamedes opposuit. Quo viso, Ulixes aratra suspendit;5
et ad bellum ductus, habuit justam causam doloris. Postea
quum Ulixes, frumentatum missus ad Thraciam, nihil adduxisset, a Palamede est vehementer increpatus. Et quum
diceret, *adeo non esse neglegentiam suam, nec ipsum*
quidem, si pergeret, quicquam advehere posse; profectus 10
Palamedes infinita frumenta advexit. Qua invidia auctis inimicitiis, fictam epistolam Priami nomine ad Palamedem direxit,
per quam agebat gratias proditionis, et commemorabat, secretum auri pondus esse transmissum, quod dedit captivo
Trojano, et eum in itinere fecit occidi. Haec inventa, more 15
militiae regi oblata est, et lecta principibus convocatis. Tunc
Ulixes quum se Palamedi dissimularet, ait: *Si verum esse*
non creditis, in tentorio ejus aurum quaeratur. Quo
facto, inventoque auro, quod ipse per noctem, corruptis
servis, absconderat, Palamedes lapidibus interemtus est. Hunc 20
autem constat fuisse prudentem. Nam et tabulam invenit ad
comprimendas otiosi seditiones exercitus, ut Varro testatur.
Secundum quosdam ipse repperit litteras; quae res forte sit
dubia. Tantum certum est, χ ab hoc esse inventum cum aspiratione.   25

201. Nauplius.

Palamedis autem pater Nauplius, Amymones et Neptuni
filius, filii morte dolens, revertentibus Graecis post deletam
Trojam tempestate laborantibus, montem Caphareum ascendit, et elata facula signum dedit vicini portus. Unde decepti 30
Graeci per rimosos scopulos pertulere naufragia.

202. Agamemnon.

Quum Graeci ad Aulidem venissent, Agamemnon rex
Dianae cervam occidit ignarus. Unde irata flatus ventorum
removit. Quamobrem quum nec navigare possent, et pesti- 35
lentiam sustinerent, consulta oracula dixerunt, *Agamemnonio*
sanguine placandam esse Dianam. Ergo quum ab Ulixe,
qui erat astutissimus, per nuptiarum simulationem abducta
Iphigenia, Agamemnonis filia, jam immolanda esset, numinis
miseratione sublata est, et cerva supposita, et translata ad 40
Tauricam regionem, regi Theanti tradita est, sacerdosque
facta Dictynnae Dianae. Agamemnone autem Troja rever-
tente, Clytemnestra uxor ejus obtulit ei vestem sine capitio.
Quam quum induere vellet, et capitium non invenire posset,

ab Aegistho adultero, Thyestis et Pelopiae filiae suae nato,
occisus est; quem postea Orestes, quum adolevisset, simul
cum matre Clytemnestra in ultionem patris occidit.   Quo
crimine quum in amentiam versus surrexisset, amici Pyladis
5 monitu, ad evitandas Furias templum Apollinis ingressus,
quum vellet exire, invaserunt eum Furiae. Hinc est: *Sedent
ultrices in limine dirae.* Quum vero ab insania cavere non
posset, oraculum adiit. Cui responsum est, *sic eum posse
sanari, si Dianae Scythicae simulacrum de Taurica re-*
10 *gione ferret.*   Mox quum curandi furoris gratia cum amico
Pylade Colchos peteret, a sorore agnitus, ejus consensu
occiso rege Thoante, simulacrum sustulit absconditum fasce
lignorum (unde et *Fascelis* dicitur, non tantum a *face*, cum
qua pingitur, sed et a *fasce* lignorum), et ad Italiam detulit,
15 collocans in nemore Aricino. Sed quum postea Romanis sacrorum crudelitas displiceret, quamquam servi immolarentur,
ad Laconas est translata, ibique sacrificii consuetudo ado-
lescentum verberibus servabatur, qui vocabantur βωμονίκαι.
Hi tamdiu flagellabantur, donec cruor ex humano corpore
20 flueret. Superpositi enim aris contendebant, qui plura ver-
bera possent sustinere. Orestis vero ossa, ab Aricia Romam
translata, ante templum Saturni sunt posita.

203. Juppiter et Aegina.

Juppiter, in aquilam mutatus, Aeginam, Asopi fluminis
25 filiam, rapuit; et eam vitians, filium nomine Aeacum ex ea
suscepit. Quam raptam quum pater aequo animo ferre non
posset, omni aquarum agmine caelum petebat, Jovi bellum
inferens. Quo facto, Jovis fulmine percussus est. Cujus
infamiae memoria ut in aeternum maneret, dicitur hodie,
30 illo tempore, quo ictus est, pruinis ardentibus fluere.

204. Aeacus.

Aeacus, filius Jovis et Aeginae Asopidis, quum Aeginam
insulam incoleret, et gravem pestilentiam Junonis ira sustine-
ret, precibus misericordiam Jovis impetravit. Quum enim in
35 arbore fici formicas, id est μύρμηκας, vidisset, optavit sibi
tot socios evenire. Et statim formicae in homines versae
sunt; unde dicti sunt M y r m i d o n e s. Hae autem fabulae
sunt. Sed verum est, Myrmidones dictos a rege Myrmidone.

205. Peleus et Thetis.

40   Quum Juppiter vellet Thetidem, Nympharum matrem,
ducere, fata prohibuerunt, eo quod proles, quae nasceretur,

Jovem regno pelleret. Juppiter autem eam junxit Peleo.
Peleus igitur Thetidem ducens, magnificum fecit convivium
diis et deabus omnibus. Sola Discordia minime introducta
est. Quae ob hoc irata aureum pomum jactavit in convivium
inter Venerem et Minervam et Junonem, in quo erat scrip-5
tum: *Pulcherrimum donum pulcherrimae deae.* Illis inter
se jactantibus, quae esset pulcherrima, et cui pomum dari
deberet, Paris, filius Priami, judex intromissus, formam
Veneris Junoni et Minervae praeferens, aureum pomum ipsi
vindicavit. Unde et postea Veneris auxilio Spartam expug-10
nando, Helenam rapuit. Sed propter Paridis judicium Juno
semper, postea Trojanis inimica fuit. Genuit autem Thetis
ex Peleo Achillem. De cujus morte quum timeret, eo quod
a patre esset mortalis, et haec quereretur apud Neptunum;
Neptunus ait, non esse timendum de eo, quia talis futurus 15
esset, ut credatur deo genitus. Thetis tamen, fata Achillis
timens, eum in Stygiam paludem tinxit; unde toto corpore
invulnerabilis fuit, excepto talo, qui matris manu tenebatur.
Sed Achilles circa muros Trojae bellum gerens, quum fureret
adversus Agamemnonem propter Briseidem, noluit egredi ad-20
versus Trojanos. Rogatus autem, ut saltem Patroclo, sodali
suo, qui antea in Trojano bello Sarpedonem, Jovis et Lao-
damiae filium, occiderat, arma sua, Vulcani manu fabricata,
praestaret, persuadente demum Ulixe, concessit. Egressus
igitur Patroclus, indutus armis Achillis, ab Hectore occisus,25
et armis spoliatus occubuit. Postea Thetis Achilli, mortem
sodalis impatienter ferenti, Vulcania arma iterum impetravit.
Quibus indutus quum Hectorem, in vindictam Patrocli provo-
catum, interficeret, cadaverque ejus, ad currum suum ligatum, circa muros traheret, rogatus a Priamo est, ut sibi 30
liceret exanime filii corpus auro pensatum recipere. Quo
facto, Polyxena, Hectoris soror, in turre stans, armillas et
inaures illo, quo fratris pensabatur corpus, projecit. Qua
visa, Achilles, si sibi daretur, promisit, ut Hectoreum corpus
redderet, et Trojanos cum Graecis, reddita tamen Helena, 35
pacificaret. Quum autem, promissa sibi a Trojanis Polyxena,
in templum Thymbraei Apollinis ad firmandum foedus venisset, insidiis Paridis, post simulacrum latentis, missa vulneratus sagitta, moritur, ante obitum tamen petens, ut evicta
Troja, Polyxena, ad sepulcrum ejus immolaretur; quod etiam 40
post a Pyrrho, ejus filio, impletum est.

206. Explanatio ejusdem fabulae.

Thetidem dici voluerunt aquam; unde et Nympha dicta
est. Quam quum Juppiter uxorem ducere vellet, fatis pro-

hibitum esse dicunt, ne a prole, quae nasceretur, Juppiter
regno pelleretur. Ignis enim, id est Juppiter, si cum aqua
misceretur, aquae virtute extingueretur. Juppiter autem hanc
conjunxit Peleo. Πηλὸς enim Graece *lutum* dicitur. Ergo
5 terram aqua mixtam volunt hominem procreasse. Omnes autem dii nuptiis finguntur interfuisse, quia secundum paganos
singulas partes in homine habere dicuntur, ut Jovem caput,
Minervam oculos, Junonem brachia, pectus Neptunum, cor
Martem, renes et inguina Venerem, pedes Mercurium. Discordia
10 autem sola in conjunctione aquae et terrae, id est Thetidis
et Pelei, non intromittitur, quia utraque elementa concordant,
ut homo gignatur, quod etiam competentia conjunctionis
indicat. Peleus namque ut terra, id est caro, Thetidi ut
aquae, id est humori, conjungitur. Juppiter ut ignis, id est
15 anima, utrumque jungere dicitur. Discordia aureum malum,
id est cupiditatem, dicitur injecisse; nam in aureo malo est
quod videas, non inest quod comedas. Tripartitum autem
humanitatis, id est theoricae, practicae, philargicae, modum
considerantes poëtae, proponunt certamina trium dearum, de
20 formae qualitate certantium. Minerva enim theoricam, id est
contemplativam; Juno practicam, id est activam; Venus philargicam, id est voluptariam designat. Contemplativa autem
vita est, quae ad sapientiae et veritatis indagationem pertinet;
activa, quae ornatus petit, et vitae commodis inhiat; volupta-
25 ria, quae solam vitae appetens corruptelam, libidini tantum
nata, nullum honestum deputat bonum. Ideo Jovem super
his non posse judicare dixerunt, quia post finem mundi judicium ignorabant, qui in libertate arbitrii constitutum hominem
crederent. Quia itaque, si velut deus Juppiter judicasset,
30 damnando duas, unam tantummodo terris vitam demitteret;
ad hominem judicium transfertur, cui deligendi liberum debetur arbitrium. Sed bene pastor non sagitta certus, non
jaculo bonus, non vultu decorus, non ingenio sagax, qui, ut
pecudum mos est, ad libidinem visus detorsit, quam virtutibus
35 et divitiis praeposuit. Denique Achillem natum mater in
aquas Stygias intinxit; nam venae sunt in talo, quae ad
renum atque virilium rationem pertinere dicuntur. Hic per
talum vulneratus, amore Polyxenae periit. Πολυξένη enim
Graece *multorum peregrina* dicitur, quia amor peregrinari
40 facit mentes. Humana namque virtus, ad omnia munita,
libidinis tamen ictibus subjacet patula.

207. Sacerdos Neptuni.

Post adventum Graecorum ad Trojam sacerdos Neptuni
lapidibus occisus est, qui sacrificiis eorum non vetavit adventum.

Postea, discedentibus Graecis, quum vellent Trojani sacrificare Neptuno, Laocoon, Thymbraei Apollinis sacerdos, sorte
ductus est, ut solet fieri, quum deest sacerdos Cereris.
Hic piaculum commiserat ante simulacrum numinis, cum
uxore rem habendo; et ob hoc, immissis draconibus, interem- 5
tus est.

208. Pyrrhus.

Devicta autem Troja, Pyrrhus Andromachen, Hectoris
uxorem, cum Heleno, Priami filio, sorte accepit. Consuetudo autem regia fuit, ut legitimam non habentes uxorem, 10
aliquam, licet captivam, tamen pro legitima haberent; adeo
ut liberi ex ea nati succederent. Pyrrhus igitur quasi legitimam hanc habuit. Ex ipsa filium Molossum suscepit, qui
successit patri, a quo Molossia dicta est pars Epiri, quam
Helenus postea a fratre Chaone, quem in venatu per igno- 15
rantiam dicitur occidisse, Chaoniam quasi ad solatium fratris extincti nominavit. Postea quum Pyrrhus vellet Hermionen, Menelai et Helenae filiam, Oresti antea desponsatam, uxorem ducere, ab Oreste in templo Delphici Apollinis
occisus est. Verum moriens praecepit, ut Andromache, quae 20
apud eum conjugis tenuerat locum, Heleno daretur propter
beneficium, quod eum a navigatione prohibuerat, praedicens
illi, omnes Graecos (quod et contigit) naufragio esse perituros. Inde factum ut, mortuo Pyrrho, Helenus regnaret.

209. Hecuba et Polymestor. 25

Praeda igitur captae Trojae divisa, Hecuba, Priami
conjux, Ulixi sorte cessit. Quae novissime acerbitatibus interitus Astyanactis et Polyxenae, in busto Achillis interemtae,
maerens, quum in classe Thraciae esset appulsa, reliquis
liberis orba, Polydorum filium suum, Polymestori Thraciae 30
regi clam commissum, incolumem manere dum sperabat, in
litore eum exsanguem, fluctibus in terram ejectum, animadvertit. Polymestor enim propter aurum, quod ab infante
Polydoro sibi traditum fuerat, avaritia ductus eum interfecit,
et ut facinus celaretur, in profundum praecipitavit. Quod 35
Hecuba comperiens, se ad regem transmisit. Tyrannus vero id
esse existimans petenti secretum, dedit colloquium. Hecuba
autem ei lumina abstulit. Quam Thraces dum persequuntur,
in canis figuram versa esse dicitur.

210. Idomeneus. 40

Idomeneus, Cretensium rex, quum post eversam Trojam reverteretur, devovit propter sedandam tempestatem,

sacrificium se dare de hac re, quae ei reverso primum occurreret. Contigit igitur, ut filius ei occurreret. Quem
quum immolasset vel, ut alii dicunt, immolare vellet, a
civibus pulsus regno, Sallentinum Calabriae promontorium
5 tenuit, juxta quod condidit civitatem.

211. C i r c e.

Circe filia Solis fuit, quae ad se delatos in feras mutabat. Ad hanc forte Ulixes post devictam Trojam delatus,
Eurylochum cum viginti et duobus sociis praemisit, quos
10 mox ab humana specie Circe in feras commutavit. Eurylochus inde fugit, et Ulixi nuntiavit. Cui soli ad eam proficiscenti Mercurius remedium dedit, et quomodo Circen deciperet, monstravit. Qui postquam ad eam venit, poculo ab
ea accepto Mercurii remedium miscuit, stricto ense mortem
15 ei minitans, ni socios sibi restituisset. Tunc Circe, non sine
voluntate deorum id esse factum, cognoscens, fide data, socios ei restituit, et illi nubens, Telegonum ex eo genuit.

212. Interpretatio ejusdem fabulae.

Circe *manus operatio* dicitur, quasi χειρῶν ἔργον.
20 Laborem enim manuum libidinosa mulier non diligit. Hanc
Ulixes innocuus transit, quia sapientia libidinem contemnit.
Unde et uxorem habere dicitur Penelopen castam, quod
omnis castitas sapientiae conjungatur. Circe autem ideo Solis filia fingitur, quia nihil est sole clarius. Haec libidine sua
25 et blandimentis homines in ferinam vitam ab humana deducebat, ut libidini et voluptatibus operam darent; unde est
locus fabulae.

213. P i c u s.

Picus Pomonam, pomorum deam, amavit, eamque in
30 conjugium sibi copulavit. Quem quum Circe amaret et
sperneretur, irata eum in picum, avem Martiam, convertit.
Nam et altera est pica. Hoc autem ideo fingitur, quia augur
fuit, et domi habuit picum, per quem futura noscebat.

214. P h y l l i s.

35   Phyllis regina Thracum fuit. Haec Demophoontem,
Thesei filium, regem Atheniensium, redeuntem de Trojano
proelio dilexit, et in conjugium rogavit. Ille ait, se ante
rem suam ordinaturum, et sic ad ejus nuptias reversurum.
Profectus itaque quum tardaret, Phyllis ex amoris impatientia

et doloris impulsu, quod se spretam esse credebat, laqueo vitam finivit, et versa est in arborem amygdalum sine foliis. Postea reversus Demophoon, cognita re, ejus amplexus est truncum qui, velut sponsi sentiret adventum, folia emisit.

215. Laodamia.

Laodamia uxor Protesilai fuit. Quae quum maritum in bello Trojano periisse primum cognovisset, optavit, ut ejus umbram videret. Qua re concessa, non deserens eam, in ejus complexibus periit.

216. Procris.

Procris, filia Iphili, uxor Cephali fuit. Qui quum venandi studio teneretur, labore fessus, ad locum quendam consuerat ire, et ad recreandum illic se ventum vocare. Quod quum saepe faceret, amorem in se movit Aurorae, quae ei canem velocissimam, Lampadam nomine, donavit, et duo hastilia inevitabilia, quia venator erat; eumque in amplexibus rogavit, ut spreta uxore sua, eam amet. Ille ait, jusjurandum se habere cum conjuge mutuae castitatis. Quo audito, respondit Aurora: *ut probes igitur conjugis castitatem, muta te in mercatorem.* Quo facto, ille ut ad Procrin venit, oblatis muneribus impetrataque re conjugii, confessus est, se esse maritum suum. Quod illa dolens, quum audisset a rustico, amare eum Auroram, quam invocare consueverat, ad silvam profecta est, et in fruticetis latuit ad deprehendendum maritum. Qui quum more solito Auroram vocaret, Procris egredi cupiens, fruticeta commovit. Sperans Cephalus feram esse, hastam inevitabilem conjecit, et ignarus uxorem interemit, quae tamen moriens, ne Auroram duceret, postulavit.

217. Tereus.

Tereus rex Thracum fuit. Qui quum Pandionis, Athenarum regis, filiam Procnen nomine duxisset uxorem, et post aliquantum tempus ab ea rogaretur sibi Philomelam sororem videndam accersire, profectus Athenas, dum adducit puellam, in itinere eam vitiavit, et ei linguam abscidit, ne facinus indicaret. Illa tamen rem, in veste suo cruore descriptam, sorori misit. Qua cognita, Procne Ityn filium suum interemit, et patri epulandum apposuit. Postea omnes in aves mutati sunt; Tereus in upupam, Itys in phasianum, Procne in hirundinem, Philomela in lusciniam.

218. Leander et Hero.

Leander Abydenus et Hero Sestias fuerunt invicem se
amantes. Sed Leander natatu ad Heron ire consueverat per
fretum Hellespontium, quod Seston et Abydon civitates in-
5 terfluit. Extincta autem casu face, quam Hero statuto tempore praetendere solebat, juvenis tempestate periit. Cujus
corpus quum ad puellam delatum fuisset, ipsa se praecipitavit in mare.

219. Hymenaeus.

10   Hymenaeus, ut alii, deus nuptiarum, ut alii, quidam
juvenis fuit die nuptiarum oppressus ruina; unde expiationis
causa in nuptiis nominatur. Falsum est autem; nam vitari
magis debuit quam retineri. Sed haec est veritas. | Hyme-
naeus puer genere Atheniensis fuit. Is quum annos puerilis
15 aetatis excederet, neque adhuc virum posset implere, ea
pulchritudine praeditus fuisse dicitur, ut feminam mentiretur.
Istum quum una ex civibus suis, nobilis virgo, adamasset,
ipse mediocribus ortus parentibus, quia nuptias desperabat,
quod poterat tamen, puellam extrema amoris linea diligens,
20 satis animo suo faciebat aspectu. Quumque nobiles feminae
cum virginibus sacra Eleusinae Cereris celebrarent, subito
adventu piratarum raptae sunt; inter quas et Hymenaeus, qui
illo amatam suam fuerat subsecutus; eique puella creditur.
Quum igitur per longinqua maria praedam piratae vexissent,
25 ad quandam regionem tandem devoluti perveniunt, ibique
somno oppressi ab insequentibus sunt peremti. Hymenaeus,
ibi relictis virginibus, reversus Athenas, pactus est a civibus
dilectae nuptias, si iis filias suas restituisset. Quam ubi
pro voto restituit, exoptatam accepit uxorem. Quod conju-
30 gium quia felix fuerat, placuit Atheniensibus nomen Hymenaei nuptiis miscere. Ob quam causam adhuc nubentes ejus,
quasi liberatoris virginitatis, invocant nomen. Unde et apud
Romanos Talassio invocatur. Quum enim in raptu Sabina-
rum plebejus quidam raptam pulcherrimam duceret, ne ei
35 auferretur ab aliis, Talassionis eam ducis nobilis esse simulavit; cujus nomine remansit puellae tuta virginitas.

220. Lycambes.

Lycambes quidam filiam Neobulen habuit. Quam quum
Archilochus in matrimonium postulasset, pater promisit; sed
40 promissam negavit. Iratus igitur Archilochus in eum male-
dicum carmen scripsit. Unde ille dolore compulsus una cum
filia vitam finivit.

221. Bupalus.

Bupalum dicunt quendam pictorem fuisse apud Clazomenas, civitatem Asiae, qui Hipponactem quendam poëtam
deformem per risum pinxit. Hinc illa commotus furore,
tali carmine Bupalum perculit, ut vitae exosus laqueo se 5
suspenderet.

222. Tyrtaeus.

Tyrtaeus poëta, genere Atheniensis, cum parte mem-
brorum deformis fuit; qui primus tubam invenit; quo etiam
Lacedaemonii usi duce, Messenios feruntur vicisse. Quum 10
enim diuturno tempore inter Lacedaemonios et Messenios
bellum traheretur, consulentibus Lacedaemoniis ab Apolline
responsum est, *non aliter eos posse vincere, nisi duce
Atheniensi pugnarent.* Quibus postulantibus Athenienses
Tyrtaeum dederunt. Et ita Lacedaemonii, novo tubae so- 15
nitu hostes terrente, vicerunt.

223. Iarbita.

Iarbita natione Maurus fuit. Qui quum Timagenem philosophum docte declamantem incassum imitari conaretur,
invidia quodammodo diruptus traditur.   20

224. Mopsus.

Mopsus, Apollinis et Mantus filius, et Calchas dicuntur
in Gryneo Apollini consecrato nemore de peritia divinandi
inter se certamen habuisse. Et quum de pomiorum arboris
cujusdam contenderent numero, stetit gloria Mopso. Cujus 25
rei dolore Calchas interiit.

225. Apicius.

Apicius quidam voracissimus fuit, qui de condituris multa
scripsit. Postquam ergo omne patrimonium dilapidavit, quum
egere coepisset, non ferens pudorem, veneno periit.   30

226. Opimius.

Quidam vir Opimius admodum extitit avarus, ut quum
multis divitiis abundaret, ipse festis diebus Vejentanum pes-
simum vinum liberet, privatis autem diebus vappam, quod
est Vejentano deterius. Hic forte prae nimia sollicitudine 35
incidit in letargum morbum. Tunc ejus laetus heres coepit
circa loculos currere et claves quaerere, sperans, illum cito
moriturum. Accedens medicus fidelis, cognita morbi causa,

et pecunia tota ante se numerata, dixit aegro: *nisi tua custodias, nihil distat, fame an morbo pereas.* Ille evigilans, *quis tollit?* ait, et salvatus est.

227. Columbae Dodonaeae.

Dodona civitas est Epiri, juxta quam est silva, quae etiam Dodona dicitur, abundans glandibus, quibus primi pasti dicuntur homines. Juppiter hic dabat responsa per columbas aereas.

228. Lacus Lucrinus.

In Bajano sinu contra civitatem Campaniae Bajas duo sunt lacus, Avernus et Lucrinus, qui olim propter copiam piscium Romanis praestabant vectigalia. Sed quum plerumque mare irrumpens pisces inde excluderet, et redemtores damna paterentur, supplicaverunt senatui. Et profectus Julius Caesar ductis brachiis exclusit partem maris, quam infestam compererat esse, liquitque breve spatium per Avernum, quo piscium copia intrare posset. Quod opus *Julium* dictum est.

229. Venus et Diomedes.

Quum essent Graeci in obsidione Trojae, contigit, ut fieret pugna inter Diomedem et Aeneam; quumque diu dimicassent, Diomedes Aeneam percussit ingenti saxo et prostravit. Quod videns Venus, mater ejus, nube ipsum protexit. Ille vero irrumpens in nubem, Venerem vulneravit. Unde ipsa post Trojae destructuram eum cum suis sociis in mari fatigavit, et socios vertit in aves.

230. Oedipus.

Lajus, rex Thebarum, habuit uxorem, nomine Iocastam, cui praecepit, ut omnes filios ex se genitos necaret. Nam audierat, a liberis suis se occidendum. Illa pariens, puerum plantis perforatum in silvam deferri jussit. In eadem silva Polybus, rex Phocidis, venatione erat occupatus, et vagitum pueri audiens, eum afferri jubens, tamquam suum nutrivit, Oedipumque vocavit. Cui dum improperatum fuisset, se genus suum ignorare, ivit ad templum, ut quaereret. Dumque iret, obviavit illi pater decrepita aetate. Quem ut vidit, ignorans esse patrem, occidit, et regno ceterisque bonis usus est. Inde procedens venit ad montem, ubi erat Sphinx monstrum, omnibus praetereuntibus hoc aenigma proponens: *quid primo quatuor, deinde tribus, deinde duobus, deinde*

tribus, deinde quatuor graditur pedibus? ea conditione,
ut qui solveret, ipsi pennas incideret; qui non, capite trun‑
caretur. Quod Oedipus solvens, monstrum occidit. Inde
rediens Thebas, Iocastam matrem suam inscius duxit uxo‑
rem, et genuit ex ea Polynicem et Eteoclem, et duas filias 5
Antigonam et Ismenem. Hic itaque quodam die se calcians,
mater vidit cicatrices factas, et agnoscens ingemuit misera‑
biliter. Ille dolore exagitatus sibimet oculos eruit, et in
domo subterranea vitam finivit. Filii autem pro regno cer‑
tantes, Eteocles quia prior, primo anno regnavit; Polynices 10
vero exulans ad Adrastum veniens, filiam ejus Argiam uxo‑
rem duxit. Sed quum finito anno Eteocles nollet reddere
regnum Polynici, ipse cum socero suo et sex aliis ducibus
venit Thebas, pugnaturus pro regno. Multis ergo utrimque
occisis, fratres tandem mutuis vulneribus se occiderunt. 15
Adrastus vero unus de septem ducibus solus rediit in patriam
suam, paucis comitantibus.

MYTHOGRAPHUS TERTIUS.

De diis gentium et illorum allegoriis.

Prooemium.

Fuit in Aegypto vir ditissimus, nomine Syrophanes.
5 Hic habuit filium unigenitum, quem immodice diligebat. Contigit filium mori. Ejus simulacrum pater prae nimio dilectionis affectu in aedibus suis constituit; dumque tristitiae quaesivit remedium, seminarium potius doloris invenit. Denique simulacrum illud εἴδωλον dictum est, quod nos Latine *speciem*
10 *doloris* dicimus. Jamque universa domini familia in domini adulationem coronas simulacro plectebant, flores offerebant, odoramenta succendebant. Rei etiam ad simulacrum confugientes, veniam a domino adepti sunt, veneratique sunt illud magis timoris affectu quam amoris; unde et dictum est: *Primus*
15 *in orbe deos fecit timor.* Exhinc inveteratus error humanus in idolorum cultu ubique gentium coepit diffundi. Nec tamen universos eadem involvit inscitia, nec eosdem ritus cuncti recipiendos censuerunt. Nam philosophi, quorum in plerisque vel veritatis viam vel rationis assertionem tra-
20 didit auctoritas, unum dicunt deum esse, caeli et terrae rerumque omnium procul dubio creatorem. Hic tamen ab iisdem pro multiplici dispositione, qua diversis modis regitur mundus, variis item vocabulis appellatur. Dicitur enim Vitumnus, quod *vitam* praestet; Sentinus, quod *sensum.* Vo-
25 catur Jovis sive Juppiter in aethere, Juno in aëre, Diana in terra; multaque sunt alia ejusdem dei tamquam plurimorum vocabula. Plerumque et unus idemque non solum diversis nominibus, sed et vario sexu dicitur juxta illos versus Valerii Serrani:

30   *Juppiter omnipotens, rerum regumque repertor,*
      Progenitor, genitrixque deûm, deus unus et idem.

Unde est et illa Jovis oratio:

      Caelicolae, mea membra, dii, quos nostra potestas
      Officiis diversa facit.

In magnis ergo, ut ait Remigius, dispositionibus quasi masculino effertur genere; in minoribus vero femininum quodammodo nomen accipit. Sive ab *agendo* juxta Servium, Stoicorum dogma tradentem, mas dicitur; femina vero, quum *patiendi* poëtae ei dant naturam. Unde est: *Conjugis in* 5 *gremium laetae descendit.* Ab *actibus* autem juxta eundem vocatur, ut Juppiter *juvans pater;* Mercurius, quia *mercibus* praeest; Liber a *libertate* data. Et Varro dicit, quia quum unus idemque sit homo, a corpore tamen homo, ab anima sapiens dicitur; ita ergo et deus, quum unus 10 idemque sit, multis tamen pro dispensationis suae diversitate censetur vocabulis.

Nunc autem deinceps inexplicitos aliquot antiquitatis revolvamus errores, iisque si non lucem infundere possumus, aliquas tamen ignorantiae nebulas majorum flagello auctori- 15 tatum aliquatenus dimoveamus.

1. Saturnus.

1. Primum deorum Saturnum ponunt. Hunc maestum, senem, canum, caput glauco amictu coopertum habentem, filiorum suorum voratorem, falcemque ferentem, draconem 20 etiam flammivomum, qui caudae suae ultima devorat, in dextra tenentem, inducunt. De his diversi nonnulla eadem, aliqua tamen diversa sentiunt.

2. Historia quidem habet, Saturnum patrem et Jovem filium regna in Creta obtinuisse. Inter quos bello orto, quum 25 praevaluisset Juppiter, fugatus Saturnus Italiam petiit, ibique a Jano, qui tunc regnabat, receptus, quum eum usum vinearum et falcis docuisset, in partem est admissus imperii, sibique oppidum fecit. Hic itaque in agricultura magnum impendens exercitium, et per annonae praerogationem ad se 30 populos attrahens, a *saturando* Saturnus meruit appellari.

3. Hunc ergo *maestum* ubique describunt poëtae, utpote bello victum, et a regno violenter extrusum. Mathematici tamen rem subtilius contemplantes, ideo eum maestum dicunt, quia stella Saturno deputata ortu suo tristitiam sem- 35 per denuntiat. Illa enim in capricorno posita, pluvias gravissimas, sed praecipue in Italia, commovet. Unde est: *Seu tyrannus Hesperiae capricornus undae.* In scorpio vero grandines, item in alio signo fulmina, in alio ventos, in aliis alia nocua apportat. Addunt etiam, ideo maestum 40 esse, quia sidus ejus tardissimum sit. Quum enim ceterorum planetarum alius per mensem, ut luna, alii per annum, ut Mercurius, Venus, Sol; alius per biennium, ut Mars;

alius per duodennium, ut Juppiter, circulos suos pertranseant, Saturnus XXX annos in circuli sui peragratione consumit.

4. Senem eum depingunt, quia sicut senex est a calore
5 juventutis destitutus et frigiditate laborat (minuitur enim in iis sanguis, unde et tremunt); ita et hujus stella frigidissima existimatur. Nec mirum, quum a sole, a quo omnis calor procedit, sit remotissima, quum sit aquis supercaelestibus vicina, et quum in signis remotissimis, quae a temporis sui
10 affectu frigida censentur, aquario videlicet et capricorno, domicilia sua habeat; in quibus, etiamsi cum sole positus fuerit, gravissimam tamen nobis frigoris uredinem creat. Sunt tamen qui asserant, eum non ex sua umbra, sed ab effectu frigidum nuncupari, quod sua videlicet constellatione
15 contraria homines enecet. Mortui vero frigidi sunt. Quod si verum est, non improprie senex fingitur, quum senum sit, morti semper esse vicinos. Frigidus tamen a nonnullis eo tantum, quod nocens sit, dictus est. Quod autem *frigidus* pro *nocens* ponatur, innuit Servius. In Virgilio exem-
20 plum habes, ubi ait:

Frigidus, o pueri fugite hinc! latet anguis in herba.
Senex denique ob hoc quoque non incongrue dictus videtur, quod sicut frigiditate et humore phlegmatico ex natura abundant senes, ita et a signis, capricorno et aquario, qui-
25 bus praeest Saturnus, frigus nobis et pluvias, mensibus videlicet Januario et Februario, provenire sentimus annis singulis. Propterea quoque eundem canum pingunt, quod pruinas et nives ibidem creare non dubitetur. Caput tectum habet, ut tamquam senex et frigens contra frigus se munire
30 et nos itidem admonere putetur. Glauco amictu ideo, quod aquosae vel frigidae est naturae stella ejus.

5. Ut autem ad aliorum transeamus enodationem, Saturnum etiam philosophi in figura temporis accipiunt; unde et Graece eum Κρόνον, id est *tempus*, appellant. Hinc et
35 nonnulli caput ejus ob hoc tectum asserunt, quod ignotum sit temporis principium. Ideo a filio pulsum esse, quia sequens tempus, quod quodammodo ex praecedente gignitur, succedendo praeteritum pellat. Sed et *Tex* a Graecis dicitur, quia apud eos τ´ trecenta, ε´ quinque, ξ´ LX significat;
40 et hic, ut probant computistae, dierum totius anni est numerus. Tex etiam *comedens* sive *consumens* interpretatur; unde et filios suos dicitur devorasse. Quod ideo fingitur, quia tempus, quaecumque gignit, genita consumit. Omnia namque orta occidunt, et aucta senescunt.
45 6. Falcem fert, sive quod fructus, quos tempus producit, falce metuntur, sive quod, ut supra diximus, primus

Latinis Saturnus usum tradidit falcis; sive quod ad imitationem curvaminis falcium etiam tempora omnia in se recurrunt. Qua et ipsa de causa draconem flammivomum in
dextra tenere perhibetur. Draco enim ille annum designat,
qui bene caudae suae ultima devorat, quia annus et in se 5
per sua vestigia redit, et annuam fecunditatem atque proventum omnium devorat frugum. Hinc et draco ille flammi-
vomus dicitur, id est devorans omnia, sicut flamma cuncta consumit. Sunt praeterea qui dicant, Saturnum in progressu
nihil nocere; quum vero retrogradus eat, esse nocuum, 10
ideoque eum falcem habere, quod et ipsa in propulsu nihil
valet, retro acta vero, quicquid ei occurrerit, secat. Propterea etiam velato capite dicit eum esse Fulgentius, quod fructus,
quos tempora proferunt, foliorum teguntur umbraculo.

7. Habent quoque fabulae, vel hunc patris sui Caeli virilia 15
abscidisse, et abscissa in mare jecisse, et ex ipsorum cruore
spumaque maris Venerem natam esse; vel ipsum a filio
castratum fuisse, et de ipsius itidem virilibus, in mare missis, Venerem provenisse. De hac tamen diversitate nobis i
idem sentimus; testiculique utriuslibet abscissi fructus natu- 20
rales, quos tempora producunt, teste Fulgentio, designant,
qui videlicet et a seminariis prioribus sunt geniti, et ipsi ad
novos de se creandos, si suo modo propagentur, apti nascuntur. Hos fructus messos et in ventris lacunam tamquam
in mare demersos Venerem, id est libidinem, creare ne- 25
cesse est. Unde comicus: *Sine Cerere et Baccho friget
Venus.* Physici tamen hoc ideo fictum asserunt, quod nisi
humor de caelo ad terram descenderet, nihil penitus crea-
retur. Ut enim in sequentibus audies, Venerem *terrae pulchritudinem* physici volunt. Alii vero, quod de virilium 30
cruore et maris spuma nata sit Venus, hanc autumant rationem. Omnes, inquiunt, vires usu venereo debilitantur.
Unde fingitur Venus nata per damnum. De mari autem
ideo, quod tradit physica, sudorem salsum esse, quem
semper elicit coitus. Unde et myrtus ei consecrata est, quod 35
litoribus gaudet. Addunt etiam, ideo eam potissime de
spuma ortam, quod libidinis voluptas velut spuma cito dele-
tur, et citissime praeteriens, nihil nisi poenitudinis stimulum
in conscientia derelinquit.

8. Ut autem ad inceptum revertamur, Saturnus secun- 40
dum fabulam quum sit senex, posse fingitur fieri puer. Quod
commentum ab hac re ortum fertur, quia tempus singulis
annis senescere hieme, et vere revivescere videtur. Fingitur etiam modo faciem habere draconis propter frigoris ni-
mietatem, nunc rictus leoninos propter nimium caloris ae- 45
stum, nunc etiam cum aprinis dentibus cristas propter fre-

quentem elementorum intemperantiam; quae per temporum
varietates provenire manifestum est; adde etiam, quia Saturni sidus secundum mathematicos, ut diximus, contrarium est, et adversam habet constellationem, et ab
5 iis deus malitiosus vocatur. Denique, ne de praedictis pedem
in arctum figas, dicit eum Servius ob hoc tantum filios comedisse, quod ipse est deus temporum, quae in se revol-
vuntur in aeternum. Ideo etiam Saturnum dicit eum Tullius
nominatum, quod *annis saturetur;* ideo a Jove vinctum,
10 ne immoderatos cursus habeat, atque ut stellarum, per quas
disponitur tempus, vinculis alligetur.

    9. Porro Saturnum Pollucis filium refert Fulgentius,
sive a *pollendo*, sive a *pollucibilitate*, quod vulgarius dicimus humanitatem. Eo enim adhuc regnante, aureum
15 fuisse saeculum dicunt. Utque paululum vagari videamur,
Saturnum facta conjuratione per filium suum a regno, ut
diximus, depulsum asserunt, Jovemque, quae tempore Saturni viguit pacem, perturbasse, et ita aureum saeculum,
quod ab aureis moribus, quos eatenus habuerant, dictum
20 est, in argenteum convertisse. Jovis namque tempore multos jam in terrenis subditis sapientes constat fuisse. Unde
etiam debellato Saturno atque fugato, alii tyranni Jovem
ipsum paterna hereditate privare agressi sunt, Quos quia
machinis bellicis superavit, Gigantes fingitur fulminasse.
25   10. Nam de iis, quos Varro commemorat, vel parum
ad praesens negotium attinere, vel ea ipsa memoriae com-
mendari vix digna existimavi. Ait namque, quosdam tempore diluvii ad montes confugisse; qui postea ab his, qui
de aliis montibus veniebant, bello lacessiti, facile ex locis
30 superioribus eos vincebant. Unde factum est, ut *dii* superiores, inferiores, vero *terrigenae* dicerentur. Hi etiam sive
pro serpentina calliditate, quam habebant, sive quia de locis
humilibus ad superiora reptabant, pro pedibus dicti sunt
habuisse serpentes. Quod vero eo tempore saxis homines
35 et truncis nasci dicti sunt, ab antiqua hominum habitatione
sic dictum est. Ante factas enim domos aut in cavis arboribus, aut in speluncis manebant. Qui quum inde egrede-
rentur, aut suam educerent sobolem, inde dicti sunt procreari. Praeterea, ut refert Lactantius, dum deerat usus
40 casarum, ipsi in morem pecorum vagabantur; filios autem
suos aut arborum caveis, aut montium specubus contege-
bant. Quos transeuntes arborum vel saxorum fetus existi-
mabant.

    11. Inde est, quod dicuntur Arcades astris lunaque
45 priores; quia ipsi namque, in densitate nemorum nati et nutriti, quum tandem in plana exirent, nec lunam nec stel-

las prius viderant, nec prius eas extitisse crediderant.
Quum tamen Arcades de antiquitate cum Phrygibus cer-
tarent, singulos parvulos cum singulis nutricibus, quibus linguas ademerant, clauserunt, ut experirentur, utrum
vox nata esset, an disceretur; et si esset innata, quaenam 5
esset, Phrygum an Arcadum. Producti vero pueri βεκός
locuti esse dicuntur, qua significatione Phrygum lingua
panis intelligitur. Sic ergo cognitum est, Arcades non esse
primigenas. Quod autem Arcades nobiles dicti sunt, aliunde
tractum est. Refert enim Thucydides libro primo, hunc 10
morem Graecis fuisse, ut coacti in alienas ire terras, quas
fertiles esse cognoverant, easdem veteribus incolis vastarent.
Sed Arcades soli ob sterilitatem agrorum commoti non sunt,
et ideo, inquit, nobiles existimantur.

2. Cybele.

1. Uxor Saturno mater deorum decernitur. Hanc 15
Graeci Rheam, vel Berecynthiam, vel Cybelem; Latini vero
Opem appellant. Ops igitur, ut innuere videtur Servius,
idem Latine, quod Graece Rhea sonat. Hoc autem nomen
ex eo, ut ait Fulgentius, sortita est, quod esurientibus
frugum largitione opitulata est. Berecynthiam vero juxta 20
eundem dici voluerunt quasi *montium dominam.* Ideo matrem deorum, quod dii per superbiam dicti sunt; et eos in
Olympo habitare quasi excelsos ac superbos. / Daemones
dictos, quod multos subigere, et soli super populos esse
studuerunt. Nam δῆμος *populus,* εἷς *unus* interpretatur. 25
Ideo et apud Romanos, inquit, indigetes quasi *nullis indigentes* appellantur. Remigius tamen alias ponit daemonum interpretationes. Daemones enim, inquit, dicti sunt a
δημοῦχος, id est a *principatu populi;* vel daemones, inquit, dicti quasi diamones, id est *omnia scientes,* utpote 30
nuntii dei, quos Latini *medioximos* vocitarunt, id est *in
medio positos.* Medioxemus enim dicitur quasi *medius proxi-
mus;* inter deum namque hominemque discurrunt. Sunt
enim numina aliqua tantum caelestia, aliqua tantum terrestria,
aliqua media, quos deos Apulejus medioximos vocat. Hi autem 35
sunt, ut ait Servius, qui ex hominibus dii facti sunt, de
cujusmodi numine Virgilium dixisse volunt: *Communemque
vocate deum,* Herculem videlicet de homine immortalem
factum. Sed de his alibi.

2. Berecynthiam etiam Graeci, ut in Fulgentii dogmate 40
diutius versemur, quasi *verni* κύνθος dixerunt; κύνθος enim
lingua Attica *flos* nuncupatur. Unde et ὑάκυνθος dicitur
quasi ὑὰς κύνθος id est *solus flos,* videlicet omnibus per-
fectior. Accipitur autem Berecynthia in modum potentiae;

unde et Cybebe dicitur, id est *gloriae firmitas.* Unde et Homerus ait: *Cui gloriam Juppiter donaverat.* Ideo quoque cum turrita corona pingitur, quod omnis potentiae elevatio in capite sit. Ideo multiplici veste fulget et leonibus 5 currum trahentibus utitur, quia omnis potentia, et ornata est, et ipsi etiam virtuti donatur. Sceptrum fert, quod regno vicina sit omnis potestas. Mater deorum dicitur, quod apud antiquos dii, sive daemones, sive indigetes a *divitiis* sunt dicti. Divitiarum autem mater est potentia. Haec Atin 10 puerum formosissimum amasse dicitur, quem nimio zelo succensa castravit. Ergo potentia gloriosa semper maximarum familiarium suarum et amore torretur et livore torquetur, citoque abscidit, quod diligit, dum tamen amputat illud, quod odit. Omnis enim nunc usque potentia nescit circa 15 suos diuturnum servare affectum. Ideo et Atin dici voluerunt quasi *Ethon;* ἔθος enim Graece *consuetudo* dicitur. Ergo quantuscumque sit amor in potentibus, stabilis esse non novit.

3. De eadem vero Ope quaedam Remigius evidentiora proponit. Ait enim: Saturni conjux Ops grandaeva dicitur 20 et corpulenta mater, quod ipsa est terra omnium procreatrix; corpulenta ideo quod elementum terrae crassius et corpulentius est ceteris. Vestem habet discolorem, gemmis et metallis ornatam. Haec enim in visceribus terrarum vel arenis colliguntur; sed et superficies terrae herbarum et florum 25 varietate vestitur. Haec et Cybele quasi *Cubele* dicta est. Terra enim nihil est solidius in elementis. Cubum namque *solidum* dicunt; unde et solidos numeros *cubos* vocamus. Sive, ut idem vult, a Graeco dicitur Cybele, quod Latine sonat *rotatio capitis,* quia in ejus sacris sacerdotes 30 ipsius Gallos exercuisse commemorant. Idem de ea paene, sed paulo plus sentit Servius. Ait enim: Alma parens deorum; dicitur tellus *alma* ab eo, quod nos *alat.* Abusive tamen et aliis, inquit, numinibus hoc epitheton damus. Terram autem constat matrem esse deorum. Unde et simula- 35 crum illius cum clave pingitur. Nam terra tempore verno aperitur, clauditur hiemali. Haec leonibus fertur, ut evidenter ostendatur, maternam pietatem totum superare. Omnis enim feritas maternae subjacet affectioni et ei subjugata est. Curru vehi dicitur, quod terra impendeat. Ideo sustinetur 40 rotis, quia mundus rotatur et revolubilis est. Ideo Corybantes, qui cum strictis pinguntur gladiis, ejus fuerunt ministri, ut significetur, omnes pro terra sua debere pugnare. Quod turritam gestat coronam, ostendit, superpositas terrae esse civitates, quas insignitas turribus constat.

45 4. De eo autem, quod Atin amaverit, tantillum tradit Remigius. Atis, inquit, *flos* interpretatur, in cujus figura

sol accipitur. Ipse enim et flos et princeps stellarum et causa omnium florum est. Quem amavit Berecynthia, id est terra. Terra enim, constricta frigore hiemis, relaxari et refoveri solis calore desiderat. Iohannes tamen Scotus Atin puerum *impetum* sive *proximum* dicit interpretari. Dantur Opi 5 tympana, quod terra duobus caeli hemisphaeriis circumvallatur. Cymbala quoque in ejus sunt tutela, quod et ipsa hemicyclis caeli, quibus cingitur terra, similia sunt. Vestam ei deam ignis adhaerere fingit Martianus, quia in visceribus terrae ignis invenitur. Videmus enim de silicibus ignem excudi. 10

5. Quia vero de Vesta casus ortus est, de ea aliquantulum sermo procedat. Hanc Jovis esse nutricem et suo eum gremio sustentasse, in eodem Martiano legimus. Quod ob hoc fictum ait Remigius, quia fertur a philosophis terreno igni, qui per Vestam, caelestem, qui per Jovem intel- 15 ligitur, ignem nutriri. Ut autem dea ignis esse credatur, argumento esse potest, quod in ejus templo ignis custoditur inextinctus. Ovidius etiam in libro Fastorum ab antiquis eam focum inuit nominatam. Sed et in introitu templi ignem olim fuisse, eoque loco cunctos (quippe interius sacrarium 20 inire vetitos) sacris operam impendisse, et hinc ipsum locum a Vesta, id est foco, vestibulum esse dictum putat. Addit quoque, nullam Vestae, sicut nec igni, qui semper in motu est, ab antiquis attributam effigiem; sed et ideo, quod et ignis numen esse meruerit, et ignem in templo Juppiter 25 habuerit, eam potissimam religionis deam dicimus habitam. Nam et sine igne nullum, ut legitur, erat sacrificium, nec sine eo ulla colebatur religio. Unde et ipsa, ut Janus, in omnibus sacrificiis invocabatur. Hinc et futim veteres ejus ministerio reor addixisse. Est autem *futis* vas quoddam, 30 ut ait Servius, lato ore, fundo angusto, quo in sacris Vestae sacerdotes utebantur. Aqua enim ad ejus sacra hausta humi non deponebatur. Quod si fieret, piaculum erat. Ideo excogitatum vas est, quod stare non posset, sed positum statim, quicquid continuisset, effunderet; et ipsum, ut 35 existimo, significans: sicut a manu non remittebatur, ita a religione nullo tempore esse cessandum.

6. Eandem tamen Vestam Ovidius sicut ignem, ita et terram relinquit intelligi; unde et templum ei et tholum templi ad similitudinem terrae rotunda dicit attribui, idque etiam 40 per nominis etymologiam evidenter probare conatur, terram nuncupari asserens Vestam, quod sola quasi vi sua stet, quum cetera elementa sine intermissione omnia moveri manifestum sit. Hac etiam de causa Vestam et Cybolem eandem fuisse non pauci contendunt. Secundum Tullium tamen Ve- 45 stae nomen a Graecis est. Ea enim, inquit, est, quae

ab illis 'Εστία dicitur; vis autem ejus ad aras et focos
pertinet. Verum denique nomen numinis Vestae, quod ubi
Romae praeerat, sciri sacrorum lege prohibebatur. Quod,
ut legitur, ausus quidam tribunus plebis enuntiare, in cru-
5 cem levatus est. Unde hac Virgilium periphrasi usum dicimus: *Vestaque mater*, *quae Tuscum Tiberim et Romana palatia servas*. Palem quoque, quam apud Virgilium
deam dicimus pabuli, cui quoque sacra XI Majarum die, quae
Palilia dicta sunt, solvebantur, alii matrem terrae, alii Vestam
10 volunt. Hanc Virgilius genere feminino appellat, alii, inter
quos Varro, masculino.

Nonnulli Saturnum *sacrum sensum*, id est divinam
providentiam omnia procreantem, sive satorem omnium interpretantur. Inter ejus quatuor filios primum Jovem, se-
15 cundam Junonem, tertium Neptunum, quartum Plutonem
sive Ditem assignant. Ipsum etiam Pollucis filium, quasi
polyfilium id est multos filios habentem, quatuor videlicet
elementa gignentem, dicunt. Jovem namque physici *aethe-
rem*, id est ignem; Junonem vero aërem, Neptunum aquam,
20 Plutonem terram intelligi voluerunt. Sed de Jove tractatum
exordiamur.

3. Juppiter.

1. Jovem et Junonem, id est ignem et aërem
quoniam paria tenuitate elementa esse videntur, germanos
25 esse dixerunt. Quia vero Juno, hoc est aër, igni subjecta
est, jure superposito mariti nomen datum est. Hos autem
ambos a *juvando* dixerunt. Nulla enim res sic fovet omnia,
quemadmodum calor. Nec sine aëre ullum animal vivere
potest. Praeterea Graece Juppiter Ζεὺς dicitur, quod La-
30 tine *calor* sive *vita* interpretatur, quod videlicet hoc elementum caleat; et quod igni vitali, ut Heraclitus vult, omnia
sint animata. Juppiter ergo quasi *juvans pater* nuncupatur; ipseque est, qui lingua Oscorum a luce, quem hominibus praestare putatur, *Luccejus*, a Latinis vero Diespiter,
35 id est *diei pater* appellatur.

2. Hunc hominum atque deorum aeternam vocat Virgilius potestatem. Unde unam rem secundum physicos, alteram secundum mathematicos Probus assignat. Nam divûm,
inquit, potestas est Juppiter, quia ipse est aether, qui
40 elementorum possidet principatum; hominum ideo, quia bona
Jovialis stellae irradiatio honores hominibus tribuit; aeterna
vero propter aliorum numinum discretionem. Nam legimus
et Apollinem divinam potestatem deposuisse, et Herculem
Liberumque patrem non semper deos fuisse. Legimus et

poëtice fictum, quod iratum Jovem Juno mortalibus placat, eumque a sua sententia revocat. Nam Jovis sive Juppiter ipse est *aether*, Juno vero *aër*. Quum ergo terra, marcentibus hieme seminibus, solitum poscat a Jove, id est ex aethereo igne, fomentum, non aliter tamen hoc fieri potest, nisi intercedente et quasi mediante Junone, id est aëre, qui calorem aetherei ignis suscipiens, terrae solitam affert fecunditatem.

3. Jovem etiam fatum deorum appellat Martianus. Res enim divinas, id est superiores, per se ipsum; humanas vero, id est inferiores, per fata dicitur ordinare. Cujus rei hanc reddimus causam, quod talis tantaeque naturae est aether, qui inferioribus non indigeat, et quo indigeant inferiora. Unde et inferiora variis elementorum adminiculis, quae per fata intelliguntur, subsistunt; superiora vero solius naturae suae stabilitate ad se conservanda contenta sunt. Namque quod Jovem poëtae benignum vocant, ad stellam ejus, quae salutaris et temperatissima est, alludunt. Illa enim inter Martem posita et Saturnum, ab utroque temperiem mutuari putatur; a Marte videlicet calorem, a Saturno vero humorem contrahens. Hinc Virgilius: *Adspice nos; hoc tantum.* Quos enim Jovialis stellae afflaverint radii, procul dubio vivent. Idem alibi: *Oculos Rutulorum rejicit arvis*; hoc est, respiciendo partem illam fecit feliciorem. Sic etiam de numine infesto per contrarium legitur:

Diva solo fixos oculos aversa tenebat.

Hinc et iratos deos, aversos dicimus; ut et ibidem juxta Servium. *Neque enim se*, inquit, *convertere poterat simulacrum.* Et alibi:

Talia dicentem jamdudum aversa tuetur.

Quomodo enim aversam nisi iratam intelligas? Nec videatur esse contrarium, quod in quarto Aeneidos, Jove oculos ad moenia Carthaginis torquente, ut inde pellat Aeneam, omnia conturbantur. Aeneam enim et Didonem a turpi liberat fama. Unde sequitur:

— et oblitos famae melioris amantes.

Quod autem fulmina et tonitrua mittat, ob hoc fictum videtur, quia haec physica ratione a superioribus venire manifestum est. Haec autem a sinistra parte venientia, prospera nuntiant, quia quae sinistra nobis videntur intuentibus caelum, illic dextera sunt; non quod sinistra bona sunt, sed quod dextera caeli nobis sinistra sunt. Sinistrum enim de rebus terrenis adversitatem, de caelestibus prospera denuntiare legitur.

4. Quod vero aquilam ejus deputant tutelae, quam refert fabula Jovi contra Gigantes dimicanti fulmina ministrasse,

et hanc dant physici rationem, quod aquila per naturam nimii est caloris, adeo ut et ova, quibus supersedet, possit coquere, nisi gagaten, lapidem frigidissimum, admoveat. Unde Lucanus: *Foeta tepefacta sub alite saxa.* Addunt
5 etiam, adeo acutum esse aquilae intuitum, ut pro fulgentissimis solis radiis numquam deflectat obtuitum. Matres etiam, ut ajunt, pullos suos contra solis ortum obvertunt, ut si in ipsos solis radios lumina figere sustinuerint, in vitam reserventur, si non, a nido dejiciantur. Unde Lucanus in IX
10 dicit:

Utque Jovis volucris calido quum protulit ovo etc.
Elemento igitur calidissimo et limpidissimo, videlicet aethere, illud ales consectatur, quod et calore abundat et perspicacitate. Quod vero aquilae Romanorum fuerint signa, inde
15 ortum volunt, quia sicut avibus omnibus aquila praeesse censetur, sic Romani populorum omnium et desiderabant et obtinere putabantur principatum. Qua de re tamen alii aliud censuerunt. Juppiter enim, ut Anacreon, antiquissimus auctor, scribit, rex extitit Cretae. Qui dum adversus Titanas, id
20 est Titani filios, qui frater Saturni fuerat, bellum suscepisset, et sacrificium Caelo fecisset, in victoriae auspicium aquilae sibi adesse prosperum vidit volatum. Cujus quum vicisset augurio, in signis bellicis aquilam sibi fecit auream; et quia auspicium illud victoria consecuta est, fictum est, quod ei
25 aquila dimicanti fulmina ministrasset. Unde et a felici augurio natum est, ut aquilae militum signum comitentur.

5. Porro de Titanibus, ne de iis quod poëticum est nescias, ferunt eos fabulae ab irata contra deos Terra ad ejus ultionem procreatos. Unde et *Titanes* ἀπὸ τῆς τίσεως, id
30 est ab *ultione* dici meruerunt. De his autem solus Sol abstinuisse narratur ab injuria numinum. Unde et caelum meruit, et pristinum adhuc nomen tenet; Titan enim appellatur. Ganymedem etiam Juppiter, Troili Trojanorum regis filium, his signis praeeuntibus, inter aliam praedam bellicam rapuit.
35 Unde se in aquilam ad eum rapiendum dicitur transmutasse. Sane Ganymedes in caelum juxta fabulam translatus, ad ministerium poculorum adhibitus dicitur. Est enim Ganymedes signum, quod Aquarium dicimus, quod constat esse pluviosum. Europam quoque in specie taurina, id est in
40 navi picturam tauri habente, et Isidem in vaccina, id est in navi hujusce picturae, similiter asportavit. Denique, ut hoc certius credas, navigium Isidis Aegyptus colit. Danaë quoque, Acrisii filia, ad castitatem tuendam aerea, ut ajunt, turre inclusa, auro quidem, non aureo imbre ab eodem Jove
45 corrupta est. Unde eleganter Horatius: *Converso in pretium deo.*

6. Habet fabula, Jovem in cygnum conversum cum Leda concubuisse, eamque ex illo conceptu ovum peperisse, unde tres nati sunt, Castor et Pollux et Helena. Hoc commentum sic exponit Fulgentius. Juppiter, inquit, in modum potentiae ponitur; Leda vero quasi λοιδή dicta est, quod 5 *invidia* aut *injuria* interpretatur. Omnis itaque potentia ad injuriam alicui inferendam declinans, ei admixta speciem suae generositatis mutat; ideoque Juppiter ad Ledam veniens, transformasse se fingitur. Ideo vero in cygnum, quia ferunt physiologi hanc avem conviciis plenam esse, adeo ut 10 ipsa clamante reliquae aves, quae praesto fuerunt, taceant. Sic quoque quotiens nobilis vir et potens ad injuriam alienis importandam festinat, 'a statu modestiae descendens, convicia proferre non erubescit. Sed quod ex hac re concipitur, ovum est, id est testa humoris grossi turbidi et viscosi 15 plena. In effectu enim injuriae turpitudo tantum et immunditia est. Ex hoc autem ovo generantur tres, Helena, Castor, Pollux. Helena utpote seminarium scandali et discordiae. Ea enim Graecos et Trojanos in bellum concitavit. Ex injuria namque illata quis discordiam et seditionem 20 provenire non videt? Sed et Pollux, qui *perditio*, et Castor, qui *malum extremum* interpretatur, ab eodem ovo orti sunt. Injuriam enim, quam alii quispiam intulerit, et *ultionis timor*, qui per Pollucem, et *poenitentia sempiterna*, quae per Castorem designatur, saepissime consequuntur. 25

7. Ut igitur breviter praemissa epilogemus, quilibet potens, ut Juppiter, a personae suae dignitate in mores beluinos degenerat, quum injuriam alicui machinatur. Ex injuriae vero illatione statim ovum, id est turpitudo infamiae et immunditia, et polluta in ipsa conscientia oriuntur. Ex 30 quarum rerum fomite mali quidam pullulant filii, videlicet aliorum malivolentia et detractio, ut Helena; timor ultionis, ut Pollux; perennisque poenitentia, ut Castor. ? Sane alia fabula habet, Helenam et Pollucem de Jove natos immortales extitisse, Castoremque Tyndari filium mortalem fuisse. Cu- 35 jus mortem suo interitu fraterna pietas redemit, et suam ei divinitatem Jovis concessu dimidiavit. Traditur namque, quod se Pollux occidi permiserit qua parte mortalis fuerit, ut Castor immortalitatem mereretur, sicque suam cum eo deitatem partitus sit. Quod ideo fingitur, quia eorum stellae 40 ita se habent, ut dum oritur altera, adhuc altera lateat; itemque post prioris occasum, posterior adhuc aliquantisper appareat. Quod enim (altera occidente, altera oriatur, et) altera oriente, altera occidat, ut a plerisque dici solet, verum nulla ratione esse potest, quum ipsorum stellae et contiguae 45 sint, et idem signum faciant, quod Geminos appellamus.

11 *

8. Porro Helenam (ut consilium certe veri non relin-
quamus inquirendi) immortalem fuisse indicat tempus. Nam
constat, ejus fratres cum Argonautis fuisse. Argonautarum
filii cum Thebanis dimicaverunt. Item illorum filii contra
5 Trojanos bella gesserunt. Ergo si immortalis Helena non
fuisset, tot sine dubio saeculis durare non potuisset. Hanc
autem legimus prius a Theseo raptam, et in Aegypto commendatam Proteo. Qua ratione quidam inducti, non ob ejus
raptum, sed aliis quibusdam de causis apud Trojam pugna-
10 tum dicunt, quibus tamen Servius non consentit. Quum enim
juxta eum Hercules, Ilio expugnato occisoque Laomedonte,
eo quod eum post amissum Hylan peragratamque Mysiam a
portu arceret, filiam Laomedontis Hesionam Telamoni, quod
is primus murum ascendit, dedisset (nam de liberata, inquit,
15 Hesiona fabulosum figmentum est), profectique cum Priamo
legati, quem et ipsum ab Hercule captum, sed a vicinis
redemtum, sicque ab eo regno restitutum refert, eam minime
reperire potuissent, illis se eam jure bellorum habere dicentibus, commotus Priamus in Graeciam Paridem cum exercitu
20 misit, qui inde aliquid tale abduceret, regis videlicet vel
uxorem vel filiam. Paris igitur primum hospitio susceptus,
adulterium commisit. Deinde quum eum Helena sollicitata
sequi noluisset, egressus civitatem Spartae obsedit. Qua
eversa, Helenam rapuit. Unde et illa recipi meruit a marito.
25 Sic igitur foedus, quod antea inter Graecos et Troes constitutum et diu constat esse servatum, tandem ruptum, et in
bella ventum est. Juxta altiorem denique scientiam vel opinionem stella Helenae deputata nociva tempestatumque procreatrix est, fratrum vero propitiae. Unde Helena non in-
30 congrue causa fuisse mali videtur. Inde est:

—————————— *quum jam damnata sororis*
Igne Therapnarum fugerunt carbasa fratres.

9. Ut autem ad Jovem revertamur, eum philosophi quidam in figuram hujus mundi accipiunt; unde et *Jovis*, ut
35 ajunt, id est *universalis vis* dictus est. Et hinc mundo
aeternitatem attribuunt, non quod semper idem sese habeat,
quod est vere aeternitas, sed quod semper durando et cursus
suos redintegrando, ad quandam se aeternitatis formulam con-
stringere videatur. Frequentius tamen Jovem pro aethere
40 accipimus. Unde etiam triumphantes, qui Jovis habent insignia, sceptrum videlicet et palmatam (unde Juvenalis: *In
tunica Jovis* etc.), faciem quoque de rubrica illiniunt instar
coloris aetherei. Hic et Ammon in Libya, id est *arenarius*
ab arenis Libycis vocatur. Nam ἄμμος Graece *arena* dici-
45 tur. Ubi et ejus simulacrum cum capite arientino factum
est, eo quod satis inveluta ibidem dantur responsa. Sed et

in nemore Epirotico per columbas futura docuisse dicitur, quia lingua Thessala πελειάδες et columbae et vaticinatrices vocantur. Dicitur in Creta nutritus, quia, ut ait Salustius, primos Cretenses religionem constat invenisse.

4. Juno.

5

1. Uxorem Jovi, id est aetheri, Junonem, id est aërem, ut diximus, statuere. Haec elementa physici utraque mares, aquam vero et terram feminas appellant. Haec enim incumbunt, illa subjacent; haec agunt, illa patiuntur. Unde et his nomina masculina, illis feminina data confirmant. Hanc 10 tamen considerationem poëtae negligentes, alterum marem, alteram feminam praedicant. Ideo autem juxta Tullium aërem effeminatum, quod eo nihil est mollius; et quia ut viro uxorem, ita aetheri aërem subesse, et ab eo calorem, quo inferiora foveat, veluti semen in matricem suscipere 15 vident. Eorum igitur conjugium fingunt, quia etiam haec duo elementa prae aliis, ut diximus, sunt tenuia minusque faeculentiae habentia, velut iisdem parentibus orta, hoc fratrem, illud vero, ut sexum in conjugio attributum servent, non fratrem sed sororem dicunt. Porro Junonem ideo Neptuni 20 fingunt alumnum, quia secundum physicam spissus aër ex marino humore conficitur. Ideo autem eam quotiens aliquid actura est, alieno inducunt utentem auxilio, utpote Aeoli, vel Iridis, vel Nympharum, quia natura est aëris, ut per se quidem nihil faciat. Ut enim aliquid operetur, aliena 25 semper utitur conjunctione, ut ventorum, qui nubes creant et pluvias.

2. Huic et Iridem, id est arcum caeli, ministram assignant. Est autem Iris nubes aquosa, solis radio penetrata, de qua Virgilius: 30
Mille trahens varios adverso sole colores.
Unde et e regione solis semper apparet. Haec Thaumantis secundum fabulam fingitur filia; unde et Thaumantias dicitur. Secundum veritatem vero a miraculo et stupore colorum hoc nomen sortita est. θαυμαστός enim Graece *mirabilis* 35 dicitur. Varietatis autem ejus juxta physicos haec ratio est, quod aqua tenuis, aër lucidus et nubes caligans irradiata varios creent colores necesse est. Haec quia in aëre apparet et aëri inest, Junoni fingitur deservire. Habet etiam fabula, Junonem quum omnes pellices suas persecuta sit, Majam 40 tamen dilexisse; quod ideo fingitur, quia quum Sol, mense Majo in Tauro positus, per Plejades, qui in genu Tauri sunt, quarum una Maja est, iter faciat, tunc aëris caliditas vernalibus pluviis temperatur, et de temperie sua quasi laetari videtur.

3. Haec etiam conjugiis et partubus praeesse dicitur; unde et nomina ei complura attribuunt. Dicitur enim Lucina, quod nascentes in *lucem* producat. Unde et portarum dicitur dea, quod nascentibus portam praebeat luminis. Di-
5 citur Fluonia a *fluoribus* seminum, quod feminas liberet in partu; Februalis vel Februa, quod eas post partum secundis egredientibus *purget; februo* enim Graece, Latine *purgo.* Hinc et Februus dicitur Pluto, quia praeest purgationibus animarum. Unde et mensis, in quo animarum ex-
10 piationes apud antiquos celebrabantur, Februarius est appellatus. Dicitur et Juno *introduca,* quod nubentes puellas *introducat.* Dicitur *domoduca,* quod ad domos maritorum eas *adducat. Unxia* etiam dicitur ab *ungendo,* quod variis unguentis ungebantur nubentes, vel quod postes
15 domorum ungebant ingredientes; unde uxores quasi *unxores* dictas volunt. *Cinctia* quoque a *cingendo* per antiphrasin appellatur, quod ipsa cingulum castitatis resolvat. *Soticena* quoque dicitur, quod ipsa marem et feminam *sociat;* vel *Saticena* a *satione.* Juno enim mulieres in labore
20 coëundi dicitur liberare, quod et earum bellum appellatur. Unde Virgilius:

> *At non in Venerem segnes nocturnaque bella.*

Idem et alibi de equo seniore:

> ———————— *si quando ad proelia ventum est,*
25 *Incassum furit.*

Dicunt et Junonem *Populoniam,* quod *populos* multiplicet; *Curitim* etiam, id est *regalem,* vel *fortem,* vel *potentem,* vel juxta Servium, a *curru,* quod bellantes curribus utantur, quibus et illa praeesse dicitur.

30   4. Sane quia de nubentibus agitur, limen eas Varro ideo ait solitas non tangere, ne a sacrilegio inchoarent, si depositurae virginitatem, rem Vestae, id est numini castissimo consecratam, calcarent. Unde est:

> *Translataque vetat limen contingere planta.*

35 Singula enim domus diis sacrata sunt, ut Vestae limen, culina penatibus, maceries, quae ambit domum, Herceo Jovi. Dicunt autem iis faces praelatas, quod antea nubentes nonnisi per noctem ducebantur a sponsis. Nucum, quae in nuptiis spargebantur, hanc assignant rationem, ut Jovis
40 omine matrimonium celebretur, ut nupta matrona sit sicut Juno. Nam nuces in tutela sunt Jovis. Unde et juglandes quasi *Jovis glandes* dictae sunt. Nam illud vulgare est, ideo spargi nuces, ut rapientibus eas pueris fiat strepitus, ne puellae vox virginitatem deponentis possit audiri. Sed et laneis
45 vittis, simul ad limen mariti venissent, postes, antequam ingrederentur, ornabant. Unde Virgilius. *Velleribus niveis.*

Fingitur etiam, quod praecedat Juno Venerem in nuptiis, quia ante est Junonis officium in matrimonio, post in coitu usus venereus.

5. Haec, ut ait Fulgentius, ideo in Aeneide Aeolum, regem ventorum petit, ut Trojanis naufragium importet, eique Deïopeae conjugium spondet, quia naufragium illud in modum ponitur periculosae nativitatis, in qua et maternum est pariendi dispendium, et infantum nascendi periculum. Quod ut evidenter intelligas, a Junone quidem est partus, sed ad naufragium generatur. Nam Aeolum immittit. Aeolus autem quasi *Αἰωνελὸς saeculi interitus* interpretatur. In hac enim necessitate universaliter humanum genus involvitur. Denique et Aeolo Deïopeam promittit; *δῆμος* enim Graece — *publicum*, *ὠπὴ* vero *oculus* vel *visio* dicitur. Ergo nascentibus in mundo saeculare est nascendi periculum; cujus tamen nativitatis perfectioni publica a dea partus promittitur visio. Junonem nihilominus divitiarum quoque asserunt dominam; unde et cum sceptro eam depingunt, quod divitiae regnis sint proximae. Qui enim divitiis abundat, facilius ad regnum aspirat. Ideo eam capite velato ponunt, quod omnes divitiae plerumque sunt absconditae. Deam etiam partus volunt eam, quia divitiae quasi praegnantes sunt. Nam divitiis novae semper divitiae generantur. Sed et ipsae plerumque abortiunt, simulque sors et lucra depereunt. Pavonem in sua habet tutela, quia divitum vita ornatuum semper appetens est. Et sicut pavo stellatum caudae curvamen concavans anteriora ornat, posteriora vero turpiter nudat, ita divitiae et gloria saecularis momentaliter quidem ornant, postremo vero quos ornaverant nudos relinquunt. Unde quidam, *reliqua*, ait, *considera*. Et Salomon: *In obitu hominis nudatio operum ejus.*

6. Ideo autem Irim huic adjungunt, quia sicut illa ornatus varios pingens, momentaliter refugit, ita et fortuna, quamvis ad praesens ornata, tamen est fugitiva. Sane Irim quasi *ἔριν*, id est *certamen* nonnulli dictam volunt, ideoque eam Junoni dant famulam, quod ex divitiarum veneno persaepe certamina et seditiones oriuntur. Hinc est, quod Iris ad discordiam commovendam, Mercurius vero ad concordiam frequentius mittitur. Junonem etiam plerique regnorum deam volunt. Unde et hanc fabulam confingunt. Ixion Junonis conjugium petiit; illa nubem in speciem suam ornavit, cum qua Ixion coiens Centauros genuit. Juno igitur, ut diximus, dea regnorum est; Ixion dignitas interpretatur. In hac vero vita quaelibet dignitas, id est quantaelibet dignitatis persona regnum affectans, nubem tantum meretur, id est horariam regni similitudinem. Illud enim regnum est,

quod perenniter duraturum est; non illud, quod transitorium
est. Legitur autem et in historia, Ixionem primum in Graecia
regni gloriam affectasse; qui sibi centum equites primus
omnium conquisivit. Unde et Centauri dicti sunt, quasi
5 centum armati. Is igitur parvo tempore celeriter regnum
adeptus, dehinc regno expulsus est. Inde etiam ad rotam
damnatus dicitur, quod rotae vertigo quae superiora sunt
statim dejicit. Qua in re ostenditur, quod qui per arma et
violentiam regnum affectant, subito elevantur et subito
10 deprimuntur, sicut rota, quae stabile non habet cacumen.

7. De poëtica tamen Centaurorum adinventione sic
Servius ait. Quum, inquit, quidam Thessalus rex bubus
oestro agitatis satellites suos ad eos revocandos ire jussisset,
15 et hi ad cursum tantum non sufficerent, equos ascenderunt,
et eorum velocitate boves secuti, eos stimulis ad tecta revocarunt. Sed hi quum aut irent velociter, aut quum eorum
equi circa fluvium Peneum capitibus inclinatis potarent, locum
fabulae dederunt, ut Centauri, id est semihomines et semiequi
20 putarentur. Centauri autem a Graeco κενταύροις dicti sunt.
Alii vero Centaurorum fabulam confictam esse asserunt ad
exprimendam humanae vitae velocitatem, quia equum constat esse velocissimum. Sane de his, ut ajunt Stoici et
Academici, et ceteris, quae contra naturam dicuntur fieri,
25 intelligendum est, non quod fiant, sed quod plerumque fieri
videantur. Qua de re aptum Hieronymus exemplum in libro
de Vitis Patrum narrat, ubi de miraculis Macarii agit. Cujusdam enim, inquit, patrisfamilias virgo filia per phantasias
magicas in equinum animal versa hominibus videbatur, ut
30 revera equa esse non puella putaretur. Hanc quum parentes ad sanctum Macarium duxissent, et ille, *quid vellent*
percontaretur, dixerunt: Equa haec, quam vident oculi tui,
puella virgo et filia nostra fuit; sed homines pessimi magicis
artibus in animal hoc, quod vides, verterunt. Rogamus
35 ergo, ut ores ad dominum, ut commutet eam in hoc, quod
fuit. At ille ait: Ego hanc quam ostenditis puellam video
nihil in se pecudis habentem. Hoc autem, quod dicitis, non
est in ejus corpore, sed in oculis intuentium. Phantasiae
enim daemonum sunt istae, non veritas rerum. Quumque
40 eam cum parentibus suis in cellulam suam introduxisset, et
dominum orasset, oleoque eam in nomine domini perunxisset,
omni fallacia visus expulsa, virginem omnibus, ut sibi videbatur, effecit. Idcirco etiam magica ars omnis a Romanis,
ut Plinius Secundus in Naturali Historia docet, exclusa est.
45 8. Sed a diverticulo ad id, quod coepimus, revertamur.
De eo, quod Junonem aërem dicimus, illud ejus cum Jove

de voluptate certamen fingimus. Habet enim fabula, Tiresiam serpentes duos coëuntes vidisse. Quos quum virga percussisset, in feminam mutatus est. Tum vero post temporis seriem, septimo videlicet anno, eosdem vidit concumbentes, similiterque iis percussis, in formam pristinam est 5 restitutus. Ob hoc quum de amoris qualitate Juno et Juppiter certamen habuissent, eum judicem elegerunt. Ille virum tres unicas amoris habere, novem vero feminam dixit. Qua re Juno irata lumen ei ademit. Juppiter vero, ut ei quod amiserat, aliquatenus restitueret, futurorum ei scientiam dedit. 10 Tiresias itaque *aestiva perennitas* interpretatur; unde et in figura temporis ponitur. Tempus igitur mensibus hiemalibus dum, terris frigore constrictis, germina nulla producit, masculinam quodammodo obtinet formam. Vere autem ingresso, animalia jam lasciviam exercentia et coëuntia videns, percutit 15 ea virga, id est fervoris aestu; tuncque in sexum femininum, id est, in aestivam transit fecunditatem. Ideo vero in modum feminae aestatem posuere, quod in eo tempore germina omnia prodeuntia sic suis tamquam a matris utero emergant folliculis. Porro duo sunt conceptionum naturalium tempora, 20 ver videlicet et autumnus. In autumno igitur dum iterum coëunt animalia, et seruntur germina, percutit ea iterum Tiresias, id est *tempus* jam ad hiemem vergens, *virga*, id est *frigoris uredine*, sicque tandem in pristinam redit imaginem. Autumnus enim adeo cuncta adstringit, ut etiam 25 herbae jam marceant, suci arborum exsiccentur, folia cadant, sicque tempus ad frigus hiemale declinans, in masculinam revertitur sterilitatem. Nec incongrue septimo anno sexum mutasse dicitur. Septimo enim mense solem vices temporum variare manifestum est. Denique duobus diis, 30 igne atque aëre, de voluptate, id est de procreationis natura certantibus, Tiresias arbiter quaeritur, justumque, utpote rem expertus, profert judicium In fructificandis enim germinibus tripla ab aëre quam ab igne materia provenit. Aëris enim humiditas germina fovet in glebis, et producit in foliis, et mul- 35 tiplicat in folliculis; calor vero ignis maturare tantum novit in granis. Sed mox Tiresias caecatur a Junone, illa videlicet causa, quod hiemis tempus nubilo aëris caligante nigrescat. Juppiter tamen, singulis diebus quantuluscumque hiemalem asperitatem leniens, seminum satorum spondet saltem et quasi jam praedicit 40 proventum. Unde et futurorum fingitur ei dedisse scientiam.

9. Nam ob hanc rem etiam Janus bifrons pingitur, quod et praeteria respiciat et futura praevideat; quem tamen alii totius anni dominum volunt, quem in quatuor tempora constat esse divisum, ideoque eundem quadrifrontem pingunt. 45 Anni autem eum esse dominum res illa probat, quod ab eo

prima pars anni, id est *Januarius* nominatur. A nonnullis
diei dicitur deus, bifronsque propter ortum et occasum pingitur. Unde Horatius:

Matutine pater, seu Jane libentius audis.

5 Eidem etiam omne consecratur initium, diciturque Janus,
quod anni *januam* pandat. Unde et anni initium ab eo non
absurde nuncupatur. Sane templi ejus aperiendi vel clau-
dendi ratio juxta Servium varia est. Alii enim, inquit, Ro-
mulo contra Sabinos pugnante, quum in eo esset ut vincere-
10 tur, calidam ferunt aquam ex eodem loco erupisse, quae
fugavit exercitum Sabinorum. Hinc ergo tractum morem,
ut pugnaturi aperirent templum, quod in eo loco fuerat
constitutum, quasi ad speciem pristini auxilii. Alii dicunt,
Tatium et Romulum, facto foedere, templum hoc aedificasse.
15 Unde et Janum duas habere facies, ut videlicet ostendat duorum regum cognitionem. Est et alia quae melioris videtur
causa, quod ad bellum ituri de pace cogitare et reversionem
optare debent.

10. Quia vero Aeoli superius fecimus mentionem, refert
20 eum Varro IX insularum regem fuisse, ex quarum nebulis
et Vulcaniae insulae fumo praedicens futura ventorum flabra,
ab imperitis creditus est in sua potestate ventos tenere.
Sunt autem ipsae insulae post fretum Siciliae, quae ab ipso
Aeolo, Hippotae videlicet filio, *Aeoliae* appellantur, licet
25 et propria habeant vocabula. De una earum ait Virgilius:
Aeoliam Liparen. Aliarum nomina apud Martianum reperimus, qui tamen VII tantum insulas Aeolias tractat, eas-
demque a nostris *Vulcanias* dici asserit; in quarum etiam
una, quae Strongyle dicitur, Aeolum et ipse regnasse me-
30 morat, et e flamma in proximo prorumpente vel ejus fumo,
qui ventus flaturus esset, intellexisse; quod hodieque, inquit,
ejus loci incolas certum est praesentire. Physica autem
ratione in antro Aeolus sedere fingitur, quia naturale est,
ut loca concava plena sint ventis. Regnum ei Juno fingitur
35 dedisse, quia motus aëris, id est Junonis, ventos creat,
quibus praeest Aeolus. Sed et motu aquae secundum quosdam venti creantur. Unde Nympham ei in Aeneide ideo
secundum Servium spondet Juno, quia quum ventorum rex
sit, merito ei jungitur origo ventorum. (Non autem sine
40 ratione Juno in sua potestate Nymphas tenere dicitur, quia
ipsa est aër, de quo nubes creantur. Unde est: *Atque in
nubem cogitur aër.* Ex nubibus aquae demittuntur, quas
Nymphas esse non dubium est. Sane notant Virgilium critici, quod Aeolo marito promittit uxorem; quod tamen regia
45 competenter excusat licentia. Unde Salustius: *Denas alii,
alii plures habent; sed reges eo amplius.* Quod autem

eum Virgilius non ventis moderari, sed animos eorum mol-
lire et iras dicit temperare, per transitum ostendit, vitia naturae nulla ratione mutari, sed mitigari aliquatenus posse.
Praeterea quis queat ventos, id est rem inanem vi tenere?
Unde et ipse regni sui exprimens impotentiam, *quodcumque*, 5
inquit, *hoc regni est.* Misenus tubicen Aeoli filius dictus
est, qnia constat omnem sonum ex vento creari.

5. Neptunus.

1. Tertiam Saturni sobolem Neptunum, id est aquarum
elementum, dicunt; quem a *natando* Neptunum, sicut a 10
portu Portumnum, litteris paulum immutatis, secundum Tullium nuncupant. Hunc Graeci Ποσειδῶνα appellant, quod
Latine *faciens imaginem* interpretatur, ea, videlicet ratione,
quod aqua imagines formet in se spectantium, quod nulli
alii de quatuor elementis accidit. Dicitur et ἐνοσίχθων, hoc 15
est *terram movens.* Aquae videlicet concussione fiunt terrae
motus, ut contendunt opiniones. Tridentem fert, quod aquae
triplici fungantur virtute. Sunt enim liquidae, fecundae, po-
tabiles. Huic Amphitritidem in conjugium deputamus; ἀμφὶ
enim *circum*, τρίτον, ut in Fulgentio super Aeneide legitur, 20
quasi τετριμμένον, Latine *contritum* dicitur; quod videlicet
aqua tribus elementis conclusa et quasi *circumtrita* sit,
caelo, ut in aquis supercaelestibus; aëre, in nubibus; terra,
in fontibus et puteis, vel quod ipsa terram, ut ostendit Macrobius, ambiat et circumterat. Unde Tritones ei deservire 25
dicuntur; quod aquae terras *terunt.* Quod autem Doris
uxor Tritonis dicta est, ab historia sumtum est. Dorus
enim rex extitit Graeciae, qui in mari dicitur cum exercitu
suo perisse. Quare a poëtis, adulationi et figmento ubique
deservientibus, ipse dea marina et exercitus ejus filiae ipsius, 30
id est Nymphae marinae dicti sunt. Phorcus quoque, ut
Varro refert, rex fuit Corsicae et Sardiniae. Qui quum ab
Atlante rege navali certamine cum magna exercitus parte
fuisset obrutus, in marinum itidem deum socii conversum
esse finxerunt. 35

2. Sane poëtas superstitiones multas adinvenisse, Plato
ipse in libro, qui φιλόσοφος inscribitur, testimonio est.
Narrat enim, quod priscorum genus hominum, silvicaedi et
pastores, rationes et potentias ad usum vivendi hominibus a
divina gratia datas pro diis colebant, ut agriculturam, vin- 40
demiationem, et id genus plurima. Deinde poëtae lucri
causa et favoris easdem scientias membratim effigiaverunt,
propriisque nominibus eas signaverunt, scientiam colendi
agros Cererem, colendi vineas Bacchum nuncupantes; turpes

etiam actus hominum, ut luxuriam et venerem inter deos
venerantes. Sic quoque religionis superstitio exorta est.
Hoc autem vel ab aniculis, ultra consuetudinem humanae
vitae superstitibus, teste Servio, vocabulum sumtum est. Earum
5 enim jam decrepitarum et per nimiam aetatem delirarum
primas de hujusmodi numinibus inventiones fuisse credimus.
Vel secundum Lucretium a rebus superstantibus, id est
caelestibus et divinis, quarum rerum inanis timor et superfluus, superstitio appellatur.

10   3. Refert etiam Tullius, quod suscepit vita hominum
consuetudoque communis, ut beneficiis excellentes viros in
caelum fama ac voluntate tollerent. Hinc, inquit, Hercules,
hinc Castor et Pollux, hinc Aesculapius deificationem meruerunt. Postea tamen apud Athenienses et Romanos cautum
15 est, ne quis novas introduceret religiones. Unde et Socrates
damnatus est, et Judaei vel Chaldaei ab urbe depulsi.
Hinc Virgilius eleganter in VIII:
——————— Non haec sollemnia nobis
Vana superstitio veterumve ignara deorum
20   Imposuit. ———————
Duo namque dicit: neque enim vel ideo, ait, Herculem co-
limus, quia omnem religionem veram putamus, vel quia deos
ignoramus antiquos. Quod Nymphas Neptuno dedicant, ipsa
nominis etymologia causa est. Nymphae enim quasi *lymphae*,
25 id est *aquae* dictae sunt. Nympharum vero hanc dat Servius differentiam. Najades, inquit, deae dicuntur fontium;
naïs enim *aqua* dicitur; Oreades montium; ὄρος enim *mons*
interpretatur; Dryades silvarum deae; δρῦς namque *quercus*
sonat. Unde et Amadryades, id est *amantes quercus*, quae
30 videlicet, ut ait Aristoteles, cum arboribus nascuntur et pereunt. Maris vero deae Nereïdes a Nereo, deo marino,
dictae. Ventis quoque Neptunus praeesse dicitur, quod secundum physicos motu aquae ventus creatur.

4. Habetur in fabula, quod quum Neptunus et Minerva
35 de Athenarum nomine contenderent, placuit diis, ut ejus
nomine civitas diceretur, qui melius munus mortalibus obtulisset Tunc Neptunus percusso litore equum, animal bello
aptum, produxit; Minerva jacta hasta olivam creavit; quae
res melior comprobata est, ut pacis insigne. Quare dea
40 suum nomen urbi dedit; Ἀθηνᾶ enim et Minerva eadem
est, et utrumque nomen *immortalitas* interpretatur. Equum
autem a Neptuno progenitum alii Scinthium, alii Chironem,
alii Arionem volunt. Sunt ergo Athenae, ut ego accepi,
prope litus maris sitae. Unde et regio adjacens ab ἀκτή,
45 quod litus interpretatur, *Acte* vel *Attica*, ipsique Athenienses *Attici* nuncupantur. Esse autem et terram illam olivis

puto feracissimam. Conditis igitur Athenis, (auctorem earum
Cecropem, urbis has duas considerantem commoditates,)quod
videlicet mari viciniam et olivetorum haberet abundantiam,
diu dubium credo extitisse, ab utra re civitati nomen im-
poneret. Unde numina fingimus concertasse. Tandem vero 5
olivarum fructum marinis usibus praeferens, ab earum dea
urbem videtur intitulasse. Quare autem olivae Palladi de-
putentur, in sequentibus audies. Ideo autem equum dicitur
invenisse Neptunus, quod mare mobile sit et velox, unde et
oceanus dicitur ab ωκύς Graeco, quod *velox* interpretatur. 10
Propterea etiam, ut ait Servius, Castor et Pollux, quod
eorum stellae velocissimae sunt, equos in tutela habere dicuntur.

5. Neptunum etiam Harpyias dicunt generasse. Ipse
enim omnium fere prodigiorum fingitur pater. Nec mirum,
quum secundum Thaletem Milesium ex humore omnia pro- 15
creentur. Unde est: *Oceanumque patrem rerum.* Sic et
peregrinos, quorumque non novimus patriam et parentelam,
Neptuni filios dicimus. Harpyiae autem canes Jovis appellantur, quia et ipsae Furiae esse dicuntur. Unde etiam
epulas dicuntur abripere, quod est Furiarum. Hinc et avari 20
finguntur Furias pati, quia abstinent partis. Fabulam
enim de Harpyiis sic exponit Fulgentius. Harpyiarum, inquit, prima Aëllo, secunda Ocypete, tertia dicitur Celaeno.
Sunt enim tres tantum. Ἁρπυια igitur *rapina* interpretatur. Ideo virgines finguntur, quod omnis rapina sterilis et 25
arida sit. Ideo plumis circumdatae, quia raptores quicquid
invaserint celant. Ideo volatiles, quod omnis raptor post
rapinam ad fugiendum sit celerrimus. Aëllo autem *alienum*
tollens, Ocypete *citius auferens*, Celaeno *nigrum* interpretatur. In rapinis enim exercendis primum est alienum 30
concupiscere, secundum concupita invadere, tertium quod
invaseris celare. Hae igitur ad Phineum puniendum missae
finguntur. Est autem haec fabula. Phineus rex natos suos,
ab noverca de incesto accusatos, luminibus privavit; ob quam
rem ipsum quoque Juppiter caecavit, et insuper ad eum 35
cruciandum Harpyias misit, quae cibos ejus partim rapuerunt, partim stercoribus foedaverunt. Post tamen a Zete et
Calai, Boreae filiis, aufugatae sunt.

6. Phineus igitur, a *fenerando* dictus, in modum avaritiae ponitur. Nati ejus divitiae, multo labore conquisitae, 40
et sollerti sollicitudine velut paterna nutricatione servatae et
adauctae dici videntur. Hae dum in bonos usus apte ex-
penduntur, et ipsae fulgore suo clarere et possessores suos
claros facere non dubitantur. Quum vero a prava tenacitate,
quae idoneae dispensationis noverca est, ad sinistram partem 45
custodiendae magis quam expendendae reponuntur, nec

ipsae, quippe in thesaurum reconditae, apparere vel fulgere possunt, nec dominos suos largitatis gloria splendidos reddunt. Hinc esse videtur, quod ex novercae delatione et filiis et patri caecitas dicitur immissa. Sed et ideo, ut dicit
5 Fulgentius, Phineus caecus fingitur, quod omnis avarus sua non videt, nec usquam respicit habita, dum semper eget habendis. Ideo Harpyiae cibos ejus rapiunt, quod tenacitas rapax aliquid eum de suo gustare non permittit. At vero quod ejus prandia stercore foedant, innuit feneratorum vitam,
10 in omnibus, ut probat Horatius, sordidam. Sed eas a conspectu ejus Zetes et Calais fugant, quia Graece ζητῶν καλὸν inquirens bonum dicimus. Hi ideo volatici perhibentur, quod omnis inquisitio boni terrenis numquam rebus miscetur. Ideo Aquilonis filii, quod boni inquisitio spiritualis est, non
15 carnalis. Ergo veniente bonitate, omnis rapina fugatur.

7. Habet etiam fabula, Neptunum cum Apolline muros Trojae fabricatum esse. Sed constat Laomedontem supradictis diis certam vovisse pecuniam ad sacra facienda, quam, imminentibus hostibus, ad murorum fabricam transtulit.
20 Unde dii et fecisse muros et offensi esse dicuntur. Hujus etiam filius Messapus dictus est, quia per mare ad Italiam venit. Qui etiam invulnerabilis dictus est, quia nusquam bello periit. Quod vero fluviorum dicitur rex, nemo miratur, quum et ipsius aquae sint, et in regnum ejus, id est mare,
25 decurrant. Qui ideo cum cornibus pinguntur, sive quod mugitum boum imitantur murmure aquarum, sive quod plerumque in cornuum similitudinem curvatas cernimus ripas, sive propter impetum aquarum.

6. Pluto.

30   1. Quartum Saturni filium Plutonem volunt. Hunc inferorum regem, terrarum videlicet praesulem ponunt. Eum Statius in Thebaide et satorem rerum vocat et finitorem, quod de terra, cui praeest Pluto, corpora omnia procreentur, et in eandem resolvantur. Πλοῦτος autem divitiae inter-
35 pretatur. Unde et aliter Dis, id est dives dicitur, quod videlicet vel in solis terris divitiae esse credantur, vel quod in mundo nihil inferno sit ditius. Qui quum omnia recipiat, numquam tamen saturatur. Inde est, quod idem deus Vedius, id est malus deus, et Vejovis, id est malus Jovis,
40 sed et Orcus appellatur. Ὁρκῶ namque Graece juro dicitur; quasi enim jurat et affirmat, nullam se animarum sine supplicio et examine dimissurum. Secundum Tullium vero ideo Pluto dives dicitur, quod in terras recidant et de terris oriantur universa. Tenebris aeternalibus ideo deputatur,

quod sola terrae materia cunctis sit elementis obscurior. Idcirco, inquam; nam si philosophicas attendas rationes, Lucretius ex majori parte, et alii integre docent, inferorum regna
nec esse quidem posse. Quid vero de inferno veritas habeat,
an videlicet sit, et si est, quid, vel qualis, vel denique ubi 5
sit, a veris theologis requiratur. Nobis sufficit, si poëtarum
figmenta ex aliqua parte minus obscura reddamus.

2. Ergo ut poëtica tractemus, et philosophica tradamus,
terram hanc, in qua vivimus, inferos esse antiquorum maximi
voluerunt. Est enim omnium infima circulorum, planetarum 10
videlicet VII, Saturni, Jovis, Martis, Solis, Veneris, Mercurii et Lunae, et duorum magnorum. Hinc est, quod dicitur: *Et novies Styx interfusa cohaeret.* Nam IX circulis
cingitur terra. Ergo omnia, quae de inferis finguntur, etiam
in terris esse comprobabimus. Primum qui infernalia de- 15
scripsere, quatuor in inferno fluvios, Lethaeum, Cocyton,
Phlegethontem, Acherontem, et quintam paludem Stygem
dixere. Interpretatur autem Lethe *oblivio,* Cocytos *luctus,*
Phlegethon *ardens,* Acheron *sine gaudio* vel *salute; ἀ* enim
sine, χαῖρε *gaudium* vel *salve* dicitur. Unde et κυρία χαῖρε, 20
id est *domina salve* in hymnis jubilamus. Styx *tristitia*
interpretatur. Volunt autem Acherontem de imo nasci Tartaro; hujus aestuaria Stygem creare; de Styge nasci Cocyton. Cujus rei haec est etymologia, quia qui caret gaudio,
facile in tristitiam cadit; tristitia autem luctui vicina est; 25
hunc autem in terris animos humanos conturbare quis nesciat?
Sane Acheronta constat locum esse in Italia, haud longe a
Bajis, montibus undique, septum, adeo ut numquam solem
nisi in meridie possit aspicere. Loca etiam, quae in vicino
sunt, calidis et sulphuratis aquis scatent. Sine gaudio autem 30
dicitur locus ille, quod necromantia et sciomantia ibi exerceri
consueverant, quae sine hominis occisione non fiebant. Nam
et Aeneas illic occiso Miseno, et Ulixes occiso Elpenore sacra ista complevit. Cocytos quoque locus est Acheronti vicinus, qui etiam ob eandem causam dicitur luctuosus. 35

3. Stygem refert Seneca in eo volumine, quo de
sacris Aegyptiorum tractat, circa extremam Aegypti partem
esse paludem limosam, papyris refertam transituque difficilem. Juxta hanc membra Osiridis, mariti Isidis, a fratre
Typhone occisi, post longam inquisitionem ab Aegyptiis re- 40
perta, tandem sunt tumulata. Haec palus, quod transeuntibus tristitiam gignit, Styx meruit appellari. Lectum est
etiam, quod populi vicini cadavera suorum ad alteram regionem per paludem illam navibus deferunt. Si quis vero
forte in fluvio pereat, post centum annos ultima ei persol- 45
vuntur. Hinc Virgilius:

Centum errant annos, volitantque haec litora circum.

Quod vero de Styge legitur:

Di cujus jurare timent et fallere numen —

secundum fabulas ideo est, quod dicitur Victoria, Stygis filia, in
5 bello Gigantum Jovi favisse; pro cujus rei remuneratione
Juppiter ei tribuit, ut per ejus matrem dii jurantes fallere
non audeant, hac poena constituta, ut si quis ejus nomen
fefellisset, uno anno et IX diebus ambrosiae nactare prohiberetur. Ros autem tantillum est. Styx maerorem significat.
10 Dicta est enim a στυγέω, id est a *tristitia*. Dii enim laeti
sunt semper; unde et immortales sane, qui maerorem non
sentiunt, per rem naturae suae contrariam jurant; ideo juramentum per execrationem habent. Nam jusjurandum proprie, diis alicunde testibus invocatis, prospera optare, exe-
15 cratio vero adversa deposcere est. Quod autem Victoriae
mater Styx, id est *tristitia* dicta sit, ob hoc fictum videtur,
quod in certaminibus diligentiore magisque, ut ita dicam,
anxia sollicitudine adhibita, vincendi ratio praesentior est,
quia ab re nec hoc alienum est.

20 *Dum non laeta fuit, defensa est Ilios armis;*
Militibus gravidum laeta recepit equum.

Dicitur tamen eadem Styx deorum et nutrix et hospita, quia
dii de terris per purgationem, quam Styx apud quosdam
theologos significat, caeleste consortium meruerunt.

25 4. Phlegethon a φλόξ, id est *flamma* dictus est. Est
enim totus igneus ambiens infernum, ardores irarum et cu-
piditatum, quibus humani accenduntur animi, figurate significans. Hunc tamen qui altius sapuisse videntur, hujus inferioris aëris naturam turbidam et corpulentam figurare per-
30 hibent, quae videlicet concreta est igne de superioribus
tracto, et aqua de inferioribus hausta, ex quibus aër den-
sescit et incrassatur, in quo peccatrices animae purgari putantur. Eundem Phlegethontem nonnulli, qui a caelo infernum incipere autumant, Martis circulum dicunt, sicut et
35 campos Elysios, quos apud inferos fabula constituit, circulum
Jovis esse contendunt. Alii tamen, ut ait Servius, in insulis
fortunatis Elysios esse credunt; λύσις autem *resolutio* dicitur, quod videlicet illic animae, maculis carnis resolutae,
beatitudine perfrui putantur.

40 5. Porro de poenis infernalibus competentes reddit Lucretius rationes; et quae de inferis finguntur, omnia in vita
nostra esse confirmat. Dicit namque, Tityum, vulturibus
jecur laniandum dantem, amorem esse, hoc est libidinem,
quae ita secundum physicos in jecore, sicut risus in splene,
45 iracundia in felle est. Unde et jecur exesum a vulture in
poenam renasci dicitur. Etenim re semel peracta, libidini

non satis fit, sed semper recrudescit. Inde Horatius *incontinentis*, ait, *Tityi jecur*. Hic et pro incesto, quod videlicet Latonam de stupro interpellavit, apud inferos damnatus dicitur. Idem Lucretius per eos, super quos jam casurus imminet lapis, ut de Phlegya legitur, superstitiosos 5, dat intelligi, qui inaniter semper verentur, et de diis et superioribus male opinantur. Nam religiosi sunt, qui per reverentiam timent. Unde et hic templum Apollinis subvertendo poenam illam fingitur meruisse. Per eos, qui saxum volvunt, ut Sisyphus, ambitum vult et repulsam significari, 10 quia semper repulsi repetitores ambire non desinunt. Unde et Sisyphus per latrocinium poenam illam incurrisse non incongrue dici videtur. Latrones enim, licet saepe periclitentur, ab iniquitate tamen non desistunt. Per eos, qui in rota, ut Ixion, rotantur, negotiatores ostendit, qui semper 15 tempestatibus turbinibusque volvuntur. Unde et Ixion, qui ejusmodi poenam meruit, regno, ut diximus, prius ditatus, deinde expulsus, et pro gloria priori ignominiam passus est.

6. De his tamen Macrobius aliquanto dissentit. Ait enim juxta quosdam philosophos, vulturem jecur immortale 20 tondentem pravae conscientiae sese jugiter damnantis significare tormenta lege hac, qua se judice nemo nocens absolvitur, nec de se suam potest vitare sententiam. Ait, illos radiis rotarum pendere districtos, qui nihil consilio praevidentes, nihil ratione moderantes, nihil virtutibus explicantes, 25 se et actus suos omnes fortunae permittunt, casibusque fortuitis semper rotantur. Saxum dicit ingens volvere inefficacibus laboriosisque conatibus vitam terentes. Dicit etiam atrum silicem semper lapsurum et cadenti similem illorum capitibus imminere, qui semper dignitates et arduas affectant 30 potestates numquam sine timore victuri; qui cogentes subjectum vulgus odisse se dum metuunt, semper sibi videntur exitium, quod merentur, excipere. Nam de Acheronte, Cocyto et Styge cum Lucretio satis idem sentit.

7. Lethaeum vero fluvium, qui *oblivio*, ut diximus, 35 interpretatur, nihil aliud dici innuit, quam errorem animae, obliviscentis majestatem prioris vitae, quam secundum philosophos antequam in corpus truderetur, potita est, et tamen in corpore vitam esse putantis. Alii tamen magnae auctoritatis et memoriae viri, qui de Lethaeo fluvio, utrum de illis 40 IX circulis inferos circumeuntibus esset, disputaverunt, et ab illis eam segregaverunt, Lethaeum imaginem senectutis esse volunt. Nam animae, inquiunt, nostrae vigent et alacres sunt et plenae memoria a pueritia usque ad virentem senectutem. Postea vero in nimia senectute omnis memoria 45 labitur; qua lapsa, mors intervenit. Ergo fluvius Lethaeus

oblivio senilis est, morti semper vicina. Quod autem Lethaeo
gustato finguntur animae ad corpora velle reverti, ad altiorem spectat philosophorum traditionem. Quam quia rudibus
arduam novi, huic tractatui minus idoneam judicavi.

5   8. Verumtamen ut de indefinitis et inextricabilibus pau-
cissima et levissima eruamus, ne omnino in his, in quibus
maxime laboratum est, incompetentis silentii arguamur; juxta
philosophorum, sive magis, ut quidam dicunt, frivolorum
opiniones, animae ab initio mundi creatae et in stellis com-
10 paribus positae sunt, ut rationabilem ibi motum firmamenti
contemplarentur, et cum spe et desiderio summae beatitudinis incorporarentur, ut secundum motum firmamenti corpora
rationabiliter regerent; ibi autem morantes, ab omni, ut
ajunt, corporea contagione liberae, caelum possiderent, per-
15 fectamque omnium et praeteritorum et praesentium futuro-
rumque obtinerent cognitionem. Quae vero appetentiam corporis, et hujus quam in terra vitam vocamus, ab illa spe-
cula altissima et perpetua luce despiciens, desiderio latenti
cogitaverit, pondere ipso terrenae cogitationis paulatim in
20 inferiora delabitur. Nec subito quidem a perfecta incorpora-
litate luteum corpus induitur, sed sensim per tacita detrimenta, et longiorem simplicis et absolutissimae puritatis recessum in quaedam corporis incrementa turgescit. In singulis enim sphaeris, quae caelo subjectae sunt, quadam
25 aetherea obvolutione vestitur, ut per eas gradatim societati
hujus indumenti testei concilietur; quantoque ubique corporea
circumductione induitur, tanto ibidem pristinae scientiae, quam
potita est, subtilitatem, virtutumque, quas eatenus solas
exercuerat, perfectionem obrui patitur. Trahit enim secum,
30 ut autumant, torporem a Saturno, a Marte iracundiam, a
Venere libidinem, a Mercurio lucri cupiditatem, a Jove regni
desiderium. Quae res, ut ajunt, perturbationem ipsi faciunt,
ne suo vigore et viribus propriis uti possit. Hac etiam ratione perhibent mathematici, quod singulorum numinum po-
35 testatibus connexi simus.

9. Reliqua, quae de his sanxit antiquitas minus ad
hanc rem pertinere visa sunt; de quibus tamen aliquid suo
loco perstringetur inferius. A planetis vero per inferiora descendens, variis tumultibus pulsatur grandinum et nivium,
40 pluviarum et ventorum; tandemque tenebris corporis obvo-
luta, adeo rigida corporis mole gravatur, ut omnium, quae
ante noverat, obliviscatur, nihilque jam prioris status recor-
detur; quod etiam in stultitia puerorum patet, qui carbone
lucente decepti laeduntur. Obvolutionibus autem illis utrum
45 incorporentur an non, diversi diversa sentiunt. Qui enim
animam illis incorporari negant, asserunt, quod per hoc

ejus claritas tantum obfuscetur, sicut imago de fumo. Qui vero asserunt, illis animam uniri, et jam incorporari, ex eo argumentum trahunt, quod teste Macrobio animae a corpore tandem redeuntes, easdem obvolutiones illuc reducunt, unde eas sumserant; illisque ibidem relictis, pristinos vigo-5 res, quos ibi amiserant, ad integrum resumunt. Quodsi illis, inquiunt, incorporatae non essent, nec ad corpora eas deferrent, nec in reditu illuc reportarent. Quibus si occurrerit, quod anima sic incorporata animal, etiam priusquam verum corpus suscipiat, efficitur; hoc respondent non esse 10 necessarium, quum anima digito conjuncta non statim animal efficiat, quum etiam ad animalis constitutionem praeter corpus et animam multa pertineant, ut sensualitas et alia, quae physici tradunt. Inclusae vero corpori tria, inquiunt, quibus in gradum pristinum restitui mereatur, a natura 15 accommodantur; ira videlicet, quae malum repellat; concupiscentia, quae bonum appetat; ratio, quae inter utrumque discernat. Duoque praeterea ex industria adhibenda decernuntur: doctrina prior, qua quae oblivioni tradidit, in memóriam reducat (inde quod apud nos *lectio*, apud Graecos 20 repetita cognitio vocatur); virtusque posterior, qua quod recte voluerit, ad effectum perducat.

10. Quia autem de anima coepimus, de ea aliquantulum producatur oratio. Tradunt animam nonnulli esse quandam divinae essentiae paritatem vel portionem. De quatuor 25 enim elementis, ut ajunt, et divino spiritu omnia procreantur, qui per quatuor infusus elementa, gignit universa. Ergo si de elementis et deo nascuntur omnia, unam originem habent, et par quodammodo est omnium natura. Sed videamus, inquiunt, quid in nobis ab ipso deo, quid ab ele-30 mentis esse putetur. Quantum igitur datur intelligi, ab elementis corpus, a deo, inquiunt, animam possidemus. Quod hinc comprobant, quod in corpore terra, humor, anhelitus, calor; quae omnia, sicut et elementa, sensibus corporeis percipiuntur; animus vero, sicut et deus, nullis subjacet 35 sensibus. Praeterea illa, sicut et corpus, rationis expertia sunt; contra animus, sicut et deus, consilium habet. Deinde elementa perire putantur, quod est eorum proprium, sicut et corporis; contra deum non perire manifestum est; unde etiam infertur, quod nec animus perit, qui inde originem 40 ducit. Sed occurrit illud: Si animi immortales sunt, et unum habent principium, qua ratione plus in his quam in illis vigent? Dicunt itaque, hanc non ab animis, sed a corporibus dissimilitudinem provenire, quae prout fuerunt vivacia vel torpentia, ita et animos faciunt; quod in uno eodemque 45 animali corpore probari potest. In corpore enim sano expe-

dita est vivacitas mentis, in aegro pigrior; in satis invalido
etiam ratione carens, ut in phreneticis cernimus; adeo quum
ad corpus venerit anima, non natura sua utitur, sed ejus
qualitate commutatur. Inde Afros versipelles, Graecos leves,
5 Gallos pigrioris videmus ingenii, quod et natura climatum
quadam ex parte facit; sicut Ptolemaeus deprehendit, translatum ad aliud clima hominem naturam mutare ex parte dicens; ex toto enim non potest, quia in principio sortem
corporis sui accepit.   Ergo anima pro qualitate est corporis.

10   11. Sed occurrit: Quare res melior in potestate est
deterioris?' Atque divinus animus corpori mortali omnino
praeesse, non corpus mortale naturam animi debuit corrumpere. Hoc, inquiunt, ideo fit, quia plus est quod continet, quam quod continetur. Ut enim leo, 'si includitur in
15 foveam, impeditus vim suam non perdit, sed exercere
non potest; ita animus in corporis vitia non transit, sed ex
ejus conjunctione impeditur, nec suam exercet vim. Occurrit
namque et illud: Omne quod corrumpitur, aeternum non
est; sed animus corrumpitur; irascitur enim et insanit, de-
20 siderat et timet; caret itaque aeternitate, cui ista contraria sunt; nam passio aeternitatem resolvit. Huic conclu-
sioni ratio refragatur, quia animus per se, inquiunt, nihil
patitur, sed ex corporis laborat conjunctione. Aliud enim
est, per suam corrumpi naturam, aliud, per contrarium
25 rei alterius. Videmus enim tale aliquid in lucerna, quae per
se clara est, et locum, in quo est, sine dubio illuminat.
Quae si quando ratracta fuerit et inclusa, locum quidem illuminare desinit, splendorem autem proprium non amittit.
Remoto namque impedimento, apparet. Nec fulgor ejus,
30 quamvis impeditus, ideo etiam est corruptus. Ita ergo animus, inquiunt, quamdiu est in corpore, simul ejus patitur
contagionem. At quum corpus deposuerit, antiquum recipit vigorem, et natura utitur propria.

    12. Occurrit: Si ergo propriam recipit naturam, quare
35 poenas apud inferos patitur? Ideo, ajunt, quod licet corpore deposito, non tamen ad nitorem suum revertitur; nec
potest. Uti si margaritam candidam, in lutum missam, pol-
luas, statimque eam inde auferas, non idcirco sordibus caret, sed ablutionem requirit. Sic et animam, adhuc corpo-
40 ris contagione inquinatam, etiamsi corpus deponat, purgari
tamen necesse est; quae purgata incipit clarior esse. Unde
Virgilius:

    Donec longa dies, perfecto temporis orbe,
    Concretam exemit labem ————————
45 Inde est, quod aliae animae lunarem circulum, aliae solarem
pro modo perfectionis tenere dicuntur. Hinc et Palinurus

et Dido, qui necdum ad loca pervenerant purgationis, multa
circumdati umbra apud inferos sunt inventi.   Nam de Pali-
nuro legimus:

——————— *vix multa maestum cognovit in umbra.*
Et de Didone: *Agnovitque per umbram obscuram.*   Oc- 5
currit: Si ergo purgantur et suam naturam recipiunt, cur
ad corpora reverti volunt?   Palingenesia namque, id est
multiplex generatio, et μετεμψύχωσις, id est *transitio
animae*, a plerisque philosophorum traditae sunt.   Potant,
inquiunt, oblivionem; quod et ipsum ambiguum est, an vi- 10
delicet praeteritarum obliviscantur poenarum, an quod futuri
sint ignarae.   Desiderant autem in corpora reverti.   Illam
autem oblivionem prioris illarum perfectae sapientiae accipimus annullationem, quam in descensu suo et incorporatione
universae patiuntur. Sciendum tamen secundum eosdem, non 15
omnes animas ad corpora reverti.   Aliae enim propter vitam
malam redeunt, aliae propter fati necessitatem; aliae vero
propter vitae merita per apotheosin aeternum deorum consortium adeptae sunt.

   13. Sane quia animam supra diximus immortalem, quae- 20
ritur inter majores, an generata sit, an ingenita; utrumque enim Platonis videtur innuere auctoritas.   Generatam
esse in primo Timaei, ubi ait: *praestantissima a prae-
stantissimo facta est.*   Item in secundo: *universi generis
sementem factam.*   Non generatam vero in Phaedone, ubi 25
ait: *anima neque nata est, et aeterna est.*   Hanc controversiam sic solvunt.   Ingenitam, inquiunt, dixit eam
ideo quod lege rerum generatarum non utatur, ut videlicet
vel naturaliter vel actualiter dissolvatur.   Omnia enim generata, praeter mundum et divina, actualiter dissolvuntur; 30
mundus vero et divina naturaliter. Nam licet numquam dis-
solvantur natura, tamen si conditor vellet, dissolutionem
paterentur.   Quicquid enim compositum est, illi naturale est
dissolvi.   Ideo igitur ingenerata dicta est.   Generatam vero
ideo innuit, quod secundum multos etiam ipsa praejacentem 35
materiam ὕλην habuit; quod licet Plato nusquam testetur,
nusquam tamen contradicit.

   14. Dicebant tamen nonnulli, unam tantum esse animam, id est mundanam, solam omnia vegetantem, et unicuique pro sua habilitate vires conferentem; stellis videlicet, 40
quas divinam formam, id est rotundam, habentes invenimus,
et hominibus, qui soli inter caduca sphaerico capite divinam
formam imitantur, rationem et sensualitatem; licet prae nimia contemplatione divina anima sensualitatem non multum
exerceat; ceteris vero animantibus sensum et vegetationem, 45
arboribus et herbis tantum vegetationem.   Et sicut unus

vultus in pluribus speculis, vel in uno speculo vultus plures apparent; ita animam in rebus diversis eandem esse, et ubique vires habere, licet in diversis pro corporum habilitate diversum habeat exercitium. Secundum quam sententiam

5 nullus moritur, videlicet ut separationem animae patiatur, quia eam dicunt numquam a quatuor elementis separari, in quae omnia corpora resolvuntur. Sed tunc dicitur mori aliquis, quum in illo anima priorum relinquit virium exercitium. Anima enim quum in omnibus, ut diximus, corporibus pa-

10 rem, quantum ad se, habeat potestatem, in aliquibus tamen, mole corporis impediente, eam exercere non potest. Dicebant alii, mundanam eandem animam pariter cum humana anima in homine esse, et de ea vermes in homine vivificari; sicque eundem hominem duas animas habere asserebant.

15 15. Nonnulli etiam sunt, qui humanas animas, ab exordio mundi factas, et in compares stellas tamquam in vehicula locatas dicunt, donec quotidie incorporandi studio descendant. Nam ab Abelica virtute se argumentum habere arbitrantur, quod dicitur: *Ecce vox sanguinis fratris tui*

20 *clamat ad me de terra;* id est animae, ut ajunt, quae corporibus natis de sanguine Abel erant incorporandae. Ideo enim, inquiunt, clamabant, quia perfectam beatitudinem in corporibus mereri volebant. Majoris enim auctoritatis dicebant animam, quae bonis meritis afficitur in vita, quam

25 quae non incorporatur. Sed superfluum nihil facit deus; unde et haec sententia frivola judicanda est. Hi vero qui, ut supra diximus, animam esse partem divinae essentiae dicebant, ab illo loco trahunt, ubi dicitur: *Inspiravit in faciem ejus spiraculum vitae.* Haec autem, ajunt, parti-

30 cula non rediit amplius, ut cum deo uniretur; unde et peccare potest. Hi ergo de deo agunt tamquam localis et divisibilis sit. Asserunt de angelicis substantiis alii, alii de traduce semine animas nasci; ut sicut scissum est corpus filii de substantia patris, ita putetur et anima provenire; trahunt-

35 que argumentum a consimilitudine morum. Est autem indubitatae fidei, nec hinc nec inde animas nasci vel creari, nec aliunde adduci, sed simul cum ipso corpore nasci. Et est tempus quoddam determinatum post conceptionem seminis, quod in corpus humanum redigitur, quo nascitur anima

40 cum corpore.

16. Animae autem duae sunt vires, una superior, altera inferior. Animae superior vis caelestibus adhaeret et incorruptibilibus, et illa concupiscit, vocaturque rationalitas, spiritus, domina, mens, animus. Inferior est, quae voluptati-

45 bus corporis consentit, vocaturque sensualitas, animalitas, famula, mens. Estque superioris, ut inferiorem regat. Sed

aliquando ex neglegentia superioris praevalet inferior, et
seducit superiorem. Est etiam in hac figura Adam et Eva.
Si enim Adam superior se ratione rexisset, non illum Eva
inferior seduxisset. Hinc est, quod philosophi rationem magis et opinionem, quam veritatem exequentes, detrimenta
animae hoc modo et poëtice inquirunt et se deprehendere
putant. Si anima aeterna est, ajunt, et summi spiritus pars
(omnes enim in anima deo similes facti sumus), qua ratione
in corpore non totum videt, nec tantae est vivacitatis, ut
omnia possit agnoscere? Quia, inquiunt, quum coepit in 10
corpus descendere, potat stultitiam et oblivionem. Unde non
potest post naturae suae oblivionem numinis sui vim adimplere.
Quae autem illa sit oblivio, superius expressimus. Ut igitur
in poëticis iterum philosophicisque versemur, anima de caelo
descendens obliviscitur secundum poëtas praeteritorum, se- 15
cundum philosophos futurorum. Unde Virgilius medium tenuit, dicendo: *Oblivia potant.*

17. Sane de reditu animarum ingens apud philosophos
expositio est; quomodo videlicet, vel quare, postquam corpore exutae fuerint, tam sontium, secundum nonnullos eorum, 20
quam innocentium animae ad astra referantur, ut aut pro
vitae pretio optima mercede aeternae lucis donentur, aut
pro male commissis ab ipsis stellis projiciantur vel consuman-
tur, non ita ut pereant, sed ut affligantur. Unde idem Virgilius hic quoque non absurdus;   25
    Scilicet huc reddi, deinde huc resoluta referri
    Omnia; nec morti esse locum, sed viva volare
    Sideris in numerum, atque alto succedere caelo.
Et Lucanus:
    Innocuos vita patientes aetheris imi   30
    Fecit, et aeternos animas collegit in orbes.
Nec mirum, quum in originem suam redire omnia manifestum sit. Nihil enim, quod perire funditus possit, quum sit
secundum philosophos τὸ πᾶν, id est *omne*, in quod redeunt universa. Res autem, quae mors vocatur, ut ait 35
Servius, non est mors, sed solutio, quippe quae nihil perire
facit. Unde mire a plerisque interitus dicta est, quasi res
interveniens et mixtarum rerum connexionem resolvens, quaque nec ipsis corporibus contingat interire, quum non pereant,
sed in elementa solvantur.   40
18. De purgatione vero animarum mire sentiunt, ut
Virgilius testatur, dicens:
    ——————— *Aliae panduntur inanes*
    Suspensae ad ventos; aliis sub gurgite vasto
    Infectum eluitur scelus, aut exuritur igni.   45
Ibi enim et poëticam servat, et a philosophia non recedit.

Nam triplex est secundum philosophos animarum purgatio.
Aut enim in terra purgantur, quod videlicet corporalibus
blandimentis deditae, variis fuerant sordibus oppressae, id
est in corpora terrena transeunt; et hae igni dicuntur pur-
5 gari; ignis enim, quo omnia exuruntur, de terra est; nam
caelestis nihil perurit; aut in aqua, id est in corpora transeunt marina, si paulo melius vixerint; aut certe in aëra
transeundo, id est aëria corpora suscipiendo, si satis bene
vixerint. Quod ergo in Statio etiam legimus, ubi de auguriis
10 tractat. Inde etiam in sacris omnibus tres istae compurga-
tiones sunt. Nam aut taeda purgantur vel sulphure, aut in
aqua abluuntur, aut in aëre ventilantur; quod in sacris Liberi
patris fieri consuevit. Unde est: — *tibique*
       Oscilla ex alta suspendunt mollia pinu.
15 Nam et hoc genus erat purgationis. In ipsis etiam purgationibus bonum Virgilius secutus est ordinem meritorum, ut
primum aëriam, inde aquae, post ignis diceret purgationem.
Ajunt etiam, eas animas, quae male vixerint, statim ad in-
corporationem redire; quae melius, tardius; quae optime,
20 cum numinibus diutissimo tempore esse. Quod autem addit
Virgilius: *Quisque suos patimur manes*, sive supplicia
varia relinquit intelligi, quae sunt apud manes (ut si quis
dicat: *judicium patimur*, id est ea quae in judicio continentur), sive aliud quid juxta Servium verius est. Nam
25 quum, inquit, nascimur, duos Genios sortimur; unus est,
qui ad bona hortatur, alter, qui depravat ad mala. Nec incongrue dicuntur Genii. quia quum quis hominum genitus
fuerit, ei statim observatores deputantur; quibus assistentibus,
post mortem aut asserimur in vitam meliorem, aut condem-
30 namur in deteriorem; per quos aut vagationem, id est ascen-
sionem ad superna, aut reditum mereamur in corpora. Ergo
manes Genios dicit, quos cum vita sortimur.
       19. Apud Plotinum philosophum tamen et alios non
paucos diu quaesitum est, utrum per se mentis nostrae acies,
35 an potius alicujus numinis impulsu ad cupiditates et consilia
moveatur. Et primi, qui mentes humanas sponte sua moveri
dixerunt, deprehenderunt tamen, ad omnia honesta Genio
et numine quodam familiari nos impelli, quod nobis nascentibus datur; prava vero nostra mente cupere nos et deside-
40 rare. Nec enim, inquiunt, fieri potest, ut prava numinum
voluntate cupiamus, quibus nihil malum placere constat.
Unde alibi Virgilius:
       — *Dine hunc ardorem mentibus addunt,*
       Euryale? an sua cuique deus fit dira cupido?
45 ac si diceret: O Euryale, diine nostris mentibus cupiditates
ingerunt et desideria? an deus fit ipsa mentis cupiditas?

q. Manitius, "Remigius scholien", Münch. Mus. Phil. 2 (1913)

p. 99.   Mythogr. III. 6. 20.   185

Genium praeterea deum esse naturalem dicit Remigius, qui omnium rerum praeest generationibus. Genio autem indulgere dicimus, quotiens voluptati operam damus. Unde e contrario habemus in Terentio: *Sive defraudans Genium.* Sed nec aliquem esse sine Genio locum voluere priores. 5 Unde in V Aeneidos de angue ab Anchisae tumulo erumpente legitur: *Incertus Geniumne loci.* Nam quod additum est: *famulumne parentis*, ab antiqua duci consuetudine videtur. Fuit enim mos majorum, ut quotiens reges moriebantur, cum his dilecti equi vel servi et una de uxoribus carior in- 10 cenderentur; inter quas de hoc ipso magna erat contentio. Famulum ergo servum cum Anchise sepultum accipere possumus. Sive per apotheosin eum poëta deum ostendit effectum; unde et famulum ei dat quasi ministrum. Singula enim numina, ut ajunt, superiora inferiores potestates ministras ha- 15 bent, ut Venus Adonem, mater deûm Atin, Minerva Erichthonium, Diana Virbium, Bacchus Marsyam. Aut certe a Pythagorae assertione excogitatum est, qui primus de medulla, quae in spina hominis est, anguem creari deprehendit. Quod et Ovidius in XV metamorphoseon inter Pythagorae 20 dicta commemorat. Anguinam autem Genio plerumque dari speciem novimus. Ut Persius: *Pinge duos angues.* Angues enim in penetralibus tectorum repertos minus periti, ut innuit Servius, togatorum daemones esse putabant, quos Latini, inquit, Genios vocant.   25

20.   Quod autem per novem circulos infernum distribuit Virgilius, dicens, primum tenere animas infantum, secundum esse eorum, qui per simplicitatem sibi adesse nequiverunt, tertium, qui vitantes aerumnas se necaverunt, quartum eorum, qui amarunt, quintum virorum fortium, sextum nocen- 30 tium, qui a judicibus puniuntur, septimum, in quo animae purgantur, octavum animarum jam purgatarum, ut redeant, nonum campum Elysium, a quo animae non revertuntur; vel totum fabulosum est, vel, ut ait Servius, subtilissime adinventum. Qui enim, inquit, altius de mundi ratione quae- 35 siverunt, intra hos novem mundi circulos inclusas dicunt esse virtutes, id est potestates minori perfectione praeditas; daemones videlicet, in quibus et iracundia sit et cupiditas, de quibus tristitia nascitur, id est Styx. Ab his igitur et intra haec claustra puniri manifestum est omnes animas, quae 40 puniuntur. Unde dicunt, novem esse circulos Stygis, qui inferos cingunt, id est terram; daemones scilicet et ipsorum habitacula. Alias enim dicunt esse purgationes extra hos circulos, potestates bona tantum administrantes, nec vim ullam alicui inferentes. Nam illa Fulgentii de his circulis 45 commenta subtilia quidem, sed tradi indigna judicavi, quippe

quae moralitatem pravam concilient, physicas vero opiniones
minime sapiant. Quod vero introitum inferorum cuilibet
noctes atque dies patere, exitum vero difficilem esse legimus,
aut poëtice dictum est, aut ab illorum opinione descendit,
5 qui omnes animas descendere quidem et incorporari posse,
bene viventium vero animas superiores circulos, id est ad
originem suam facile redire; quod Pompejo attribuit Lucanus.
Male viventium autem diutius in his pro mutatione diversa
commorari corporibus, et sic apud inferos semper esse con-
10 tendunt. Solos enim saepe redire posse innuit Virgilius, quos
diligit Juppiter, hoc est, quos in ortu benignus siderum
aspectus irradiat. Unde Juvenalis:

      ——————————————— *distat enim quae*
Sidera te excipiant modo primos incipiente
15   *Edere vagitus* ———————

quos prudentia sublevat, id est, *quos ardens evexit ad si-*
dera virtus; et religiosos, quos a diis genitos dicit. Con-
sequens enim est, ut deorum soboles religionibus vacet.

    21. De Tantalo, qui apud inferos punitur, habet fabula,
20 quod Corinthiorum rex fuerit, amicus numinibus. Quae
quum frequenter susciperet, et quodam tempore defuissent
epulae, filium suum Pelopem occisum diis epulandum apposuit. Tunc abstinentibus cunctis Ceres humerum ejus glu-
tivit. At quum eum ad superos dii per Mercurium revocare
25 vellent, eburneus ei humerus est restitutus. Ideo autem
Ceres dicitur comedisse, quia ipsa est terra, quae corpora
resolvit. Per Mercurium vero ideo fingitur revocatus, quia
et ipse est secundum quosdam deus prudentiae, per quam
philosophi palingenesiam, id est *iteratam generationem,*
30 vel μετεμψύχωσιν, id est *transitionem animae* deprehenderunt. Πάλιν namque *iterum,* γένεσις *generatio;* item
μετὰ *trans,* ψυχὴ *anima* interpretatur. Tantalus autem hac
lege apud inferos damnatus dicitur, ut in Eridano, inferorum fluvio, stans, neque undis praesentibus, nec vicinis po-
35 mariis perfruatur. Per hunc igitur avaritia designatur. Unde
et Tantalus dicitur, quod interpretatur *visionem volens.*
Avarus itaque, fruendi usu destitutus, rerum suarum pascitur
visione. Sane Eridanum, in quo stare fingitur, in caelo
Aratus esse dicit, haud longe a signo, quod Cetum dicitur.
40 Sed et in terris est, in Venetia scilicet, quae Italiae pars
est, Padusque vocatur. Hunc alii ad inferos tendere, alii
apud inferos nasci et e terris exire volunt. Quae ideo finguntur, quia de Apennini parte oritur, quae spectat inferum
mare Tyrrhenum scilicet, quod ab occidente cingit Italiam,
45 et tenditur usque ad superum, Adriaticum scilicet, quod est
ab oriente.

22. Cerberum tricipitem, quem Plutonis subjiciunt pedibus, qui etiam *carnes vorans* interpretatur, odium quod triplici diversitate in terris exercetur intelligunt. Est enim odium aliud naturale, ut hominum et serpentum; aliud causale, ut quod ex illata injuria commovetur; aliud casuale, ut quum pro uno verbo saepe incurritur odium nisi componatur. Nonnulli Cerberum terram tripartitam, id est Asiam, Africam, Europam accipiunt. Quae terra sorbens corpora, animas mittit ad Tartara. Quae de eo alii sentiant, dicemus inferius. Notandum autem, singulos trium fratrum similia ex parte habere insignia. Habet enim Juppiter trifidum fulmen, Neptunus tridentem, Pluto trium capitum canem. Nec immerito. Tria namque haec numina, licet divisa teneant imperia, totius tamen regni communem habere putantur potestatem, sicut et ipsa quae possident elementa, physica inter se quadam ratione junguntur. Unde supervacue notatur, quod in primo Aeneidos de alienis conqueritur Neptunus elementis, dicens:

> *Jam caelum terrasque meo sine numine venti*
> *Miscere* ——————

23. Tres item Furiae Plutoni deserviunt, id est in terris exercentur. Harum secundum Fulgentium prima Alecto, *impausabilis*, secunda Tisiphone quasi τούτων φωνή, *istarum vox*, tertia Megaera quasi μεγάγη ἔρις, *magna contentio* interpretatur. Primum enim, inquit, est non pausando furiam concipere, secundum in vocem erumpere, tertium jurgium protelare. Alii tamen Megaeram secundam, Tisiphonen tertiam volunt, quam etiam vel similiter vocem istarum, vel ultionem mortis interpretantur, asserentes itidem, primum esse post quietis perturbationem iram ardentem incurrere; secundum post irae commotionem multam proferre contentionem; tertium post jurgia et iram malivolentiam tantum et detractionem exercere, vel ultionem et poenam consequenter irrogare. Tria etiam Fata, quae per antiphrasin, quod nulli *parcant*, Parcas appellamus, eidem Plutoni destinamus. Harum, secundum Servium, una loquitur, altera scribit, tertia fila deducit. Secundum Homerum una colum bajulat, trahit altera, tertia rumpit. Has, licet exceptrices et librariae Jovis sint, quod summi scilicet dei dispositiones ad effectum ducunt, Plutoni tamen ob hoc ministras damus, quia earum in terris maxime officia videntur. Interpretatur autem Clotho *evocatio*, Lachesis *sors*, Atropos *sine ordine*; per quae nomina tota humanae vitae innuitur dispositio. Evocantur enim primo homines ex non esse in esse, sive de matris utero in lucem; deinde sors, qualiter cuique vivendum sit, succedit; postremo mors vitae finem importat; quae ideo sine ordine dicitur, quod nullam observans dignitatem, nulli parcens aetati, indifferenter omnia ad se trahit.

24. De geminis somniorum portis, altera verorum, altera falsorum, quas apud inferos constituimus, philosophia haec
5 habet.' Per portam, inquit, corneam oculi significantur, qui et cornei sunt coloris et ceteris membris duriores; quippe qui nec frigus sentiunt, sicut Cicero in libro de Deorum Natura testatur. Per eburneam vero portam os significatur cum dentibus. Scimus autem, quod quae loquimur, falsa esse
10 possunt, ea vero quae videmus, maxime vera sunt. Idcirco Aeneas, qui poëtice et in infernum intromissus est, et inde emissus, per eburneam portam egressus est. Est et aliud, quod inde sumitur. Somnium novimus cum cornu pingi; et qui de somniis scripsere, ea quae secundum fortunam et
15 per possibilitatem videntur, effectum saepissime habere dicunt. Et haec, ajunt, visa sunt cornu; unde verorum cornea fingitur porta somniorum. Ea vero, quae sunt supra fortunam et nimium ornatum variamque habent jactantiam, falsa esse confirmant. Unde eburnea quasi ornatior porta falsis datur.
20 Porphyrius tamen earum descriptionem portarum, ut ait Macrobius, ab Homero traditam latius et aliter exequitur. Latet enim, inquit, omne verum; sed tamen anima quum ab officiis corporis somno ejus paululum libera est, interdum aspicit, interdum intendit aciem, nec tamen pervidet; et quum aspicit,
25 non tamen libero et directo lumine videt, sed interjecto velamine, quod nexus naturae caligantis obduxit. Et hoc in natura Virgilius esse asserit, dicens:

Aspice; namque omnem, quae nunc obducta tuenti
Mortales hebetat visus tibi, et humida circum
30 *Caligat; nubem eripiam* ——————

Hoc velamen quum in quiete usque ad verum aciem animae introspicientis admittit, de cornu creditur, cujus ista natura est, ut tenuatum visui fiat pervium. Quum autem a vero hebetat ac repellit intuitum, ebur putatur, cujus corpus ita
35 densum est natura, ut ad quamvis extremitatem |tenuitatis erasum, nullo visu ad interiora tendente, penetretur. Nubem autem illam Servius nebulam de terris ortam, quae nostris obsit obtutibus, relinquit intelligi. Unde, inquit, aquila, quia supra nebulam est, plus videt. Somnia vana sub foliis refert
40 haerere Virgilius, quia qui de somniis tractarunt, quo tempore folia de arboribus cadunt, vana esse somnia dixerunt.

25. Somnia et Soporem, Bellum et Timorem, Luctum et Egestatem, ceteraque similia, aditum dicunt obtinere inferorum; quod haec aut morti vicina videntur, aut post mortem
45 creantur, aut in morte sunt. Et merito apud inferos ista esse finguntur, quia in quem ista cadunt, sit mortalis necesse

est. Unde deos immortales dicimus, quia ista non sentiunt. Sed Centauros et Scyllas, Gorgonas et Harpyias, aliaque prodigiosa, ideo juxta Servium stabulari dicuntur in foribus, quia quae contra naturam creantur, statim pereunt. Porro nonnulli inferos sub terra esse voluerunt, a cosmographis et 5 geographis argumentum se habere existimantes, qui terram sphaericant, et aqua et aëre sustentari dicunt. Quod si est, potest navibus ad antipodas perveniri, qui, quantum ad nos spectat, inferi sunt, sicut nos illis. Hinc et Aeneae in inferno dictum putant: *Pelagine venis erroribus actus?* 10 Tiberianus etiam inducit epistolam vento allatam, quae habet: *Superi inferis salutem.* Qua occasione tractat reciprocum hoc. Nam prudentiores animas quasi per μετεμψύχωσιν ad alterius climatis corpora transire, nec in eo orbe versari, in quo prius fuere, tradiderunt. Unde Lucanus. *Regit idem* 15 *spiritus artus orbe alio.* Sane μετεμψύχωσις juxta Platonem et Aristotelem sexum nunc servat, nunc mutat. Unde et Caeneus post mortem in sexum rediisse dicitur. Fuit autem Caeneus virgo, quae a Neptuno turpi praemio meruit sexus mutationem. Fuit etiam invulnerabilis, qui pugnando pro 20 Lapithis contra Centauros crebris ictibus fustium paulatim in terra fixus est. Veri simillimum igitur mihi videtur, Caeneum juvenem magnanimum extitisse, qui quum in tenera aetate nihil inter compatriotas viriliter egisset, mari peregre delatus, multo sibi labore ac virtute nomen maximum com-25 paravit. Virtus autem quantalibet numero cedit.

26. Plutoni nigrae pecudes immolantur, quia victimae numinibus aut per similitudinem, aut per contrarium decernuntur. Per similitudinem, ut nigrum ipsi pecus; per contrarietatem, ut porca, quae frugibus obest, Cereri; ut 30 Aesculapio capra, quia est deus salutis, quum capra numquam sine febre sit; ut Priapo asinus, quod turpitudinem ejus cum Nympha quadam coëuntis ruditu indicavit. Fuit autem Priapus, ut refert Servius, de Lampsaco, civitate Hellesponti, qui ob virilis membri magnitudinem a civibus 35 ejectus est. Postea tamen in numero deorum receptus meruit esse numen hortorum. De hoc Horatius:

——————— *Nam fures dextra coërcet —*
Obcoenoque ruber porrectus ab inguine palus —
Ast importunas volucres in vertice arundo 40
Terret fixa —

Hortis autem merito praeesse dicitur propter eorum fecunditatem. Nam quum aliae terrae semel in anno aliquid creant, aliqui horti numquam sine fructu sunt. Sed et matronarum deus extitit, quarum, ut ajunt, factione inter deos relatus 45 est. Sciendum autem, quod quum numinibus ceteris varie pro qualitate regionum sacrificetur, ut Veneri Paphiae tantum de thure; unde est:

——————— *Haud equidem tali me dignor honore,*
Genitrici vero, id est Romanae, etiam de victimis, Libero
5 ubique caper immolatur. Quod vero lacte et sanguine ad
tumulum animas eliciebant, haec causa est. Lacte corpus
nutritur; post animae conjunctionem et anima sine sanguine
numquam est; quo effuso recedit. Legimus praeterea, insepultorum animas vagas esse; reddita autem legitima sepul-
10 tura, eas ad quietem sepulcri redire. Quas Stoici, id est
divisi medium secuti, tamdiu durare dicunt, quamdiu durat
et corpus. Unde Aegyptii periti in sapientia condita diutius
reservant corpora, ut anima multo tempore perduret et corpori sit obnoxia, nec cito ad alios transeat. Romani vero
15 contra faciebant, comburentes cadavera, ut anima statim in
generalitatem, id est in naturam suam rediret.

27. Ideo autem Stoicos medium sequi diximus, quia
Plato perpetuam dicit animam, et ad diversa corpora facere
transitum statim pro meritis prioris vitae. Pythagoras vero
20 non translationem, sed palingenesiam esse dicit, hoc est
redire quidem, sed post tempus. Praeterea a Stoicis animam aeque cum corpore durare asserentibus, alii dissenserunt, dicentes, animas cum corporibus non perire, sed corporibus quidem delectari, et cum ipsis, quamdiu inde su-
25 perest aliquid, immorari; ideoque cadavera aromatibus condiri, quatenus multo tempore durantia, animae suam non
subtrahunt delectationem. Neque enim verum est, animam
deserere corpus, quum potius corpus animam deserat. Hinc
et Simonides poëta et Statius itidem in octavo Thebaidos:
30 ——— *Odi artus, fragilemque hunc corporis usum*
Desertorem animi.
De eo autem, quod mortui et calida aqua abluebantur et
per intervalla conclamabatur, Plinius in Naturali Historia
rationem reddit, dicens, spiritum vitalem plerumque solere
35 exclusum putari, et homines fallere. Denique refert, quendam superpositum pyrae adhibitis ignibus erectum esse, nec
potuisse liberari. Unde et servabantur cadavera septem diebus et calida abluebantur aqua, et post ultimam conclamationem comburebantur. Unde traxit Terentius: *Desine, jam*
40 *conclamatum est.* Mos etiam erat, ut si quis procul a
domo sua extingueretur, ad domum suam referretur (unde
Virgilius: *Sedibus hunc refer ante suis*), et itidem ibi
septem diebus servaretur, octavo incenderetur, nono denique sepeliretur. Unde Horatius:
45 *Novendiales dissipare pulveres,*
Inde etiam ludi, qui in honorem mortui celebrabantur, no-

vendiales dicuntur. Sciendum quoque, quod in domo sua sepeliebantur. Unde et haec consuetudo primum orta est, ut dii penates in domibus colerentur.

28. Cupressus vero funeribus adhibita est juxta Lactantium, quia incestatas familias Romani hac notabant; vel quod 5 sterilis arbor mortuis accommodata judicata est; vel quod in tutela fuerit inferorum; vel magis juxta Servium, quia caesa non repullulat, sicut nec mortuus reviviscit; vel quod propter eam funesta ostenditur domus. Unde et atra, quod atratos significet lares, vocatur; sicut laetos festae indicant frondes 10 lauri, olivae et similium. Nam Romani moris fuerat, ramum cupressi ante domum funestam poni, ne quis pontifex per ignorantiam pollueretur ingressus. Polluti enim funere, sacrificare vetabantur. Quod si contigisset, ut uno eodemque tempore funestaretur quis, et operam sacrificiis dare cogere- 15 tur, laborabat, ut ante sacra compleret, quam funus agnovisset. Unde quum pontifex quidam, ut in Livio habemus, Capitolium esset dedicaturus, et ab inimicis ei filius nuntiaretur extinctus, ne pollutus dedicare posset, respondit: *cadaver sit*; nec voluit funus agnoscere, donec templa de- 20 dicasset. Hinc Aeneae, morte Palinuri funestato, non quod eum mortuum vidisset, sed quia funus ejus agnoverat, et inde doluerat, unde et:

   — *casusque animum concussus amici,*
(ipsa enim impiant, quae agnoscimus et de quibus dolemus). 25 flumina ad se expiandum priusquam ad sacra accedat, in sexto Aeneidos monstrantur. Secundum eundem etiam ritum in undecimo inducitur ante sacris operam impendere, et sic ad sociorum sepulturam reverti. Varro tamen dicit, pyras cupresso circumdari propter gravem ustorum cadaverum odo- 30 rem, ne offendatur populi circumstantis corona, quae tamdiu stabat respondens fletibus praeficae, id est principis planctuum, quamdiu consumto cadavere et collectis ossibus novissimum verbum, id est *ilicet*, quod *ire licet* significat, diceretur. Nam *vale* dicebatur post tumuli quoque peracta solemnia. 35 Porro praeficae dictae sunt principes planctus, non doloris. Nam funeras quasi *funereas* appellabant, ad quas funus pertinebat, ut matrem, sororem, amitam, materteram. Unde mater Euryali: *Nec te tua funera mater —*

29. Vale vero mortuis dici asserunt, non quod valere 40 aut salvi esse possint, sed quia ab his discedimus, numquam eos visuri. Hinc ortum est, ut et maledicti significationem vale obtineat, ut Terentius: *Valeant, qui inter nos discidium volunt;* hoc est, ita a nobis discedant et pereant, ut ad nostrum numquam revertantur aspectum. Sic Virgilius: 45 *Vivite silvae.* Nam quod alibi *vivite felices* ait, bene

optantis, non maledicentis est. Sunt autem haec maledicta
per contrarium inventa, ut sit quasi salva veneratio. Ergo
quum mortuo vale dicitur, non etymologia, sed consuetudo
consideranda est, quia nulli vale dicimus, nisi a quo separa-
5 mur. Apud varias etiam gentes diversa fuerunt genera sepulturae. Alibi enim obruebantur, alibi exurebantur, alibi
primas remittebantur ad patrias, alibi etiam per diem, alibi
per noctem. Namque Heraclitus, qui omnia vult ex igne
constare, dicit, debere corpora in ignem resolvi. Thales
10 Milesius, qui omnia ex humore creari confirmat, corpora ut
in humorem resolvantur, obruenda contendit. Sane apud
antiquiores mos erat in sepulcris virorum fortium captivos
necare; quod et apud Homerum in Patrocli exequiis completum legimus, et Virgilius in Pallantis funere commemorat.
15 Id autem ubi nimis crudele visum est, placuit gladiatores
ante sepulcra dimicare, qui a bustis *bustuarii* dicti sunt.
Nec mirum, inferis, id est inferorum sacris, qui utique noxii
sunt, crudelia exhiberi. Nam et Varronis opinio est, ideo
mulieres in funere ora lacerare, ut inferis ostenso sanguine
20 satis fiat. Inde et eos manes per antiphrasin a poëtis dictos
esse legimus; manum enim bonum est. Unde juxta Servium:
Mane; quid enim, inquit, *melius?* Sed et immanis inde
dictum est.

    30. Atqui de manibus quid, vel quomodo, vel unde,
25 vel ubi, vel sicubi sint, variae habitae sunt opiniones, et op-
positissimae reperiuntur traditiones; quas quia omnes incer-
titudinis sensi plenissimas, nullam pro certa asserendam censens, ad vulgariora recurro. Ac primum quia de funeribus
egimus, ne nominum, quorum abusu confundimur ignorave-
30 ris proprietatem, funus juxta Servium proprie est jam ardens
cadaver; quod dum portatur, exequias dicimus; crematum,
reliquias; conditum jam, sepultum. Plutoni, sicut aliis numinibus, capite veluto sacrificabatur. Quod ideo in omnibus
sacris observatum est, ne se inter religionem aliquid vagis
35 offerret obtutibus, exceptis tamen Saturnalibus, ne numinis
imitatio videretur. Hinc in tertio Aeneidos Helenus:
    Ne qua inter sanctos ignes in honore deorum
    Hostilis facies occurrat et omnia turbet.
Interrumpi enim sacra, piaculum erat. Unde Virgilius in
40 octavo: *Audax quos rumpere Pallas sacra vetat.* Denique quum ludi Circenses Apollini celebrarentur, et quod
Hannibal urbi circa Collinam portam ingrueret quum nuntiaretur, omnes raptis armis occurrerunt. Reversi postea
quum piaculum formidarent, senem quendam in Circo saltan-
45 tem invenerunt. Qui quum interrogatus, *se non interrupisse*
saltationem respondisset, hoc proverbium dictum est;

Salva res est saltante sene. Sed nec differri sacra anniversaria licebat, quia nec iterari, ex lege poterant. Unde idem in eodem: *Annua, quae differre nefas.* Nam sacra calendaria si qua fuissent ratione dilata, licenter repetebantur, nec piaculum eorum intermissione committebatur.5 Porro in ratione sacrorum par est et animae et corporis causa. Nam plerumque quae circa animam fieri nequeunt, circa corpus exhibentur, ut solvere vel ligare; quo possit anima, quod per se non potest, ex cognatione sentire. Inde est: 10

Unum exuta pedem vinclis, in veste recincta.
In sacrificio enim aliquid religatum esse nefas erat. Sic Helenus apud Virgilium vaticinaturus vincula corporis cuncta resolvit, ne qua parte animo religato ad numen accedat. Hoc autem in ipsis tantum sacris servatum est. Nam ante 15 sacrificia ligari licuisse victimas Juvenalis ostendit, dicens:

Sed procul extensum petulans quatit hostia funem.
Sciendum etiam, in sacris simulata pro veris haberi. Unde quum de animalibus, quae difficile inveniuntur, est sacrificandum, de pane vel cera fiunt, et pro veris accipiuntur. 20 Inde est:

Sparserat et latices simulatos fontis Averni.
Nam et in templo Isidis aqua sparsa de Nilo esse dicebatur.

31. Atqui in ritibus sacrorum multa habebatur diversitas et mire superstitiosa curiositas. Diis inferis sacrificantes 25 aqua aspergebantur, ut:

Spargens rore levi et ramo felicis olivae —
superis abluebantur, uti: *Donec me flumine vivo abluero.* Diis superis tantum libabant, ut:

Aulai in medio libabant pocula Baccho. 30
Inferis vero libantes etiam vasa in ignem mittebant, ut: *Fuso crateres olivo*; quod et Statius in Archemori sepultura commemorat. In inferorum veneratione numerum parem, qui posterioris juxta arithmeticos dignitatis est, servabant, ut: *Ecce duas tibi, Daphni;* in superorum imparem, ut: 35 *Numero deus impare gaudet.* Sed et diis aliis facto scrobiculo, aliis super terram, caelestibus vero extructis focis sacrificabant; unde et altaria proprie nominata sunt. Sunt tamen superorum et arae et altaria; inferorum tantum arae. Dicta est autem ara a precibus, quas Graeci ἀράς 40 vocant. In sacris etiam supernis vina fundebant, ut: *Media inter cornua fundit;* in inferis invergebant, ut: *Frontique invergit vina sacerdos.* Est autem *fundere* supina manu libare; *invergere* vero conversa in sinistram partem manu ita fundere, ut patera convertatur. Haec vero non sacrificia 45

13

erant, sed ad victimarum pertinebant explorationem. Si enim non stuperent, aptae videbantur.

32. Vittis etiam victimae coronabantur, et salsa fruge, id est sale et farre mixtis (quae mola salsa vocabatur) frons 5 victimae et foci aspergebantur et cultri. Fiebat autem de horna fruge et horno sale; ut Horatius: *Horna fruge* etc. Obliquum etiam cultrum a fronte victimae usque ad caudam ante immolationem ducere consueverant. Unde est: *Tempora ferro summa notant pecudum.* Atque erant hae 10 quoque probationes, utrum deo dedicatum animal sacrificio aptum esset, si videlicet omnia patienter ferret, ut:

Et statuam ante aras aurata fronte juvencum;

id est auro ornata, sicut nonnumquam fiebat. Et alibi:

Et ductus cornu stabit sacer hircus ad aram.

15 Quotiens enim victima reluctabatur, se improbari ostendebat; ut Lucanus: *Discussa fugit ab ara taurus.* Setas etiam, de capite hostiae ante immolationem vulsas, aris prima libamina imponebant; sicque jam victima immolationi praesignabatur; unde est: *Signata capita.* Sacrificabant autem, quum 20 animales darent hostias, aut de integris victimis, ut:

Et solida imponit taurorum viscera flammis,

id est holocaustum, quod de tractis extis aris superimponebatur, quae nonnumquam abluta et elixa etiam ipsa reddebantur; unde et ibidem dictum est: *Fundens ardentibus extis;* 25 aut de parte corporis, ut: *Extaque salsos projiciam in fluctus;* aut de sanguine tantum in aras fuso, ut: *Sanguinis et sacri pateras.* Moris etiam sacerdotalis erat, ut plerumque aliis cultros subter tenentibus, alii victimas super impingerent, ut sic interirent. Unde est: *Supponunt alii* 30 *cultros,* id est jugulant hostias. Fuit autem hoc verbum sacrorum, in quibus mali ominis verba vitabant. Hinc et *macte,* quod magis aucte significat, dicebatur. Quotiens autem aut thus addebatur, aut vinum super animal fundebatur, dicebatur: *Macta est hostia vino et thure,* id est 35 cumulata et magis aucta. Qua de re hoc traxit poëta:

Macte puer virtute nova, sic itur ad astra;

id est affectata gloria magis adaucte. Et alibi:

Macte animi, tantis dignus qui crederis armis.

Reddere etiam verbum legimus sacerdotale fuisse, ut:

40 *Lancibus et pandis spirantia reddimus exta.*

Reddi enim dicebantur exta, quae probata et elixa arae superponebantur. Cavebatur autem, ne oves immolandae caudam haberent maculatam, nec linguam nigram, nec aurem fissam. Unde lectas ubique bidentes in sacris legimus appellatas; 45 in sacra enim non admittebantur, nisi quibus nihil deesset. Sic et de bobus dictum est: *Nunc grege de intacto* etc.

Sunt autem bidentes juxta Servium quasi *biennes* dictae, quia nec minores aut majores licebat immolare. Sunt etiam in ovibus quibusdam duo dentes eminentiores inter octo, qui nonnisi circa bimatum apparent; et hae solae sacrificiis aptae putabantur. Proprium autem epitheton ovibus dabant 5 lectis, porcis eximiis, bobus intactis, id est indomitis, juga nulla passis.

33. Ad haec juxta ritum sacrorum, quum priora sacrificia displicuissent, quod plerumque ex prodigiis statim sequentibus judicabatur, sacra diligentius repetebantur. Unde 10 post Harpyiarum molestationem apud Virgilium legitur: *Arisque reponimus ignem.* In renovatione vero sacrorum simulacra moveri solebant. Unde Horatius: *Non ego te, candide Bassareu, invitum quatiam*; et Virgilius: *Commotis excita sacris Thyas.* Atque sciendum, quod ei sa- 15 crabatur numini locus, cujus sacrum in medio collocabatur. Alia enim si apposita sunt, ad ornatum tantum pertinebant. Unde idem alibi Virgilius:

In medio mihi Caesar erit templumque tenebit;
id est, ei templum consecrabo. Nam quod ait *in medio,* 20 ejus fore templum significat. Quod adjunxit *templumque tenebit,* verbo pontificali usus est. Qui enim templum dicabat, postem tenens, dare se dicebat numini, quod ab illo necesse foret jam teneri, et ab humano jure discedere. Sed et Romani legimus moris fuisse, ut bella gesturi de parte 25 praedae aliquid numinibus pollicerentur; adeo ut Romae unum templum fuerit Jovis Praedatoris, non quod praedae praesit, sed quia ei ex praeda aliquid dabatur. Unde hoc traxit Virgilius:

Irruimus ferro, divosque ipsumque vocamus 30
In partem praedamque Jovem.
De pugna quoque venientes nonnumquam victores cum multitudine populi obvia ad numina minora ibant, et ibi, quia hostes fugaverant, cum gratiarum actione et gaudiorum exhibitione oves immolabant. Unde et ovans dictum 35 est; nam ovatio proprie erat minor triumphus. Ovationem enim qui meruerat, et uno equo utebatur, et a plebejis vel equitibus Romanis ad templum deductus, de ovibus sacrificabat. Qui autem triumphabat, albis equis quatuor utebatur, et senatu praeeunte in Capitolio tauros mactabat. 40

34. Pro qualitate etiam numinum orantes interdum ima, interdum summa respiciebant. Nam potestates, ut diximus, aliae caelestes sunt, aliae terrestres, aliae permixtae. Hinc est, quod Apollinem deprecantes (qui, ut diximus, etiam inferorum deus est; unde et adyta ei dantur) humo 45 assternebantur; ut: *Summissi petimus terram.* Iovem

vero venerantes stabant, oculosque ac manus ad superna
erigebant. Inde est:

> *At pater Anchises oculos ad sidera laetus*
> *Extulit, et caelo palmas cum voce tetendit.*

5 *Ore favete* inter supplicationes dicebatur, quod hic sermo
et sacrificiis et ludis aptus visus est. In sacrificiis enim
taciturnitas, in ludis necessarius favor est. Favet autem
quis ore etiam per taciturnitatem. Hinc traxit Horatius:
Favete linguis. Sane infula, qua sacerdotes in sacris or-
10 natos legimus, fascia erat in modum diadematis, a qua
vittae ab utraque parte dependebant; quae plerumque fuit
tortilis de albo et cocco. Apex vero, quo itidem usi memorantur, proprie dicta est in summo sacerdotis pileo virga
lanata, hoc est, in cujus extremitate modica lana erat; quod
15 primum constat apud Albam Ascanium statuisse. Ferebatur
autem vel ad ostendendum sacerdotii eminentiam, sicut
mortuis nobilibus columnae ad significandum eorum culmen
superponuntur; vel quia, quum apud Laurolavinium sacrificarent, et exta iis frequenter aves de vicinis venientes lucis
20 abriperent, eminentia virgarum eas absterrere voluerunt.
Exinde etiam consuetudo permansit, ut qui apud Laurolavinium sacrificarent, ingentes haberent virgas, non breves,
ut in urbe. Hujusmodi tamen pilea quum per aestus nonnumquam ferre gravarentur, filo tantum capita, ne nudis
25 penitus, quod nefas fuerat, capitibus incederent, religare
solebant. Unde et a *filo*, quo utebantur, flamines quasi
filamines dicti sunt. Verum festis diebus, filo deposito,
pilea accipere necesse erat. Atque de his hactenus.

35. Quae singulis numinibus victimae et quare decretae
30 sint, ut paulo ante breviter in parte tetigimus, qui ad plenum nosse expetit, pontificum libros otiosus transcurrat.
Neque enim vel unimode omnes dii culti, vel eadem omnibus oblata sunt. Singulis enim numinibus certa sunt dona,
quae offeruntur. Unde est: *Strueremque suis altaria*
35 *donis*, id est congruis. Nam et Jovi juxta Romanas caeri-
monias de tauro sacrificari non licebat; adeo ut, quum
Aeneas taurum apud Thraciam Jovi mactasset, monstrum
statim de cruentis viminibus legatur subsecutum. Unde ju-
vencus ei immolabatur; taurus vero numquam, nisi aliquando
40 in triumpho. Quod tamen ideo admissum est, quia tunc
non tantum Jovi, sed et aliis diis, qui in bello opem ferunt,
sacrificabatur. In victimis enim requirebatur, ut certis numinibus certae aetatis animalia mactarentur. Porro ut in
religionibus saltetur, haec ratio est, quod nullam majores
45 partem nostri voluerunt esse, quae non sentiret religionem.

Nam cantus ad animum, saltatio ad mobilitatem corporis pertinet. Hinc de Didone legitur:

Aut ante ora deúm pinguis spatiatur ad aras.

Matronae enim et ipsae sacrificaturae circa aras faculas tenentes ferebantur; quod cum quodam gestu fiebat. Unde 5 traxit Salustius: *Saltare elegantius, quam necesse est probae.*

7. Proserpina.

1. Plutoni nuptam Cereris filiam Proserpinam volunt. Ceres ergo *gaudium* interpretatur. Hanc ideo frumenti 10 deam confingunt, quia ubi plenitudo sit fructuum, ibi abundent gaudia necesse est. Proserpinam vero quasi segetem voluerunt, id est per terram radicibus *proserpentem.* Sed et Hecate a Graecis dicitur; ἐκατὸν enim *centum* interpretatur. Hoc nomen sortita est, quod centuplicatum seges 15 proferat fructum. Hanc à Plutone raptam, id est in terra satam, cum lampadibus Ceres inquirere dicitur; unde et lampadarum dies Cereri dedicantur, illa videlicet ratione, quod tempore messis cum lampadibus, id est solis fervore, fructus ad metendum cum gaudio requirantur. Remigius Proserpi- 20 nam a *proserpendo* vocatam dicit et ideo puellam, quod singulis annis semina nascantur et renoventur. Idem vim herbarum et omnium seminum, quae de terra surgunt, Proserpinam accipit. Denique Cererem quasi *Creerem* a *creando* et *crescendo* nuncupatam dicit, eamque terram, 25 quae omnia creat, sicut et Servius, esse confirmat. Tullius tamen Cererem quasi *Gererém* a *gerendo,* quod fructus *gerat,* prima littera casu immutata, dictam asserit. Flava dicitur propter aristarum maturitatem. Haec dum filiam quaerit, Jove admonente per cibum papaveris dicitur orbi- 30 tatis oblita. Et revera papaver soporem gignit; quo dum fruimur, licet aestiva annonae aliquando penuria afflicti, maturitatis tamen cunctationem minus graviter ferimus. Alma ab *alendo* dignissime nuncupatur. Suntque ejus propriae caerimoniae, sicut et Liberi orgia. Leges fertur in- 35 venisse, quia ante inventum a Cerere, ut ait Servius, frumentum passim homines sine lege vagabantur; quae feritas interrupta est invento usu frumentorum, postquam ex agrorum divisione nata sunt jura. Triptolemum dicitur adamasse, quod is primus in Graecia, sicut in Aegypto Osiris, aratrum 40 et magnam agriculturae partem adinvenit.

2. Juxta Aetnam rapta ejus dicitur filia, quod, ut testatur Lucanus, Sicilia frugum est feracissima. Sane Ceres a Jove meruit, ut Proserpina sex esset mensibus in caelo cum matre, sex apud inferos cum marito; quod fictum 45

dicimus sive quia post sationem tantundem temporis quasi
latent gramina priusquam fructus producant, sive quia, ut
dicit Servius, ipsa est eadem quae et Luna, quae toto
anno VI mensibus crescit, VI deficit, ut per singulos men-
5 ses diebus quindenis crescens apud superos, decrescens
apud inferos esse videatur; sive, ut ait Fulgentius, ideo apud
inferos et superos aequis spatiis Proserpinam, id est Lunam,
collocant, quod die lateat, nocte luceat, sicque annum cum
sole quasi dimidiare putetur; sive ideo apud inferos est,
10 quod secundum astrologos stellis omnibus humilior currat,
et terris praesit, et humorem rebus administret, adeo ut
ejus detrimenta et augmenta non solum in terra lapides,
sed et animantium cerebra, et quod magis mirum est,
etiam laetamina sentiant, quae in lunae crementis ejecta
15 vermiculos hortis parturiunt. Ipsae etiam animalium arbo-
rumque medullae cochleaeque marinae et alia non pauca per
luminis ejus accessum et recessum detrimenta et augmenta
pati existimantur. Dianam quoque eandem in nemoribus
volunt, quod arborum et herbarum sucis ex humiditate,
20 quam secundum physicos ex se demittit, simili modo cre-
menta inculcet. Nemoribus etiam praeesse dicitur, quod
omnis venatio noctu maxime pascatur, die vero dormiat.
Ideo autem Lunam dicit Tullius Dianam nuncupari, quia
noctu quasi diem efficiat; ideo autem eam ad partus adhi-
25 beri, quod hi aut VII nonnumquam, aut vero plerumque
novem lunae cursibus maturescant; qui cursus quia *mensa*,
inquit, spatia conficiunt, *menses* nominantur.

3. Porro Endymionem pastorem ob hoc Luna amasse
fingitur, quod hic primus cursum lunae deprehendit; unde
30 et XXX annos cum illa dicitur dormisse, quos in hujus
rei inquisitione consumsit. Sive ideo pastoris Endymionis
amore fertur arsisse, quod nocturni roris humor, quem a
luna creari ajunt, animandis herbarum sucis infusus, pastoralibus plurimum prosit successibus. Habet fabula, Actaeonem
35 Dianam se lavantem vidisse, et ab ea in cervum conversum
esse, et a canibus suis, eum non agnoscentibus, dilaceratum.
Refert tamen Anaximenes in libro, quo de picturis antiquis
disseruit, Actaeonem venationem plurimum dilexisse. Qui
quum ad maturam pervenisset aetatem, consideratis vena-
40 tionum periculis, quasi nudam artis suae rationem videns,
timidus factus est et quasi cor cervi habens. Unde Homerus: *Ebriose, oculos canis habens, et cor cervi.* Sed
dum periculum venandi fugeret, affectum tamen canum non
dimisit, quos inaniter pascendo omnem substantiam per-
45 didit; ob quam rem a canibus dicitur devoratus. Perdicem quoque primo Dianae, deinde incesto matris suae

amore dicunt intabuisse. Eundemque ajunt usum serrae repperisse. Fuit autem et hic venator, qui item gravem venatui laborem minimumque fructum inesse comperiens, aliosque venatores, utpote Actaeonem, Adonem et Hippolytum ad tristem videns exitum devenisse, priori itidem vitae 5 renuntiavit, et agriculturae operam impendens in ea jugi labore usque ad maciem perductus est. Unde et matrem, id est terram, omnium genetricem, dicitur amavisse. Haec etiam Polycarpe dicta est, quod *multi fructus* interpretatur. Terra enim fructus creat universos. Quia vero cunctis 10 venatoribus de pristinae artis opprobrio detrahebat, serram, id est *maliloquium*, fingitur invenisse.

4. Dianam etiam a δίκτυς, quod *rete* interpretatur, Dictynnam nuncupamus, eidemque cum sagittis arcus damus, quia venatores, quibus praeest, his utuntur. Quod vero a 15 luna humiditatem rebus provenire diximus, Remigii videtur auctoritate firmari. Globus enim, inquit, lunae veluti speculum ex rore constare dicitur. Unde et humoribus praeest et susceptum solis splendorem revibrare, id est reddere potest. Dicitur et Luna sistrum habere propter primum 20 mundanae harmoniae tonum, qui a terra usque ad lunam est. Est autem sistrum genus tubae vel organi, quo utuntur tantum Aegyptii, quod in simulacro Isidis pingitur. Est autem Isis, ut ait Servius, Genius Aegypti, qui per sistri motum, quod in dextra gerit, Nili accessus et recessus 25 significat; per situlam vero, quam in sinistra tenet, omnium lacunarum fluentiam ostendit. Sane Isis lingua Aegyptiorum terra est, quam et Isin esse volunt. Alii tamen eam nave de Graecia advectam, in Aegypto regnasse perhibent, eandemque litteras Aegyptiacas primam adinvenisse. Ut autem 30 ad superiora recurramus, per conjugium Plutonis et Proserpinae terrae et humoris ei innati nonnulli intelligunt connexionem. Per Plutonem enim terra, cui praeest, per Proserpinam humor terram fecundans significatur; quae, ut ajunt, bene Proserpina quasi *proserpendo nata* dicitur, 35 quod humor per herbas vel arbores crescentes insensibiliter de terra surgat et iis incrementum conferat. Quod Ceres, quae dea est frugum, Proserpinam quaerere dicitur, fruges, ut perhibent, significat nimiae siccitatis tempore humorem desiderare. Quod Proserpinam poëtae Junonis nonnumquam 40 venerantur nomine, a Stoicorum dogmate descendisse dicimus, qui, ut supra memoravimus, unum esse deum dixerunt, cui nomina variantur pro actibus et officiis. Unde superos deos et inferos iisdem quoque vocabulis appellamus, ut: *Junoni infernae dictus sacer*, id est Proserpinae. Et 45 alibi: *Sacrum Jovi Stygio*, id est Plutoni.

8. Apollo.

1. Primum Jovis filium Apollinem volunt. Hunc diversis nominibus nuncupant et sub variis significationibus frequentissime ponunt. Dicitur Apollo, id est *perdens* sive *exterminans*, quod suo calore omnes herbarum et arborum humores pellere videatur. Dicitur Pythius vel a Pythone serpente, quem secundum fabulam mox natus interfecit, sive a Graeco verbo πύϑω, quod *interrogo* interpretatur (ipsum enim interrogabant et consulebant), sive φύτιος, id est *fidem afferens.* Unde et Pythonem sagittis fingitur occidisse, quod omnis falsa credulitas, per tenebras orta, radiorum ejus fulgore destruatur; πειϑω namque *credulitas* interpretatur. Sol secundum Tullium dicitur, vel quia *solus* ex omnibus sideribus tantus est, vel quia, quum est exortus, stellis omnibus obscuratis, *solus* apparet. Dicitur Lycius a Lycio fano apud Delon maximo; unde Virgilius: *Nunc — Lyciae — sortes;* sive a λύκῳ, id est *lupo.* Sicut enim lupus pecora dilacerat, sic fervore suo omnem sol exsiccat humorem. Hinc et Pan, qui ovium dicitur deus, quod lupos ab ovili arceat, Lycaeus appellatur. Cujus quia casu fecimus mentionem, brevem nec inutilem de eo subjiciamus digressionem.

2. Pan igitur, ut dicit Varro, qui deorum tractat potestates et naturas, deus est naturae, et interpretatur *omne.* Habet enim cornua ad radiorum solis et lunae similitudinem. Rubet ejus facies ad aetheris imitationem. In pectore nebridem habet stellatam ad stellarum imaginem. Pars ejus inferior hispida est propter arbores, virgulta, feras. Caprinos habet pedes propter terrae soliditatem. Fistulam gerit VII calamorum propter harmoniam caeli; καλαύροπα, id est *pedum*, propter annum, qui in se recurrit. Ab hoc constat diversum esse Silvanum, quem tamen publica caerimoniarum opinio pecorum habet et agrorum esse deum. Prudentiores enim eum dicunt esse ὕλην, quam *silvam* interpretatur, id est elementorum, ut vult Servius, faecem, unde cuncta procreantur, quam ὕλην Latini materiam appellaverunt. De his hactenus.

3. Dicitur Apollo Delius, id est *declaratio*, quod sol omnia illuminat, sive a Delo insula, in qua fingitur natus. De cujus nativitate fabulam, quia apud alios est obscura, censui apponendam, et ut tota res evidentior fiat, ab altiori inchoandam. Ceus itaque Gigas filias duas pulcherrimas habuit, Asterien et Latonam. Post vitiatam vero Latonam quum ejus etiam sororem Asterien vitiare vellet Juppiter, illa optavit a diis, ut in avem converteretur, versa-

que in coturnicem est; et quum vellet mare transfretare, quod est coturnicum, afflata a Jove et in lapidem conversa, diu sub fluctibus latuit. Supplicante tamen Jovi Latona, levata superferri aquis coepit. Postea quum Juno gravidam, Pythone misso, Latonam persequeretur, terris omnibus ex-5 pulsa, tandem aliquando ab applicante se litoribus sorore suscepta est, et illic Dianam primo, post Apollinem peperit; qui statim occiso Pythone ultus est matris injuriam. Sane nata Diana parturienti Apollinem matri dicitur praebuisse obstetricis officium. Unde quum Diana sit virgo, tamen a 10 parturientibus invocatur. Haec namque est secundum non paucos Diana Juno Proserpina. Nata igitur numina terram sibi natalem errare non passa sunt, sed eam duabus insulis religaverunt. Veritas vero longe alia est. Nam haec insula quum terrae motu laboraret, qui fit sub terris labentibus 15 ventis, oraculo Apollinis terrae motu caruit. Nam praecepit, ne illic mortuus sepeliretur, et jussit quaedam sacrificia fieri. Postea e Mycono Gyaroque, vicinis insulis, populi venerunt, qui eam tenerent. Quod autem Diana prius nata est, rationis est. Nam constat primum noctem fuisse, cujus in-20 strumentum est luna, id est Diana; post diem, quem sol efficit, qui est Apollo. Ut autem Delos primo Ortygia diceretur, fictum dicitur a coturnice, quae Graece ὀρτυγομήτρα appellatur; Delos autem, quia diu latuit, et postea apparuit; nam δῆλον Graeci manifestum dicunt; vel quod verius 25 putatur, quia quum ubique Apollinis responsa obscura sint, manifesta illic dantur oracula.

4. Apollinem etiam poëtae nonnumquam parentem dicunt, id est omnium creatorem, quod videlicet quicquid in terra vel in mari nascitur, operante solis colore procreatur. 30 Eundem tamen, quum sit pater, imberbem pingunt, quod singulis diebus renascendo quasi junior videatur. Sed et Phoebus, id est novus vocatur, vel quod revera sol in ortu suo quotidie novus appareat, vel quod secundum Epicureos de atomis constare, et cum die nasci et cum die perire tra-35 datur. Intonsus pingitur, quod aequales annis omnibus radios ministret. Dicitur et auricomus a splendore aureo; itemque sagittarius a radiorum jaculis, quibus omnem penetrat mundum. Hunc philosophi et poëtae nunc pro ipso sole, nunc pro augurii sive sapientiae sive medicorum deo, 40 nunc pro divinatore aliquo, nunc pro ipso mundo, nunc pro quolibet sapiente viro, nunc pro humanae vocis modulatione ponere consuerunt. In hujus tutelam laurum ascribunt; unde et Daphnen, quae laurus interpretatur, Penei fluminis filiam, amasse dicitur. Unde autem laurus nisi de aquis flu-45 vialibus nasci credatur? praesertim vero illius fluminis ripae

lauro abundare dicuntur. At vero Apollinis, qui auguriis
videlicet praeest, ob hoc amica dicta est, quod, ut illi qui
de somniorum interpretatione scripserunt, in libris suis promittunt, si laurum dormientibus ad caput posueris, vera
5 somnia somniabunt.

5. Est etiam tripos, ut ait Remigius, species lauri,
tres radices habens, in Claro insula juxta Apollinis templum
abundans maxime; Apollini grata, quod non parva ei vis
insit divinandi. Significat autem triplicem speciem divina-
10 tionis, praesentium scilicet et praeteritorum et futurorum.
Tripos tamen vocatur et mensa Apollinis, Pythii serpentis
corio tecta; a quo *corio* etiam locus ipse circa tripodem,
unde dabatur oraculum *cortina* dictus est; quem tamen
alii vel quia *certa* illinc fusa sint responsa, cortinam quasi
15 *certinam* nuncupatum volunt, vel a Graeca etymologia vocabulum traxisse, vel certe, quod juxta Servium verius
est, quia illic cor vatis tenebatur. Nam caverna, inquit, in
templo Apollinis fuit, ad quam, ut et Lucanus ostendit,
Phoebas rapta vaticinabatur. Unde est:

20 *Confugit ad tripodas, vatisque immersa cavernis,*
  Haesit, et insueto concepit pectore numen.
Quod autem tripos corio Pythonis tectus vel septus
sit, super illud ejusdem Lucani dicimus: *Seu barbarica*
quum lampade Python arsit. Divinationis vero Phoebus,
25 ut ait Fulgentius, deus putatur, seu quod omnia obscura
sol in lucem manifestat, seu quod in processu suo et occasu
multarum rerum exhibeat significationem.

6. Quadrigam Phoebo attribuunt seu quia quadripartitis temporum varietatibus, veris videlicet et aestatis, autumni
30 et hiemis, anni circulum peragat, seu quod quaternaria sui
diversitate diei spatium emetiatur. Unde et condigna equis
ejus nomina posuere. Erythraeus namque *rubens*, Aethon
splendens, Lampos *lucens* vel *ardens*, Philogeus *amans*
terram interpretatur. Vere enim singulis diebus mane rubet
35 sol, quod sonat Erythraeus; in aestate sive quotidie hora
tertia splendet, quod significat Aethon; autumno vero sive
die media in centro jam positus immensa luce coruscat,
quod docet Lampos; sero vero occidendo, sive tempore
hiemali per signa inferiora transeundo, terrarum jam decli-
40 via petit, quod significat Philogeus. Inde est et illud Martiani:

Quatuor alipedes dicunt te flectere habenis,
  Quod solus domites quam dant elementa quadrigam;
id est annum, ut ait Remigius, quatuor temporibus constan-
45 tem; quae tempora juxta physicos elementorum habere

proprietates non dubium est. Aestas enim igni, autumnus
terrae, hiems aquae, ver aëri assimilatur.

7. Coronam quoque Phoebo XII lapidum, flammis
fulgurantem annique itidem diversitates figurantem dant.
Dicuntur a fronte esse gemmae tres, lychnis, astrites et 5
ceraunus, quae ejus faciem a cognitione concupiscentium
impenetrabilibus radiorum fulgoribus occuluit; quarum aliam
de fronte Geminorum, de Cancri cerebro alteram, ex Leonis
oculis tertiam dicunt assumtam. Aliae sex, smaragdus,
scythis et iaspis, heliotropius, dendrites et hyacinthius ex 10
utroque latere rutilare perhibentur, quas ei Ver et Autumnus dedisse feruntur. Posterior pars coronae crystallo et
adamante et hydatide lapidibus dicitur alligata, quos Hiems
genuisse memoratur. Horum lapidum naturae et typi juxta
Remigium hujusmodi sunt. "Per coronam Apollinis annus 15
intelligitur; per XII lapides XII menses et IV anni tempora, supputatis trinis; per tres gemmas a fronte positas,
tria signa, quae sol aestivis diebus transcurrit, significantur.
Nam frons anni aestas est, flagrantior videlicet et eminentior
pars. Est autem lychnites lapis purpureus, quem fert India, 20
lucernarum fulgore resplendens; unde et nomen sumsit;
nam λύχνος Graece, *lucerna* dicitur. Tactus sub sole digitis paleas trahit. Fertur subitum restinguere incendium,
ideoque Vulcano consecratus est. Comparatur vero Geminis propter purpureum colorem; quod dum sol mense 25
Junio in signo Geminorum est, purpurei passim flores erum-
punt. Astrites est gemma candida, habens intra se quasi
stellam deambulantem; unde et ab *astro* nomen accepit.
Hic lapis Cancro comparatur propter stellarum ejus altitudinem
et claritatem". 30

8. "Ceraunus lapis est fulvus. Repperitur ubi crebra
fulmina cadunt, et contra fulmina fertur opitulari, a quibus
etiam nomen habet. Nam *fulmen* Graece κεραυνός dicitur.
Unde et montes Epiri ob fulminum frequentiam ibi caden-
tium *Ceraunia* sunt nuncupati; quos etiam propter altitudi- 35
nem et fulminum jactus *Acroceraunia* expressius dictos
invenimus. Nam et ἄκρον acutum interpretatur, et ἄκρα
promontoria vocantur. Hinc et Arcadiam *Nonacriam* a
novem promontoriis dictam volunt, sicut Siciliam Trinacriam,
quod, ut ait Martianus, tribus promontoriis *triangula* cen- 40
seatur. Quippe Pachynus, ut ipse docet, meridiem, Pelorus occasum, Lilybaeus Africae fines spectat. Eandem
tamen Siciliam *Triquetram* tamquam a *tribus* et *quaestu*
dictam legimus, quod circa eadem tria promontoria crebra
fieri consueverint naufragia, et tres ibidem fuerint portus; 45
unde et frequentes Siculis quaestus proveniebant, et tria

Romanis in anno tributa mittebantur. Ceraunus igitur ob fulminum naturam in figura Leonis ponitur, quod ad modum fulminis omnia penetrantis ardor solis, praecipue quando in Leone est, mense Augusto, omnia viridia consumat et exurat. 5 Hi tres lapides faciem solis occuluerunt, quia dum sol in praedictis moratur signis, ob nimiam ejus claritudinem intuitum in eum defigere non facile sit. De Geminorum vero fronte gemma lychnis propter illius mensis, id est Junii, pulchritudinem et jucunditatem dicitur assumta; quia videlicet 10 et in anteriore parte hominis tota ejus pulchritudo consideretur, et in fronte non parva pulchritudinis pars notetur; de Cancri cerebro astrites propter eminentiam stellarum ejus et claritatem; ceraunus ab oculis Leonis propter feritatem ardoris; maxime enim feritas in oculis conspicitur 15 leonum".

9. "Smaragdus, scythis et iaspis lapides sunt virides et signorum vernalis temporis, id est Piscium, Arietis et Tauri typum gerunt, quia dum illa sol permeat, terrae virere et flores jam producere incipiant. Dictus est autem smaragdus 20 ab *amaritudine* ob nimiam viriditatem. Quaelibet enim nascentia dum viridia sunt, amara sunt. Est namque gemma viridissima ultra omnes herbas et frondes. Scythis a *Scythia*, in qua, ut ajunt, invenitur; iaspis ab *aspide*, in cujus cerebro inveniri fertur. Sunt autem iaspidis multa genera, 25 inter quae etiam fulvum, quo dicuntur daemonia et omnia fugari phantasmata. Heliotropius, dendrites et hyacinthus signorum autumnalium vices exprimunt. Est enim heliotropius quoque lapis viridis, sanguineas habens venas. Missus in argenteam pelvim aqua plenam radios solis in sanguineum 30 obscurumque vertit colorem. Hunc lapidem si quis cum herba ejusdem nominis, id est heliotropia (quam proverbia *sponsam solis* a fabula illa de Gyge Lydio confictam dicunt) commiscuerit, et congrua carmina dixerit, aliorum se visibus aufert. Optimus in India Libyaque invenitur. Est 35 autem lapis splendidus, cum ortu solis et occasu colorem mutans; unde et vocabulum traxit. Nam ἥλιος sol, τρόπος *conversio* interpretatur, quia juxta solis vicissitudines coloris variationes patiatur. Sed et herba solem sequi dicitur, quia, ut ajunt, vespere claudatur, mane aperiatur, totoque die 40 floris sui explicitam latitudinem in radios solis obvertat. Haec gemma in speciem ponitur Virginis ob solis claritudinem, in eo adhuc signo mense Septembri currentis".

10. "Dendritis lapis est *arboreus*, hoc est sucinum. Nam δένδρον *arbor*, ῥάβδος *virga* dicitur. Quae gemma 45 Librae datur, quia circiter Octobrem, sole partes Librae tenente, maxime, ut legitur, arbores sudant. Hyacinthus

lapis est caeruleus mirabilis variaeque naturae, aliquando
nebulosus, aliquando purus, ut fluctus; et est purpureae
lucis, quamvis cum aëre mutari videatur, et friget in ore portatus. Tribuitur Scorpioni propter illius temporis, id est Novembris, colorem nebulosum. Crystallus est lapis ex aqua praedura-5
tus, ideoque a glacie nomen sortitus. Nam κρύσταλλος
Graece *glacies* dicitur. Assimilatur Sagittario, quia eo
mense, quo sol in Sagittario est, id est Decembri, aqua in
glaciem incipiat exasperari. Adamas lapis est insecabilis, in
quantitate nucleo Avellanae aequalis, tantae soliditatis, ut 10
nulla vi, excepto hircino sanguine, domari possit. Attribui-
tur Capricorno propter duritiam et austeritatem mensis Ja-
nuarii, quo sol Capricornum tenet. Hydatis fulvus lapis
est et rotundus, intra se habens alium lapidem, cujus cre-
pitus sonorus est, licet tinnitum illum non de interno lapillo, 15
sed de spiritus cujusdam interioris motu esse nonnulli sanxe-
rint. Exsudat aqua, ita ut clausam in eo putes fontanam
scaturiginem; unde et ab ὕδωρ, id est *aqua*, nomen dicitur
meruisse. Comparatur Aquario propter nimias pluvias, quae
mense Februario, sole Aquarium tenente, inundare solent. 20
Per duodecim gemmas coronae duodecim quoque diei horas,
quae per solis cursum distinguuntur, accipiunt. Unde est:

———————————————— *radiisque sacratum*
Bis senis perhibent caput aurea lumina ferre,
Quod totidem menses, totidem quod conficis horas. 25
Quod vero de lapidibus illis aliud vel mysticum theologi
vel naturale senserint physici, in ipsorum scriptis investigetur.
De hac corona in principio Thebaidos Statius:
Ipse tuis alte radiantem crinibus arcum
Imprimat ——————— 30

11. Sane quia signa nominavimus, de nominibus et
rationibus ipsorum juxta veterum sollertiam, quae stellis
numeros et nomina fecit, non inutile videtur pauca perstrin-
gere. Ac primo sciendum, signa ipsa nihil aliud esse, quam
certa caeli spatia ex stellarum positione et ordine, mira 35
astrologorum sagacitate quibusdam quasi limitibus determi-
nata. Postquam enim frequentibus diuturnisque vigiliis certam caeli regionem dinoverunt, quam sol ita annua peragratione transcurrit, ut ad septentrionalem numquam verticem
ascendat, ad australem numquam cardinem descendat, ipsa 40
latitudine duabus altrinsecus, ut videtur, lineis limitata,
longitudinem etiam, id est illum caeli ambitum, in XII
partes divisere. Quos, ut legitur, subsecuta posteritas,
primo partes illas generaliter signa appellavit. Nec incongrue, quum per cognita ipsorum spatia stellarum, quae 45
immobilem continent positionem, et solis ipsius processus et

variae omnium planetarum motiones significentur. Unde et
circulus ipse Latine signifer, Graece vero ζωδιαχὸς a ζωδίῳ,
id est *signo*, nuncupatur. Nam quod a Graeco ζωὴ, id est
vita vel *anima*, et ζωδιαχὸς, id est *animalis*, ob animalium
5 figuras in eo depictas dictus sit, poëtica illusione excogitatum videtur. Deinde ut expeditiorem sermonibus suis et
doctrinis viam facerent, singulis figuris certa vocabula in-
diderunt; et nominum diversitate aliqua, ut ipsorum editionibus repperirent temporum rationem, attenderunt. Illud ergo
10 signum, in quo sol mox factus juxta computistarum dogma
locatus est, et quod singulis annis quinto decimo calendarum
Aprilis die ingreditur, quem primum a principio mundi diem
fuisse contendunt, primum signorum voluerunt, id Arietis
vocabulo, ex ipsius animalis natura rationem trahentes, nuncu-
15 parunt, sive ut traditum invenitur, quia hoc animal praecipue
cornibus valet, quemadmodum sol eo ab tempore ad resol-
vendam terram brumali rigore constrictam, radiorum vim
exerere incipit; sive quia autumnali aequinoctio, quod quarto
die post ingressum Arietis fit, per totam aestatem usque
20 ad aliud aequinoctium, quod tertio calendarum Octobrium
die fit, dextrum, id est superius hemisphaerium, quod coluro
aequinoctiali signa tangente ab inferiori dividitur, lustrat,
sicut illud toto hoc tempore dextro lateri fertur incubare.
Nam reliqua anni medietate et sol similiter inferiorem, vide-
25 licet australem ambitum peragrat, et Aries super sinistrum
latus incumbit. Juniores tamen se perspicacius sensisse rati,
ideo, inquiunt, mense Martio solem in Ariete collocamus, quia
sicut arietes in posterioribus infirmi, totam in anterioribus
corporis fortitudinem habent, ita tempus praeteritae hiemis
30 intemperie mortuum, tunc redeunte per solis accessionem
temperie reformari et quasi erigi incipit in futurum.

12. Taurum secundo loco posuerunt, quia sole partes
illas adeunte, primum apud quosdam post hibernum rigorem,
boum labores exerceri incipiunt; sive quod tunc eorum
35 opera, id est segetes, apud plerosque ad maturitatem
tendunt, et apud nonnullos in ferventioribus terris etiam
metuntur; sive juxta alios, quia taurus in anterioribus multo
fortior est ariete. Aries enim, inquiunt, in sola fronte, taurus vero et in capite et in pectore et tota illa anteriori parte
40 fortitudinem sortitus est. Sicque sole jam nobis propin-
quiore, major incipit increbrescere fervor. De Geminorum
ratione quod protulit antiquitas, magis mihi fabulosum quam
veri simile visum est; unde a junioribus censui minus dis-
sentiendum. Pinguntur ergo Gemini porrectis brachiis se
45 amplectentes, et quasi prima aetate pubescentes; sicut illo,
inquiunt, tempore etiam seminaria radicibus inferius extensis

et implicitis amplectuntur terram; superius vero pubescunt in herbas.

13. Cancri significatio, in quo post Geminos erit sol, in propatulo est; quia sicut id genus animal versis vestigiis retro incedit, ita sol quum ad hoc venerit signum, ultra 5 scandere non volens, inferiora repetit, solstitio in quarto ejus gradu, id est XII calendarum Juliarum die celebrato. Sequens signum Leonis dicunt ob illius mensis, id est Augusti, ferventissimum tempus, quia ceteris animalibus leo calore praestare dicitur; unde et importabilis irae est. Tunc 10 etiam dies incipiunt, quos a Caniculae violentia tunc maxime, ut putant, vigente, caniculares dicunt, in quibus nec sanguinem minui, nec potionibus propter calorem temporis et motum, ut dicunt, sanguinis licet uti. Unde est: *Sub Cane et ante Canem molestae sunt purgationes.* Deinde 15 sol signum intrat, quod Virgo dicitur, quae et spicam manu tenens pingitur. Sicut enim nullum fructum Virgo reddit, sic terra germinare jam desinit. Et apud multos seges, quae prius surgebat in herba, jam maturescit in spica. Libra, quae in trutinae effigiem deformata est, aequi- 20 noctialem mensis illius parilitatem, id est Septembris, quae III calendarum Octobrium die fit, designat. Post Scorpius sequitur, quem subtilissimo caudae aculeo pungere fabulantur, quod post autumnale aequinoctium frigoris molestias instare sentimus. Unde est: 25

Matutina parum cautos nunc frigora mordent.

Deinde Sagittarius solem recipit, quia hiems grandines et tempestates tamquam sagittas jam mittit. Praeterea Sagittarius in formam humanam anterius erigitur, posterius in pecualem submittitur, significans, solem tunc temporis a 30 supremis ad inferiora detrusum. Quod in Capricorno mysticum requiritur, oculis etiam deprehendere perfacile est. Capram enim in pascendo ab imis semper alta petere quis nesciat? Sic et signum hoc solem nobis ab inferis partibus ad superiora remittit, transacto in IV vel III gradu, id est 35 XII calendarum Januariarum die solstitio brumali, sicut in Cancro aestivali; unde et hoc signum et illud tropica, id est *conversiva* a Graeco τρόπος, id est *conversio*, dicuntur, quod in Cancro a superioribus ad inferiora, in Capricorno ab inferioribus ad superiora convertatur. Inde etiam haec 40 duo signa philosophi portas solis appellaverunt, quia in utroque obviante solstitio ultra ejus prohibeatur accessus. Postrema zodiaci signa, Aquarius et Pisces, ob imbriferos menses sunt appellata.

14. Phoebi tutelae corvum deputant vel quod solus 45 secundum Fulgentium contra rerum naturam in mediis fer-

voribus aestivis oviparos producit foetus, vel quod secundum
alios haec avis auguriis aptissima est. Unde Statius, infeli-
citatem augurii intimans, *obscurum comitem tripodum*,
id est corvum, abesse conqueritur. Quod autem eum
5 Phoebus juxta Ovidium in secundo Fastorum hac affecerit
ignominia, ut quamdiu ficus coquerentur et maturescerent,
bibere non posset, ob hoc fictum legitur, quod illis diebus
guttur pertusum habere perhibeatur. Secundum fabulam
Sol cum Clymene Nympha coiens Phaëthonta dicitur ge-
10 nuisse, qui paternos currus affectans sibi atque mundo con-
cremationis detrimenta conflavit. Semper ergo sol cum aqua
coiens fructus aliquos gignat necesse est, qui eo quod terris
exilientes appareant, phaëthontes quasi φαίνοντες appellantur; φαίνων enim *apparens* interpretatur. Qui quidem
15 fructus ad maturitatem sui solis ardorem quaerunt; sed eo
accepto, frequentibus et nimiis incendiis concremantur. Hujus sorores gemmeis guttis lucentibus, ut Ovidius in secundo
Metamorphoseon refert, fraterna deplorant incendia, sucina-
que diruptis jaciunt inaurata corticibus. Quae et Heliades,
20 id est Solis filiae, nuncupantur. Herbarum igitur et florum
procul dubio arbores sorores sunt, quae una eademque
fervoris humorisque jugabilitate gignuntur. Arbores autem
illae, quae sucinum sudant, dum maturas fruges sol tor-
rens Junio Julioque mensibus incendiosior Cancrum atque
25 Leonem attingit, tunc aestu valido fissis corticibus sucum
suum liquoris in Eridano flumine aquis in electrum duran-
dum emittunt. Sciendum vero, juxta Plinium in Naturali
Historia tria esse electri genera, unum ex arboribus, quod
sucinum dicitur; aliud, quod naturaliter invenitur; tertium,
30 quod fit de tribus partibus auri et una argenti; quas partes,
si resolvas massam, invenies. Electri autem natura probatur
veneno, quo recepto, et stridorem emittit et varios ad similitudinem venenati reddit colores.

15. Medicorum Phoebus non immerito deus dicitur
35 vel quod herbae, quibus physici utuntur, solis calore produ-
cuntur, vel quod praecipuae temporum mutationes, quas
solis cursus disponit, humoribus aequalitates apportant vel
inaequalitates, ex quibus salus aegritudinesque generantur.
Unde etiam Ovidius in primo Metamorphoseon autumnos
40 inaequales, id est morbidos vocat; quorum videlicet singulis
annis graves experimur pestilentias. Nam ut autumnus
morbis abundet, frigoris et caloris confine facit, quod licet
etiam vernum tempus habeat, morbos tamen minus creat,
quia tunc corpora praecedenti durata sunt frigore, quae
45 autumnus corrumpit, laxiora inveniens aestatis calore. Hinc
et omnes, ut ait Servius, qui secto matris utero procrean-

tur, Apollini consecrantur, utpote deo medicinae, per quem
lucem sortiuntur. Hinc et Aesculapius, quia a Coronidis
utero dicitur exsectus, ipsius fingitur filius. Interpretatur
autem Aesculapius *dure faciens.* Caesarum etiam familia
ideo sacra retinebat Apollinis, quia qui primus de eorum 5
familia fuit, exsecto matris ventre est procreatus. Unde et
a *caedendo* Caesar dictus est, licet variae hujus nominis
dicantur etymologiae.

16. Dicitur Sol in oceanum mergi, et ibi fatigata refi-
cere lumina, indeque mane lotus emergere. Revera autem 10
ignis solis aqua nutritur; quod et poëticum figmentum ostendit, quod dicitur Juppiter cum ceteris diis ab Aethiopibus
ad epulas invitatus. Aethiopes enim juxta oceanum habitant,
cujus aqua VII planetarum ignes pascuntur. Habet fabula,
Atreum et Thyestem germanos quum in dissensione sibi 15
nocere non possent, in simulatam gratiam rediisse. Qua
occasione Thyestes cum fratis uxore concubuit. Atreus vero
filium ei epulandum apposuit. Quod Sol videns, ne pollueretur, aufugit. Veritatis autem juxta Servium tantillum
est. Atreus apud Mycenas solis eclipsim primus invenit. 20
Cui invidens frater ex urbe discessit tempore, quo ejus probata sunt dicta. Sane numina pro locis tam figuras varias,
quam et nomina diversa sortiuntur. Nam Apollo apud
Delphos humana effigie, apud Lyciam lupina fingitur, apud
Delon vero formam habet draconinam. Constat etiam secun- 25
dum Porphyrii librum, quem *Solem* appellavit, triplicem
esse Apollinis potestatem, et eundem esse Solem apud superos, Liberum patrem in terris, Apollinem apud inferos; unde
et adyta ei consecrantur. Est autem adytum interior vel
subterior pars templi dicta per antiphrasin, quod a paucis, 30
id est solis sacerdotibus adeatur. Inde etiam tria insignia
circa ejus simulacrum videmus, lyram, quae nobis harmoniae caelestis imaginem monstrat, gryphen, qui eum etiam
terrenum numen ostendit, sagittas, quibus infernus et noxius
deus indicatur. Inde et Apollo a Graeco ἀπολεῖν, id est ab 35
exterminando vel *perdendo*, ut diximus, dictus est. Hinc
est, quod Homerus eum tam pestilentiae dicit quam salutis
auctorem. Hinc et irato Apollini arcum et sagittas, placido
vero citharam assignamus. Unde Horatius:

> *Condito mitis placidusque telo* 40
> *Supplices audi pueros Apollo.*

Dicitur autem et ideo lyram habere, quod per concordiam caloris et humoris omnia temperantur. Et mathematici asserunt, quotiens sol cum arcu apparuerit, pestilentiam
subsecuturam. 45

17. Quod vero Apollo, divinitate ob occisos Cyclopas spoliatus, Admeti pecora paverit (unde et juxta Servium a Graco *νόμοις*, id est a *pascuis*, *νόμιος* appellatur) physica ratione fictum videtur. Sol enim herbas et omnia pecorum
5 alimenta producit. Potest tamen secundum eundem et a *τῷ νόμῳ* id est a *lege chordarum* hoc vocabulum meruisse. Quod autem dea Celeritas, id est agilitas, solis filia dicitur, sive inde fictum est, quod nihil corporale sole est celerius; sive quod ferunt mathematici solis constellatione afflatos
10 pulchros et celeres fore. Lampadem fert Apollo, id est facem, cum qua Sol pingitur, et qua mundum illuminare putatur. Crinem in fonte Castalio lavare dicitur (revera autem locum etiam illum incoluerunt sapientes, secreta philosophiae et occultam sapientiam perscrutantes) hac simi-
15 litudine, quia crines collum occultant. Pro humana quoque voce Apollo, ut diximus, nonnumquam accipitur. Unde et novem Musae ei ideo applicantur, quod secundum philosophos quae vocem humanam operantur, novem sunt; duo videlicet labia, quatuor dentes, plectrum linguae, gutturis
20 cavitas, pulmonis anhelitus. Si enim ex his aliquid defuerit, vox perfecta non erit.

18. Fulgentius tamen novem Musas doctrinae atque scientiae modos appellat, et secundum vocabulorum interpretationes satis iis congruum ordinem assignat. Prima, inquit,
25 Clio ponitur, quae *fama* interpretatur. Nullus enim, inquit, scientiam quaerit, nisi qui famae suae protelet dignitatem. Ideo igitur prima est Clio appellata, id est *cogitatio quaerendae scientiae.* Secundam Euterpen dicimus, quae *bene delectans* interpretatur; ut sit primum velle, secundum de-
30 lectari in eo quod velis. Tertia Melpomene dicitur, id est *meditationem faciens;* ut sit primum velle, secundum desiderare quod velis, tertium instare meditando ad id quod velis. Quarta Thalia, id est *capacitas* vel *ponens germina.* Quinta Polymnia, id est *multam memoriam faciens.* Post
35 capacitatem enim necessaria est memoria. Sexta Erato, id est *inveniens simile.* Post capacitatem enim et memoriam discenti utilissimum est, ut et de suo aliquid simile inveniat. Septima Terpsichore, id est *delectans instructione.* Post inventionem enim discernere oportet et dijudicare quod inve-
40 neris. Urania octava, id est *caelestis.* Post dijudicationem enim quid dicas et quid despicias eligis. Eligere autem utile, caducumque despicere, caeleste ingenium est. Nona Calliope, id est *optimae vocis.* Ergo hic erit ordo: primum est, velle doctrinam; secundum, delectari in eo quod velis;
45 tertium, ad id quod desideraveris et in quo delectatus fueris perseveranter instare; quartum, id capere ad quod instas;

quintum, memorari quod capis; sextum, de tuo aliquid simile ei quod memineris invenire; septimum, quod inve-
neris judicare; octavum, de eo quod judicas eligere;
nonum, quod elegeris bene proferre. Alium quidem Musarum ordinem, aliamque scribit Remigius expositionem;5
sed, ut mihi visum est, minus evidentem et tantum ad ✓
lectionem Martiani pertinentem, ideoque praesenti operi non
judicavi necessariam. His igitur, ut praediximus, velut
quibusdam ad sapientiam gradibus Apollo, sapientiae deus,
non immerito fingitur praesidere. 10

19. Secundum physicos tamen longe alia ratione Musis
praeesse dicitur; quod videlicet sol in medio planetarum
positus totam mundanae concinentiae magnitudinem temperare existimatur. De quo Tullius: "Dux, inquit, et princeps et moderator luminum reliquorum, mens mundi et 15
temperatio". Habent enim theologicae rationes ipsum planetam septemque sphaeras subjectas jungi, et continuo propor-
tiones musicas adinvicem servante motu, singulas sonos
singulos et concinentiam maximam conficere universas.
Addunt quoque physiologi, novem Musas nihil aliud intelli-20
gendas, quam VII sphaerarum musicos cantus, et unam
illam, quae ex omnibus consonantibus conficitur, harmoniam.
Unde et octavam Uraniam, id est *caelestem*, nonam vero
Musam, ipsam videlicet octo vocum universitatem, Calliopen,
id est *optimae vocis* dicunt. Secundum Remigium tamen 25
hujus harmoniae ratio paulo aliter assignatur. Ex terra enim,
quam alii immobilem et sine sono esse asserunt, innuere
videtur nonum sonum provenire. Porro hujus harmoniae
sol princeps est. Ipse enim in medio VII sphaerarum, ut
diximus, constitutus, earum stationes, cursus et recursus, 30
sed et elevationes et depressiones sua vi variare ab astrologis comprobatur. Inde etiam apud Graecos Μουσαγέτης,
id est *Musarum princeps*, dictus est. Hinc et cygnus ei,
quod canora avis est, juxta Remigium consecratus est.
Secundum nonnullos tamen quum sint novem, ut ajunt, cir-35
culi mundani, summus, quem ἄναστρον dicunt, et ultimus, qui terrenus est, sono carent. Septem sunt reliqui,
septem discrimina vocum conficientes, quorum harmoniam
Orpheus, ut perhibent, primus deprehendit; unde et Apolli-40
nis Calliopesque filius meruit appellari.

20. Fuit autem Orpheus, ut pauxillulum expatiemur,
vir maximus tam ingenii claritudine quam eloquentiae suavi-
tate praefulgens. Sacerdos dictus est, quia et theologus
fuit, et orgia primus instituit. Ipse etiam homines irratio-
nabiliter viventes rhetorica dulcedine ex feris et immanibus 45
mites reddidit et mansuetos, et ex vagis durisque composuit.

14 *

Unde et bestias quaslibet, volucres et fluvios, saxa et arbores dicitur movisse. Sic Amphion, Thebarum conditor, et
ipse oratoria facultate eximius, cantu lapides, ut sponte
coëuntes murum conficerent, fingitur illexisse; quod stupidis
5 antea hominibus et juris ignaris dispersimque degentibus,
ut convenirent, civiliter conviverent et ad publicam tuitionem
moenia construerent, melliflua oratione persuaserit. Sane
Orpheus *optima vox* interpretatur, de quo hanc fabulam
confingunt. Orpheus Eurydicen Nympham amavit, eamque
10 sono citharae mulcens, uxorem duxit. Quam dum Aristaeus
pastor amans sequeretur, fugiens in serpentem incidit et
mortua est. Propter hanc maritus ad inferos descendit,
legemque accepit, ne eam conversus respiceret. Quam
conversus aspiciens, iterum perdidit. Haec fabula artis mu-
15 sicae juxta Fulgentium designatio est. Orpheus enim *optima*
vox, ut diximus, interpretatur; Euridice *profunda dijudi-*
catio. Hanc Orpheus, id est quivis musicae operam impendens, sibi conjungi optat et cithara illectam ducit uxorem;
quia qui musicae studet, nisi secretiorem artis ipsius profun-
20 ditatem comprehendit, musicus esse non potest, ideoque
eam crebra et artificiosa vocis modulatione tandem assequi-
tur. Haec vero scientiae altitudo quantum ab optimis amatur, sicut ab Aristaeo (ἄριστον enim Graece *optimum*
dicitur), tantum communionem hominum renuit; sicque ser-
25 pentis ictu moritur, quia nimiae subtilitatis suae intercepta
secretis, velut ad inferos transmigrat. Sed post hanc artem
exquirendam atque elevandam vox canora descendit, et ne
eam respiciat, prohibetur, et dum videt, amittit. Nam et
perfectissimus Pythagoras dum in musicae inquisitione labo-
30 raret, symphoniasque ponderum ac numerorum proportioni-
bus coaptaret, effectus tamen rationem reddere non potuit.

21. Remigio tamen de hoc figmento aliter videtur. Ait
enim, Eurydicen ideo Orphei dictam esse conjugem, quia
facundiae comes debet esse discretio. Ipsa vero serpente
35 laesa ad infernum descendit, quum terrenis inhiando commodis veneno iniquitatis ad sinistram partem inflectitur. Sed
Orphei carminibus ad superos revocatur, quum luculenta
oratione lucri stimulus ad aequitatem reformatur. Sed si
respicit, retrahitur ad terrena, nec oranti Orpheo redditur.
40 Nam quum terrenus animus saecularia nimis concupiscit, vix
eum aliqua oratio ad statum rectitudinis erigit, quia a Proserpina, id est maxima vitiorum tenetur illecebra. Porro
Servius Orpheum revera animam conjugis quibusdam carminibus reducere voluisse dicit; quod quia non potuit, a poëtis,
45 inquit, fingitur receptam jam conjugem dira Plutonis lege
perdidisse. Quod et Virgilium vult ostendisse dicendo:

Si potuit manes arcessere conjugis Orpheus.
Arcessere enim, inquit, proprie evocantis est.

22. Sed ad Musas recurramus. Musas esse concentum mundi etiam rustici apud antiquos cognoverunt, qui eas Camenas quasi *Canenas* a *canendo* dixerunt. Quia etiam 5 caelum theologi canere comprobarunt, sonosque musicos caelestium sacrificiis adhibuerunt, qui apud alios lyra vel cithara, apud nonnullos tibiis aliisve musicis exercebantur instrumentis. Sane *moys* Graece *aqua* dicitur; inde Musa quasi *aquatica*. Aër enim per arterias canentis egrediens, humore 10 aspergitur, nec umquam per gutturis fistulam nisi humoris adjutorio canitur. Secundum Varronem etiam ipsae sunt Musae quae et Nymphae; nec, ut ait Servius, immerito. Nam aquae, inquit, sonus musicen officit, ut in hydrauliis, id est aquaticis organis, videmus. Idem etiam Varro tres 15 tantum esse Musas commemorat, unam, quae ex aquae nascitur motu; alteram, quam aëris icti efficit sonus; tertiam, quae mera tantum voce consistit. Harum rerum caliginosas ego diversitates meo censens ingenio onorosas, aliis discutiendas, sanaque interpretatione elucidandas propono, 20 ne vel magnorum auctoritatibus parvitas mea refragetur, vel apocryphas promens traditiones, intelligendo faciam ut nihil intelligam.

9. Mercurius.

1. Secundum Jovis filium Mercurium volunt, sermonis vi- 25 delicet et eloquentiae deum. Hunc *medium currentem*, quod sermo inter duos seritur, vel *mercatorum κύριον*, id est *dominum*, vel secundum Fulgentium *merces curantem* interpretantur. Praeest enim mercatoribus, inter quos sermonis virtus et cautela maxime viget. Dicitur in Arcadia natus, 30 quod haec regio praecipue, ut ait Remigius, eloquentiae studuit. Dicitur deorum nuptiis interesse, quod in nuptiis sermo plurimum valet. Ibi enim internuntia vel missatica, et id genus plurima discurrunt. Dicitur post Apollinem natus; prius enim apud sapientes consilium, quod per Apollinem, 35 deum sapientiae, designatur, in qualibet re excogitatur; deinde sermone, qui per Mercurium intelligitur, quod provisum fuerit enuntiatur. Fingit eum Martianus Philologiam uxorem duxisse, eique VII artes liberales in dotem contulisse. Philologia igitur *studium* vel *amor rationis* interpre- 40 tatur; ponitur autem in persona rationis, Mercurius vero in similitudine facundiae et sermonis. Quum ergo in sapiente haec duo convenerint, et acumen videlicet rationis et facundia sermonis, tunc quodammodo Mercurius et Philologia

sociantur; tunc quoque ad VII liberalium artium scientiam facillime pervenitur. Sane Phronesis, Philologiae mater, quae
prudentia interpretatur, mortalis fingitur fuisse. Atque ideo
ipsam Philologiam mortali matre progenitam, nisi ἀποϑέωσιν,
5 id est *deificationem* nancisceretur, necesse erat esse mortalem, tantique dei conjugio indignam. Quod juxta Remigium
ideo fingitur, quia prudentia saecularis per se quidem mortalis et caduca est, nisi studiis verae sapientiae immortalitatem consequatur. Bene autem Phronesis Philologiae mater
10 dicitur, quia prudentia rationem exornat et quodammodo
sicut mater enutrit.

2. Ipse quoque Mercurius Jove patre et Maja matre
progenitus, ex altera parte mortalis extitit. Sed eum Juno
mox natum uberibus suis applicavit, sicque divino lacte per-
15 fudit, ut fieret immortalis. Sermo igitur et ad divina, id
est ardua et subtilia, et ad humana, id est humilia et minus
subtilitatis habentia, aptus est explicanda. Unde parentibus
altero immortali, altera mortali dicitur procreatus. Dum
igitur sermo in terrenis tantum et inferioribus versatur, me-
20 rito mortalis perhibetur. Dum vero ad Junonis, quae est
aër, ubera tollitur, id est dum ad caelestia et altioris philosophiae secreta discernenda ascendit, divinitatem quodammodo
videtur meruisse. Per physicam etiam Junonis uberibus fingitur educatus, quia sermo voce ex aëre percusso formata
25 quodammodo perficitur atque nutritur. Juxta deliramentum
fabularum adhuc adolescentulus cum Venere fertur concubuisse, et Hermaphroditum, a suo et Veneris nomine nomen
habentem, genuisse. Nam Graece Mercurius Ἑρμῆς, Venus vero Ἀφροδίτη, id est *spumea* nuncupatur; ἀφρος enim
30 dicitur *spuma*. Quare autem Venus *spumea* dicatur, ubi
de Saturno egimus, evidenter expressimus. Hermaphroditus
igitur quasi Mercurii et Aphroditae dictus est filius. Her-
maphroditos autem dicimus homines utriusque sexus, quos
et Androgynos nuncupamus; ἀνήρ enim *vir* Graece, γυνή
35 *mulier* dicitur. Hermaphroditus autem significat quandam
sermonis lascivitatem, quia plerumque, neglecta veritatis
ratione, superfluus sermonis ornatus requiritur. Hinc est,
quod Sophiam legimus Mercurio nubere noluisse. Licet
enim sermo magnum sit rationalis creaturae ornamentum,
40 sapientia tamen superfluum verborum ornatum respuit; non
quod facundiae jungi refugiat, sed immoderatae verbositati
misceri non consentit.

3. Fulgentius Mercurium negotiis praeesse dicit; ideo
Mercurium dictum quasi *merces curantem*, quod negotiato-
45 res, quibus praeest, mercibus semper invigilent; sive ab
Ἑρμῆς Graeco, quod *disserere* interpretatur, eo quod ne-

gotiatori maxime linguarum dissertio sit necessaria. Ideo
superorum et inferorum internuntium, quia terras peragrant,
mare ascendunt et transfretant negotiantes. Deum esse furti
et ipsum furem, quod mercatores perjuriis suis et fallaciis
alios decipientes, minime a furibus distent. Unde et Argum, 5
oculis ei falce erutis, dicitur occidisse, quod astuti fures et
falcatae versutiae dolis instructi negotiatores saepe etiam sa-
pientissimos viros, sed saecularis calliditatis vacuos, decipiant
et defraudent. Argus namque *vacuus* interpretatur. Gallus
ejus deputatur custodiae, quod haec avis maxime horam 10
surgendi mercatoribus, quibus praeest, denotare videatur. Virgam ideo secundum Remigium fert, quod sermo
facundiae recto rationis tramite et promtissimo pronuntiatur.
Ideo serpentibus innexam et caduceum dictam, quod rhetoris
sermo inter venenosas adversariorum litigationes *medius* 15
currens, omnem rixam cadere cogat, eosque sibi adinvicem
reconciliet. Nam bellantes disertorum oratione sedantur.
Unde secundum Livium legati *caduceatores* appellantur.
Sicut enim per feciales bella indicebantur, ita pax per caduceatores componebatur. Quod enim ideo Mercurius virgam 20
ferre putetur, quia sidus Mercurii non, sicut quidam planetae,
per anfractus absidum incedat, quando cum sole est, sed
directo feratur tramite, octo tamen partes latitudinis zodiaci
tangens, ego quidem non probo. Ex quo enim planeta quilibet plus quam unam in latitudine zodiaci de XII lineis 25
transit, recto tramite procedere non est putandus. Virgam
illam memorem appellat Martianus, quia sermo quaelibet ad
memoriam ducit. Ea etiam somnum dat et adimit, quia
sermo ingeniosus lites alias, ut diximus, sopit, alias etiam
nonnumquam excitat. Vitam quoque largitur et aufert, quod 30
idem rhetorum sermo in causis hunc liberat, hunc condemnat.

4. Sed et galerum habere dicitur, propter involutam
verborum obscuritatem. Nec ab his quidem Remigii dissentit auctoritas, potentias Mercurii ad haec verba designantis:
Themis, inquit, *obscuritas* vel *caligo* interpretatur; Erigone 35
contentio vel *litigosa*. Hae plerumque Mercurii sunt comi-
tes, quia haec rhetori conveniunt. Sermo namque rhetorum
aliquando obscurus est, aliquando clarus, nonnumquam lites
et jurgia provocat. Per geminos serpentes, quibus ejus
innectitur virga, venenosa et acuta rhetorum facundia desig- 40
natur. Gemini autem ideo sunt, quod sermo rhetorum damnat et liberat. Per virgam vero ideo rhetoris sermo accipitur, quia, sicut virga, rectus esse et flexibilis in oratoribus
debet justitiae et veritatis tenor. Cujus virgae caput est
auratum, medium glaucum, picea finis, quia sermo rhetoris 45
primo quidem pulcher videtur, deinde exasperatur, ad ulti-

mum vero damnat reum. Haec Remigius. Sed per virgam
illam serpentibus ligatam non absurde accipere possumus
continuam et insatiabilem negotiatorum, quibus praeest Mercurius, intentionem, eodem semper desiderio ad lucra festi-
5 nantem, serpentinis calliditatibus plenam, noxiisque curarum
venenis ipsos assidue cruciantem.

5. Quod vero talaria habeat Mercurius, et petasum, id
est calciamentum alatum, a Graeco verbo πέτω, id est a
volando dictum, sive ideo fictum est, quod sermone nihil
10 est velocius, sive propter nimiam sideris ejus velocitatem.
Ipsa vero talaria aurea juxta allegoriam, ut ait Remigius,
competentius argentea dicerentur. Aurum enim in mysticis
ad puritatem sensus, argentum vero ad eloquii refertur claritatem. Ob signum quoque velocitatis vertice alato depin-
15 gitur; nec immerito. Quum enim aliae stellae tarde ad
ortus suos recurrant, Mercurius, ut ait Servius, octavo
decimo die in ortu suo invenitur. Inde etiam στίλβων appellatur, quod *celer* interpretatur. Aliquando etiam, ut ait
Remigius, supra solem scandit, et paene usque ad Martis
20 circulum pervenit; aliquando vero quum retrogradus est, ad
inferiores circulos descendit et iterum paene usque ad con-
finium lunaris circuli defertur; ideoque fingitur, quod caelum
et Tartarum frequenter recurrat. Istud mihi obscurum judicans, astrologis investigandum relinquo. Quod vero deorum
25 dicitur minister, sive ab hac ipsa re ortum est, quod videlicet
ejus planeta velut aliorum planetarum famulus per ipsorum
circulos ascendendo et descendendo discurset, sive quod
sermo majoribus et minoribus aequalem praebeat famulatum;
sive methematica quadam, quam tradit Servius, ratione.
30 Sciendum enim, inquit, de V planetis duos esse noxios,
Martem et Saturnum, duos bonos, Jovem et Venerem.
Mercurius vero talis est, qualis ille, cui adjungitur. Unde
et fingitur deorum minister, quod eorum obtemperet potes-
tati. Hinc est, quod ait Virgilius:
35   *Quos ignis caeli Cyllenius erret in orbes;*
id est, cui planetarum adhaereat Mercurius, ut ex illo ipsius
Mercurii qualitas possit agnosci.

6. Sane planetarum, quos bonos vel noxios diximus,
latius naturas exequitur Plinius, qui etiam cometas stellas
40 esse naturales, cunctisque apparere temporibus, eosdemque
de quinque planetis fieri commemorat. Unde, inquit, interdum bonum, interdum pessima significant. Nam si de Venere aut Jove fiant, optima pronuntiant; si de Marte aut
Saturno, deteriora. Nam Mercurialis semper talis est, qua-
45 lis ille, cui adhaeret. Unde et ipse eum deorum dicit fingi
ministrum. Stoici quoque hos ultra XXX duos esse dicunt,

quorum nomina et effectus commemorat Avienus. Porro Sirius ab his alius est, stella videlicet in ore Canis posita; quae et ipsa quidem, quantum in ipsa est, pestifera est; sed pro qualitate adjacentium aut vincitur aut majoribus viribus utitur. Pestilentiam vero procul dubio creat, si in hanc rem 5 etiam ceterorum consentiant cursus astrorum. Hinc est, quod quum certo tempore semper oriatur, non tamen semper est noxia. Durat autem ejus violentia plerumque toto anno, plerumque diebus paucis. Inde est: *Et in totum regnaret Sirius annum.* Apparet autem Canis post Orionem, ejus- 10 que fingitur, dum esset venator, canis fuisse. Dicitur vero Sirius a *tractu*, id est longitudine signi; σύρω enim *traho* interpretatur. Est namque sidus maximum, adeo ut sua magnitudine trium signorum spatium videatur occupare. Ortus ejus aestifer dicitur, quia mense Junio, quando, sole 15 in Cancro posito, cum ipso oritur Canis, solent homines nimio solis ardore laborare. Sed et ipse Orion magnitudine sua multis oritur diebus; unde ejus etiam apud peritos est incerta tempestas. Oritur autem cum sole in Tauro existente. Hic vel Dianae sagittis, vel scorpionis aculeo fingi- 20 tur interiisse. Sed veri similius est, ut ait Servius, a scorpione interemtum esse, quod eo oriente occidat.

7. Neu abhorreas, quod juxta stellarum status prospera nobis vel adversa dicantur destinari; et fides catholica quod sane sentit, firmissime amplectatur. Gentilium tamen opinio 25 habet, actuum nostrorum proventuumque varietates vel vi et potestate siderum evenire, vel ab ipsis sive scientibus sive ignaris procul dubio praesignari; ut et aves seu praetervolando seu stando futura pennis vel voce significant nescientes. Nec mirum, nostras sideribus adscribi dispositiones, quum 30 omnes dum vivimus omnia ipsis physica ratione debeamus. Nec nunc quidem catholicam in his veritatem, sed gentilitatis expono opiniones et figmenta. Dicunt namque, nos quum nasci coeperimus, a Sole spiritum sortiri, a Luna corpus, a Marte sanguinem, a Mercurio ingenium, a Jove honorum 35 desiderium, a Venere cupiditates, a Saturno humorem; quae omnia singulis reddere asserunt extinctos. Alii haec et aliter et prolixius tradunt. Hic et istud Servianum sufficiat.

8. Quod palaestrae inventor sit Mercurius, ideo fictum dicit Remigius, quia stella ejus cum sola quodammodo lucta- 40 tur et quasi concertat, illum superare volens; semper enim cum sole graditur, numquam ab eo amplius XXX duobus passibus distans; unde et raro cernitur. Fuscus etiam propter ardorem solis depingitur. Nec te lateat, pro locorum diversitate ipsum quoque et diversa nomina et diversas sor- 45 tiri effigies. Vocatur enim Cyllenius a monte Arcadiae Cyl-

lene, ubi fingitur natus; Mercurius a negotiatione; Arcas ab
Arcadia. Proprium vero ejus nomen est *Κύριος*, id est
dominus. Eundem etiam nonnulli prudentiae deum volunt;
unde et Mercurium esse dictum, qui apud Aegyptios capite
5 canino pingitur; ideo videlicet, quod cane nihil est sagacius.
Nam quod Hecuba in canem versa fingitur, ad aliud spectat.
Ideo enim in animal latrabile deformata dicitur, quod quum
captiva duceretur et filii sui Polydori, a Polymestore, ut
legitur, occisi cadaver agnovisset, prae nimio dolore inani-
10 ter Graecis conviciabatur. Sane Cicero in libris de Deorum
Natura plures dicit esse Mercurios. Sed in ratione deorum
fabulae sequendae sunt, quia veritas ignoratur.

9. Tradit etiam in eodem volumine, triplicem de diis
esse opinionem: deos non esse, cujus rei auctor apud Athe-
15 nas exustus est; esse, et nullam curam rebus impendere, ut
affirmant Epicurei, qui fortuitis omnia eventibus rotari putant; secundum quos ait Virgilius in quarto:
  Scilicet is superis labor est, ea cura quietos
  Sollicitat. ———
20 esse et omnia curare, ut Stoici, qui fatorum tradunt necessitatem; secundum quos paulo post subjunxit: *Si quid*
pia numina possunt. Sectis enim philosophorum poëtae
pro qualitate utuntur negotiorum, nec se ad unam umquam
alligant, nisi quorum id maxime propositum est, ut Lu-
25 cretius, qui Epicureos tantum secutus est. Scimus autem
sectas inter se oppositas; unde fit, ut apud eundem poëtam
aliqua contraria inveniamus, non ex ipsius ignorantia, sed
ex varietate sectarum. Nam et illud, quod ait Virgilius in
quarto: *Sed misera ante diem,* Epicureorum est, qui ca-
30 sibus cuncta concedunt. Quod vero ait in decimo: *Stat*
sua cuique dies, Stoicorum est, qui fatorum dicunt statuta servari. Ideo tamen semper Stoici, quum nasci et mori
solis dent fatis, omnia media fortunae ascribunt; nam humanae, inquiunt, vitae incerta sunt omnia. Unde et Lachesis,
35 media sororum, quae *sors* interpretatur, vitae nostrae fingitur
dispensatrix. Hinc etiam idem Virgilius, vel ut plenum
Stoicorum ostenderet dogma, vel fortasse diversos secutus,
ait:
  Fortuna omnipotens et ineluctabile fatum.
40 Nam nihil fato tam contrarium quam casus videtur.

10. Sed tribus juxta prudentiores vita nostra continetur; natura, cui ultra centum et XX solares annos concessum non est; fato, cui nonaginta anni, hoc est tres Saturni cursus exitum creant, nisi forte aliarum benignitas
45 stellarum tertium ejus superet cursum; fortuna, id est casu,
qui ad omnia, quae extrinsecus sunt, ut ad ruinam, in-

cendia, caedes, naufragia et similia pertinet. Unde apud eundem Dido moritura: *Quem dederat cursum fortuna peregi.* Se enim peremtura, merito id fortunae, non naturae ascribit vel fato. Sic Cicero in Philippicis: *Multa mihi enim imminere videbantur praeter naturam praeterque* 5 *fatum;* id est gladii Antonii ex casu. De eo vero, quod ibidem suam Dido imaginem sub terras dicit ituram (ut hic. de quibusdam lectioris hujus partis Aeneidos utilibus, priusquam de Pallade agamus, utilem interseramus excursum) plurimum a majoribus disputatum est. Apud 10 nonnullos enim philosophos diu quaesitum est, quid de nobis sit quod inferos petat. Nam tribus hominem constare tradiderunt; anima, quae superna est et ad originem suam revertitur; corpore, quod in terra deficit; umbra, quam Lucretius *spoliatum lumine aërem* definit. Ergo umbra, 15 inquiunt, sicut ex corpore creatur, sine dubio perit cum eo. Nec est quicquam de homine reliquum, quod inferos petat. Deprehendisse tamen se tandem dixere, esse quoddam simulacrum, quod ad nostri corporis effigiem fictum ad inferos demigret; esse autem speciem corpoream, quae tangi non 20 possit, sicut nec ventus. Inde est:

   Corpora viva néfas Stygia vectare carina.

Hanc autem rem etiam Homerus inquirit, simulacro Herculis apud inferos viso. Haec enim simulacra etiam eorum esse dicta sunt, qui per ἀποθέωσιν dii facti sunt. Unde 25 omnes aut visi esse apud inferos aut illuc descendisse dicuntur. Horatius de Libero: *Te vidit insons Cerberus aureo cornu decorum.* Et apud Virgilium Charon:

   Nec vero Alciden me sum laetatus euntem
   Accepisse lacu, nec Thesea Pirithoumque,   30
   Dis quamquam geniti etc.

Abutuntur tamen poëtae, et confuse vel simulacrum vel umbram ponunt.

11. Quod vero in sacris magicis, quae Didonem Virgilius, ut suo Aeneam irretiret amore, inducit facientem, ait: 35 *Et matri praereptus amor,* a Plinio traxit, qui in Naturali Historia pullos equinos in fronte carnem quandam habere dicit, quam iis mox natis adimit mater. Quam si quis forte praeripuerit, pullum odit et lac ei denegat. Unde Juvenalis: 40

   Cui totam tremuli frontem Caesonia pulli
   Infudit ——————————

Merito autem suspicantur, amorem creari ex carne, sine qua mater non alit ex se creatum. Obitus eam difficiles ob hoc passam refert, quod vita ei superfuisse videatur, quae casu, 45 non aut fato aut natura moriebatur; quod et ipse supponit:

Nam quia nec fato merita nec morte peribat,
id est naturali. Inde et Iridem ei, ut mori possit, crinem
facit abscindere, Euripidem imitatus, qui Mercurium itidem
comam Alcesti secantem, quia fato mariti peribat, inducit.
5 Nisi enim vel Parcae filum, in quo vita hominis pendebat,
rupissent, vel Proserpina nomen ejus in poste apud inferos
notasset, vel crinem de capite abscidisset, vel Eumenides
eum lampade lustrassent, mori quis non posse dicebatur.
Sed et lapides omnium in urna apud inferos versari, et cu-
10 jus lapis prior exiret, priorem, cujus serior, seriorem ad
inferos descendere asseverant.

12. Talibus figmentorum ridiculis operam semper adhibuit inveniendis pulchre mendax Graecia et poëtica gar-
rulitas, semper de falsitate ornata. Has autem mortis com-
15 menticias dilationes ab hac re ortas ferunt, quod certis con-
secrationibus solebant majores facere, ut adversus omnes
fortunae impetus essent muniti. Nec poterant, ut ait Servius, mori, nisi exacta illa consecratione. Unde circa Didonem ista servantur. Porro urnam illam ipsum quidem
20 mundum non absurde accipiunt semper titubantem et omnia
versantem et ad inferos quoscumque tenet mittentem. Unde
Horatius: *Omnium versatur urna, serius ocius sors exi-*
tura. Sed et ab historia ductum videtur. Graeci enim, ut
legitur, legatos quopiam missuri, sortes in urnam ponebant,
25 et quos sors destinabat, mittebant. De Didone expirante
dilapsum dicit Virgilius *calorem,* eos imitatus, qui animam dicunt calorem esse, qua recedente, corpus friget, *et*
in ventos vitam recessisse, id est *animam;* ut alibi,
tenues — arcessere vitas; aut illos secutus, qui animam
30 aërem dicunt, hoc est, in materiam suam redire; aut certe
Epicureos, qui animam dicunt perire cum corpore, ut
intelligamus evanuit. Ob quam rem secundum eosdem
dictum est: *Facilis jactura sepulcri.*

13. Eam etiam inter exordia conditae Carthaginis Ae-
35 neae nuptam:
Frugiferae Cereri, Phoeboque patrique Lyaeo,
Junoni vero ante omnes sacrificantem inducit; Cereri vide-
cet, ut frugum praestet fecunditatem; Phoebo, quia auspiciis, ut supra diximus, praeest, quibus urbes reguntur;
40 Lyaeo, id est Baccho, qui, ut in sequentibus docebimus,
apte urbibus libertatis est deus. Unde et Marsyas, ejus minister, est in civitatibus libertatis indicium. Nam dii alii si
in urbium primitiis invocentur, ad privatam id pertinet causam, ut ibidem:
45 *Junoni ante omnes, cui vincla jugalia curae.*
Quamvis enim rei publicae utilitas simularetur, erat tamen

et specialis causa Didonis. Et communis hoc habet sensus. Sacrificavit, inquiunt, primo numinibus, quae urbi praesunt, quasi nuptura pro rei publicae utilitate; deinde Junoni, cui curae sunt nuptiae. Nonnulli tamen altius sentiunt. Nam facturi, ajunt, aliquid, ante adversos placamus deos, et sic propitios invocamus, ut:

Nigram Hiemi pecudem, Zephyris felicibus albam.
Ergo modo nuptura placat ante Cererem, quae propter filiae raptum nuptias execratur; Apollinem, qui expers uxoris est; Liberum, qui raptam, ut legitur, conjugem ducere non potuit; et sic Junonem conciliat. Tale et illud Apollinis Iulum in nono alloquentis est, quum is invocato Jove Numanum sagitta occidisset: *Primam hanc tibi magnus Apollo concedit laudem.* Concedere enim se ideo dicit, quia sagittarum deus est; et licet eum Juppiter juverit, Apollo tamen suum vindicat officium, dicens, se concessisse, quia non prohibuit. Ea enim, quae ab aliis numinibus poscimus, tunc implentur, si non alii dii adversantur, et praecipue ii, quorum ea propria sunt. Unde et in quarto Juno, de Didone et Aenea agens, Veneri ait: *Adero, et tua si mihi certa voluntas, connubio jungam stabili;* hoc est, quod in me est, jungam eos; restat ut tuum velis implere officium.

10. Pallas.

1. Maximam Jovis filiam Palladem volunt. Hanc belli, hanc sapientiae, hanc omnium artium, ut Ovidius dicit in libro Fastorum, deam esse volunt. Diversa etiam ei nomina attribuunt. Dicitur enim eadem dea Pallas, Minerva, Tritonia, et apud Graecos Ἀθηνᾶ. Pallas igitur vel a Graeco dicitur πάλλειν, id est ab hastae *concussione,* quod videlicet facit dea; sive quia secundum fabulam, Gigantem Pallantem juxta fluvium Tritonem interfecerit. Quod ideo juxta Remigium fingitur, quia stultitiam in luto miserabilis ignorantiae jacentem interfecit sapientia. Pallas etiam *nova* interpretatur. Sapientia enim nullum senium nullamque sentit vetustatem. Ob id ipsum et Minerva dici meruit, id est *non mortalis: min* enim non; *erva* mortalis interpretatur. Idem sonat Ἀθηνᾶ. Dicitur enim Ἀθηνᾶ quasi ἀθάνατος, id est *immortalis.* Tritonia vero juxta Remigium, quasi Tritonoia, nuncupata est, id est *terna notitia.* Philosophi namque mentibus tantum cognoscendis laborabant, creatore videlicet et creatura et anima, quam mediam judicabant, de qua alibi tetigimus. Fulgentius tamen de hoc nomine aliud sentit. Triton enim, ut supra diximus, juxta eum quasi

τετριμένον, Latine *contritum* dicimus. Unde, inquit, Tritonia dea dicta est sapientiae, quia omnis *contritio* facit sapientem. Juxta Servium τρεῖν *timere* interpretatur. Unde juxta eum Tritonia quasi *terribilis* appellata est. Nam quod
5 a Libyca palude hoc nomen meruerit, quia illic a caelo descensum et ad caelum ascensum celebraverit, poëticum esse constat. Nam legitur:

Et se dilecta Tritonia dixit ab unda.

2. Fingitur sine matre nata, quia sapientia sine prin-
10 cipio et fine est. Ideo virgo, quia sapientia nullam vitii recipit corruptionem, sed perpetua gaudet morum integritate. Fingit Palladem Martianus de sublimiore et splendidiore loco descendisse, quia videlicet in excelsis sapientia habitat, et omnem terrenae faecis supergraditur vilitatem. Habes ipsam
15 dicentem: *Ego in altissimis habitavi, et thronus meus in columna nubis.* Fingunt et eandem Jovis vertici inhaesisse, quia secundum fabulam de capite Jovis nata perhibetur. Quo figmento innuitur, quod ex mente summi dei sapientia progenita est. *Ego,* inquit, *ex ore altissimi pro-*
20 *divi.* Nam et quod Pallas sine matre introducitur, ostendit, aeternam sapientiam non ex aliis extantibus, sed ex substantia dei principium habuisse. Hinc etiam quod virgo et sine matre est, septenarius ei numerus consecratur, quod solus ille intra denarium limitem, sicut in arithmetica tradi-
25 tur, nec alium a se gignit, nec ipse a quoquam nisi a sola, quae omnium numerorum mater est, generatur unitate. Gorgonis caput fert in pectore quasi terroris imaginem. Illic enim est, ut ait Servius, omnis prudentia, quae confundit alios, et imperitos et saxeos comprobat. Triplicem habet
30 vestem, seu quia omnis sapientia est multiplex, seu quia celata. In hujus tutela noctuam ponunt, quia sapientia etiam in tenebris proprium fulgorem possideat. Dicitur vero a plerisque ideo de vertice Jovis nata, quia in cerebro ingenii et sapientiae sedes esse dicatur. Hinc et arces ei et editiora ac
35 divitiora urbium munimina dicimus consecrari. Legimus enim: *Pallas quas condidit arces ipsa colat.* Unde et in Trojae eversione competenter eam Virgilius arces dicit insedisse. Sua enim numinibus opera consultissime dat evertenda; portas Junoni, quarum, ut diximus, dea est; arces
40 Palladi, muros Neptuno, cui fundamenta sunt consecrata, cujus et moveri dicuntur arbitrio. Nam et ἐνοσίχθων, id est *terram movens,* ut diximus, appellatur.

3. De Pallade et Vulcano hoc fingit fabula. Vulcanus quum fulmina Jovi fabricaret, ab eo permissum accepit, ut
45 quicquid vellet praesumeret. Ille Minervam petiit conjugem. Juppiter autem Minervae imperavit, ut virginitatem suam

armis defenderet. Dumque in cubiculum introirent, reluctante
Pallade, Vulcanus semen in pavimentum jecit, unde natus
est puer pedibus draconteis, qui Erichthonius dictus est,
quasi de *terra* et *lite* procreatus.   Nam juxta Servium
γϑὼν *terra*, ἔϱις *lis* interpretatur.   Hic ad tegendam pedum 5
foeditatem, primus curru usus est.   De nomine tamen ejus
aliter sentit Fulgentius.   Ait enim, ἔϱις Graece *certamen*,
γϑὼν *terra*, sive φϑόνος *invidia*, dicitur.   Illum conceptum
Minerva in cistam abscondit, draconeque custode apposito,
duabus sororibus Pandorae et Aglauro commendavit.   Vul- 10
canum igitur intelligi voluerunt *furiae ignem*.   Unde et
Vulcanus secundum Fulgentium dictus est, id est *voluntatis
calor*.   Denique et Jovi fulgura facit, id est civibus furorem
concitat.   Ideo Minervae conjugium appetit, quia furor et
sapientibus aliquando subrepit.   Illa vero armis virginitatem 15
defendit, quia omnis sapiens ad integritatem morum defen-
dendam contra furiam virtute animi dimicat.   Inde igitur
nascitur Erichthonius, id est *certamen invidiae* sive *terrae;*
terrae, inquam, quia sicut terra corporum, sic et invidia
mundanae gloriae consumtio est.   Et quid aliud subrepens 20
sapientiae furor, nisi certamen invidiae queat generare?
Quam quidem invidiam Minerva in cista abscondit, id est
sapiens in corde celat.   Sapiens enim lenior est, et dolorem
suum minime patefacit.   Draconem ei custodem apponit, id
est sollicitudinem adhibet.   Eum etiam duabus commendat 25
virginibus Pandorae et Aglauro.   Pandora vero *universale
munus*, Aglauro vero *tristitiae oblivio* interpretatur.   Sapiens enim si quid irae vel rancoris adversus aliquem portat,
id vel benignitati, quae omnium naturaliter munus est, commendat, id est ex benignitate ignoscit; vel dum differt ul- 30
tionem, transfert in oblivionem.

4.   Sane quia de Vulcano orta est mentio, Remigius et
Servius eum quasi Volicanum, *volantem candorem* interpretantur.   Ponitur enim, ut ait quodam in loco Remigius, in
specie ignis terreni, sicut Jovis in significatione caelestis. 35
Claudus fingitur, quia ignis numquam rectus sed anfractuo-
sus incedit.   Ponitur et Vulcanus pro igne obscoenae cupi-
ditatis.   Unde et Veneris fingitur maritus.   Bene etiam
Lemnius, id est *lutosus*, dicitur, quia obscoena voluptas nonnisi in lutosis mentibus versatur: λίμνη namque *lacus* inter- 40
pretatur.   Dicitur et Mulciber, hoc est ignis aërius, quasi
mulcens imbrem.   Quum enim nubes altiora petierint, calore
in pluvias resolvuntur.   Inter Jovem vero et Vulcanum et
Vestam hoc dicimus interesse, quod Jovis est ignis aetherius
simplex et innocuus, nihilque perurens; Vesta vero ignis 45
est publicus, usibus mortalibus accommodatus; Vulcanus

autem ignis intelligitur noxius et perurens, quale est fulmen;
unde et Vulcanus quasi *volans candor* dici putatur, quod
videlicet per aërem volet; a nubibus enim secundum physicos
nascitur.   Fingitur autem de Junonis femore natus, et
5 propter informitatem a caelo dejectus, ita ut claudus fieret,
in Lemnum insulam cecidisse, et a Lemno' primitus nomen
Lemnius accepisse.   Juno igitur aër est.   De ea natus est,
quia omne fulmen de aëre cadit.   De femore ejus ideo, quia
de uno aëre fulmina nascuntur.   Unde Lucanus:
10 ·   *Fulminibus propior terrae succenditur aër;*
         Pacem summa tenent.

Quia autem in Lemnum insulam crebrum jacitur fulmen, ideo
in eam cecidisse dicitur Vulcanus.

    5.   Est autem physica causa cur inter Aetnam et Lipa-
15 ren fingatur habere officinam, propter ignem videlicet et
ventos; quae apta sunt fabris.   Etenim Aetna mons est ardens, Lipare autem de insulis, quibus Aeolus imperavit.
Vulcano famuli, qui fulmina fabricent, decernuntur Brontes
et Steropes et Pyracmon.   Brontes igitur a *tonitru*, Stero-
20 pes a *fulgure*, Pyracmon a *calenti incude* nomen accepit;
πῦρ enim *ignis*, ἄκμων *incus* interpretatur.   Priorum enim
nominum origines a Graecis inquirite.   Toto autem caelo
fulmina illa mitti dicit Virgilius, quod teste Servio dicunt
philosophi de XVI partibus caeli fulmina in terras mitti.
25 Quod autem ibidem subjunxit:
         Tris imbris torti radios, tris nubis aquosae
         Addiderant, rutili tris ignis et alitis austri;
toto anno fulmina cadere insinuat.   Nam per has periphrases
tempora totius anni ostendit, quae et IV esse et ternos
30 menses habere manifestum est.   Per *tris* enim *radios imbris
torti*, id est constricti et coacti in grandinem, hiemem designat, in qua grandinem abundare constat.   Per *tris nubis
aquosae* ver, quo tempore nimiae sunt pluviae, ut ipse
alibi: *Et ruit imbriferum ver.*   Per *tris rutili ignis*
35 aestatem.   Per *tris alitis austri* autumnum, quo ventorum
crebra sunt flamina.   Prudenter autem his omnibus naturam
exprimit fulminis, quod necesse est, ut per nubes nascatur
et ventos.   Quod vero fulmen trifidum vel trisulcum legimus,
ad aliud spectat.   Est enim fulmen quod afflat, est quod
40 findit.   Nam quatuor quos dicit fulminum species, minime
ab his alienae videntur.   Est enim, inquit, fulmen quod
terreat, ut:
         Aeternis regis imperiis et fulmine terres.
Est quod afflet, ut: *Fulminis afflavit ventis.*   Est quod
45 puniat, ut:

Vel pater omnipotens adigat me fulmine ad umbras.
Est quod praesagiat; ut:
De caelo tactas memini praedicere quercus.
Ideo etiam juxta Servium maritus Veneris fingitur Vulcanus,
quia venerium officium nonnisi calore consistit. Unde Virgi-5
lius: *Frigidus in Venerem senior.* Mulciber autem dictus
est, quia ignis *ferri* duritiam emollit atque *demulcet.*

6. Ad Palladem autem deinceps revertamur. Fabula
habet, propter Cassandrae stuprum iratam Graecis fuisse Minervam, vel quod ei victores superbia sacrificare noluerunt.10
Unde eos redeuntes gravissima tempestate fatigatos per diversa
maria dispersit. Inde Horatius: *Quum Pallas usto vertit
iram ab Ilio* Revera autem constat, Graecos tempestate
laboravisse aequinoctio vernali, sole in Ariete posito, quando
manubiae Minervales, id est fulminum jactus, tempestates 15
gravissimas commovent. Haec autem numina, quae inter
sidera non videmus, licet signa sua propria non habeant,
cum aliis potestate tamen permixta sunt, ut Ophiuchus ipse
est Aesculapius; Gemini quoque Apollinis et Herculis signum
esse dicuntur. Sic et Aries Minervae signum esse dinoscitur;20
ideoque Minerva fertur Graecos punisse, quod sub illo signo
periclitati sunt. Sane in Etruscorum libris lectum est,
certa esse numina jactus fulminum possidentia, Jovem videlicet, Vulcanum et Minervam. Unde apud poëtas ubique
cautum invenimus, ne aliis fulmina dare praesumserint.25
Oliva, quae signum pacis est (unde et nomen invenisse
videtur; ἔλεος enim Graece misericordia interpretatur) Palladi, utpote deae sapientiae, merito consecratur; quod
sapientium sit et pacem amare, et inter discordes eam quantocius reformare. Ut autem in pacis petitione ramus olivae 30
cum vittis offeratur, partim fabulae partim naturae efficit
ratio. Nam quum de nomine Athenarum, ut supra diximus,
Neptunus et Minerva contenderent, Minerva olivam protulit
et statim vicit. Unde quum ramus ejus alicui offertur, indicat esse meliorem. Hinc et illud proverbium dictum est 35
herbam do, id est victoriam concedo. In agonibus denique,
ut ait Varro, herbam in modum palmae dabat aliquis ei,
cum quo contendere non conabatur, et meliorem esse fate-
batur. Vittas autem, id est institas laneas, habet ramus olivae
ideo, ut inertiam et imbecillitatem offerentis ostendat. Sci-40
mus enim, oves alieno semper auxilio indigere. Vittae vero
a *vinciendo* dictae sunt.

7. De Minerva etiam dicitur, quod tibias adinvenerit.
Quibus quum in convivio deorum concinuisset, ejusque tumentes buccas dii omnes irrisissent, illa ad Tritoniam paludem 45
pergens, in aqua faciem suam turpem speculata, tibias ab-

15

jecit. Quibus repertis Marsyas canens, Apollinem ad certamen provocavit. Midam igitur regem judicem elegerunt, quem Apollo, quod injuste judicasset, asininis auribus dedecoravit. Is criminis sui notam tonsori tantum ostendit, ei,
5 ut taceret, partem pollicens regni. Ille celare nequiens, nec palam proferre ausus, terram fodit, et in defosso rem dixit et operuit. In eodem loco calamus natus est, unde sibi pastor quidam fistulam fecit, quae percussa: *rex*, inquit, *Midas asininas aures habet*. Sic ergo Orpheus in theo-
10 gonia scribit. A musicis haec reperta est fabula. Musici enim duos artis suae posuerunt ordines; tertium deinde minoris valentiae adjecerunt: canticorum, citharizantium et tibizantium. Prima ergo est vox viva, quae in omnibus sibi musicis necessitatibus celerrime subvenit. Secunda est cithara,
15 quae quum in multis vivam vocem aequiparare videatur, aliqua tamen non implet, quae viva vox potest. At vero tibia vix artis musicae partem extremam sufficit adimplere, De quinque enim symphoniis, quas viva vox vel cithara reddit, tibia vix unam et dimidiam perficit. Minerva itaque, id est
20 aliqua persona sapiens, tibiarum nondum experta defectum, eas quidem adinvenit; quas tamen cognitas omnis doctus in musicis propter sonorum respuit paupertatem. Inflatas vero buccas dii risisse dicuntur, quia tibia ventose in musicis sonet, et artificiosae flexibilitatis vocum proprietate amissa,
25 rem potius sibilet quam musice moduletur. Merito ergo eam nimio flatu perstrepentem, omnis qui in arte musica doctus est, ridet. Unde et Minerva, id est sapientia, exprobratam tibiam projicit, quam tamen Marsyas sumit. Marsyas enim *stultus* interpretatur, qui solus in arte musica tibiam prae-
30 ponere voluit citharae; unde et cum porcina merito pingitur cauda.

8. Sed certantibus Midas imperitus assidet judex, qui etiam *nihil sciens* interpretatur. Hic et asininis dicitur auribus, quia omnis discernendi expers nihil ab asino differt.
35 Ob hanc rem et servus ejus auricularum dedecus dicitur prodidisse. Ingenium enim nostrum, ut legitur, servum habere debemus ad omnia quae volumus obsequentem, et secreta nostra caute celantem. Canna autem, per quam dedecus illud est prolatum, gutturis significat fistulam, per
40 quam loquens suam prodit ignorantiam. Pastor vero qui audit, eos qui doctrinis animos pascunt designat, qui ejus primi inscitiam deprehenderunt. Idem Midas, ut Ovidius refert, a Baccho petiit et impetravit, ut quicquid tetigisset, aurum fieret. Quod munus in ultionem ei conversum est;
45 quicquid enim tetigerat, in aurum convertebatur. Cibus quoque ac potus in auri materiam marmorabat. Itaque idem

a Baccho postulavit, ut mala desiderata averteret, responsumque accepit, ut suum Pactolo fluvio caput supponeret. Quo facto, Pactolus aureas arenas traxit. Inexplebili hominum cupiditati hanc dicunt fabulam allusisse. Avaritiae enim deservientes, et semper aurum suum augmentare, et de re 5 qualibet multiplicare cupientes, fame moriuntur; verbi gratia Midas, qui avaritiae deditus, licet ei aurum ad libitum suppeteret, minime tamen bonis suis vesci sustinuit. Scribitur autem in historia de eo, quod collecta pecuniarum suarum summa, Pactolum fluvium, qui per unum tantum alveum in 10 mare decurrebat, per innumerabiles meatus ad irrigandam provinciam derivaverit, sicque sua expensa pecunia, fluvium fertilem reddiderit. Qua in re quia censum consumsit, caput fluvio dicitur supposuisse. Fluvius quoque aureas arenas traxisse dicitur, quod frugifer factus est. Denique, 15 ut diximus, Midas, id est nihil sciens dictus est, quod avarus adeo stultus est, ut sibi prodesse non norit.

9. Ope Minervae Prometheus usus est, de quo hanc fabulam confingunt. Prometheus hominem ex luto fecit, eumque inanimatum atque insensibilem finxit. Cujus opus 20 Minerva mirata, spopondit ei quicquid vellet de donis caelestibus ad opus suum juvandum. Ille se minime scire ait, quae bona in caelestibus haberentur; sed si fieri posset, ut se usque ad superos elevaret, petiit, ut quid suo operi congrueret, ipse cerneret et eligeret. Illa ergo eum clypeo 25 suo impositum in caelum detulit. Illic quum videret corpora caelestia flammatis animata vegetari vaporibus, clanculum ferulam rotae Phoebi applicans, ignem furatus est, quem pectori applicans hominis, animatum reddidit corpus. Denique ligatum eum ferunt vulturi jecur perenne praebentem. 30 Refert Nicagoras, et testatur Petronius Arbiter, Prometheum primum idolum formasse, vulturique jecur praebuisse, eo quod invidi dente eum detractionis momorderint. Fulgentius vero Prometheum dei providentiam asserit interpretari; Minervam vero caelestem esse sapientiam; divinum ignem 35 sapientiam vel animam intelligi. Divina igitur providentia Pallade inspectante, quae dea est sapientiae, id est sapientem hominem formans, ei ut viveret animam esse necessariam vidit, quam ei velut de caelo tractam divinitus inspiravit. Merito autem et a sole faculam accendit, quod secundum 40 physicos quum ab aliis planetis alia accipiamus, a sole vitam habemus. Vulturem vero jecur ejus carpentem in figura mundi vult accipi; quod et celeri quadam volucritate mundus versetur, et cadaverum nascentium occidentiumque perennitate depascatur. Denique et facto homine Pandoram dicitur 45

15 *

formasse. Pandora enim Graece *munus omnium* dicitur, quod anima omnium sit munus generale.

10. Servius tamen de Prometheo aliud tradit. Ait enim, Prometheum post factos homines a se auxilio Minervae 5 caelum ascendisse et adhibita facula ad rotam solis ignem furatum esse, quem hominibus indicavit. Ob quam causam irati, inquit, dii duo mala terris immiserunt, morbos et macies, sicut et Sappho et Hesiodus memorant. Quod etiam Horatius tangens dicit:

10   *Post ignem aetheria domo*
      Subductum, macies et nova febrium
      Terris incubuit cohors.

Ipsum etiam Prometheum per Mercurium in monte Caucaso religaverunt ad saxum, et adhibita est aquila, ut cor exe-
15 deret. Haec autem, inquit, omnia non sine ratione finguntur. Nam Prometheus vir prudentissimus fuit; unde etiam Prometheus est dictus a Graeco προμήϑεια, id est *providentia.* Hic primus astrologiam Assyriis indicavit, quam residens in Caucaso altissimo nimia cura et sollicitudine perviderat. Hic
20 autem mons est positus circa Assyrios, vicinus paene sideribus; unde etiam majora astra demonstrat, et diligenter eorum ortus occasusque significat. Dicitur autem aquila cor ejus exedere, quia atrox est sollicitudo, qua ille defectus siderum omnes deprehenderat et motus. Et hoc quia per
25 prudentiam fecit, duce Mercurio, qui prudentiae et rationis deus est, ad saxum dicitur esse ligatus. Deprehendit praeterea rationem fulminum, et hominibus indicavit; unde caelestem ignem dicitur esse furatus. Sed et quadam arte ab eo monstrata supernus ignis eliciebatur, qui mortalibus pro-
30 fuit, dum bene eo usi sunt. Nam postea malo hominum usu in perniciem eorum versus est. Sicut in Livio lectum est de Tullo Hostilio, qui ideo exustus est cum omnibus suis. Numa vero Pompilius impune eo usus est tantum in sacris deorum. Hinc est, quod igne rapto ab iratis numinibus
35 morbi hominibus dicuntur esse immissi.

11. Venus.

1. Veneris ortum, quum de Saturno egimus, sufficienter expressimus. Hanc Epicurei, qui voluptati student, bonam rem, Stoici vero, qui voluptati renuntiant, vanam rem inter-
40 pretantur. In Tullio tamen Venus, quod ad omnia *veniat,* legitur appellata. Nuda pingitur seu quod crimen libidinis minime celetur, seu quod nudis conveniat, seu quod libido consilium, cujuslibet nudet et celari non sinat. Rosae ei adscribuntur. Rosae enim rubent et pungunt; itemque libido

ruborem ingerit e pudoris opprobrio, pungitque peccati
aculeo. Sicut enim rosa delectat quidem, sed celeri motu
temporis tollitur; ita et libido. Columbae ei consecrantur, quod illae aves (ut frequens innuit foetura) maxime in
coitu fervidae creduntur. Pingunt eam in mari natantem, 5
quia libido rebus naufragia inferre non dubitetur. Unde
Porphyrius in epigrammate:

Nudus, egens, Veneris naufragus in pelago.

Concha etiam marina portari pingitur, quia hoc animal
aperto simul toto corpore in coitu misceatur. Myrtus ei 10
deputatur, vel quod haec arbor litoribus gaudet, et Venus
de mari dicitur procreata, vel quod salso mari vicina est;
et salsus est, ut diximus, sudor quem semper elicit coitus;
vel quod, ut medicorum indicant libri, haec arbor plurimis
mulierum necessitatibus apta est. Verbenis placatur, quod 15
haec herba semen non emittit. Unde est: *Ara castis
vincta verbenis.* A Cypro insula, aromatum feracissima,
Cypris dicitur, quae *mixtura* interpretatur.

2. Tres ei Gratiae, quae Charites dicuntur, unius pulchritudinis, Pasithea videlicet, Aglaie et Euphrosyne mi- 20
nistrae dantur, quae 'nudae pinguntur, quia gratia sine
fuco, id est non simulata et ficta, sed pura et sincera esse
debet. Connexae sunt, quia insolubiles esse amicitias decet.
Unde Horatius:

Segnesque nodum solvere Gratiae. 25

Quod vero aversa una, duae vero respicientes pinguntur,
haec ratio est, quod gratia a nobis simplex profecta, duplex
solet reverti. Veneris et Liberi dicuntur filiae, quia gratiae
per horum fere numinum munera, Veneris videlicet, quae
voluptas est, et Liberi, qui vinum est, saepissime concilian- 30
tur. Interpretatur autem, sicut ego mihi accepisse videor,
Pasithea *attrahens*, Aglaie *demulcens*, Euphrosyne *retinens*; quia in amicitiarum obtentu primum sit ignotos allicere,
secundum allectos blandimentis permulcere, tertium, quos
permulseris, obsequio retinere. Venere et Baccho natus 35
fingitur Hymenaeus, quia, ut ait Remigius, ob vini petu-
lantiam libido excitari solet. Dicitur autem Graece ὑμήν
membrana, quae est proprie muliebris sexus, in qua puer-
peria fieri dicuntur. Inde Hymenaeus nuptiarum deus dictus
est. 40

3. Lactantius tamen ab historia tractum dicit, ut Hymenaeus nuptiis praesit, quod etiam Servius attestatur. Fuit
enim Athenis, inquit, adolescens tantae pulchritudinis, ut
feminam mentiretur. Hunc quum una ex civibus virgo nobilis adamasset, ipse tamen mediocribus ortus parentibus, 45
nuptias desperabat. Quum autem Atticae semel virgines

prope litus sacra celebrarent, subito piratarum adventu raptae et asportatae sunt, inter quas et Hymenaeus, qui in habitu muliebri amatam virginem subsecutus, puella creditus est. Piratae vero in longinqua regione portum nacti, 5 ab insequentibus sunt interemti. Hymenaeus igitur relictis ibi virginibus, Athenas reversus, dilectae nuptias a civibus pactus est, si filias iis restituisset. Quas ubi pro voto restituit, exoptatam duxit uxorem. Cui quia feliciter conjugium obtigit, obtinuit, ut nomen ejus in nuptiis invo10 cetur. Nam Hymenaeum adolescentem, ut nonnulli dicunt, die nuptiarum ruina oppressum esse, ideoque expiationis causa nomen in nuptiis invocari, falsum esse Servius affirmat.

4. Quod vero fingit Virgilius, Aenea in Libyam appulso, Jovem in summo caelo cum Venere convenisse, meto15 nymiam illam secundum mathesin videtur ordinare. Nam stella Joviali in altitudine sua posita cum stella Veneria, significari dicitur, quod per mulierem aliqua felicitas proventura sit. Ergo quia Aeneas in partem regni per occacionem conjugii erat admittendus, idcirco hoc poëta praemisit. Illud 20 etiam ibidem animadvertes, quod peritissime dixit Venerem tunc Jove tristiorem; ex quo significat, exitum uxoris infelicem futurum; nam se denique Dido interemit. Quod autem Mercurium facit a Jove defluentem ad occasum descendere, id est ad ima terrarum, ostendit amicitias quidem 25 fore, sed minime diuturno tempore permanere. Dicunt etiam mathematici, Venere in Virgine posita, misericordem feminam nasci. Atque ideo Virgilius fingit in habitu virginis venatricis Venerem Aeneae occurrisse. Quare et misericordem postea reginam expertus est, et in venatione cum ea 30 permixtus. Nam quod ubique ei comitem dat Achatem, ob hoc excogitatum est, quod ἄχος *sollicitudo* interpretatur, quae regum semper comes est; sive quod omnibus amabilis fuerit; scribit enim de achate Plinius, quod si quis hunc lapidem in anulo habuerit, gratior est; sive, ut ait Fulgen35 tius, achates tristitiae consuetudo dicitur; ab infantia enim aerumnis conjuncta est humana natura.

5. Est et theologica ratio, quod ignorantes usum venerium numina videre dicuntur. Unde merito idem Virgilius in secundo, Venere se in spissis umbris noctis concludente, 40 Aeneam deos vidisse commemorat. Quod autem post Veneris abscessum diras ait facies et numina inimica apparuisse, id secundum mathesin compositum videtur. Veneris enim praesentes radii intervenientes aneroticos, id est noxios planetas temperant, Martem videlicet et Saturnum, qui si 45 ortum geniturae radiis suppulsaverint, vitae rationem intercidere aestimantur. Unde est:

　　　　　　　　　　　　　　　Te Jovis impio
　　Tutela Saturno refulgens
　　　　　Eripuit, volucrisque Fati
　Tardavit alas.

Et bene tardavit, quia necessitas fati impediri posse dicitur, non penitus eludi. Hinc est: 5

　　　　　　　　　　　　　　　　　　　Nec fata vetabant
　Stare, decemque alios Priamum superesse per annos.
Quod vero post paucos versus subjunxit, *ac ducente deo,* id est Venere, secundum eos dictum est, qui, ut supra 10 diximus, utriusque sexus participationem habere numina voluerunt. Unde Gallus: *Pollentemque deum Venerem.* Item alibi Virgilius: *Nec dextrae erranti deus afuit;* quum aut Juno fuerat aut Alecto. Est etiam in Cypro simulacrum barbatae virginis, id est Veneris. Nec mirum, 15 teste Servio, utriusque sexus putari numina, quippe quae incorporea sunt, et quod volunt corpus ut videantur assumunt. Nisi enim corpora induerint, humanis visibus apparere non possunt. Sane secundum poëticam sciendum disciplinam, nolle se numina videri nisi ex nimia necessitate. Unde et 20 de Veneris ibi apparitione pro miraculo dictum est: *Alma parens confessa deam.* Et ob id ipsum alibi: *Transque caput jace, nec respexeris.* Quod autem ibidem Venus Aeneae promiserit, se ei nusquam abfuturam, ob hoc fictum videtur, quod, ut Varro docet, ex quo Aeneas a Troja recessit, 25 donec ad Laurentem agrum veniret, Veneriam semper vidit stellam. Unde est etiam: *Matre dea monstrante viam.* Et alibi:

　Jamque jugis summae surgebat Lucifer Idae;
statimque ea facta retrograda exinde ei non comparuit; 30 unde et ipse se ad terras fatales pervenisse cognovit. Sed et ideo, quod bona ejus constellatione tamquam materno ubique usus sit praesidio, matrem eam dixisse non absurde putari potest.

　6. Dicitur Venus, quum Glaucus ejus sacra sperneret, 35 equabus ejus, quibus ad currum utebatur, furorem irata immisisse, quae eum morsibus laceraverunt. Hoc autem ideo fictum est, quia Glaucus ab equabus nimia concupiscentia effrenatis dilaniatus est, quum eas a coitu prohiberet, ut essent velociores. Dicitur etiam cum Venere Mars furtim 40 concubuisse, quod Sol videns Vulcano prodidit. Ille adamanteis catenis eos coëuntes ligans, diis omnibus turpiter ostendit jacentes. Illa dolens quinque Solis filias, Pasiphaën, Medeam, Phaedram, Circen et Dircen detestabili amore succendit. Mars igitur complexu Veneris pollutus, id est, 45 virtus libidinis illecebris corrupta, sole teste apparet, id est,

tandem veritatis indicio rea esse cognoscitur. Quae quidem virtus prava consuetudine illecta vinclis constrictioribus ostenditur catenata. Venus itaque quinque Solis filias, id est quinque humanos sensus luci ac veritati deditos, et ad va-
5 riam rerum perceptionem, ut probant philosophi, datos, quasi solis foetus, hac corruptela obfuscat. Nullus enim sensus est, quem non suis illecebris voluptas inficiat. Quibus autem singulos corruptionibus molestet, in Martiano competentius leges. Congrua autem filiabus Solis nomina tribuun-
10 tur. Dicitur enim prima Pasiphaë, id est *omnibus apparens*, ut visus; visus enim nonnisi in medio posita contemplatur. Secunda Medea, id est *nulla visio*, designans auditum. Vox enim nulla corporea est. Tertia Circe, id est *manuum judicium*, quae pro tactu accipitur. Quarta
15 Phaedra, id est *afferens suavitatem*, quae significat odoratum. Quinta Dirce est, quae *acre judicans* interpretatur. Est enim gustus saporis judex.

7. Quod vero Pasiphaë taurum amasse, et Minotaurum peperisse dicitur, Servius a re gesta sumtum dicit. Asserit
20 enim, notarium Taurum Minois fuisse. Hunc, inquit, Pasiphaë, uxor Minois, furtim amavit, et cum eo in domo Daedali concubuit; et quia geminos peperit, unum de Minoë, alterum de Tauro, enixa esse Minotaurum dicitur. Unde Virgilius: *Mixtum genus*. Sane huic rei quia consensum
25 praebuit Daedalus, rex iratus eum in carcerem trusit; sed inde eum regina corruptis relaxavit custodibus. Qui amisso in mari filio, navi Cumas venit. Quod etiam Virgilius tangit, dicens: *Remigio alarum*. Alae enim et volucrum sunt et navium. Unde idem alibi: *Velorum pandimus alas*. Fi-
30 lios vero Atheniensium, qui ad Minotaurum devorandi mittebantur, auri et argenti pondera post victas Athenas Minoi in tributum missa arbitror accipienda. Porro Circe juxta Servium ob hoc tantum Solis fingitur filia, quod clarissima meretrix fuit, et sole nihil clarius est. Haec, inquit, sua
35 libidine et blandimentis homines in ferinam vitam ab humana deducebat, ut libidini et voluptatibus operam darent.

8. De eo vero, quod Scyllam mutaverit, haec fabula ficta est. Scyllam virginem pulcherrimam Glaucus, Anthedone civitate secundum plerosque natus, juxta Fulgentium
40 vero Anthedonis filius, amavit. Hunc Circe, Solis filia, diligebat, zelataque Scyllam, fontem, in quo lavari solebat, venenis infecit; ubi illa descendens, ab inguine lupis canibusque inserta est. Veritas longe alia est. Anthedon *contrarium videns*, Glaucus *luscus*, Scylla *confusio* interpre-
45 tatur. Ex ignavia ergo et incuria (quae, quia earum finis morum corruptio extremaque perditio sit, contraria veritati

et saluti spectare videntur) lippitudo animi ignorantia natam
Scyllam amat; id est, quivis per hujusmodi vitia in insi-
pientiam lapsus, libidini indulget, quae confusos reddit. Et
merito luscus dicitur, quia qui libidini operam dat, caecus
et insipiens et putidus est. Scyllae vero inguina lupis et 5
canibus mixta dicuntur, quia mulieres, vel virorum libidini
servientes, nequeunt meretriciam ipsorum devorationibus
saturare cupiditatem; vel ipsae voluptati deditae, suam
nesciunt a corruptoribus distrahere substantiam. - Unde Juvenalis: 10

    Prodiga non sentit pereuntem femina censum.
Canes vero et lupi ob hoc ex ea, ut ait Servius, nati esse
finguntur, quia et loca ipsa monstris maximis plena sunt,
et undarum ad saxa allisarum sonus latratum imitatur. Ipsum
quoque Glaucum in monstrum, ut habet fabula, deformatum 15
reor, quia libidinis impatientia non minor virilis sexus quam
feminei turpitudo perditioque sit. Circe Scyllam odisse dicitur et mutasse, quia Circe, ut supra diximus, *manuum*
judicium vel *operatio* interpretatur. Laborem autem, manuum judicium scilicet vel operationem, mulier libidinosa 20
fastidit; quae libidini tandem aliquando renuntians, otia
veneria in operum transfert exercitationem.

    9. Per Scyllam Ulixes innocuus transiit, quia sapientes
libido non vincit. Unde et uxorem habuisse dicitur Penelopen castissimam, quia omnis sapiens pudicitiam servare 25
nitatur. Et de eo aliquid expatiandum est. Polyphemus,
ut Servius commemorat, vir prudentissimus, et ob hoc
oculum unum in fronte, id est juxta cerebrum habuisse dicitur,
quia prudentia plus videbat. Hinc et Polyphemus merito,
id est *multae lucis* dictus videtur. Verum Ulixes illum 30
superavit; ideoque eum caecasse fingitur. Idem Ulixes quasi
ὅλων ξένος *omnium peregrinus* dici meruit, quia sapientia
a rebus omnibus mundanis peregrinos facit. Hinc est, quod
Sirenes contemnendo ad mortem dicitur deduxisse. Sirenes
enim secundum fabulam tres fuerunt, parte virgines, parte 35
volucres, Acheloi fluminis et Calliopes Musae filiae. Harum
una voce, altera tibiis, tertia lyra canebat. Primo autem
juxta Pelorum, post in Caphareis habitaverunt, quae illectos
suo cantu in naufragia deducebant. Per has transiturus 40
Ulixes sociis aures cera obturavit, se malo alligavit illaesus-
que pertransiit. Quod illae graviter ferentes, doloris impatientia mortuae sunt. Sirenes igitur corporales illecebras
evidenter designant; unde et nomen congruum meruerunt,
quia voluptates corporales ad se mentes quorumlibet *trahunt.*
Σειρώ namque, ut diximus, *traho* interpretatur. Unde et 45
arenarum tractus syrtes nuncupantur. Sapiens autem aures

suorum obturat, ne earum modulationes audiant, id est
praeceptis eos salutaribus informat, ne saecularibus deliciis
implicentur. Ipse vero malo alligatus transit, id est virtuti
innitens, licet mundanarum varietatum illecebras sentiat, eas
5 tamen contemnens in patriam sempiternae beatitudinis tendit.
Eo autem digresso, dolore perierunt, quia in animo sapientis
carnalis concupiscentia contemta emoritur. Nonnulli tamen
has tres sorores pulcherrimas meretrices fuisse contendunt.
Quae quia accedentes deducebant ad egestatem, iis dictae
10 sunt inferre naufragia. Volatiles pingi meruerunt, vel quia
amantium mentes celeriter pereunt, vel quia meretricum
amor citissime labitur. Gallinaceos pedes habent, quia libidinis affectus quantamlibet possessionem inutiliter spargit.
Nam quod Plato in sua Republica quum de sphaerarum
15 caelestium volubilitate tractaret, singulas ait Sirenes singulis
orbibus insidere, sphaerarum motu harmoniam jucundissimam
numinibus significavit exhiberi. Unde sub alia interpretatione
Siren, inquit Macrobius, *deo canens* Graeco intellectu valet.
Sane Salustius Scyllam dicit saxum simile formae celebratae
20 procul visentibus. Canes vero et lupi ob hoc ex ea, ut ait
Servius, nati esse finguntur, quod ea loca ipsa monstris
maximis plena sunt, et undarum ad saxa illisarum soni latratum imitantur.

.10. Quia vero de Marte superius orta est mentio, idem
25 Mars vel ob hoc juxta Remigium Gradivus dicitur, quia
gradatim pergit in proelium; vel ἀπὸ τοῦ γραδεῖν, id est
a *vibratione hastae*; vel juxta eundem Gradivus quasi
gratus divus, id est, inquit, *potens est divus*. Frequentius tamen, quum saeviret, Gradivus; quum tranquillus
30 esset, Quirinus dicebatur. Duo denique a Romanis templa
meruit, alterum intra urbem, quasi custos et tranquillus,
alterum extra urbem, quasi bellator Gradivus. Bellantium
autem numen dici videtur, quia stella ei deputata, utpote
proximo loco supra solem locata, ardentissima esse perhibe-
35 tur; et in suis domiciliis constituta, bellum praesignare
existimetur. Inde et Scorpium Virgilius ardentem appellat,
quod Martis videlicet est domicilium. Nam Scorpii utique
tempus frigidum est, quippe cujus mensis November est.
Gramen ei dedicatur, quia secundum Plinium in Naturali
40 Historia ex humano cruore procreatur. Est autem gramen
species herbae; licet generaliter omnis herba gramen vocetur; sicut robur omne lignum, quum sit et species. Unde
et Romani moris fuerat, quum de re bellica ageretur, et
Marti sacrificaretur, aras constituere gramineas. A Junone
45 eum sine patris admixtione natum dici suspicor, quia ejus
stella si per aërem, id est Junonem, sola in utrolibet domi-

ciliorum apparuerit, ardorem bellicum significare putetur
oriturum. Sin Juppiter vel Venus coorta fuerit, ipsius violentiam mitigare, effectumque annullare creditur.

11. Romulum et Remum ejus fingi filios constat, quia viri
fuerunt bellicosi. Nam quod lupa dicuntur alti, fabulosum 5
figmentum est ad celandam avorum Romani generis turpitudinem. Nec incongrue excogitatum est. Nam et meretrices
ab obscoenitatis et odoris ac rapacitatis similitudine *lupas*
vocamus; unde et *lupanaria* dicimus. Constat hoc animal
etiam esse in tutela Martis; picum Marti consecrari, qui et 10
ipsis expositis alimenta tulisse 'fertur, quia haec avis rostri
acumine velut lanceae cuspide lingua durissima penetret.
Illa enim de Pico rege fabula nihil ad hanc rem. Illum
namque, ut vult Servius, amavit Pomona, id est pomorum
dea, ejusque est sortitia conjugium; quod tamen Ovidius 15
in quarto decimo Metamorphoseon de Nympha nomine Canente fabulatur. Nam aliam fuisse Pomonam, Vertumnoque
nupsisse refert. Postea Circe quum eundem Picum amaret
et sperneretur, irata eum in avem Martiam convertit. Nam
altera est pica. Hoc autem ideo fingitur, quia Picus augur 20
fuit, habens picum avem, per quam futura noscebat, sicut
pontificales indicant libri; unde et lituum statuae ejus dat
Virgilius. Est autem lituus incurvus augurum baculus, quo ad
caeli spatia designanda, eo quod manu non liceret, utebantur.
Certas enim in caelo metas notabant, intra quas volantium 25
avium omina considerarent. Circen, quam veneficam fuisse inducunt, ab eo contemtam reor, quia veneficiis renuntiaverit.

12. Res ipsa postulare videtur, quoniam de auguribus
tempus admonuit, de superstitiosis augurum ineptiis, quia in
his poëtae nonnumquam versentur, hic, ne usquam, aliquid 30
delibare; et quia nec omnes omnia norunt, et hoc rudibus,
id est nostri similibus, opusculum cupimus altius inchoare.
Magia igitur generaliter, ut ajunt, accepta, quinque complectitur species: praestigia, sortilegia, maleficia, manticen
et matematicam vanam. Praestigia sunt, quorum phantastica 35
illusione deceptis sensibus humanis, incredibiles rerum mutationes arte daemoniaca videri videntur. Unde quia res ita
phantastice immutant, praestigiatores appellantur. Maleficia
malefici exercent, qui per incantationes daemoniacas sive
ligationes, vel alia hujusmodi sacrilegii genera, cooperatione 40
daemonum atque instinctu nefanda committunt. Sortilegiis
sortilegi intendunt, qui per sortes divinare queunt vel student. Mantice in quinque partes dividitur. Prima est necromantia, quae, ut legimus, interpretatur *divinatio in
mortuis*; νεκρὸς enim Graece *mortuus*, μαντικὴ *divinatio* 45
dicitur. Hoc namque divinationis genus per humani san-

guinis sacrificium fieri consuevit, quod daemones sitire feruntur. Secunda est geomantia, id est *divinatio in terra*
(nam γῆ *terra* interpretatur, unde et *georgicon* id est
liber de terrae cultura dicitur; ἔργον enim Graece *cultura*
5 dicitur.   Inde et sacra omnia apud Graecos ὄργια, sicut
apud Latinos caerimoniae sunt appellata; licet publicus tandem obtinuerit usus, ut propria Bacchi, sicut supra diximus,
orgia, ceterae caerimoniae dicerentur).   Tertia est hydro-
mantia, id est *divinatio in aqua;* ὕδωρ enim Graece *aqua*
10 interpretatur; unde et hydropicus, qui nimio appetitu aquae
perit; et hydraulia vel hydraula *aquatica organa* novimus
nuncupata; αὐλαὶ namque *fistulae organales* sunt.   Quarta
est aëromantia, id est *divinatio in aëre.*   Quinta pyromantia, id est *divinatio in igne;* πῦρ enim Graece *ignis*
15 dicitur; unde *pyram* et *Pyriphlegethonta,* id est *ig-
neum* dixerunt.   Hoc divinandi genere Statius Tiresiam in
X Thebaïdos utentem inducere videtur.

    13. Prima igitur necromantia ad inferos videtur perti-
nere, secunda ad terram, tertia ad aquam, quarta ad aërem,
20 quinta ad ignem.   Mathematica, secunda syllaba brevi et
aspirata, doctrinalis interpretatur.   Est autem prima (ut
tandem deprehensum creditur) speculationis pars, sub se
quadrivium, id est arithmeticam, musicam, geometriam et
astronomiam continens.   Secunda vero syllaba producta et
25 sine h, matematica, *vanitas* interpretatur.   Huic species
assignantur aruspicina, horoscopica et scientia per aves
divinandi, id est augurium.   Dicta est autem aruspicina
quasi *ararum inspectio,* quia aruspices aras inspicientes,
in extis et fibris sacrificiorum futura considerent; qui et ipsi
30 nonnumquam arioli, id est *circa aras precantes,* vel *in
aris divinantes,* sive salisatores, quod ex membris *salien-
tibus* et ex pulsu divinaverint, dici meruerunt.   Unde est:

———————— *aut caesis saliat quod numen in extis.*

Horoscopica, quam et constellationem dici legimus, est qua
35 in stellis fata hominum inquiri docentur.   Hac utuntur ge-
nethliaci, qui nativitates hominum attendunt, qui vulgo mathematici dicuntur, quamquam olim specialiter magi leguntur
appellati.   Horoscopi etiam ab horoscopica, id est *horarum
fata inspicientes,* nuncupati sunt.   De hujusmodi Juvenalis:
40   *Nemo mathematicus genium indemnatus habebit.*
Aves juxta artis disciplinam aut oscines sunt, id est, quae
futura *ore canunt,* aut praepetes, quae *volatu* significant.
Unde per aves divinandi scientia aliquando oculo exercetur,
et proprie auspicium quasi *avispicium* dicitur, quia volatum
45 avium et motum speculantur; aliquando auribus, et proprie
augurium, quasi *garritus avium* nuncupatur.   Usus tamen

frequentior., neglecta vocabulorum origine, utrumque augurium indifferenter appellat.

14. Augnriorum vero alia oblativa sunt, id est, quae
non poscuntur; alia impetrativa, id est, quae optata prove-
niunt. De impetrativo Statius: 5

Juppiter omnipotens, nam te pernicibus alis etc.
De oblativo Virgilius:

———————— *geminae quum forte columbae* etc.
Nisi enim oblativum esset, *forte* non addidisset. Nonnumquam tamen ipsa augures ex devotione fecerunt impetrativa, 10
quae ultro provenerant oblativa. Unde ibidem subditur:

Este duces, o, si qua via est.
Legitur auguralis, ut diximus, fuisse observationis, ut auguria captantes certa spatia designarent, in quibus volebant
videnda ad se pertinere. Unde peritissime interjectum est: 15

Ipsa sub ora viri caelo venere volantes,
Et viridi sedere solo ————————
ne videlicet, si longius volarent, ad eum non pertinere viderentur, Hinc in XII de apparitione aquilae dictum est:
Monstroque fefellit. Illud namque augurium carere fide 20
indicat, sede negata. Ubicumque enim firmum Maro introducit augurium, sedem ei firmissimam dat. Sic in Bucolicis:

Saepe sinistra cava praedixit ab ilice cornix.
In hoc etiam augurio liberatum cygnum in aqua cecidisse
dicit, quod instabile fuisse manifestum est. Nec mirum, 25
quum revera nec oblativum fuerit, nec impetrativum, sed
factione Iuturnae immissum. Et scimus utique hoc ubique
servare Virgilium, ut quibus rebus negatus est exitus, det
etiam infirma principia. Sic in Thracia considentem Aeneam,
quam mox fuit relicturus, contra morem Jovi de tauro dicit 30
sacrificasse. Sic et in tertio post numinum apparitionem,
quae felicitatem videbatur afferre, dictum est: *Corripio e*
stratis corpus. Nam statim tempestas subsecuta est. Item
in secundo: *Excutior somno.* Et mox illatum est civitati
excidium. Quotiens enim ex abrupto somnus aufugerit, sig- 35
nificat, ut ait Servius, omen infelix. Nec immerito. Nam
si somnus, inquit, munus deorum est, ut: *Et dono divûm*
gratissima serpit; non sine infelicitate ex abrupto deorum
munus abscedit.

15. Fuit etiam in oblativis auguriis sub arbitrio videntis, 40
utrum visa ad se pertinere vellet, an refutaret et abomina-
retur. Unde et in eodem augurio ab augure subjunctum
est: *Accipio agnoscoque deos;* hoc est, augurium hoc
libenter amplector, et circa nos favorem deorum agnosco;
ibique deceptus tamquam de oblativo agit. Item in V: 45
Nec maximus omen abnuit Aeneas. Fuit etiam Romani

moris, ut non uno contenti augurio, aliquid inchoarent, nisi prius ex simili confirmaretur. Unde est: *Atque haec omina firma.* Nam si dissimilia videbantur posteriora, solvebantur priora. Inde est:

5   *Quantum Chaonius aquila veniente columbas.*

Nam aquila sine dubio columbis plus potest. Bene autem Aeneae apud Virgilium in VI datur augurium, utpote Veneris filio et regi. Nam et columbae Veneri propter frequentem, ut diximus, coitum et foecunditatem consecratae sunt; et earum ad 10 reges pertinet augurium, quia numquam solae sunt, sicut nec reges incomitati. Nec ab re est, quod ibidem post orationem Aeneae adjectum est: *Sic effatus vestigia pressit.* Nam et effata proprie sunt augurum preces. Unde etiam aggeres post pomoeria, ubi captabant auguria, dicebantur effatus; et post preces 15 ad captanda auguria immobiles vel sedere vel stare consueverant. Porro praepetum avium, ut ait Servius, aliae superiora tenent, et proprie praepetes dicuntur, aliae inferiora, et inferae nuncupantur; communi autem vocabulo et hae et illae praepetes, quia omnes aves *priora petunt* volantes.

20   16. Merito aruspicinam, horoscopicam et augurium, matematicae, id est vanitati, subjecerunt, quia in his fata hominum constituere et scrutari, abominabilis juxta veros theologos superstitio cassusque labor sit; licet idem et de ceteris divinandi generibus asserendum non dubitemus. 25 Saepe vero quod ex natura obtigit generi, speciei usus assumit. Sane, ut Cicero ait, omnis divinandi peritia in duas distributa est partes. Nam aut furor est, ut in vaticinationibus; aut ars, ut in aruspicibus, auguribus, genethliacis et similibus. Et haec omnia ex se pendent, licet pro- 30 priis finibus contineantur. Unde Virgilius omnia ei dat, quem vult perfectum intelligi, ut:

  Qui tripodes, Clarii lauros, qui sidera sentis,
  Et volucrum linguas et praepetis omina pennae.

Et alibi:

35   *Cui pecudum fibrae, caeli cui sidera parent,*
  Et volucrum linguae et praesagi fulminis ignes.

Fulguritae, id est fulguratores erant sive qui fulgura per incantationes exciebant, sive qui illa divinabant.

  17. Ad Venerem autem, ne nimis vagari accusemur, 40 abhinc revertamur. Hiemali tempore omnium rerum pulchritudo quodam exitio deperit. Unde ficta est fabula illa de Adone et Venere, et a Remigio sic elucidata. Venus, inquit, Adonem ab apro interfectum fusis lacrimis plangit, quia terrae pulchritudo, quae per Venerem significatur, 45 plangit solem, qui per Adonem designatur, ad australes circulos descendentem, spurcitia et rigore hiemali quasi den-

tibus apri interfectum; tuncque lacrimas imbrium et fluen-
torum terra producit. De Adone tamen amato Fulgentius
aliud sentit. Quod ut fiat evidentius, ab altiori inchoëmus.
Myrrha itaque patrem amasse dicitur et cum eodem ebriato
concubuisse. Qui quum rem rescisset, evaginato eam perse-5
cutus est gladio. Illa in arborem myrrham conversa est.
Quam quum pater gladio percussisset, Adonis exinde natus
est. Myrrha igitur genus est arboris in India, quae calore
solis crematur, quem, ut supra diximus, patrem omnium
esse dicebant, quod ejus opitulatu cuncta germinum adoles-10
cat várietas; unde patrem amasse dicitur. Quae quum
grandioris fuerit roboris, solis ardoribus crepans rimam
efficit, per quam sucum desudat, qui itidem myrrha dicitur;
ob quam rem Adonem fertur genuisse, qui *suavitas* interpretatur; haec enim species odore suavis est. Ideo autem 15
Venus eum amasse dicitur, quia hoc genus pigmenti valde
sit fervidum. Unde et Petronius Arbiter ad libidinis conci-
tamentum se myrrhinum poculum bibisse refert.

18. Cur Amor Veneris dicatur filius, nullus ignorat,
quum ex voluptatis desiderio amorem nasci certum sit. Pin-20
gitur autem Amor puer, quia turpitudinis est stulta cupiditas, et quia imperfectus est in amantibus, sicut in pueris,
sermo. Unde Virgilius de Didone amante:

Incipit effari, mediaque in voce resistit.

Alatus, quia amantibus non levius aliquid nec mutabilius. 25
Sagittas fert, quae et ipsae incertae sunt et veloces; sive,
ut vult Remigius, quia conscientia criminis perpetrati stimu-
let mentem. Aurea autem sagitta amorem mittit, plumbea
tollit, quia amanti amor pulcher, ut aurum, non amanti vero
res gravis, ut plumbum, videtur. Ideo nudus, quia turpi-30
tudo a nudis peragitur; vel quia in ea turpitudine nihil est
secretum. Duae autem secundum eundem Remigium sunt
Veneres; una casta et pudica, quam honestis praeesse amoribus, quamque Vulcani dicit uxorem; dicitur altera voluptaria, libidinum dea, cujus Hermaphroditum dicit filium 35
fuisse. Itidemque Amores duo; alter bonus et pudicus, quo
sapientia et virtutes amantur; alter impudicus et malus, quo
ad vitia inclinamur. Quare etiam ad distinctionem boni
amoris pluraliter Amores plerumque appellamus.

19. Ad hujus figuram fabula respicit de Hero et Lean-40
dro conficta. Hero enim *amor*, Leander *virorum solutio*
interpretatur. Amavit igitur juvenis Leander Heron puellam
transmarinam. Ad quam quum de nocte nataret, illa in terra
contra stans, ne a suo litore aberraret, lampadem ei accen-
debat. Quadam nocte orta tempestate extinctaque lucerna, 45
juvenis submersus est. Cujus corpus ubi virgo vidit ejectum,

se quoque in mare praecipitem dedit. Leander igitur, id
est *virorum solutio*, per virtutis derelictionem et ignaviae
indulgentiam Heron amat, id est in. amorem et libidinem
incurrit. Sed libidine quilibet succensus, dum ad id tendit,
5 quod ardenter diligit, numquam sane videt quod expedit.
Nam et nocte natat, id est in obscura pericula tentat. Hero
ei lucernam, ne aberret, accendit. Et quid aliud amor nisi
ardorem importat, et desideranti viam periculosam ostendit?
Lucerna autem statim extinguitur, quia juvenilis amoris
10 ardor non diu perseverat. Denique et nudus natat, ea videlicet de causa, quod amoris illecebra affectatores suos a
substantia et consilio nudare consuevit et in pericula, sicut
in mare, jactare. Quod autem lucerna extincta utrique
causa mortis est, juxta Fulgentium evidenter significat, quod
15 in utroque sexu libido commoritur. Denique in mari ambo
moriuntur, id est, in senectute inquietationis libidinum obli-
viscuntur. Senectus enim quod frigida et humorosa sit,
mari comparabilis videtur. Nam et tempestas, qua periit,
possessionis distractionem designat; cujus consideratio libidi-
20 nis incendium saepissime enecat.

20. Venerem denique philosophi in specie vitae philargicae posuere, ejusque cum Pallade et Junone certamen
eleganter statuere. Cujus rei figmentum ut explicemus,
paulo altius exordiamur. Juppiter quum Thetidem amaret,
25 prohibitus est a Proteo cum ea concumbere, ne quem generaret, qui se regno expelleret. Ille persuasus, Peleo eam
uxorem dedit, eorumque nuptiis ipse cum diis et deabus
omnibus, excepta Discordia, interfuit. Illa irata malum aureum in medium trium dearum, Junonis, Palladis et Veneris,
30 jecit sic inscriptum: *Pulcherrimae donum*. Illae igitur
de formarum excellentia certantes, Jovis judicium elegerunt.
At Juppiter duas nolens offendere, si tertiam praeferret,
eas ad Paridem transmisit judicandas. Cui quum Juno
regnum, Pallas virtutem polliceretur, promissione tamen
35 Helenae Venerem pulcherrimam judicavit.

21. Porro Peleo et Thetide Achilles natus, cujus vita
omnibus nota est. Thetidem igitur dici voluerunt aquam,
unde et Nympham appellaverunt. Hanc Juppiter quasi deus
conjungit Peleo; πηλὸς enim Graece *lutum* interpretatur.
40 Ergo terram cum aqua mixtam genuisse volunt hominem.
Ipsum Jovem Thetidis ferunt concubitum optasse, sed
vetitum esse, ne majorem se generaret; quia ignis, id est
Juppiter, si cum aqua coëat, aquae virtute extinguitur. In
conjunctione autem aquae et terrae, id est Thetidis et Pe-
45 lei, discordia sola non invitatur, quia concordia potius utro-
rumque fieri elementorum necesse est, ut homo gignatur.

In generatione igitur hominis adest Peleus ut terra, id est caro;
Thetis ut aqua, id est humor; Juppiter, qui utraque conjungit,
ut ignis, id est anima. Ibidem autem tres deae concertant;
quam vitam enim sit electurus qui gignitur, adhuc ignorat.

22. Philosophi namque tripartitam hominum vitam esse 5
voluerunt; primam theoricam, secundam practicam, tertiam
philargicam dicentes, quas Latine contemplativam, activam,
voluptariam nuncupamus. Theorica igitur sive contemplativa
est, quam agunt qui animum a terrenis omnibus suspenden-
tes, jugiterque sapientiae arcana investigantes, soli contem- 10
plationi vacant. Hanc apud nos monachi, apud antiquos
philosophi exercuerunt. Hujusmodi vitae sectatores nulla
mundanorum cupiditas, nulla iracundiae insania, nullum
livoris toxicum, nullus tangit vapor libidinis; sed tantum
indagandae veritatis contemplandaeque justitiae cura macerat, 15
fama ornat, pascit spes. Practica vel activa est, quae in
actionibus negotiisque consistit, quae de vitae tantum commodis est anxia, ornatuum petax, habendi insatiata, rapiendi
cupida, servandique sollicita; quae minus considerat, quid
expediat, ubi intendit, quid rapiat. Hanc vitam apud anti- 20
quos tyranni aliqui, penes nos mundus omnis gerit. Philar-
gica sive voluptaria vita est, quae voluptati tantum obnoxia,
nullum honestum bonum reputat, solam vitae appetens corruptelam. Hanc vitam penes illos tantum Epicurei gesserunt; apud nos hujusmodi vita natura, non crimen est. 25

23. Id itaque considerantes poëtae trium dearum ponunt
certamina, id est Minervae, Junonis et Veneris, de forma
sua contendentium, theoricam per Minervam deam sapientiae,
practicam per Junonem quae regnorum et divitiarum dea
est, philargicam per Venerem quae voluptatibus praeest, 30
significantes. Has fingitur Juppiter nolle judicare, ne prae-
ferendo unam, duas videatur condemnare. Videretur namque arbitrii nostri destructa libertas, si quamlibet ex istarum
trium vitarum nobis deus agendam, aliis duabus damnatis,
proponeret. Ideo ad hominem judicium transfert, cui libe- 35
rum eligendi et debetur et datur arbitrium. Ille brutum
quiddam desipuit, ut ferarum ac pecudum mos est, non
Minervae virtutem, non Junonis divitias respiciens, sed ad libidinem visus intorsit, vitamque philargicam praelegit, sicut
postea rei exitus indicavit. Quod vero omnes dii ad nuptias 40
dicuntur convocati, designat omnium elementorum cooperatione stellarumque consensu hominem procreari; sive quia
putabant gentiles, singulos deos singulas humani corporis
partes obtinere, Junonem brachia, pectus Neptunum, cingulum Martem, renes et inguina Venerem, pedes Mercurium, 45
digitos Minervam. Aures etiam Memoriae consecrarunt

16

(unde est: *Cynthius aurem vellit*), frontem Genio (unde et deum illum venerantes frontem tangebant), dextram Fidei, genua Misericordiae (unde haec tangunt rogantes).

24. Denique Achilles natus est quasi homo perfectus, quem mater Stygiis aquis intinxit, id est, contra omnes labores durum muniit. Solum ei talum non tinxit; hoc significante fabula, quod venae, quae in talo sunt, ad renum et femorum atque virilium rationem pertinent. Unde et aliquae venae usque ad pollicem tendunt; et Orpheus in talo esse principalem libidinis indicat locum. Ergo evidenter ostenditur, quod humana virtus quamvis munita ad omnia, libidinis tamen ictibus subjacet patula. Inde etiam ad Lycomedis regiam fertur, id est ad libidinis regnum. Lycomedes (γλυκὺ μηδὲν) *dulce nihilum* interpretatur. Omnis namque libido et dulcis et nihil est. Denique et amore Polyxenae apud Trojam perit, et propter libidinem per talum occiditur. Polyxena autem Graece *multorum peregrina* dicitur, seu quia amor mentes ab industria sua faciat peregrinari, seu quia juxta Fulgentium apud multos peregrinabunda vagetur libido. De Achillis morte sic Servius scribit. Achilles, inquit, in Stygem mersus paludem, toto corpore invulnerabilis fuit, excepta parte qua tentus est. Qui quum amatam Polyxenam ut in templo acciperet statuisset, insidiis Paridis post Apollinis simulacrum latentis occisus est. Unde jure in Virgilio Apollini dicitur:

Dardana qui Paridis direxti tela etc.

direxisti videlicet quasi ad locum vulnerabilem. Dardana vero ideo, ut id deus non adultero sed genti praestitisse videatur. Fingitur enim, quod Apolline tenente Paris in cum tela direxerit. Sane idem Paris, ut hic paulo evagari videamur, secundum Troica Neronis fortissimus fuit, adeo ut in Trojae agonali certamine cum aliis omnibus ipsum etiam Hectorem superaret. Qui quum iratus in eum stringeret gladium, dixit se esse germanum, quod allatis crepundiis probavit.

25. Quia vero Protei superius fecimus mentionem, de eo aliquid dicamus. Dicitur quod nisi ligatus responsa non dabat. Cujus rei figmentum, ut ait Servius, physicam volunt habere rationem. Habet enim, inquit, homo in se libidinem, stultitiam, ferocitatem et dolum. Quae dum in eo vigent, pars illa, qua vicinus est divinitati, non apparet, id est prudentia, quae tunc potest suas vires tenere, quum fuerint illa religata, id est, quum quis omnibus caruerit vitiis. Inde Proteum tunc legimus posse vaticinari et suscipere divinitatem, quum religata in eo fuerit cupiditas, silvestris asperitas, lapsus animi, aquarum mutabilitati consimilis. Nam et secundum fabulam (quam in quarto Geogicon de eo legimus:

——————————— *novit namque omnia vates,*
Quae sint, quae fuerint, quae mox ventura trahantur)
sane tantum intelligendum est; temporalem enim suscepisse
dicendus est divinitatem; alioquin rescire potuit etiam sibi
vincula injecturos. Nec absurde ibidem subjectum est: 5
Quippe ita Neptuno visum est. Quotiens enim ratio non
apparet, *sic visum* interponitur; ut Horatius: *Sic visum,*
inquit, *Veneri,* quum amorem ostenderet non esse pulchritudinis. Et bene accusatio in deos quandam habet venera-
tionem; alioquin sacrilegium est. Sic in principio tertii 10
Aeneidos dictum est:
Postquam res Asiae Priamique evertere gentem
Immeritam visum superis. ———————————
Quod tamen nonnulli etiam laudem Trojae esse dicunt, quam
videlicet nonnisi dii potuerint subvertere. Proteum senem, 15
sicut et omnes fere deos marinos, fingunt, quia albere
eorum ferantur capita spumis aquarum.

12. Bacchus.

1. Bacchus quoque, id est numen quod vitibus prae-
est, Jovis filius dicitur. Huic diversa, sicut et aliis, assig- 20
nant vocabula. Dicitur Liber, quia etiam servi ebrii *liberi*
sibi videntur; unde et dicitur: *Tunc pauper cornua sumit,*
id est elationem et confidentiam; sive, ut dicunt, quia hic
deus mares, missis seminibus, liberet. Nam per Junonem
feminae, per Liberum mares liberari dicuntur et purgari. 25
Liber etiam vocari meruit, quod a curis homines *liberet;*
sive Liber, quia sacra ejus ad purgationem animae pertinebant. Unde secundum prudentiores, ut supra diximus,
dictum est: ——————————————— *Tibique*
Oscilla ex alta suspendunt mollia pinu. 30
Hinc et vannus ei, id est cribrum Cereale, dicata est; quia
sicut vannis frumenta, sic ejus mysteriis homines purgantur.
Ob quam rem et vannum Virgilius mysticam appellat. Sed
et libertatis eum deum esse plerique sanxerunt. Unde inter
initia urbium condendarum cum ceteris numinibus auspicibus 35
coeptorum operum illi quoque, ut libertatem civibus conser-
varet, sacrificabatur. Civitates enim aut stipendiariae
erant, aut foederatae, aut liberae. In liberis autem civitatibus in signum libertatis simulacrum Marsyae erat, qui in
tutela Liberi patris est. Romani etiam moris fuerat, ut Ovidius 40
in libro Fastorum memorat, liberam togam adolescentibus in
festis Liberalibus ad liberioris vitae ulterius concessae significationem dari. Liber ergo ab eo quod *liberet,* nuncupatus est.

2. Dicitur etiam Lenaeus sive a Graeco ληνὸς, id est
lacus, sive secundum Donatum ab eo quod mentem dele- 45

niat. Nam quod Servius minime primam producere asserit, quia videlicet Graecum nomen Latinam non recipiat etymologiam, de eo Tullius, ut supra innuimus, aliique non pauci dissentire videntur. Varro denique ait: *Etymologia certam*
5 *non habet proprietatem, sed pro captu ingenii fit. Nam et vestibulum juxta alios eo quod januam vestiat, secundum alios a Vesta (nam Vestae limen consecratum est), at, ut alii volunt, quod illic nullus stet, dictum est. Quomodo enim vesanus non sanus, sic vestibulum, in-*
10 *quiunt, quasi non stabulum dicitur; in limine enim solus est transitus.* Utri autem parti favendum sit, juxta controversiam de contrariis legibus, relinquo ventilandum. Pater etiam licet omnium deorum nomen sit generale, tamen proprie Libero semper cohaeret; nam Liber pater vocatur.
15 Sciendum tamen, pro qualitate rerum vel personarum, summum deum dici vel patrem. Summum enim quisque deum vocat, quem praecipue veneratur. Inde est:

Summe deûm sancti custos Soractis Apollo.
Proprie tamen hoc epitheton Jovi datum est, ut:
20 Nate patris summi, qui tela Typhoëa temnis,
Sunt et alia hujus et aliorum, de quibus egimus, deorum vocabula, de quibus authenticam non legi scripturam. Quod enim Libero adhibetur, ut Iacchus dicatur, vel quod Evius nuncupetur (quod *bonum puerum* interpretari dicunt),
25 item quod Briseus appelletur, id est *exprimens*, quia Liber primus vinum ab uva expresserit, lac ab ubere, mel de favo (vel Briseus est *hirsutus*; nam et duas in Graecia is fertur habuisse statuas, alteram *hirsutam* dictam Brisei, alteram *lenem* dictam Lenaei); vel quod Bassareus a veste
30 ejus usque ad pedes demissa vocetur, dicta a nomine loci in Lydia ubi fiebat (unde et ipsae ministrae Bassarides nuncupatae putantur), ut Horatius: *Candide Bassareu*; et Nero:

Bassaris, et Lynce, Maenas flexura corymbis;
haec quia in authenticis non repperi editionibus, vel vulga-
35 ria, vel temere adinventa, vel falsa, vel apocrypha duxi.
3. Indos vel ob hoc juxta Fulgentium dicitur vicisse, quod sol eos facit potatores, vel quod hic fit Falernum vinum vel Mareoticum; cujus, inquit, vini lanta virtus est, ut vix quilibet vinosus sextarium in mense totum bibat.
40 Unde Lucanus:

Indomitum Meroë cogens spumare Falernum.
Neque enim aqua posse domari dicitur. Legitur et in historia, quod sicut apud Aegyptios Osiris maritus Isidis, sic apud Indos Liber, quum de iis triumphasset, usum invene-
45 rit vinearum. A Marone nutritus dicitur, quasi Merone. Mero enim *nutritor vinolentiae* dicitur. In tigribus sedet

seu quod vinolentia feritatem generet, seu quod vino efferatae mentes mulceantur. Unde et Lenaeus juxta Fulgentium
dicitur, quasi *lenitatem praestans.* Iisdem de causis et
Bacchas, a *bacchando* sive ab ipso Baccho dictas, ei sacramus;
quas et ipsas nonnumquam vel, ut ait Lactantius, lingua Macedo- 5
num, vel, ut alibi legitur, a Graeco, quod *furorem* significat, Mimallones; et a Graeco μαίνειν, quod item, ut legimus, *furere* interpretatur, Maenades nuncupatas, ei ministras
dari dicimus. Nam quod a μήνη *luna* Maenades quasi
lunaticae, id est, ad modum lunaticarum furentes, nuncu- 10
patae sint, magis compositum quam verum videtur. Lynces
ei ob nimiam, qua insignes eas accepimus, visus perspicaci-
tatem arbitror deputari. Vinum enim, ut ajunt physici,
modice sumtum acuit ingenium.

4. Juvenis depingitur, quia numquam ebrietas matura 15
est. Nudus etiam sive quod juxta Fulgentium ebriosi se
per noctem versando plerumque nudi fiant; vel quod vino-
lenti dum potibus indulgent, se a substantia nudant; seu
quia mentis secreta tegere non possit nec sciat ebriosus.
Jovis femori insutus fingitur et inde progenitus, quia, ut 20
refert in Cosmographia Martianus, est in quadam regione
urbs Nysa Libero patri sacra, monsque Merus Jovi sacer;
unde et ipsum, inquit, fabula est, e Jovis femore (μηροῦ)
procreatum. Apud Remigium tamen legimus, Nysam montem esse Indiae, in quo hodie quoque Liberi, inquit, ferun- 25
tur esse crepundia. Sane a Nysa Nysaeus vel Dionysus,
id est deus Nysae, dici invenitur. Frondes hederae ejus
sacris interesse meruerunt, vel ob uvarum et corymborum
similitudinem, vel quod semper juveni deo semper virentia
conveniant. Hinc et hedera coronabantur poëtae vel utpote 30
Libero consecrati, qui ut Bacchae insaniunt, unde Horatius:

Ut male sanos
Adscripsit Liber Satyris Faunisque poëtas;
vel quia semper virent hederae, sicut carmina aeternitatem
merentur. Habet fabula, regem Thraciae Lycurgum, dum 35
contemnens Bacchum ejus amputaret vites, crura sua incidisse.
Revera autem, ut Servius dicit, abstemius fuit, quos constat
acrioris naturae esse, quod etiam de Demosthene dictum est.

5. Cur de Semele, una filiarum Cadmi, Jove fulmi-
nante, natus perhibeatur, nihil me quod tradi dignum judi- 40
caverim legisse memini. Hoc tamen non praetermittere
duxi, quod IV erant sorores, Ino, Autonoë, Semele et
Agave; et IV sunt, ut ait Fulgentius, ebrietatis genera, id
est vinolentia, rerum oblivio, libido, insania. Prima namque
est Ino, quae *vinum* interpretatur; secunda Autonoë, id 45
est, *se ipsa non cognoscens;* tertia Semele, quae *corpus*

solutum interpretatur; quarta Agave, quam, quia nominis ejus interpretatio vel incongrua fortasse visa est, vel Latinis incognita, praetereo; tamen insaniae comparabimus, quia Penthei filii sui caput, sicut in fabula legitur, violenter abscidit. Ut autem paulo altiús ordiri videamur, habet fabula, Gigantes Bacchum inebriatum invenisse, et discerpto eo per membra, frusta sepelisse, et eum paulo póst vivum et integrum resurrexisse. Quod figmentum discipuli Orphei interpretati leguntur, nihil aliud Bacchum quam animam mundi intelligendum asserentes; quae, ut ferunt philosophi, quamvis quasi membratim per mundi corpora dividatur, semper tamen se redintegrare videtur, corporibus emergens, et se formans, dum semper una eademque perseverans, nullam simplicitatis suae patitur sectionem. Hanc etiam fabulam in sacris ejus repraesentasse leguntur.

13. Hercules.

1. Herculem quoque Jovis filium fuisse dicunt. Hic ab aliis invictus, Omphalae tamen prae amore subjacuit, quae eum nere et mulierum officia coëgit exercere. Hercules igitur quasi ἡρώων κλέος, *virorum fortium gloria,* interpretatur. Hic Alcaei nepos dicitur, unde et Alcides nominatur; ἀλκή enim Graece *praesumtio* dicitur. Nam et Alcmenam matrem habet, quae *salsum* interpretatur. Nec mirum. Etenim ex igne ingenii, ut ex Jove; ex praesumptione, id est animositate, ut ex avo Alcaeo; et ex sale sapientiae, ut ex matre Alcmena, virorum fortium nascitur gloria; quae tamen a libidine superatur. Ὀμφαλή enim Graece *umbilicus* dicitur. Libido autem in umbilico mulieribus dominatur. Ostenditur ergo, quód libido etiam invictam domat virtutem. Eidem Herculi Cacus boves furatus esse dicitur, et eos per caudam in speluncam tractos abscondisse, quem Hercules presso gutture interfecit, fumum et nebulam eructantem. Κακόν igitur *malum* interpretatur. Ideo Herculis bona concupiscit, quia omnis malignitas virtuti contraria est. In spelunca absconditur, quia numquam malignitas libera terrenis est. Sed Hercules, id est virtus, et malos interficit et sua vindicat. Cacus autem fumum et nebulam, quae visui nocent, emittit, quia malitia occultas semper deceptiones molitur. Ideo et duplex dicitur, quia malitia multiformis, non simplex est. Triplici namque modo nocet malitia, aut evidenter, ut potentior, aut subtiliter, ut falsus amicus, aut occulte, ut fur. Ideo etiam subtractos boves transversis ducit vestigiis, quia per avia abducuntur furta. De Caco tamen aliter sensit Servius. Cacus enim secundum fabulam, inquit, Vulcani filius fuit, ore ignem ac fumum vomens, qui vicina omnia

populabatur. Veritas tamen secundum philosophos et historicos habet, hunc fuisse Evandri nequissimum servum ac
furem. Novimus autem a Graecis malum κακὸν dici, quem
hominem ita illo tempore Arcades appellabant. Ignem dictus
est vomere, quia igne agros vastabat. Hunc soror sua ejus-5
dem nominis prodidit, unde etiam sacellum meruit, in quo
ei per virgines Vestae sacrificabatur.

2. Antaeus Gigas quoque erat filius Terrae, cui a
matre collatum fuit, ut quotiens terrae accubaret, vires haberet duplicatas. Qua re comperta, Hercules eum a terra 10
elevans constrinxit ad mortem. Antaeus itaque sub figura
libidinis ponitur. Nam Graece ἀντίον contrarium dicitur.
Ideo de terra natus fingitur, quia libido de carne concipitur.
Denique tacta terra viridior et validior exsurgebat, quia
libido quanto ei magis caro consenserit, tanto surgit nocivior. 15
Sed a gloriosa virtute, id est ab Hercule, superatur Antaeus,
et denegato ipsi terrae tactu commoritur, altiusque elevatus materna nequit mutare suffragia; quia dum carnalibus se quispiam
denegaverit affectibus, mentemque ne carnalia appetat in altum
sustulerit, victor statim exsurgit. Dicitur etiam divinum ibi 20
confecisse certamen, quia pretiosa et caelestis pugna est, quae
cum concupiscentia vitiisque conseritur. De qua in moralibus
Plato, sapientes, inquit, viri majorem cum vitiis quam cum
inimicis pugnam gerunt. Nam quod Alcesten liberaverit, ad
virtutem spectare videtur. Unde haec habetur fabula.   25

3. Admetus, ajunt, rex Graeciae, Alcesten in conjugium
petiit, cujus pater edictum proposuerat, ut si quis duas feras dispares currui suo adjungeret, is eam conjugem duceret. Admetus igitur Apollinem et Herculem auxilio poposcit;
illique ad currum ejus leonem et aprum junxerunt. Is itaque 30
Alcesten conjugem accepit; quumque in infirmitatem decidisset, et mori se comperisset, Apollinis miserationem precatus est, qui respondit, nil se ei posse praestare, nisi si
quis de propinquis se pro eo morti voluntariae obtulisset;
quod uxor ejus libentissime fecit. Itaque Hercules dum 35
ad abstrahendum Cerberum ad inferos descenderet, etiam
ipsam de inferis reduxit. Admetus igitur mentem designat,
et dicitur Admetus, quasi quem possit adire metus; mens
enim, non corpus metum suscipit. Hic Alcesten in conju- 40
gium desiderat, quia ἀλκή lingua Attica, ut praediximus,
praesumtio dicitur. Mens igitur timida praesumtionem, id
est animositatem, sibi necessariam videns, ejus conjunctionem
desiderat; sed ut eam assequatur, duas feras diversas necesse est currui suo adjungat, id est vitae suae duas virtutes, animi videlicet et corporis, asciscat. Subigit leonem, id 45
est virtutem animi, et aprum, id est virtutem corporis. De-

níque et Apollinem Herculemque propitiat, id est sapientiam et virtutem. Ergo praesumtio semet ipsam ad mortem pro anima objicit ut Alceste; id est, animositas pro defendendo vigore animae pericula libenter incurrit; quam tamen, quam-
5 vis in periculo mortis deficientem, virtus de inferis revocat, ut Alcesten Hercules.

4. Denique, ut ait Servius, Hercules apud prudentiores mente magis quam corpore fortis inducitur, adeo ut XII ejus labores ad aliquid referri possint. Nam quum plura
10 fecerit, tamen XII tantum ei assignantur propter anni XII signa. Docuit enim Atlas Herculem astronomiam. Unde et fingitur Hercules caelum sustinuisse ab Atlante susceptum, propter caeli videlicet scientiam traditam. Constat enim, Herculem fuisse philosophum; et haec ratio est, cur omnia
15 monstra illa vicisse dicatur. Nam quod traxisse ab inferis Cerberum dicitur, haec ratio est, quod omnes cupiditates et cuncta vitia terrena contemsit et domuit. Nam Cerberus terra est, id est consumtrix omnium corporum. Unde et Cerberus dictus est quasi κρεοβόρος carnes vorans. Idem
20 et hydram exustione interfecit. Fuit autem hydra secundum fabulam serpens in Lerna, Argivorum palude, cui uno caeso capite tria capita excrescebant. Unde et excetra a Latinis dicta est. Sed constat, Hydram locum fuisse evomentem aquas, vicinam vastantes civitatem, in quo, uno meatu clauso,
25 multi erumpebant. Quod Hercules videns, loca multa in circuitu exussit, et sic aquae clausit meatus. Nam Hydra ab ὕδωρ, id est aqua, dicta est. Potuisse autem hoc fieri, Virgilius indicat, ubi dicit:

  Excoquitur vitium, atque exsudat inutilis humor.
30 Acheloi etiam alterum cornu fregisse, et fractum Copiae dedicasse dicitur; quia, ut ajunt, alterum ejus alveum, cujus eruptiones immodicae agros obruebant, exsiccavit fertilemque reddidit.

5. Sed et Hesperides fertur spoliasse, de quibus haec data est fabula. Hesperides, Atlantis filiae, regis Africae,
35 hortum habuerunt, in quo erant mala aurea Veneri consecrata, quae Hercules, missus ab Eurystheo, occiso pervigili dracone, sustulit. Revera autem juxta Servium nobiles fuerunt puellae, quarum greges abegit Hercules, occiso eorum custode; unde μῆλα fingitur sustulisse, hoc est oves;
40 nam oves μῆλα dicuntur; inde etiam μηλονόμος dicitur pastor ovium. De hoc tamen figmento subtilius sentit Fulgentius. Quatuor enim, ait, Hesperides dicuntur Aegle, Hesperis, Medusa et Phaëthusa, quas nos Latine studium, intellectum, memoriam et facundiam dicimus. De harum
45 horto aurea mala tollit Hercules, quia per has ad philosophiam pervenitur. Primum namque est studere, secundum

intelligere, tertium memorari quod intellexeris, quartum dicendo ornare quod memineris. Sane de nominibus appositis scrupulum lectori injecimus. Eurystheum regem invenimus fuisse Graeciae, Persei generis, qui Junonis instinctu imperabat Herculi, ut varia monstra superaret, quibus posset 5 perire; unde eum merito durum appellat Virgilius, qui videlicet potuit ad complendum odium novercale sufficere. Atlantas vero tres fuisse legimus. Unum Maurum, qui et maximus; alterum Italicum, patrem Electrae, unde natus est Dardanus; tertium Arcadicum, patrem Majae, unde 10 natus est Mercurius. Sed Virgilius in VII ex nominum similitudine errorem facit, Electram et Majam, matres Dardani et Mercurii, filias Atlantis maximi fuisse dicens. Nec praeter rationem ait: *Et maximus Atlas hanc generat.* Nam et ipse horum nominum filias, id est Electram et Majam, ha- 15 buit. Quod autem candidam ait Majam, ad stellam respicit. Nam Maja inter Plejades est, quarum una est splendidior.

6. Geryon quoque rex fuit Hispaniae, qui ideo trimembris fingitur, quia tribus praefuit insulis, quae adjacent Hispaniae, Balearicae majori, minori et Pityusae. Fingitur 20 habuisse canem bicipitem, quia et terrestri et navali certamine plurimum potuit. Hunc Hercules vicit, qui ideo fingitur ad eum olla aerea transvectus, quia habuit navem fortem et aere munitiam. Charybdis etiam secundum fabulam femina fuit voracissima. Quae quia boves Herculis rapuit, 25 a Jove fulminata est et in mare praecipitata. Unde et naturam pristinam servat. Nam sorbet universa, et secundum Salustium juxta Tauromenitanum ea egerit litus.

7. Legitur etiam Hercules cum armentis devicti Geryonis in Italiam veniens, ab Evandro tunc regnante tandem 30 susceptus, quum se et Jovis filium dixisset, et morte Caci virtutem suam probasset, pro numine habitus esse, et aram, quae ara maxima dicta est, meruisse, quam ei Delphicus Apollo in Italia fore praedixerat. Primo tamen susceptus non est. Apud majores namque raro advenae, nisi jus hos- 35 pitii haberent, eo quod incertum erat, quo animo venirent, suscipiebantur. Quumque de suo armento ad sua sacrificia dedisset, duobus senibus Pinario et Potitio, qualiter se coli vellet, ostendit, et mane sibi ac vespere sacrificari jussit. Perfecto itaque matutino sacrificio, quum circa solis occa- 40 sum essent sacra repetenda, Potitius prior advenit, Pinarius postea, extis jam redditis. Unde iratus Hercules statuit, ut Pinariorum familia tantum ministra esset epulantibus Potitiis et complentibus sacra. Unde et Pinarii dicti sunt a Graeco πίνα, id est a *fame.* Nam senem illum Pinarium 45 alio constat nomine nuncupatum. Hinc est quod Virgilius in

sacris Herculis exequendis Potitii tantum facit commemoratio-
nem, dicens: *Primusque Potitius ibat.* Nam quod praemisit:
    Et domus Herculei custos Pinaria sacri;
huic rei contrarium non est; novimus enim, quod custos
5 pro ministro dicitur; ut idem in XI:
    At Triviae custos summis in montibus Opis
    Alta sedet ————————
id est ministra. Legitur etiam in libris antiquis, secum
Herculem ad Italiam ingens poculum ligneum attulisse, quo
10 in sacris utebatur; quod ne carie consumeretur, pice oblitum
conservabatur. Hujus magnitudinem Virgilius significat,
dicens, quod *sacer implevit dextram scyphus.* Lectos
juvenes idem Virgilius inter ejus sacra commemorat, quia
sacris Herculeis nec servi intererant nec liberti; adeo ut
15 Appius, qui haec sacra transtulit in libertos, et oculis
caruisse, et intra annum omnem familiam Pinariorum perdidisse legatur. Culpant Virgilium critici, quod Herculem,
praesentibus Trojanis, de Trojanorum introducat laudari
excidio; non respicientes, quod hoc ratio fecit hymnorum,
20 quibus aliquid subtrahere sacrilegium est.

    8. Deum eum communem dicit, vel quod, ut diximus,
ἀποθέωσιν adeptus de homine, medioximis meruit annumerari, vel quod secundum pontificalem ritum idem est Hercules qui et Mars; nam stellam unam habere dicuntur.
25 Sed et Martem Cicero communem dicit. Virgilius etiam
Salios Herculi dat, quos Martis esse non dubium est. Nam
ut in XII ait: *Et dis communibus aras,* secundum altioris scientiae viros, deos azonos relinquit intelligi, id est,
qui certas non habitant partes, sed generaliter a cunctis
30 coluntur, quod ubique esse putentur. Sic Cybele in omnibus zonis esse creditur. Ideo etiam mater deorum dicitur
quod, ajunt, omnibus ejus communis est potestas. Nam
quod deos communes dixisse putetur Solem et Lunam,
Plutonem et Martem, quod his numinibus ubique gentium
35 veneratio exhibeatur; vel Martem, Bellonam, Victoriam,
quod hi in bello utrique parti favere possint; nimis est dictum
vulgare, et de paupere vena manare creditum. Sane sicut
Varro dicit, omnes qui fortiter fecerunt, Hercules vocabantur; licet eos primo XLIII enumeraverit. Hinc est, quod
40 legimus Herculem Tyrinthium, Argivum, Thebanum, Li-
byn. Nec te moveat, si de diis aliqua, quae sibi minime
cohaerere videantur, diversis in locis astruantur. Fabulae
enim confusae sunt et, ut supra diximus, ipsae tantum in
ratione deorum sequendae sunt, quia veritas ignoratur.

14. Perseus.

45   1. Perseum quoque inter Jovis filios memorant. Ha-

bet veritas, hunc regem Asiae praedivitem fuisse, Ideo
volaticum dictum, quia navi multas regiones transierit. Hic
Africam debellavit. De qua re ut latius agamus, regis
Phorci tres fuere filiae, Stheno, Euryale et Medusa. Hae
uno oculo utebantur, et intuentes in lapidem convertebant. 5
Contra quas missus Perseus cum clypeo crystallino et harpe,
quod genus est teli falcati, consilio Minervae eas interfecit.
Revera autem, ut Servius refert, tres sorores fuerunt unius
pulchritudinis. Unde fictum est, quod uno oculo uterentur.
Fuerunt autem locupletissimae; unde et Gorgones quasi 10
γεωργοὶ, id est *terrae cultrices* dictae sunt; γῆ enim *terra*,
ἐργία *cultura* interpretatur. Sane maxima sororum Medusa,
patre mortuo, in regnum successerat. Quae quia astutior
ceteris fuit, capite picta est serpentino. Ad hanc occidendam imaginario, id est crystallino usus videtur Perseus 15
clypeo, quia consiliis ejus per speculatores suos praecognitis,
inopinato saepe occursu illi obstiterit fugienti. Hac tandem
interemta, capite ipsius, id est substantia, ablato, ditior
factus, regna nec parva nec pauca obtinuit. Denique et
Atlantis regnum invadens auxilio copiarum Medusae, cum 20
in montem fugere compulit. Unde per caput Medusae eum
in montem fingitur convertisse.

2. De Gorgonum tamen interfectione subtiliora videtur
tradere Fulgentius. Gorgo enim, inquit, *terror* interpretatur. Tres autem Gorgonas dici voluerunt, quia tria sunt 25
terroris genera et tres effectus, quod etiam per nomina
harum trium significatur. Stheno namque *debilitas* interpretatur, id est timoris initium, quod tantum mentem debilitat; Euryale *lata profunditas*, id est stupor vel amentia,
quae profundo quodam terrore mentem spargit; Medusa 30
oblivio, quae non mentis tantum turbat intuitum, verum
etiam caliginem ingerit visus. Haec enim in hominibus terror operatur. Perseus autem in figura virtutis accipitur. Hic
adjuvante Minerva Gorgonam occidit, quia virtus auxilio sapientiae omnes terrores vincit. Ideo aversus volat, quia aversus 35
terrorem nusquam respicit. Speculatum fert clypeum, quia omnis terror non solum in corde sed etiam in figura transeat.

3. De sanguine ejus natus fertur Pegasus, in figura
famae constitutus, qui etiam secundum Remigium *fama*
interpretatur. Virtus enim dum omnia superaverit, et ter- 40
rorem amputaverit, consequenter famam generat. Unde et
volare dicitur, quia fama volucris est. Musis fontem ungula
sua rupisse dicitur, unde et poëtae bibunt, quia heroum
famam poëtae materiam scribendi habent. Secundum nonnullos tamen Pegasus *fons aeternus* interpretatur, et in 45
figura sapientiae ponitur. Ideo pennatus, quia sapientia

universam mundi naturam celeri cogitatione pervolet. Ideo
Musarum fontem ungula, rupisse fingitur, quod sapientia
poëtis, quicquid proloquuntur, administret. Ideo de Gorgonis sanguine natus, quae *terror* interpretatur, quod ini-
5 tium sapientiae sit. Quòd autem timor initium, ut diximus,
sit sapientiae, a philosophis haec ratio datur, quod et timore magistri discipulis sapientia crescit, et quod qui famam
timuerit, sapiens erit. Et merito, inquiunt, de occisa Gor-
gone Pegasus oritur, quod finito et annullato timore insi-
10 pientiae, subintrat deinde in quemlibet sapientia. Stultitia
enim semper timida est. Unde et in Palladis pectore
Gorgon, id est *terroris imago*, fixa est, ut insipientibus
semper terrorem incutere videatur.

    4. Pegasi ope Bellerophon interfecit Chimaeram. Est
15 autem haec fabula. Proetus uxorem habuit Antiam, quae
amavit Bellerophontem, quem, quia suae non assensit nequi-
tiae, apud maritum suum accusavit. Ille eum ad Chimaeram interficiendam misit, quam Bellerophon equo Pegaso
residens interemit. Proetus igitur Pamphila lingua *sordidus*,
20 Antia *contrarium* interpretatur, quae pro libidine accipitur,
quod nihil adeo virtuti quemadmodum libido contrarium est.
Hanc Proetus habet conjugem. Cui enim libido, nisi sor-
dido, possit adhiberi? Bellerophon vero *sapientiae con-
sultator* interpretatur. Hic Antiae non consentit, quia qui
25 in sapientiae laborat vestigatione, libidinem omnem a se
nititur elongare. Ad Chimaeram itaque occidendam mittitur.
Chimaera namque *amoris fluctuatio* interpretatur. Qui
igitur libidini renuntiat, contra amorem pugnam suscipiat
necesse est, quem equo Pegaso, id est sapientia adjutus,
30 virtute praeditus facile vincit. Notandum vero, quod idem
Pegasus etiam equus Neptuni dictus est a Graeco, quia
πηγή est *fons*. Est autem commune omnium fluminum
nomen, quod flumina figuram caballi habent propter cursus
velocitatem. Ab eodem etiam πηγή *pagum* dixerunt, quia
35 villae nonnisi circa aquas fundari consueverint; unde et
pagani vocati sunt, quasi ex uno fonte potantes.

    5. Quia vero de Chimaera mentio incidit, de ea aliquid
dicamus. Triformis pingitur, habens videlicet caput leoninum,
ventrem caprinum, caudam serpentinam; quia in amore
40 tres item gradus sunt, id est juxta Fulgentium, incipere,
perficere, finire. Primus enim amor in adolescentia nos
ferociter invadit ut leo. Deinde subsequitur libidinis exple-
tio, quae per capram designatur, quia hoc animal in libidine
promptissimum sit. Unde et Satyri cum caprinis cornibus
45 pinguntur, quia numquam libidinibus saturantur. In postremis partibus draconina est, quia post peractionem aculeus

poenitentiae mentem pungit. Primum ergo in amore est inchoare, secundum explere, tertium de crimine peracto poenitere. Et potest hoc quisque seu per aetates distinguere seu in quolibet concubitu annotare. Quod autem Chimaera amorem designet, innuit Horatius ad amantem dicens:

> Vix illigatum te triformi
> Pegasus expediet Chimaera.

Servius tamen hoc ad historiam torquet. Revera, inquit, Chimaera mons Ciliciae est, cujus hodie ardet cacumen; juxta cacumen vero leones mansitant; media autem pascua sunt; ima vero serpentibus sunt plena. Hunc montem Bellerophon habitabilem fecit; unde Chimaeram dicitur occidisse. Hanc satis aperte, sed fabulose, describit Ovidius, dicens:

> Quoque Chimaera jugo, mediis in partibus ignem,
> Pectus et ora leae, caudam serpentis habebat.

15. Duodecim caeli signa.

1. Duodecim sunt signa caeli, scilicet Aries, Taurus, Gemini, Cancer, Leo, Virgo, Libra, Scorpio, Sagittarius, Capricornus, Aquarius et Pisces. Juppiter genuit ex quadam Nympha Nephelen, quam Athamas, rex Thebanus, duxit uxorem, ex qua genuit Phrixum et Hellen. Qua mortua his superduxit Inonem, filiam Cadmi, quae more novercae ipsos odio habuit in tantum, quod de domo expelli fecit. Qui quum ad mare pervenissent, Juppiter avus vel, ut alii dicunt, Isis matertera dedit iis arietem aureum vellus habentem, quo transfretarent mare hoc pacto, ne retro aspicerent. Helle vero ut incontinens et timida retro aspexit, unde et in mare mersa est. Inde *Hellesponticum* mare dicitur. Phrixus transivit, arietem excoriavit, corium auro implevit, et Marti in Colcho insula dedicavit. Caro vero translata est in caelum, et ex ea factum est signum caeleste, quod Aries dicitur. Et quia, quum fuit in litore, retro aspexit, tamquam volens Hellen videre, ideo sic in caelo apparet. Physice dicitur esse sol in Ariete, quia vernali aequinoctio usque ad autumnale currit per dextrum latus hemisphaerii; sicut Aries semper illo tempore incumbit in dextrum latus. Et sicut sol ab autumnali aequinoctio usque ad vernale vadit per sinistrum latus, sic Aries semper illo tempore incumbit in sinistrum latus.

2. Agenor, rex Lydiae, qui et in Tyro et Sidone regnavit, filiam habuit mirificae formae, nomine Europam, quam Juppiter in specie candidi tauri rapuit. Unde postea in signum honoris taurus translatus est in caelum, et ex eo factum signum quod dicitur Taurus. Alii dicunt, quod fuit vacca, in cujus forma fuit Io, filia Inachi fluvii, quae translata est in caelum in signum amoris Jovis. Unde Ovidius in Metamorphos:

Nunc dea linigera colitur celeberrima turba.
Et libro de Fastis ait:

    Vacca sit an taurus, non est cognoscere promptum;
quia prior pars videtur, posterior vero non videtur. Secun-
5 dum physicam sol dicitur esse in Tauro, quia tunc incipiunt
labores tauri; vel quia sicut taurus per cornua fortior est,
ita sol tunc incipit esse ferventior.   7.

    3. Juppiter concubuit cum Leda in specie cygni, ex
qua genuit duo ova; et ex uno natae sunt Helena et Cly-
10 temnestra, ex alio nati sunt Pollux et Castor, qui peritissimi
et probissimi imperatores fuerunt in Graecia. Duas etiam
filias Zetypi rustici, Phoeben scilicet et Mollisenam vi cepe-
runt Idae et Sicidae fratribus tempore nuptiarum; quas ipsi
Idas et Sicidas eidem Zetypo rapuerant. Inde orta discor-
15 dia inter eos, mortuus est Idas et percussus est Castor, qui
quum esset mortalis, periit. Interea quum frater Pollux
esset immortalis, et in illa idcirco rixa non esset mortuus,
fraterna pietate rogavit Jovem patrem suum, ut posset par-
tiri vitam cum fratre suo. Ex quo alterna statione semper
20 in caelo unus apparet in una parte, alter in alia; vel ut alii
dicunt, unus stat in caelo, alter mergitur in oceanum. Sol
dicitur in Geminis, quia in quolibet signorum sol stat tantum
per XXX dies, in Geminis vero per XXXII.

    4. Quum Chironis filius, nepos Saturni et Philyres,
25 juxta mare transiret, quendam cancrum immensae magnitudinis pede calcavit, qui eum miserabiliter laesit; et conversus Chiron sagittis cancrum percussit, filiumque expedivit.
In cujus memoriam cancer ille translatus est in caelum,
factusque signum caeleste. Sol dicitur esse in Cancro, quia
30 sicut hic gressum ad utramque partem habet ante et retro,
sic sol, quum ad Cancrum accedit, semper progreditur; quum
vero est in Cancro, retrocedit, et ultra progredi non potest.

    5. Rustici in Nemaea silva Jovem spernentes, nolebant
ei sacrificare. Unde Juppiter iratus immisit iis leonem im-
35 mensae magnitudinis, qui omnia eorum bona devastabat.
Et quum penuria oppressi essent, tandem venit Hercules
monstrorum domitor, qui ipsum interfecit: et translatus est in
caelum, et ex eo factum signum caeleste. Sol dicitur esse in
Leone, quia sicut leo furibundus est, sic quum sol per illud de-
40 currit signum, vehementem mundo caloris fervorem reddit.

    6. Icarus, sacerdos Bacchi, et Atheniensis rex, et optimus
venator, quum vinum rusticis potare dedisset, illi inebriati
putantes se venenum sumsisse, ipsum interfecerunt; et ut
scelus lateret, in puteum praecipitaverunt. Canicula vero,
45 quae cum eo erat, reversa est domum ad Erigonem, quae
dicta est filia ipsius Icari, ac tristitia et quibus potuit signis

cam ad puteum duxit. Erigone quum diu ad puteum fleret,
tandem cum canicula translata est in caelum, et ex ea
factum est signum quod dicitur Virgo, et ex canicula
astrum principale, quod est juxta Virginem; in quo quum
sol est, dicuntur dies Caniculares, fervidi et mali ad modum 5
caniculae. Sol dicitur esse in Virgine, quia sicut virgo
sterilis, sic quum sol decurrit per illud signum, terra sterilis est et arida; nam propter solis adustionem nihil parit.

7. In bello Thebano Pallas cum quibusdam aliis diis
favebat Graecis; Bacchus, quia Thebanus erat, cum qui- 10
busdam aliis diis favebat Thebanis. Unde inter deos orta
est discordia, quinam deberent victoriam obtinere. Juppiter
hoc videns sedit in Parnasso monte, qui est juxta Thebas,
auream libram tenens in manu, ut de utraque deliberaret
parte. Ad exitum autem belli ipse vidit aequale esse judicium. 15
Sed mox ad Thebanam destructionem Graecos habere victoriam percipiens, Thebanos dejudicavit, Graecos exaltavit.
Unde ad memoriam istius rei libra delata est in caelum, et
ex ea factum signum caeleste. — Aliter. Libra facta est
de brachiis scorpiacis, quae dicuntur chelae, sicut infra di- 20
cetur. Sol dicitur esse in Libra, quia quum per illud decurrit signum, est aequinoctium, et adaequantur tempora
noctium temporibus dierum.

8. Quum Chiron cum filio suo per silvas transiret,
scorpio immensae magnitudinis filium ejus paene deglutivit. 25
Chiron optimus sagittator scorpionem percussit et filium
liberavit; et sic scorpio translatus est in caelum. — Aliter.
Juppiter, Neptunus et Mercurius cum quibusdam aliis diis
circueuntes diversas regiones, quodam die sole descendente
pervenerunt ad domum Oenopionis rustici, qui eos honori- 30
fice suscepit, et unicum bovem, quem habebat, iis apposuit
manducandum. Ipsi autem refecti volentes redire, dixerunt ipsi Oenopioni, ut quicquid vellet peteret, et ipsi
daretur. Ipse autem prole carens petiit, ut sibi filium darent. Qui bovinum corium perminxerunt, et plenum sepe- 35
lierunt; ex quo post novem menses natus est Orion seu
Οὐρίων, id est ex *urina* genitus. Qui factus venator voluit cum Diana concumbere; quae irata misit scorpionem
immensae magnitudinis in eum, qui invicem proeliantes trans-
lati sunt in caelum. Nam noluerunt dii suam prolem perire, 40
nec Diana suum scorpionem. Orion *ensifer* dicitur, quia
succinctus erat ense. Ex scorpione secundum utramque
fabulam facta sunt duo signa. Ex brachiis, quae chelae
dicuntur, factum est signum quod dicitur Libra, ex corpore
factum est signum quod dicitur Scorpio. Sol dicitur esse 45
in Scorpione, quia sicut scorpio pungit per caudam, ita et

quum sol est in parte illius signi, pungit frigus; nam primum frigus magis nocivum est.

9. Chiron, optimus sagittarius, magister Achillis et nutritor Aesculapii, ob scorpionis, de quo dictum est supra, sagittationem et filii sui liberationem translatus est in caelum; et ex eo factum est signum, quod dicitur Sagittarius. Sol dicitur esse in Sagittario, quia sicut ex arcu emittuntur sagittae, sic quum sol decurrit per istud signum, nives emittuntur ab aëre.

10. Saturnus, filius Caeli, habuit in responsis a Themide, quod habiturus esset filium, ipsum de regno expulsurum. Unde dixit Rheae sive Opi sorori et uxori suae, quod quicquid pareret, sibi daret. Primo ergo tradidit ei Neptunum, quem in mare submersit, et factus est deus marinus. Secundo dedit ei Plutonem, quem in foveam suffocavit, et factus est deus inferorum. Tandem nato Jove mirae pulchritudinis, ipsius miserta, misit Saturno lapidem nomine *abidir*, quem pulveratum devoravit. Deinde egestus et formatus est in speciem humanam et vivificatus. Jovem vero mater tradidit cuidam lupae, quae quum non abundaret lacte, nutrivit ipsum Amalthea capra. Qui adultus Saturnum de regno expulit, ut in alia patet fabula; et Amaltheam capram, quae ipsum nutriverat, in caelum transtulit, et ex ea factum est signum, quod dicitur Capricornus. Sol dicitur esse in Capricorno, quia sicut capra petit alta, ita sol quum est in medio illius signi, quum non possit plus descendere, tunc incipit ascendere.

11. Ganymedes, filius Troili regis Trojae pulcherrimus, et venator optimus, dilectus a Jove, raptus est ab eo in Ida silva per aquilam, nuntiam Jovis, in quam fertur Juppiter tunc mutatus. Deinde depulsa Hebe, filia Junonis, dea juventutis, quae prius erat pincerna deorum, Ganymedes factus est pincerna Jovis, qui propter gratiam propinationis meruit fieri signum caeleste, quod Aquarius dicitur. Et dicitur ideo gestare urnam in manu propter temporis proprietatem.

12. Imminente Giganteo bello, Venus cum Cupidine filio suo in Palaestina regione sedebat super litore maris. Unde quum audiret tumultum belli, credebat Typhoeum sequi se rapturum; et ideo ob nimium timorem se cum filio projecit in mare. Duo autem pisces immensae magnitudinis supponentes humeros suos, ultra mare tulerunt eos. Dii autem videntes eorum fugam, ad designationem hujus facti, eos pisces in caelum transtulerunt; et ex iis factum est signum, quod dicitur Pisces. Sol dicitur esse in Aquario et Piscibus propter proprietatem. Tunc enim multae cadunt aquae et nives. Nam aquarius portat urnam, et pisces semper sunt in aquis.

INDEX.

17

Adam p. 183, 2 sqq.

adamas p. 203, 13. p. 205, 9.

adinventor 1, 103.

Admetus 1, 46, 37. 1, 92, 15. 1, 204 p. 64, 33. 2, 43, 33. 2, 154. p. 247, 26. 29 et 39.

Adon 1, 200, 34. 1, 232, 23. 2, 34. i. e. Priapus 2, 38, 30. Ven. am. 2, 130, 9. p. 199, 4. p. 238, 42 sqq.

Adonis 2, 128, 23.

Adrastus 1, 80, 4. 2, 119, 23. 2, 230, 11. 1, 151, 36. 1, 152, 4. 1, 204 p. 64, 12. 2, 78, 32.

Adriaticum mare p. 186, 45.

adyta p. 195, 45. p. 209, 29.

Aeacus 1, 138, 40. 1, 208, 31. 2, 76, 30. 2, 203, 25. 2, 204.

Aeaea insula 1, 15, 2.

Aeeta rex 1, 23, 12 et 30, 1, 25, 21, 1, 204 p. 64, 31. 2, 134, 5. 2, 135, 21. 2, 136, 36. 38 et 43.

Aeetas 1, 204, 34.

Aeneas 1, 135, 40. 1, 141, 22. 1, 142, 34. 1, 201. ejus errores 1, 202. natus 2, 204, 16. mem. 1, 217, 10. 1, 228, 36. 2, 195, 3. 2, 229, 21 etc. p. 161, 33. p. 175, 33. p. 188, 11 sqq. p. 196, 37. p. 230, 13 et 18. p. 231, 23. 25.

Aegaeon 2, 53, 35.

Aegeus 1, 46, 25. 1, 48, 17. 1, 204 35. 2, 125.

Aegina ins. 2, 204, 32.

Aegina fil. Aesopi 1, 165, 14. 2, 105, 19. 2, 203 et 204.

Aegisthus 1, 22, 43. 1, 147, 14. 2, 147, 14. 2, 202, 1 sqq.

Aegle 2, 161, 17, p. 248, 42.

Aegyptii 2, 19, 38. auctores Idol. 3,

p. 152, eor. sacra p. 175, 37. servant cadavera p. 190, 12.

Aegyptus Beli fil. 1, 134.

Aegyptus 1, 18, 11. 1, 79. 1, 86, 34. 2 p. 74, 5. 2, 89, 9 et 13. 2, 90, 15. 2, 91, 22. 2, 132, 14. 2, 133, 23. p. 162, 42, p. 164, 7. p. 175, 37.

Aëllo 1, 111. 2, 13, 3. p. 173, 23 et 28.

Aeoliae insulae 2, 52, 20. p. 170, 24.

Aeolus 1, 204 p. 65, 5. 2, 51, 16. 2, 52. 2, 56, 24. 2, 79, 16. 2, 134, 33. 2, 136, 39. p, 165, 23. p. 167, 4. 10 etc. p. 170, 19 etc. p. 224, 17.

aëromantia p. 136, 13.

Aesacus 2, 176.

Aesculapius 1, 46, 29. 1, 103. 1, 115, 18. 1, 204 p. 64, 36. 1, 205, 12. 2, 22, 37. 2, 61, 2. 2, 62, 6. 2, 128, 6 et 13. p. 172, 13. ejus capra p. 189, 31. p. 209, 2. p. 225, 19.

Aeson 1, 23, 36. 1, 24. 1, 188. 2, 135, 17. 2, 136, 41. 2, 137, 20. 2, 138, 26.

Aesopus 1, 165, 15. 2, 105, 19.

Aethiope 1, 74, 28.

Aethiopes p. 209, 12.

Aethiopia 1, 73, 37.

Aethiops 1, 139, 4.

Aetna includit Gigantes 1, 11, 14. 2, 53, 35. Herculem 1, 58, 10. 1, 59, 14. 2, 165, 10 etc. et Typhoeum 1, 86, 38. 2, 93, 36. Vulcani offic. p. 224, 14 sqq.

Aetna Nympha 1, 190, 12. 2, 45.

Aethon 1, 113, 23. 2, 21, 24. p. 202, 32 sqq.

Amphitryon 1, 50, 3. 1, 204, 38.
2, 148. 2, 149.

Amphrysus 2, 128, 18.

Amulius 1, 30. 1, 204, 31.

Amycus 1, 93. 1, 107, 9. 2, 140.

amygdalus 1, 159, 13. 2, 214.

Amymone 1, 45. 2, 200. 2, 201.

Anacreon 2, 198, 36. p. 162, 18.

Anapus 2, 93, 39.

anastrus circulus mundi p. 211, 36.

Anaurus 2, 135, 17.

Anaximenes 2, 81, 16. p. 198, 37.

Anchises 1, 135, 40. 1, 201, 11. 1,
202, 36. 1, 204, 11 et 16. 1, 217.
2, 195. ejus tumulus p. 185, 6 sqq.

Androgeus 1, 3, 9. 1, 43, 9. 1, 204
p. 64, 41. 2, 121, 13. 2, 122.

androgynus p. 214, 34.

Andromache 1, 41. 1, 140, 16. 1,
204, 15. 2, 208.

Andromeda 1, 73, 37.

aneroticus p. 230, 43.

Angitia 2, 136, 15.

anima, unde in corpus descendat p.
178, 9 sqq. ejus natura p. 179,
23 sqq. p. 190. duplex vis p. 182,
41 sqq. reditus p. 183, 18 sqq.
purgatio ibid. 41 sqq. citatur p.
190, 6 sqq. ejus natura p. 219,
12.

anima mundana p. 181, 39. p. 182, 12.

animalitas p. 182, 45.

Anius 1, 202, 42.

annullatio p. 181, 14.

Antaeus 1, 55. 2, 164. p. 247, 8
sqq.

Antagoras 1, 156, 9.

Antenor 1, 204, 11 et 46.

Anthedon 1, 99. 2, 168. 169. p. 232.
40 et 43.

Antia 1, 71, 11 et 24. 1, 85, 21.
2, 131, 21. p. 252, 15.

Antigona fil. Oed. 1, 204 p. 64, 11.
2, 230, 6.

Antigone fil. Laomed. 1, 179. 1, 204,
11. 2, 69.

Antilochus 1, 204, 46.

ἀντίον p. 247, 12.

Antiopa 1, 97. 1, 204 p. 64, 6. 2, 74.

antipodes p. 189, 8.

Antonius, Luc. 1, 222, 28. M. ibid.
29.

Anubis 2, 42, 25.

Aonius m. 2, 112, 6. fons 2, 112, 8.

Apennini pars p. 186, 43.

apex p. 196, 12.

Aphareus 1, 77, 12.

Ἀφροδίτη 2, 30, 29. p. 214, 29.

ἄφρος 2, 30, 30. p. 214, 29.

Apicius 2, 225.

Apis 1, 79.

Ἀπόλλων quid 2, 18, 35. 2, 19, 43.

Apollo natus 1, 37, 18. Sol 1, 37,
32. 1, 118, 36. 2, 17, 7. Delphicus, 2, 153, 23. 2, 208, 19. 1,
41, 18. 1, 140, 13 Cumanus 1, 43,
27. 2, 125, 23. Cyclopas interficit
1, 46, 36. 2, 128, 16. p. 210, 1.
in corvum mutatur 1, 86, 35. cum
Pane certat 1, 90. varia ejus epi-
theta 1, 113. Pythonem interf. 1,
113, 19. Musarum praeses 1, 114.
corvum punit 1, 115. 2, 22. lauram
amat 1, 116. 2, 23. Hyacinthum
am. 2, 181. 1, 117. Phaëthontis pat.
1, 118. Admeti boves pascit p.
210, 2. 1, 118, 6. 2, 43, 33.
2, 128, 18. Marsyam punit 1, 125,

16. 2, 115. muros Trojae exstr.
1, 136, 43. 1, 137, 16. 2, 193.
Thymbraeus 1, 140, 9. ejus templ.
petit Or. 1, 147, 23. amat Sibyllam 2, 87. 1, 153. ejus templum
incenditur 1, 153, 27. interf. Niobes fil. 1, 156, 15. Crotopi fil. vi-
tiat 1, 168, 31. Cassandram amat
1, 180. 2, 196. Gryneus 1, 194.
servit Adm. 1, 204 p. 64, 35. Co-
ronoidem amat 1, 205, 13. 1, 204
p. 64, 36. 2, 128, 8. Circes pat. 1,
204 p. 64, 36. Delius 2 p. 74, 9. idem
ac Liber et Sol, ibid. 26. triplex
ejus potestas 2, 18. p. 209, 26.
varia ejus nomina 2, 19. ejus tripos, arcus et tela 2, 20. ejus equi
2, 21. ejus Musae 2, 24. p. 210,
22. ejus soror 2, 25. lyram accipit
2, 44. Nioben punit 2, 71. p. 209,
42. Midam punit 2, 116. 117.
Cypar. amat 2, 177. Thymbr. 2,
205, 37. 2, 207, 2. divinitatem depon. p. 160, 43. deus inferorum
p. 195, 45. taurus ei non sacrifica-
tur p. 196, 36. varia ejus nomina
et munia p. 200 sqq. ejus corvus
p. 207, 45 sqq. medic. deus p.
208, 34 sqq. ejus effigies p. 209,
23 sqq. unde dictus p. 200. p. 209,
35. i. e. ignis p. 223, 44.
apotheosis p. 181, 18. p. 185, 13.
p. 214, 4. p. 219, 25. p. 250, 22.
Appius p. 250, 15.
Apulejus 1, 231. cit. p. 157, 35.
Apulia 1, 141, 25.

Aquarius, astrum p. 162, 38. p. 205,
19. p. 207, 43. p. 256, 33 et 43.
aquila Prom. 1, 1, 9. p. 228, 22.
Jovis 1, 11, 13. 2, 3. p. 162, 1.

etc. Romanorum sign. p. 162, 14.
21 etc. 35 etc.
Aquilo 1, 26. 1, 183, 7. p. 174, 14.
ara, unde p. 193, 40.
Arachne 1, 91. 2, 70.
ἀραί p. 193, 40.
Aracynthus 1, 97, 21.
Aratus p. 186, 39.
Arcades vetustissimi hom. p. 156, 44.
Arcadia 1, 27, 4. 2, 43, 37. 2, 142,
2. 2, 163, 4.
Arcas, Mercurius p. 218, 1.
arcessere de animis evocandis p. 213, 2.
Archemorus 1, 156, 9. fil. Lyc. 1,
204 p. 64, 31. 2, 141, 32 et 37.
p. 193, 32.
Archilochus 2, 220.
Arctophylax 2, 58, 17. 2, 61, 14.
Arctos 2, 58, 10. 12 et 17.
Arcturus 2, 58, 16.
Ardea 1, 74, 15. 1, 157, 37. 1, 221,
14. 2, 110, 17.
Area 2, 158.
Arethusa 1, 166. 2, 93, 3. 2, 173.
Argia 1, 151, 36. 1, 152, 6 et 11.
1, 204 p. 64, 12. 2, 78, 32. 2,
230, 11.
Argo 1, 24, 5. 1, 134, 14. 2, 203, 38.
2, 135, 26. 2, 136, 30 et 34.
Argonautae 1, 24, 5. 1, 26, 1. 1, 27,
39. 1, 49, 41. 1, 93, 35. 1, 131,
42. 2, 132, 10. 2, 135, 27. 2, 140,
6. 2, 141, 23 et 26. 2, 142, 5 et
7. 2, 199, 5. p. 164, 3.
Argos 1, 47, 8. 1, 80, 3. 1, 134, 13
et 17. 1, 141, 23. Hippium 1,
141, 27. Danaus ad Arg. 2, 103,
36. 2, 120, 38.
Argus 1, 18, 6. auctor navis 1, 24.

4. a Merc. occ. 2, 41, 2. 2, 89,
5. p. 215, 5.

Argyrippa 1, 141, 27.

Ariadne 1, 43, 10 et 18. 1, 204
p. 64, 41. 2, 121, 13. 2, 124, 39.

Aricia 1, 20, 12. 2, 128, 20. 2, 202,
21.

Aricinum nemus 2, 202, 15.

Aries, astrum 1, 181, 27. p. 204,
17. p. 206, 13. 19 et 38. p. 225,
14 et 20. p. 253, 34 et 36.

arioli p. 236, 30.

Arion 1, 95. 2, 172.

Arion Nept. equus 2, 119, 22. p.
172, 43.

Arisba 1, 40, 28. 1, 212.

Aristaeus 1, 76, 39. 2, 44, 12. 2,
81, 10. 2, 82. p. 212, 10.

Aristocles pater Argi 2, 5, 11. 2,
89, 5.

ἄριστον p. 212, 23.

Aristoteles p. 172, 30. p. 189, 17.

Aristotelicum dictum 1, 154, 35.

arithmetici p. 193, 34.

armiger Jovis 1, 184, 12. 2, 3, 33.

Arpinum 1, 141, 29.

Arpos 1, 141, 27.

ἅρπυια p. 173, 24.

Arruns 1, 74, 15 et 22.

aruspicina p. 236, 26 sqq.

Ascalaphus 1, 7, 6. 2, 100, 17.

Ascanius 1, 202, 37. p. 62, 26 et 30.
1, 204, 17. p. 196, 15.

Asclepiades 1, 120, 11.

Asopus 2, 203, 24. 2, 204.

Asper 1, 61, 4 et 6.

Assaracus 1, 135, 36. 37 et 39. 1,
204, 10. 2, 192, 12.

Assyrii 1, 1, 12. 2, 65, 25. p. 228,
18.

Asteris 1, 37. 2, 17, 32. p. 200, 43.

Astraea i. e. Justitia 2, 16, 27.

Astraeus 1, 183. 2, 51.

astrites gemma p. 203, 5 et 27.
p. 204, 12.

astrologi p. 198, 10. p. 211, 31. p.
216, 24.

astrologia Promethei 1, 1, 12. 2, 65,
23. p. 228, 18.

Astyanax 1, 204, 16. 2, 209, 28.

Astycratia 1, 156, 11.

asylum, unde deriv. 2, 166, 37.

Atalante 1, 39. 1, 146, 35. 1, 174.
2, 47. 2, 144, 40.

Athamas 1, 23, 7 et 15 et 35. 1,
204 p. 64, 4. 2, 78, 26. 2, 79,
16. 18 et 21. 1, 134. 1, 136, 41.
p. 253, 21.

Ἀθηνᾶ 1, 2, 32. 1, 124, 41. 2, 39,
42. p. 172, 40. p. 221, 29 et 38.

ἀθανάτη 2, 119, 13. p. 221, 38.

ἀθανάτη παρθένος 2, 39, 1.

Athenae, unde dictae 1, 2, 32. 2,
119, 13. ibi asylum 1, 60, 33.
2, 166. Minerv. cult. 2 p. 74, 7.
2, 38, 41. p. 172, 40.

Athenienses devicti a Minoë 1, 3, 8.
1, 43, 14. 2, 122 et 123. p. 232,
30 sqq. necant Androgeum 1, 3, 9.
1, 43, 10. morbo laborant 1, 19,
22. 2, 61, 15. cum Lac. bell. gerunt 1, 161, 25. 1, 206. 2, 189.
Syracus. obs. 1, 193, 15. vetant
ne nov. relig. introd. p. 172, 11.
i. e. Attici p. 172, 45.

Atilius 1, 223.

Atis 1, 230. 2, 128, 23. p. 158, 9
et 15 et 45 etc. p. 185, 16.

Atlantes tres p. 249, 8.

Atlantides 2, 41, 7.

Bryte 2, 26, 38.

Bupalus 2, 221.

Busiris 1, 65. 2, 157.

bustuarii p. 192, 17.

Buta 1, 53. 2, 156.

Byblis 1, 204 p. 65, 2.

Byrsa 1, 214, 28.

C χ.

Cacus 1, 66. 1, 69, 30. 2, 153, 8 sqq. p. 246, 30. 37 et 45. p. 249, 31.

Cadmus 1, 120, 41. 1, 134, 17. 1, 49, 40. 1, 150. 1, 151. 1, 204, 40. 2, 74, 11. 2, 77, 34 et 38. 2, 78.

caducea virga 1, 119, 13.

caduceatores 1, 119, 23. 2, 43, 2. p. 215, 18.

Caeculus 1, 84. 2, 184.

Caelus 1, 204, 5. 2, 1. 2, 30, 27. 2, 41, 43. 2, 198, 38. 3 p. 155, 15. p. 162, 21.

Caeneus i. e. Caenis p. 189, 18 sqq.

Caenis 1, 154. 2, 108, 41.

Caesar, Julius 2, 228, 15. unde dic. p. 209, 7. Apollinis sacra hab. p. 209, 4. bellorum civilium auctor 1, 222.

Calabria 1, 143, 2. 1, 206, 23. 2, 165, 27. 2, 210, 4.

Calais 1, 26. 1, 27, 2. 1, 204 p. 65, 6. 2, 142, 8. p. 173, 38. p. 174, 11.

Calchas 1, 194, 21. 1, 209, 14. 2, 224.

Calliope 1, 76. 1, 114, 41. 2, 24, 39 et 13. 2, 44, 5. p. 210, 43. p. 211, 24.

Callirrhoa 2, 198, 30.

Callisto 1, 17, 34. 2, 58.

Calydon 1, 58, 19. 1, 146, 24. 2, 144, 32.

Calydones 1, 71, 20. 2, 131, 38.

Calydonius aper 1, 146, 30. 2, 144, 35.

Camillus 1, 221, 12.

Campania 1, 141, 29. 1, 202, 9. 1, 224, 5. 2, 53, 41. 2, 152, 32. 2, 228, 10.

Camenae p. 213, 5.

Cancer, astrum p. 203, 29. p. 204, 12. p. 207, 3 sqq. et 37 sq. p. 208, 24. p. 217, 16. p. 254, 29 sq.

Canens Nympha p. 235, 16.

canes Jovis 1, 27, 8. p. 173, 18.

Canicula, astrum p. 207, 11. p. 255, 6.

Caniculares dies p. 255, 5.

Canis, astrum 1, 233. p. 217, 2. 10 et 16.

Capetus 1, 202, 20.

Caphareae insulae p. 233, 38.

Caphareus mons 1, 144, 11. 2, 201.

capitium 1, 147, 16. 2, 147, 18. 2, 202, 43.

Capitolium 1, 221, 12. p. 191, 19.

Capreae 1, 42, 31. 2, 187.

Capricornus p. 205, 12. p. 207, 31. p. 256, 23.

Capus 1, 202, 20.

Capys 1, 135, 39.

Carmentis 1, 70. 2, 153, 41.

Carthago 1, 214, 29. 1, 215, 34. 1, 216, 38 et 6. p. 161, 33. p. 220, 34.

Carya 2, 27.

Caryatium 2, 27.

Cassandra 1, 180. 1, 181, 18. 1, 204, 14. 2, 196. p. 225, 9.

Cassiopeïa 1, 73, 1. 1, 80, 2. 2, 75.

Cassius 1, 222, 26.

Castaliae fons 1, 130, 12. 2, 112, 7.

Castalius fons p. 210, 12.

Castor 1, 77. 1, 78, 26. 1, 204 p. 64,
28. 2, 119, 25. 2, 132, 1. 2, 135,
26. p. 163, 3 et 18. p. 172, 13.
p. 173, 11. p. 254, 10. 15.
cataclysmus 2, 17, 40.
catax 1, 176, 22.
catholica fides p. 217, 24 et 32.
Catinensis urbs 1, 190, 10.
Cato Afr. 1, 222, 25. histor. 1, 202, 21.
catta p. 187, 5.
Caucasus 1, 1, 9 et 13. 2, 64, 3 et
7. 2, 65, 24. p. 228, 13 et 19.
Caunus 1, 204 p. 65, 2.
Cecrops p. 173, 2.
Celaeno 1, 111. 1, 134, 10. 2, 13, 3.
p. 173, 23 et 29.
Celeritas, filia Solis p. 210, 7.
Celeus 1, 8. 2, 96.
Centauri 1, 62, 5. 1, 154, 32. 1,
162. 1, 163, 6. 1, 192, 32. 2,
106, 1. 2, 107, 12. 19 et 27. 2,
108, 33 et 37. 2, 162, 31. p. 167,
42. p. 168, 4. 12 etc. p. 189, 21.
Centaurus 1, 58, 39.
Centippi 2, 107, 13.
centuplum 2, 15, 41.
Cephalus 1, 44. 1, 204 p. 65, 5. 1,
233, 33. 2, 216.
Cepheus 1, 73, 1 et 3. 2, 99.
Cephisus 1, 185, 20. 2, 180, 18.
Ceraunia, montes Epiri p. 203, 35.
ceraunus gemma p. 203, 4 et 31. p.
204, 1.
Cerberus 1, 48, 29. 1, 57. 2, 1, 27.
2, 11, 26. 2, 149, 1 etc. p. 187,
1 sqq.
Ceres Proserpinam quaerit 1, 7. 2,
94. 2, 100. p. 197, 17. ad Lycios
pervenit 2, 95. 1, 10. 1, 31. est
Terra 1, 11. 1, 12, 25. 2, 102,

22. Eleusinia 1, 75, 26. ei porca
sacra 2, 61, 2. p. 189, 30. i. e.
gaudium 1, 112. 2, 15, 3. p. 197,
10. i. e. Diana 2 p. 74, 27. Celeum
adit 2, 96. 97. Triptol. am. 2, 98
et 99. p. 197, 39. agricult. docet
p. 171, 44. Pelopis humer. edit
p. 186, 23. nominis etymol. p. 197,
24 sqq.
cerva Cyparissi 1, 6, 36. Dianae 1,
20, 38.
Cetus, astrum p. 186, 39.
Ceus, gigas p. 200, 42.
Ceyx 1, 9. 2, 175.
χαῖρε p. 175, 20.
Chalcidicus 1, 194, 26.
Chalciope 1, 204 p. 64, 32.
Chalcis 1, 145, 15. 1, 194, 28.
Chaldaei p. 172, 16.
Chaon 1, 41, 24. 2, 208, 15.
Chaonia 1, 41, 25. 2, 208, 16.
Charites p. 229, 19.
Charon 2, 149, 11.
Charybdis 2, 170. p. 249, 23.
χειρῶν ἔργον 2, 212.
Chelone 1, 101. 2, 67.
Chimaera 1, 71, 19. 1, 72. 1, 157,
41. 2, 131, 29. p. 252, 14. 17.
26. 37. p. 253, 4. 9 et 12.
Chios 1, 133, 41. 1, 199, 25. 2, 82.
2, 141, 22.
Chiron 1, 72. 1, 103. 2, 62. p. 254,
24. 27. p. 255, 24 sqq. p. 256, 3.
Chiron Nept. equus 2, 119, 22. p.
172, 42.
Chloris 1, 156, 11.
choragium 1, 231, 34.
Chromis fil. Herc. 2, 151, 24.
Chromius 2, 77, 8.
Chryseis 1, 209, 13 et 15.

Chryses 1, 209, 15.

Chrysippe 1, 85, 23.

χθών 1, 128, 25. p. 223, 5 et 8.

Chthonius 1, 149, 15.

Cicero p. 156, 8. p. 159, 45. p. 165, 12. p. 171, 11. p. 172, 7. p. 174, 42. p. 188, 7. p. 197, 26. p. 198, 23. p. 200, 13. p. 211, 14. p. 218, 10. p. 219, 4. p. 228, 40. p. 238, 26. p. 244, 3. p. 250, 25.

Cilicia 1, 149, 1. 2, 131, 34.

Cilix fil. Agenor. 1, 149, 41. 1, 204, 40. 2, 77, 34 et 36.

cillere 2, 61, 27.

Ciminus lacus et mons 1, 54.

Cincinnatus 1, 223, 35.

Cinctia p. 166, 16.

Circaea ins. 1, 202, 12.

Circe 1, 8, 4. Solis fil. 1, 15. 1, 182, 30. 1, 186, 5. 1, 204 p. 64, 37. 2, 169. 2, 211. 212. 213. p. 231, 44. p. 232, 13 et 40. p. 233, 17. 18. p. 235, 18 sqq.

Circenses ludi 1, 191, 25. p. 192, 42.

circumductio corporea p. 178, 27.

circuli novem inferorum p. 177, 41. p. 185, 26.

Cisseus 2, 197, 18.

Cithaeron 1, 97, 20. 2, 74, 5.

citharizare 1, 97, 27. p. 226, 12.

Clarus insula p. 202, 7.

Clazomenae 2, 221.

Cleobis 1, 29. 2, 66.

Cleodoxe 1 156, 11.

Cleonaeus mons et leo 2, 160, 7.

Cleopatra 1, 222, 30.

Clio 1, 114, 32. 2, 24, 19 et 5. p. 210, 25 et 27.

Cloelia 1, 74, 9.

Clotho 1, 110. 2, 14, 31 et 33. p. 187, 41.

Clymene 1, 118, 36. 1, 204, 33. 2, 57, 20. 2, 114. p. 208, 9.

Clytaemnestra 1, 22, 3. Lyncei uxor 1, 134, 21. Agamem. ux. 1, 147. 1, 204, 31. nata. 1, 204 p. 64, 30. Ag. ux. 2, 147, 16. 2, 202, 43. p. 254, 9.

Cocles 1, 74, 2.

Codrus 1, 161. 2, 189.

Cocytos p. 175, 16. 23 et 24. p. 177, 33.

Coeus 1, 187, 8. 1, 204 p. 64, 17.

Colchos petit Orestes 1, 20, 9. 2, 202, 11. Phrixus 2, 134, 5. 1, 23, 11 et 29. Jason 1, 23, 36. 1, 24, 1. 2, 142, 6. 1, 27, 40. Pollux 1, 93, 35. Hercules 1, 136, 6. 2, 199, 17. est insula 2, 134, 5. 2, 135, 21. 2, 136, 36 et 2 et 12.

Collatia civ. 1, 74, 20.

Collatinus 1, 74, 16 et 34.

Collina porta p. 192, 43.

columbarum oraculum 1, 96. 2, 227.

columnae p. 196, 17.

colurus p. 206, 21.

cometae p. 216, 39.

communes dii p. 250, 37 sqq.

compurgatio p. 184, 10.

computistae p. 206, 10. p. 154, 40.

concinentia p. 211, 19.

Consus 1, 191.

contiroletae 2, 130, 8.

Copia ministra Fortunae 1, 58, 28. p. 248, 30.

cor Promethei 1, 1, 10 et 14. 2, 64, 5. 2, 65, 28.

Corinthus 1, 95, 7. 2, 79, 27. 2, 172.

Corinthus rex Italiae 2, 192; 2.

Coroebus 1, 168, 34.

cornea porta 1, 228.

corona Phoebi XII lapid. p. 203, 3 sqq. p. 205, 21 sqq.

Coronis 1; 46; 29. 1, 115, 17 et 22. 1, 204 p. 64. 36. 1, 205, 12. 2, 22, 32. 2, 128, 7. p. 209, 2.

Corsica 1, 129, 30. 2, 167, 42. p. 171, 32.

cortina, unde d. p. 202, 13.

Corvilius 2, 41, 42.

corvus albus 1, 46, 33. punitur 1, 115. 2, 22. 2, 128, 11.

Corybantes 1, 39, 22. 1, 104, 16. 2, 16, 19. 2, 46, 36. p. 158, 40.

Corythus 1, 135, 26.

cosmographi p. 189, 5.

Cossus 1, 225.

coturnix 1, 37, 11.

Crataeis 1, 3, 2. 2, 169, 12.

Cremera 1, 224.

Creon 2, 138, 32. 2, 158, 34.

Creontiades 2, 158.

Creta 1, 148, 36. 1, 202, 44. 2, 26, 1. 2, 76, 29. 2 p. 74, 6. 2, 53, 40. p. 153, 25.

Cretenses relig. inven. p. 165, 4.

Cretheus 2, 134, 33.

Cretis Nym. 2, 112, 26.

Creusa 1, 204, 17.

Crimisus 1, 137, 22. 2, 193, 33.

Croesus 1, 196. 2, 190.

Crotopns 1, 168.

crystallinus 1, 130, 39.

crystallus gemma p. 203, 12. p. 205, 5 sqq.

Cubele p. 158, 25.

cubus p. 158, 26.

Cumnae 1, 43, 27. 1, 145, 20. 1, 153, 21. ibi Sibylla 1, 202, 10. 2, 87, 18. 2, 125, 23. 2, 126, 31. p. 232, 27.

Cupido 1, 175. 1, 231. 2, 33, 15 etc. 2, 35. p. 256, 35.

cupressus funebris p. 191, 5 sqq.

Curetes 1, 104, 16. 2, 16, 19.

Curitis p. 166, 27.

Cyane 2, 93, 38.

Cybebe 1, 230, 17. p. 158, 1.

Cyaneō 1, 204 p. 65, 1.

Cybele 2, 16, 10. 2, 46. 3, 2. p. 250, 30.

Cyclades 1, 202, 44.

Cyclopes 1, 33, 10. 1, 46, 36. 1, 176, 22. 1, 202, 6. 2, 128, 16. 2, 185, 34.

Cyclops 1, 5.

Cygnus 1, 78.

Cyllene mat. Mercurii 2, 41, 1.

Cyllene mons 1, 119, 10. 2, 41, 5. 2, 84, 2.

Cyllenius, Mercur. p. 217, 46.

Cyparissus 1, 6. 2, 177. 178.

cypressus 1, 6, 38.

Cypris Venus p. 229, 18.

Cyprus 1, 138, 34. p. 231, 14.

Cyrene 1, 76, 39. 2, 44, 12.

Cyrus 1, 196, 39 et 10. 2, 190.

D. ♂.

Daedalus 1, 43, 5. 18 et 22. 2, 82. 2, 121, 9. 2, 124, 1. 2, 125, 17. 18 et 22. 2, 126, 30. 2, 127. p. 232, 25.

daemones quid p. 157, 23 etc.

daemones i. e. manes p. 185, 42.

Danaē 1, 157. 1, 204 p. 64, 27. 2, 110, 10. p. 162, 42.

Hellades p. 208, 19.

heliotropia, flos p. 204, 31 et 38.

heliotropius p. 203,10. p. 204, 26 sq.

Helle 1, 23. 1, 204 p. 64, 5. 2, 134,
34 et 7. p. 253, 22 28 et 34.

Hellespontus 1, 23, 28. 2, 134, 8.
2, 218. p. 253, 29.

Heraclidae 1, 60.

Heraclitus p. 160, 31. p. 192, 9.

herbam do 2, 119, 16. p. 225, 36.

Herceus Juppiter 1, 213, 16. p.
166, 36.

Hercules, ejus vita p. 246, 16 sqq.
et labores p. 248, 7. Trojam exp. 1,
24, 10. 2, 199. p. 164, 11. Hesperides adit. 2, 161 p. 248, 33. 1,
38. 1, 106, 40. taurum Cretens.
interf. 1, 47, 6. 2, 120, 37. Theseum ex infer. red. 1, 48, 28.
Hylan amittit 1, 49. 2, 199. p.
164, 12. Nem. Leo. interf. 1, 51.
2, 160. p. 254, 36. a Molorcho
suscip. 1, 52. Ciminum lacum procr.
1, 54. Antaeum suffocat 1, 55. 2,
164. p. 247, 11. Harpyias ab Alcinoo pellit 1, 56. Cerberum adit 1,
57. 2, 149. 2, 154. Acheloum vincit
1, 58. 2, 165, 21 etc. p. 248, 30, in
Aetnae incendium se mittit 1, 58,
10. 2, 165, 10 etc. Philocteti sagittas tradit 1, 59. 2, 165, 12 etc.
ejus nepotes 1, 60. 2, 166. suscipitur a Pholo 1, 61. hydram occidit
1, 62. 2, 163. p. 248, 20. ejus
aerumnae 1, 62. ab Eurystheo mittitur
1, 64. p. 249, 5. Busirim interf.
1, 65. 2, 157. Cacum occidit 1, 66.
p. 246, 30. Geryonis boves rapit
1, 67. 2, 152. p. 249, 22. ab

Evandro suscipitur 1, 69. 2, 153.
p. 249, 30. Tricerberum rapit 2,
149. p. 247, 35. p. 248, 16. 1, 92,
24. Erycem interf. 1, 53. 1, 94, 2.
2, 156. objurgat Argonautas 1, 133,
3. 2, 141, 27. Hesionam petit et
Trojam vastat 1, 137, 6 et 10.
Nessum interf. 1, 171, 12. 2, 165,
38 etc. ejus mensa 1, 177. Olymp.
ludos instituit 1, 192. natus 1, 50.
1, 204, 39. 2, 148, 28. Prometheum
lib. 2, 64, 5. 2, 65, 15. Thes. lib. 2,
133, 29. Argon. 2, 135, 27. quid
2, 149. Diomedem occ. 2, 151.
anguem in Lydia interficit et Omphalae servit 2, 155. p. 246, 18.
Megaram amat 2, 158. Euryt. occ.
2, 159. 2, 165, 42. duos leones
occ. 2, 160. aurea poma aufert 2,
161. Deianiram ducit 2, 162. 163,
34 etc. ejus sagitt. 2, 165, 17.
ejus boves rapit Charyb. 2, 170.
immortalis factus p. 157, 38. mortalis p. 160, 43. Priamum capit p.
164, 16. inter deos recept. p. 172,12.
ejus simulacrum p. 219, 23. Cacum
interficit p. 246, 30 sqq. Alcesten
servat p. 247, 37. astronomus p.
248, 11. ejus poculum p. 250, 9.
est Mars p. 250, 24. multi ejusdem nominis p. 250, 38.

Hermaphroditus p. 214, 27 31 et 35.
p. 239, 35.

Hermes 1, 119, 25.

Hermione uxor Cadmi 1, 120, 41. 1,
150. 1, 151. 1, 152, 11. 1, 204, 1.
2, 78.

Hermione Orestis sponsa 1, 140, 14.
1, 41, 16. nata 1, 204, 30. 2,
208, 17.

Hypsipylen ducit 1, 133, 1. 2, 141, 25 etc. Medeam ducit 1, 188. ejus fil.

Iason 2, 135, 17 etc. 2, 136. 2, 137. 2, 138, 31. 2, 142, 5 etc.

Iasonides 1, 199. 2, 141, 42.

Iasus 1, 18, 37,

iaspis p. 203, 10. p. 204, 16 et 23. sq.

Icarus, Daedali fil. 1, 19, 1, 43, 21 et 25. 1, 233, 40. 2, 125, 17. Atheniensis 2, 61. p. 254, 41.

Ida 1, 184, 11 et 17. 1, 102, 38. 1, 208, 39. 2, 108, 32.

Idaeus 1, 149, 15. 2, 77, 7.

Idas 1, 77, 12. p. 254, 14 sq.

Idmon 1, 91, 2.

Idomeneus 1, 195. 2, 210.

Ilia 1, 30, 3. 1, 204, 22.

ilicet, quid p. 191, 35.

Ilios p. 176, 20.

Ilissus 2, 142, 9.

Ilium 1, 135, 37. 1, 181, 23. 2, 165, 28. 2, 192, 13. p. 164, 11.

Illyrici sinus 1, 150, 21.

Illyricum 2, 78, 23.

Ilus 1, 135, 35 et 38. 1, 204, 10. 2, 192, 12.

immanis, unde dict. p. 192, 23.

Inachus 1, 18, 38. 2, 5, 13. 2, 8. 2, 89.

Inarime 2, 53, 41.

Indi 1, 121, 19. 2, 80, 4. p. 244, 36.

Indiam debellat Bacchus 1, 120, 35. 2, 80.

incorporatio p. 181, 14.

incubae 2, 49, 36.

indigites quid p. 157, 26. p. 158, 8.

infula p. 196, 9.

Ino 1, 23, 15. soror Semeles p. 245. 42. 1, 120, 37. 1, 204, 3. 2, 78, 26. 2, 79, 16 et 22. 2, 134, 37. p. 253, 23.

inspectator 1, 150, 18.

intentio i. e. studium, cupido p. 216, 4.

intimare 1, 176.

Introduca p. 166, 11.

invergere, quid in sacris p. 193, 44.

Io 1, 18. 2, 5, 13. 2, 89. p. 253, 43.

Iobates 1, 71, 13 et 21. 2, 131, 24.

Iocasta 1, 151, 34. 1, 204 p. 64, 10. 2, 78, 31. 2, 230.

Iolcus 2, 135, 13.

Iole 2, 159, 38 et 4. 2, 165, 43.

Iphianassa 1, 85, 23.

Iphicles 1, 50, 7. 2, 118, 29.

Iphigenia 1, 20. 1, 204, 31. 2, 202, 39.

Iphilus 1, 44. 2, 216.

Iphimedia 1, 83,

Iris 1, 27, 6. 2, 6. p. 165, 24 28 etc. p. 167, 32 sqq. p. 220, 2.

Isis 1, 18, 13. 2 p. 74, 6. 2, 89, 10. 2, 90. 2, 91. 2, 142, 13. p. 162, 40 et 42. p. 175, 39. p. 193, 23. p. 194, 24 sqq. p. 253, 26.

Ismene 1, 204 p. 64, 11. 2, 230, 6,

Ister, vid. Istrus

Istrus 1, 115, 17. 1, 233, 37.

Italia 1, 157, 34. 1, 202, 2 etc. 2, 1, 34. 2, 110, 15. 2, 125, 15. 2, 136, 13. 2, 152, 36. 2, 153, 2 et 24. 2, 202, 14. p. 153, 26. p. 174, 21. p. 175, 27.

Itys 1, 4, 25 et 27. 1, 204 p. 65, 4. 2, 217, 39.

Iulia gens 1, 40, 40.

Iulium opus 2, 228, 17.

Iulius 1, 204, 24.

p. 199, 46. Ganymedem rapit p. 256, 28.

Juvenalis 1, 125, 19. 1, 156, 17. p. 164, 41. p. 186, 12. p. 193, 16. p. 219, 39. p. 233, 9. p. 236, 39.

K.

Κακὸς p. 246, 32. p. 247, 3.

Καλαύρωψ 1, 127, 8. 2, 48, 22. p. 200, 30.

Κάρυον 2, 27, 9.

Κατ' ἀντίφρασιν 1, 12, 31.

Κένταυρος p. 168, 20.

Κλέος 2, 24, 20, ἡρώων 2, 155, 18.

Κρεοβόρος 1, 57, 15. 2, 11, 27. 2, 150, 4. p. 248, 19.

Κρόνος p. 154, 34.

Κῦδος βέβαιον 1, 230, 17.

Κύνθος p. 157, 40.

Κύριος p. 213, 27. i. e. Mercurius p. 218, 2.

L λ.

Lacedaemon fil. Tayg. 1, 234, 9.

Lacedaemonii 2, 222.

Lachesis 1, 110, 26. 2, 14, 32 33. p. 187, 42. p. 218, 34.

Lacones 1, 161, 25. 1, 206. 2, 189. 2, 202, 17.

Laconia 1, 173, 33. 2, 27, 5.

Lactantius p. 156, 39. p. 191, 5. p. 229, 41. p. 245, 5.

lactuca, mat. Hebes 1, 204 p. 64, 25.

Ladon fl. 1, 116, 25.

Laërtes 1, 204, 44.

Lajus 1, 151, 35. 1, 204 p. 64, 10. 2, 230.

Lamia 1, 168, 36.

Lampadas 2, 216, 15.

lampadum dies Cereri sacr. p. 197, 19.

Lampetie 2, 57, 1.

Lampetusa 1, 118, 3.

Lampsacus 1, 126, 30. 2, 38. p. 189, 34.

Lampus 1, 113, 24. 2, 21, 24. p. 202, 33 sqq.

Laocoon 2, 207, 2.

Laodamia 1, 158. 2, 205, 22. 2, 215.

Laomedon 1, 24, 7. 1, 135, 38. 1, 136. 1, 137, 15 et 20. 1, 139, 42. 1, 204, 10. 2, 69. 2, 192, 14. 2, 193. 2, 199, 18 etc. p. 164, 11. p. 174, 17.

Lapithae 1, 154, 32. 1, 162. 2, 106. 2, 133. p. 189, 21.

Larissa 1, 209, 8.

Lartes Tolumnius 1, 225.

Latinus rex 1, 202, 17 23 et 25. 1, 204, 19.

Latium 2 p. 74, 6. unde dictum 2, 1, 36. 1, 105, 27.

Latona 1, 13. 1, 37. 1, 156, 13. 1, 204 p. 64, 17. 2, 17. 2, 71, 10 et 13. 2, 104, 9. p. 177, 3. p. 200, 43. p. 201, 5 sq.

Latonia virgo 1, 112, 8. 1, 187. 2, 25, 25.

Laurens ager p. 231, 26.

Laurolavinium 1, 202, 26 et 31. p. 196, 18.

laurus fluvios amat 1, 116, 27.

Lavinia 1, 202, 16. 22 et 27. 1, 204, 18.

Lavinium 1, 202, 18.

Leander 1, 28. 2, 218. p. 239, 40.

Learchus 1, 204 p. 64, 5. 2, 78, 27. 2, 79, 21.

Lechaeum mare 2, 105, 13.

Leda 1, 78. 1, 204 p. 64, 28. 2, 132. p. 163, 2 etc.

Lelepa 1, 44, 42.

Lemniades 1, 133. 2, 141, 17 24 et 27.

Lemnii 2 p. 74, 8.

Lemnius, Vulcan. p. 223, 39. p. 224, 7.

Lemnus 1, 59, 27. 1, 128, 17. 1, 133, 34. 1, 204, 43. 2, 37, 42. 2, 40, 26. 2, 141, 10 15 23 et 44. 2, 165, 25. p. 224, 6 et 12.

Lenaeus, Bacch. p. 243, 44. p. 245, 3.

ληνός p. 243, 44.

Leo, astrum p. 204, 2 et 13. p. 207, 8. p. 208, 25. p. 254, 39.

Lerna 1, 62. 2, 163. p. 248, 21.

Lernaeus fons 1, 45, 19. 2, 163, 39.

Lethaeus fl. 1, 201, 5 et 18. p. 175, 16. p. 177, 35 sqq.

Lethe p. 175, 18.

Leucothea 2, 79, 27.

Liber (cf. Bacchus) contra Gigantes pugn. 1, 11, 8. vini auctor 1, 19, 15. insaniam movit 1, 23, 8 et 13. Orionem ligari jubet 1, 33, 5. in caprum mutatur 1, 86, 36. capitur 1, 88. Semeles fil. 1, 120. Jovem Hammonem adit 1, 121. 2, 80, 39. a Tyrrhenis capitur 1, 122. 2, 171. Lycurgum punit 1, 123. occurrit Thoanti 1, 133, 40. 2, 141, 21. ejus sacerdos 1, 164. ejus nutrices 1, 188, 26. 2, 138. ejus fil. 1, 199, 28. Naxius 2 p. 74, 9. unde dictus, ibid. 12. p. 153, 8. i. e. Apollo p. 74, 26. 2, 18, 30. pater Gratiarum 2, 36, 24. pater Mercurii 2, 41, 43. ejus purgat. 2, 61, 35. natu 2, 79. Penth. punit 2, 83.

ej. vannus et purg. in myst. 2, 92. Ariadnen ducit 2, 124, 7. ejus sacra purg. p. 184, 12. ejus caper p. 190, 4. ejus orgia p. 197, 35. p. 236. 7. raptam conjug. ducere non potuit p. 221, 10. etymol. p. 243, 21. mares purgat ibid. Indos vincit p. 244, 43. a Titanibus laceratus p. 246, 6.

Liberalia festa p. 243, 42.

Libra, astrum p. 204, 45. p. 207, 20. p. 255, 18 sqq. et 44.

librariae, Parcae p. 187, 38.

Libya i. e. Arachne 2, 69. sed vid. not. cr.

Libye, Epaphi fil. 2, 75.

Lichas 1, 58, 7. 2, 165, 6.

Lilybaeus p. 203, 42.

λίμνη p. 223, 40.

Lipare p. 170, 26. p. 224, 14 et 17.

Liriope 1, 185.

Liris 2, 50, 5.

lituus augurum 1, 182, 34. p. 235, 23.

Livius 1, 1, 22. 1, 119, 23. 1, 193, 16. 1, 220, 7. 2, 65, 36. p. 191, 18. p. 215, 18. p. 228, 31.

λοιδή p. 163, 5.

Longus 1, 61, 4.

Lotus Nympha 1, 126. 2, 179.

Lucanus 1, 32, 38. 1, 63, 28. 1, 213, 17. 2, 3, 36. 2, 13, 19. 2, 17, 16. 2, 129, 40. 2, 136, 33. p. 162, 4 et 9. p. 166, 34. p. 183, 29. p. 186, 7. p. 189, 15. p. 194, 16. p. 197, 43. p. 202, 18 et 23. p. 224, 9. p. 244, 40.

Luccejus i. e. Juppiter p. 160, 35.

Lucifer 1, 9, 24 et 28. 2, 175.

Lucina 1, 112, 4. 2, 25, 20. p. 166, 2.

Lucretia 1, 74.

Lucretius cit. 2, 105, 22 et 29.

p. 172, 7. p. 175, 2. p. 176, 40.
p. 177, 4 et 34. p. 218, 24.
p. 219, 15.

Lucrinus, lacus 2, 228.

Luna 2, 25. (cf. Diana et Proserpina)
planeta p. 175, 12. p. 217, 34.

lupa 1, 30, 21. p. 235, 8.

lupanaria 1, 30, 22. p. 235, 9.

luscus p. 232, 44. p. 233, 4.

lustrale certamen 2, 79, 29.

Lyaeus 1, 120, 15. 2, 80, 3. p.
220, 40.

Lycaeus, i. e. Pan p. 200, 20.

Lycambes 2, 220.

Lycaon 1, 17. 1, 189, 32. 2, 58, 4.
2, 60.

lychnis lapis p. 203, 5. p. 204, 8.

lychnites p. 203, 20.

λύχνος p. 203, 22.

Lycia 1, 72, 30. 1, 187, 11. 2, 17,
42. 2, 131, 29.

Lycii rustici 1, 10. 1, 187. 2, 17,
43. 2, 93.

Lycius Apollo p. 200, 15. p. 209, 24.

Lycomedes p. 242, 13.

Lycormas 1, 171.

Lycurgus Nymphas fugat 1, 120, 10.
a Libero punitur 1, 123. p. 245,
35. Hypsipylen rapit 1, 133, 6.
pater Archemori 1, 204 p. 64,
31. 2, 141, 30.

Lycus 1, 97, 17 et 23. 1, 204 p. 64
6. 1, 234, 10. 2, 22, 34. 2, 74.
2, 98. 2, 128, 9.

λύκος p. 200, 17.

lymphatici 1, 79, 38.

Lynceus 1, 77, 12. 1, 134, 21. 2,
103, 1.

Lyncus 1, 10, 37. 1, 34.

lyra inventa 2, 43.

Lyrnesus 1, 209, 12.

λύσις p. 176, 37.

M μ.

Macarius p. 168, 27, 31.

macies 1, 1, 7. 2, 64, 2.

Macrobius p. 171, 24. p. 177, 19.
p. 179, 3. p. 188, 20. p. 234, 18.

macte p. 194, 32 36 et 38.

Maeander, pat. Cyaneës 1, 204 p. 65, 1.

Maenades p. 245, 9.

Maera 2, 61, 7.

magiae quinque species p. 235, 33.

Magnes 1, 114, 38.

μαίνειν p. 245, 7.

Maja 1, 119. 1, 204 p. 64, 22. 1,
234, 9. 2, 41, 43 et 44. p. 165,
40 etc. p. 214, 12. p. 249, 15 sqq.

maleficia p. 235, 34 et 38.

Malea 2, 188, 10.

Maleoticus Apollo 2, 188, 11.

Maleus 2, 188.

maliloquium p. 199, 12.

Mamurius 1, 40, 6.

manes p. 184, 22. p. 192, 21 sqq.

mantice p. 235, 34 et 43.

Manto 2, 71, 9. 2, 86. 2, 224.

Marathon mons 2, 120, 41.

Marathonius taurus 1, 47, 10. 2,
120, 41.

Marathonia regio 2, 61, 6.

Marcellus Gallos superat 1, 225.

Marcellus, fil. Octaviae 1, 226.

Mareoticum vinum p. 244, 38.

margarita p. 180, 37.

Marica 2, 50, 5.

marmorare p. 226, 46.

Maron 1, 120, 34. p. 244, 45.

Mars 1, 30, 5. Venerem adit 1, 43.

2, 121. p. 231, 40. ejus fons 1, 149, 8. 2, 77, 2. negligitur a Pirithoo 1, 162. 2, 108. ejus petra 1, 186, 3. 2, 101, 31. Iliam ducit 1, 204, 22. pater Parthaonis 1, 204 p. 64, 12. Plejad. amat 1, 234, 7. quid 2, 29. pater Cupidinis 2, 35, 5. cor 2, 206, 9. planeta 3 p. 153, 43. p. 161, 19. p. 175, 11. p. 176, 34. p. 216, 19. p. 234, 46. iracundiam hominibus infundit p. 178, 30. sanguis p. 217, 35. varia ejus nomina p. 234, 24 sqq. sine patre natus p. 234, 45. ejus Salii p. 250, 26.

Marsyas cum Apolline certat 1, 90, 37. 2, 115. 2, 116. p. 226, 1. tibias repperit 1, 125, 13. fluv. 1, 125, 23. fons 2, 115, 12. Bacchi minist. p. 185, 17. p. 220, 41. quid p. 226, 28. signum libertatis p. 243, 39.

Martialis Fenestella cit. 2, 130, 6.

Martianus p. 159, 13. p. 161, 9. p. 170, 26. p. 202, 40. p. 203, 40. p. 205, 23. p. 211, 7. p. 213, 38. p. 215, 27. p. 222, 12. p. 232, 8. p. 245, 21.

Martius picus 1, 182, 31. 2, 213, 31.

matematica p. 235, 35. p. 236, 25. p. 238, 21.

mater deorum 1, 39, 14 et 18. p. 158, 7.

mathematica p. 236, 20.

mathematici p. 178, 34. p. 209, 43. p. 230, 26. p. 236, 36.

Mauri 2 p. 74, 6.

Maxentius 1, 202, 24 et 26.

Medea 1, 25, 16. 1, 48, 16. 1, 188. 1, 204 p. 64, 32. 2, 136, 37

etc. 2, 137. 138. p. 231, 44. p. 232, 12.

μηδὲν ἰδὼν 2, 118, 3.

medietas p. 206, 24.

medicorum libri p. 229, 14.

medioximus p. 157, 31 etc. p. 250, 22.

medulla spinae anguem creat p. 185, 19.

Medusa 1, 130, 35. 1, 131. 1, 157, 42. 1, 204, 7. 2, 112, 25 et 33 et 10. 2, 113, 21. 2, 114, 38. p. 248, 43. p. 251, 4 12 et 20.

μεγάλη ἔρις 2, 12, 34. p. 187, 24.

Megaera 1, 109. 2, 12, 14. 2, 149, 13. p. 187, 24.

Megara fil. Cr. 2, 158 et 159.

Megarenses 1, 3, 10. 1, 43, 12. 2, 122, 123.

Melampus 1, 85, 27. 2, 68, 30.

Melanippus 1, 80, 3.

Meleager 1, 146. 1, 174. ejus sorores 1, 198. Oenei fil. 1, 204 p. 64, 15. 2, 144, 38.

Meleagria Pleuron 1, 198.

Meleagrides 1, 198. 2, 144, 19.

Meliboea 2, 165, 13.

Melicerta 1, 204 p. 64, 5. 2, 79, 23.

μῆλα 1, 38. aurea 1, 39, 11. 2, 161, 22. p. 248, 39 sq.

μηλονόμος 1, 38. 2, 161, 24. p. 248, 40.

Melope 2, 140.

Melpomene 1, 114, 34. 1, 186, 41. 2, 24, 24 et 6. 2, 101, 26. p. 210, 30.

Memnon 1, 139, 2. 2, 194.

Memnonides aves 1, 139, 5.

Memoria dea p. 241, 46.

Memphis 1, 79, 34 et 38. 2, 75.

μήνη p. 245, 9.

Menelaus 1, 204, 30. 1, 209, 8. 2, 132, 14.

mens p. 184, 34 sqq.

mensis, unde p. 198, 26.

Mercurius, ejus etym. et munia p. 213, 25 sqq. Prometh. religat 1, 1, 9. 2, 65, 30. p. 228, 26 et 16. remedium dat Ulixi 1, 15, 7. 2, 211, 12. Argum interficit 1, 18, 7. p. 215, 5. discordiam injicit Atreo et Thy. 1, 22. 2, 147. in aquilam mutatur 1, 78. pater Panis 1, 89. Chelonem punit 1, 101, 15. 2, 67, 13. Majae fil. etc. 1, 234, 9. 1, 119. 1, 204 p. 64, 22. Jovem adjuvat 1, 148, 30. 2, 76. unde dictus 2 p. 74, 12. 2, 42. Argum occidit 2, 5, 15. 2, 41. nuntius 2, 6, 25. quatuor Mercurii 2, 41. ejus potestas 2, 42. lyram invenit 1, 43. ei pedes sacr. 2, 206, 9. p. 241, 45. quid p. 153, 7. ad concordiam mittitur p. 167, 38. planeta p. 153, 43. p. 175, 11. p. 216, 16. lucri cupiditatem conciliat hom. p. 178, 31. Pelopem revocat p. 186, 25. Hermaphrod. gign. p. 214, 27. plures p. 218, 11. crines mort. absc. p. 220, 3.

Merope 1, 93, 29. 1, 107, 9.

Meropea 1, 234, 11.

Merus mons p. 245, 22.

μῆρος p. 245, 23.

Messapus p. 174, 21.

Messenii 2, 222.

μετεμψύχωσις 1, 154, 35. p. 181, 8. p. 186, 30. p. 189, 13 et 16.

Meton 1, 214, 21.

Midas 1, 88. 1, 90, 29. 1, 125, 15. 2, 116, 16. 2, 117. 118. p. 226, 2 9. 32 et 42. p. 227, 7 et 16.

Miletus, pat. Cauni 1, 204 p. 65, 1.

Mimalliones p. 245, 7.

min i. e. non p. 221, 37.

Minerva, Promethei auxiliatrix 1, 1. 2, 63, 16. p. 227, 18. p. 228, 4. 2, 64, 42. oleam procreat 1, 2, 31. p. 172, 38. p. 225, 33. 2, 119, 11. Iphigeniam servat 1, 20, 2. Arachnen superat 1, 91. 2, 70. quid significet 1, 124. 1, 39. tibiarum inventrix 1, 125. 2, 115. p. 225, 43. a Vulcano petitur 1, 128, 20. p. 222, 43. Perseum adjuvat 2, 112, 40. 1, 130, 40. ejus sacra 1, 142, 36. Thebis favet 1, 149, 13. a Jove procr. 1, 176. 2, 37. 1, 204 p. 64, 23. Graecis ir. 1, 181. placat Achill. 1, 209, 18. mat. Erichth. 2, 37, 8. ejus potestas 2, 39. oculi 2, 206, 8. theorica 2, 206, 20. Erichthon. habet fam. p. 185, 16. ejus nomina et officia p. 221, 27 sqq. ejus certamen de pulchr. p. 241, 27 sqq. favet Graecis p. 255. 9.

Minervales manubiae 1, 181, 24. p. 225, 15.

Minos 1, 3, 8 et 14. 1, 33. 1, 43, 13. 1, 47. 1, 172. 1, 204 p. 64, 39. 1, 233, 30. 2, 26. 2, 76, 30. 2, 120. 2, 121, 12. 2, 122, 18. 2, 125, 17. 2, 126, 28. p. 232, 20 22 31.

Minotaurus 1, 43, 7 et 16. 1, 204, p. 64, 40. 2, 121, 11. 2, 122, 22. 2, 124, 40 et 5. 2, 126, 29. p. 232, 18 23 et 30.

Minturnensia litora 2, 50, 5.

Misenus p. 171, 6. p. 175, 33.

Misericordia dea p. 242, 3.

Mithra 2, 19, 40.

Mithridaticum bellum 1, 40, 3.

mola salsa p. 194, 4.

Mollisena p. 254, 12.

Molorchus 1, 52. 2, 160, 10.

Molossia 1, 41, 23. 2, 208, 14.

Molossus 1, 41. 2, 208, 13.

monile Hermionae 1, 151. 1, 78, 19.

monoculus 1, 217, 13.

Mopsus 1, 194, 21. 2, 86. 2, 224.

morborum origo 1, 1, 7 et 25.

μονσαγέτης Apollo p. 211, 32.

moys, aqua p. 213, 9.

Mulciber p. 223, 41. p. 225, 6.

multifructus 2, 130, 17.

Musae 1, 86, 31 et 37. 1, 114. 1, 197. novem 2, 24. i. e. Nymphae 2, 50, 7. p. 210, 17 sqq. p. 211. 11 et 20 sqq. p. 213, 3 sqq. tres p. 213, 15. earum fons p. 251, 42. p. 252, 2.

musica ars p. 226, 10 sqq.

Myconus ins. 1, 37, 28. 2, 17, 13 et 18. p. 201, 18.

μύρμηκες 1, 67. 2, 204, 35.

Myrmidon rex 1, 67. 2, 204, 38.

Myrmidones 1, 67. 1, 209, 11. 2, 204, 37.

Myrrha 1, 200. 2, 34, 27. p. 239, 8.

Myrtilus 1, 21, 19. 1, 22. 1, 204, 29. 2, 146, 32. 2, 147, 37.

Myrtoum pelagus 1, 21, 22. 2, 146, 35.

Mysia 1, 49, 38 et 42. 2, 199, 8. p. 164, 12.

N ν.

Naides 2, 165, 25.

naïs i. e. aqua p. 172, 27.

Najades 1, 185, 38. 2, 50, 2. 2, 180, 36. p. 172, 26.

Napaeae 2, 50, 2.

Narcissus 1, 185. 2, 180.

Nauplius 1, 144. 1, 204, 45. 2, 200, 1. 2, 201.

Nautarum gens 1, 40, 40. 1, 142, 36.

Nautes 1, 40, 39. 1, 142, 35.

Naxii 2 p. 74, 9.

Naxus 1, 122, 29. 2, 124, 6. 2, 171, 35.

Neaera 1, 156, 12.

Neapolis 2, 187.

necromantia p. 175, 31. p. 235, 43. p. 236, 18.

νεκρός p. 235, 45.

Nemea 1, 133, 6. 2, 141, 30. certam. 2, 160, 12.

Nemesis 1, 185, 32. 2, 180, 30.

Nemeus leo 1, 51. 2, 160, 9. mons, ibid. p. 254, 36.

Neobule 2, 220.

Nephele 1, 23, 8. 1, 204 p. 64, 4. 2, 134, 33. p. 253, 21.

Neptunus, equi auctor 1, 2, 30. 2, 119, 10 et 21. p. 172, 37. Amymonen comprimit 1, 45, 15. 2, 200, 43 etc. Amyci pater 1, 93. Erycis pat. 1, 94. 1, 107, 8. Rheae fil. 1, 102. i. e. nube tonans 1, 107. muros Trojae exstr. 1, 136, 43. 1, 137, 16. 2, 193. Caenin stuprat 1, 154. 2, 108, 41. nascitur 1, 204, 8. Phlegyas perdit 1, 205, 9. 2, 109. Plejad. amat 1, 231, 7. element. 2, 1, 15. 2, 9. ei Ortygia sacra 2, 17, 38. Medus. am. 2, 112, 35. Thetidi suad. 2, 205, 14. ei pictus sacr. 2, 206, 8. p. 241, 44. ej. sacerd. occ. 2, 207. ej. fab. integra 3, 5. ejus tridens

p. 187, 12. fundamenta el sacra p. 222, 40.

Nereides 2, 50, 3. p. 172, 31.

Nereus 1, 204, 5. 1, 208, 31. p. 172, 31.

Nero script. p. 242. 31. p. 244, 32.

Nessus 1, 58, 39. 1, 171, 12. 2, 165, 38.

νηῦς 1, 199, 24.

Nicagoras p. 227, 31.

Nicostrata 1, 70. 2, 153, 40.

nigrae pecudes p. 189, 27 sqq.

Nilus 2, 43, 29.

nimietas p. 155, 45.

Niobe 1, 156. 1, 204, 27. p. 64, 9. 2, 71. Phoronei fil. 2, 8, 4.

Nisa 1, 204 p. 64, 34.

Nisus, Megarensium rex 1, 3, 7. 2, 123. Scyllae pater 1, 3, 10. in avem mutatus, 1, 3, 15. 2, 123, 32.

novendiales ludi p. 191, 1.

νόμιος Apollo p. 210, 3.

νόμος, lex chordarum p. 210, 6.

Nonacria i. e. Arcadia p. 203, 38.

Nox 1, 12, 30.

Nubes, vid. Nephele.

Numa Pompilius 2, 65, 37. p. 228, 33.

Numanus p. 221, 13.

Numicus fl. 1, 202, 19.

Numitor 1, 30. 1, 204, 21.

Nycteus 1, 97, 16. 1, 204 p. 64, 6. 1, 234, 10. 2, 39, 5 et 9. 2, 74.

Nyctimene 1, 98. 2, 39, 6.

Nymphae 1, 125, 20. Africae 1, 215. fluv. 1, 217, 11. aliae 2, 16, 12 et 19. 2, 50. 2, 79, 14. 2, 171, 36. 2, 180, 26. 2, 195, 4. 2, 199, 10. p. 165, 24. p. 170, 40 et 43. p. 171, 34. p. 172, 21 etc.

Nysa, mons Indiae 1, 120, 2, 79, 15. p. 245, 22 24 et 26 sq.

Nysaeus p. 245, 26.

O o ω.

occare 2, 14, 32. 1, 110, 26.

Oceanus 1, 204, 4 et 32. 1, 234, 3. 2, 59. p. 173, 16.

Octavianus Aug. 1, 222, 26.

Ocypete 1, 111. 2, 13; 3. p. 173, 23 et 29.

Oeager 1, 76. 2, 44.

Oebalus 2, 187.

Oechalia 2, 159, 38. 2, 165, 43.

Oedipus 1, 151, 35. 1, 169, 4. 1, 204 p. 64, 10. 2, 78, 31. 2, 143. 2, 230.

Oeneus 1, 58. 1, 80, 2. 1, 87, 2. 1, 146. 1, 204 p. 64, 13. 2, 144. 2, 165.

Oenomaus 1, 21, 14. 1, 204, 28. 1, 234, 11. 2, 146.

Oenopion 1, 32. 2, 129. p. 255, 30 et 33.

Ogime 1, 156, 11.

Ogyges 1, 189, 35.

Oileus 1, 181, 19.

οἶνος 1, 87, 7.

ὠκύς p. 173, 10.

olea, pacis insigne 1, 2; 31. p. 225, 26.

ὕλων ξένος 2, 101, 11. p. 233, 32.

Olympiadum ludus 1, 192.

Olympias i. e. ludus Olymp. 1, 192, 39.

Olympus 1, 63, 29. 1, 192, 31 et 36. 2, 1, 31.

Omphale 2, 155, 14. p. 246, 18.

ὀμφαλός 2, 155, 19. p. 246, 27.

ὠτή p. 167, 14.

P. π. Q.

palladium Troj. 1, 40, 34 et 5. Athen.
1, 40, 9. Diomed. 1, 142.

Pallantea, fil. Ev. 2, 153, 5.

Pallanteus mons 1, 70.

Pallas, rex Arcad. 1, 70. 2, 153,
39 et 4. Gigas p. 40, 7. p. 221,
31. ejus funus apud Virg. p.
fabula p. 192, 15. cf. *Minerva.*

Pallas Minerva 1, 124, 5. 1, 181,
23. p. 64, 23. 2, 37, 34. omnis ejus
fabula 221, 25 sqq. cf. *Minerva.*

πάλλειν 1, 124, 6. p. 221, 30.

Pallene 1, 124, 5.

Pamphyla lingua p. 252, 19.

Pan 1, 89. 1, 90. 1, 127. 2, 48.
p. 200, 21 et 23 sqq.

πᾶν p. 183, 34.

Pandion 1, 4, 19. 1, 204 p. 65, 3.

Pandora 2, 37, 9. 2, 40, 38. p. 223,
10 et 26. p. 227, 45. p. 228, 1.

Paphii 2 p. 74, 8.

παραδόξως 1, 176, 19.

Parcae 1, 110. 2, 14. 2, 65, 13. p.
187, 35. p. 220, 5.

Paris 1, 140, 8. natus 1, 204, 15.
2, 197. ejus judicium 1, 208, 37.
2, 205, 8 etc. 2, 206, 32 etc. p.
240, 33. Helenam rapit p. 164,
19 etc. Achillem occidit, p. 242,
24 et 30. a patre mittitur in Graeciam 2, 199, 31.

Parnasus 1, 189, 39. 2, 73, 29.
p. 255, 13.

Parthaon 1, 58. 1, 146, 23. 1, 204
p. 64, 12. 2, 144, 31. 2, 165, 16.

Partheniae 1, 206.

Parthenopaeus 1, 174, 5. 1, 204 p.
64, 15. 2, 144, 5.

Pasiphaë 1, 43. 1, 47, 3. 1, 204

p. 64, 38. 2, 120, 34. 2, 124, 8,
2, 126, 27. 2, 128, 38. p. 231,
43. p. 232, 10 18 sqq.

Pasithea 1, 132. 2, 36, 17. p. 229,
20 et 32.

Patroclus 1, 209, 21. 2, 205, 21.
p. 192, 14.

Patron 2, 85, 35.

Pegaseus fons 1, 130, 13. 2, 112, 7.
2, 113, 29.

Pegasus 1, 71, 19. 1, 130, 11 et 16.
2, 112, 5. 2, 113, 28. 2, 131, 30.
p. 251, 38 et 45. p. 252, 9 29 34.

πηγή p. 252, 32 et 34.

πειθώ 2, 19, 13. p. 200, 12.

Pelargus 2, 129, 31.

πελειάδες 1, 96. p. 165, 2.

Pelethronium 1, 163, 38. 2, 107, 21.

Peleus 1, 138, 39. 1, 207. 1, 208.
2, 205. 206. p. 240, 26. 36 sqq.

Peleus i. e. Pelias 1, 24.

Pelias 1, 24. Troj. adit 1, 24, 10.
2, 135.

Pelius mons 2, 62. 2, 136, 30.

Peloponnesus 1, 18, 4.

Pelopia 1, 22, 40. Niobes fil. 1, 156,
11. 2, 147, 11. 2, 202, 1.

Pelops 1, 12. Hippod. am. 1, 21, 18.
Myrt. interf. 1, 22, 25. natus 1,
204, 27. Niobes pat. 2, 6. occid.
a pat. 2, 102, 18. 2, 146, 29 etc.
2, 147, 37 et 40. p. 186, 22.

Pelorus 1, 42, 31. 2, 77, 8. 1, 149,
15. p. 233, 38. p. 203, 41.

πηλὸς 2, 206, 4. p. 240, 39.

penates cur in dominibus colantur
p. 191, 4.

Penelope 1, 89. 1, 204, 44. 2, 212,
22. p. 233, 24.

Peneus 1, 163, 5. 2, 23, 5 et 10.

προμήθεια 2, 63, 25. p. 228, 17.

Prometheus 1, 1. 2, 63 et 64. ejus
fil. 1, 189, 38. vivificat homines, 1,
189, 8. ignem rapit et Jovem decipit
2, 64. p. 227, 18 sqq. p. 228, 3 sqq.

Protesilaus 1, 158. 2, 215.

Psyche 1, 231.

Ptolemaeus p. 180, 6.

Pudicitia dea 2, 16, 29.

pullulare foetus 1, 115, 5.

punicum malum 1, 7, 6.

purpurea coma, Nisi 1, 3, 11.

Pygmalio 1, 214, 23.

Pylades 1, 20, 9. 1, 147, 22. 2,
166, 36. 2, 202, 4.

πῦρ p. 224, 21.

pyra p. 190, 37. p. 191, 30. p. 236, 15.

Pyracmon p. 224, 20.

Pyriphlegethon p. 236, 15.

pyromantia p. 236, 13.

Pyrrha 1, 189, 38. 2, 73.

Pyrrhus 1, 40, 30. 1, 41, 14. 1, 140.
1, 213, 13. 2, 205, 41. 2, 208.

Pythagoras p. 185, 20. p. 190, 19.
p. 212, 29.

Pythicus agon 2, 19, 12.

Pythius Apollo 1, 113, 17. 2, 19, 10.
p. 200, 6.

Python 1, 37. 1, 113, 18. 2, 17, 40
et 7. 2, 19, 11. p. 200, 10. p. 201,
5 sqq. p. 202, 11 et 22 sqq.

πύθω p. 200, 8.

Quirinus, Mars p. 234, 30.

R ρ.

ῥάβδος p. 204, 44.

reddere, verbum sacerdotale p. 194, 39.

Regulus 1, 219.

reliquiae p. 192, 33.

Remigius 3 p. 153, 1. p. 157, 27.
p. 158, 18 et 46. p. 159, 14. p.
185, 1. p. 197. 20. p. 199, 16.
p. 202, 6 et 44. p. 203, 14. p.
211, 5 25 et 34. p. 212, 15 et
32. p. 213, 31. p. 214, 6. p. 215,
12 et 33. p. 216, 1 11 et 19. p.
217, 40. p. 221, 33 et 39. p. 223,
32 et 34. p. 229, 36. p. 234, 25.
p. 238, 42. p. 239, 27 32. p. 245,
24. p. 251, 39.

Remulus 1, 202, 20.

Remus 1, 30, 6. 1, 204, 23. p. 235, 4.

repertio 1, 229, 7. 2, 28, 16.

repullulare p. 191, 9.

Rhadamanthus 2, 76, 30.

Rhea 1, 102. 1, 103, 13. 1, 204, 6.
2, 16, 9. p. 157, 16. p. 256, 11.

Rhesus 1, 203.

Rhoetus 2, 108, 34.

Roma condita 1, 70. 2, 153, 2. ob-
seditur 1, 74, 44. 1, 221, 12.

Romana fata 1, 153, 27. 2, 87, 24.
2, 88, 34.

Romani septies bella civ. gesserunt
1, 222. Quirinum colunt 2 p. 74,
7. cur aquilis utantur in pugna
2, 198, 41. Dianae Taur. sacra
abhorrent 2, 202, 15. excl. mag.
art. p. 168, 43. vetant novos deos
p. 172, 14.

Romulus asylum facit 1, 68, 36. Sabinos debellat 1, 155, 39. p. 170.
8 sqq. natus 1, 204, 23. cur Martis fil. p. 235, 5.

Romus idem ac Romulus 1, 30, 17.

rota Ixionis 1, 14, 36. 2, 105, 34.
2, 107, 16. p. 168, 6.

Rutuli 1, 202, 16. p. 161, 23.

S σ.

Sabini 1, 155, 39. 2, 219, 33. p. 170, 9.

sacra quomodo peragenda p. 193, 1 sqq. p. 195, 8 sqq.

Sagittarius, astrum 1, 62. p. 205, 8. p. 207, 27. p. 256, 6.

Salamina 1, 138, 35. 2, 199, 28.

Salamis 1, 138, 27.

salisatores p. 236, 31.

Sallentinum prom. 1, 194, 34. 2, 210, 4.

Salmoneus 1, 82. 2, 56.

Salomon p. 167, 30.

Salustius 2, 53, 40. 2, 169, 20. 2, 170, 29. p. 165, 3. p. 170, 45. p. 197, 6. p. 234, 19. p. 249, 28.

salva res saltante sene p. 193, 1.

Samothracia 1, 135, 30. 2, 192, 5.

Samus 1, 135, 30. 2 p. 74, 8.

Sangarius fl. 2, 155, 12.

Sappho p. 228, 8.

Sardinia 1, 43, 26. 1, 129, 30. 2, 82, 26. 2, 125, 23. 2, 167, 42. p. 171, 32.

Sarpedon 2, 205, 22.

Saticena p. 166, 19.

Saturnalia p. 192, 36.

Saturnus 1, 11, 3. 1, 102. 1, 204, 6. Philyram stuprat 1, 103. 2, 62. a Jove punitur 1, 105. 1, 207. profugus 1, 215, quis et unde dictus 2, 1. rex 2, 3, 38. pat. Jovis 2, 16. patrem Caelum punit 2, 30. ejus templ. Rom. Orestis ossa cont. 2, 202, 22. ejus fab. 3, 1. 3, 2. p. 160, 12. planeta p. 161, 19. p. 175, 11. torporem hom. infundit p. 178, 30. noxius p. 216, 31. humorem dat p. 217,

36. ejus cursus p. 218, 43. filios derorat p. 256, 9 et 15.

Satyri 1, 11, 9. 1, 125, 20. p. 252, 44.

Satyrus 1, 45, 13. 2, 200.

Schoeneus 2, 47.

Schoenos civitas 1, 39, 7. 2, 47.

Scinthius p. 172, 42.

sciomantia p. 175, 31.

Scitius 2, 119, 22.

scorpiacus p. 255, 20.

Scorpio, astrum p. 205, 4. p. 207, 22. p. 234, 36. p. 255, 45.

Scylla 1, 3. 2, 123. 2, 169. p. 232, 37 41 et 44. p. 233, 2 5 17 23.

Scyllae duae 1, 3, 2. altera in feras mutata 1, 3, 6. altera in avem 1, 3, 14. apud inferos p. 189, 2.

Scyron 1, 167. 2, 127.

Scythia 1, 10, 38. 1, 173, 31.

Scythica Diana 2, 202, 9.

scythis, gemma p. 203, 10. p. 204, 16 et 22.

Sebethris 2, 187.

Segesta 2, 193, 31 et 35.

σειρῆνες 2, 101, 6.

σείρω p. 233, 45.

Semele 1, 120. 1, 151, 33. 1, 204, 2. 2, 78, 25. 2, 79. p. 245, 39 42 et 46.

Seneca p. 175, 36.

senex saltans p. 192, 45.

sensualitas p. 179, 13. p. 181, 43. p. 182, 45.

Sentinus 3 p. 152, 24.

Septentrio major 2, 58, 18.

sepulturae genera varia p. 190, 9 sqq. p. 192, 6 sqq.

Serranus, Valer. 3 p. 152, 29.

Serranus, Atilius 1, 223.

Servius 3 p. 153, 3. p. 154, 19. p.
156, 6. p. 157, 17 et 36. p. 158,
31. p. 159, 31. p. 161, 28. p. 164,
10. p. 166, 28. p. 168, 13. p. 170,
8 et 38. p. 172, 4 et 25. p. 173,
11. p. 176, 36. p. 183, 36. p. 184,
24. p. 185, 24 et 34. p. 188, 37.
p. 189, 3 et 34. p. 191, 8. p. 192,
22 et 31. p. 195, 1. p. 197, 26
et 36. p. 198, 3. p. 199, 24. p.
200, 35. p. 202, 16. p. 208, 46.
p. 209, 19. p. 210, 2. p. 212, 43.
p. 213, 13. p. 216, 16 et 29. p.
217, 21 et 38. p. 220, 17. p. 222,
3 et 28. p. 223, 33. p. 224, 23
et 26. p. 225, 4. p. 228, 3. p.
229, 42. p. 230, 12, p. 231, 16.
p. 232, 19 et 32. p. 233, 12 et 27.
p. 234, 21. p. 235, 14. p. 237,
36. p. 238, 16. p. 242, 21. p. 242,
37. p. 244, 1. p. 245, 37. p. 246,
45. p. 248, 7 et 37. p. 251, 8. p.
253, 8.

Sestias 2, 218.

Sestus 1, 28, 14. 2, 218.

Sibylla Cumana 1, 153. 1, 202, 10.
2, 88. Erythraea 2, 87.

Sibyllini libri 1, 153, 28. 2, 87, 24.
2, 88.

Sicani fabri i. e. Cyclopes 1, 118, 4.

Sicilia ferax p. 197, 43.

Sichaeus 1, 214, 22.

Sicidas p. 254, 13 sq.

Sicilia 1, 58, 34. 1, 94, 41. 1, 107,
9. 1, 137, 21. 1, 166, 24. 1, 193,
13. 1, 202, 6. 1, 218, 15. 1, 222,
29. 2, 52, 20. 2, 53, 36 et 40. 2,
173, 11. 2, 193, 33.

Siculum mare 1, 94, 39.

Sidon 1, 138, 28.

signa duodicim caeli p. 253, 16 sqq.

Sigeum prom. 1, 213, 14. 2, 199, 20.

σιγή 2, 199, 20.

signifer i. e. zodiacus p. 206, 2.

Sileni 1, 11, 9.

Silenus 1, 88.

silvicaedi p. 171, 38.

Silvanus 1, 6. 2, 178. p. 200, 32.

Silvius 1, 202, 29 et 32. Aeneas 1,
202, 19.

Simouides 2, 35, 3. p. 190, 29.

Simois 1, 217, 10. 2, 195, 3.

Sintii 1, 128, 18. 2, 37, 42.

Siobulae 2, 87, 29.

σιὸς βούλη 2, 87, 28.

Sipylus, fil. Niobes 1, 156, 10.

Sipylus mons 2, 71, 16.

Siren p. 234, 18.

Sirenes 1, 42. 1, 186. 2, 101. p.
233, 34 et 43. p. 234, 15.

Sirius 2, 61, 12. p. 217, 1 10 et 11.

sistrum Isidis 2, 90. p. 199, 26.

Sisypheum mare 2, 105.

Sisyphus 1, 165. 1, 234, 7 et 12. 2,
105. p. 177, 10.

situla Isidis p. 199, 26.

smaragdus p. 203, 9. p. 204, 16 et 19.

Socrates p. 172, 15.

Sol Titan 1, 11, 15 1, 113, 14.
Apollo 1, 113, 11. 2 p. 74, 26. 2, 18,
30. i. e. solus ibid. pat. Phaëthont.
1, 204, 33. 2, 57, 30 etc. Persicus 2, 19, 40. indicat Ven. adult.
2, 121. p. 231, 41. cur Circe ej.
fil. 2, 212, 23. planeta p. 175,
11. p. 217, 34. cur in Ocean. mer-
gatur p. 209, 9 sqq. et 18. nobis
vitam dat p. 226, 41.

Solinus 1, 79, 29.

Taurus, notarius Minois 2, 126. 1, 43, 29. 1, 204 p. 64, 40. p. 232, 20 et 23.

Taurus, astrum p. 165, 42. p. 204, 17 p. 206, 32 sqq. p. 253, 42. p. 254, 5.

Taygete, Atlantis fil. 1, 234, 9.

Tegea 1, 89.

Tegeeus 1, 89.

Telamon 1, 136, 11. 1, 138, 39. 2, 199, 23. p. 164, 13.

Telchines 2, 185.

Telegonus 1, 15, 12. 2, 211, 17.

Telemachus 1, 204, 44.

Telephus 1, 204, 46.

Tellus 2, 136, 31.

Telon 2, 187.

Tenedos 2, 186.

tenere, verbum sacerdotale p. 195, 22.

Tenes 2, 186.

Terentius 1, 157, 28. 2, 38, 29. p. 155, 26. p. 185, 4. p. 190, 40. p. 191, 44.

Tereus 1, 4. 2, 217. 1, 204 p. 65, 3.

Terpsichore 1, 114, 39. 2, 24, 33 et 9. p. 210, 37.

Terra, mat. Titanum 1, 204 p. 64, 19. 2, 53. mat. Harpy. 2, 13, 10. mater Pyth. 2, 17, 39. aurea pom. dat Junoni 2, 161, 14. mat. Antaei 2, 164.

terrigenae 2, 53, 5.

Tethys, vid. Thetis major.

τετριμμένον p. 171, 21. p. 222, 1.

Teucer 1, 136, 11. 1, 138. Danaus 1, 138, 36. Trojanus ibid. 37. 1, 204, 9. 2, 192, 8. Telamonis fil. 2, 199, 24.

Teucri 1, 138, 37.

Tencontas 1, 204, 45.

Teumesius leo 2, 160, 6.

Teumesus mons 2, 160, 7.

Tex p. 154, 38 et 41.

Thales Milesius p. 173, 15. p. 192, 10.

Thalia 1, 114, 36. 2, 24, 27 et 11. p. 210, 33.

Thamyris 1, 197.

Thaumantias 2, 6, 21. p. 165, 33.

Thaumas 2, 6, 21. 2, 13, 12. p. 165, 32.

θαυμαστός p. 165, 35.

Thebae in Asia 1, 209, 42. Boeot. 1, 233, 34. 2, 71, 14. 2, 141, 37.

Thebae conditae 1, 149, 14.

Thebani p. 164, 4.

Thebanum bellum p. 255, 9 sqq.

Themideum oraculum 1, 104, 12. 1, 189, 40.

Themis 1, 189, 40. 2, 16, 8. 2, 73, 30. 2, 114. p. 215, 35. p. 256, 9.

Theodamas 1, 49, 36. 2, 199, 6.

theologus Orpheus 2, 44, 7.

theorica 2, 206, 18 etc. p. 241, 6 8 et 28.

Therapnae p. 164, 32.

Theseus 1, 43, 16. 1, 46. 1, 47, 11. 1, 48. 1, 57. 1, 204 p. 64, 35 et 41. 2, 120, 42. 2, 124. 2, 125, 15. 2, 128. 2, 132, 14. 2, 133. 2, 193, 26. p. 164, 7.

θεσμοφόρια 2, 99, 10.

Thessala lingua p. 465, 2.

Thessali, equorum domatores 1, 163.

Thessalia, fil. Atraciae 1, 170.

Thessalia 1, 222, 24.

Thessalus rex 2, 107, 20. p. 168, 13.

Thestius 1, 204 p. 64, 13. 2, 132, 43.

Thetis 1, 120, 10. 1, 204, 32. Achill. mat. 1, 178, 2. Peleo nubit 1.

SCRIPTORES

RERUM MYTHICARUM

LATINI TRES

ROMAE NUPER REPERTI.

———

AD FIDEM CODICUM MSS. GUELFERBYTANORUM
GOTTINGENSIS, GOTHANI ET PARISIENSIS

INTEGRIORES

EDIDIT AC SCHOLIIS ILLUSTRAVIT

D^r. GEORGIUS HENRICUS BODE

ORDINIS PHILOS. GOTTING. ASSESSOR
SOCIETATIS LITTERAR. QUAE CANTABRIGIAE AMERICANORUM
FLORET SOCIUS.

———

VOLUMEN POSTERIUS

COMMENTARIOS CONTINENS.

PRAEMISSA EST IUNIORIS PHILOSOPHI DESCRIPTIO
TOTIUS ORBIS.

———

CELLIS 1834.

IMPENSIS E. H. C. SCHULZE.

IUNIORIS PHILOSOPHI

DESCRIPTIO

TOTIUS ORBIS.

DE ANTIQUO GEOGRAPHO

QUI SUB CONSTANTIO IMP. SCRIPSIT. *).

Cavense PP. Benedictinorum haud procul urbe Salerno monasterium vir cl. Ioh. Mabillonius, eiusdem ordinis monachus, in suo itinere
italico p. 116 - 118 breviter quidem sed non iniucunde descripsit. Exin
aetate nostra doctus alius vir gallus cognomento Rozanus monasterii eius
bibliothecam prolixiore commentario illustravit. Ego anno M. DCCC.
XXVI ad hunc locum insignem forte progressus, et humanitatem incolarum
monachorum expertus plurimam, ibique brevi diei parte moratus, nihil
aliud ferme videram quam diplomata aliquot, et nobilissimum atque anti-
quissimum latinorum bibliorum codicem, cuius deinde apographum, obse-
quii gratia erga Pontificem maximum Leonem XII, qui me suadente id
optaverat, reverendissimus monasterii Abbas, cum RR. monachorum
consilio, accurate confici, atque ad vaticanam bibliothecam mitti curavit.
Est autem praeclari apographi auctor reverendissimus dominus P. Egna-
tius Rubeus, Cavensis archii praeses et apostolicus protonotarius, cuius
laborem, sedulitatem, diuturnam patientiam, peritiamque summam admi-
rari nemo satis poterit; merita vero eius erga vaticanam Pontificis maximi
bibliothecam immortaliter manere necesse est. Iterum ego superiore anno
M. DCCC. XXX ad Cavense monasterium reversus, ut biblici apographi
confectionem quae iam ad exitum vergebat inspicerem, vi pluviae maxima
ibidem solida die subsistere coactus sum: atque interim ne in tam fructuoso
loco cessarem, inspexi prae ceteris codicem quemdam, litteris longobardi-
cis paulo post saec. X exaratum, qui inscribitur *Beda de temporibus*,
continetque insuper prolixam seriem testimoniorum ex diversis patribus
partim fortasse ineditorum: in eius autem calce tractatum quemdam geographicum observabam, cuius est titulus: INCIPIT LIBER IUNIORIS
PHILOSOPHI, IN QUO CONTINETUR TOTIUS ORBIS DESCRIPTIO.
Porro id scriptum quia bonae frugis minime expers, satisque antiquum, et romano adhuc stante apud occidentales imperio compositum videbam, protinus ad
exscribendum incubui, tam impense mihi favente, quem iam honoris causa appel-
lavi, archii Praeside, ut codicem ad hospitale meum cubiculum festinandae
scriptionis causa deferri voluerit: quod ego beneficium haud equidem minoris feci,

---

*) Hoc Maji prooemium cum orbis descriptione et demonstratione
provinciarum typis repetendum curavimus e Class. Auctt. e Vat. codd.
editorum T. III p. 385 — 415.

quam hilare prandium caenamque et reliqua comitatis officia ab illis RR. monachis mihi tunc certatim exhibita.

Iam vero de hoc geographico opusculo quum postea Romae meditarer, cognovi id a Mabillonio olim in Cavensi bibliotheca visum, sed unico verbo appellatum op. cit. p. 118 sic: *in bibliotheca Cavensi pauci supersunt codices, Hilarius de trinitate et de synodis, liber de geographia antiqui auctoris, vitae patrum Cavensium* etc. Neque plura ait Rozanus op. cit. p. 100: *le livre de Beda de temporibus, des extraits de celui, de etymologiis de S. Isidore de Seville, et de plusieurs autres ouvrages composent ce recueil, qui termine, iunioris philosophi totius orbis descriptio.* Denique Muratorius S. R. I. tom. VII. p. 915 ex eodem codice chronicon Cavense divulgavit, sed tamen geographicum tractatum ibi inesse nescivit. Ego vero de hoc opusculo, ut dixi, meditans, comperi id abs Iacobo Gothofredo anno MDCXXVIII Genevae partim editum graece et latine; sed primo acephalum, quia deerat ei titulus operis et auctoris, parsque etiam ipsius operis usque ad locum qui a nobis infra indicabitur; deinde latinus textus prorsus a nostro laudabili diversus apud Gothofredum est, barbarus scilicet, pessimus, deformis, ineptus, inextricabilis, ab homine nempe profectus qui, ut ait Gothofredus, neque graece neque latine sciebat. Codicem corruptissimi operis habuit olim in Gallia F. Iuretus, cuius apographum ad Salmasium transiit, qui eius bis meminit in notis ad Solinum p. 986 et 1299. A Salmasio accepit Gothofredus editor, qui de auctoris nomine frustra disquisivit; nunc autem *iuniorem philosophum* appellare semet ipsum videmus, quia nimirum respicit ad antiquiores a se nominatos philosophos Berosum atque Apollonium. Ceterum recte demonstravit Gothofredus vixisse hunc auctorem sub imperatore Constantio, Constantini magni filio, id quod nos quoque suis apte locis palam faciemus.

INCIPIT LIBER
IUNIORIS PHILOSOPHI
IN QUO CONTINETUR TOTIUS ORBIS DESCRIPTIO.

1. Post omnes admonitiones, quas tibi commendavi de studio vitae tuae, carissime fili, incipiens [1] nunc volo tibi exponere historias plurimas, quarum ipsemet a) aliquas vidi, ceteras vero ab eruditis auditas percepi, quasdam lectione didici. Haec igitur sensibus comprehendens, non solum multa utilia cognosces b), sed etiam ornare sapientiam ex huiuscemodi rerum varietatibus praevalebis. Quaerentes autem scribere, debemus dicere primum, quomodo mundus a Deo fuerit institutus: dehinc quae gentes ab oriente usque ad occidentem constitutae sint: post hoc quanta sint genera barbarorum: deinde omnem Romanorum terram: quot sint in omni mundo provinciae, vel quales in substantia ac potestate: quae civitates in singulis, provinciis habeantur: et quid in unaquaque provincia aut civitate possit c) esse praecipuum: munificum enim hoc opus et studiosum mihi esse videtur.

2. Unde ergo nos oportet incipere, nisi [2] *abs Iudaeorum libris? namque aliarum gentium historici,* qui de his scribere *conati sunt, nihil sincerum* dicere potuerunt: solus autem Moyses plenus Iudaeorum propheta quod est certum scripsit. De provinciis vero et temporibus sequentia dixit Berosus Chaldaeorum philosophus [3], cuius litteras

---

a) Cod. *eiusdem* pro *ipsemet.*   b) Cod. *cognoscebis*, qui est barbari amanuensis soloecismus vel incuria.   c) Cod. *potest.*

1) Num *incipiens* referendum potius ad *fili*, ita ut sit nomen proprium INCIPIENS?

2) In summo codice versus aliquot madore extabuerunt. Ego igitur supplementa haec adieci inclinatis litteris.

3) Berosi, qui vixit Alexandri magni temporibus, praeclara atque copiosa chaldaici chronici fragmenta habes apud Eusebium a me editum chron. lib. 1.

secuti sunt Manethon aegyptius propheta [1] et Apollonius [a]
similiter Aegyptiorum philosophus [2], Iosephus quoque vir
sapiens Iudaeorum praeceptor [3], qui captus a Romanis
scripsit iudaicum bellum. Post istos [4] vero Menander
ephesius, et Herodotus et Thucydides similia conscripse-
runt, sed non valde de antiquis. Et haec quidem illi.
Ego autem de quibus memorati scripserunt, experiar tibi
breviter exponere.

3. Gentes aiunt esse Camarinorum in partibus orien-
tis, cuius terram Moyses Eden nominando descripsit: unde
et fluvius maximus exire dicitur, et dividi in quatuor flumina, quorum nomina sunt haec Geon, Phison, Tigris,
et Euphrates [5]. Isti autem homines, qui praedictam terram
inhabitant, sunt valde pii et boni, aput quos nulla malitia
invenitur neque corporis neque animi. Si aliquid vis certius discere, dicunt eos quod neque pane hoc nostro communi utantur, nec aliquo simili cibo, nec igne quo nos
utimur; sed panem quidem eis plui [6] per singulos dies
asserunt, et bibere de agresti melle et pipere. Ignis autem eorum solis esse perhibetur flagrantiae, ut statim quod
e caelo in terram diffunditur, potuissent omnes exuri, nisi
se cito in fluvium mitterent, in quo tamdiu volvuntur, donec idem ignis in locum suum denuo revertatur. Sunt [7]
autem et sine imperio semet ipsos regentes; in quibus sicut

---

a) Cod. *Apollinius.*

1) Nempe *sacerdos.* Sic enim loquebantur Aegyptii. Vide Macrob.
saturn. VII, 13; Clem. alex. strom. I, 14. 15; Laërt. lib. III, 8; Iul.
Valer. de reb. Alex. lib. III, 92.

2) Sine dubio Apollonius ille aegyptius, chronici cuiusdam auctor,
quem auctorem bis commemorat Theophilus ad Antolyc. lib. III, 16. 26.
quique aiebat, aetate sua iam effluxisse post orbem conditum myriades
annorum quindecim, et tria millia supra septuaginta quinque annos.
Ταῦτα μὲν οὖν, inquit Theophilus, Ἀπολλώνιος ὁ αἰγύπτιος ἱστορεῖ.

3) Vulgo *rabbinus.*

4) Nempe post Moysen et Berosum; nam ceteri adseclae duorum
illorum fuerunt. Neque Menander post Iosephum fuit; etenim a Iosepho
citatur lib. I, 18 contra Apionem.

5) Haec de sacris bibliis sumuntur; sequentia vero vel Iudaeorum
corruptis traditionibus, vel potius, ut noster innuit in prohoemio, ex Be-
roso consecutisque historicis ethnicis vel fabulosis.

6) Imago sumpta de sacris bibliis. Intelligitur autem δροσόμελι,
manna.

7) Hinc incipit graecus latinusque textus a Gothofredo editus; graecus quidem, ut videtur, originalis; latina autem interpretatio tam barbara,
tam corrupta, tamque ab hoc nostro textu diversa, at nihil dissimilius esse
possit.

nulla malignitas invenitur, ita neque pulices neque pediculos neque cimices aut aliquid quod est noxium habere possunt. Vestimenta eorum sordidare nesciunt; quod si contigerit, per ignem solis loturam expectant: ardens enim melior fit.

4. Sunt autem aput eos lapides pretiosi [1]) et varii, hoc est smaragdi, margaritae, hyacinthi, carbunculus, et sapphirus in montibus. Quibus omnes secundum hunc modum habundant: decurrens enim fluvius diebus ac noctibus, montem abscindit, et illius crusta aquarum impetum trahit. Astutia vero gentis hanc invenit artem, per quam quae inde exeunt habere possit: facientes retia, et in angusta fluvii loca ponentes, ea quae de superiori parte descendunt, sine ulla difficultate suscipiunt.

5. In tanta ergo felicitate viventes, nec laborant aliqua infirmitate aut aegritudine *vexantur*; solum quod de corpore exeunt; sed diem obitus *ante mortem* habentes praecognitum: omnes enim centum annorum moriuntur, et maior minoris mortem non videt, nec parentes filios plangunt. Cum ergo unicuique illorum dies mortis coeperit propinquare, facit sibi sarcophagum ex aromatibus varium, quoniam aput eos aromata multa sunt: et cum viventi ultima venerit hora, omnes salutans omnibusque vale dicens, in eodem se sarcophago ponit, et ita cum securitate maxima naturae debitum reddit. Et haec quidem huius gentis bona. Habitatio autem eorum est mansionum LXX [2]).

6. Post hanc gentem ex alio latere Brachmanas referunt habitare, qui et ipsi cum sint sine imperio, vicinorum bonitatem tenentes, feliciter vivunt. Et est habitatio eorum mansionum V.

7. Post hos alia gens quae vocatur Emer, et ipsa sine imperio vivens, regulariter transigit, et habitat terram mansionum XLVII.

8. Post hos regio, quae appellatur Nebus, ubi iam tyrannorum principatus [a]) invenitur, et regitur a maioribus, et est mansionum LX. Isti et seminant et metunt: nam supra dictae gentes, sine Camarinis, pomis transigunt, et

---

1) Respicit iterum ad sacra biblia noster auctor. Nam genes. cap. II, 12 ubi de illis quatuor fluminibus et de Eden sermo est, dicitur: *et aurum terrae illius optimum est; ibique invenitur bdellium et lapis onychinus.*

2) Mansio intelligitur unius diei iter.

a) Cod. *tyrannorum principum.*

cibo mellis utuntur et piperis: Camarini autem super haec bona, sicut ante diximus, et panem caelestem accipiunt cotidianum: quia nec ira nec iudicium nec cupiditas nec rixa nec dolus a) est apud illos nec aliquod malum.

9. His adiacet regio Dysap, quam regunt inhabitantes, quomodo et vicini. Est autem haec regio CC mansionum.

10. Post haec gens quae appellatur Choneum b), cuius homines eodem modo viventes ad similitudinem vicinorum: est enim aput eos indifferens vita. Habitant terram CXXX mansionum.

11. Deinde Diva c) gens, quae similiter a maioribus regitur, habens terram mansionum CCXX.

12. Sequitur India maior, unde sericum d) et omnia necessaria exire dicuntur. Hi similiter proximorum more viventes, bene transigunt, et habitant terras magnas et bonas mansionum CXX. Quibus adiacet foris una regio, quae dicitur fortes habere viros et valde industriosos in bellis, et in omnibus utiles: unde India minor petit auxilium quotiens ei a Persis bellum movetur: qui omnibus habundant, et habitant terram CL mansionum.

13. Post hos est India minor, cuius gens regitur a maioribus. Est autem aput eos elephantorum innumera multitudo. Ab his Persae accipiunt elephantos: et habitant terram XV mansionum.

14. Post hos sunt Persae Romanis propinquantes, quos historiae tradunt pessimos esse et fortes in bellis, qui non cognoscentes dignitatem naturae, sicuti muta animalia, matribus et sororibus nefando concubitu sociantur. Data propinquis gentibus potestate negotii, bonis omnibus habundare videntur.

15. His sociatur Saracenorum gens, arcu et rapinis vitam suam transigens, qui similes Persis impii et peiores sunt, sponsiones non custodientes neque belli neque alterius negotii; quibus mulieres imperare dicuntur.

16. Post hos terrarum nostrarum secuntur initia. Habes ergo in primis Mesopotamiam et Osdroënam. Et Mesopotamia quidem habet civitates multas et varias, quarum excellentes sunt hae, Nisibis et Edessa, quae maxime

---

a) Cod. *dolor.* Sed gr. δόλιον.
b) Ita cod. cavensis. At iuretianus *Ioneum.*
c) Cod. gr. Δίβα.   d) Cod. cavensis *siricum*; cod. iuret. gr. lat. *triticum.*

viros habent optimos in negotio, et valde praecipue venan-
tes, et divites, et omnibus bonis ornatos. Accipientes
enim a Persis, ipsi in omnem terram Romanorum vendunt;
et ementes quae necessaria sunt, iterum tradunt, extra ae-
ramen et ferrum: has enim species duas, hoc est acramen
et ferrum, non licet hostibus dare. Istae autem praedictae
civitates gubernaculo Dei stare videntur, et imperatoris
prudentia: habentes autem muros inclytos, virtutem Persarum semper in bello dissolvunt; ferventes rebus, et transi-
gentes cum omni provincia. Deinde Osdroëna et Edessa [1])
et ipsae civitates splendidae.

17. Deinde iam Syriae regio omnis, quae dividitur
in Syrias tres, Phoenicen, Palaestinam, et Coelen; habentes civitates varias excellentes et magnas; quarum prima
Antiochia civitas regalis in omnibus, ubi et dominus orbis
terrarum sedet [2]), civitas splendida et operibus publicis
eminens, et multitudine populorum ornata, undique accipiens, omnes sustinet, habundans omnibus bonis. Tyrus
quoque civitas in omnibus felix, spissior populis, viros habet ex negotio divites et potentes in omnibus. Post ipsam
Berytus civitas valde deliciosa et auditoria legum habens,
per quam omnia Romanorum judicia stare videntur. Similiter et Caesarea civitas deliciosissima, cuius tetrapylum [3])
nominatur ubique, quod unum et novum spectaculum prae-
bet. Laodicea vero civitas optima, quae similiter omnia
negotia suscipit, et Antiochiae mittit. Deinde Seleucia civitas magna, quae omnia bona suscipit, et ipsa similiter praedictae Antiochiae mittit. Quam ob rem Constantius [a]) imperator maximum montem secavit, et intro-
ducens mare fecit portum bonum et magnum, ubi venientes naves salvantur [4]). Similiter aliae civitates Ascalon et
Gaza in negotiis eminentes et habundantes omnibus bonis,
mittunt omni regioni Syriae et Aegypto vinum optimum.

---

1) Atqui *Edessa* supra appellata est, Osdroëna autem provincia, non
urbs. Textus editus gr. et lat. *Osdroënae Edessa et ipsa civitas splendida.* Neutrum satis placet, quia duas Edessas non novimus.

2) Constantium Antiochiae diu sedentem heic intelligendum late demonstravit Gothofredus ex legibus indidem datis, et ex Iuliani imp., Li-
banii, Athanasii, Augustini, Socratis aliorumque testimoniis. Valentem quoque moratum aliquamdiu Antiochiae scimus; sed tamen cetera nostri operis indicia Constantium designant.

3) Aedificii genus appellationi suae conveniens, quale etiam Constantinopoli fuisse legimus.

a) Cod. cavensis, itemque iuretianus gr. lat. *Constantinus.*

4) De hoc Constantii opere Hieronymus in chronico (ed. Roncaliae)
ad an. Christi 351, Constantii undecimo, ait: *magnis reip. impensis in Seleucia Syriae portus effectus.* Alia rei testimonia cumulat Gothofredus.

Neapolis civitas gloriosa et valde nobilis. Tripolis et Scythopolis et Biblus et ipsae civitates industriosae. Heliopolis Libano monti proximans, mittit pulcherrimas mulieres, quas libanitidas appellant. Sunt iterum optimae civitates Sidon, Sarepta, Ptolemais, Eleutheropolis et Damascus.

18. Quoniam ergo ex parte supra dictas descripsimus civitates, necessarium mihi videtur, ut etiam quidnam unaquaeque civitas proprium habeat, exponamus, ut qui legit, certam earum scientiam habere possit. Scythopolis igitur, Laodicea, Biblus, Tyrus, Berytus, omni mundo litteraturam mittunt. Sarepta vero, Caesarea, Neapolis, et Lydda, purpuram praestant: omnes autem fructiferae vino, oleo, et frumento. |Nikolaorum a) vero palmulas invenies habundare in Palaestina regione, in loco qui dicitur Hiericho: similiter et Damasci minores palmulas sed utiles, et pistacium et omne genus pomorum.

19. Iam nunc dicendum est, quid etiam in se singulae civitates, de quibus loquimur, habeant delectabile. Habes ergo Antiochiam in ludis circensibus eminentem: similiter et Laodiceam, et Tyrum, et Berytum, et Caesaream. Et Laodicea mittit aliis civitatibus agitatores optimos, Tyrus et Berytus mimarios, Caesarea pantomimos, Heliopolis choraulas, Gaza paumacarios b), Ascalon athletas, luctatores, castabala, pyctas. Omnes autem temperato *aëre utuntur*. *Atque haec* quidem ex parte *de Syria* dicta *sint* ut potuimus.

20. Habes *autem* ex laeva parte Syriae Aegyptum c) et totius Thebaidis partes; quae regio Aegypti Nilo flumine circumdatur, quo irrigante fructus uberes nascuntur, sine oleo tantum: nam triticum et hordeum et legumen et vinum in habundantia profert: et viros nobiles habet. Quidam autem et litteras ab eis inventas esse dicunt, alii a Chaldaeis, alii a Phoenicibus, alii autem Mercurium inventorem asserunt litterarum: et multis multa dicentibus, nemo quod verum est dicere potuit. Tamen viris sapientibus d) praeter omnem mundum Aegyptus habundat: in metropoli enim eius Alexandria omnes gentes invenies, et omnia philosophorum praecepta, omnemque doctrinam. Itaque aliquando certamine facto Aegyptiorum

---

a) Cod. *nikolaum*. Confer Gargilium ff. 26.
b) Iuret. cod. gr. ἀκροαματικούς, lat. *pammacharios*.
c) Cod. *ex parte* pro *Aegyptum*.
d) Cod. *viros sapientes*.

et Graecorum, quis eorum musium accipiat, argutiores et perfectiores Aegyptii inventi sunt, et post victoriam musium ad eos pertinere iudicatum est. Et impossibile est in quacumque re invenire sapientes quomodo Aegyptii. Et ideo omnes philosophi ibi semper morati meliores fuerunt. Non enim est in eis aliqua impostura, sed unusquisque eorum hoc se pollicetur implere, quod certe se novit scire: propter quod non omnes omnium, sed unusquisque sua per suam disciplinam ornat negotia.

21. Alexandria autem, quam superius nominavimus, civitas est valde maxima et eminens in dispositione [1]), habundans omnibus bonis et escis: nam piscium tria genera comedit, quod altera provincia non habet, stagnale, marinum, et fluminale. Haec cum Indis et barbaris negotia gerit: medica [a]) aromata et diversas species pretiosas omnibus regionibus mittit. Sed et in hoc valde laudanda est, quod omni mundo sola chartas [2]) emittit; quam speciem licet vilem, sed nimis utilem et necessariam, in nulla provincia, nisi tantum apud Alexandriam, invenies habundare; sine qua nullae causae, nulla possunt impleri negotia. Hanc igitur universo orbi ministrans, plurimum utilitatis praestare videtur. Cuius adiacentia Nilo rigante copiosas afferunt fruges, ubi una mensura centenario fructu multiplicata respondet: unde Constantinopolis Thraciae et omnis oriens pascuntur. Nam in illa civitate propter populi libertatem cum timore et tremore iudices res *controversas rectissime definiunt*: quisquis enim iudicium ibidem a iustitia *deflectit*, motione populi facta, aut igni aut lapidibus *necatur*. Est ergo in omnibus et civitas et regio inreprehensibilis, philosophis et medicis habundans. Aëres vero valde temperatos habet. Haec de praedicta regione dixisse sufficiat.

22. Iterum a dextris Syriae supra invenies Arabiam, cuius est maxima civitas Bostra, quae maxima negotia habere dicitur, propinqua Persis et Saracenis, in qua publicum opus tetrapyli mirabile nominatur.

23. Deinde regio Ciliciae, quae faciens multum vinum, laetificat provincias plurimas. Habet autem civitatem bonam et magnam, quae Tarsus vocatur. Post hanc supe-

---

1) Id est *structura*, ut constat infra, ubi de Nicaea.

a) Cod. *merito* pro *medica*.

2) Id est *papyros*, quas reapse *chartas* nomine appellabant veteres.

rius habes Cappadociam, quae viros habet nobiles [1]; in qua est civitas maxima quae vocatur Caesarea, quae frigora magna habere dicitur. Haec ubique leporinam vestem emittit, et babylonicarum pellium et divinorum animalium pulchritudinem. Inde obviat Galatia provincia optima sibi sufficiens, quae, plurimam vestem emens ac vendens fisco, bonos milites praestat. Habet et civitatem magnam Ancyram, quae divinum panem et eminentissimum a) dicitur manducare.

24. Iterum Phrygia [2], et ipsa regio bona, quae fortes possidens viros, habet maximam civitatem quae Laodicea dicitur, de qua vestis exit nominata, quae dicitur laodicena. Huic superius Armenia minor coniungitur, quae equites et sagittarios utiles mittit. Deinde Paphlagonia et Pontus, quae viros eminentes et divites habent, sicuti Cappadoces et Galatae, doctrina quoque et omnibus bonis ornatae sunt: mulieres vero nimis candidas habent, et viros prudentes et valde fideles, naturae in se bonum habentes. Post Ciliciam occurrit b) Isauria, quae viros fortes et latrocinantes emittit. Post quam est Pamphylia regio optima et valde sibi sufficiens, oleum multum faciens et replens alias regiones. Duas habet Pergen et Siden splendidas civitates. Post hanc Lycia regio sibi sufficiens habet montem maximum nomine Caucasum, quo non alius, ut aiunt, maior sub caelum.

25. Post Lyciam maxima Asia, quae omnibus provinciis eminet, et habet innumerabiles civitates, maximas vero et circa mare multas quidem habet; ex quibus Ephesum nominare necessarium puto haec portam dicitur habere praecipuum. Similiter autem et Smyrna civitas splendida. Regio autem tota frugifera, vina varia proferens, oleum quoque, orizam, alicam, et purpuram bonam.

26. Post hanc sequitur Hellespontus, regio frugifera frumento, vino et olea, ornata civitatibus antiquis, Cyzico, Troia, et Ilio, quae et positione et magnitudine et ornamento et formositate c) omnes laudes superare potest. Et ibi enim pulchritudo mulierum laudabilis est. Post Helle-

---

1) Etiam S. Gregorius nazianzenus in laudatione S. Basilii ait Cappadocas σεμνούς.

a) Cod. *vehementissimum.*

2) Loquitur de Phrygia magna.

b) Cod. *currit.*

c) Ita cod., qui est archaismus.

spontum, sequitur, admirabilis Bithynia omnem fructum habens. In hac sunt maximae civitates Nicaea et Nicomedia. Sed dispositionem Nicaeae civitatis difficile est in aliis urbibus invenire: regulam enim putat aliquis impositam civitati, ita ut omnia aedificiorum culmina aequali decorata libramine splendidum intuentibus praebere videantur aspectum. Similiter et Nicomedia omnibus bonis habundans: diligenter in ea spectaculum exhibetur.

27. Post Bithyniam sequitur Thraciae provincia, et ipsa dives in fructibus, et viros eiciens fortes in bello. Habet civitates splendidas Constantinopolim et Heracleam, quam Constantinopolim, cum esset aliquando Byzantium, Constantinus imperator condidit, et suum cognomen civitati imposuit. Heraclea vero excellentissimum opus habet in theatro, et regale palatium. Nam Constantinopoli circense opus perniciosa et saevissima contentione spectatur. A Thracia vero obviantem invenies Macedoniam. Haec habundans omnibus bonis eicit ferrum, plumbum a), lardum, et caseum dardanicum, adiacet enim ei Dardania; et habet civitatem splendidissimam, quae est una eminentium, vocabulo Thessalonicam. Post Macedoniam Thessalia, quae multo habundans tritico, habet montem excelsum, qui vocatur Olympus.

28. Post Thessaliam Achaiae, et Graeciae, et Laconica, et *Attica*, quae sola in se studia habens, sufficere sibi *vix* potest. Est enim provincia brevis et montensis, quae fruges gignit, oleum perraro paucum, et mel atticum, et magis fama doctrinae et oratorum gloria decoratur. Habet autem civitates optimas Corinthum et Athenas. Corinthus negotiis viget: habet et opus praecipuum amphitheatrum: Athenae vero sola studia litterarum. Laconica, crocino b) tantum lapide, quem dicunt lacedaemonium, ornari putatur. Post Achaiam Epiri partes, et civitas Ephyrus. Post hanc Nicopolis, quae pisce multo marino c) habundat. Post hanc paulo superius Dalmatia est, negotiis vigens, et species tres utiles mittens, caseum, tigna et ferrum: et habet civitatem splendidam quae vocatur Salonae. Dyrrhachium vero propter malitiam habitantium destructa est, et in profundum Deo irascente submersa non comparuit 1).

---

a) Cod. cavensis et Iureti *plumam.* Sed gr. μόλυβδον.
b) Cod. Iureti. gr. lat. *cronico.*
c) Cod. *piscem multum marinum.*
1) Hieronymus in chronico anno Christi 350, Constantii imp. decimo ait: *Dyrrhachium corruit terrae motu.*

29. Sequitur Calabria frumentifera in omnibus bonis. Post hanc Brutia, quae vestem et vinum multum et optimum mittit. Post hanc Lucania regio optima, et omnibus bonis habundans, lardum multum aliis provinciis mittit; quoniam montes eius et variis habundant animalibus et plurimis pascuis a). Post hanc sequitur Campania provincia non valde magna, sed sibi sufficiens, et viros divites habens.

30. Post hanc ITALIA 1) sequitur, multas habens et varias civitates, et plena omnibus bonis. Sunt igitur in ea vinorum genera multa, picenum, sabinum, tiburtinum, et tuscum. Nam et Tuscia illi provincia adiacet.

31. Super hoc maximum possidet bonum ROMAM splendoribus divinorum aedificiorum ornatam: omnes enim imperatores ob gloriam suae virtutis unusquisque illorum proprium opus suo nomine dedicarunt. Quis enim Antonini dinumeret opera! Quis Traiani vel ceterorum explicet in operibus publicis ornamenta? in qua et circenses bene dispositos invenies ordines habundantissimo aeramine decoratos. Habet et fluvium utilem sibi, qui a Tiberino Tiberis vocabulum sumpsit; nam prius Albula dicebatur; qui incidens urbem pervenit in mare, et per ipsum omnia ascendunt quae e peregrinis veniunt regionibus decem et octo milibus *passuum*. Et sic civitas omnibus bonis habundat. Habet autem et senatum maximum virorum divitum et eloquentium. Quod si per singula probare volueris, invenies omnes iudices et potestates.

32. Sequitur Tuscia, quae inter omnia bona fertur, quod ex ea haruspices primum prodierunt. Sequitur Aquileia et Mediolanum b) civitates splendidae et divites opum.

33. Post Italiam superiora currentes, quas praetermisimus provincias memoremus, Moesiam scilicet et Daciam provincias, sibi quidem sufficientes, frigora autem magna habentes, quarum est Nayssos civitas opulenta. Deinde Pannoniae regio, terra dives in omnibus non solum fructibus et iumentis, sed et negotiis et mancipiis, in qua semper imperatorum est habitatio delectabilis. Habet autem maximas civitates Sirmium et Noricum, unde et vestis norica exire dicitur. Haec Pannoniae regio. Quae adia-

---

a) Cod. *plurima pascua.*

1) Ita litteris magnis in codice, uti etiam ROMA.

b) Cod. *Mediolanus.*

eet trans flumen Danubium, gens barbarorum et Sarmatum a).

34. Post Pannoniam Galliarum provincia, quae maxima est, et propter imperatorem quo semper eget, in multitudine omnibus bonis habundat, sed plurimi pretii: cuius maxima civitas Treviri b) dicitur, in qua dominus gentis inhabitat 1): est enim mediterranea. Habet alteram iuxta mare priori similem civitatem, quam Arelata vocant, quae accipiens omnia mundi negotia supra dictae civitati emittit. Omnis autem regio viros habet fortes in proelio, et nobiles in omni negotio. His adiacet gens multa Gothorum.

35. Post Gallias Hispania, terra lata, dives et maxima, viris doctis et omnibus bonis ornata, quae omnibus negotiis pollet, oleum vero multum et liquamen emittit, vestem quoque variam, et iumenta; lardoque et sparto c) habundans, non solum omnia bona sed et praecipua habet. Inde oceanus esse dicitur, cuius partes nullus hominum potuit enarrare: est enim eremi solitudo, et sicut aiunt, ibi est finis mundi.

36. Deinde gyrante circulo a partibus austri invenies Mauritaniae terram, in qua gens inhabitat hominum barbarorum, vitam et mores feros habentium. Haec provincia in vestibus negotiatur et in mancipiis, frumento multo habundat. Habet et civitatem bonam, quae dicitur Caesarea. Post Mauritaniam sequitur Numidia fructibus habundans: negotia autem haec habet vestis variae et animalium optimorum.

37. Abhinc d) provincia Africae, regio dives in omnibus invenitur: omnibus enim bonis ornata est, fructibus quoque et iumentis, et paene ipsa omnibus gentibus usum olei praestare potest: quae multas et differentes possidens civitates, unam habet praecipuam et admirabilem valde, quae vocatur Carthago; quam condidit mulier tyria, nomine Dido: quae cum Libyam venit, locum emit quantum corium bubulinum circumtenere potuit: quae, ut Virgilius

---

a) Ita uterque cod. pro *Sarmatarum.*

b) Cod. *Tyberim.*

1) Ammianus Merc. lib. XV dicit *Treviros domicilium principum clarum.* Praeter principes vetustiores, Constantinum quoque, Constantini magni filium, fratremque ejus Constantem, ibi moratos, demonstrat Gothofredus.

c) Cod. *lardumque et spartum.*

d) Cod. *ab hanc.*

ait, cognomine Byrsa, id est corium. Haec dispositione valde gloriosissima constat, quae in directione vicorum et platearum aequalibus lineis currens, magnum adhuc super omnia bonum habet in portu, qui securitatis est plenus, et novo visu Neptunum sine timore navibus praestare videtur. Praecipuum vero aliud in ea opus invenies publicum, vicum argentariorum. Hoc autem in ea culpabile repperitur, quod contentiose nimis spectant [1]. Ipsa autem regio Africae est valde bona, dives et ampla: homines autem indignos habens patriae: dolosi enim esse dicuntur, alia quidem dicentes, et alia facientes; licet inter plurimos malos pauci boni possint forsitan inveniri.

38. Deinde post omnem Africae regionem adiacet terra deserta valde latissima in partibus austri, ubi aiunt barbarorum gentem pessimam habitare, qui Mazices et Aethiopes vocantur. Post quos pentapolitana regio sequitur, modica quidem sed dives fructibus et inmentis, quae duas habet civitates antiquas, Ptolemaidem et Cyrenen, quas dicunt aliquando regnasse. Post quam altera provincia, quae Libya dicitur, ab occasu [2] Alexandriae proxima, quae non accipiens aquam e caelo, inops est valde, et viros paucissimos habet, sed bonos, prudentes et pios. Unde autem eis hoc bonum? Puto quod ab eruditione divina [3]. Deinde locus sequitur Alexandriae. Haec est autem totius orbis terrae descriptio, quam ex parte potuimus enarrare.

39. Nunc iam etiam de insulis pauca dicamus. Habes ergo ab oriente primam insulam et maximam Cyprum, quae non eget alterius provinciae in his quae ad faciendam navem sunt necessaria: in se enim habere omnia perhibetur, hoc est ligna diversa, aeramentum, ferrum, picem, linum, et restium usum: et aliis multis bonis [a] dicitur habundare. Deinde Euboea, quam esse valde nobilem ferunt, et multis bonis ornatam. Post ipsam insulas invenies Cycladas, quae licet multae sint, omnes tamen suum iudicem habent: quarum aliquas et nomine memorare necesse est.

40. In primis ergo Rhodum ponamus, in qua civitas maxima fuit, quae ab ira Dei subversa est [4]. In hac sta-

---

1) Intelligo *spectacula*, sicuti supra dictum de Constantinopoli. Cod. *expectant.*

2) *Occasus* dicitur de situ Alexandriae.

3) Intelligo religionem christianam.

a) Cod. *alia multa bona.*

4) Terrae motu scilicet, anno Constantii imp. octavo, ut Cedrenus narrat.

tua mirae magnitudinis, quam Colosseum nominant, posita est. Sequitur Delus, quae in medio Cycladum sita, in qua Latona enixa est Apollinem et Dianam. Inde Tenedus, inde Imbrus, quae Imbrus multam vestem leporinam eicit, propter habundantiam animalium quae in eadem fuit. Inde Lemnus adiacet, et ipsa moderate sibi sufficiens, et vinum plurimum ferens [1]), Macedoniae mittit et Thraciae regioni.

41. Post Cycladas Cretam invenies insulam magnam, quae centum numero civitatibus ornata refertur, et est in omnibus dives et valde mirabilis, quae etiam vinum optimum ferens, habet *inter* alias maximam civitatem quae vocatur Gortyna, in qua et circenses, et viri ex parte eruditi esse dicuntur. Inde Cythera, Zacynthus, et Cephalonia, habentes habundanter omnia bona.

42. Post has optima sequitur et maxima Siciliae insula, quae propter soliditatem terrae differens ceteris insulis invenitur: multa enim et magna bona generans, omnibus mittit: lana quoque, frumento, et iumentis habundat. Habet autem eruditos et divites viros graeco latinoque sermone. Inter ceteras vero tres habet splendidas civitates, Syracusas, PALARMUM [2]), et Catinam, in quibus et spectacula circensium exhibentur. Habet et montem qui Aetna vocatur, qui diebus ac noctibus ardens, in circuitu suo vites optimas nutrit, quae vinum bonum afferre dicuntur.

43. Post Siciliam Stoechades. Deinde Sardinia, et ipsa fructibus divitissima et iumentis, et nimis splendida. Deinde Britannia insula valde maxima et praecipua, omnia in multitudine proferens, viros quoque pugnatores et fortes.

44. Et haec quidem secundum possibilitatem humanam descripsimus. Si enim latuerunt nos aut provinciae aut civitates aut insulae, non multae ut mihi videtur; latuerunt autem pro eo quod impossibile est homini omnia nosse: solus enim Deus, qui universa creavit, potest omnia nosse.

---

[1]) Iam inde a troicis temporibus, teste Homero iliad. VII. fin.

[2]) Ita cod. litteris magnis. Iam vero iuretianus cod. gr. lat. memorat quidem Syracusas et Catinam, sed *Panormum*, seu *Palarmum*, silet, Ego igitur suspicor, cavensem antiquum monachum *Palarmum* addidisse codici suo quem conficiebat, postquam urbis eius magnitudo dignitasque claruerat.

DEMONSTRATIO PROVINCIARUM

EX ANTIQUISSIMO CODICE EXCERPTA (1).

1. India ulterior finitur ab oriente oceano eoo (a), ab occidente flumine Sintho (²), a septentrione monte Tauro, a meridie oceano serico; cuius spatia habent in longitudine milia passuum IVM XXX et CCC, in latitudine XIM et CC. Ganges flumen ibi est et regio ubi piper nascitur, et elephanti, dracones, sphynges, pittaci.

2. Media, Parthia, Appiana, Carmina, Persis, finiuntur ab oriente flumine Sintho, ab occidente Mesopotamia, a septentrione monte Tauro, a meridie mari persico; quarum spatia habent in longitudine milia passuum XI et CCC XX, in latitudine milia passuum DCCCXI.

3. Mesopotamia finitur ab oriente flumine Tigri, ab occidente flumine Euphrate, a septentrione monte Tauro, a meridie mari persico; cuius spatia habent in longitudine milia passuum DCCC.

4. Syria finitur ab oriente flumine Euphrate, ab occidente mari aegyptio, a septentrione quod inter Cyprum et Syriam est mari, a meridie Arabia quae est inter mare rubrum et sinum persicum; cuius spatia in longitudine milia passuum CCCLXX, in latitudine milia passuum CLXXXV.

5. Insula Cyprus finitur ab oriente mari syrio, ab occidente pamphylio, a septentrione Aulone Ciliciae, a meridie mari phoenicio; cuius spatia habent in longitudine milia passuum CLXXV, in latitudine milia passuum CXXV.

6. Armenia finitur ab oriente mari caspio et quae circa gentes sunt, ab occidente mari pontico, a septentrione iugis montis Caucasi, a meridie monte Tauro; quae patet, quantum cognitum est, milia passuum CCCCLXXX.

7. Insula Rhodus cum Samo, Chio, et quae sunt Cyclades, finiuntur ab oriente littoribus Asiae, ab occidente mari icario, a septentrione mari aegaeo, a meridie mari carpathio; quae patent in longitudine milia passuum D, in latitudine milia passuum CC.

---

(1) Opusculum hoc commemorat Bandinius in catalogo codicum bibliothecae laurentianae T. III latin. p. 333.

(a) Cod. *aegeo.*

(2) Indo scil., cuius unum ex ostiis *Sinthum* dicebatur.

8. Dacia et Getica finiuntur ab oriente desertis Sarmatiae, ab occidente flumine Vistula, a septentrione oceano, a meridie flumine Istro; quae patent in longitudine milia passuum CCLXXX, in latitudine, quantum cognitum est, milia passuum CCCLXXXIII.

9. Sarmatia et Scythia taurica finiuntur ab oriente iugis montis Tauri, ab occidente flumine Borysthene, a septentrione oceano, a meridie provincia pontica; quae expanduntur in longitudine milia passuum DCCCCLXXX, in latitudine, quantum cognitum est, milia passuum CCCLXXXIII.

10. Insula Creta, et quae circa sunt, finiuntur ab oriente mari carpathio, ab occidente mari cretico, a meridie mari libyco. Creta patet in longitudine milia passuum CLXXIII, in latitudine milia passuum sex ([1]).

11. Macedonia et Hellespontus et pars Ponti finiuntur ab oriente mari pontico, ab occidente desertis Dardaniae, a septentrione flumine Istro, a meridie aegaeo; quae patent in longitudine milia passuum CCCXXXII.

12. Epirus, Achaia, Thessalia finiuntur ab oriente mari aegaeo, a septentrione montibus Pelio et Olympo, a meridie mari siculo et libyco; quarum spatia in longitudine milia passuum DCCX, in latitudine CCCLXXVI.

13. Insula Sicilia, et quae circa sunt, finiuntur ab oriente et occidente, item septentrione, mari tyrrhenico, a meridie mari africo. Sicilia patet in longitudine milia passuum a Peloro usque ad Pachynum CLXXXVII, in latitudine milia passuum CLXXXVIIII.

14. Pars Italiae finitur ab oriente mari adriatico et freto quod est inter Siciliam et Italiam, ab occidente urbe Roma, a septentrione sinu adriatico, a meridie mari tyrrhenico. Patet in longitudine milia passuum CCCXLVIIII, in latitudine milia passuum CCXXIIII.

15. Pars Italiae ad alpes finitur ab oriente Istria et Carnia, ab occidente iugis alpium, a septentrione sinu adriatico, a meridie mari ligustico et tyrrhenico; cuius spatia in longitudine milia passuum DCCCXX, in latitudine milia passuum CCCXXX.

16. Insula Corsica finitur ab oriente promontorio sacro, ab occidente Proturiano ([2]), a septentrione ligustico, a

---

(1) Ita codex.

(2) Ita cod. Num *Mariano* vel *Aleriano*? quamquam haec loca Corsicae orientalia sunt.

meridie mari africo; cuius spatia in longitudine milia passuum CXXX, in latitudine milia passuum XX.

17. Sardinia ab oriente Corsica et mari sardico, a septentrione mari tyrrhenico, a meridie mari africo; patet in longitudine milia passuum CCXXX.

18. Illyricum et Pannonia ab oriente flumine Drino, ab occidente desertis in quibus habitant Boi et Quadi (¹), a septentrione flumine Danubio, a meridie mari adriatico; quae patent in longitudine milia passuum DCXX, in latitudine milia passuum CCCXXXII.

19. Germania, Rhaetia, ager noricus, ab oriente flumine Vistula et silva hercinia, ab occidente flumine Aeno, a septentrione oceano; a meridie iugis alpium (²) et flumine Danubio; quae panduntur in longo milia passuum DCXXII, in lato milia passuum CCCXXVIII.

20. Gallia comata finitur ab oriente flumine Rheno, ab occidente saltu pyrenaeo, a septentrione oceano, a meridie Gallia narbonensi et aquitanica.

21. Gallia narbonensis et aquitanica finiuntur ab oriente alpibus, ab occidente saltu pyrenaeo, montium catena, et a meridie mari gallico; patet in longitudine milia passuum CCCLXXIII, in latitudine milia passuum CCXL.

22. Hispania citerior finitur ab oriente saltu pyrenaeo, ab occidente Oretania, a septentrione oceano, a meridie mari hiberico: cuius spatia in longo milia passuum DXXXV, in latitudine milia passuum CLXXXIII.

23. Asturia et galloeca Lusitania ab oriente Cantabria et Oretania, ab occidente oceano; patent in longo milia passuum DLXXX, in latitudine milia passuum DLXXXV.

24. Hispania ulterior ab oriente Oretania, ab occidente oceano, a septentrione fluvio Ana, a meridie mari hiberico; cuius spatia in longitudine milia passuum CCCCLXXX, in latitudine milia passuum CCLXXXIII.

25. Getulia et Mauritania finiuntur ab oriente flumine Ampsaga (³), ab occidente oceano et Calpe; cuius spatia in longo milia passuum CCCCLII, in latitudine milia passuum CCCCLXX.

26. Africa, Carthago, Numidia finiuntur ab oriente syrti minori, ab occidente fluvio Ampsaga (⁴), a septentrione mari africo, a meridie oceano aethiopico: cuius spatia in longitudine milia passuum CCCCXX, in latitudine milia passuum CCC.

---

(1) Cod. *Canni.*   (2) Cod. *Achem.*   (3) Cod. *Amsamo.*
(4) Cod. *Amosca.*

27. Africa, Cyrenaica, superior Libya, finiuntur ab oriente Catabathmo, ab occidente Syrti minore, a septentrione mari cretico; cuius spatia in longitudine milia passuum DCCCLXXX, in latitudine milia passuum CCCCXC.

28. Aegypti pars inferior et maraeotis Libya finiuntur ab oriente Arabia, ab occidente Libya deserta, a septentrione mari quod aegyptium vocant, a meridie Aegypto superiore et desertis. Habet in longitudine milia passuum CIXI, in latitudine milia passuum CLXXX.

29. Arabia, Aethiopia, et Aegyptus superior, et sinus arabicus et persicus, ab oriente maritima Perside et Carmina, ab occidente Libya deserta, a septentrione Syria, a meridie mari rubro; patent in longitudine milia passuum CIXI, in latitudine milia passuum CLXX.

30. Britannia in longitudine milia passuum DCCC, in latitudine milia passuum CCC.

31. Epitome totius mundi. Finitur ab oriente et occidente oceano, a meridie atlantico, a septentrione oceano britannico.

Duplex ille commentarius ineditus in *Boethii libros de consolatione philosophiae*, aliquoties a nobis in notis criticis in subsidium adhibitus, continetur in codice Gottingensi membranaceo saeculi XII, tam minutis litteris exarato, tanto vetustatis situ oblitterato, tot denique scripturae compendiis decurtato, ut summa ubique oculorum acie in eo legendo opus sit. Codex est quadratus, foliis 43, vers. 46, duplici ordine singulis paginis exarat., in cuius fine leguntur verba: *Expliciunt glosulae boetii*. In bibliothecam regiam Georg. Aug. translatus est hicce liber, cuius et notitiam et usum debemus *Reussio*, viro illustrissimo, anno 1787 una cum illo codice, qui mythographum tertium continet. Quum autem uterque commentarius a me transscriptus publica luce dignissimus sit, geminum eius prooemium speciminis loco hic ex parte typis exprimendum curavi.

I.

In summa pagina prioris commentarii litteris fere evanidis secunda manu scriptum est: *prohoemium in librum de consolatione philosophiae incipit.*

Boethius ille nobilissimus civis Romanus fide catholicus extitit. Qui contra Nestorium et Eutychem, duos hereticos, quum non esset qui eis responderet, de fide catholica disputavit et in communi concilio hereticos comprobavit. Deinde tempore Theodorici, regis Gothorum, rempublicam Romanam obtinentis, et omnes bonos crudeliter sine alicuius contradictione deprimentis, Boethius iste virtute fidei armatus, obiecta auctoritate sua periculis quos tyrannica rabies invaserat liberabat. Erat enim tantae auctoritatis, ut ei quum defenderet nullus nocere auderet. Videns igitur Theodoricus Boethium solum tyrannidi suae se opponere, coepit callide quomodo eum perderet inquirere. Sed quum in eum nullam causam inveniret, duas falsas confinxit, scilicet eum impedisse delatorem, accusationem senatus scriptam ad se deferentem, et litteras ad Aleximi Constantinopolitanum imperatorem pro liberatione rei publicae misisse. His autem de causis sine accusatione convenientis personae indefensus et absens reus est iudicatus et Papiam in exilium est relegatus. Hic vero suam prosperitatem praeteritam secum reputans et praesentem adversitatem considerans, vidit aliquem minus peritum simili casu usque ad desperationem posse deprimi. Ut ergo quo se unusquisque consolaret haberet, si aliqua adversitas commutabilitate fortunae contingeret, philosophicam consolationem composuit etc. etc.

II.

anicii. manlii. severini. patritii. viri. clari. illustris. boecii. exconsulis ordinarii. liber incipit.

Theodericus, Gothorum imperator saevissimus, Romanis semper invisus fuit. Qui quum eos saepissime bello temptavisset, tandem devicit et Romam cepit, ibique multa nefaria erga rempublicam fecit. Quae quum vidisset Boethius nobilissimus, et magis rectitudinem reipublicae quam imperatorem colens, quantum potuit ei restitit; tandemque dicitur apud Constantinopolim litteras misisse, conquerens de Romanae reipublicae vastatione. Sperabat enim auxilio Graecorum libertatem Romanis posse restitui. Erat enim inter Constantinopolitanos et Romanos coniuncta amicitia. Nam Constantinus, eorum imperator, Romanum imperium apud Constantinopolim quadam religione transtulerat. Hae vero litterae quum comprehensae essent et ad imperatorem relatae, tunc propter hoc tunc propter alia jussus est ab omnibus suis proscribi, exulari et tandem apud Papiam in exilium trudi. Qui quum in carcere positus consolationem tantae suae ruinae quaereret, quippe qui ante consul factus filios etiam suos consules et omnia alia prospera vidisset; visum est ei, nulla re magis quam scribendo solatium quaeri posse. Sic etenim et prospera praeterita ad memoriam duceret et mala praesentia oblivioni traderet etc. etc.

NOTAE CRITICAE

IN

MYTHOGRAPHOS VATICANOS.

INDEX CODICUM.

A.

Codex Vaticanus mythographi I, membranaceus, cujus scriptio ad X vel XI saec. referenda videtur Majo, qui tamen accuratiorem hujus libri descriptionem in aliud tempus distulit. Fuit olim Christinae Suecorum reginae.

B.

Codex Vaticanus mythogr. II, saec. XI vel XII, membranaceus, cum mythogr. I uno volumine compactus. Duplicem lacunam, quae in hoc libro (fab. 146 sqq. et 190 - 205.) comparet, Majus ex altero ejusdem mythogr. codice chartaceo saec. XV supplevit, sed in reliquis lectionis varietatem non excerpsit.

C.

Servii cod. Guelferbytanus, membranaceus, forma maxima, saec. XIII (7, 10. Ms. Aug. No. 815. in Eberti catalogo, p. 153.) foliis 152, versuum 52, duplici ordine singulis paginis splendidissime exaratorum. Deficit in verbis ad Ae. 12, 164: *ita dicemus unas bigas, unas.* Plurimas mihi obtulit lectiones egregias.

D.

Servii cod. Guelferbyt. chartaceus saec. XIV, forma maxima, foliis 257 diversis manibus exaratis (44, 23 Ms. Aug. No. 816. Ebert.). Tria folia postrema continent Virgilii vitam, quae explicit: *multis versibus admiramus.* Fuit olim Matthiae Schenckii, cujus signum prima pagina exhibet.

E.

Fulgentii cod. Guelferbyt. (Gud. No. 331; ap. Ebert. No. 212.) membr. saec. X, quadratus, foliis 68, versuum 20. Postrema 6 folia plura aenigmata inedita versibus heroicis conscripta continent, et disputationem regalis et nobilissimi juvenis Pipini cum Albino scholastico. Praestantissimis Fulgentii codicibus accensendus est. Fuit olim Frid. Lindeubregii.

G.

Fulgentii cod. Guelferb. (Gud. No. 333; ap. Eb. No. 213.) membr. saec. XII, quadratus, foliis 44, versuum 36. Postrema 11 folia inedita continent, item fol. 19. *de terrae motu* etc. Fuit olim in museo Bernhardi Rottendorfii, 1651.

1 *

H.

Cod. Gottingensis mythogr. III, membran., quadratus, saec. XIII, foliis 34, versuum 36 duplici ordine singulis paginis exar. Deficit in medio cap'. 8 et in extremo cap. 9. Fuit olim cod. Hamelensis, an. 1787 Gottingam translatus. Vid. Götting. gel. Anz. 1833 p. 89 sq. Capitum distributione omnino caret hic liber praestantissimus. Incipit sine titulo.

L.

Cod. Gothanus mythogr. III, membran. (II, No. 136.) saec. XIII, quadratus, foliis 162. Mythogr. incipit inde a fol. 103 minutissimis litteris (versuum 46.) exaratus. Eadem manus huic operi praefixit caput de ventis, cui adscripta est orbis terrarum delineatio, additis nominibus duodecim ventorum. Mythogr. incipit sine titulo. Singulorum capitum initia rubris litteris distincta sunt, omissis titulis. Vid. Götting. gel. Anz. 1833 p. 441 sq.

M.

Cod. Vatic. mythogr. III, membran. saec. XII, cui Fulvius Ursinus quondam possessor sua manu inscripsit: *Incertus de diis gentium. Fulv. Urs.* Continet capita XIV, quibus quintum decimum addit alius cod. Vatic. membran. saec. XIV. Uterque codex reginae Suecorum olim fuit. Deinde tertius codex Palatinus, chartaceus, quem et ipsum Majus repperit, omittit caput 10 et 15. Denique mythogr. III compendium, ipsis protographi retentis verbis, in Vaticano quodam membranaceo magnae molis historiarum variarum codice continetur. Majus primum illum codicem solum expressisse videtur excepto capite ultimo. Ex reliquis discrepantias lectionis excerpere neglexit.

N.

Cod. Parisiensis mythogr. III, saec. XIII, membran., quadratus, foliis 72, versuum 37, duplice ordine singulis paginis exaratorum; cui titulus: *Anonymi Mythologicon libri.* Diversa manus primae paginae superscripsit: *de Idolis et astris incognitus author.* Deinde alia manus: *Valerius Soranus.* Singula capita in hoc codice in plures distribuuntur sectiones, quibus praefixi sunt peculiares tituli. Vid. Götting. gel. Anz. 1833 p. 881 sq.

NOTAE CRITICAE

IN MYTHOGRAPHUM PRIMUM.

1. Vid. Serv. ad Virg. Ecl. 6, 42, quem laudat mythogr. III, 10, 10, ubi eadem fabula iisdem verbis narratur; cf. mythogr. II, 64 v. 42 sqq. et 65 v. 20 sqq.

v. 4 *factos hom.*) *factum hominem* L. — *a se*) omittit C L, quae ratio sane non displicet. — 5 *qui*) *et* B C D L M. — 6 *est*) om. C D. *furatum* M; *fuisse* L; *est furatus* B. — 7 *rem*) *causam* B C D L M. — *duo*) om. L. — *febres et maciem id est morbos*) Correxi ex Horatii carm. 1, 3, 29 sq., quem locum afferunt C D L M. Innuit autem mythogr., ignis usu morbos *omnino* terris immissos esse, nec febres tantum et maciem in specie; itaque recte *febres et maciem* per *morbos* explicat. — *febres, id est macies, et morbos* A; *maciem id est morbos* B; *febres et morbos* C; *mulieres* (cui superscriptum est *febres*) *id est macies et morbos* D; *morbos et febres* L; *morbos et mulieres* M. Caeterum C D L M et alii Servii codd. addunt: *sicut et saffo et esiodus memorant* etc., de quibus vide ad III, 10, 10. — 8 *quoque*) *etiam* C D L M; *autem* B. — *Caucaso monte*) *monte Caucaso* C D L M. *monte Scythiae Cauc.* B. — 9 *religarunt*) *religaverunt* C D M; *religatus fertur ad fatum* L. — *adhibita etiam*) *et adhibita est* C D L M. *adhibens ei aquilam* B. — 10 *quae*) *ut* L M. — *ejus* om. M. *ejus cor* C D. — 11 *unde*) Recte C D hic inserunt: *etiam Prometheus dictus est* (*a Graeco* προμήθεια L M.) ἀπὸ τῆς προμηθίας, *id est* (*a* addit D) *providentia. Hic pr. astr.* etc. — *et Pr. d. a prudentia* B; *sapientia* L. — 12 *et*) om. C D L M; *autem* B — *invenit vel Assyriis indic.* L. — *residens*) *rem id est* C; *rem idem* D. — 13 *Caucaso*) *Atlante* M. — *monte altissimo Caucaso* C D B L. *monte* om. M. — *cura comprehenderat*) c. *et sollicitudine prenderat* C D; *prehenderat* B; *perviderat* L M. Deinde plura interponuntur in B C D L M, de quibus vid. ad II, 65. — 14 *quod est*) q. ἄχος *Graece est* C; *quod acea est* D. *quia atrox e.* L M. *quia acris sollic. est* B. *nimia unus exhibet* A. Ἄχος sane est sollicitudo, cujus sedem Homerus in corde plerumque esse dicit. Itaque astrologiae studium istud ἄχος est, quod exedit Promethei cor. At cur *aquila?* Num astrologiae studium auctor sibi finxit aquilam? Etsi res ita bene procedit, haereo tamen in nomine ἄχος, quod ab hoc loco alienum esse videtur. Cor mihi exeditur idem est, inquit, ac acri sollicitudine affectus sum. Quod ut melius intelligatur, non video cur Graeca voce opus sit. — *qua*) *quia* C. — 15 *affectus*) B D; *assecutus* A; *effectus* C; *defectus* L M. — *siderum omnes motus deprehenderat*) sid. et om. depr. mot. C; *sidereos depr. mot.*

B; *siderum om. depr. et mot.* L M. — *deus est et rationis* L, *qui fatum* habet pro *saxum.* — *colligatus* L. — 18 *praeterea*) *etiam* addit D. — 19 *unde ... furatus*) omittit B. — *Nam*) ad haec B; sed et L M. — 20 *eodem*) *eo* B L M. — *monstrata*) *demonstrata* B. — *praefuit* L. — *olim*) abest a reliquis codd. — 21 *bene eo*) *eo bene* B C D L. — 22 *pernic.*) *eorum* addunt reliqui codd. — 23 *Tullo*) *Tullio* A M. — *qui*) om. A. — *ideo*) i. e. ob malum ignis usum; *eo* B C D L M. — *igni*) om. L M. — 25 *morbus hom. dicitur immissus*) Reliqui codd.; *morbi h. dicuntur (esse* M.*) immissi*; quae lectio sane est praeferenda. Caeterum L omittit *sicut in Liv. ... usus est.* — Liv. 1, 31.

2. Serv. ad Ge. 1, 12. mythogr. II, 119. III, 5, 4.

v. 27 *Quum*) *in acropoli Thebarum arce* addit B et schol. ad Stat. Th. 12, 632 p. 422 ed. Tiliobr. — 28 *ejus*) *illius* L; *illius ex* B. — *appell.*) *civitas appellaretur* D; *civitatis ap.* C; *civ. diceretur* B H L M. — 29 *mun. mel.*) *mel. mun.* H L M. — *mortalibus*) *diis* A. — *obt.*) *opt.* C. — 30 *litore*) *lictore* C; *lit. cum tridente* B. — *bellis*) *bello* H L M. — *procr.*) Reliqui codd. *produxit.* — *jacta h.*) Ita C. *jactata h.* A B D M; *hasta jacta* L. — 31 *oleam*) *olivam* B C D H L M. — *melior*) om. L. — *ut*) H; om. L cum schol. ad Stat. l. l. et B C D M. *habita* addit B. Ut equus bellum indicat, ita oliva pacem.

3. Serv. ad Ecl. 6, 74. et Burmanni cod. G. ad Ge. 1, 404 cf. mythogr. II, 169. 123.

Scyll.) codd. *scill.* — *Crataeidis*) *cretidos* A B; *chreteidos* C; *creteidos* D. Emendavi ex Hom. Od. 12, 424 et Gelenii codd. Plinii N. H. 3, 10 § 73. ed. Sillig, ubi ante *Silligium* vulgaris lectio erat *Cratais*, et ap. Vet. Dalech: *Cratis*, unde fictum est *Cretit, idos.* Ovidio (Met. 13, 749) genuinam lectionem restituit Heins p. 352, ut Hugo Grotius Martiano 6 p. 205 pro *Crathide.* Cf. not. var. ad Solin. 2, 22 p. 46 ed. Goez. et Lactant. narr. fabb. 13, 9 p. 878 ed. Stav. Caeterum *Nymphae* addit B, quae vox abest a C D, qui *filia pulcherrima* exhibent; *fluminis* est ap. Hygin. fab. 199 p. 330 Stav. quod non mutaverim propter Plin. Solin. et Martian. ll. ll., ubi Crataeis Italiae fluvius laudatur. — 4 *nacta*) *irata* B C D, quae lectio minime est spernenda. — 6 *parte*) *sui parte* C D. — *commut.*) *mut.* B C D. qui iterum plura hic inserunt, de quibus vid. ad 11, 169. — *est a Sc.*) *a Sc. est* D. — 12 *obtulit*) *opt.* B C. — 13 *habuisset*) *haberet* D. — 15 *deor. mis.*) *mis. deor.* B. qui plura hic subjungit.

4. Serv. ad Ecl. 6, 78. mythogr. II, 217.

19. *Ter.*) *Thereus* A. — *Thra.*) *tra.* D. — 20 *Procnen*) Codd. constanter *Progne*, ut est apud Majum. — 21 *per*) *post* B C D. — *sibi*) *ut sibi* C. — 22 *accersiret*) A C. *accersire* B D. Lindem. ad Cic. de Inv. 2, 31 et Doederl. Synon. 3, 282. Erravit typotheta noster in *accerseret.* — *adduxit*) C; *abduceret* A; *adducit* B D. — *ling. absc. ne fac. ind.* B. — 24 *querelam*) *rem* B C D. — *surori mis.* B. — 25 *Ityn*) *hytym* C; *itim* D. — 26 *fil.*) *fil. suum* B. — *postea*) *et postea* C. — 27 *upup.*) *oppup.* D. *itis* D. *ytys* C. — *phasian.*) *phassam* B; *fassam* D; *fasan* C. — 28 *hirund.*) *arund.* D. — *philomena* D.

5. Serv. ad Ecl. 9, 93. 34

v. 30 *Cycl.*) *cicl.* C. — *Galateam*) *galatheam* A C D, et sic infra. — *quae*) *qui* C. — *quum*) *tum* D. — 31 *Polyph.*) *polif.* C. — 33 *ab Acide*) *ab aci*

C. *acinea* D, cui eadem manus superscripsit *latine*. — *Acis*) Ovid. Met.
13, 896. Fast. 4, 468. Sil. Ital. 14, 221, Claudian. rapt. Pr. 3, 332.
Vibius Seq. p. 4 ibiq. Oberl. p. 66. alii. Quin etiam Graeci scriptt. constanter Ἄκις scribuut, ut Theocr. 1, 69 et Nymphodorus in schol. p. 836.
Kiessl. Nomen sortitus est hic fluvius a *sagitta*, quia summa velocitate
ex Aetna prorumpit, schol. Theocr. l. l. Eustath. ad Dionys. perieg. 976
p. 171 ed. Hudson. Caeterum Ἄκις ποταμὸς inter proverbia est ap.
Diogen. 2, 74, Apost. 2, 25 et Arsen. p. 35: ἐπὶ τῶν ἄγαν ψυχρῶν.
ψυχρὸς γὰρ ἐστιν οὗτος. Cf. Hesych. v. Ἄκις. Ob hanc frigiditatem
hodie vocatur *freddo*. Quae quum ita sint, vitiosam judicavi lectionem
acilius A D, et *acinius* C.

6. Serv. ad Ge. 1, 20. mythogr. II, 178.

v. 35 *est*) omittit B. — *Hic*) omittit B. — *amavit*) adamavit B. — 37
extinc. est) est extinc. B C D. — 38 *cypr.*) cupr. B C D. — 39 *ejus*)
sui C. — *convertit*) vertit C; evertit D. — *quam*) quem A, nisi typotheta apud Majum peccavit; quam etiam B. — *solatio*) sol. extincti B.

7. Serv. ad Ge. 1, 39. mythogr. II, 100.

v. 2 *rapt. a Plut. Pors.*) Pros. a Plut. rapt. B; *filiam* addunt C
D. — 3 *comperit*) repperit C. Subjungit A: *quia a Plutone sive Orco
fratre Jovis rapta fuerat*; quae verba et per se sunt rejicienda, nec a
B C D agnoscuntur. — 5 *posse eam*) eam posse B. — *gustasset*) gus-
tavisset C D. — *autem*) autem jam B C D. — 6 *Ely.*) eli. C; aeli.
D. — 7 *Ideo*) unde B C D. — 8 *potuit*) Addunt C D: "*Hinc ait Lucanus* (6, 740): *Quae te detineant* (detineat C.) *ethnea dapes. Quam
necessitatem modo virgilius proserpinae tribuit voluntati*." Pro his B
habet: *Indignata Ceres convertit Ascalaphum in bubonem*; quae verba
repetit schol. ad Stat. Th. 3, 511 p. 109. Tiliobr. — *Ceres*) a Jove
addunt B C D. — 10 *et*) quae et B C D. — 11 *sex def.*) et sex d.
C. — 12 *scilicet*) scil. ut B. — 13 *defic.*) et defic. B. — *videatur*)
esse vid. C D. Caeterum de posteriore hujus fabulae parte, quae sub
Servii nomine apud mythogr. III quoque legitur, vid. inf. ad III, 7, 2.

8. Serv. ad Ge. 1, 163.

v. 15 *Eleusis*) Eleusin C D. — 19 *fovit*) fodit C; ponit D; hoc con-
firmare videtur Apollodori (1, 5, 1) κατετίθει, illud Hygini (147 p. 257
Stav.) obruebat, quod exhibet etiam Serv. ad Ge. 1, 19 schol. ad Stat.
Th. 2, 382 p. 63. et mythogr. II, 97.

9. Serv. ad Ge. 1, 399. schol. ad Stat. The.
9, 361 p. 318. mythogr. II, 175.

v. 24 *Alcyon.*) alcionen D; schol. St: Halcyonem. — 25 *prohib. esset*)
proh. isset B D; proh. esset et isset C; prohiberetur ire schol. St., quae
lectio omnino erat praeferenda, vel illa mutanda in *prohibitus esset ire*. —
Apoll.) appoll. C D. — 27 *Alcyonem*) om. C. et schol. Stat. — *fuiss.
del.*) del. fuisset B C. — *praec. in pel.*) in pel. praec. B. — 29 *alcy.
voc.*) voc. alciones C; halcyones schol. St. Deinde subjungunt C D:
"*Sane sciendum est, quia quum de muliere dicimus* haec alcione (alcyones C.) *facit; quum de avibus,* hic et haec alcyone (et hi et hae alcyones *addit* D)". Quae sequuntur, absunt a B. — 30 *mari*) mare C. —
hieme) hyeme C D. — *diebus*) om. D. — 31 *in mari nih.*) nihil in m.
C D. — *Inde*) unde D. — *et dies ipsi*) etiam ipsi di. C D. — *alcyonia*) alcyonii D.

10. Serv. ad Ge. 1, 378. mythogr. II, 95.

v. 34 *filiam suam*) om. C D. — 35 *Tunc eam* C D. — *Lici* A; *licii*
C D. — 36 *prohibere coeperunt et conturbantes ped. fontem quum
contra eam* etc. B C D. De Lyuco (*Lycus* A.) nihil nostri nobis offerunt codd., nec dubium est, quin plures hic inter se confuderit fabulas
mythographus, quippe qui cum Servio ad Cererem transtulit, quae
Lotonae vulgo tribuuntur (Menecrates Xanthius et Nicander ap. Anton.
Lib. c. 35 p. 236 Verh. Ovid. Met. 6, 317); neque tamen eum latuisse
videtur veritas, quam profert infra 31 et 187. Caeterum Servius Ovidium hanc de Cerere fabulam narrare dicit; at recte Ovidius de Latona
illa refert; haec autem de Lynco (in quibus magna est confusio) Cereri
tribuit (5, 650).

11. *Titanas* et *Gigantas*) et de meo addidi, quandoquidem voces
Titanes Gigantes nusquam ita conjunctae reperiuntur, ut altera adjectivi
vicem obtineat. Mythogr. II, 53 affert *Titanas, qui et Gigantes dicuntur*. Hinc aliquis conjicere possit, auctorem supra scripsisse *Titanas
sive Gigantas*, ex vulgari harum nominum confusione. Verum si quis
scribendum esse censet *Titanas γηγενεῖς*, me non habebit refragantem. —
id est Ceres) Etsi Ceres saepius pro *terra* ponatur, in hac tamen fabula omnes utramque deam accurate distinguunt. Itaque et verba ista,
et quae sequuntur: *irata ob sui atque Tantali derisionem* (quis enim
umquam hanc finxit irae causam?) aut a scriptore antiquitatis ignaro profecta sunt, aut alludunt ad fabulam nobis hodie ignotam. — 5 *ejus*) Num
Tantali? At legendum haud dubie est *sui* (eadem confusio extat sup.
6, 39.), ut habet mythogr. II, 53, 29. Caeterum veriora de his rebus
docet C (ad Ae. 6, 580): *eadem* (sc. Terra; *id est* D) *primo* (*primum*
D) *titanas* (*enim* addit D) *contra saturnum genuit, gigantas postea
contra Jovem. Et ferunt fabulae, titanas ab irata contra deos terra
in* (*ad* D) *sui* (*ejus* D) *ultionem creatos*. — 10 *Gigantibus inaud.* etc.)
Distinguere h. l. videtur auctor inter Gigantes et Titanes. Sed quae
sequuntur, iterum confusa sunt. — *Aetna*) *Aethna* A constanter. Idem
cod. omittit copulam

12. Serv. ad Ge. 3, 7.

v. 17 *Gigas*) Recte om. C D. — *volens deor. temptare div.* C D. In
Maji cod. est *probare* — 18 *Pelopem*) om. C D, qui addunt *invitatis
eis* (*eis* om. D). De verbis *"Unde pro ... contingat"* quae absunt a
C D, vide ad myth. II, 102, 25. In iis autem quae deinde sequuntur,
verborum ordinem variant C D: *a quo omnes dii abstinuerunt, excepta
cerere, quae brachium ejus consumpsit*. — 22 *punito*) *petente* A C. —
fil. ej.) *ej. fil.* C D. — *ei eb. br.* C D. — *corp. univ.* C D. — 26
tamen) *tantum* C D.

13. v. 28 *Tityus*) *Titius* cd. Maji; *titios* D ad Ae. 6, 595, ubi
C *tytyos* offert; uterque Servii codex Tityum Terrae filium, vel a Terra
nutritum dicit. — De *Dianae sagittis* silent C D, qui et reliqua variant.

14. v. 34 *Gigas*) Gigantibus Ixion ab aliis scriptoribus non annume-
ratur. — *oppos ei* etc.) Cd: *appos.* omisso pronomine *ei*. *Obtulit* in eadem re est ap. Serv. ad Ae. 6, 286, et *opposuit* ap. myth. II, 106. —
36 *conjugio*) *stupro* est ap. Serv. ad Ae. 6, 601. — *ut rotam* etc.)
Haec cum vulgari fama non congruunt, qualis est ap. Serv. l. l: *ab irato
Jove ad inferos trusus est, et illic religatus ad rotam circumfusam serpentibus*; cf. myth. II, 106.

15. Schol. ad Stat. Th. 4, 551 p. 147, mythogr. II, 211

Cyrce schol. St. constanter. — *Aeaea*) Ita emendavi. Cd. Maji et schol. St: *Maeonia; sed Aenariam* (de qua Plin. N. H. 3, 6 § 82. Sillig) affert Hyg. 125 p. 220. Stav. — *sedens* om. sch. — *Ulixes*) Schol: *Ulysses*. — *Eurylochum*) Schol St: *Eurilocum*. Caeterum B verborum ordinem subinde variat. — 4 *misit*) praemisit B. — 5 *in feras*) De meo addidi. — *quos*) quos mox B. — *Sed*) om. B. — 6 *nunciavit*) Leg. *nuntiavit*. — *proficiscebatur*) sch. St: *proficiscitur*; B: *, cui soli ad e. proficiscenti Merc. rem. d. et qu. C. dec. monst.* — 8 *postquam*) *posteaquam* sch. St. — *accepto*) *suscepto* B, qui et alia variat in sequentibus. — 11 *fact. esse*) *esse factum* sch. St. — 12 *vero*) om. schol. — *rem habuit*) *concubuit* sch. — *et ... ex ea*) *ex qua* sch. — *Teleg.*) *Tellʒg.* sch. — *cuj. m. post oc. oc.*) om. sch.

16. Schol. ad Stat. Th. 2, 96 p. 49. mythogr. II, 84. III, 4, 8. Fulg. 2, 8.

Omnes quos memoravimus scriptores Ovidium in primis secuti esse videntur; cf. Hyg. 75. Lactant. fabb. narr. p. 806. Stav. In omnibus autem quamvis idem est narrationis tenor, verba tamen non ita congruunt, ut pro uno eodemque fonte haberi possint. — 15 *silvam*) Ita Ovid. Alii montem Cyllenen vel Cithaeronem afferunt. — 16 *feminam*) Sic emendavi. Cod: *feram*. — *octo*) In temporis spatio definiendo scriptores inter se dissident — 18 *naturam*) *figuram* B et schol. St. *formam* H L M. *speciem* Hyg. — 19 *lis*) *jocosa lis* Ovid. *jocosa altercatio* Hyg. — 25 *ei praebuit*) Pronomen *ei* supplevi; vid. Lactant. p. 806. et myth. III, 4, 8, 10. — *praescientiam*) *scientiam* Lact. et H L M.

17. Lactant. narr. fabb. 1, 6. p. 791 Stav.

impatiens) Lact. addit: *in deos querimonia delata*. — 28 *ad Lyc. reg. Arc.*) Lact: *ad Lycaonis regiam*. — *qui ipsi quasi*) Lact: *cui Lycaon tamquam*. — 29 *hum. membra dev. app.*) Lact: *prius hum. memb. dev. velut hospitali humanitate app.* Caeterum ejeci pronom. *ei* (quod Maji cod. habet) ante *apposuit*. — 31 *sed*) om. h. l. Lact. et ante voces seqq. *in lupi* collocat, quibus addit *sdevi*. — 32 *adhuc*) om. Lact.; Maji cod. *et adhuc*. — 33 *servat*) Lact: *servaret*. Quae sequuntur congruunt cum Serv. ad Ge. 1, 138 fin. — 34 *Lycaon*) *Lychaon* C; *licaon* D. — *habuerat*) *habuit* C D. — *Callisto*) *calisto* C D. — *et postea* A C D. sed copulam ejecimus. — *transtulit cael.*) eam posuit C; *transtulit* D a seriori manu margini adscriptum; *caeleste* om. C D.

18. Lactant. narr. fabb. 1, 10. 13 et 14. p. 793 sq.

vel Iasi) Ita conjecimus pro *Janis*, ut est in cod. Majus proponit *Argivorum*. Lact: *amnis*; Serv. ad Ae. 7, 790: *Argivorum fluminis*. — *spec. s.*) *suas specie* Lact. — *praecelleret*) *praecederet* Lact. — *a*) *ab* Lact. — *admotis*) *ammotis* Lact. — *procuderet*) id est *procrearet*, excitaret, ut *procudere prolem* ap. Lucr. 5, 854; et *ignem ignes procudunt* ap. eund. 2, 1112. Nolo huc trahere Hor carm. 4, 15, 19 *ira procudit enses*. Lact: *incideret*, omissa praepositione *in*, ut *amorem incidere* 14, 1. — Lact: *est transf.* — Lact: *cujus fallaciam Juno quum intellexisset*. — 2 *petiit*) Lact: *petit*. — *vaccam*) Lact: *eam*; sed de lectionis varietate vid. Muncker. — 3 *eo quod*) Lact: *quia*. — *esset*) Lact: *erat*. — 4 *cernuntur*) Lact: *essent*. — 5 *st. pr. puell. tr.*) Lact: *proderet puellam, tribuit confestim*. — *autem*) om. Lact. — *ne pell. ej.*

am.) *ne amplius ej. pell.* Lact. Majus defendit *pelex — Jove pot.*) *cum Jove concumberet* Lact. — *Arg.*) *Arestoris filium* addit Lact. — *cust. praef.*) *ei praeposuit* Lact. — *jus Jov.*) *patris j.* Lact., qui addit: *et a casu ejus Argiphontes est cognominatus.* — 8 *quia ob*) Ita Giselinus Lact. ed., ubi vulgaris lectio est *quem ob.* — *sibi m. e.*) *ille occiderat* Lact., qui habet etiam *in volucrem pav.* — *amissa lum. exo.*) *quibus amissa lumina indicaret, ornavit* Lact., quae lectio est praeferenda. — 11 *peragr.*) *percucurrisset.* Lact. — 12 *est*) om. Lact. — *Ibi*) *ac* Lact. — *pr. fo. rec.*) *in pristinam fig. reversa* (*est* Venet. ed.) Lact. — *atq. nom. Is.*) *Isidis deae nomen accepit, linigeraque est appellata.* Istud *nominabatur* mutandum est in *nominata est.*

19. Serv. ad Ge. 2, 389 et mythogr. II, 61 v. 15.

Icarus) *Atheniensis* addunt C D. — *Erigonae*) D, *erigonis* C. — *indicasset*) *indicaret* C D. — *ebriati*) *debriati* C D. — *crediderant*) D, *crediderunt* C. — *erigonem* C D. *fil. ejus* C. *quae et ejus com.* C. — 20 *deor. voluntate* B C D. — *astra*) *castra* C. — 21 *ille*) *est* addunt C D. — 22 *per*) *post* B C D. — 23 *furore quodam* B C D. — 24 *ad laq. comp. Unde consultum orac. respondit etc.* B — 25 *erigonis* C D. — 27 *ut et*) *ut etiam* B C D. — 28 *ea*) om. C. — *elem.*) *alim.* D. — 29 *ad quem*) *atque* C, — *hac atque illac* C D. — 30 *et per*) *et* om. B C. — 33 *moverent*) *ora* addit A. — *Unde*) *et* addit C. — 34 *oscillar.*) *oribus cillerentur* C; *ora cillerentur* B; *cillerentur* D. — *ora* om. B C, qui cum D subjungunt: *nam cillere est movere; unde et furcillae* (forc. D) *dictae sunt, quibus* (a' quib. C) *frumenta cillentur.* De reliquis vid. ad II, 61 scholion.

20. Serv. ad Ae. 2, 116, mythogr. II, 202.

Prior hujus fabulae pars ad verbum cum Servio non congruit. Aulis h. l. vocatur *insula*, ut ap. Serv. ad Ae. 4, 426: *Aulis insula est, in qua conjurarunt Graeci, se non ante reversuros, quam Troja caperetur.* Ita et supra *Maeonia* dicta est *insula*, et Colchis a myth. II, 134 v. 5. et p. 253, 31. — 41 *ventos esse plac.*) *placandam esse Dianam* B C D. — 2 *Minerva*) *numinis* (i. e. Dianae) *miseratione sublata est* B C D. Alii scriptores Iphigeniam a *Diana* servatam esse constanter tradunt. — 4 *Scytharum*) om. B C D. — 5 *Dictyn.*) *dyctymnae dyanae* C; *dictinae d.* D. — 6 *humano*) *romano* D. — *et maxime hospitum*) om. B C D. *Oresten* C. *accepto*) om. D. — 8 *curandi*) *carendi* B C D. Majus conjecit *cavendi*; Burmanus *curandi.* — *gratia* B; *causam* C. — *fidissimo*) om. B C D. — 12 *pingitur*) addunt C D; *propter quod et lucifera dicitur* (*sed etiam a fasce lignorum* D). Caeterum novissima hujus fabulae verba corrupta exhibet B; vid. ad II, 203.

21. Serv. ad Ge. 3, 7. mythogr. II, 146.

Hippodome C; *ypodome* D. — *oenomii* D. — 15 *creatos*) *procreatos* B. — 16 *curule*) *currile* C; *currule* D. *ad curule cert. provoc.* B. — 18 *victos*) *victor* C D. — *ypodamia* D. *Postea quum Pelopem, Tantali filium, qui aptos curuli certamini equos acceperat, quorum cursu omnes anteiret, am. Hip. etc.* B. — 19 *amoris*) *coitus* C D. — 20 *Pelope a puella*) *pelopia puella* C. — 21 *ejus marito praec. in m. est* C; *est* om. D; *in m. praec.* B. — 22 *cui et n.* B; *reposuit* D. — *myrteum* C. *mirteum* D.

22. Schol. ad Stat. Th. 4, 306 p. 134. mythogr. II, 147.

26. *mare*) *pelagus* Schol. St. et B. — *lege*) Majus conjecit *luce.* — 27 *qua*) *quae* B. *patris orbit.* B. — 28 *Atreo scilicet* B. — 29

disrump.) *dirump.* Schol. Stat. *violarent* B. — (*Quum igitur* etc.), *Thy-estes enim quum* sc. etc. B et schol. St., qui reliqua omittunt. — 31 *aurei vell.*) *vell. aurei* B et schol. — 32 *regnum*) *regiam* B et schol. — *cust.*) *plurimum cust* B et schol. — *Europam*) Leg: *Aëropam;* Eurip, Hel. 398. Or. 18. Apollod. 3, 2, 2. schol. ad Soph. Aj. 1297, ad Arist. Vesp. 759. R. 873, ubi Ἀντιόπην vulgo legunt; Hyg. 86. Gell. 7, 3. Lact. narr. fabb. 12, 1 p. 869, ubi olim *Europes* edebatur; alia lectionis varietas ap. Serv. ad Ae. 11, 262, ubi *Merope* in C, et *Maerope* in D extat. — 33 *sui*) *Atrei* addit B. — *sperabat*) *speravit* B; *judicavit* schol. — 34 *ille*) *Atreus* B. — *posteaquam* sch. — *eum*) *fratrem* B. — *cum filiis duob. suis* schol. — 35 *ad e. mis.*) *eum vocavit* B, qui "eique ad se vocato" cum schol. omittit. — 36 *suos*) *ejus* schol. Recte! — *eidemque*) *cui* schol. — 37 *ost. fer.*) *fer. ost.* schol. Caeterum hanc sen-tentiam *eidemque ... feralis* om. B; qui tamen cum schol. subjungit: *quo (fraterno* add. B.) *facinore* (*quum eum punisset* add. schol.) *sol dicitur ab eorum se regionibus avertisse* (*vertisse* B); de qua re vid. Serv. ad Ae. 1, 568. — 38 *ultionem*) *delectatione* schol. *hoc motus dolore Th. quum* etc. B. — 39 *p. eum*) *illi* addit schol. et B, qui legunt in seqq. *posse venire.* — 40 *filia*) *sua* addit B. — *Pelopia*) Ael. V. H. 12, 42. *Pelo-peia* schol. hic et p. 39. 91: et sic apud Luc. scribitur. — *esset*) *fuisset* schol. et B. — *ille cito*) *illicitos* schol. *illico* B. — *amplexum* B. — *in-vadit*) *invasit* B et schol. — 42 *incestus*) om. sch. et B. Male! — *Atr. vero* etc.) *qui Atreum quum* (*quum* h. l. om. schol.) *in vindictam patris* (*quum* h. l. inserit schol.) *adolevisset, occidit* B. — *Inde et*) *Idem etiam* B, *Idem autem* sch. *Agamemnona* sch. *adulterata uxore ejus Clytaemnestra prostratum interemit* B; *occidit*, (*ut ipse Virgilius* Ae. 11, 266: *Ipse Mycenaeus magnorum ductor Achivôm*); *qui postea ab Or. filio Ag. c. e. q. adulterasset occisus est.* — Caeterum B plura hic de Agamem-nonis morte affert.

23. Schol. ad Stat. Th. 2, 281 p. 58. ad Ach. 1, 65 p. 433. cf. myth. II, 134.

Phryxus quum Maji codd. scribunt tum schol. Stat, qui etiam ad Theb. 5, 475 p. 184 eandem Phrixi genealogiam affert; omittit tamen *fratres*, et pro *regis* habet *Aeolo geniti*, et pro *Nephelae* offert *Nephiles.* De inepta scribendi rationi Φρῦξος vid. Heyn. ad Apollod. p. 134. — *Helle*) *Helles* sch. — 8 *insania Lib. abj.*) *insania a Libero objecta* schol. — *Nephele*) *Nebula* schol. — 12 *Aeetam*) *Oetam* A, ut et schol. Sic et alibi. — 13 *Nephele quae et*) om. B et schol. — *concita*) *exci-tata* B; *concitata* schol. Recte! — 14 *nec*) *ne* repet. lar. mar. schol. *nec ad lar. m. remeare vellet* B. — 15 *Phr. et Hel.*) om. B et sch. — *nom. Inon.*) *Inonem nuncupatam* B; *Ino quae* schol. — 17 *rogavit*) *petiit* B et sch. — 18 *innata*) *orta* B. — *Quum*) autem addit B — 19 *eum*) enim schol. — 20 *fil. N.*) *Nubis fil.* B et schol. — *nam et ip. d. eos fr. inc.*) *omisit* schol; *ipsa namque dictum habuit* etc. B. — 21 *Pater*) *vero* addit B; *nam et ipse* p. sch. — 22 *commisit arbitrio* B et sch. Quae sequuntur in cod. B. cum initio hujus fabulae congruunt. — 24 *aur. vell. habent.*) *memoratum* schol. simpliciter. — 26 *se cum ea*) *secure eam* schol. — 27 *mare*) *maria* sch. — *Helle*) om. schol. — *et nomen ponto dedit; nam*) om. schol. — 28 *nam ex illa H.*) *qui lo-cus ex ea Ellesp.* sch. — 29 *immol.*) *quo vectus erat, mactavit, et ejus vellus consecrant Marti.* schol. — 30 *insom.*) *informis* sch. — *Ae-eta*) *Oeta.* schol. *Oeeta* A. — 31 *Phrix.*) *huno* sch. — *filiamque*) *ei* recte addit sch. — 32 *accep.*) *suscep.* sch. — *verit.*) *est* addit sch. — *a*) om. schol. — 33 *a diis*) *ex prodigiis* schol. — *ab*) *ut ab advena,*

Aeoli prog. recte·schol. cum mythogr. II, 136, 39. — 36 Hos) quos schol. — Postea etc.) Hanc sententiam contraxit mythogr. noster.

24. Pelias et Iason.

v. 41 vel Peleus, rex Peloponnesi). Haec ineptissima sunt, et obelo notanda. — 42 Aeson, qui Aeson) Iason, qui Iason est apud Majum. — 1 dejiceret) deiceret Cod. — Colchos). Hanc nominis formam Colchi, orum, quae et terram 'et populum designat, constanter mythogr. servat (cf. Serv. ad Ecl. 4, 34 ad Ge. 2, 140. Hyg. f. 89.); vulgari illa Colchis, idis ne semel quidem usus est. — 2 detulisset) Leg: deferret — in qua Jupp. etc.) Haec a vulgari fama aliena sunt. — 4 esse) fore haud dubie leg. — 5 Argo, a qua dicti etc.) Probus ad Ecl. 4, 34: Argo a celeritate dicta est. Sic et Homerus, qui κύνας ἀργούς celeres dixit. Inde arguti, qui multum ac celeriter loquuntur, ut arguta hirundo; cf. schol. ad Stat. Th. 5, 475 p. 184. — 6 Typhis) Ita Maji cod. et D ad Ecl. 4, 34, ubi C et tyfys et typhin exhibet, sicut myth. II, 135, 27 Tiphi. Vera nominis scriptura est Τῖφυς, Paus. 9, 32, 3. Apollod. 1, 9, 22. Apollon. Rh. 1, 105, ad quem locum sch. Tiphyn ab Aeschylo Iphyn appellatum esse refert; atque Iphis in codd. est Hyg. f. 18, etsi f. 14 p. 43 Tiphys nominatur; cf. schol. ad Stat. The. 5, 413 p. 181. — 10 Pelias) Peleum intelligit, qui cum Telamone affuit Herculi Trojam expugnanti, Pindar. N. 3, 33 sqq. Boeckh.

25. Serv. ad Ge. 2, 140.

rapiendum) tollendum C·D. — quod dicav. marti frixus C D. — eo obtentu etc.) Ordine non satis perspicuo rem exponit mythogr. Servius haec non aguoscit. — 17 ut tauros subjug.) Perperam haec res primo loco memoratur, quum in primis subsequantur verba: dentes serit junctis tauris. — 20 homines) armati sunt, qui primum fecerunt impetum in Iasonem frustra; postea mut. etc. C D. — se) Supplevi e C D; abest enim a Maji cod. — 21 Aeeta) Oeeta A; etas C; aeces D. — 22 eum) fuisse addit C D. — Caeterum C plura h. l. subjungit, quae in vulgaribus Servii edd. non leguntur: et aliter, ut factum est in colchide, et hic est ydrus, quem chadmus in boeciam occidisse fertur, cujus dentes ipse partim ibidem sevit, partim etes in colchide, ex quibus utrique seges armatorum hominum nata est. Tauri autem hi sunt, quos ignem flantes ete imperio Iason junxit unguento usus quod ei medea dederat. — 23 Iason, aureo etc.) Reliqua absunt a Servio. — 25 tunicam) Ita schol. Cruq. ad Hor. Epod. 3, 13. Plurimi et pallam et coronam venenis infectam memorant. Sed ridiculum est, quod mythogr. tunicam allio infectam fuisse dicit; id enim Horatius per jocum statuerat; cf. mythogr. II, 138. Lanam Nessi sanguine tinctam fuisse dicit Acr. ad Hor. Epod. l. l.

26.

Penthesileae) Leg; Praxitheae; vid. Eurip. ap. Lycurg. adv. Leocr. T. 3 p. 261 ed. Oxon. et ap. Plut. parall. p. 310 d. (fr. p. 160 Matth.) Apollod. 3, 15, 1. Hinc corrig. Philarg. ad Ge. 4, 464 Praxiotelis, et Terriginae ap. Serv. ad Ae. 12, 83. — nupta) Num rapta? — Zeten) Zetum A, et schol. ad Stat. Th. 5, 432 p. 183 et ad 12, 630 p. 422. Zethum infr. 204 fin. et B 142, 7. cf. myth. III p. 173, 37 et p. 174, 11, quos locos emendavimus, siquidem in codd. partim erat Zetus partim Zethus. Ζῆθος Palaeph. 23. cf. Maji Interpp. ad Virg. G. 4, 463 et Philarg. l. l. Serv. ad Ae. 3, 209. Fulg. 3, 11. Ζήτης Ap. Rh. 1, 211. Apollod. 1, 9, 16 § 8. cf. Hyg. f. 14 p. 49 Stav.

27. Serv. ad Ae. 3, 209. mythogr. II, 142.

fuit et hic om. B C. agnoscit D, qui habet etiam archadiae. — suis lib.) D; lib. suis B C. — 38 Harpyias) arphas C; arpias D; —

Caeterum initium hujus f. est etiam ap. sch. ad Stat. Th. 8, 255 p.
285. — *abriperent*) *corriperent* C; *arriperent* A B D. — 40 *Colch.*)
cholch. C. — *hosp. susc.* B. — *et*) *etiam* B C D. — 2 *Zeten*) *Zetum*
C; *Zethum* A B D. — *calaim* C — 3 *arphias* C; *arpias* D. — *pel-*
lere compulerunt C, omissa praepositione *ad.* — *ei miser.*) B, qui post
Orithyiae addit: *Erechthei filiae, quam Boreas e flumine Elisso* (*Ilisso*)
rapuit. — *strictis*) *instructis* C. — 4 *pulsas*) *palsae* B C D. — *ar-*
chadia D constanter — 5 *vellent ult.* B. — 4 *admoniti* B C D. — 7
volatos D. — 8 *dedit.*) C D inserunt: *quod Apollonius* (2, 273 — 300)
plenissime exequitur. Reliqua absunt a B. — *Jovis canes* C. — 9 *esse*
dic. C D, qui deinde subjungunt: *unde etiam epulas dicuntur abripere*
(*perhibentur arripere* D.), *quod est furiarum, ut* (Virg. Ae. 6, 606):
et manibus prohibent contingere mensas. — 9 *finguntur*) *dicuntur*
D. — 10 *quia*) *qui* C D. — *partis*) *a partis* D. — Deinde plura
interponuntur in C D: *Item has* (*ipsas* D) *furias esse paulo post ipse*
(*idem* D.) *testatur ut* (*dicens* D.) Ae. 3, 252: *vobis furiarum ego*
maxima pando. Furias autem canes dici, et Lucanus testatur dicens
(om. D.) *ut* 6, 733: *stygiasque canes in luce superna destituam; et in*
sexto Virgilius (257, ut C): *visaeque canes ululare per umbram adven-*
tante (*adveniente* D.) *dea.* — 11 *et aves*) Copulam omisit Maji cod; sed
C D addunt: *ut ipse in duodecimo* (846) *ostendit.* — 12 *effig. inv.*
C D, qui iterum addunt: *has Virgilius tres dicit, oello* (*hello* D),
oquipete (*occipite* D), *celaeno; Apollonius duas, quem in XII Virgi-*
lius sequitur (845, reliqua om. D) *ut:* sunt geminae pestes. *Stropha-*
des a conversione volatus, id est στροφή, *nomen insulis dedit.*

28. *urbes vic. sunt etc.*) Serv. ad Ge. 1, 207 *civitates sunt Hel-*
lesponti, quae angusto et periculoso mari segregantur — *arto*) i. e.
freto, pro quo tamen alibi non ponitur. De angustiis portarum adhibetur
apud Liv. 34, 15 cf. 2, 50. — 16 et 19 *Hero*) *Heron* non hic tantum
legit codex, sed infra etiam II, 218 (ubi tamen C *eroem*, et D *ro rec*
offerunt) ut III, 11, 19 bis H L M. Utrumque exhibent codd. Ovid.
Am. 2, 16, 31. De hujus generis nominibus vid. Muncker. ad Hyg. 224
p. 344 Stav. — 26 *instincta*) Num *extincta?* Hoc cum *cecidit* melius
congruit; illud cum *se praecipitavit* II, 218. — 27 *a*) omittit cod.

29. Serv. ad Ge. 3, 532. mythogr. II, 66.

Arg. sac.) *sac. Arg.* B C; *archivam* D. — 32 *et*) om. D. — *so-*
lempni A C. — *boves non inven.* C D. *non possent inveniri* B, qui
"*omnibus pistilentia consumptis*" habet. — 33 *universas*) *universa* C
D. — 34 *matrem*) Cydippe vocatur in Anthol. Pal. 1 p. 65. Hyg. 254.
et Philarg. ad Ge. 3, 532, ubi et *Chrysis* in codd. est. — *subeuntes*
jugum, matrem ad etc. C; *matrem subierunt et ad t. dedux.* B. —
Tum) om. B; *tunc* C; *dum* D. — *optulit* C. — 37 *ait*) om. D. —
mortalibus utile sciret B. — 39 *nihil*) *nichil* C. — *praestantius*) *quod*
Herodotus (1, 31) *apud Graecos plenissime commemorat* C D.

30. Serv. ad Ae. 1, 273.

v. 3 *pepulit*) *repulit* C. — 5. *punitum iri*) *puniri posse* C D. — 6
Romus) A C; *Romulus* D. — 7 *tyberim* C D. Hic D iterat verba:
unde nati sunt remus et romulus, — *Tum*) om. D. — 8 *amnis*) *anien*
C. D. Recte! Deinde uterque cod. subjungit: *ut alii, inter quos Hora-*
tius, Tyberis; unde est (Carm. 1, 2, 20): *uxorius amnis.* — *expos. sunt*
ad v. r. C D. — 10 *cujus*) *cui* C. — *Laurentia* C. — 12 *regnum*)
regna C; *regno* D. — 13 *avo*) *tuo* C; *patre* D. — 15 *primus vidit*

C. — 17 *appellaretur* C pro *diceretur.* — 19 *est)* '*est hoc* C. — *caelandam* D. — 21 *fictum) factum* D. — *est* om. C. — *in tutela esse Martis* C D.

31. Serv. ad Ae. 1, 323.

Scythiae) scithiae C; *cithiae* D. — *omnibus) hominibus.* C. — *ministraret) monstraret* C D. — *gloria tanta* C. D. Caeterum haec fabula supra 10 male consarcinata est cum diversissima illa de Lyciis rusticis in ranas mutatis. Rem melius narrat Lactant. 5, 11 p. 824 Stav. — *lyncem)* Cod. hic et supra *lyncen.*

32. Serv. ad Ae. 1, 535. mythogr. II, 32.

Oenopion) Oenorio C; *Oenepion* D; *Enopion* B, addens, *qui et Pelargus dicitur.* — *Neptunoque)* D B; *Mercurioque* C. Jovem et Neptunum tantum memorat schol. Stat. Th. 3, 27 p. 84. — 32 *aliquid) aliqua* B. — *petiit) petit* C. — 33 *intra)* B C D; *itaque* A. — 36 *diceretur).* Hic inserunt C D: *quod dorica lingua commutatum est, ut* ου (οy C. οi D.) *diphthongus* (*Diptongus* C. dyptongos D.) *in* ο (ω C D) *verteretur* (convert. D). *Quod autem plerumque prima syllaba brevis invenitur, ut hoc loco, quum sit naturaliter longa, Graece rationis est. Nam detractio fit* υ *litterae, et* ο *remanet brevis, quomodo* οὖρεα (οὖρεα τε σκιόεττα [σκιόεντα] D.) *pro* ὄρεα, *ποίησον et* πόησον. *Et hoc quia aut (duplex* add. D) ω *est naturaliter longa, aut* ου (omisit D) *diphthongus. Ceterum* ου (om. C) *si sit in proprio nomine dichronos, ut omnes Latine sunt, propriorum nominum abutemur licentia, ut in artibus lectum est. Orion ergo postea v. f.* — 37 *quum) dum* C D B. — 38 *immisso)* B et schol. Stat. addit *Terrae auxilio.* — *periit)* om. D; *perit* C. — *inter sid. coll.) relatus in sydera, signum famosum tempestatibus fecit* C D. *Quum Juppiter in caelum transferens sig. fam. l. f.* B, qui addit cum schol. Stat: *Similiter et Diana vindicem suum in caelum transtulit.* Deinde cum C D: *Verisimilius autem* (Sed veris. B) *est* (quod B) *a scorpione interemptum* (tua esse dicitur B), *quo oriente occidit.* Tum C D pergunt: *Sane magnitudine sua multis oritur diebus, et ideo ejus etiam apud peritos est incerta tempestas.* Quae verba iterantur a myth. III, 9, 6 v. 17.

33. Serv. ad Ae. 10, 763.

Neptuni) Ex Hesiodi quoque sententia (ap. Hyg. P. A. 2, 34 p. 485, ubi diversae hujus fabulae narrationes accurate recensentur) Orion ita vocatur. Mythographus ad verbum sane cum Servio non consentit. Plura certe miscet, quae ab aliis scriptoribus distinguntur, de Minoë in primis. — 3 *Minoem)* Cod: *Minoën,* quae forma auctoritate caret. — 4 *tentavit)* Cod: *temptavit.* — *filias) filiam* Serv., qui tamen regis nomen silet. De Liberi patris Satyros mittentis auxilio nihil C D. — 9 *si ad or. v.)* Serv: *si per pelagus ita contra orientem pergeret, ut loca luminum radiis solis semper offerret.*

34. Serv. ad Ae. 1, 693. mythogr. II, 182.

reg. fuit ung. C. — *amaracina) amaricina* C D. Ultimam sententiam omisit B. De hoc unguenti genere, in Coo insula olim facto, vid. Plin. N. H. 13, 1 §. 5 ed. Sillig. — *sampsuchum)* Plin. N. H. 13, 1 §. 10 Cyprum et Mytilenen insulas hac herba abundare dicit. — *samsucum* A C D. — *et)* om. C. — *dicunt) dixit* C. — *amaracum)* De hac herba vid. Plin. N. H. 21, 11, 39. et 22, 93.

35. Serv. ad Ae. 2, 81. sch. ad Stat. Ach. 1, 93
p. 434 sq. mythogr. II, 200.

Palamedes) De ejus origine plura tradit Serv. schol. Stat. et mythogr.
II. quem cf. — *delectum)* sc. militum; schol: *dilectum.* — *Ulixen)* A C;
Ulixem B D et schol. — *invitum) invitus* schol; qui omittit *duxit;* et in
D *ad bellum* superscriptum est. — *enim)* omittit schol. — 23 *Ulixes)*
Ulisses sch; et sic in sqq. — 25 *Trojam) Thraciam* B C D et sch. —
nil C. — *adduxisset* B. — 26 *increpitus) increpatus* B. — *neglig.* C
D. — *ut ne ipse) nec ipsum* B; *nec ipse* D. — *si) sibi* schol. — 28
posset) possit D; *adveh. posse* B. — 29 *devex.) advexit* B. — *Ulixes)*
om. B. — 30 *epistulam)* Leg. *epistolam;* illa scribendi ratio antiquior est
quam quae in tam recenti scriptore possit ferri. — *per).* Verba quaedam h. l. excidisse et sensus indicat et nostri codices; nam C habet:
*per quam gratiam proditionis agebat, et commemorabat certum auri
pondus esse transmissum, dedit c.* D eadem exhibet, sed pro *gratiam*
legit *gratias* cum B et sch; et pro *certum* legit *secretum* cum B et D. —
Caeterum B: *ad Pal. direxit . . . . quod dedit cap. Trojano.* — 31 *fecit)*
jussit C et schol. — *Haec) epistola* addit C — 32 *alluta) oblata* B D
et sch. — *lecta)* abest a Maji cod.; supplevi e meis mss. — 33 *dissimul.)*
adesse simularet C et sch.; *palamedia dissim.* D. — *ait)* om. D — 34
esse non creditis) A B; *esse creditis* C D; *est* simpliciter schol. — *ejus*
tentoriis C et sch. — 35 *et inv.)* Copulam om. A B D. — *servis) ferris*
schol. — 38 *ipse)* om. B. — *tabulas* sch.; a quo reliqua hujus fab. pars
abest. Sed C D: (*et* C) *ut Varro testatur seq. q.* — 40 *Tamen) Tantum* B. — *inventam) inventum* A B; *inventas* D; Θ Φ X ab hoc *inventas* C, quae haud dubie genuina est lectio.

36. Serv. ad Ae. 6, 87. schol. Stat. Ach. 1, 134
p. 437.

Stygia palude) Stygem paludem C; *stigem* p. D. *Stygon paludem*
schol. — 3 *ea)* om. C D et sch. — *fuit) est* C D et sch., qui ad Ach.
2, 72 p. 442: *Proh nefas!* inquit, *novum genus calamitatis; ibi mortis
locum reliquit, ubi eum mater est amplexa.* — *polixenam* D et sch., qui
habet *ut in t. accipere;* sed C D: *ut . . . acciperet.* — *simulachrum* D et
schol. Postrema fabulae pars apud schol. non reperitur.

37. Serv. ad Ae. 3, 73. sch. ad Stat. Ach. 2, 9
p. 440. mythogr. II, 17. et III, 8, 3.

Latonae nupt.) vitiatam Latonam C D H L M et schol. Aliter
incipit B, quem vide. — 9 *Asterien)* H et sch.; *Asteriam* M; *astarien*
D; *astericis* C; *Astarten* A B. *astream* L. — *ut a diis conv. in av.*
B. — *verteretur* sch. et L. — *versaque est* L; *v. est in avem* ὄρτυγα,
quam nos coturnicem vocamus B. — 10 *maria* sch. — 10 *transnatare*
L. — 12 *lapiit* D. — *Postea) tamen* H L M. — *Levata est et Ortygia*
dicta B. — 13 *Latone* D. — *coepit aquis* L. — *Haec . . . consecrata)*
absunt a H L M. — 15 *Pythone) pithone* C et sch. *phitone misso* H;
misso phitone L; utrumque omittit D. — *gravidam, Pyth. immisso,*
(*misso* M) *Laton.* C H L et sch. *grav. a Jove* B, qui deinde fabulam
de Lyciis rusticis in ranas conversis inserit. — 15 *haec)* De meo addidi,
ne *expulsa, applicans* etc. ad Junonem referantur. Cum A facit L. At
vel sic tamen est quod me offendat in hoc loco, quem saniorem servasse
videntur aliqui codd. nostri: *ab applicante se litoribus sorore susc. est*
H N; sed D et schol. praepositionem *ab* omittunt. *Ortygia applicante se*
litoribus B; *applicante se litoribus a sorore* C. Illam sententiam confirmat

schol. Stat. ad Th. 5, 533 p. 187. — 17 *susc.*) *recepta* L. — 18 *pepe-rit) edidit* B. — *occiso Pythone)* om. D. — 19 *Diana nata* L. — *parienti* L. — 20 *Diana quamvis sit virgo* sch. — 21 *parientibus* L. — *'haec namque secun-dum non páucos* addunt H M; at L: *Namque eadem est secundum opiniones non paucorum.* — *Diana Juno Proserpina* C D sch. et H L M; *Diana Luna Proserpina* B. — 22 *duo)* om. H M. — *nata)* nam D. — *numina igitur nata* L. — 23 *passa) passi* A; *passae* sch. *non passa sunt errare* L. *passunt* D. — 23 *insulis) Myconi Gyaroque* B. — 24 *fuit)* est B C D H L M et sch. — 25 *qui fit)* om. L. — *latentibus) labentibus* H M. — *ventis)* om. D, qui cum C addit: *ut (sicut* D) *Lucanus* (3, 460) "*quaerentem erumpere ventum*" *credidit* (eredito C). Melius sane B: quaerentibus erumpere, sicut Luc. credidit. — 27 *ne)* ʌ^c L. — *sepelir.)* ut in vulcano addit C. — 28 *e)* om. sch. — *Mycono) Mycone* B H M; *micone* C D; *micano* L; *Micenoo* sch. — *Gyaroque) Gygaroque* A; *et gigaro* L; *Giaroque* sch. et C; *egiaroque* D; — 29 *eam) eas* B. — *po-puli insulis ven., ut eam* L. — *dicimus) diximus* C D et sch.; *primo nátam diximus* B; *Diana prius nata est* H L M. — 30 *hujus est ra-tionis* B. — *noctem prius* L; *noctem primam const. f.* C. — 31 *ut Diana* schol. — 32 *id est Ap.* B. — *Ortigia* C D et schol. *cethigia* L. — 33 *fictum* H L M. — ὄρτιξ D; *ortogomitra* H; *cethogomirum* L; ὄρτυξ μιϰρά M. Hinc emendavimus ὀρτυγομήτρα. — *appellatur* H L M. — 34 *autem)* dicitur addit B. — *post* B C D et sch. — 34 *Graece* ... *dicitur* B. Sequentia sch. transtulit ad Stat. Ach. 2, 191 p. 446. — 36 *fuit)* est B C D; *putatur* H L M. — *ubique) utique* sch.; *alibi* M. — *responsa Ap.* L. — *sint) sit* sch.; *fuerint obsc.* H M. — 37 *illic) ibi* M; *illis* schol. — *responsa dantur) dantur oracula* C L. *dabantur* H M. *auxilia* D. — Postremam sententiam B H L M non agnoscunt, et schol. eam proxime antecedenti praefixit. — 38 *unde etiam recipit interd.* C. — *interdum) nitidum* sch.

38. Serv. ad Ae. 4, 484. mythogr. II, 161 et III, 13, 5.

Herperides athlantis filiae, nymphae C; *hesp. atlantis filiae, nym-phae* D, quae vera videtur esse lectio. Pro *nymphae* H L M habent *regis Africae.* Diversum fabulae initium exhibet B. — *hortum) ortum* D. — *eristheo* C; *euristeo* D. — *Revera autem) juxta Servium* addunt H L M. — *mala)* Leg. μῆλα — nam mala dicuntur etiam mela nomos dicitur p. o. habet C; *nam mala dic. et melonomos dic. p. o.* B D; *nam oves* μῆλη *dic.; quin etiam* μηλανόμος *dic. p. o.* L M.

39. Serv. ad Ae. 3. 113. mythogr. II, 47.

Schoenos) Ita D; *Schenos* A B; *scyros* C. Atalanten de Scyro fuisse schol. ad Stat. Th. 7, 268 p. 251 affirmat, si lectio genuina est. Ipse certe Statius dicit:

Qui breve litus Hyles Atalantaeumque superbi
Schoenon habent notique colunt vestigia campi.

Quo tamen loco cod. Casselanus *Secron* offert et *Atalantemque*; codex vero Taurinensis *Athalanteque.* (Utrumque codicem Dorvillius olim contulit, cujus lectionis varietatem Burmannus Secundus margini editionis Tifiobrogae adscripsit; qui Burmanni liber pretiosissimus posthac Sante-nium nactus est possessorem, nunc autem in biblioth. Gottingensi cum pluribus aliis Santenii copiis litterariis, ad Manilium in primis et my-thographos Latinos et Statium spectantibus, asservatur. Est autem codex ille Casselanus membranaceus, in folio minori, fere quadratus, litteris majusculis quam elegantissime exaratus. Taurinensis codicis meminit

Dorvillius ad Charit. p. 161; alterius Casselani codicis vetustissimi Drakenb. ad Liv. 7, 10 § 9 p. 508.). Schoenos Boeotiae oppidum est
ad flumen situm (Hom. Il. 2, 497) quod Σχοινοῦς vocatur, sicut Arcadiae vicus ap. Paus. 8, 35, 8. Simson in chron. a. m. 2745 et Perizon.
ad Ael. V. H. 13, 1. — *Atalante*) *athalante* D. *Scrinei filia* addit B;
leg. *Schoenei*; schol. ad Stat. Th. 6, 663 p. 221: *Siconei*, quod jam
Muncker correxit ad Hyg. f. 185. — 8 *ut*) om. D. — *tres*) abest a
B C D. — *ac victos*) *evictos* C. *ac cursu superatos* B. — *occideret* B C
D. — 9 *hympomedes* C; *ypomedes* D. — 10 *orto* D. — 11 *auria mala*
D. — *jactare* C. — 12 *tum* D. — *athalante* C D. — 13 *hyppomedes*
C; *hipomenes* D. — 14 *deûm* C D. — *impatientia compuls.*) *amoris
impat.* C D. — *Atalante*) om. C. — *rem hab.*) *concubuit* C D. — 15
convertit et suo) *conversos suo* C. — 16 *ne*) *ne secum* C D. — 17
parda) *pardalide* C. — 18 *deûm* C D. — 20 *sustinetur* C D. — 21
subjungantur C. — *maternam*) *mater nec* C. — 22 *coribantes* C
D. — 23 *et*) om. C D. — *feruntur* D. —

40. Serv. ad Ae. 2, 166.

Arispam D. — *fuit*) *est* C D. — 30 *pirro regna mer.* C D. —
quamquam praestiterat P. etc. C D. — 32 *naufragia esse passuros*
C. — *dyomedes* C. — 33 *cloacis*) *aludoacis* D. — *simulachrum*
D. — 35 *his neg. hoc pot. datum* C. — 36 *haberet*) C D addunt:
quod et Virgilius ex parte tangit, et Varro plenissime docet (*dicit*
D). — 37 *pericula*) Hoc Majo displicet. Ergo proponit *piacula*. — *trans-
euntia* C. — 38 *ille se* C; *accipit simulach.* D, cujus margini adscriptum
est: *et illud romam detulit, ut in V legitur, ubi dicitur* (704): *Tum
senior nautes.* — 40 *sacra* C D. — *Julia gens*) Margo codicis D. sicut in
quinto (704) dicitur: *nautiorum familia minervae sacra retinebat.* —
Nautarum) *nautorum* C D, cujus margo: *vel nautiorum.* Eadem lectionis varietas est ap. Serv. ad Ae. 5, 704, ubi additur: *quod etiam Varro
docet in libris quos de familiis Trojanis scripsit.* Caeterum C D inserunt: *Hinc est illud in quinto: Unum tritonia pallas quem docuit.* —
2 *agnoverunt* C. — 3 *indicasse* C D. — 6 *Verumtamen*) A C; *verum*
(sc. *simulacrum*) *tamen* D, quod verum esse censeo. — *agnoscitur* C. —
7 *mobilitate* C, qui eum D addit: *Unde est:* (*vix positum castris simulachrum arsere coruscis luminibus flammae arrectis vel* D) *hastam-
que trementem; sed ab una* (*uno* D) *tantum sacerdote visa est* (*visa est*
om. D), *ut Lucanus: trojanam cui fas soli vidisse minervam* (*soli cui
fas* C). — 10 *atheniense illud* C.

41. Serv. ad Ae. 3, 297. mythogr. II, 208.

Mythographus II altius hanc repetit historiam. — *Consuetudo regia
fuit* B. — *legitimam non hab. ux.* B. — *legittima* C. — 14 *Itaque*)
om. C D. — *Pyrrh. igitur* B. — *Pirhus* C; *pireus* D. — 16 *mo-
losum* D. — *Ex ipsa fil. M.* B, qui postremam hujus fabulae sententiam
huc transposuit. — 17 *jam*) om. B C. — *ante*) *antea* B. — *uxorem
ducere* B. — 18 *Orestis insidiis*) *ab Oreste* B. — 19 *ut*) *quod* D. —
20 *tenuerat*) *habuerat* D; *tenuer. loc.* B. — 21 *benef.*) *sacrificium.* —
quo) *quod* B. — *eum*) om. B, sed restitui. — *prohib.*) Hic B inserit
sententiam, quae supra I, 40, 31 sq. legitur. — 22 *est*) om. B, qui
pergit: *ut mortuo Pyrrho Helenus regnaret.* — 23 *molosia* D. — 25
nominavit) ad finem rejecit B. —

42. Serv. ad Ae. 5, 864. mythogr. II, 101. III, 11, 9.

*Mythographus II et III hanc fabulam multo prolixius enarrant, sed
ita tamen ut cum I ex uno fonte hausisse videantur.* — 27 *Sirenas* B;

syrenes H. — *tres*) *tertia* C; omittit D et B; *dicuntur tres fuisse*
H. — *parte*) *partim* C; *in parte.*) D H. — 29 *Acheloi*) *ageloi* C.
Hanc genealogiam omittit D; *Melpomenes M.* B. — 30 *thibiis* H. —
altera) *alia* B. — *alia*) *tertia* B H L M — *Et. pr.*) *Primo autem*
H L M. At B hanc sententiam plane omittit. — 31 *Capreis*) *Caphareis*
H L M, quam genuinam habeo lectionem. Καφήρειοι ἄκραι Euboeae
promontorium, Eurip. Tr. 90. — *quae ill.* etc.) B haec verba variat, et
H L M multa interponunt; deinde pergunt: *Nonnulli tamen has tres*
sorores pulcherrimas meretrices fuisse contendunt, quae quia etc. D
autem verba *Secundum . . . . deducebant* omittit. — 35 *contempnendo*
A B C, ut alibi.

43. Serv. ad Ae. 6, 14. mythogr. II, 121 sq. et 124 sqq. cf. III, 11, 6 et 7. schol. ad Stat. Ach. 1, 192 p. 438 sq.

Minutissimis) *mitissimis* A; *adamanteis* H L M; *minutissimis ada-*
mantinis B. — *lectulum*) *lectum* schol. — *Mars*) *martis* C. — 1 *im-*
plicati) *impliciti* schol et B, qui *sunt* trajecit ad finem, *sc. resoluti sunt.* — *et*
cunct. sub test. deor. cum ing. etc. B. — 4 *Pasiphe* A B C D L. — *ea*
incendente, quum . . . . flagraret B, omissa copula. — 5 *flagrabat*) *fla-*
gravit C et schol. — 7 *inclusa rem habuit* B. — *concubuit* C D et
sch. — *nato inde Minotauro* B. — *laberintum* D. — 9 *plurimos*) *plu-*
res B C D et schol. Recte! — *Adrageum* schol. — *fedram* C D. —
10 *Sed*) om. B. — *fortiss. esset* B, qui et in seqq. pluries verba transponit
et variat. — 11 *apud athenas*) om. C. — 12 *ab*) om. D. — 14 *sta-*
tuit hanc schol.; *constituit* B. — E codice Vossiano seqq. laudat Tollius ad Palaephat. p. 156. — 16 *anno*) om. D. — 17 *tam virtute quam*
forma B C D et schol. — 18 *ariathne* C. — *filio*) om. schol. — *di-*
rexit) *rexit* C D et sch. — 20 *aufugit*). Quae sequuntur absunt a
schol. St. — *deprehendisset*) *deprehenderet* B. — 21 *filio*) om. B C
D. — *ycaro* D. — 23 *placaretur* B. — 24 *et pennas*) om. B. — *et*
inde) *exinde* B; *unde* C; omisit D, usque ad *evolavit.* — *in quod*) *in*
quo A C. — 26 *vero prima* B D; *primum* C. — *in Sard.* B; *ut dicit*
Salustius addunt C D. — 27 *post delatus est Cumas* B C D. — *et*
in) *ibique* B. — 28 *in foribus haec universa dep.* B C D. — *haec est*)
sic se habet B. — *Nam Taurus* etc.) Haec schol. St. habet, et
mythogr. III Servio tribuit. — *Nam*) om. B. — *Minois regis* B. —
adamav.) *amavit* B C D. — *pasyphe* D; *pasiphe* A B C L. — 30 *et*
cum illo B. — *concubuit*) *rem habuit* B. — *alium*) *alterum* schol.;
unum B. — *dicitur Min.* schol., qui cum C D ad Virgilii verba: *mixtum-*
que genus provocat; reliqua autem omittit. — 32 *Quam ob culpam incl.*
Daed. reg. corr. cust. relax. — 33 *misso* C. — 34 *Cumas*) Reliqua
desiderantur in B. — L autem sic: *rex mox iratus in carcere clausit,*
unde custodibus a regina corruptis extra carcerem eductus est. Qui in
mari amissa navi cumas venit. — 34 *volucrum sunt, non navium*
L. — *remorum praeaddidit alas* L.

44. Serv. ad Ae. 6, 445. mythogr. II, 216.

Prochris B constanter. — *yphicli* C. — 39 *consuerat ire* B. — 40
recreandam D. — *auram*) *ventum* B; *auroram vocabat* D. — *ad recr.*
illic se B. — *Aura* vera est lectio, auctore Ovid. Met. 7, 811. — 41
Auras C. — 42 *velocissimam* B C. — *Laelapam* C; *Lelapam* D;
Lampadam B. — *Laelapem* est ap. Hyg. f. 189 p. 313. *Laelapa*
ap. Ovid. Met. 7, 771. Est etiam Laelaps inter Actaeonis canes,
Ovid. Met. 3, 211. — 43 *astilia* C. — *inevit.*) *quia venator erat*
addit B D. — *eumque in amplexus rog.* C D; *amplexibus* B. —

ut spr. ux. s. eam am. omittunt C D. — 45 Aura C. — 1 probes) igitur addunt B C D. — 2 iit C D; ut ad Pr. venit, obl. m. B. — 3 re conjugii B; impetratoque coitu C D. — se esse) om. C D. — maritum) suum addit B. — 4 illa dolens C D. — aurustico amore C. — Auroram B C D. — 5 silvam B. — fructetis C. — et in fr. lat. omisit D. — 7 Auroram B D. — frutecta C D. — 8 esse om. C D. — jecit C; direxit D. — 9 ignarus uxor. interemit B. interem. uxor. C D. — Clausula sequens abest ab A et C. — qui D. —

45. Schol. ad Stat. Th. 2, 433 p. 66 sq. mythogr. II, 200.

Amynoë et Aminoë B. — filia) om. B. — insula) sylva schol; quod verum esse censeo. — jaculo) om. B. — 13 Et ... eam) Quam B; eam schol. — 4 implor. aux. B et sch. — Quo Nept. quum venisset sch; at Nept. eam etc. B — 16 conjugio) amore B; coitu schol. — Belus) Nauplius B et sch. Recte! — Palamedis pater) cujus filius Palamedes B, qui ad aliam deinde fabulam transit; — ex Nauplio Palamedes sch. — 17 Virg.) Schol. addit: prosapiam repetens ait! — 18 dicitur) cuspide dicitur in quo loco Am. compr. terram perc. schol. — Amymones fluvius) fluvius Amymonius schol.; et Hyg. f. 169 Amymonium flumen; atque apud eundem Hyg. iterum: qui ex Amymones nomine Amymonius fons appellatus est ...... Hic autem fons Lernaeus est postea appellatus. Vid. Apoll. Rh. 1, 137. Apollod. 2, 1, 4 § 10.

46. Serv. ad Ae. 7., 761. mythogr. II, 128.

Genealogiam Thesei affert B. — Hyppole A; Hyphole B. — priore uxore ippolite C D. — fredram C. — Pasiphae A B; Pasiphes D; fasiphe C. — 23 novercam) om. A B C. — 24 illam de stupro D. — quem quum illa de stupro interpellaret, et ippolitus non consensisset C. — ab illa falso accusatus est apud patrem B. — 25 vim ei B. — vellet) voluisset B C D. — Theseus) ille C D. autem .... tunc marinum deum addit B. — 26 currus B C. — 27 in litore) om. C D. — qua) quam D. — 28 traxerunt C D; curru projectum discerpserunt B, qui in seqq. quoque plura inserit. — 28 Tunc) om. D. — 29 eum) ippolitum C. — ab inferis in vitam C. — in vitam) om. D. — 30 execto C D; et sic infra — quia quum) quum quod C. — 32 partum C. — 34 escolapium C. — 36 iratus) ei addit D. — 37 rem) a Jove addunt B C D. — missus B. — atmeti C. — 39 inferis) in aricia addunt B C D, qui deinde plura etiam subtexunt, de quibus vide infra.

47. Schol. ad Stat. The. 5, 431 p. 182. mythogr. II, 120.

Europae filius B et schol. — ad aras acced. schol. — ad aras patris acced. B. — 1 praeberet) ipse praeberet B et sch. — 2 admiratus) quum admiraretur B. — 3 etiam) om. B et sch. — Pasiphe A B, qui addit: filia Solis, uxor Minois. — 4 Jupp. a filio B, qui cum schol. addit indignatus. — 5 subjecit) immisit B. — qui) ut vastaret B; et schol. — 6 moenia) universa addit schol. universa etiam moen. B. — 7 Eurysthei imperio B et sch. — Argos usque B et schol. — ibique) ibi schol.; quem quum Eurysth. Junoni consecrare vellet, Juno exo. etc. B. — 8 est) om. schol. — 10 ubi) ibi schol., qui cum B inserit: a monte ejus (Marathone B) — 11 interemit) quo facto aeternos sibi gloriae titulos comparavit schol. subjungit, qui etiam initio hujus fabulae haec praefixit: "Marathon civitas, in qua Theseus nutritus est. Quam quum Persae invasissent, ab Atheniensibus Theseo

Miltiade) duce caede magnorum virorum liberati sunt (*liberata est*).
Unde factum est, ut ita Athenienses jurent: *Marti et Marathoni.*"
Leg: Μἀ τοὺς ἐν Μαραθῶνι, quae emendatio latet in verbis cod. Tilio-
brogae: *Matheos et Marathoni;* Gevart. III Elect. 2.

48. Theseus, Pirithous et Hercules.

14. *educatus esset)* sc. *Troezene,* ut vulgaris est fama. At
Statii schol. Theseum Marathone nutritum esse affirmat. — 16 *Graeciam)*
Ovid. Met. 7, 405: *Qui virtute sua bimarem pacaverat Isthmon.* — 18
tauro opponere). Hic Thesei labor quo tempore peractus sit, non satis
constat. — 21 *perdere)* sc. veneno, quod Medea ei miscuerat. — 33 *pars
natium)* Eudoc. viol. p. 47, cf. Heyne ad Apollod. Obss. p. 177.

49. Schol. ad Stat. Th. 5, 443, ad Juv. p. 582 Cram. mythogr. II, 199.

Hylan) *Hylam* B et schol. Interpp. ad Val. Flac. 3, 596. —
Theodamantis) *Thiodam.* A B et schol., quae scribendi ratio ubique
praeferenda est. — Verborum ordinem saepius mutat B. — 37 *Ipse
vero fregerat r.)* Idem *remum fregit* B; *qui remum fregit* schol. — 38
dum) *quum* schol. — 40 *aquatum) cum urna* addit B. — *in fluvium
cecidit; unde a N.* etc. B. — *raptus) receptus* B. — 42 *in Mysia est*
schol; *quaerens ab Argon. segregatus esset, in Mys. est relictus* B.

50. Hercules et Alcmena.

Alcmena) Alcumena est ap. mythogr. II, 148, quae nominis forma
apud Plautum reperitur et ap. Hyg. f. 29. — *concubit)* Leg: *concubuit.* —
5 *geminata).* Triplicem noctem memorat B; alii novem noctes, ut Arnob.
5 p. 145. — *Iphicles).* Ita Graeci fere-scriptores; at Romani saepissime
Iphiclus, qua nominis forma usus etiam Apollod. est 2, 7, 3. — *Ephi-
tus et Yphytus* A; *Hyphytus* B, quod Majus praetulit. Similes hujus
nominis corruptiones, ut *Fidius, Iphilicus, Iphitus, Fidus* etc. sunt in
codd. Serv. ad Ae. 8, 103 et 288, ubi C *ificlus* et D *ifidus* exhibet. —
11 *praefocantem)* i. e. fauces praecludentem, suffocantem. Itaque vix
Latinum est *guttura praefocare.*

51. — *Thebanorum rege).* Graeciae rex Eurystheus vocatur infra
I, 64, quem Mycenarum imperium tenuisse in vulgus notum est. At quis
eum umquam Thebarum regem dixit? De Nemeo leone plura mythogr.
II, 160 affert.

52. Serv. ad Ge. 3, 19 cf. mythogr. II, 160.

Ad occidend. nemeum (nemeeum D.) *leonem* C D. — *suscepit) hospitio* addit D; *hospitium* C, i. e. in hospitium, ut legitur ap. B et schol.
ad Stat. Th. 4, 160 p. 126.

53. Serv. ad Ae. 1, 570. cf. mythogr. II, 156. I, 94.

Erix D. — *occisus) tisus* C. — *monti exepultura* C; *monti ex sep.*
D. — *poëta) dicens* subjungunt C D. *encino* C D. — *sedes) fundavit
veneri idaliae* addit C, qui deinde cum D pergit: *In hoc autem monte
dicitur etiam anchises sepultus, licet secundum catonem ad italiam
venerit.*

54. Serv. ad Ae. 7, 697.

Cimini). Hujus populi nomen aliunde ignoramus. Itaque verborum
ordo fortasse turbatus est. C ita legit: *Et lacus et mons hoc nomine*

(sc. Ciminl) *appellantur* (appellatur D.). *Sane hoc habet fabula. Aliquando Hercules ad hos populos venit. Qui quum a sing.* etc. — *defixisse*) *dejecisse* C. — *posset*) *potuisset* C D. — 29 *eum*) *jam* D. —
30 *aquae secuta est* C D. — *ciminicium* C; *cimicum* D. —

55. Cf. mythogr. II, 164. III, 13, 2.

Antheus scribit schol. ad Stat. Th. 6, 891 p. 234. — *rex Libyae*).
Antaei regia erat Irassa in regione Cyrenaica ad Tritonidem paludem sita
(Pindar. Pyth. 9, 106 Boeckh. ibiq. schol.). — *Terrae*). Neptunus ejus
pater memoratur a schol. ad Apoll. Rh. 4, 1396. et Tzetz. ad Lyc. 663.
Utrumque parentem affert Apollod. 2, 5, 11 § 6 — 34. *at*) Cod: *et*. —
suffocavit). Hunc Herculis laborem celebrat Pind. Isth. 3, 70 Boeckh.
Deinde alii, ut Diodor. 4, 17, Lucan. 4, 589 sqq.

56. Hercules, Alcinous et Harpyiae.

De Alcinoo ab Harpyiis infestato nova tradit mythographus; nec
quemquam alium novi qui Harpyias cum avibus Stymphalidibus confuderit,
quod etiam infra I, 111 factum est. Pertinent hae aves ad Stymphalum
Arcadiae lacum, unde ab Hercule fugatae sunt (Pausan. 8, 22, 4. schol.
ad Apoll. Rh. 2, 1054). Deinde in insula Arétia (quam Martis insulam
vocat Hyg. f. 30 p. 85 et Diam f. 20) consederunt (Apoll. Rh. 2, 1047.),
atque inde iterum pulsae ab Argonautis. Sed multae illae hujus fabulae
narrationes sibi non constant. — *Ovidius*). Memoria lapsus est scriptor;
nam apud Ovidium in Met. hoc frustra quaesiveris nomen pro Harpyiis
positum.

57. Hercules et Cerberus.

Rapturus Theseum). Herculis ad inferos descendendi consilium diversum a diversis statuitur scriptoribus. — 13 *aconitum*) Ovid. Met. 7,
407 sqq. schol. ad Juvenal. 1, 157 p. 582 Cram. Eustath. ad Dionys. 787.
Prob. ad Ge. 2, 120. Serv. ad Ge. 2, 152. — *Nam Cerberus*). Haec cum
antecedentibus non cohaerent. Reperiuntur autem eadem verba infra II, 11
II, 150. III, 13, 4, atque recurrunt ap. Serv. ad Ae. 6, 395 et 8,
297. — 13 *est terra* B. — *quae consumtrix est corporum* C; *id est
consumatrix omn. corp.* D; *omnium corporum consumatrix*, vel *consumatrix omn. corp.* B, quod utrumque retinuit Majus. Consumtrix vera est
lectio. Nam Serv. ad Ae. 8, 297: *Supra diximus*, inquit, *Cerberum
esse terram, quae corpora sepulta consumit; nam inde Cerberus dictus
est quasi* κρεοβόρος (χαρεοβόρος D) cf. schol. ad Stat. The. 2, 29 p. 46. —
carnem) *carnes* L M N, qui habent etiam *creos boros*. —

58. Cf. mythogr. II, 165 ibique notas

19 *in Calydone*). Praepositio *in* sic saepius a mythographis nostris
nominibus urbium additur — 20 *Alpheus, qui et Achelous*). Putidus mythographi error est, ut supra 20: *Pelias vel Peleus* etc. — 21 *invicem*).
Hoc vix Latinum est; sed ferendum tamen in hoc scriptore. — *conluctantes*) Leg: *colluctantes*; nam scribit etiam: *colligere, colloqui* etc. —
26 *abscissum*) Cod: *abscisum*; quae commutatio saepius obtinet in codicibus mss. — *proturbatum*). Desidero copulam. — 30 *Horatius*) Carm.
1, 17, 14: *Hic tibi copia manabit ad plenum benigno ruris honorum
opulenta cornu.* Hinc patet, quantopere vel mythogr. memoria sit lapsus,
vel scribae a vero aberraverint. — 31 *confusus*) i. e. *perturbatus, dejectus, superatus*, ut saepius apud Livium. — 34 *Siciliae affl.*). Haec
ad Alphëum pertinent, qui Arethusam persequitur. — 36 *quend. fluv.*)
Evenum intelligit, quem affert B. — 38 *expedito*) Leg: *expedite*, quod

est etiam ap. B. — 39 *et interim .... commend.*) omisit B, qui et in reliquis dissidet ab A. — 42 *toxicata*) i. e. *veneno infecta.* Vox rarior, quae in lexicis vulgo desideratur. — *cruor*) Restitui ex conjectura. Cod: *amor*, qui etsi saepius mortalibus in venenum vertitur, ab hoc tamen loco alienus est. Emendationem nostram confirmat Lactant. narr. fabb. 9, 2 p. 851 Stav: *qui tamen cruor in veneni cessit partem.* Fabulam hanc narrat Serv. ad Ae. 8, 300 et schol. ad Stat. Th. 11, 235 p. 383. — 5 *meretricem*) *Iolen* vulgo memorant. — *exosa*) sc. *Herculem*, sensu activo; quare *eum* excidisse puto. — 7 *Licham*) Ita correxi secundum Aeschyl. fr. ap. Strab. 10, 447 = 687 a, Sophocl. Tr. 189, 757 etc. Apollod. 2, 7, 7 § 11, Strab. 9, 426 a = 652 a, Tzetz. ad Lyc. 50 p. 349 ed. Muell. Chil. 2, 473. Ovid. Met. 9, 211. Hyg. f. 36 p. 96. — Cod. A B: *Lycam.* Ita hoc nomen in codd. quibusdam Servii reperitur ad Ae. 8, 300. — 9 *infundere*) sc. *se*; id est *penetrare.* — 10 *Aetnae*) Cod: *Aethnae* ex vulgari scribendi errore. Aetnam sequens quoque fabula memorat et II, 165 pluries. At *Oeta* secundum vulgarem fabulam est ap. schol. ad Stat. Th. 11, 235 p. 383; et cod. Casselanus in hoc Statii loco *Oeteas vestes* mutavit in *Ethneas.* Itaque *Oetae* legendum est.

59. Serv. ad Ae. 3, 402, schol. ad Lucan. 6, 354 p. 452 ed. Weber, mythogr. II, 165.

Poeantis) B; *Phianti* A; *phyantis* C; *fianthis* D. — 14 *Aetna*) *Aethna* A B, ut et alibi. Sed legendum est *Oeta,* quod habet schol. Luc. et C; *oetha* D. — *petivit* schol. — 15 *ne alicui de corpore s. indic.* B. — *compulit jurare* D. — 16 *et ei*) *eique* B C. — *sagittas dedit* C; *tradidit* B. — 17 *tinctas*) om. D. — *sagittas* D. — 18 *seu Ilii*) om. B C D. — 19 *ab eo Herc. quaereretur, et*) absunt a B et D, qui in seqq. verba saepius transponunt. — *primo neg.* D. — *ubi esset Herc.*) omisit C. — *mortuum esse conf. est* C. — 21 *Idem*) *Inde* B C D. — *ejus sep.* C. — 22 *percussit terram* B. — 23 *exercer.*) *uteretur sagittis, unius casu* B; *exerc. sagittis, unius sagittae casu* C et D, qui tamen *sagittae* omisit. — 24 *pede*) *pedem* C D. — 25 *Ergo insanabilis vulneris quum putorem etc.* C. — *putorem et* D offert et B. — 26 *diu equidem*) *diu quidem eum* B C D. — *ductum*), Post hanc vocem virgula ponenda est. — *Ducere* h. l. pro *ferre, tolerare* positum videtur, ut *vitam ducere,* i. e. *aegre protrahere.* Vel sic tamen omni auctoritate caret loquutio *aliquem ducere* isto quem modo indicavi sensu. — 28 *horrore*) *quum horrore vulneris sui ad patriam redire voluisset, parva sibi petilia* etc. C. —

60. Serv. ad Ae. 8, 342, cf. mythogr. II, 166.

E terris) *in terris* D. — 32 *Hercules*) *avus* C D. — *afflexerat* C. — *multipliciter*) om. C D. — 33 *Minervae*) *misericordiae* D; *refugii* B. Ad Ἐλέου βωμὸν Herculis nepotes confugisse narrat Apollod. 2, 8, 1. Illam Misericordiae aram describit Paus. 1, 17, 1. Itaque non dubito quin *Misericordiae* scribendum sit. *Clementiae sedem* dicit Statius in Th. 12, 482; ad quem locum schol. et Ciceronem affert et Terentium; deinde: *Hyllus,* inquit, *Deïanirae et Herculis* (filius), *et reliqui ex eodem nati, postquam Hercules* (e) *terris abiit, pulsi ab Eurystheo Athenas confugerunt, a quibus postquam tam facile auxilium meruerunt, hanc aram consecrasse memorantur, asserentes apud Athenas tantummodo sedes Misericordiam posuisse.* — 34 *nullus*) omisit C. — *possit* D. — *et*) etiam C D. — 35 *ut herculeos fama est fundasse nepotes* A D; *asylum herculeas* etc. C. — Verum restitui e Stat. Th. 12, 498:

Fama est, defensos acle, post busta paterni
Numinis, Herculeos sedem fundasse nepotes.
— *ergo ait*) sc. Virgilius Ae. 8, 342:
Hinc lucum ingentem, quem Romulus acer asylum.
Rettulit, et gelida monstrat sub rupe Lupercal.
— 36 *templum*) om. C. D. — 38 *Unde*) om. C D. — *Juvenalis*) 8,
272. — 39 *ut longe*) *et longe* C. — 40 *asilûm* D. — *deduci* C. —

61. Schol. ad Stat. Ach. 2, 41 p. 441 ed. Tiliobr.

Pholoë silva est Th. schol. — *quia Pholus*) *qui Ph.* schol; quae
lectio praeferenda est. — *ab Euristeo rege Herc. missus est Thraciam*
schol. — 3 *Alii qui*) *Aliqui* schol. — 4 *errant*) omisit schol. — *Sed*)
om. schol, qui pergit: *Velius Asper Longus Pholum tradit adversum
Cent. ab Herc. adjutum.* Servius ad Ae. 8, 294: *Pholus*, inquit, *Herculem suscepit hospitio eo tempore, quo ad expugnandos Centauros est
profectus.* Lucanus (6, 391): Hospes et Alcidae magni, Phole. — 6
quum Herc. etc.) Novam sententiam hic incipit schol. — *etiam Pholum*).
Utrumque omisit schol. — 8 *cujus*) omisit schol. Movet hanc quaestionem
Philargyrius ad Ge. 2, 456. —

62. Serv. ad Ae. 6, 287, mythogr. II, 163. III, 18, 4.

Ydra D L. *hidra* C. — *serpens*) *bestia* B; plane omisit C D. —
quinquaginta) Numerum capitum non afferunt C D L M N. — Sed
Serv. ad Ae. 6, 576: *quam alii*, inquit, *tria volunt habuisse capita,
alii novem*; Simonides *quinquaginta dicit.* Cf. Serv. ad Ae. 7, 658. — 13
devorabat). Fortasse auctor scripsit *devastabat*; quod cum sequente *vastantes* melius congruit. — *Quod . . . . expugn.*) Haec absunt a C D
L M N. — 14 *uno caeso*) *capite* addit B L. — *excrescebant* C D L
M N. — 15 *Unde et excetra a Latinis dicta est* L N; *Immo et exc.*
etc. M. Verborum ordinem vertunt B C D. — *Quam . . . . devicit*)
Haec absunt a reliquis codd. meis. Rem narrat schol. ad Stat. Th. 2,
377 p. 63. — 16 *ydram fuisse loc.* L. — 17 *vomentem* B D. — *evas-
tantes vicinas civitates* C; *vastantem* L. Quae sequuntur B variavit. —
18 *uno meatu* C D L M N. — 19 *loca ipsa* C D; *loca multa in circuitu ex.* M; *multa loca in circ. excussit* L. — *aquae clausit meatus*
C D L M N. — *Nam hyd.*) *et ydra* L. — *ab ὕδωρ, id est aq.* M;
dictus L. Serv. ad Ae. 6, 804: *Pro hydra*, inquit, *paludem ipsam
posuit* (sc. Virgilius); *ut intelligamus, eam ante sagittis fuisse confixam,
post exsectam et adustam.* Eadem fere narrat schol. ad Stat. Th. 1, 385
p. 24. — 20 *autem*) om. C. — *haec*) om. D; *hoc* C L M N. — *Virgilius* (G. 1, 88) *indicat, ubi dicit* M; *et Virg.* etc. L. — 21 *ubi dicitur*) om. D. — *exundat*) *exudat* D; *exsudat* C L M N, quod confirmant
Virgilii codd.

63. Aerumnae Herculis.

Erumpnae est ap. Majum. — *erimântheum* Maji codex. — Apud
Val. Flacc. 1, 374: *Erymantheum* metrum vindicat. Itaque non mutavi
hanc nominis formam. Ipsam fabulam narrat Apollod. 2, 5, 4 et Diod.
Sic. 4, 12. Paus. 8, 24, 2. — 26 *cervo*) Cervam Cerynitin intelligit,
Dianae a Taygete Nympha consecrata; Pindar. Ol. 3, 29 Boeckh, Apol-
lod. 2, 5, 3. — 27. *Amazonam*) Hippolyten; Apollod. 2, 5, 9. Diod. 4,
16. Paus. 5, 25, 6. — *balthea* legitur ap. Majum; cingulum intelligit. —
Diomedis). Hellanicus ap. Steph. Byz. v. Ἀβδήρα, Apollod. 2, 5, 8. —

28 *Lucano attest.*) 6, 347. — 30. CXXV *passus*). Hic labor nullus est, et ab aliis scriptoribus rite omissus.

64. Serv. ad Ge. 3, 4, schol. ad Stat. Th. 6, 311 p. 211. et ad Ach. 2, 189 p. 438, mythogr. III, 13, 5.

Euristeus C D et schol. B. — *fuit*) omisit schol. A. — *Persei genus*) *Persei generis* M N; *Persei gratus* L; *persa genus* schol. A; *per se igneus* schol. B. — 35 *varia*) *vana* L. — 36 *eum*) *eum merito durum appellat Virgilius* (Ge. 3, 4) L M N; *unde Virgil:* quis aut Eurysthea durum. Durum *vocat ideo quia* etc. schol. A; *qui aut Euristea durum* schol. B, *qui reliqua omisit.* — 37 *qui*) *quia* C; *qui videlicet* L — —

65. Serv. ad Ge. 3, 5, mythogr. II, 157.

Bosiridis D. — *egipti* D. — *immolaret*) *immolare solitus esset* B. — *interemptus* A B C D; B tamen hanc vocem ad finem rejecit. — *noluisset* C; qui cum D subjungit: *Hujus laudem scripsit* Isocrates (*ysocrates* C; *socrates* D.). —

66. Serv. ad Ae. 8, 190, mythogr. II, 153. III, 13, 1.

Cacus secundum fabulam Vulcani fil. f. C D L M N. — *ore ignem et fumum evomens* B; *o, ig. ac f. vomens* C D L M N. — *qui*) *quia* B. — *quem Herc. oc.*) Haec desiderantur in reliquis codd. — *Sec. verit.*) *Veritas tamen habet* B; *veritas tamen secundum philologos* (*philosophos* L M N, *phisiologos* C.) *et historicos* (*historias* M.) *habet* (hoc hab. C D.), *hanc faisse Ev. nequissimum serv. ac furem* B C D L M N; B tamen omittit *ac furem.* — *et ideo*) *Novimus autem* (autem om. D) *malum a Graecis cacum dici* (ca condici D), *quem* (*hominem* addit M) *ita illo* (ullo D) *tempore Arcades* (archades D L.) *appellabant* C D L M N; B autem dissidet ab his. Contra C D inserunt: *postea translato accentu Cacus dictus est, ut Hélene* (Helenus D), *Hélena.* — 5 *ore*) omittunt omnes mei codd. — *autem* addit C D B. — *dictus est vom.* B C D. — *quia*) *quod* B C D L. — *vastabat*) *populabatur* B C D. —

67. Serv. ad Ae. 2, 7, mythogr. II, 204.

filius) abest a D; sed C: *Jov. et Aeginae filius.* B initio dissidet a reliquis. — *quum post amissos pestilentia socios in arb.* etc. C. — μυρμη.) *mirmicas* C D; *myrmicas* B. — *sibi evenire*) omisit C. — 10 *versae sunt*) *unde dicti sunt Myrmidones* addit B, qui deinde pergit: *Hae autem fabulae sunt.* — 11 *Nam, ut Erat. dicit*) *Sed verum est* etc. B; *nam eratostenes dicit mirmidonas dictos a rege mirmidono* C D. Majus legit *Sosthenes.* Regis illius nomen est Μυρμιδών ap. Apollod. 1, 7, 3 § 5. Apoll. Rh. 1, 55. Rem aliter explicat Serv. ad Ae. 4, 402. Strab. 8 p. 375 C = 576 b. schol. ad Pind. Nem. 3, 21.

68. Serv. ad Ae. 7, 662, mythogr. II, 152. III, 13, 6.

Gerio C; *Geriones* D. — Γηρυονεύς Hes. Theog. 287. 309. Γηρυόνης Herod. 4, 8. Apollod. 2, 5, 10. Γηρυών Aesch. Ag. 880. — *et deo*). Hae multiplicatae interpretationes desiderantur apud Servium et alios scriptores. — *Erythide*) Maji cod: *Herithimiae.* — 20 *olla*) De hoc poculo vid. Kleine in Stesichori fr. p. 67 sqq. — 21 *et navali*) Copulam supplevi e B C D L M N. — *valuit*) *potuit* reliqui codd. — 23 *alnum*) i. e. *navem* poëtice, ut ap. Claudian. rap. Pr. praef. 1, 3. Virg. Ge. 2, 451; vid. Drakenb. ad Sil. Ital. 12, 521. — Vel sic tamen *ollam* scribendum esse censeo; alioquin enim contradictio erit cum antecedentibus; cf. Serv. ad Ae. 8, 300 — *Erythiam*) Maji cod: *Herithimiam.* — 24 *Ithimiam*) Hanc Orthri filiam alii ignorant. — *Eurythionem* est ap. Majum; cf. Leopard. Em. 3, 5. — 27 *adduxit*) *abduxit* B et Serv. ad Ae. 8, 300.

69. Serv. ad Ae. 8, 269. mythogr. II, 153. III, 13, 7.

Herc. primo non est ab Ev. susc. C D. — *Postea*) *vero* addit C D. *quum se et Jovis* (esse C) *filium dixisset. — virtutem*) *suam* addunt C D L M N. — 31 *et susceptus et*) C D; B autem haec cum antecedentibus conjungit: *ac pro numine susceptus est, maxima ei const. e. ara; — qra est ei maxima constituta* C D. Alium verborum ordinem sequuntur L M N, quos vide infra. — *constituit*) *quod* (quam B M) *Herculi* (ei L M N) *Delphicus Apollo in Italia fore* (futurum fore L) *praedixerat* addunt B C D L M N. — *Quum ergo*) *Quumque* M. — *Hercules*) abest a reliquis codd. — *quaedam capita*) omittunt L M N; *boves* C D. — 33 *de arm.* etc.) *de suo armento ad sua sacrificia dedisset* B C D L M N. — 34 *Potitus* leg. ap. Majum; *poticus* L. — *Hercules*) Iterum abest a reliquis codd. — 35 *quali ritu*) *qualiter* B C D L M N. — 36 *ei*) om. B. — *Perfecto itaque* B C D L M N. Reliqua fabulae pars in brevius contracta est a nostro. Vid. infra.

70. Serv. ad Ae. 8, 51. mythogr. II, 153.

Evander Arcas fuit, nep. P. etc. B C D. — 3 *Et*) abest a reliquis codd., qui haec cum antecedentibus conjungunt, et alia variant. — 4 *postea*) *etiam* B C D. — *Karmentis* A B. cf. Serv. ad Ae. 8, 336. *Carmentam* vocat Hyg. f. 277 p. 398 ubi vid. interpp. — 5 *obtinuit*) *tenuit loca, in quibus nunc est Roma* B C D. — 6 *Pallanteo*) Ita etiam margo cod. C; sed *Palatino* est in ipsis codd. B C D. — *qui nomen*) Haec fusius tradunt B C D, quos vide infra. — *a, Pallante*) Maji cod. *de Pall.* —

71. Schol. ad Stat. Th. 4, 589 p. 148. mythogr. II, 131.

qui et Perseus) Ineptissima glossa, quales jam supra notavimus ad 24 etc. — Recte abest a schol. et B. — *Glauci fil.*) Hom. Il. 6, 155. — *Proetum*) *Abantis filium* addit B. — *Stenoboea*) Ita A B; sed leg. *Sthenoboea*, quod habet schol. — *Antia*) Άντεια Hom. Il. 6, 160. Apollod. 2, 2, 1. Eustath. ad Il. p. 632, 4. Tzetz. ad Lyc. 17 p. 293. ed. Muell. Fulgent. 3, 1 p. 704. Σθενέβοια a poëtis tragicis in primis appellata est Antia; vid. Apollod. — 11 *illum am.*) *amore ejus incensa, ut sec. conc.* etc. B. — *ab eo*) *ullo modo* inserit B. — 12 *apud suum virum mentita est* schol. et B. — 13 *compulsam*) Ita cod. A.; *compellatam* schol., quod Majus divinaverat. — *pro stupro*) om. schol; *pro coitu* B; leg: *de*, et cf. Serv. ad Ae. 5, 118, qui hanc fabulam totam repetit. — 18 *vero*) om. B et schol. — *Iobatem*) *Adjuvarcem* schol — 14 *eum*) om. schol; sed B: *Bellerophontem.* — *Iobatem*) Nomen non affert Homerus; occurrit tamen apud Apollod. 2, 1, 1. Vid.

interpp. ad Hyg. f. 57 p. 121. — Serv. ad Ae. 5, 118 *Iovatem* scribit, quem B *Abantem* seu Iobatem vocat; manifesto iterum errore; nam Abas est Proetei pater. — *Bellerophonti*) *ei* B. — 15 *dedit*) *soc. perf. tra-didit* B. — *ille*) om. schol. et B. — 16 *voluit talem virum, schol.* et B. — 17 *tamen . . . . immanitas*) Haec absunt a schol. — 19 *Chyme-ram* schol. — B hoc loco plura inserit et amplificat. — *quam*) *quam ille* schol. — 20 *Calydonas*) Num Calydonios intelligit? At hi sunt in Aetolia. Solymos dicit Hom. Il. 6, 184 et Pindar. Ol. 13, 90 Boe., Tympios sive Solimos Serv. l. l. — 21 *et quum nov. scivit Adjuvarces, quod ipsi fuis. c. tanti mali faciendi* schol. — 22 *conficta erant*) *con-fixerant* schol. — 23 *virtutemque ejus laudans* B et schol. — *alteram fil.* B et schol. — *suam*) om. schol., qui scriblt *Alchimenem*. — 25 *ipsa se interfecit* sch; *se ipsam interf.* B. — Caeterum Iobatis filiae nomen non affert Hom. Il. 6, 192. *Philonoën* appellat Apollod. 2, 3, 2 et schol. ad Lyc. p. 293 Muell. At apud schol. Pind. Ol. 13, 83 est *Anticlia*, et apud schol. Hom. Il. 6, 155 *Casandra*. — *Alcimenes* est frater Bellerophontis.

72. Serv. ad Ae. 6, 288. mythogr. II, 131. III, 14, 5.

Apud Majum haec fab. inscribitur: *Chimaera et Hercules*. At nihil de Hercule in ea reperitur. — *Chironis et Achemenidae fil.*) Haec genealogia plane nova est. Hesiodus (Theog. 319) et Apollod. (2, 3, 1) eam Typhonis et Echidnae filiam fuisse referunt; quae paren-tum nomina glossator apud Serv. in *Titonis et Cheldriae* corrupit. Nec ullus dubito, quin et ista mythogr. verba corrupta sint. — *triplex for.*) Ex Homeri narratione Il. 6, 181. Tribus capitibus eam instructam fuisse Hesiodus dicit l. l.; et Eustath. tria ei corpora tribuit p. 684, 40. — 29 *minabatur*) Majus conjicit *imitabatur*. Codicis lectio de-fendi quodammodo potest loquendi formulis, *malum minitari*, vel *fer-rum et ignem minitari*. Attamen *draconem minitari* vix sanum esse judico. — *Gargarum*). Hic mons in Mysia situs est. — 31 *Quidam*) ut Serv. l. l. et apud Plutarch. de mul. virt. 9. p. 246. Plin. N H. 5, 27 §. 100 Sillig. Aliter Palaeph. 29. cf. Boettigeri Vasengem. 1, 113 sqq. — 32 *Lyciae*) *Ciliciae* est apud sch. ad Lucan. 8, 463 p. 637 Weber et Serv. l. l. — 34 *reddidit*) *fecit* B C D L M N. — 35 *et*) om. B C D L M. —

73. Lactant. narr. fabb. 4, 19 et 5, 1 p. 816 et 818. Stav.

Nympharum) Sic et Venet. et Micyll. Addit Raen: *Nereïdum*, quod confirmant Tragici apud Hyg. P. A. II, 10. et ipse Lact. p. 818 — 39 *illigatam*) Melius Lact: *alligatam*. — 40 *est*) om. Lact. — *Cas-siopia* Lact. — Nostram lectionem confirmat Hyg. l. l. — 2 *jungerent*) *eam cederent* Lact. — *interemisset*) Hic apud Lact. plura sequuntur, quae mythogr. omisit. — *Perseus*) *a Perseo* Lact; qui etiam legit: *f. a Cepheo promissa*. — 4 *epulis*) *regalibus* addit Lact. — 5 *Phineus*) *frater* addit Lact., ad quem locum Muncker: *Sic ms.*, inquit; *addunt Micyll. et Venet: Cephei. Stulte et contra historiam Raenerius: An-dromedae frater. Cephei frater fuit, quem* Agenorem *vocat Hyg. f. 64. Sed vide quae ibi annotavi*". — *despons. fuerat* Lact. — 6 *injunctam*) "Haec est ms. lectio, quam et Veneta et Micylliana repraesentant. Non placet ista Raenerio; nec sane mihi placet. Tu vide, lector, utrum *fieri*, quod pro eo substituit Raenerius, an *inustam*, quod mihi venit in mentem,

tibi magis placeat." MUNCKER. — 8 *dimicantium)* Vi *dimicantium*
legit Barth. Adv. 10, 8; observante Munckero. — 10 *pertimescens)* per-
timens dedit Micyllus, quem sequuti sunt Munck. et Stav. — Ms:
praetimens, quod recepit Veneta; Raenerius autem de suo *timens.* Sed
Lact. subjungit: *imperavit, ut e conspectu sui discederent, caputque*
G. etc. — 12 *diriguit) in saxum* addit Lact.

74. Serv. ad. Ae. 8, 646.

Arruntem) Ita et C; et *arrontem* D. — *obsidentem* C. — 17 *con-*
tentio) omisit D. — 18 *arreptis)* correptis D. — *in dom.)* Praepositio
abest a C D. — 19 *simul)* sicut erant C. — 21 *operam dantem* C
D. — 22 *arrontis* D. — ad *Arruntis* C. — 24 arrons D, et sic in
seqq. — *expugnabili)* expugnanda C D. — *Lucretii* C. — 28 *ut se-*
cum coiret C D. — 29 *ni mecum* C. — 30 *deprehenderim* C D. Maji
cod. *deprehensa.* — 33 *quippe)* om. C D. — *futurum* D. — 34
patre turpicitino C. — 35 *celerum)* om. C. — *ejus pudor* C. — *fuit*
D. — 36 *esset interitus* C D. — *et electo gladio* C. — *et ejecto gl.*
D. Num *detecto?* an *stricto?* — *extractum)* exercitum C; *exertum*
D. — 39 *turpidine* C. — *ne ille urbem reciperetur* C. — 41 *supra)*
om. C D. — 42 *porsennam regem tusciae* C D. — 44 *Romam)* et
eam D. — 1 *subullium* D; sed glossa marginalis: alii *sublicium.* — 4
tyberim D. — 5 *ejus fluenta* D. — 6 *in comicis* D. — *obiceretur*
C D. — 8 *et)* etiam C D. — 9 *Cloelia)* Ita D; *Clelia* A; coclia
C. — 10 *redditaque rursus pacis lege* C D. — *repetente) repente*
C. — 12 *cum)* om. C. — 16 *hodieque* C D. —

75. Schol. ad Stat. Th. 3, 283 p. 95. sq. Serv. ad Ae. 4, 99. mythogr. II, 219. III, 11, 3.

E mythographis nostris Servii narratio (quae tamen a C et D abest)
et supplenda et emendanda est. Brevius rem tradit Serv. ad Ae. 1, 651;
cujus verba consentiunt cum mythogr. II, 219. Servio hanc fabulam vindicat mythogr. III, quem vide. Is autem ejus initium contraxit. — 18
formosissimus) abest a B et schol. — 20 *posset implere* B et schol. —
21 *Istum)* is schol. — *unam .... virginem nobilem* schol. — *nobilis*
virgo B. — *ipse)* et ipse Maji cod. — 24 *satis animo solo (suo*
schol.) *faciebat asp.* — 26 *Eleusinae Cereris* B et Serv. — 27 *et)*
etiam schol. et L. — *amatam)* suam addit B. — 28 *cum puella*
abr.) eique puella *creditur* B; quod puella *crederetur* schol; tamquam
puella *raptus est* Serv; puella *creditus est* L, qui cum M in habitu
muliebri praemisit. — 30 *tandem)* devoluti addit schol. et B. — *ubi*
et) ibique B. et schol. — *pressi)* oppressi B et schol. — 31 *inter-*
empti schol. et L M N. — *Hym.)* igitur addunt L M. — 32 *suae)*
omittunt reliqui codd. — 33 *suas)* om. L. — *restituisset* B L M
et schol. — *Quas)* quam B. — 34 *accepit)* duxit L M. — 35
nuptiis Hym. schol. — *interesse* Serv.

76. Cf. mythogr. II, 44. III, 8, 20. schol. ad Stat. Th. 8, 59 p. 277.

Calliopae) Calliopes est ap. myth. III p. 211. 41. — *Apollinis).*
Quis Eurydicem Apollinis filiam umquam dixerit, mihi ignotum est. Dryas
fuit (Serv. ad Ge. 4, 460. myth. II p. 90, 11.). Itaque sic lego et
interpungo: *Orph. Oe. et Call. Musae vel, ut quidam putant, Apol-*
linis filius, hab. ux. Eur. ex Herodori (schol. Apoll. Rh. 1, 23), Pindari aliorumque sententia (schol. ad Pind. Pyth. 4, 313). — 39

Aristaeus) Aristheus schol. vid. Muncker ad Hyg. p. 275 n. 10 ed. Stav. — *Cyrenes fil.*) Serv. ad Ge. 4, 317: *Aristaeus,* inquit, *filius fuit Apollinis et Cyrenes, filiae Penei, fluminis Thessaliae,* quae verba repetit myth. II. — *pastor*). Regem appellat Hyg. P. A. 2, 4 p. 430. — 2 *acceptaque lege* etc.) Haec non satis Latina sunt. Voluit dicere: *Impetravitque Eurydicem accepta lege, ne ante respiceret quam ad superos pervenerit.* — 4 *dura*) i. e. *difficilis, non ferenda.*

77. Castor et Pollux.

Diversis modis haec fabula narratur a mythogr. III, 15, 3 et ab Hyg. f. 80. — *Dianisam*). Novum est hoc nomen. *Lairam* (pro quo *Ilairam* substituit Micyllus), *Dianae* sacerdotem vocat Hyg. Hinc orta est *Dianisa.* Hilaira (Ἰλάειρα) vulgo appellatur, Prop. 1, 2, 15, ubi codd. et *Elairam* et *Ilairam* offerunt. *Mollisenam* offert mythogr. III. (Μνησιλεως est Phoebes et Pollucis filius ap. Apollod. 3, 11, 2.), qui Zetypum rusticum utriusque filiae patrem laudat, quem Leucippum fuisse vulgaris est fama. Apollinis filias Cypricorum carminum auctor eas fecerat (Paus. 3, 16, 1, qui earum mentionem quoque facit 2, 22, 5. et 4, 31, 12. cf. praeterea Apollod. 3, 10, 3. et 3, 11, 2. Theocr. 22, 137 sqq. schol. ad Il. 3, 243 p. 109 a, 24 ed. Bekker. ad Pind. Nem. 10, 112 p. 782 ed. Heyne. Tzetz. ad Lyc. 511 p. 659 sq. Muell. Chil. 1, 48). — *Lyncei*) Hic *Sicidas* vocatur a mythogr. III. — 13 *videndi potestas*) ἀκριβης ὄμμασι Λυγκευς Theocr. 22, 194. — 14 *telum*). De hoc telo inevitabili alii silent. Ejusmodi hasta erat Cephalo (supra 44). Caeterum apud Ovidium (F. 5, 711) Lynceus Castorem interficit (ita et Theocr.), Pollux Lyncea.

78. Cygnus et Leda.

Ledae virginis). Quemnam auctorem hic secutus sit mythographus de *virgine* Leda, non constat. Uxorem Tyndari cum reliquis scriptoribus laudat infra p. 64, 28; et sic mythogr. II, 132. — *fugere aquilam*) ὑπ᾽ ἀετοῦ διωγμα φευγων Eurip. Hel. 20. — *Mercurium*) *Venerem* ad partes vocat Hyg. P. A. 2, 8 p. 441. — *ovum, unde tres*) Infra p. 64, 29 duo ova memorat idem noster, cum quo mythogr. III, 15, 3 facit, uterque iterum cum Fulgentio 2, 16 p. 694 et schol. ad Stat. Ach. 1, 180 p. 438 congruens. At mythogr. III p. 163 rursus cum nostro loco consentit. Nihil de ovo dicit mythogr. II, 132. Helenam solam illinc natam esse tradit Hyg. P. A. 2, 8 p. 442.

79. Schol. ad Lucan. VIII, 475 p. 639 ed Weber. Solinus 32, 17 p. 202. ed. Goez. Isidor. Orig. 8, 11 §. 86. ed. Arev.

Paulo fusius rem tradit Solinus, cum quo cf. Plin. N. H. 8, 46 § 184 ed. Sillig. — *Aegyp.*) *Nilus.* Guelf. schol Luc. — 30 *quem*) omisit Solin. et Plin. — *Apin*) *Apim* codd. Solin. Plin. et schol. — 31. *albae macula notae* Maji cod; *notae albae macula* Solin. *maculae albae notae* schol. Hinc correximus, etsi apud Plin. est *albicans macula.* — 32 *corniculatae lunae fac.*) *corniculantis l. speciem* Solin; illud confirmat Apul. de deo Socr. p. 117 ed. Ruhnk.; hoc Ammian. M. 20, 3. Luc. schol. verba transponit *fac. c. l.* — Taurum *lunatum* Isidis Apim appellat schol. Stat. Th. 3, 478 p. 104. Accuratissimam hujus tauri descriptionem vid. ap. Plin. l. l. et ap. Herodot. 2, 153. 3, 28. cf. Paus. 1, 18, 4. 7, 22, 4. Historicam in hac re explicanda iniit rationem Varro ap. Augustin. de civ. dei 18, 5. — 33 *ad*) om. schol. — *tollit*) Mela 1, 9 hunc taurum caelesti igni concipi ex Aegyptiorum sententia tradit. Hinc Paulin. Nolan. Nat. Xi. S. Fel. ed. Murat. 85: *Aegyptus in Apide demens.* — *eo quod) quia* Guelf. schol. — 34 *signa) quia Aegyptiis motu corporis sui et quibusdam signis futura praedicit* schol. Stat. — *autem) etiam et enim* schol. Luc. — *Memphi)* schol. Stat: *Memphis* (ita et schol.) *nascitur;* sed leg. *Memphi; in Memphi* schol. Caeterum Prob. ad Virg. Ge. 1, 19: "Constat arasse, inquit, primum Osirim duobus bubus, quorum nomina nunc sunt sacra sub iis, qui religionis causa eodem vocabulo appellari videntur, Apis et Memphis; quorum alterum Memphitae colunt Apim, alterum Hieropolitae Memphim". — 35 *vitae) aevi* schol. — 35 *mersus) immersus* schol. et Solin; *mersumque in sacerdotum fonte enecant* Plin. — 36 *non)* om. schol. — 37 *etenim) enim* schol. — 38 *Memphim* schol. et Solin. et Plin. — *prosecuntur* cod. Maji. — *repente lymphati* Plin. — *praecinunt) procinunt* Plin. Chiffl. *ventura* addit Solin; *futura* Plin., qui tamen cum Solino hoc non sacerdotibus, sed pueris bovem gregatim sequentibus tribuit. — 39 *omina) omnia* est in Sol. Goez. Quae sequuntur desunt in cod. Guelf. schol. Luc. — 40 *clientis consulentis* schol. *consulentium* Solin; *Responsa privis dat; e manu consulentium cibum capiendo.* — *Hujus c.)* Hanc clausulam agnoscunt schol. Lucan. et Isidor.

80. Tydeus et Polynices.

Maji codex constanter scribit *Polinices.* — *Cassiopeiae).* Haec vulgo Cephei uxor est et Andromedae mater (Heyne ad Apollod. p. 309.). Tydei mater ab Apollodoro appellatur (1, 8, 4) Periboea, ab aliis Althea, vel Euryboea; v. Hyg. interpp. p. 139 Stav. Caeterum Scaliger ad Manil. p. 459 istud nomen ubique scribendum censet *Cassiepea,* non *Cassiopea;* atque sic Staveren scribit in Hyg. P. A. 2, 10 p. 443. Sed *Cassiopia* idem excudendum curavit in Lact narr. fabb. 4, 19 p. 815. Κασσιέπεια est ap. Aratum 189 ejusq. schol. p. 86, 2. Bek. Vid. Hyg. interpp. p. 120. — *Melanippum)* Maji cod. *Maniplum. Menalippum* exhibet Hyg. f. 69 p. 139. et schol. ad Stat. Th. 2, 113 p. 50 et p. 25, cf. Heyne ad Apollod. p. 52. At *Melanippus* et Tydeus mutuis vulneribus concidunt in bello Thebano (Apollod.); in qua narratione schol. Stat. Th. 3, 544 p. 108. nobis iterum *Menalippum* offert. Sic et *Melanippe* et *Menalippe* saepius confunduntur. — De diversis hujus fabulae narrationibus vid. Heyne ad Apollod. p. 244 sqq.

81. Varro ap. schol. ad Stat. Th. 8, 198 p. 282 sq. mythogr. II, 85.

"Varro divinarum rerum de Brancho ita refert: *Olus quidam decimus ab Apolline quum in peregr.* etc." Ita schol. Sed mythogr. II pauca et variat et transponit in seqq. Incipit fere ut schol. qui, *Branchus,* inquit, *Apollinis est filius, et ipse futurorum peritissimus deus; ut Stat.* alibi 3, 478: *Patrioque aequatus honore Branchus.* — 17 *Synichr.)* Simerum Varr. — *Ille) qui* Varr. — *patroni) Patronis* B et Varr. — 18 *illius) suis* Varr. — 19 *prendiderunt) prehenderunt* Varr; *prehendiderunt* B. Istud mutare non audeo. — *illum) veste* addunt Varr. et B. — 20 *Dum) dumque* Varr; plane omisit B, qui legit: *Illi pugnando.* — *ut illum p. m. offerrent) uter ... offerret* Varr; *uter non illud munus offerret* B. — *et quum jam e.) et essent f.* Varr; *quum essent* B. — 22 *fugerent) territi* addit B. — 23 *Patron* Varr. et B. — *Simerum* Varr. — 24 *audierant* B. — *Patroni* B et Varr. — *Patron Simerum* Varr. — 25 *filio suo* Varr. — *nimio .. aff.)* om. B. — *suam ducendam)* om. B. — 26 *Illa ab eo impraegnata* B. —

27 *suas*) om. B: — 28 *ideo inf.* ed. Varr. — *natus* B. — 29 *in*)
om. Varr. — *sibi uterum a sole viderat penetratum* B. — 30 *osc.*
fuisset Varr. De re vid. Lucian. dial. Deor. 2, 2. et Strab. 14 p. 634
c = 941 b. — 32 *est, quod*) om. B. — 33 *nominatum* B. — *Bran-*
chiodon) Leg. *Brachidarum vel Βραγχιδῶν.* Vulgo Branchiadon. Illud
est apud Conon. narr. 33, qui posteriorem hujus fabulae partem et ipse
enarravit, ac Branchi patrem non *Simerum* vel *Synichronem,* sed *Smi-*
erum appellat. Branchi originem Strabo a Machaereo Delphico, qui
Neoptolemum Achillis fil. interfecerat; derivat (9 p. 421 c = 645 a.).
De ejus oraculo idem Strab. 14. 634 b = 941 a: μετὰ δὲ τὸ Ποσειδῶν
τὸ Μιλήσιον 'ἑξῆς ἐστι τὸ μαντεῖον τοῦ Διδυμέως 'Απόλλωνος τὸ ἐν Βραγ-
χίδαις, cf. Callisthenem ap. Strab. 17. 814 b. = 1168 d. Plin. N. H.
5, 59 § 122 Sillig: "Posidonium promontorium et oppidum, oraculum
Branchidarum appellatum, nunc Didymaei Apollinis". Hinc Curt. 7, 5:
templum, inquit, *quod Didymeon appellatur.* Oppidum, quod et ipsum
Branchidae vocabatur, Branchidarum gens sacerdotalis incolebat. Θεὸς
ὁ ἐν Βραγχίδῃσι Herod. 1, 157. Paus. 9, 10, 2. vel ἱερὸν ἐν Διδύμοισι
Herod. 6, 19. cf. Paus. 2, 10, 4. spoliatum Strab. 11. 517 d. = 787
c. — 33 *pariter phil.*) *philesio pariter* rectissime Varr; plane omisit B.
'Απόλλων φιλήσιος Macrob. Sat. 1, 17 p. 304 Zeune; cujus tamen interpretatio "quod lumen ejus exoriens amabile amicissima veneratione con-
sultamus" a veritate alienissima est. Vid. etiam Plin. N. H. 34,
8. — 34 *sive certamine puer* om. B. — Cf. sch. ad Stat. The. 3
479 p. 105.

82. Cf. mythogr. II, 56.

Elidis) Maji cod: *Elidorum.* Secundum Apollodor. 1, 9, 7 primum
Thessaliam incolit Salmoneus, deinde Salmoniam (Steph. B. v.) urbem condit
in Elide.—40 *per aer. pont.*) Cod. *per aera.* Majus correxit. Etsi Serv.
ad Ae. 6, 585 pontem memorat, Apollodorus tamen nihil de ponte dicit. — *faces*) Cod. *fasces.* Correxit Majus. — Hujus fabulae varietatem exposuit Heyne ad Apollod. p. 59.

83. Serv. ad Ae. 6, 582 et ad Ge. 1, 280. schol.
ad Lucan. 6, 410 p. 460 ed. Weber. cf.
mythogr. II, 55.

Ifimediam) C D. *Ifimidiam* cod. Bc. ap. Web., ubi et alia lectionum
monstra apparent, *Estimiam* sc. et *Isimeniam,* et *Ismena* cod. B.
La. — *Aloëus fluvius concubuit cum Terra i. Ope, matre deorum,*
et genuit Gigantes; cod. Voss. I ap. Web. — 3 *duos pep.*) pep. *duos filios*
Witt. et Voss. ap. Web. — *Othum* C. — *et*) om. D. — *efialten* C D. —
digitis) "Voss. *singulis mensibus* (Witt. *cotidie*) *n. d. c;* Lc. *una quaque*
die tribus palmis crescebant". Ita Weber. — 4 *Itaque*) C D; Maji
cod: *namque*, quod in rasura est in Bc. F. ap. Web; Voss: *Unde*
sua magnitudine freti Jovem de. superis regnis detrudere conati sunt.
Witt: *al. i. fr. c. voluerunt.*

84. Serv. ad Ae. 7, 678 mythogr. II, 184.

Haec fabula, a Catone olim tradita, hodie in Maji quoque Interpp.
Virg. ad Ae. 7, 681 legitur: "Cato in Originibus ait, *Caeculum vir-*
gines aquam petentes in foco invenisse, ideoque Vulcani filium existi-
masse; et quod oculos exiguos haberet, Caeculum appellatum. Hic
collectis pastoribus Praeneste fundavit. Varro a Dipidiis pastoribus
educatum, ipsique Dipidio nomen fuisse, et cognomentum Caeculo
tradit libro qui inscribitur Marius aut de fortuna." — 14 *Prae-*

neste) Solin. 2 § 9 p. 42 Goez: "Praeneste, *inquit*, ut Zenodotus, a Praeneste Ulyssis nepote Latini filio., ut Praenestini sonant libri, a Caeculo, quem juxta ignes fortuitos invenerunt (ut fama est) Digitorum sorores". Gens Caecilia originem suam ab isto deducebat Caeculo (Fest. 3 p. 60 ed. Dac.)

85. Serv. ad Ecl. 6, 48. mythogr. II, 68.

Proethïdes C; *pretides* D. — *preti* C D. — *regis Argivorum* abest a C D. — *et stheneboeae* C D. Recte. Maji cod: *sanabilis*. Correxit editor. — *sive anthiopae* C D. — *secundum homerum* C; *sequundum* D. At Homerus *Antiam* vocat; vid. supr. ad 71. — *uxore ejus*) omittunt C D. — *natae*) om. C D. — 23 *nomina*). Haec omittunt C D; sed glossa eadem affert in edd. Serv: Lysippe, Ipponoë, Cyrianassa; Leg: Lysippe, Iphinoë, Iphianassa, secundum Apollod. 2, 2, 2. — Deinde C D pergunt: "Hae se quum Junoni in pulchritudine praetulissent, illa irata hunc errorem earum immisit mentibus, ut se vaccas putarent, adeo ut plerumque mugirent et timerent aratra. Has Melampus postea purgasse perhibetur".

86. Lactant. narr. fabb. 5, 5 p. 820 Stav.

Regis) *qui Macedoniam possedit* Lact. — *Enipes*) Leg: *Euippes*; Lact. et Ovid. Met. 5, 303. — *provocarunt* Lact. — 33 *adversos* in ed. Stav. — 34 *terruisse*). Leg: *terruisset* cum Lact. — *ubi Juppiter* Lact. — 38 *Aetnae montis silice*) Turpissimam librarius huic loco inussit maculam, quae citissime delenda est. Lege cum Lact: *Aetnae monti Siciliae*.

87. Serv. ad Ge. 1, 8 secundum quosdam codd.

Abest haec fabula a C D. — *Orista*). Novum nomen. Glossa cod. bibl. Leid. Serv. ad Ge. l. 1: "Ovista filius Ynen regis pastor, *inquit*,quum videret caprum saepius a grege discere (discedere) et plenior (em) reverti, secutus uvam depascentem invenit, quam decerpsit ac gustavit. Cujus dulcedine inductus eam expressit; et quum humorem ejus bibisset, quem (*eum*) et suavem sensit, ac per hoc de Achilo flumine, in cujus ripa uva fuerat inventa, aquam miscuit vino; atque ita quum potum optimum fecisset, speciem uvae et potum optimum obtulit regi, qui (*quem*) quum ille probasset, uvam inventoris nomine vocari jussit, vinum Graeco verbo Ynon a suo nomine appellavit". Libarii errores e nostro mythogr. corrigendi sunt. Inde autem quod gloss. *uvam* inventoris nomine vocatam esse animadvertit, manifestum erit, *Uvistam* legendum esse, vel *Staphylum*, ut conjecit Munck. ad Hyg. f. 129 p. 233 Stav. Sane Staphylum (Bacchi filium, Apoll. 3, 996 ibiq. sch. Tzet. ad Lyc. 570 p. 681.) in hac re ipse memorat Serv. ad Ge. l. l. et Prob. ibid. — *Orestes Acheloi fil.* occurrit ap. Apollod. 1, 7, 3 § 5. — *Oenei*) Cod: *Oenj*. Oenus est nomen fluminum Norici et Laconicae (Tzetz. ad Lyc. 550 p. 678) et montis in Arcadiae et Sicyonis finibus siti.

88. Lactant. narr. fabb. 11, 3 p. 863, cf. Serv. ad Ae. 10, 142. mythogr. II, 117. III, 10, 8.

10 *in Tmolo monte*) *Tmolum montem Lydiae comitatus Bacchis peteret* Lact., ad quem l. Muncker: "Ita reposui, *inquit*, ex Ms. pro *Ciliciae*, quod perperam edd. repraesentant. Vibius Sequester: *Tmolus Lydiae, vino insignis*. Idem: *Hermus Lyciae*. Leg: *Lydiae*". Adde Solin. 40 p. 238 Goez: *Mons Lydiae* Tmolus, *croco florentissimus*. — 11 *nutritor ejus*) *ei aufugit* Lact., ubi Staveren: τὸ *ei*, inquit, deest

Colon. sed et facile deleri potest, nisi substitnas *eum.* Vid. Muncker.
ad Hyg. f. 258". — *a Phryg.*) quem *Phryges captum ad Midam regem adduxerunt* Lact. — 12 *Silenus autem*) om. Lact. — 13 *acceptus
est*) *exceptus est* Lact; quae verissima est lectio. — *Est ob ben.*) Ms. cum
vett. edd. Lact., ubi recentiores scripserunt: *Quod ob beneficium.* Muncker conjicit: *id ob ben.* — 14 *arbitrium*) *optandi .. veniam* Lact.
quod Muncker explicat per potestatem vel χάρω, atque affert Prudent.
hym. ad Cer: *Fit ligni venia mel velut Atticum;* infra 14, 4: *optandi
veniam tribuit.* Hyg. f. 191. Salust. Jug. 79. Vict. Ill. 2. — *petere*)
peteret Lact. — 15 *Ille ut quaeque contigisset aurum fierent* Lact.
ed. Venet. cum Ms; quae haud dubie manca sunt. Micyllus dedit:
Ille ut quaeque contigisset aurum fierent petiit. Muncker proponit:
Ille petiit, quaecunque contigisset, aurum fierent. — *Quod*) ei, addit
Lact. — 16 *Nam . . . efficiebatur*) desunt Lact. — 17 *Cui petenti*)
Cui deus pet. Lact. — 18 *ut*) omisit Lact. — 19 *cui se supponeret*)
Ibique se lavaret vulgo ap. Lact., ut dedit Raenerius. Venet. et Micyll. cum Ms: *se supponeret.* Sed depravatum istud esse Muncker
judicat, qui proponit: *ejusque fonti se supponeret.* — 20 *Quo f.* etc.)
Lact: *unde aqua aurei coloris esse coepit* ex edd. conjectura. Ms.
esset cum Venet. Muncker conjicit: *extitit.* Caeterum haec clausula
leg. etiam ap. schol. Cruq. ad Hor. epod. 15, 20 et ap. schol. ad Lucan. 3, 209 p. 205 Weber.

89. *Post mortem Ul.*) Hanc temporis definitionem unde hauserit
myth. me plane fugit. — *Penelope*) Herod. 2, 145. Hyg. f. 234. — *sibi*)
Expectaveram *ei* i. e. *Mercurio* — *Tegeam*) Il. 2, 607. Cod. *Tegeum,*
quod Majus retinuit. — *Tegeeus*) Vulgo *Tegeaeus.* Interpp. ad Ovid.
F. 1, 545. 627.

90. Lactant. narr. fabb. 11, 4. mythogr. III, 10, 7. Fulg. 3, 9 p. 726.

23 *oblectaret*) Lact. subjungit: *elatus gloria agrestium Nympharum.* — *evocavit*) *devocavit* Lact., qui deinde pergit: *Judice ergo Tmolo,
cujus mons erat, quum Ap.* etc. — 30 *regi*) supra dicto addit Lact.,
quod Muncker magno molimine defendit. — 30 *deus iratus.*) Ita Ms.
et Venet. Sed vulgo legitur: *Apollo ob eandem stultitiam, quam et
supra gesserat in Liberi patris voluntate, iratus.* — 31 *aures ejus
asininae ut essent sempiterno effecit* Lact., ubi Muncker istud *sempiterno*
exemplis allatis illustrat. Reliqua hujus fabulae pars abest a Lact. codd.,
sed apparet apud Fulg. 3, 9 p. 726 et mythogr. III, 10, 7. — *Ille*) Is
L M. — 32 *praec. ei*) *promittens* Mod. *ei* (eique L) *ut taceret partem
pollicens regni.* — 33 *defodit, et inde fossae terrae d.* L. *et in defosso
rem d.* M. — 32 *ejus*) Immo *suum* est in Cod. Leid. Fulg. — 34 *defosso
terrae*). Non satis placent haec, etsi Fulg. auctoritate firmata. Leg.
in defossam terram. — 37 *Quidam*) Ut mythogr. II, 116. et alii quos
afferunt interpp. ad Fulgent. 3, 9 p. 731. — 35 *pastor*) *quidam* addit
L. — *fistulam* L. — 36 *quae percussa sonuit* L. *rex,* inquit, *Mida
M.* — 37 *Marsiam* B M constanter.

91. Lactant. narr. fabb. 6, 1 et 2 p. 825 et 827, cf. mythogr. II, 70.

Hippopes filia) Maji cod: *edmonis et Hippopis fil.* At legendum
est cum Lact: *cujus mater genita Hypaepis;* Ovid. enim Met. 6, 13:
parvis habitabat Hypaepis. Unde Heins. et Raener: *Hypaepis urbe*

parva genita. De hac urbe agit Paus. 5, 27, 4, et Mannert. 6, 368. 382. —3 *quumque)* Copulam om. Lact. — 4 *festis diebus).* "Sic et Veneta et Ms. Perperam Micyll. *istis diebus.* Raenerius utramque vocem omisit". *Muncker.* — 5 *gloriata est) gloriabunda,* q. m. decuit, *elocuta est* Lact; quo loco Muncker illud *elocuta est* exemplis illustrat. — 5 *Minervam) a qua docta fuerat* addit Lact. — 6 *inter) in* Lact. *Eo consilio* dicendum erat mythographo, vel *ob hoc.* — 7 *venit) venerat* rectissime Lact. — *audaciam) audaciae impetum odio futurum comp.* Lact., ubi Muncker: "Haec, *inquit,* est lectio Micyll. editionis. Venet. et Ms. *otio futurum.* Legerim *exitio futurum.* Raenerius duas istas voces omittit". — 8 *in certamine).* Ita et Veneta et Micylliana. Ms. *in certamine propositum,* quod deinde mutatum est in *proposito,* ut hodie legitur in edd. — 9 *op. proposito)* Colon. *posito.* — 10 *pulsa).* Ita Veneta quoque ed. Lact. Sed cod. Neapol. *compulsa.* Vulgo *percussa.* — 11 *Sed in ultimo casu,* propt. st., *quod a dea acc.* Lact. — 12 *suum)* Leg. *sui* cum Lact. *Effectus* h. l. est *utilitas.* —

92. Fulgent. 1, 27 p. 659, mythogr. II, 154. III, 13, 3.

Atmetus G constanter. — *Alcesten* A M; *Alcestem* E; *Alcestam* B G L N; *Alcestim* Hyg. f. 50 et 51. et Albri. 22 p. 932 Stav. — *in).* Haec vox in rasura est in E. — *conjugium* L M. — *petit* G. — 16 *proposuit* B. — *sibi)* om. L M. — 17 *suo curru)* Leg. *currui* cum B E G L N; *currui suo* M. — *adjungeret* L M. — *accepisset* E G; *is eam conjugem duceret (acciperet* L) M; *ipse)* om. B. — 18 *Is)* om. B; *is igitur Adm.* E G; *Adm. igitur* L M N. — *atque) et* B G M L. — *petiit) petit* A; *in auxilium poposcit* B; *auxilio pop.* M. — *qui)* et E G; *illique ad currum ejus* L M N. — 19 *aprum et leonem* L. — *Itaque) Ita* B; *Is itaque* L M N. — *Alcestam* B E G. — *conjugium) conjugio* E G; *conjugem* L M N. — 20 *Quumque* B E G L M N. — *Admetus decidisset* E G; *caderet* B; *cicidisset* L. — Sequentia B variat. — 21 *Apollinis miserationem precatus est, (invocavit* Albr. 22 p. 932) *qui respondit., (cui sic r.* Albr.) *nil se ei p. p.* M; *se nil ei conferre posse* L. — 22 *si)* om E et Albr. — *quis (aliquis* Albr.) *de prop. se* M; *pro eo de pr. se morti* (sic et M) *vol. ob.* L et Albr. — 24 *q. u. ejus libentissime facit* L M N; *fecit* E G. — 24 *Tricerberum) Cerberum* L M. — *canem)* om. L M; *ad abstrah. Cerb. ad inferos desc.* L. — *de)* E G; om. Maji cod. — 26 *levat) reduxit* L M N. — De reliquis vid. ad II, 154.

93. Schol. ad Stat. The. 3, 353 p. 99. mythogr. II, 140.

Meropes) Bithynis Apollod. 1, 9, 20; *Bithynis Melie* Apoll. Rh. 2, 4. cf. schol. ad Eur. Or. 930. Hyg. f. 17. p. 60. Val. Flac. 4, 118. Ovid. am. 3, 6, 25. Prob. ad Ge. 3, 1. Serv. ad Ae. 5, 373. schol. ad Stat. l. l. — *Merope,* Amyci mater, infra I, 107 recurrit; et apud mythogr. II, 140 *Melope* vocatur. Nihil mutandum esse conseo. *Bebryciorum)* Ita et infr. 1, 107 et schol. Stat. Hic Bithyniae populus vulgo *Bebryces* appellatur; *Bebrycii* novum est. — 30 *effracta)* Quaenam ista est lex? An legere praestat *efferata,* vel *effrenata,* vel *fera lege?*

94. Vid. supra 53 et Hyg. f. 260.

Neptunus). Vid. Apollod. 2, 5, 10 § 11 et Serv. ad Ae. 10, 551. Tzetz. ad Lyc. 866. 958. 1232. — Butes Argonauta a Venere servatus

(Apoll. Rh. 4, 914) Erycis pater est ap. Steph. B. v. Ἔρυξ, schol. ad Theocr. 15, 101. Diodor. 4, 13. Tzetz ad Lyc. 175 p. 437 Müll. — *in Sicilia regn.*) Elymorum imperium tenebat Eryx circa montem Erycem, ubi et urbs Eryx erat condita (Thucyd. 6, 3. Steph. B. etc.) — *Hercules*). Paus. 3, 16, 4. 4, 36, 3.

95. Serv. ad Ecl. 8, 55, mythogr. II, 172.

cytharedus D. — *atarenti* C. — *cum multis opibus peteret* B C D. — *et videret sibi i. m. t. insid. a. n.* B; *a nautis insid.* C D. — *petit* A C D. — 4 *ut) quod cythara* D. — *paul. caneret* B C D — 5 *Quo facto etc.) Ad cujus sonum quum* etc. B C D. — 6 *se exc.* B — *super)* Leg: *supra* cum B C D. — *ita ad Taen. lit. vectus)* om. B, C D. —

96. Serv. ad Ecl. 9, 13, mythogr. III, 3, 9.

Epiro) Majus *Cypro!* Illud est in C D; *in nemore Epirotico* H L M N. — *finguitur* C. — *thessala* C H L M; *tessala* D; *thessalica* A L. — *peliades* omnes codd. — *et vatic.*) Copulam om. C L. — *vocantur* C D H L M N.

97. Schol. ad Stat. Th. 4, 570 p. 147, mythogr. II, 74.

Nyctei) Nyctaei schol; *regis* addunt schol. et B, qui et Epaphi parentes affert;. cf. Hyg. f. 7 ibiq. interpp. — *Epapho)* Epopeo legendum esse censuerunt Hygini editores secundum Apollod. 3, 5, 5 § 5. schol. Apoll. Rh. 4, 1090 et Paus. 2, 6, 2. Cf. Heyn. ad Apollod. p. 237. — 17 *est ejecta vi* schol.; *vi* om. Hyg. et B, qui *quam pulsam*, inquit, *Juppiter in Satyrum, vel ut alii dicunt, in taurum versus compressit et gravidam fecit.* Hoc Jovis facinus et schol. Stat. Th. 9, 423 p. 320 et mythogr. p. 64, 7. tradunt. At idem schol. ad Ach. 2, 66 p. 442 Jovem in habitum Dianae se vertisse narrat. — 18 *Dyrcen* schol. et Majus. — *uxorem).* Plura hic excidisse et Hyg. et schol. et B fidem faciunt, addentes: *cui* (*quum* addit B) *suspicio incidit* (*incidisset* B), *virum suum* (*Lycum* addit B) *clam* (om. B) *cum Antiopa* (*prius amata* addit B) *concubuisse. Itaque* (om. B.) *impetravit* etc. — *a famulis* schol. — *Antiopam) eam* schol. et Hyg; *pelicem* B. — 19 *postquam . . . instabat* Hyg., qui sequentia variat. — 20 *vinc. eff.* B. — *Citherone* schol. seu *Aracyntho)* deest B et schol. — Virgil. Ecl. 2, 24: *Amphion Dircaeus in Actaeo Aracyntho.* cf. Prop. 3, 13, 41. et Prob. et Serv. ad Ecl. l. l. Steph. B. v. Acarnaniae mons est ap. Plin. N. H. 4, 2 § 6 Sillig, et ap. Solin. 7, 3 p. 72 Goez. — 21 *partus* B, qui sequentia variat. — *natosque)* Copula deest schol. — *Zetum* sch.; *Zeton* Hyg. — 22 *quidam)* om. schol.; sed Hyg: *Quos pastores p. s. educarunt.* Omnino desunt haec B. — 23 *quum)* om. schol.; qui habet *agnovit*, at Hyg: *Qui postquam matrem agnoverunt.* — *illi) qui* schol. *illi . . . . . interfec.* absunt ab Hyg. — 24 *ad taurum indomitum deligatam* Hyg. — Reliqua desiderantur in schol. — 25 *sanguine) corpore* Hyg. — *palus)* Immo *fons.* — *citharae)* Lyrae mentionem facit B et Prob. ad Ecl. 2, 24. Male! — *citharizare)* Corn. Nep. Epam. 2, mythogr. III p. 210, 5, — 27 *montes et silvas ac saxa ac lapides)* Quanta haec est confusio! — 29 *Zethus).* De hac *Zethi* arte nil vulgo traditum reperimus. — 30 *Dircaeus Amph.)* Simili ratione Hor. 4, 2, 25 Pindarum vocat *Dircaeum cygnum*, ubi cf. Arcon. et schol. Cruq.

98. Serv. ad Ge. 1, 403. Copiosius fab. narrat mythogr. II, 39.

Nyctymene A; *Nictymone* C; *Nictimine* D. — *rem habuit)* concubuit C D. — *facinus) esse* addit C. — *in silvis se abd.* C. — *deorum voluntate* C; *per deorum voluntatem* D. — *omnibus avibus* C D. — *admirationi).* Immo *abominationi.*

99. Serv. ad Ge. 1, 437 et ad Ae. 5, 823; cf. mythogr. II, 168.

Anthedone civ.) Ita D; sed C *antenode;* A et Majus *Athedone.* At ejusmodi errores haud raro inveniuntur. — *in littore* C. — *illi) illic* D. — *rursus pet.* recte C D. — De variis hujus fabulae narrandae rationibus vid. Obss.

100. Serv. ad. Ge. 3, 268, mythogr. II, 72.

Potnia) Maji cod. *Othma.* Illud praeter C D Probus quoque repraesentat ad Ge. 3, 255. Vulgo *Potniae,* ut ap. Paus. 9, 8, 1. Steph. Byz. v., quod Burmannus restituere volebat Servio. — *equabus) ejus* addunt B C D. — *fororem)* Leg. *furorem.* Erravit typotheta. — *et eum) quae* mox B, qui om. *morsibus* et reliquam fabulae partem. — *laceraverunt* C. — *hoc autem* C D. —

101. Serv. ad Ae. 1, 505, mythogr. II, 67.

Nostri codd. hanc fabulam non agnoscunt. — 11 *nomine)* om. B; verba transponit Serv. — *impatientis)* Serv. codd. *impatiens;* editiones *impotens.* — 13 *atque animalia)* perperam om. B; Serv. insuper addit *omnia.* — 14 *vocaret)* convocaret B et Serv. — *quibus) Quo facto* B; sed *omnibus quos Mercurius monuerat convenientibus, sola Chelone, irr. et detr. n. nectens moras adesse contempsit* Serv. — 15 *venire)* nuptias adire B. — 16 *venisse notavisset* Serv. et B. — *denuo) jussu Jovis* B. — *aedes) moenia* B. — 17 *Chelonis)* Leg. *Chelones* cum B et Serv. — *super) supra* B et Serv. — *mare) fluvium* Serv., quod praeferendum est. — *ipsamque* recte B et Serv. — *vertit* B et Serv. — *nos) Latine* addit B et Serv. — 19 *fecitque ut* etc.) *et, ut ... portaret, fecit* B. — *pro poena) ad poenam* B; *velut damnum suum* addunt Serv. codd., quod edd. mutarunt in *domum suam* — *prona)* om. B. — 20 *unde et* B. — *impositum est* B et Serv,

102. Fulg. 1, 2 p. 626, myth. II, 1. III, 1, 9.

Pollucis.) Ita E M L N; *Polluris* A B G H. Illud reperitur etiam ap. anonym. auct. in Scaligeri Lectt. Auson. 2, 29, atque confirmatur a Fulgentio (cf. myth. III, 1, 9.), qui *Pollucis* (*Polluris* G.) *filius,* inquit, *sive a pollendo, sive a pollucibilitate.* Idem paulo inferius (cf. myth. III, 2, 6 fin.): *Pollucis* (*Polluris* G.) *quasi poli filium.* Error satis antiquus est, quo *Pollucem* pro *Tellure* acceperunt. Patrem sane intelligit B, qui habet *Caeli vel Polluris fil.* — Polluces, non Pollux, Castoris etiam frater appellatur a Plauto in Bacch. 4, 8, 52. cf. Varr. L. L. 4, 10 fin. *Acmona* Croni patrem vocat Eustath. ad Il. p. 1150, 59. — *Opis).* Vid. interpp. ad Hyg. f. 139 p. 243, et Staver. ad Fulg. p. 627. — *ferens)* Ita et B E G. Fulgentii edd. perperam *gerens.* — *sic)* i. e. *falcem ferens* etc. — *tres filios).* Omittit filias Vestam, Cererem et Junonem. — *Juppiter p. n. resecavit).* Confundit auctor hic et f. 105 celebratum istud Saturni facinus in Caelum patrem commissum cum Titanomachia, qua Saturnus cum reliquis Titanibus a Jove victus ac in Tartarum detrusus est. Recte tamen sentit noster 104 et Serv. ad Ae. 3, 707 et 5, 801, ubi aperitur etiam fabulae sensus. — *nata est Venus.*) Erinnyes quoque inde natas esse Hesiod. Theog. 185 sq. Apollod. 1, 1, 4 et alii tradunt. Cum ,nostro facit Serv. ad Ae. 3, 707. — *sibi divis.*) Serv. ad Ae. 1, 139. — *infernum.*) *Infernus* vox est Christianorum theologorum, quae etiam in paucis codd. Non. 4, 226 (est locus Varronis) reperitur. *Inferni* (Prop. 2, 1, 37 et 2, 21, 49) et *inferna* (Tac. H. 5, 5. et Senec. Her. F. 423) magis nota sunt vocabula.

103. Serv. ad Ge. 3, 93. mythogr. II, 62.

Dum) omisit D. — *filira* C; *philira* D. — *rem haberet*) *cohiret* C; *coiret* D. — *Opis* C, ut et alibi. — *veritus*) *timens* B. — *convertit se in eq. …qualem.*) Ita C D; Majus: *quale.* — *potuit numen* (nomen D) *imitari* C D. — Clausulas diversissimas reperies ap. B et C D. Hi sane *Opis* (ops D), inquiunt, *quum de uxore Saturni dicimus, o corripitur*, μt *opis* (ops D.) *opis; quum vero de nympha dicimus opis, o longa est, ut* (Virg. Ae. 9, 867): *Opis ad aethereum pennis aufertur Olympum.* — *adinventor*) ἐφευρετής ap. Cyprian. ep. 68, 10. Vox rarissima.

104 Serv. ad Ae. 3, 104, schol. ad Stat. Ach. 2, 190 p. 446, mythogr. II, 16. III, 15, 10.

Themideo). Novum adjectivum. *Themide* C et schol.; *Themi dea* D; *habuit in responsis a Themide* M. — *postquam … comperit* C D et schol. — 13 *ex rea* D. — 14 *ejus*) om. C D et schol. — 16 *coribantes* C D. — *tinnitu aeris*). Ita C et schol.; *tin. aeri* D. — Majus *tonitru*, omissa voce *aeris.* — 17 *deûm* C D. — Quae sequuntur desunt C D et schol. — *ejus*) Leg. *suum.* — *Nymphis*). Hinc emendandus schol. ad Stat. Th. 4, 785. p. 158. — *gemmam*) *lapidem* M et Hyg. P. A. 2, 43 p. 499. Serv. ad Ae. 8, 322. μέγαν λίθον Hes. Theog. 485; *veste involutum* add. schol. Stat. Th. 4, 785 p. 158. — 20 *celsam*). Ita A; pro quo Majus conjecit *caelatam*, quod non displicet. — *Abidir*). Ita et M. Vulgo apud Prisc. 5 p. 647, 47. cf. 689, 45 et 747, 14. scribitur *Abadir.* Plurali numero *Abaddires* dixit Augustin. ep. 17 ad Max. Madaur. Graeci hunc lapidem βαίτυλον vocant; Etym. M. Gud. Phavor. Hesych. et Zon. v. cf. Zoëga de obel. p. 201. — *cujus nat. s. v.*) Res profecto maxime mirabilis!

105. Juppiter, Saturnus et Venus.

Venus nata). De hac re diximus supra 102. — 28 *latuit*). Inde *Latium* dicta est terra; vid. mythogr. II, 1. Serv. ad Ae. 1, 6. 8, 322 (ubi Varro laudatur). 12, 820, ibique Catonis Origines et Saufeji sentent. de *Cascis* seu *Aboriginibus.* Saturnum Italiae imperium tenuisse (Serv. ad Ae. 7, 179 Fulg. 1, 2 p. 627) cum Jano, postquam a Jove e Creta expulsus fuerat, aliorum scriptorum est opinio; Serv. ad Ae. 8, 319. — 32 Ζεύς) Serv. ad Ae. 1, 388: *Nihil est aliud*, inquit, *vita quam reciprocus spiritus; unde et Juppiter, quo constant omnia, Ζεύς vocatur*, ἀπὸ τῆς ζωῆς, id est vita. Cf. mythogr. III, 3, 1. Serv. ad Ae. 1, 47 et Fulg. 1, 2 p. 629.

106. Mythogr. II, 161.

Prior hujus fabulae pars nova est. — *uxor duc.* B. — *traditur*). Haec nec Latina sunt nec vera. Lege *traditur Terra venisse ferens aurea poma cum ramis*; vid. B. — *Inde*) *Quae Juno admirans petiit*

B. — 38 *usque ad)*. Leg. *juxta* cum B. Schol. ad Lucan. 9, 857: *juxta Lethon hortus fuit Atlantis, cujus Hesperides sunt filiae.* — 38 *Cujus) Atlantis autem* B, qui deinde nomina profert. — Reliqua consentiunt cum 38 supra. — 40 *Hercules* etc.) Vid. ad II, 161 et schol. ad Stat. Th. 2, 280 p. 58.

107. Fulgent. 1, 3 p. 630 sq. cf. mythogr. II, 9. III, 5. 1.

v. 2. *nube tonans*). Haec derivatio a Fulgentio et mythogr. II et III aliena est; sed legitur apud Isidor. Orig. 8, 11, 38 p. 382 Arev. Varro Neptunum vocatum ait, quod terras *obnubat*, a nuptu, id est opertione (4, 13); cf. Isidor. Orig. 13, 7, 2 p. 113 Arev. — 3 Ποσειδῶνα) Majus *Posidonium*, ut H; *possidonian* E; POSIDONAM exhibet G, qui cum E addit: *quasi pionidonum, quod nos latine facientem imaginem dicimus* etc. Eandem etymologiam habet mythogr. III, sc. ποιῶν εἴδη. — 4 *propter aquarum element*) Quomodo hoc Neptuni officium cum ejusdem etymologia *nube tonans* conciliari possit, difficile est intellectu. — 5 *natura*) om. B H L M N. — *ut sit*) id est E G; plane om. B. — *sunt enim* (sc. aquae) *liquidae* etc. — 6 *Huic*). Ita et G; sed E *hinc et; huic autem* L; plane om. B. — *Neptuno*) om. H L M. — *Amphitriten* B; *Amphitrididem* H; *Amphitritidos conjug.* L M; *amphitridem* E G. — *conjug.*) *uxorem* B. — 7 *deputamus* H L M. — *circumcirca*) *circum* B H L M. — 8 *omnibus*) om. B H L M. — *tribus*) om. E. — *Qui Neptunus* etc.) Pro hoc appendice (vid. supr. 93.) ab hac fabula alienissimo Fulgent. et myth. III aquarum, reliqua elementa circumdantium, rationem dilucidant.

108. Fulgent. 1, 4 et 5 p. 631 sq. mythogr. II, 10 sq.

Terrarum praesul.) Mythogr. III, 6, 1. — *Orcum*) Isidor. Or. 8, 11 § 42 p. 383 Arev. Aliam etymol. vid. ap. mythogr. III, 6, 1. et B. — *abditum*) *abdicatum* E G; edd. Fulg. *addictum*, quod docte defendit Muncker. Illud glossa explicat per *adjunctum, traditum.* Rationem autem, cur Pluto tenebris addictus sit, hanc reddunt E G et mythogr. III, sc. *quod sola terrae materia sit cunctis elementis obscurior.* — *Hujus pedibus*). Mythogr. III, 6, 22. — *accidenti*). Haec per partes explicantur a reliquis mythographis.

109. Fulgent. 1, 6. mythogr. II, 12. III, 6, 23. schol. ad Stat. The. 1, 477 p. 28.

dictas Eumenidas) omittunt E G et schol. — B et hoc et plura de Furiarum genealogia habet. — *esse . . . deservientes* schol. — *Alecto) Allecto* A B; *Alecto quae* schol; *allecto, allecto enim* E G; *id est* B; plane om. H L M N. — *Tisiphone*.) Graeca proferunt reliqui libri, quos cf. — *altera vel secunda,* et paulo post *tertia* desideratur in hac fabula, pro quibus numeris E G bis exhibent *autem,* quod edd. in *alia et tertia* mutarunt. Tisiphone per *ultrix vox* redditur a schol. ad Luc. 6, 730, et per *furibunda vox* a Fulgent. p. 758. — *thesiphone* A L. — Aliam explicationem tentavit Isid. Or. 8, 11 § 95 p. 393 Arev. — *Hae pro crin.* etc.) Pro his prolixiorem nominum istorum interpretationem exhibent reliqui libri. —

110. Fulgent. 1, 7. mythogr. II, 14. III, 6, 23.

Parçae ... nulli parcant). Vid. Serv. ad Ecl. 4, 47, quem tamen locum mei codices non agnoscunt; sed legitur quoque apud Isidor. Or. 8. 11 § 93. — *Clotho* etc.) *Unde est* praemittit B. Hunc versum omittunt Fulgentii codd. et Lactantii Instit. 2, 10 p. 246. Buenem.; ac recte quidem omittunt tamquam ἄμετρον. Homerum auctorem laudat mythogr. III. — *bajulat*) *bajolat* B et L. Doederl. Synonym. 1, 151. — *evocatio* etc.) Schol. ad Lucan. 2, 15 p. 109 sq. Weber. — Plura de his offerunt mythogr. II. III.

111. Fulgent. 1, 8, mythogr. II, 13.

Stymphalides). Vid. supra 56. — *in inferis vigiliis deputantur*) *inferis Virgilius deputat* Fulgent. rectissime. Virgilii locus est Ae. 6, 289. cf. Serv. ad Ae. 3, 209. — *Ocypete*) *Ocypite* A B; *ocypaeto* G. — Pro *Aello* Hyg. p. 14 *Podargen* habet. *Aellopum* vocat idem Hyg. f. 14 p. 49. — *Celaeno*) *Acheloë* Hyg. De hoc nominum varietate vid. Apollod. 1, 9, 21 § 7 ibique Heyn. Tzetz. ad Lyc. 167. schol. ad Il. 16, 150.

112. Fulg. 1, 9, myth. II, 15 et 25. III, 7, 1.

Ceres enim) graece addit G, omittit E. Graece χαῖρον explicat Majus. Indicaverat Muncker. — *Haec et Vesta* etc.) Haec et reliqua absunt a Fulg. — *Duana*) Isidor. Or. 8, 11, 56 p. 386 Arev. schol. ad German. Progn. fr. p. 111 Buhle. — *Virgilius*) Ae. 4, 511. ibiq. Serv. et Isidor. l. l. § 57. — *Latonia virgo*), Alludit mythogr. ad Prudentii versus (contra Symmach. 1, 365 sqq.), a myth. II, 25 allatos, cf. schol. ad Germ. p. 111. Buhle.

113. Fulg. 1, 11, mythogr. II, 18 sqq. III, 8, 1. Isidor. Or. 8, 11 § 53 sq.

v. 12 *ponunt*) *voluerunt* E G, qui etiam etymon τοῦ Ἀπόλλωνος indicant, ut est ap. mythogr. II, 19. III l. l. et schol. ad Germ. Arat. p. 109 Buhle. — *Hunc etiam* E G. — *eo quod*) *seu quod* etc. E G, qui duplicem rationem reddunt, quae extat etiam apud myth. II, 19 et III p. 202, 25. — 13 *manifestat* E G B L M H et schol. Germ. — *in lucem*) om. B; *in luce* schol. Germ. — 14 *solum*). Hanc derivationem non agnoscit B. Affert eam et schol. Germ. — *Titanem*) *Titan* Isid; sed leg. *Titanem* sive *Titanum*; nam utrumque dicitur, et *Titan* et *Titanus*. — 15 *qui adv. Jov.* etc.) Serv. ad. Ae. 6, 580. Caeterum haec et quae sequitur sententia desideratur apud Fulgent. — *Ipsum Phoeb.* etc.) Hinc corrigendus est mythogr. II, 19. vid. Isidor. § 54. Aliam derivationem tentavit Cornificius apud Macrob. 1, 17 p. 300 Zeune. — 21 *quadrigam adscribunt*). Hae voces exciderunt apud schol. Germ. — *scribunt* E G, quod tuetur Muncker. — 22 *quod quadrifido* etc.) Alteram causam Fulgent. ita profert: *quod aut quadripartitis temporum varietatibus anni circulum peragat, aut quod quadrif.* etc. Noster contraxit et vices mutavit. — Mythogr. III et schol. Germ. post *peragat*, addunt: i. e. *verni* (veris), *aestatis, autumni et hiemis.* — *metiatur*) *metitur* pessime schol; qui deinde cum E G pergit: *Unde et ipsis* (ipsius) *equis condigna nomina posuerunt.* (Vid. infr. II, 21. III. 8, 6) Haec vel similia h. l. excidisse videntur. — 23 *Aethon*) *Actaeon* E G; *acteus* H; *acurteon* L. — Alium horum nominum ordinem exhibet Fulgent. et alii scriptores. — 24 *Lampus*) *Lampos* E; *Lampros* schol. Germ. — *eritreus* E G; *ericteus* L. *rubeus*). Ita L quoque; *rubens* H M N; *ruber* schol. Germ. — 25 *sol*) excidit apud schol. — 26 *splendens) lucidus* schol. Explicationes horum nominum sunt apud reliquos scriptores a nobis laudatos. — 27* *occasui* schol. — *vespere) horae nonae proclivio* (proclivior E) *vergens* E G et schol; qui tamen recte legit cum B *nona hora.* — *sol)* om. B E G — *pronus)* om. B. —

114. Fulg. 1, 14, mythogr. II, 24. III, 8, 18.

Magis succincte enarrata sunt a nostro myth. quae Fulgentius uberiore explicatione persequitur. B verborum ordinem subinde variat. — 31 *adiciunt* A B E G. — *quia) ea de causa quod* B; *illa videlicet causa quod* E G. — *sunt) sint* E G, qui cum reliquis Fulg. codd. h. l. plura inserunt, quae B ex parte agnoscit. Numeros et Graecas voces noster in seqq. item omisit. A B tamen artes et scientias a singulis Musis inventas singulis adscripserunt, quae explicatio abest a Fulgentio. — 33 *cognitio) cogitatio* B E G H L M N, quod verissimum judico. — 37 *multam memoriam faciens* E G; *plura recordans vel multae memoriae* B. — 39 *instructionem formans* B. — 40 *sonoritas caelestis vel bona vox* B.

115. Hygin. P. A. 2, 40, Fulg. 1, 12. schol. ad Germ. Arat. 427 p. 88 ed. Buhle; cf. mythogr. II, 22. III, 8, 14.

v. 3. *tutelam* E G. De re ipsa v. Albric. p. 902. Stav. — *ponunt) volunt* G. — *sive) vel* H M; plane om. L. — 4 *contra flagrantium rerum naturam* L. — *ipsis)* om. B H L M. — *aestivis) aestatis* L. — *ovipar. p. f.) foetus ova pariat* B; *ovipares* etc. G; *producat* H M; *producit* L, qui *foetus* om. Deinde Fulgentii codd. subjungunt: *Unde et Petronius* (fr. p. 878 Burm. ed. II):

> *Sic contra rerum naturam munera notae*
> *Corvus maturis frugibus ova refert.*

— *sive quod) vel quod* H M; *verum etiam quod* L, qui tamen cum reliquis myth. III codd. in seqq. diversam sequitur narrationem. — *oroscop. lib.* E. — *libris)* E G addunt: *secundum Anaximandrum sive etiam secundum Pindarum.* Quae deinceps leguntur apud nostrum, extant apud Hyg. l. l. — 8 *a fonte)* sc. aquam petitum. Maji cod. *aquarum.* Schol. Germ. *ad fontem* sc. missus; quam lectionem tueri conati sunt Muncker et Staveren. — *arbores . . . immaturas).* Ad arbores rettulit auctor, quod proprie de ficis erat dicendum; quae ratio offendit Schefferum. Sed nihil mutandum est. Ovid. Fast. II, 253 sqq. eandem fabulam tradit, laudatus a myth. III, 8, 14. — 9 *naturescerent* Maji cod. — 11 *compluribus* Hyg. — 12 *vidit) eum* addunt Hyg. edd; sed abest ab Hemst. cd. — 13 *amisso),* Hyg: *admisso ejus* i. e. *peccato.* — *dixit se) dicitur quod diu moratus sit* etc. Hyg. At haec constructio: *dicitur . . . Apollinem . . affecisse* Latina non est. Legendum saltem est cum Hemsterh. *Apollo* pro *Apollinem. Pro* i. e. propter *cratera amissum.* — 16 *posset* Maji cod. — Hic plura de Cratere ad sidera relato inserit Hygin. — *Istrus).* Ita correxi pro *Histrius,* quod est ap. Majum et in Veneta et Vitt. 3. Hygin. ubi et *Ister* et *Histrus* libri repraesentant. Graecam terminationem recte tuetur Muncker. Ἴστρος rerum et Atticarum et sacrarum scriptor notissimus est. — *Coronidem* etc.) Hic incipit mythogr. II, 22, schol. ad Stat. Th. 3, 506 p. 206 et Hygin. f. 202. — 18 *Phlegyae fil.) Coronei fil.* dicit Lactant. narr. fabb. 2, 7 et 8 p. 798 sq. Sed vid. ibi Munck. — 19 *Elati fil.)* Maji cod. *Semealti.* Hic Elati filius ap. Hyg. P. A. 1. l. *Ischys* vocatur, apud eundem tamen f. 202. *Chylus;* ap. B

et schol. St. *Lycus.* — *concubuisse.*) Hygin. 'P. A. sic pergit:
quum videret corvus, Apollini nuntiasse. — 22 *Coronidem*). Ita
cujus cod. habet *sein.* Sed *Ischyn* Hyg. P. A; Idem tamen f. 2
B et 'schol. St.) et *Chylum fulmine* interfectum et Coronidem per
ex ejusque utero Aesculapium exectum dicit. Cf. Serv. ad Ae. 6

116. Fulgent. 1, 13. Serv. ad Ecl. 3. 63. C mythogr. II, 23. III, 8, 4.

Ladonis.) Daphne *Penei* plerumque filia vocatur, ut ab ips
gentio et myth. II et III. Sed Pausanias (10, 7, 4), Palaephatus
Philostratus (Apoll. Ty. 1, 16.), Arrianus (ap. Eust. ad Dionys.
916, cf. 416), schol. ad Il. 1, 14, Geopon. 11, 3, Serv. ad Ae.
2, 514, schol. ad Stat. Th. 4, 290 et 830 p. 133 et 160. etc. *I.*
filiam esse tradunt. — *Et sic poëtae d.*) Ad somniorum interpret
vocat Fulgentius et myth. II. III, unde locus noster haud dubie est
dandus. Poëtarum narrationem intelligit illam quae praecedit;
subjungit τῶν ὀνειροκρίτων sententiam, quae ex parte omissa est.

117. Serv. ad. Ecl. 3, 63, mythogr. II, 18

iacinthum C D. — *tam ab Jove* C. — *laxaretur*) Leg. cum
laetaretur. — *exerceretur*) Leg. cum A B C D: *exercetur.* — *int
tus* A B C D. — *nominis*) *sui* addunt B C D. — Caeterum schol
Th. 4, 222 p. 130 miris modis hanc fabulam narrat. Pro *Boreae
disco* nobis offert *Zephyri vertiginem*, qua Hyacinthum illum per
esse dicit, *quod se Apollini praetulisset.*

118. Cf. Serv. ad Ae. 10, 189, mythogr. II,

Phaëtonta) Leg. *Phaëthonta.* — *sive Eridanum*). Quis Pha
tem umquam vocavit Eridanum? — *qui susc. Hip.*) Hoc iterum a
rum narrationibus alienissimum est. Aesculapium myth. cum Pha
confundit — *fluvium Italiae*) sc. Eridanum, qui est Padus. —
... *Phaethon* etc.) sc. ἀπὸ τοῦ φαίνειν, vel potius ἀπὸ τοῦ α
αἴθω, ut Serv. dicit ad Ae. 5, 105, ubi ipse sol hoc nomen sortit
(Sil. It. 11, 371 Val. Fl. 3, 213 Orph. fr. 7.), quod Homerus
Soli tribuit. — 1 *mixta*). Ubinam, quaeso? — 3 *Lampetusa*) *La
habet B, Ovid. Met. 2, 349 et Hyg. f. 154. Apud Homerum
nomina Solis filias designant, quae in Trinacria patris armenta pa
(Od. 12, 132). Pro *Phaëthusa* in A est *Fletusa.* — *in populo
alnos*; utrumque tradit Virgilius Ecl. 6, 62 et Ae. 10, 190; illud
Rh. 4, 604. Hyg. f. 152 p. 264 et f. 154 p. 267. schol. Germ. A
p. 84 Buhle. Caeterum alii tres memorant Heliades, alii septem
aliter. — 4 *Hac ira*). Leg. *Ob hoc ira c. A.* Caeterum ob inter
a Jove Aesculapium Apollo Cyclopas occidisse vulgo dicitur. — 1
tuor) decem memorat Probus ad Ge. 3, 2; novem Serv. ad Ae. 7
alii aliter, vid. Oudend. ad schol. Luc. 6, 368 p. 455 ed. Weber
Eurotam.) *Amphrysum* flumen Thessaliae plerique memorant scri
ut Serv. Prob. et Maji interp. ad Virg. Ge. 3, 2, schol. ad Luc
368, ad Stat. Th. 5, 434 p. 183 et ad 6, 375 p. 214. — 8 *ubi
plures*) Leg. *ibique plures.* Nam illud *quam plures* non intellig

119. Cf. mythogr. II, 42. III, 9, 1-3, Isid Orig. 8, 11 § 45-49.

Homo nescio quis et antiquitatis et Latini sermonis omnino
iultium hujus fabulae consarcinavit. — 10 *Cyllene.*) Ita correxi;

Cilleo. Schol. ad Lucan. 1, 662 Cyllenen (*Cilene* B ap. Web.) *insulam* nominat, ut supra noster *Colchidem insulam* dixit. Bc. ap. Web. *Cylleo* scribit. — 11 *ita . . quod*) Constructio plane nova. — 13 *virgam caduceam.*) Hoc adjectivum in lexicis desideratur. — *grossiori.*) Vox medii aevi — 15 *Mercurius* etc.) Hic incipit Isidorus. — *medius.*) Hinc *medicurrius* ap. Arnobium 3 p. 118. Isidorus plura hic intertexit de Ἑρμῇ et mercium praeside etc. — 16 *unde et velox* etc.) Serv. ad Ae. 4, 239. — 21 *serpentes devidit* etc.) Hic fab. incipit Serv. ad Ae. 4, 242. — 22 *venena*) h. l. esse videntur *dissidia, bella,* propter seqq. At exempla desidero. Rem explicat Serv. ad Ae. 8, 138. — *ac dissidentes*) om. C D. — 23 *Livium*) sc. in deperditis libris. Qui enim adhuc extant, laudant tantum caduceatorum officia in induciis indicendis et in colloquiis proponendis (26, 17. 31, 38. 32, 32. 33, 11. 37, 45.). *secundum Plinium* est in cod. L myth. III p. 215, 18; vid. Plin 29, 12 (3); *libium* C. — 24 *bella*) *bellum indicebatur* L. — 25 *caduceatores componebatur* H L M N. — *Hermes*) Leg. Ἑρμῆς cum L et D. — Graeca verba corrupta sunt in omnibus meis codd. — 26 *Qui ob virt.* etc.) Lactant. *de ira dei* 11 § 12. Institt. 1, 6 § 3, ubi *ob virtutem* om.

120. Fulgent. 2, 15. Cf. mythogr. II, 79.
III, 12, 5.

v. 33 *cum*) om. E. — *veniens*) i. e. *quum venisset.* Soloecam orationem notat Muncker. — *illa*) deest E G. — *crepuit*) i. e. *rupta est,* ut Pallad. 4, 10 init: *poma crepant*; et Virg. Ae. 5, 205: *remi crepuere.* — 34 *foemore* E. — *misit*). Muncker conjecit *insuit,* non abnuente Staverenio. — *postea Maroni* E G. Nescio cur Fulg. editores scripserint *Maroni postea.* — 37 *Ino*) hino E G. — *agauue* G. — *quae Agave* etc.) Haec apud Fulg. transposita reperiuntur ad finem, ibique in reliquis quoque alius est verborum ordo. — 38 *quattuor* G constanter fere. — 40 *rerum oblivio* E G, qui cum myth. III p. 245, 43 singulis nominibus numeros adscripserunt. — *Juno autem* etc.) Hic eadem fabula iteratur, quae extat apud Lactant. narr. fabb. 3, 3 p. 805 sq. — 41 *Hermiones*). Lact. Ms: *Armoniae*; editi libri *Hermionae* vel *Hermiones.* Cadmi uxorem *Hermionem* ubique vocant nostri mythographi, quum tamen *Harmonia* scribendum sit, ut edidit Muncker hic et Hyg. f. 6. — 43 *ut se fallacia sine invidia cujusquam ulc.* rectissime Lact., qui sequentia pluribus exequitur: *ad eam venit, persuadetque ei, ne alio Jovem apparatu recipiat, quam quo solitus sit apparere Junoni; quo ut illius auctoritas gravis, proinde ips. c. i. e.* — 2 *proinde*) i. e. *unde, quo.* — 3 *impetrasset* cupiente Lact. — 4 *tecta ejus deceptae optatis flammis adurit* Lact. — 5 *utero gravidae* Lact. — 6 *eripit* Lact. — 8 *perfrequentarent* Lact. Ms. Venet. et Micyll. *frequentabant* Raener. *perfrequentabant* Giselin. — *Septem enim* etc.) Hic explicit Lact. Quae sequuntur congruunt cum Hyg. P. A. 2, 21 p. 469. — 9 *eaedem* N. D.) Has *antea* Nymphas Dodonidas appellatas esse scribit Hyg., qui earum etiam nomina recenset; omnesque *praeter Ambrosiam* ad *Tethyn* profugisse narrat. — *Dodonides*) Majus *Dodonidae.* — 13 *Hinc Liber*). Haec iterum leguntur apud Fulg. p. 693 et myth. III p. 244, 46 sqq. (cf. myth. II, 80 fin.), cum antecedentibus autem non cohaerent. *Hinc* ad seqq. spectat. — *Dionysius* Majus et Fulgentii edd. — 14 *vinulentia* G, qui cum E et L M alteram explicationem subjungit: *sive etiam, quod vino efferatae mentes mulceantur; unde et I. d.* etc.

121. Serv. ad Ae. 4, 196, cf. mythogr. II, 80.

seu Dionysus) om. C D; *Majus s. Dionysius.* — *xero Iybiam* C; *sere libiam* D. — *impl. aux.* C D. — *sequutus est*) *ab harenis* addit C. Recte! — *ab eo deinc. Jovi*). Haec emendanda sunt ex C D: *Unde factum est* (*est* om. D) *jovi ammoni* (*ammonio ab arena dicto* D) *simulacr. c. c. a.* — *notis*). Ita correxit Majus pro cod. lectione *natis.* Notas arcanas vel hieroglyphicas intelligit. At genuinam lectionem servarunt C D: *satis*, quod tamen plane omisit schol. ad Lucan. 3, 292 p. 218 Weber, ubi additur: *sicut involuta sunt cornua arietis.* Idem schol. hanc fab. tangit ad 4, 673 et ad 9, 512. In India hoc prodigium factum esse narrat Hyg. f. 133, in Oriente schol. ad Lucan. 9, 512. De re cf. schol. Germ. 223 p. 61 Buhle, ad Stat. Th. p. 104, et Hyg. P. A. 2, 20 p. 467.

122. Cf. mythogr. II, 171.

Mythographus II ad verbum quidem non consentit cum I; attamen manifestum est, utrumque ex uno fonte hausisse. — 28 *expergefactus* B. — *rogavit* B. — 29 *quo volueris* B. — 31 *tigrides sibi sacratas* B — 32 *quo terrore* B. — 33 *dedere*) *et facti sunt delphini* addit B, et Lact. narr. fabb. 3, 9 p. 808 insuper *aves; sed* hic error est; vid. Muncker.; in indice est *naves.*

123. Serv. ad Ae. 3, 14, mythogr. III p. 245, 35.

ligurcus rex tracie C; *ligurgus* D. — *habet fab.* C D. — *ejus amputat vites*). Haec exciderunt in D. — *sua incidit*) *sibi succidit* C. *incidit est* etiam ap. schol. ad Lucan. 1, 575 et 3, 431. — *revera autem* C D; — *acriores* C. — *a Demosthene*) Leg. *de Demosthene* cum C D L N; istud vitium servant A et M. — *bene dictum* D. —

124 Isidor. Orig. 8, 11 § 71 - 75 ed. Arev.

ingeniorum) i. e. *rerum ingeniose excogitatarum;* Isid. Orig. 19, 20: *Minervam ... multis ingeniis praedicant.* Apud Tacitum quoque *ingenium* dicitur pro eo quod ex ingenio oritur, ut Hist. 2, 71. 3, 28. Apud Augustin. de civ. dei 18, 8 *multorum operum inventrix* appellatur Minerva. — 1 *manus artium variae*) *munus artium variarum* Isid. Alias derivationes tentarunt myth. III, 10, 1, Cicero, Arnobius, alii. — 4 *dicitur app.* etc.) Augustin. de civ. dei 18, 8. — 5 *ab insula Pallene*) *in Thracia* addit Isid. Est autem chersonesus, non insula. — 6 πάλλειν) τὸ δόρυ addit Isid. et Serv. ad Ae. 1, 39. — 7 *occiderit* C D et Isid. *interfecerit* myth. III, 10, 1.

125. Fulgent. 3, 9, mythogr. III, 10, 7. II, 115.

v. 9. *ex ossa* G. — *irbias* E. — *invenit*) *fecit* E. — *cum quib.*) *de quibus* E G, defendente Munckero; praepositionem omisit L et M. — 10 *cecinisset deorum* E. — *concinisset* M; *concinuisset* L N. — 11 *Tritonem* E; *Tritonam* G, quod probat Muncker. — 12 *est, et*) om. E G. — *turpem*) *ex flatu* addit L. — *dum t. adj. buc. infl.*) om. L M N. — 13 *jecit*) *abjecit* vel *projecit* conjecerunt Damsterus et Goesius; vid. Munck. *abjecit* est in L M N. — *Marsias* E G M N; *Marsya* B. — 15 *et ambo*) om. E G. — *diligunt* E G; *elegerunt* L M. — 16 *Cujus jud.* etc.) Hic Fulgentii narratio discrepare incipit a nostro mythographo, sed consentit cum myth. III. — 17 *et enudatus*) Lact. narr. fabb. 6, 5 p. 830, qui in seqq. ad verbum cum nostro congruit, legit:

ac cute nudatus est; ubi Muncker: "Ms. Venet. ac Micyll., inquit, a cute nudatus est tergore. Lege, a Scythe, vel ac a Scythe nudatus est tergore". Istud cute retinendum esse arbitror. — sanguinis sui) Lege ejus. — 18 fons inde etc.) Schol. ad Lucan. 3, 206 sqq. — 19 Juvenalis) 9, 2. — 22 ut) ita ut Lact. — 23 creverit) increverit, Lact. — quod) ejus nomine in Phrygia addit Lact. — 25 alias.) Vid. supra 90.

126. Serv. ad Ge. 2, 84 et 4, 111, mythogr. II, 179 et 38. III, 8, 1 et 6, 26.

Lotis Ovid. Met. 9. 347; Lotas C. — insequeretur) persequeretur B C D. — fava fyryata C. — 30 civitate) Hellesponti addunt B C D. — lapsaco C. — 31 Post B C D. meruit es. num. hort. B C D; ortorum D. — 32 oracius C D; Statius A. Correxit Majus. Horatii locus est Serm. 1, 8, 4, quem non laudavit B. — nam fures C D et Hor. ipse. — cohercet A C D. — 33 rubet C D. — porrectus C D et Hor. codd. — 34 Ast) Has C. — harundo Majus. — 36 eorum) om. A. — 37 seminalem vim cohercet A.) semel aliquid creet B C D. — 38 fructu) fructibus B. — Deinde C subjungit: Et aliter. Quum in lapsaco civitate ellesponti nutritus est, hunc liber et veneris volunt filium, hortis et vineis custodem, quae verba in Servii edd. desiderantur. B plura alia de Priapo tradit.

127. Varro ap. mythogr. III, 8, 2. cf. II, 48, Serv. ad Ecl. 2, 31. Isidor. Orig. 8, 11 § 81-83.

figurative). Haec vox in lexicis desideratur. — similitud. form. B C D. — id est) nempe B. — Isidorus plura in hac fabula et amplificat et transponit et omittit. — 1 similia) in . . similitudinem B C D et Isid.; ad . . similitudinem H M; in similitud. lunae et solis L N; radiorum solis et lunae Isid. et H M. — 2 imitationem) similitudinem Isid. imitatione L, omissa praepos. — nibridem Majus — 3 ad) id est ad B D. — pars ejus infer. B C D H L M N. — hispida) est addunt reliqui codd; foeda Isid. — 4 et feras et pecudes Isid; et feras D. — pedes) ungulas Isid. — 5 ut ostendat) propter L M H. — stabilitatem L. — fistulam reliqui codd. — habet) gerit H L M; gestat Isid. — 6 armoniam C D H L. — in qua). Ita et Isid. cum C D; sed B in quo septem sunt planetae. — Unde dicit Virgilius) ut Virgil. (6, 646) B; ut diximus in Aeneide C D; quae verba omiserunt H L M N et Isid. — 7 sept. discr. v.) om. H L M N. Quae sequuntur desunt Isid. — ergo) recte om. reliqui codd. — Curvam) recurvum baculum B D; plane om. C. — 8 καλαύροπα Hom. Il. 23, 854; calauropam A B; καραυρο-ραπα C; caraurorapa D; cauroropam H; cautexopam L; calauropen M N. — habet) om. H M; gestat L. — virgam pedum C. — quia annus etc.) propter annum, qui etc. reliqui codd. — in se B H L M N. — recurrit) vertitur L; se recurvat B C. — 9 Hic) om. B C D. — 10 deo) om. B D. — quia) ut legimus addunt B C D, qui habent etiam omnia vincit amor; sc. ap. Virgil. Ecl. 10, 69. — 11 Hic ergo) Ergo pan C D; ergo om. B. — secundum fabulas addunt C D; fabulam B. — Syring. N. amasse dicitur B D; amasse d. S. Nymph. C. — 12 sequeretur B C D. — 13 versa) conversa B C D. — ad solatium amoris B O D. —

128. Serv. ad Ecl. 4, 62. Fulgent. 2, 14, mythogr. II, 37 et 40. III, 10, 3.

v. 16. *eo quod*) *quum* B C D. — *esset*) *et Juno ei minime arrisis-*
set addunt B C D. — *á parent.* etc.) *a Jove est praecipitatus in insul.*
Lem. B C D. — 18 *illicque*) *Illic nutr.* omissa copula B C D, qui novam sententiam hic ordiuntur, et sequens *Hic* omittunt. — *Sintiis*)
simiis A D; *absinthio* B; *nimphis* C; Σίντιες ἄνδρες Hom. Il. 1, 594.
Sequentia transposuit B, qui statim pergit: *divinos honores non meruit,*
ad quos per conv. etc. ut Serv. — 19 *fabricaret*) *fabricasset* C D. — 20
patrem suum Jovem) om. C D. — *idem*) *vel* C D. — 21 *concessum est*
illi etc.) Servius ita pergit: *spretus ab ea est; unde divinos honores*
non meruit, ad quos per convivium numinum aut per conjunctionem
(*conjugium* B) *venitur dearum.* — 22 *reluctante*). Hic Fulgentius quoque incipit et Serv. ad Ge. 3, 113. — *adversus Vulcanum* addit M; sed
E G L N *vulcanus semen in pavimentum jecit*, quae perperam omisit
A B M. *effectum libidinis projecit in terram* C D. — Copiosius reliqua
exponit Fulgentius. — 23 *natus e.*) Lege, *unde natus est,* ut E G L.
inde puer natus est M N; *inde natus est p.* C D; *puer drac. ped. qui*
app. e. omisit Fulg. — *ped. drac.* M; *traconinis* L. *drachonteis* C. — 24
ericthonius E G; *erictonius* L N. — *et lite*) om. C. — 25 *nam*) *juxta*
Servium addunt L M N. *graece* addunt E G. — *lis*) *certamen* E G. —
est) *dicitur* E G; *plane* om. L M N. — *nam eris est licten terra* D. *eris*
enim lis Cthon terra C; *tonos vero terra nuncupatur* E G; *ve lis lictri-*
ton interpretatur L. Deinde plura a B et Fulg. intexuntur. — *celandam*)
tegendam B C D L M N. — 26 *junctis equis*) om. L M N, qui habent
primus. — *quo teg.* etc.) om. L M N. — Caeterum Philargyrius ad
Ge. 3, 113: *Varro in libro,* inquit, *qui Admirabilium inscribitur,*
Erichthonium ait primum equos quattuor juxisse ludis, quae Panathe-
naea appellantur. De hoc Erichthonio alibi satis dictum, qui anguinis
pedibus fuisse memoratur. Haec C quoque refert, praemissis verbis *Et*
aliter. Sed desiderantur in Servii libris editis.

129. Varro ap. Serv. ad Ae. 5, 824, mythogr. II, 167., III, 5, 1 fin.

Thoosae) *thoos* C. Hanc genealogiam omittunt H L M N. — *dicitur*)
om. reliqui codd. — *rex*) *ut Varro refert* praemittunt H L M N. *ut*
autem V. dicit B C D. — *Corsicae et*) om. D. — *corticae* L. — *ab*
thlante C; *athalante* L. — *m. parte sui exercitus* L. — *abruptus* C;
abreptus L. — *ejus*) om. B H L M N. — *eum*) om. H M. — *in deum*)
om. C. — *itidem*) addunt H M. — *dixerunt* L. pro *finxerunt.*

130. Fulgent. 1, 26, mythogr. II, 112. sq. III, 14, 1 sqq.

Phorcus etc.) *Ceto fuit ejus mater* (Hes. Th. 270 sqq.) — 35 *Stenon* A;
Sthenyo B; *Stenno* E G; *Stennino* L M; Serv. codd. ad Ae. 6, 289
Sthenno, Sthenio, Sthennio. Ista monstra retinuit Majus. — *euriale*
L E G. — 36 *contuebantur*) *utebantur* L M. — *intuentes* L M N. —
in lapides convertebantur L. — 37 γοργώ). Hoc substantivum Graeca
lingua ignorat; γοργός sane, *terribilis,* notissimum est. — 39 *crystallino*).
Vitreum istud Persei clypeum vocat B, *speculum* Fulgentius p. 658; sed
crystallinum etiam schol. ad Lucan. 9, 665. — *arpe* L. — 40 *adjutorio*)
consilio L. — *Revera*) om. B, qui cum L M N *Serenum* hujus narrationis auctorem laudat. Idem refert Servius ad Ae. 6, 289; cf. Isidor.

XI, 3 § 29. — 41 tres) om. C D. — 1 uno oculo uterentur L M. — locupletes nimis B. , Solam Medusam tradit Fulgentius fuisse terrae cultricem. Haec enim Gorgon, inquit, dicta est quasi γεωργῶν (sc. γεωργὸς vel γεωργοῦσα, at E georgiò, G georgigo); nam γεωργοὶ (georgi E G) Graece (om. E) agricultores dicuntur. — 2 georgicae) georges M; plane om. B L. — 3 Graece, Latine) omittunt reliqui codd., quorum E G M etiam γῆ et ἐργασία etc. non receperunt. — γεωργία) ἐργασία B, orgia L. Istud ἐργασία (vel ἔργον) verum est. — 4 Mortuo) sed mortuo B; sane maxima sororum (soror L) Med. patre mort. etc. L M N. — major filia) om. B. — regnum) ejus addit B. successerat M. — In sequentibus dissident inter se mythographi. — 6 Gorgon) Corgo B; vid. supra — 7 debilitas). Immo σθένω est vis, potestas. Fulgentius Graecas voces apponit, quae cum ipsis Gorgonum nominibus misere corruptae sunt in codd. — Euryale). Hujus nominis interpretatio forte excidit e cod. M. — εὐρυαλὸς est latam aream (ἄλως) habens. Profunditatis notio huic voci non inest, nisi de mari (ἄλς) cogitaveris. — 8 amentia vel) om. reliqui codd. — quasi μὴ ἰδοῦσαν, quod videre non possit E G, quod etymon falsum est; μέδουσα est regina, dominatrix, ut Medusae pater est μέδων ἄλός Odys. 1, 72. — autem) enim M; om. B L. — omnia) om. L M N. — 9 operantur) faciunt B; terror operatur M. — 10 ponitur) accipitur L M; Graece virtus dicitur B, quod quomodo fieri possit, non assequor; descendit a πέρθω. — Gorgonam) Gorgonem B; gorgones L; cum auxilio B, adjuvante Minerva L M. — 11 sapientiae) Lege auxilio sapientiae. — auxiliatrice sapientia B. — Haec copiosius persequuntur B L M E G. — sanguine) semine B; sed leg. sanguine. — 12 nasci fertur E G. — in figura famae constitutus E G L M N. — Recte mythogr. III a πηγή derivat nomen Pegasi. — 13 sive Pegaseus). At hic Heliconis fons Hippocrene diversus est a Parnassi fonte Castalio. Eundem B Aonium insuper appellat. — 14 bonam) om., B, qui legit quaerit. — 16 Neptuni). Neptuni et Medusae filium vocat schol. ad Stat. Th. 4, 61 p. 121 (qui ad Persium init. provocat), et ad Th. 6, 338 p. 211. cf. Serv. ad Ae. 2, 616.

131. Lactant. narr. fabb. 4, 20 p. 817, mythogr. II, 112.

v. 19. peteretur in connubium B. connubium et conjugium pro concubitu ponuntur, auctore Munckero. — Neptunum eff. B. — 20 quoniam) quod Lact. — rem habuit) Lact: concubuit. — cum quo ... rem h. B. — 21 inquinavit) obtriverat Lact., qui praefixit quam. — eadem) dea addit Lact. — Sed B: Cui quum et prius se propter formae jactantiam praeferret, crines ejus a Min. etc. — 22 quum) quae petita initio etc. Lact. — in conjugium) om. B et Lact. — petita in primis B, qui pergit: postea eosdem vultus deformitate terreret.

132. Schol. ad Stat. Th. 2, 286 p. 59. cf. mythogr. II, 36 et III, 11, 2.

cum Junone). Vide Burmann. ad Ovid. Met. 3, 269 et interpp. ad Hyg. p. 13 et Fulg. p. 671. — Harmiones filios vocat schol. St.; sed lege Eurynomes; vid. Burm. ad Anthol. Lat. 1 p. 55. — Pasithea) pasthea L. Illud Nereidos nomen est ap. Hesiod. Th. 247, qui Gratiam vocat Thaliam (Th. 909). — Aglaie) Aegiale A N; eugiale B L M. quae portenta non sustulit Majus.

133. Schol. ad Stat. Th. 5, 29 p. 164, mythogr. II, 141.

A Veneris et Martis adulterio a Sole detecto mythogr. II narrationem incipit. — *Lemniades*) om. B. *Lemniadae* Hyg. f. 15, ubi vid. Muncker. — 32 *singulis annis* schol. *an. solv.* *sing.* B. — 33 *duxerunt* schol. — *Quas*) *Unde* . . *eas* B. — 35 *sibi filias* schol. et B. — 38 *interimunt* B; *peremerunt* schol. — *sola patris Thoantis miserta, non sol. ei pepercit* etc. B. — 39 *ut ei*) *uti* A; *ut* schol.; uterque pronomen *ei* omittit. — 40 *persequeretur* perperam schol. — 41 *ad*) *in* schol. — 42 *pervenerunt* schol. *suscip. hosp.* B et sch. — 1 *nupt. junx.*) *concubuerunt* B et schol. — *duos filios* schol. et B. — 2 *Euneum*) *Eunium* A; *Oeneum* schol. et B. — *Quum autem Argonautae* . . *ibi* B. — 5 *eam*) *illam* schol. — 6 *est* . . *et*) om. schol. — *Nemeam*) *Nemaeam* B; Hyg. f. 15 *Thebas*. — *et a Lyc.* B. *Lyco* nonnulli codd. ap. Hyg., quod receperunt edd. — *ejus*) *illius* B, qui deinde aliam fabulam subtexit.

134. Schol. ad Stat. Th. 2, 222 p. 55. Mythogr. II, 103. Cf. Hygin. f. 168. Serv. ad Ae. 10, 497, schol. ad Stat. The. 6, 292 p. 209 et ad 1, 324 p. 20.

v. 10 *Aegyptus*) *Egestus* B; *Egystus* et *Aegystus* schol. B, quocum C D ad Ae. 6, 608 et schol. ad Stat. Th. 5, 117 p. 168. conspirant. — B verborum ordinem subinde mutat. — *qui*) *Egestus* B. — 11 *filias*) *suas* addit B et schol. Stat. A. — *copularet*) *daret* B; *pane* om. schol. A. — 12 *ut responso comperit* B. *ut* omisit schol. A. — 13 *interiturus foret*. — *primum* schol. A. — 14 *naves* B. — *Hoc comperiens Egestus misit fil.* etc. B. — *mittit*) *misit* schol. A. — 15 *iisque* B. — 16 *interficerent* B et schol. A. — *domum*) *ad se* B et schol. A. — *ut Ag. f. Cad. imp.*) om. B. *Cadmo*) om. schol. A. — 18 *patruum*) om. B; sed restituendum est. — *eis*) *fratris sui filiis conjunxit uxores.* — 20 *nuptae*) om. B. et schol. A. — *in nocte*) om. B. et schol. A. — *armavitque occulte* (leg. *cultris*) *filias conjugali nocte* schol. Stat. B. — 21 *praeter Ctytaemn. quae sola*). *Sola Hypermnestra Lynceo marito suo pep.* recte B. *Lino pepercit* schol. B. Lege *Lynceo*; *Linceo* schol. A C. De his corruptionibus vid. Heins. ad Ovid. Epist. 15, 123. *Linum* pro Lynceo nobis offert Acron quoque et schol. Cruq. ad Horat. C. 3, 11, 23. — B addit: *A quo postea Danaus, ut oraculi fides impleretur, occiditur*; quae habet schol. B. — *scelus*) *Danai filiae* addit B. — *ut aquam dolio pertuso infundentes, numquam laboris finem mereantur* B. —

135. Mythogr. II, 192.

Dardanus). Hyg. f. 155 p. 268 ibiq. interpp. Philarg. ad Ge. 3, 35. Serv. ad Ae. 8, 130, et ad Ae. 3, 104: *Dardanus*, inquit, *Jovis fil. et Electrae, profectus de Corytho, civitate Tusciae, primus venit ad Trojam, et illic parva aedificia collocavit.* — *Iasius*) Virg. Ae. 3, 168; alii *Iasionem* vel *Iasonem* vocant. Sed frequentissima horum nominum est confusio; vid. interpp. ad Hyg. f. 250 p. 359. De utroque fratre Serv. ad Ae. 1, 380 et ad Ae. 3, 15. — 26 *de Corytho*) Majus *Corintho*, quod exhibent quoque codd. Serv. ad Ae. 1, 380, ubi C *Corithum*, alii *Coritum* (ad Ae. 3, 167 *Corito*), *Corintum* etc. Et civitatem et montem ipse Virgilius (Ae. 7, 209. 8; 170. 9, 10. 10, 719) *Corythum* appellat, ad quos locos Serv. et nominis et fabulae rationem copiose expouit. — 33 *Tros*) *Trojus* est ap. Philarg. ad Ge. 3, 35, qui istam genealogiam aliter refert; cf. Serv. ad Ae. 8, 130. — 39 *Capyn*) Virg. Ae. 6, 767 et 10, 145 ibiq. Serv., quem cf. ad Ae. 1, 2: *Capys Capuam* coñdidit. Idem ad Ae, 242: *Capys Campaniam* tenuit. Idem ad Ae. 1, 272. 284 omnino cum nostro consentit; cf. ad Ae. 5, 30. 6, 767. 778. 2, 35. Ovid. F. 4, 45. Lucan. 2, 393 ibiq. schol. p. 148 ed. Weber.

136. Serv. ad Ae. $\frac{I}{3}$, 550, mythogr. II, 193 init.

Trojam). Hujus urbis muros tantum alii memorant. — 1 *mentitus est munera*) i. e. *denegavit*. Haec est poetica dicendi ratio, ut *mentiri noctem* ap. Prop. 2, 13, 57. — 2 *pestilentiam*). De hac alii nihil. — *cetum*) *cetos* B C D. i. e. *belluas marinas* addit Serv. ad Ae. 3, 3. *cetos grandes* in proxime sequente fabula. — 4 *contraria respondit* B; *magis* addunt C D; *magis adversa* conjecit Burmannus. Sed frustra. Nam auctor significat Apollinem Trojanos contraria facere jussisse iis, quae expectaverant. — *filias ejus*) *puellas nobiles* B C D, qui *omnes* omittunt. — 5 *obiciendas* B C D, quod praestat. — *ceto*) *beluis* B C D. — 6 *Colchos*) Serv. ad Ae. 1, 619. — 9 *mentitus est*) i. e. *ei denegavit*, ut supra. — 10 *destruxit*) et *Laomedontem occidit*, Serv. ad Ae. 1, 619. Hyg. f. 31 p. 89. *Telamoni*) Serv. l. l. et ad Ae. 3, 3. 8, 157. Hinc emendandus schol. ad Stat. Ach. 1, p. 446. — 13 *a sociis*) *a vicinis hostibus* Serv. ad Ae. 1, 619. — Cf. Hyg. f. 89.

137. Serv. ad Ae. 5, 30, mythogr. II, 193 fin.

v. 17. *pro quibus*) *unde* C D, quod praestat. — 19 *ypotes* D. Haec et seqq. extant quoque ap. Serv. ad Ae. 1, 550, ubi C *ypotes*, D *ippotes* repraesentant. — *timens filiae* etc. B. — *Acestae*) *Egestae* B D; *segestae* C. — 20 *regis filia esiona* C D. — *jam*) om. D. *religione* addit D ante *religata*. Hanc parenthensin omittit B, qui substituit *ne ad cetos religaretur*. — 21 *superposuit naviculae et misit* etc. C D priori loco. — *obtulisset* B. — 22 *deleta*) Lege *delata*. — *Crimiso*) *criniso* B C. Majus *Acrisio*; *crenisso* C. — *quem crinisum virgilius poëtica licentia vocat* subjungunt C D. — *in ursum vel canem* B C D. — 23 *acestem* C. — *Trojanis*) om. B C. — 24 *Acesta*) *Segesta* B C D — *vocatur* D. — De Crimiso vid. interpp. ad Cornel. N. Timol. 3 § 4 et ad Hyg. f. 273 p. 382. — Majus de urso observat: "Huc fortasse respiciens Virgilius ajebat de Aceste, Ae. 5, 57: *Horridus in jaculis et pelle Libystidis ursae*"

138. Serv. ad Ae. 1, 619.

v. 26. *spoliata*) *eversa* C D. — 27 *propter perdita Ach. arma* C D. — *Salamina* C D. — 28 *sidonam* C; *sidoneam* D. — *Dido*) ap. Virg. Ae. 1, 619. — 29 *Is Teucer* etc.) Hae glossae sunt in Servii cod., nec receptae a C D. — 31 *filium*) *Turisacen* sive *Eurysacen* vocant gloss. ad Serv. — 32 *ne coheres* etc.) Hanc causam gloss. non agnoscunt. — 36 *Alius est Teucer*.) *Teucrus* hic appellatur a Serv. ad Ae. 3, 108. — 38 *Ajax autem* etc.) Haec iterum sunt in C; sed omisit D. Ille *Ajax autem*, inquit, *Achillis patruelis frater fuerat*.

139. Serv. ad Ae. 1, 489. 4, 585, mythogr. II, 194.

frater). *Filium* Laomedontis dicit Hom. Il. 20, 237, et alii plurimi, ut Prob. ad Ge. 3, 46; cum nostro facit schol. ad Stat. Th. 5,

751 p. 195, et Serv. ad Ge. 1, 447. 3, 48. — *longitudinem) longin-*
quitatem B. — Serv. laudat Horat. Carm. 2, 16, 30. — 3. *dictus)* sc.
Memnon a Virgilio (Ae. 1, 489.) — *et Aethiops)* tamquam Aethiops. —
4 *quia ubi* etc.) *unde prima consurgit aurora* C; *unde prima surgebat
eo* D. At haec et quae apud nostrum sequuntur, sc. *dubia lux est*, corrupta sunt e versu Virgilii (Ae. 3, 588) a Servio laudato: *Dies primo
surgebat Eoo.* — 5 *aves)* *Memnonidas* appellatas (Ael. H. A. 5, 1.
Plin. N. H. 10, 36 § 75) vel *Memnonias* Solin. 40 § 19 p. 240 Goez.

140. Mythogr. II, 208 fin. cf. supra 41.

v. 9 *Thymbraei).* Hoc Apollinis templum 50 stadiis ab Ilio distabat;
vid. Strab. 13, 598 a = 893 b. Istud epith. est ap. Eurip. Rh.
221. — 16 *sua conjux).* Rectius B: *quae apud eum conjugis tenuerat
locum.* — 17 *in multis).* In primis de navigatione.

141. Diomedes. Serv. ad. Ae. 8, 9.

v. 21 *qui et Tydides)* recte om. C D. — *postquam repperit* etc.
C D. — 22 *dum Aen. ... manibus):* Haec parenthesis uon inserta
est a C D. — 23 *uxorem) Aegialeam* glossa addit ap. Serv. — 24
resciens). Lege *resciverat*, vel *rescit* vel *repperit* cum Serv. — *partem)*
partes C D. — 25 *omni) omnis* C D. — 26 *plures) plurimas* C D. —
et) om. D. — 27 *Argos Hipp.)* *equum tuticum* C; *equututicum* D. —
et arpos ipse condidit D. — *Argirippa* C D, qui et omittunt. — De
diversis oppidis, quibus Argos nomen, vid. Serv. ad Ae. 7, 286. 11, 246;
de Arpis Serv. ad Ae. 10, 28. 11, 239, Liv. 24, 46 et 47. Strab. 6,
283 d = 434 c. Plin. N. H. 3, 16 § 104 Sillig. Eckh. D. N. 1, 1,
140. — 28 *mittitur)* sc. apud Virg. Ae. 8, 9. — *ad quam) nunc*
addunt C D. — 29 *ad)* om. C D. — *unde Cicero Arpinas* C D, qui
Virgilii locum (11, 757, ubi in codd. *Tarcho* est pro *raptam)* omittunt.

142. Schol. ad Lucan. 1, 597. Cf. supra 40.

mult. cas. afflig.) Haec sunt *pericula* illa supra 40 v. 37. memo-
rata, et confirmata a schol. Luc. — *sacrificantem)* sc. in Italia, ut narrat schol. Luc. — *ne ... rumperet.)* Schol. Luc. *nolens corrumpere
religionem.* — *Nautes).* Schol. suis, quod Weberus in *Nautae* mutandum censet.

143. Serv. ad Ae. 11, 271.

Eae) hae C D. — *Diomedeae).* Plin. N. H. 10, 44 § 126 Sillig.
Solin. 2 § 45 sqq. p. 53 sq. Goez. Cf. Strab. 6, 284 a = 435 a. Tzetz.
ad Lyc. 601. — ἐρωδιούς). Majus *herodios;* C D *erodios.* Il. 10, 274
ibiq. schol. — *eas ... dicunt* C D. — *in insula febra sive electride*
C. — *quin et.)* et om. D; *quin etiam* C. — *occurrant).* *Romam ve-
nientibus* addit D. — *Romanas et Latinas* C D. — *et orig. s. et quod
diomedes ab illiriis interemptus sit* C D. —

144. Serv. ad Ae. 11, 260, schol. ad Stat. Ach. 1, 93 p. 435. mythogr. II, 201.

Caphareus). Καφηρεύς promontorium Strab. 8, 368 d = 566 c.
Herod. 8, 113, Paus. 4, 36, 6. 2, 23, 1. Schol. ad Lyc. 384 p. 570, ad
1093 p. 927. ad 1218 p. 964 sq. Itaque recte C D *caphereus.* —
naufragio) Serv. addit: *ultor autem ideo dixit* (sc. Virgil.), *quia Naupli.*
etc.) Majus *Nauplus.* De Nauplii origine vid. Maji interpp. ad Ae. 2,

82. — *Nauplius nomine*, *Amymones et Neptuni filius* schol. St. — *mortuum) interemptum* C D. — *filii morte (mortem* schol. St.) *dolens* C. — *Cafereum* C D. *Capareum* schol. St. — *vidisset) videret* C D. — *Quare) Unde* B. — *decepti) dec. sunt Gr. et eos* D. — *inter asp.*) *per rimosos* male schol. St. — *pertulere naufragia* B D et schol. St.

145. Serv. ad Ae. 3, 441.

Alia Euboea.) Duplicem mehercule Euboeam sibi finxit mythographus. — 15 *item*) om. C D. — *Chalcide) calchide* C D. Eadem lectionis varietas est ap. Serv. ad Ae. 1, 338. 6, 2. (*Calchidenses* ad Ae. 9, 710.) et ad Ecl. 10, 50. Quin etiam *Colchidis* pro *Chalcis* est in schol. ad' Lucan. 2, 710. — *profecti sunt) Chalcidenses venerunt, qui etc.* ad Ae. 9, 710. — *hi qui venerant* ad Ae. 1, 338. — *de qua venerunt qui condid.* ad Ae. 6, 2. — *de qua venerunt illi qui etc.* schol. ad Lucan. 5, 183. — 16 *et*) om. C. — 17 *bagis* C; *bais* D. — *Bajo.*) De hoc Varro ap. Serv. ad Ae. 9, 710, et Serv. ad Ae. 6, 107. — 18 *Et invener.* C. — 20 *rem publ. fore* C. *fore* Majus om. — *unde et eam* C. — *sive ἀπὸ τῆς ἐγκύου* (ABENKYA. C; *ab enkyco* D.) i. e. *a praegnante, sive ἀπὸ τῶν κυμάτων* (*kymatain* C; *anoycunkymatwn* D.) i. e. *undis; nam κύματα* (*kyme* C; *kymar* D.) *dicuntur undae* (hoc om. D.) *v autem Latini in* u *vertunt* (*vertuntur* C.) *ut byrria bur-ria* Serv. — *κῦμα* est et *unda* et *fetus uteri*, Aesch. Ch. 126, Eum. 629. Cf. Serv. ad Ae. 6, 2, schol. ad Luc. 5, 183.

146. Sch. ad Stat. Th. 2, 481, myth. II, 144.

v. 23 *pater Tydei et Meleagri*) deest B et schol. — *Aetholiae rex* schol. — 24 *est*) om. schol. *erat* B. — *nobilissima*) deest B. — *Hic*) om. B; *ejus* schol. — 25 *sui*) om. schol; *regni sui statum* B. — 27 *propter quod nimia indignatione* schol. At B haec et seqq. usque ad *adorasset* omisit. — 29 *magnitud. sum. in regionem ejus im.* schol. — *regioni) ejus* addit B. cf. Serv. ad Ae. 7, 306. — *qui vastatis Calydonis* (*Calydoniis* B) *terris ab urbe gentis Calydonius appellatus est* B et schol. quod haud dubie praestat. — 31 *dimidium regni* B. — 32 *Mel.* .... *expavit*) om. B. — 33 *ipse ej, fil.*) *is* schol. simpliciter. — 35 *Inter quos*) etiam addunt B et schol. — *Iasii) Iasi* schol. — 36 *Dianae scilicet comes* addit B. — 37 *in se venientem* B et schol. — *excipiens interemit, gratesque puellae inter viros retulit; siquidem virt. suc. enitenti, recompensaturus* etc. B. — 38 *puellam) futurus* addit schol. — 40 *ei) ipsi* B. — *illius*) om. B et schol. — *Si*) Lege *Sed.* Erravit typotheta. — Caeterum B pauca de Parthenopaeo hic inserit, et reliqua variat et amplificat. — *peractum.*) Lege *paratum* cum schol. — 1 *Agenor)-Toxeas* (leg. *Toxeus*) est ap. schol. ad Lucan. 6, 366, Ovid. Met. 8, 441. — 2 *contentione) conditione* schol. — 3 *Etenim*) *Id enim* schol. — 5 *Althaea) Althea* A B, quod retinuit Majus; *Ἀλθαία* Hom. Il. 9, 555 et schol. p. 265 sq. Bekker; Ovid. Met. 8, 446. Apud Serv. ad Ae. 4, 205 est *Altea* in C D. — *Alth. siq. dum saevit in ultionem germanorum, titionem quem habebat occ.* etc. schol. — 7 *quia) qui quum Mel. nasc.* sch. — *fortis et ut juv.* etc.) *traditus fuit a Parcis, ut juvenis tam diu viveret, quoad is esset servatus* schol. Recte! Maji lectio sensu plane cassa est. — *et vaticinatum.*) Istud *et* de meo addidi, et paulo inferius *quem* ejeci ante *mater.* Sed frustra. — 10 *nece satis*) *sequentibusque filii fatis* B, quae aeque inepta sunt. Lege cum schol: *eumque cum filii fatis extinxit.* — 11 *facinus) nefas* B et schol. — *finivit.*) B addit fabulam Meleagridum. —

147. Serv. ad Ae. 4, 471. 473, mythogr. II, fin. 202 med.

v. 16 *capicio*). Lege *capitio*, et paulo inferius *capitium*. Es
capitium superior tunicae pars quae collum ambit; Hieron. ep. 64
Sacerd. n. 14. Damnat hanc vocem Gell. 16, 7. — *induere.*) *Qu*
vellet involvere myth. II, 147, pro quo Majus proponit *caput evol*
18 *occisus*) *interfectus* II, 147, ubi reliqua variantur. — 20 *trag*
Ridiculus hicce error ortus videtur e Virgilii (Ae. 4, 470: *scenis*
tus Orestes) vel ex Juvenalis (8, 220: *in scena .... cantavit i*
verbis male intellectis. Rectius Servius: *famosus*, inquit, *cei*
tragoediis. Agitatus *quia et fuerit, et multae sunt de eo*
diae, quasi frequentur actus. Deinde pergit: *A Pacuvio*
inducitur Pyladis monitu, propter vitandas Furias etc. quae co
cum nostro loco. — 23 *quum*) unde *quum* C D. — *invadebatur*
riis C D. — *Sedent ultrices* B contra Virgilii (Ae. 4, 473) aucto
Rectius schol. ad Stat. Th. 12, 511 p. 420.

148. Lactant. narr. fabb. 2, 13 p. 802, mythogr. II, 76.

v. 27 *Graecorum.*) Lege *Phoenices* propter sequentia. Maj
ponit *Tyriorum.* Myth. III, 15, 2: *rex Lydiae* (leg. *Libyae*),
in Tyro et Sidone regnavit. B paulo inferius regem *Libyae*
Recte absunt ista a B et Lact. Noster quaedam transposuit.
Phoenicem) *Phoenicen* B. — 32 *jumentis*) *juvencis* melius Lact
amorem) *amore* B. — *spatiantis* Majus. — 34 *harena* Majus. —
set) *consistere coëg.* rectissime B et Lact. — *ac paulatim* B. —
las B et Ms. Lact. cum Venet. et Micyll. — Giselinus *singulis*
Raenerius *ad singulas*; utrumque damnat Muncker, qui construc
dere aliquem bene defendit. — 35 *in amorem*) *cuj. amore* Lact.
et quae sequuntur B non agnoscit. — 36 *sibi*) *suo* Lact. — *per i*
ins. Lact. — 37 *nuptiis*) *concubitu* Lact. —

149. Lactant. narr. fabb. 3, 1 p. 803, mythogr. II, 77.

filia) deest Lact. — *fratres.*) Eorum nomina hic om. L
misit) *dimisit* Lact. cf. Serv. ad Ae. 3, 86. — *ne reverter.* I
in patriam) om. Lact., qui addit *imperaret*, ut Giselinus edidi
Veneta et Raener. cum Ms: *imperat*, quod Micyllus cum nostro on
1 *petit terras* Lact. — *novissimeque* editt. Lact. plures; sed abe
que a Ms. — *constituit*) i. e. ἔκτισε, ut docte probant edd. Lac
vitiosum id judicat Majus, qui cum B legere malit *constitit in Cil*
2 *a suo nomine*) deest B, qui legit *in Phoenice.* — *Cadmus*) *ver*
Lact. — *non inventa sorore, Apollinis orac. sciscitabatur* B. — *i*
om. B. — *consistere deberet* B. — *Accepto igitur responso* B
segregatam B. — 7 *parentis.*) Lege *parens* cum B et Lact
Apollo hoc praeceperat, non parens Agenor. — 8 *postea.*) Adde
cum B et Lact. — *Hic quum*) *Quum autem* ad Mart. f. 1
misisset.) Adde: *et ipse post illos venisset*; quae verba exciderui
thetae neglegentia. Melius tamen B: *et ipse illuc post eos i*
Lactantii editiones haec verba valde variant; vid. Munck. — *ut*
drac. socios c. Lact. Post *dracone* autem inserit B: *qui Marti er*
secratus. — 10 *Quod ubi vidit*) om. B et Lact. — *interfecit* L
evulsos) om. Lact. et B. — *dentesque ejus Minervae monitu hum*
sit Lact. — 11 *armatorum*) *terrigenarum* B. — *progignitur* B et I

12 *confl. concidit*) Lact: *confligit.* B verborum ordinem hic mutare incipit.' — *multitudine*) om. Lact. — 13 *a*) om. Lact. Recte! — 14 *condend.*) *creandi populi, qui Thebis considerent, principes essent* Lact. sed vid. Muncker. — 15 *sunt*) *Haec produntur fuisse* Lact. — *Echion.*) Serv. ad Ae. 12, 514; Ovid. Met. 3, 126 ibiq. Burm. schol. ad Apoll. Rh. 3, 1185. Obs. Misc. 9, 3 p. 457 sq. — *Echius* est ap. schol. Pind. Isth. 1, 41 p. 801 Heyn. — *Idaeus.*) Ita B et Lact. ed. Gisel. et Venet. — *Udaeus* alii, ut Hyg. f. 178 p. 296, Paus. 9, 5, 3, schol. ad Enrip. Ph. 670 p. 147 Math. schol. ad Pind. Isth. 1, 41 p. 801. Hoc nomen restituendum est schol. ad Stat. Th. 3, 285 p. 96, ubi est *Tydeus.* — *Chthonius*) Maji cod. A *Ciomnus;* sed B cum Venet. et Ms. Lact. *Chromius.* — *Pelorus.*) Schol. Eur. Ph. 670 Πέλωρ, sed 942 Πέλωρος. Illud est etiam ap. Hellanicum et Pherecydem, schol. Apoll. Rh. 3, 1179 et 1186. Sturz Pher. fr. p. 113; cf. Phavor. v. Κάδμος — *Hyperbion.*) *Hyperenor* Lact. et Hyg. p. 297; cf. Apollod. 3, 4, 2, Paus. 9, 5, 3, schol. Ap. Rh. 3, 1185. ad Pind. Isth. 1, 40; quod nomen pro *Hyperion* restituendum est schol. ad Stat. Th. 3, 285 p. 96, et B pro *Hypereon.*

150. Lactant. narr. fabb. 4, 16 p. 815.

v. 18 *inspectator*) *inspector* Lact. — 19 *nepotum*) *neptium* Venet. Micyll. et recentt. cum Ms. Istud divinaverat Muncker, qui tamen historiam *filiarum et nepotum* postulare recte observat. — 20 *Hermiona.*) Perpetua est nominum *Hermiones* et *Harmoniae* confusio. Nostri sane mythographi ne semel quidem Cadmi uxorem *Harmoniam* vocant, sed constanter *Hermionem,* ut et Statii cod. Taurinensis et Casselanus Th. 2, 267. 272. 290 etc. Apud Lact. et Hyg. f. 5 est *Armione, Hermione* et *Harmonia.* — 21 *sinus*) om. Lact. codd; sed Micyllus *Illyrios,* Maji interpp. ad Ae. 1, 243 *Jilyricum fluvium* memorant. Ipse autem Virgilius Antenorem in Illyricos *sinus* profugisse narrat, qui locus nostro haud dubie ante oculos fuit. — *ut*) om. Lact. — 22) *convertitur* Lact. — *causa malorum suorum fuisset* Lact. — 23 *vota*) *ejus* addit Lact. — *in dracones versi sunt* Lact., omissis *et . . . ambo.*

151. Schol. ad Stat. Th. 2, 272 p. 57, mythogr. II, 78.

v. 28 *aurum*) *monile* schol. — *aerumnarum* Majus, *mole* Lact. — 29 *veneficiis.*) Nove dictum pro *venenis.* — 30 *Statius*) Th. 2, 272 sqq. — *Agave.*) Alium ordinem sequitur B. Nomina tantum recenset schol. — 38 *accepit*) sc. ab Adrasto fratre, quem hoc monile primum confecisse refert Hyg. f. 73 p. 146. Cf. Hom. Od. 11, 326 ibiq. schol. p. 379 sq. Buttm. et ad Soph. El. 840. Illum Homeri locum citat Clem. Alex. Str. 2 p. 388.

152. Eteocles, Polynices et Amphiaraus.

Polinices constanter Majus, ut *Eriphila* in fabula proxime antecedenti et paulo inferius. Caeterum hujus narrationis auctor non videtur studuisse breviloquentiae. — 2 *Polynices . . . a fratre ipsi est negatum.*) Soloece dictum est pro *Polynici . . . id a fratre est negatum.* — 5 *militans.*) Aliter supra 80. — 6 *conjugem.*) Excidit *in.* Fulgentius in primis hanc frequentat constructionem *in conjugem accipere.* — 7 *fatum*) Maji cod. *fatatum,* nisi typotheta erravit; nam *fatantur* (depon.) ap. Festum est *multa loquuntur.* — 14 *Alcmaeon.*) Serv. ad Ae. 6, 445.

4 *

153. Serv. ad Ae. 6, 321, schol. ad Lucan. 5, 138, mythogr. II, 87.

Verborum ordinem subinde mutant Lucani schol., et C D. — 17 *quae*) *quod* B; *quid* schol., *quod* praestat. — 18 *harenam* Majus, ut alibi quoque. — 17 *erytriam* C; *eritream* D. — *in qua*) *quam* schol., qui participiis frequentissime utitur, ubi reliqui tempus finitum sequente copula adhibent. — 21 *numquam*) *non amplius* schol. — *tenuit*) *venit Cumas, ibique* schol. — *et*) om. C. — 22 *c. v. defecta.*) C D cum schol. *defecta corp. vir.* At B *defectam corp. vir.* quod minime est damnandum. — 23 *quum . . . cognovissent*) *audientes* schol. — 24 *incertum est.*) Recte om. reliqui codd. — *moti* schol. — 25. *creta antiq. m. sign.*) *in creta scriptam* schol. — D totam hanc sententiam "*Quod quum . . signatam*" omisit. — *terra*) om. reliqui codd. Recte! — *quia*) nam C. — *quia erat de ejus ins.*) om. B D. — 27 *conscripserat* B. — *quia*) *quod* B C D; *eo quod* schol. —

154. Serv. ad Ae. 6, 448, schol. ad Stat. Ach. 2, 67 p. 442 mythogr. III, 6, 25 fin.

Caenis.) Ita Ovid. Met. 12, 189; *Ceneus* C L M. At *Caenis* virgo est, *Caeneus* vir. Ita distinguit Ovid. — *pro stupri praemio* D et schol. — *precio* C L. — *mer. sex. mut.* C D et schol. M. — 31 *Sed*) qui C L M et schol. — *quia* D. — 32 *Lapythis* A; *laphitis* D L; *Lapitis* schol. — *a centauris* C. — 33 *est*) om. schol. — 34 *sexum*) *pristinum* addit C. — *autem*) hinc C. — *dictum*) *dicto* C D, sc. *Virgilius ostendit hoc dicto* etc. Itaque frustra editores *dicto* mutarunt in *dictum*. — 35 *animae* C. — μετεμψύχωσιν) *mete āpyschos* C; *metemsycos* D; *metapsitesis* L. — Schol. autem totam hanc sententiam ita exhibet: *Sichosin sexum plerumque mutare;* quae emendanda sunt ex nostro et Servio — *id est perm.*) om. C D. — 36 *sexum*) *in sexum* C D. — Caeterum Aristot. *de anima* 1, 8 fin. non probat hanc de μετεμψυχώσει sententiam. Itaque de Pythagora dicenda erant, quae hic de Aristotele praedicantur.

155. Serv. ad Ae. 8, 348.

v. 39 *Romulus*) om. D. — *bella tractaret*) *certaret* C. — Rem narrat Liv. 1, 11. — 2 *arcis prod.* C D. — De armillis et annulis Sabinorum narrationi fidem derogat Livius.

156. Mythogr. II, 71. Cf. Hyg. f. 9.

v. 7 *ex*) om. Lact. narr. fabb. 6, 3 p. 828, apud quem etiam *filia* deest, quem Graecismum defendit Muncker, alii. — 9 *Archemorus* etc.) Haec nomina recenset schol. ad Stat. Th. 3, 191 p. 91. Diversum liberorum numerum inde ab Homero (Il. 24, 602 sqq.) statuerunt; ac major etiam est ipsorum nominum diversitas. Vid. interpp. ad Hyg. f. 11 et 69 p. 141, Apollod. 3, 5, 6. Ovid. Met. 6, 224 — 261, qui filiarum nomina non affert. — *Antagorus*) schol. *Antegorus.* — 10 *Siphylus* schol. — *Epinites* schol. Alii aliter. — 11 *Asticratia* Majus — *Pelopeia* schol. — *Chloris*) Hom. Od. 11, 280. Majus *Cheloris.* — *Ogime.*) Alii *Ogygiam, Ogygam, Ogyiam;* vid. interpp. ad Hyg. p. 36. — *Phega* schol. — 14 *seu foedere.*) Glossa satis inepta. — 16 *ipsa et maritus.*) Hoc novum est. — 18 *Juvenalis*) 6, 172 sqq. — 17 *depone.*) Ita et Juv. codd. omnes. Sed nuperrimi editores ex Graevii conjectura *tu dea pone.*

157. Schol. ad Stat. Th. 6, 286 p. 209, Serv. ad Ae. 7, 372, schol. ad Stat. p. 55, mythogr. II, 110.

v. 24 *turrem* B. — 27 *delapsus*.) Majus *dilapsus*. — 28 *Terentius*) Eunuch. 3, 5, 40. Integrum locum affert schol., qui praemisit Horat. C. 3, 16, 5 sq., ubi tamen legendum est *Si pro Sed et risissent* pro *misisset*. Bentlejus Terentij locum sic mutaverat: *per pluviam fucum factum mulieri*; quod merito rejecerunt hodie. — *fucum factum* omnes Ter. codd. — 32 *navi imposuit*) *intra arcam inclusam praecipitavit in mare* Serv. cf. Hyg. f. 63. — 34 *a piscatore Perseo*) *a pisc. cum Perseo, quem illic enixa fuerat* rectissime B C D. — 37 *volunt*) ut Virg. Ae. 7, 372. Quae sequuntur ad diversam fabulam pertinent. — 38 *cuidam regi*) sc. Polydecti in insula Seripho, Hyg. f. 63. — 41 *uti Chimaeram* etc.) Haec perquam futilia sunt, nec refutatione digna.

158. Serv. ad Ae. 6, 447, mythogr. II, 215.

Prothesilai D. — *primum periisse* C D. — *ejus umbram* B C D. — *umbram*) *eam* B C D. — *ejus amplex.* B C D. — Copiosius de hac fabula disserit Hyg. f. 103. 104. De morte Protesilai pauca Homerus Il. 2, 700, cf. Strab. 7, 296 b = 454 c. Ejus uxorem Cypricorum carminum auctor *Polydoram* vocavit (Paus. 4, 2, 5); Loadamia serius videtur esse appellata.

159. Serv. ad Ecl. 5, 10, mythogr. II, 214.

Phillis C D. — *tracum* D. — *demofontem* D. — 9 *suum*) om. B. — 10 *se ante* B; *ante se* ord. rem (*publicam* addit C.) C D. — 11 *et amoris* C D; *ex amoris* B. — 12 *spretam*) *esse* addit B C D. — 13 *et miseratione deorum* conv. C. — 15 *sponsi* sent. *adv.* B C D. — 16 *Unde* etc.) Hanc clausulam om. B. — *unde etiam fylla* C D. — *phylira* Majus. — Cf. Coluth. 210. — Caeterum C D addunt: *sic ovidius in metamorphoseon libris*. At apud Ovidium haec transformatio non legitur. Scripta autem fingitur II Heroid. a Phyllide ad Demophoontem.

160. Serv. ad Ecl. 5, 11, mythogr. II, 191.

Cretensis sagitt. fuit B C D, qui *optimus* omiserunt. — *Cujus quum fil.* B C D. — *direx. sag.* B C D. — *ut ea currens* etc.) *ut eam currens* (sc. Alcon) *in serpentem defigeret; ut ea currens in serpentis defigeretur vulnere* C; *ut eam currens in serp. defigeret vulnere* D. — *nec transiret i. f.* C D; *nec tamen fil. laederet* B. — *Unde l. m.*) Haec absunt a reliquis.

161. Serv. ad Ecl. 5, 11, mythogr. II, 189.

dux Ath. f. B C D. — 27 *ad*) om. D. — 28 *et satis* etc.) *et a nullo cognitus fecit locum oraculo* B C D. — Caeterum hoc Codri pro patria se devoventis praeclarum facinus satis notum est vel e Lycurgi or. contr. Leocr., Val. Max. 5, 6 ext. 1. Justin. 2, 6 et Acron. Porphyr. et schol. Cruq. ad Hor. C. 3, 19, 2, ubi tamen Acron corrigendus est, qui Codrum Atheniensium *et Lacedaemoniorum* regem vocat.

162. Serv. ad Ae. 7, 304.

Initium hujus fabulae excidit in D, qui sine ullo lacunae indicio incipit: *centauros etiam* etc. — 31 *etiam sibi cog.* C D. — 32 *vocavit*) *convocavit* C D. — 33 *ut . . venirent*) *quo . . venerunt* C D. — *et Lapithae*) om. D. — *Virgilius*) Ae. 7, 304: *Mars perdere gentem immanem La-pithum valuit.* — 35 *Centauri autem* etc.) Háec et seqq. absunt a meis codd.

163, Serv. ad Ge. 3, 115.

Pelethronium etc.) Eadem sunt apud schol. ad Lucan. 6, 387. — 1 *exagitatus* D. — 2 *cursu.*) Majus *casu!* sed Ç' *cursu eorum.* — 3 *et eorum*) *Horum* C. — 4 *hi visi*) *divisi* C. — 5 *Peneum*) peleon C; *pereon* D. — 6 *centuri* D. — Serv. addit: *qui dicti sunt centauri* ὑπὸ τοῦ κεντᾶν τοὺς (τοὺς om. C.) ταύρους. *Alii dicunt centaurorum fabulam esse confictam ad exprimendam humanae vitae velocitatem, quia equum constat esse velocissimum.* Deinde C solus: *Et aliter. Pelethronios lapithas ideo appellavit, quod sunt thessali. pelethronium antrum est, ubi achillem cyron* (Chiron)' *erudivit. alii pelethronium re-gem lapitharum volunt;* quae verba sunt Philargyrii.

164. Phoenissa sacerdos.

Dryopen Fauni amasiam memorat Virg. Ae. 10, 551. Longe alia est Ovidii fabula de Dryope in lotum conversa Met. 9, 331, et ea quam Antonin. Lib. 32 narrat, et Tzetz. ad Lycoph. — Caeterum notandum est anacoluthum satis obvium ac vix ferendum: *Dryope . . . oneris. oblita . . . infans excidit.*

165. Arcon et schol. Cruq. ad Hor. C. 2, 14, 20, mythogr. II, 105. III, 6, 6.

.v. 14 *percussus est, quia Aeg. Acr. punitur* schol. Cr. — 15 *ad-amavit* Acr. *adamatam et clam custodiae patris surreptam Sisypho e. c.* schol. Cr. — *custodiae* Acr. — *furtim* Acr. — 16 *quod*) om. Acr. — *quod factum Sisyphus humana levitate quum tacere non posset, patri filiam quaerenti dixit, eamque prodidit* schol. Cr. — *quaerenti*) *eam* addit Acr. — 18 *est qui*) Leg. *ideo.* Hanc Sisyphi crudelitatem co-piosius exponit B.

166. Serv. ad Ae. 3, 694, schol. ad Stat. Th. 1, 272 p. 18, mythogr. II, 173.

Alphaeus Majus constanter. — *se lavare*) *se lavasse* haud dubie praestat. — *Ex quo*) *A quo* libenter praetulerim. — *libentem*) *amantem* intelligit auctor. — De varietate lectionis ap. Serv. et schol. Stat. vid. ad II, 173, qui cum his melius consentit.

167. Schol. ad Stat. Th. 1, 333 p. 21, mythogr. II, 127.

Scyron.) Lege *Sciron*; Ovid. Met. 7, 444. Gr. Σκίρων, Σκτίρων, Strab. 9, 391 d = 600 a, qui regionem Megarensium ab eo latrociniis infestatam scribit, cf. Plut. Thes. 10. Cum nostro consentit Diodor. 4, 59, Paus. 1, 44, 12, schol. ad Eur. Hip. 980, Hyg. f. 38. — *alto*) om. B et schol. — *pedes sibi lavare cogebat, eosque* (*et eos* schol.) *ex improviso praecipitabat* B et schol, qui addit: *quem tandem Theseus dicitur percussisse;* B autem: *quem tamen Daedalus p. d.* plane contra omnium quos laudavimus scriptorum auctoritatem.

168. Schol. ad Stat, Th. 1, 570 p. 33.

Choroebus Majus. — 31 *filiam*) Psammathen vocat Paus. 1, 43, 7 et schol. ad Stat. l. l. et ad ad Th. 6, 64 p. 201. — 32 *quia Vest.*

sac. etc.) Haec perperam huic fabulae inserta sunt a Romano scriptore. — 35 *Statius*) Th. 1, 570 — 610. — 36 *Lamia*) Ποινήν vocat Paus. l. l. εἴδωλόν τι κακοποιόν Democrit. ap. Sext. Emp. adv. phys. 9, 19; Κῆρα epigr. in Anth. Pal. 1, 348. — De *Lamiis* vid. Acr. et schol. Cruq. ad Hor. ar. poët· 340, Isid. Orig. 8, 11, 102. Apulej. Met. 1 p. 57, 5 p. 342 Ruhnk. Philostr. vit. Apoll. 4, 25. Nomen hujus monstri non affert schol. Lucan. 5, 111. — 38 *fossae*.) Confundit scr. *lamas* cum *lamiis*.

169, Cf. mythogr. II, 169. 143 + 230

Sphynx Majus utroque loco et schol. ad Stat. Th. 1, 66 p. 5, cujus narratio ad verbum consensit cum B. — *fuerat*.) B melius *erat*, omisso τῷ *quoddam*. — 3 *aenigmata proponebat transeuntibus* schol. — 6 *problema*) Majus *emblema*.

170. Schol. ad Stat. Th. 1, 106 p. 8.

Athracias Majus; *Athracies qui fuit Thessaliae* .. *pater Hippocatiae* schol., quem locum Bernart. ap. Veenhus. p. 286 ita constituit: *Atrax princeps fuit Thessaliae, pater Hippocrateae. Atrax rex urbem constituit penes Thessaliam* (quidni *in Thessalia*?), *unde ea tota Atracia dicta est.* Ita sane Steph. Byz. refert. At schol. cum mythogr. nostro videtur *Atraciam artem* revera derivasse ab Atracia mago. Initium tamen fabulae corruptum est. Lege *Atrax fuit Thessaliae rex et pater Hippodamiae* (s. Hippocratiae). Hanc Hyg. f. 33 *Adrasti* filiam vocat, nisi legere praestat *Atracis.* Ovid. Met. 12, 210 et 224 Pirithoi uxorem *Hippodamen* vocat, Plut. Thes. 35 *Deïdamiam*, Prop. 2, 2, 9 *Ischomachen.* — *Thraces*) Majus *Thracias*; schol. *Thraciam.*

171. Cf. supra 58 et mythogr. II, 165.

Lycormas.) Majus *Lycornus.* Illud nomen antiquius est quam *Euenus*; vid. Strab. 10, 451 b = 692 c, Apollod. 1, 7, 8; Steph. Byz. v. schol. ad Il. 9, 557 p. 267 a, 27 Bekker. Tz. ad Lyc. 1011 p· 906, Ovid. Met. 2, 245, Stat. Th. 4, 838 ibiq. schol. p. 160. — *Euenus*.) Archil. ap. schol. ad Ap. Rh. 1, 1212. Laudatur hic fluvius ab Hes. Th. 345; Cf. Paus. 10, 38, 2. 3, 18, 12. Tzetz. ad Lyc. 1011 p. 906, ad 50 p. 347, Chil. 2, 458, Eudoc. p. 209, Lucan. 6; 366: *Euenus Caledona secat;* Ovid. Met. 9, 104. *Euhenus* est ap. Hyg. f. 34 p. 94, cf. f. 242 p. 350 ibiq. interpp. — *Quare*.) Leg. *deinde* vel *posthac.* — *tunicam*.) *Lanam* Nessi sanguine tinctam memorat Acr. ad Hor. Epod. 3, 13; quae notula nescio quo casu supra f. 25 annexa est; sed illic est delenda.

172. Schol. ad Stat. Th. 4, 530 p. 145.

v. 18 *meruit plac. men.* schol. — *ut plus eum mor. q. gen. claritate omnes mir.* — 21 *habuisse*) om. schol. Lege saltem *habere.* Supersedere autem possumus huic verbo; nam recte dicitur *gaudere* cum accus. —. *Defunctus*.) Male schol. *defuncto.* — 22 *patuit*) abest a schol. — *hoc honore* schol. — 24 *mortalium*) *mortales* schol. — 25 *crudeles poenas* schol. — 28 *de plebe se gessit* schol. — *summa est.*) Schol. subjungit: *ut Seneca in Thyeste.* Deinde recitat vers. 342-352 (ed. Bothe). Caeterum Serv. ad Ae. 6, 432 de Minoë quaesitore: *Minoëm,* inquit, *quasi crudelem introducit; quod ei epitheton et Pluto et Homerus dant,* (Od. 11, 321 ὀλοόφρων). *Nam Aeacus et Rhadamanthus fratres mitiores sunt.*

173. Serv. ad Ae. 2, 116, schol. ad Stat. T
437 p. 292, mythogr. II, 202 fin. Cf. Acr.
et schol. Cruq. ad Hor. C. 1, 7, 10.

Diana Taurica.) Ita emendavimus pro *Centaurica*, quod Ma
schol. offerunt. — *Diana Scythica de Taurica* Acr. et schol.
De hac dea Paus. 1, 23, 7. 3, 16, 8. Est Ὀρθία illa apud La
Paus. 2, 24, 5. 3, 16, 6. 8, 23, 1. Primum in Italiam, deinde in
coniam hoc Dianae simulacrum translatum fuisse tradit B et Acr
schol. Cruq; cf. Serv. ad Ae. 6, 136. — Ab oraculo Orestes id
transferre jussus erat (Hyg. f. 120 p. 212, Eur. Iph. T. 86. 977.
1441. 1450. Miziriac. ad Ovid. Her. p. 278 sqq.); sed Mycenas
tulit, Hyg. f. 121 p. 215. — 33 *esset*) *fuisset* schol. Stat. — 24
solemnis schol. St. — 36 *in hanc patientiam* schol. St. Sed Maji
penitentia. — 38 *corp. hum.* schol. St. — 39 *erat*) *esset sacrif. h*
tem appellabantur βωμονίκαι schol. St. cf. ad II, 202.

174. Schol. ad Stat. Th. 4, 309 p. 135.

Atalanta schol. — *Iasi* schol. — *cujusdam*) om. schol. Int
Meleagrum, Hyg. f. 99 p. 186. — *concubitus* schol. — *Dianae*
f. e. schol. — *sed a Mel.* schol. — *per vim*) om. schol., qui habe
adinsinuante. — *celavit*) *celaverat* schol. — *Parthenopeum* N
Hunc alii Melanionis vel Martis filium dicunt, ut Serv. ad Ae. 6,
Apollod. 3, 9, 2. Paus. 3, 12, 7. Alius est, cujus Apollod. 1,
mentionem facit. Inter utrumque distinguit schol. ad Soph. Oed. Col.

175. Schol. ad Stat. Th. 4, 226 p. 130.

v. 7 *causa voluptatis.*) Ita infra 183 *causa Epaphi.* Schol
luptatis gratia. — 8 *nitentes*) om. schol. — *descendere.*) Leg. *de*
disse. Schol: *quum ... descendissent,* omissa seq. copula. — 9 *cert*
Lege *certasse.* Schol: *certare coeperunt, qui plus sibi gemmantes*
gerent flores, quae emendanda sunt ex nostro. — *Quare*) Qu
schol. — 10 *adjutus*) Majus *advectus.* — *adjutus mobilitate penna*
posteaquam naturam corporis volatu superavit, victus est nu
Peristera enim Nympha subito accurrit, et adjuvando Venerem
riorem effecit cum sua poena. Cupido siquidem indignatus mu
puellam in avem, quae a Graecis περιστερά *appellatur. Sed po*
honor minuit. Venus namque consolatura puellae innocentis trans
rationem, columbam in tutela sua esse mandavit. schol. — 10 *p*
tiorem.) Leg. *potiorem.*

176. Juppiter, Juno et Vulcanus

v. 19 *barba.*) Hoc novum profecto est figmentum. — 20 *p*
nuit.) Huic iterato verbo supersedere possumus. — *femore.*) Serv
Ae. 8, 454, Isid. Orig. 8, 11 § 40, Albric. p. 922 Stav. — 22 *flu*
Majus. — *Catax*) i. e. *claudus,* Fest. p. 70 Dac. Pauli Diac. exc.
Lindem. Isid. gloss. p. 454 Arev: *claudus, coxus;* Nonius p. 25 N
coxo explicat, quae vox in Hispanorum lingua remansit. Voce c
utitur Lucilius lib. 2. — 23 *cum cons.*) Praepositio *cum* h. l. non
e linguae Latinae usu. — 24 *sellam*) Serv. ad Ecl. 4, 62. Ipse po
Incipe, parve puer, risu cognoscere matrem. — Incipe, parve p
cui non risere parentes, Nec deus hunc mensa, dea nec dig
cubili est.

177. Templum Junonis.

Ubi terrarum hoc Junonis templum fuerit, mythogr. non dicit. At Serv. ad Ecl. 4, 62 nobilibus pueris, *inquit*, editis, in *atrio domus Junoni lectus*, Herculi mensa ponebatur. — 28 *ubi*) pro *quo* vel *in quem*. — 29 *ederent*.) Hercules πολυφάγος, ἀδηφάγος, παμφάγος. — *Dianae*.) Ἄρτεμις κουροτρόφος ap. Diodor. 5, 73. Paus. 4, 24, 3.

178. Serv. ad Ae. 6, 134, schol. ad Stat. Ach. 3, 84 p. 451, mythogr. III, 6, 3.

v. 33 *est*) *dicitur* C D. — 34 *hoc*) om. reliqui codd. Est autem versus Virg. Ae. 6, 324, laudatus quoque a schol. ad Lucan, 6, 380. — 35 *inter*.) Melius reliqui codd. *secundum*. — *fabulam* L. — *quia*) *quod* H L M N. — *stigis* L D. — 36 *in bello* H L M. — *pro cujus rei rem*. rectissime reliqui libri, excepto D. — 37 *ei tribuit* H L M. — *dii*) om. L. — *auderent* schol. — *dii jurantes fallere non audeant* H M. — *fallere*) abest a D. — Pauca hic de poena inserit myth. III, quem vide. — 38 *Ratio autem haec est*.) *Ros autem tantilla est* H L M N. Hoc lectionis monstrum inde ortum videtur, quod *ratio* in codd. per scripturae compendium exaratur *rō*. De ambrosiae autem nectare loquutus erat mythogr.; itaque *ros* legerunt librarii. *Res* quoque legi potest. *Tantilla* autem omnino barbarum est. — *maerorem*) *memorem* schol. — *significat*) unde ἀπὸ τοῦ στυγεροῦ i. e. a tristitia styx dicta est C; istud *unde* om. D. Omnem hanc explicationem om. M; H autem: *dicta est enim* (autem L) *a* στυγέω (stiporoi L) i. e. *a* (a om. L) *tristitia*. — 39 *autem*) *enim* H. — *et*) *unde etiam* C D L; *unde et* H M; *inde etiam* schol. — 1 *immort*.) D et schol. addunt: *quia* ἄφθαρτοι καὶ μακάριοι. — *ergo*) *ergo quia* C D et schol.; *sane qui* H; *hi ergo* L; *qui* M. — *jurantque*.) Copulam om. reliqui libri; *jurant autem* C. — 2 *contrariam*) i. e. *tristitiam, quae est aeternitati contraria; ideo jusjurandum* (juramentum H L M . N) *per execrationem* (exactionem L) *est* (jubent D; habent L H M N) Serv. addit. — *In Stygem* etc.) Haec unus agnoscit schol., qui incipit *in qua*. — 4 *praeter plantam*) Schol: *excepta corporis parte, per quam eum tenuit, ubi postea a Paride percussus est*.

179. Burman. cod. Serv. ad Ge. 2, 320. Cf. mythogr. II, 69.

v. 6 *formam s*.) De *coma* tantum loquitur Serv., de qua tamen nihil dicit B, Ovid. Met. 6, 93 et Serv. ad Ae. 1, 27 fin. qui de crinibus etiam in serpentes mutatis silent. — *deorum miseratione*.) Antigonen *a Junone* in ciconiam versam esse cum aliis scriptoribus dicit Lactant, narr. fabb. 6, 1 p. 826. — 9 *colubris*) de meo addidi. Quod si displicuerit, leg: *anguibus infesta* pro *avis infesta*. Alludit enim scriptor ad Virg. Ge. 2, 320: *Candida venit avis longis invisa colubris*, ad quem l. glossa: *quod eorum causa versa est in avem*. Juvenal. 14, 74: *Serpente ciconia pullos nutrit*.

180. Serv. ad. Ae. 2, 247, mythogr. II, 196.

v. 9 *constituit*). Hanc vocem Majus litteris quas vocant Italicis excudendam curavit; quae res vulgo indicat editoris complementum. Mihi magis placet: *haec postulavit* .... *si sibi* sc. *div. conc.*, quod sane cum Servio melius congruit. — 13 *sibi*) Leg. *ei promisisset*. — 15 *amoris*) spe coeundi C D. — *vera quamvis dicenti* B. —

181. Serv. ad. Ae. 11, 259, mythogr. III, 10,

v. 18 *hoc*) om. L M N. — *habet*) *dicit* L. — *propter*) *per* ?
quam Aj. . . . vitiavit) om. reliqui libri. — 20 *iratam* Gr. *fuisse*
L M N. — *vel*) om. M; *vel quod* L N C D. — *superbia*) om. L
superbiam C D. — 22 *fatigatos*) *fugatos* L. — *diversa*) *maria* a
L M N. — *disperdidit* L. —. *Inde Horatius* (Epod. 10, 13) L ?
laborasse) abest a C. — *vernali*) *sole in Ariete posito* addunt L M ?
25 *quoniam*) *quando* reliqui libri — *manubiae*) *maciathiae ve?*
L. — De his manubiis vid. Serv. ad Ae. 1, 42, Fest. v. p. 226
peremptalia p. 337. Dac. fr. de verb. sig. p. 167 et 199 ed. Li?
Nonius p. 138. 432 Merc. Acr. et schol. Cruq. ad Hor. C. 1,
Senec. N. Q. 2, 41 sq. — *i. e. fulmina* D', *i. e. fulminum jactus*
N. — *saevissimas tempest.* L. — 26 *commovet* D'. — Ultimam se
tiam decurtavit noster. — 27 *cognoscitur*) *dinoscitur* reliqui libri.

182. Serv. ad Ae. 7, 190, mythogr. II, 213.

*Picus Pomonam pomorum deam amavit eamque in. conjugium
copulavit* B. De Pici familia vid. Serv. ad Ae. 10, 76., cf. Ovid.
14, 320 sqq. — *volentis*) *voluntatis* D. — *Postea .. quum eum*) ?
quum B. — *in picum avem Martiam* B; *in avem picum Martii*
D. — 32 *et*) om. B C D. — 33 *quod pontif. indic.* libri C D.
et seqq om. B. — 35 *poëta*) Virg. Ae. 7, 187. Maji cod. et C D *s*
pro *poëta*. Itaque haec fabula a Servio derivata est.

183. Sch. ad St. Th. 2, 4 p. 43 sq. Cf. myth. II,

Astreus A B. — *unde*) *inde* schol. De re vid. Serv. ad Ae. 1,
qui Astraeum Titanem appellat. Quis autem umquam eum Titanum
trem dixit? — 2 *sustollere*.) Vox Plautina. — 3 *imposuit*). Leg.
positum vel *Juppiter imposuit*. — *Virgilius*) Ae. 1, 132. — 4 *r?*
nostri schol. — 6 *Austrum*.) Immo *Favonium.* — *vocamus* schol.
dicunt schol. — *vocamus* schol. — 8 *Virgilius*) Ae. 4, 705. At
versus ab hac fab. alienus est, et recte desideratur ap. schol.

184. Lactant. narr. fabb. 10, 4 p. 858 sq.

v. 10 *filius Troili*.) Vid. schol. ad Germ. Ar. 283 p. 68 B?
schol. ad Stat. Th. 1, 548 p. 32 *Trocli* habet. Sed lege *Trois*
Lact. Hom. Il. 20, 232. 5, 265. hym. in Merc. 202, Paus. 5, 2?
Apollod. 3, 11, 2, Tz. ad Lyc. 1232, Serv. ad Ge. 3, 36. Freq?
enim est lectionis varietas *Troili, Troi, Troii, Trois*, ut in codd. ?
ad Ae. 1, 28, et 5, 252. Varias variorum sententias de Ganymedis ?
exposuerunt interpp. ad Cic. Tusc. Q. 1, 26. ad Hyg. f. 224 p. 345 ?
271 p. 376. — *prima forma*) i. e. *summa pulchritudine*, ut exe?
comprobant interpp. Lact. — 12 *armigero Jov*.) Virg. Ae. 5, 255. —
quondam) sc. in pugna contra Gigantes. — 15 *Minois*.) Hebe est ?
et Junonis filia secundum Hom. Od. 11, 603, cf. Paus. 1, 19, 3. 2,
3., quam a Tantalo vel Minoë raptam esse dicit Eust. ad Hom. p. ?
10. 23. — 16 *virentis, i. e. masc. concub*.) *connubii masculini* B,
teris omissis; *virentis aetatis* Lact. —

185. Lactant. narr. fabb. 3, 5 et 6 p. 806 s?
mythogr. II, 180.

Lyriope et Narcyssus Maji cod. A; sed B *Alciope*, e librario
errore, ut *Lycope* ap. Vib. Seq. de fontibus. Nomen descendit ἀπὸ
λειρίου. *Caerulam* hanc Nympham vocat Ovid. Met. 3, 342. De Cep?

patré vid. Hyg. f. 271 p. 376, schol. ad Stat. Th. 7, 340 p. 254, Philostr. imag. 1, 23. — 21 *Tiresias*) *Eueri filius* addit Lact. — *responso polic. e.* Lact., defendente Munckero. — *si pulchritudini tantum suae non adeo confideret* B. — 22 *Echo*) *filia Junonis* addit B. — 23 *neque ullam*) Majus *nullam*; sed B et *sui pot. v.* non inv. — *cura*) *amore* B; *et sollicitudine* addit Lact. — 24 *persequeretur.*) Lege *persequebatur* cum B et Lact. — 25 *ejusque* etc.) *Cujus in lap. versae et in montibus absconditae vox tantum auditur* B. — *versae*) *conversae* Lact. — *Quod ei*) *Id tamen ei* B. — 26 *accidit*) *incidit* Lact. — *ira*) *instinctu* B. — *est*) *esset* Lact. et B. — 27 *ne Juppiter* etc.) *ne Jovem in mont. N. persequentem deprehendere p.* B. — *dum perseq.*) *persequens* Lact. — *manifesto depr.* Lact. — *Echo.*) De hujus transformatione alia tradit Ptol. Heph. (ap. Phot. p. 152 b, 3 ed. Bek.) qui p. 149 b, 3 Helenam ita vocatam esse dicit. — *et.*) Recte om. Lact. *Ob id etiam fertur ob. def.* B. — 30 *inspici*) *conspici possit* B. — *audita*) *auditur* Lact. *Verba quae . . . audita* om. B. — De re vid. Paus. 5, 21, 7 et 2, 35, 9. — 31 *despectionem et crudel.* B. — 32 *exhibebat.*) Melius Lact. *exhibuerat*; sed B et margo Gisel. *exercuerat.* — 33 *id est Fort.*) om. Lact. — *compulit* B; *impulit* Lact. utrumque praeferendum est τῷ *pertulit.* — *ac illa.*) Codd. Lact. *ille*; Restituit Giselinus. — 34 *ureretur* nonnulli codd. Lact. — *ex assid. ven.* Lact. — *ex assidua fatigatione venationis* B. — *juxta*) *secundum* Lact. — 35 *in opaco*) abest a B. — *similit.*) *imaginem* B et Lact. cf. eundem ad Stat. p. 254. — 36 *perspexisset* B, qui omisit haec: *et diutius ibidem* (*ibi* Lact.) *moraretur* (*remoraretur* Lact.). — *novissime*) *alienam putans adamavit, ejusque desideriis ita u. v. pr. inhabuit* B. — 37 *extitit*) *oritur* B. — 38 *Narcissi.*) Male *narcissum* B. — *nomine ejus* B. — *annotarunt* B et Lact. — Duplicem de Narcisso fabulam tradit Paus. 9, 31, 6.

186. Lactant. narr. fabb. 5, 9 p. 822 sq.
mythogr. II, 101.

fluvii) om. Lact. — *Melp. M. et Ach. fluminis fil.* B. — *a Plutone raptam* B. — *inquirerent* B. — De parentibus Sirenum vid. supra 42 et Hyg. f. 141 p. 248. f. 125 p. 222. — *invenisset.*) Lege *invenissent.* — *neque eam ullo modo possent invenire* Lact. — *a diis novissime impetrarunt, ut versae in vol.* etc. B et Lact. — 1 *sed.*) Adde *etiam* cum B et Lact. — 2 *consequi* B et Lact. — *Novissime*) *Quo concesso, diu quaerentes novissime* etc. B. — 3 *Martis*) *maris* edd. Lact. usque ad Munckerum, qui *Martis* revocavit e Ms. — Barth. adv. 10, 8 correxit: *Siculi . . . maris.* — *proximo*) *proxime* B; *proxima* Lact. — *itaque.*) Rectius Lact. *ita.* B autem *His concessum quoque fuit, ut tamd. m. inc., quamd. ear. v. audiretur.* — 4 *audita non esset* pessime Lact. — B hinc ad fab. transit, quam supra 42 legimus. — 5 *Ulysses* Lact. — *filiae Solis*) abest a Lact., qui addit *obturatis auribus*; sed, teste Munckero, nec Ms. nec editi ante Raenerium verba ista agnoscunt.

187. Lactant. narr. fabb. 6, 4 p. 829 sq.
mythogr. II, 17.

v. 8 *Gigantis*) om. Lact. — 10 *reciperet* Lact. et B. — 11 *ardore*) *ex ardore aestus et longitudine viae* Lact. — *ex calore aestivo* B. — *his*) *iis, qui ulvam et juncum secundum lacum legerent* Lact. — *carpebant* B. — *propius accedere* B et Lact. — 13 *incensa* Lact; *irata* B. — 14 *Auditis itaque pr.* Lact. — 15 *vertit* B; *transformavit* Lact. —

188. Lactant. narr. fabb. 7, 2 p. 835 sq. mythogr. II, 137 sq.

v. 18 *Medeam*) *abductam a parentibus* addit Lact. — *promisso.*)
Lege *et promisso.* Erravit typotheta. — 19 *ex multis rebus. ing. ej.
antea exp.* B. — 20 *demum petiit* B. — *petiit eam* Lact. ed. Colon.
teste Burm. ad Ovid. Met. 7, 296. — *parentem*) *suum* addit Lact. —
Aes.) *senectute elisum* (i. e. confectum, fractum) addit Lact. — *adulesc.*
A. — *perduc.*) Rectius Lact. libri aliquot *reduceret.* Sed Ms. Micyll.
et Venet. *perduceret;* B *transformaret.* — 21 *posito* B — *quem in* etc.) *quem
in ejus juventute ceperat* Lact. Quae sequuntur B decurtavit. — 23 *habebat*
Lact. — *incoquens* Lact., qui deinde plura de stipite in herbam converso
inserit. — 24 *madentibus h.* Lact. omissa praepositione *in.* — *tepidisque
h. fotum* B., omissa copula *in* seqq. — 25 *perd.*) *reduxit* B; *videtur
perduxisse* Lact. — *Aesonis ... expulsam* B. — 26 *ut proinde nutr.*
Ms. Lact. et ed. Venet. *proinde* cum nostris om. Raener., defendit
Munck. — *ut nutrices suas in adolescentium vigorem mutaret* B, qui
seqq. quoque variavit. — 27 *adolescentiae* Lact. — 28 *et auxilio*) om.
Lact. — 29 *in primitias reduxit* Lact. — *Liberoque* Lact.; sed lege
Libero quoque.

189. Lactant. narr. fabb. 1, 7 p. 791 sq. mythogr. II, 73.

v. 33 *temptabant* Majus. — 34 *itaque orbem ter.* Ms. et Veneta
Lact. — *diluvio.*) Recte abest a Lact. — *Primum autem dil ...
Deuc. dicitur.*) Haec non agnoscit Lact., sed extant ap. Serv. ad Ecl.
6, 41 et Lact. ad Stat. Th. 1, 173 p. 12, qui Varronis libros *de gente
populi Romani* laudat. — 37 *ceteros mortales antecessissent* Lact. — 38
ac Pyr. eadem sor. atque conjux Lact. — 39 *in Parn. ... effug.*) *et
Parnasso m. ... effugissent* Lact. — Caeterum codd. mei ubique *Parnasus* scribunt; alteram formam *Parnassus*, Παρνασσός, praeferunt Perizon. ad Ael. V. H. 8, 11, Spanh. ad Call. in Del. 93, Brouckh. ad
Prop. 2, 23, 13, Heins. ad Virg. Ecl. 10, 11. ad Ge. 2, 18, Drakenb.
ad Liv. 40, 16, 1, Passow. ad Pers. 1. — 40 *quae*) Cod. qui. — *eo
temp. quae .. fuisse traditur* Lact. — *terrae*) i. e. Phocidis atque oraculi in
Phocide. Sed non omnes codd. *terrae* exhibent ap. Lact., auctore Gise-
lino. Quare *oraculi* conjecit Muncker, quod confirmat schol. ad Stat.
Th. 3, 560 p. 109. Lucan. 5, 81. Ovid. Met. 1, 321. — *Apolline
namque* etc.) Quae hic sequuntur absunt a Lact., quem tamen vide ad
Stat. Th. 3, 560 p. 109. — *proicerent* et *proiciebant* Majus.

190. Serv. ad Ae. 9, 584. Cf. mythogr. II, 45.

Symethos A C; *symetos* D. Vid. Thucyd. 6, 65. Str. 6, 272 a =
417 b. Inde *Acis* apud Ovid. Met. 13, 879 est *Symaethius heros.* —
10 *ab*) om. Majus. — 11 *payci dei* C. — 12 *ethnam* C D. *Aethnam*
Majus. — 13 *quosdam*) *alios ipsam puel. T. c.* C D. — *commendabat*
B. — 14 *secundum alios partum ejus. Postea quum* etc. rectissime
C D et confirmat B. — 15 *pueri*) om. C. — *pallici* C. — 16 *ven.*)
Nam πάλιν ἵκειν *est iterum venire* addunt C D. — 18 *autem*) *ergo* C D,
respicientes ad Ae. 9, 585. — Caeterum gloss. ap. Serv. Varronis sententiam de Palicis, *diis nauticis* afferunt.

191. Serv. ad Ae. 8, 636.

v. 21 *sub circo tecto habet* C; *s. tecto circo habet* D. — 23 *sacrificabatur* C D. — 24 *debet*) *et velata* addit C D, qui deinde pergunt:

ideo (id est C) autem dicato consi simulacro rapuerunt sabinas (savinas C), ut tegeretur initum (initum om. D.) de raptu (rapto D) consilium. — Neptuni) Neptunus D; et Neptunus C. — 25 circum celebrabatur C, qui deinde cum D plura ad Virg. spectantia intexit. — 26 vel quod) vel om. C. — 27 autem) om. C D. —

192. Hercules et Olympiadum ludus.

Haec fabula grammatico cuidam nescio cui sed antiquitatis prorsus rudi debetur. — 30 *super equos.*) Nove dictum pro *equis vecti* vel *pugnaverunt .. ex equis.* — 31 *a longe*) Barbare dictum pro *e longinquo.* — 34 *solempni* Majus — 35 *sub uno anhel.*) De hoc Herculis labore, qui sane nullus est, vid. sup. 63. Hic paulo facetius Hercules *multimodo cursu pedum* percurrisse traditur stadium. — *miliaris.*) Secundum nostrum *miliare* tribus consistit stadiis, seu 375 passibus; *miliarium* autem octo stadiis seu mile passibus, nisi legere praestat *octavam partem miliaris*, ita ut *miliare* et *miliarium* idem sit. De nomine *miliare* dubitarunt editt. Cic. ad Att. 6, 1. — 37 *stad.*) Schol. ad Lucan. 4, 614. — 49 *Olympias*) pro *ludo Olympico* novum est in Romano scriptore, etsi minime ignotum Graecis, ut Herod. 7, 206, aliis. — 41 *annis tribus* etc.) Hoc contra veterum fidem traditur. Post peractum annum quartum Olympias est finita. Unde Romani poëtae olympiadem saepius pro lustro i. e. quinquennio ponunt; quin etiam schol. ad Stat. Th. p. 77 Jovis Olympici sacrum intermisso quinquennio redire dicit. —

193. Serv. ad Ae. 8, 330.

v. 9 *pugnans cecidit* C D. — 10 *Tibris*) recte om. C D. Serv. ad Ae. 8, 31: *in sacris Tiberinus, in coenolexia Tiberis, in poëmate Tibris vocatur.* — *Alii*) alibi D. — 12 *unde tibris* (*thibris* C) *quasi* ὕβρις (*hipis* C) *dictus est* ἀπὸ τῆς ὕβρεως i. e. *ab injuria. Nam amabant majores ubi aspiratio erat* Θ *ponere* C D. Hinc itaque patet scribendum esse *Thybris*, ut fecit Burm. in Ovid. F. 2, 389 et alibi. — 13 *Alii ut supra diximus* (sc. ad Ae. 3, 500) C D. — 14 *thibris* C; *tiberin* D. — *a similitudine* D. — 15 *item*) et C D. — 16 *Nam quod livius d.* C D. — 17 *thibrin* C. — *Sed*) om. C D. — Caeterum Livius 1, 3: *fluvius Albula, quem nunc Tiberim vocant.* — *Tiberinus — qui in trajectu Albulae amnis submersus celebre ad posteros nomen flumini dedit.* Cf. Varr. de L. L. 5, 5 p. 45 Speng., Dionys. Hal. Arch. 1, 71 p. 178 Reisk., Ovid. F. 2, 389, Serv. ad Ae. 8, 72 et 3, 500. —

194. Serv. ad Ecl. 6, 72, mythogr. II, 224.

Grineum C D. — *finibus*) *silvis* D. — *Ionii* Maji cod. — 22 *inter se hab. cert.* C D; *inter se cert. hab.* B. — 23 *Mopsi*) *Mopso* rectius B C D. — 24 *Hoc autem Eu. continent carm.* C D. Haec et reliqua omisit B. — 26 *Virgilii*) om. C D. Vid. ej. Ecl. 10, 50 ibiq. Serv. Fragm. Euphor. p. 35 et 101 sq. ed. Meineck. qui haec e V *Chiliadum* libro a Gallo derivata esse contendit. — *calchidico* C D. — 28 *calchis* C; *calcis* D. — *fuerat euforion* C D. — Probus ad Ecl. 10, 50: *Euphorion, elegiarum scriptor, Chalcidensis fuit, cujus in scribendo secutus colorem videtur Cornel. Gallus.* Cf. Diomed. 3 p. 482, 3, et cantatores Euphorionis ap. Cic. Tusc. Q. 3, 19.

195. Serv. ad Ae. 3, 121. (cf. ad Ae. 11, 264), mythogr. II, 210.

v. 30 *Cretens. rex* B C D. — 31 *quum reverteretur* C. — *sacrific. se* C D. — *devovit propter sedandam tempestatem sacrificium se dare de, hac 're quae ei reverso pr. occurreret* B non satis Latine. — 32 *igitur*) om. C D. — *ut filius (ei* B) *ejus (prius* add. C) *occurr.* B C D. — 33 *Quam) Quem* B C D. — *at alii dicunt)* om. B. — 34 *vellet* B. — 35 *nunc Cal.* C. — 36 *ut et* C D. — *campos) licticus (licius* D; lege *Lyctius) Idomeneus* addunt C D; sed B haec et praecedentem versum omisit, qui est Virgilii (Ae. 3, 400.). Caeterum Serv. ad Ae. 3, 401 Idomeneum ad Italiam venisse, ac post in Asiam profectum decessisse dicit. Alii hunc regressum consedisse apud Apollinem Clarium tradunt. Cf. Prob. ad Ecl. 6, 31 fin.

196. Mythogr. II, 190.

suppositus.) Immo *impositus* vel *superpositus.* B *superponi est jussus.* — *exorta est) facta est* B. — 1 *Hoc quum postea* etc. B. — *opum etiam) et opum* B. — 2 *nimium)* om. B. — 4 *prosperitatibus* B. — *superventura) eventura* B. — 5 *in somniis* B. — 6 *Jovis* B, vel primo vel secundo casu. Posteriorem hanc historiae partem alios vulgo de Polycrate Samiorum tyranno narrare animadvertit Majus. — 8 *resolvit) interpretabatur* B. — *in cruce* B, qui utramque copulam in seqq. omisit. — 9 *aqua) imbre* B. — *a)* om. B. — 10 *fixus.)* Leg. *crucifixus.* B *suspensus.*

197. Thamyris et Musae.

Thamyris.) Il. 2, 595. De re vid. Orph. poëtar. Gr. antiq. auctore Bode p. 37. 63 sq. — Maji cod. *Thamaris;* ap. schol. ad Stat. p. 128 est *Thamirus*, ad Lucan. 6, 252 *Thamyras, Tamira, Tamaris, Temira.* — *et Apoll.*) Apollo vulgo non memoratur in hoc certamine.

198. Schol. ad Stat. Th. 4, 103 p. 123, ad 8, 483 p. 294.

Meleagria Pleuron.) Ita hanc urbem vocat Stat. l. l. ubi schol. eam *Bocotiae* civitatem dicit, quam idem alibi recte in Aetolia quaerit p. 80 et p. 294; Hom. Il. 2, 639, Thuc. 3, 102, Apollod. 1, 7, 6, Schol. Soph. Tr. 7. — *Meleagrides.*) Ael. H. A. 4, 42, Ant. Lib. 2, Plin. N. H. 10, 26 § 74 Sillig, et 37, 11, Hyg. f. 174 p. 292. Lact. narr. fabb. 8, 4 p. 848.

199. Iason, Hypsipyle et Phetoneus.

Ne hujus fabulae auctor nimis videatur a veritate aberrare, Vaticani codicis lectionem *Iasonidis filia . . quae* mutavi in *Iasonides filius . . qui.* Iasonides enim ita a grammatico quodam explicatus est, *filius Iasonis et Hyps.* — Duos ex Iasone filios procreavit Hypsipyle Euneum et Thoantem, quos pro uno habet mythogr. — Ἰασονίδης Εὔνηος Il. 7, 468. — Schol. ad Stat. Th. 5, 29 p. 164 *Oeneum* vocat, sed leg. *Euneum*, ut recte legitur et explicatur ad Th. 6, 340 p. 412 et ad 4, 771 p. 158. — 25 *Phetoneus.*) Nomen aliunde ignotum. Fortasse *Phytoneus*, tamquam *generandi vis* quam Bacchus repraesentat. — *Thyoneus) Thioneus* Maji cod. Caeterum haec ad verbum fere congruunt cum Acrone ad Hor. C. 1, 17, 24. Fabulam quandam de hoc Thyoneo Bacchi filio glossae narrant ad Ovid. Met. 7, 359 ap. Regium et Burmannum. Ipse Bacchus est *Thyoneus* (ut ap. Hor. C. 1, 17, 24, Ovid. Met. 4, 13, Stat. Th. 5, 265) a matre *Thyone* i. e. Semele (Acr. Porph. et sch. Cruq. ad Hor. l. l. schol. ad St. l. l. et ad Ap. Rh. 1, 636.) dictus, ut Bacchae *Thyades* (Serv. ad Ae. 4, 302). — 27 *fuit Hypsiphile quae* Acr. — *adversus viros* Acr. — 28 *parentem* Acr. — *quem)* sc. Thoantem; ergo *avum*

Hypsipyles intelligit. Pro his Acr. *quam fabulam Statius narravit in suo carmine.*

200. Fulgent. 3, 8. mythogr. II, 34. III, 11, 17.

Mirra E G L. — *suum)* om. L M. — *cum quo) et cum eodem* L M. — *ebriato* B E G L M N. — 31 *rem hab.)* concubuit E G; *concubuisse* L M N. — *Qui quum rem resc.* M. *quod quum resc.* L N. — *crimine cognito)* E G; om. L M N. — 32 *evag. e. pers. c. gl.* B E G; *persecutus est* L M N. — 33 *versa* B. — *patre gl. percutiente* B; *quam (arborem* om. M) *quum p. percussisset* L M. — 34 *exinde) inde* L. — *Adonem)* Maj. *Adonidem. Adon* frequens est nominis forma ap. seriores; vid. Munck. ad Fulg. p. 724. — *quem ... dicunt)* om. E G L M N; *quem V. ad se recepit et amavit* B. — 35 *Ideo* etc.) Hic inter se dissidere incipiunt mythographi. Noster reliqua decurtavit. Vid. Fulg. — 36 *Graece.)* Immo *Latine.*

201. Serv. ad Ae. 6, 703. 705 et 714.

v. 3 animarum) om. D. — *4 quis)* C; *qui* A D. — *5 Letheus* Majus. — *est)* om. D. — *6 animae)* om. C D. — *ut potent)* om. D. — *et ut inc.* D. — *7 remeare) in corpora* add. C D. — *et stup.* C. — *8 etiam) et* C; *si et* D. — *9 possuntne* recte C. — *vota* C. — *10 ejus)* om. C. — *11 interrogatione) narratione* C D, quod praestat. — *12 debere fieri* rectissime C D. — *14 innotescunt. Quid est debere?)* Ita C; sed Majus *innotescere debere;* D *innotescunt* quidem *debere.* — *15 procul)* sine C D. — *16 nam unde* D; *nam inde* Majus. — *17 possint* C. — *18 ut velint.* C. — *20 Sane de hoc fl.* etc.) Haec legere quoque licet apud mythogr. III, 6, 7. — *22 inferos* C D. — *23 novem)* om. C; sed D insuper repetit: *qui ambiunt inferos.* De his novem circulis plura myth. III, 6, 20. — *25 virentem senectam* C D. Rectissime! — *27 revert.) recurrunt* C. — *28 animae* C. — *29 mortis* C. — *Si anima est aeterna* etc.) Mythogr. III, 6, 16. — *31 prudentiae tantaeque)* om. D. — *32 ut) et* Majus. — *Immo* etc.) *quia quum coeperit* D; *scilicet quia quum coeperit* C; *cepit* Majus. Quae praeterea Servius de anima disserit, repetit mythogr. III, 6, 16 fin. et 8 fin.

202. Aeneae errores secundum Virgilium.

Idam.) Serv. ad Ae. 3, 1, qui et ipse fugam Aeneae paucis adumbrat, primum Idam memorat, deinde Antandrum civitatem, "juxta quam factis navigiis tenuit Thraciam". De numero navium silet. — 41 *Aeneas.)* Leg. *Aenum.* Virgilius nomen non affert. Apud Serv. l. l. corruptum est in *enim* ut in C, et in *demum* ut in D; — sed ad 3, 17 *eneum* est in C D, et in Salustii loco ibi laudato *enum,* ut apud Callimachum et Euphorionem ibidem. Αἶνος antiqua Thraciae urbs est Homero nota Il. 4, 520, Strab. 7, 319 b = 491 c, Steph. Byz. v. Αἶνος et Κολαηδοί, Suid. v. Sed Mel. 2, 2 hoc oppidum ab Aenea profugo conditum dicit, et Plinius, qui id et alibi memorat ut 17, 3 (4) et 18, 12 (7.) Polydori túmulum ibi extare affirmat 4, 18 § 43 Sillig, cf. Solin. 10. 11 p. 94 Goez. Αἴνειαν tamquam antiquius urbis nomen affert Con. ap. Phot. 186 p. 453 Hoesch. — *auspiciis.)* Melius Serv. *prodigiis.* — 42 *Anius)* Virg. Ae. 3, 80: *Rex Anius, rex idem hominum Phoebique sacerdos,* ubi cf. Serv. — 2 *Strophadas) Strophalidas* cod. Vat., quod Majus retinuit. — 3 *Achajam)* Immo *Epirum.* — 4 *litus Il.)* sc. Calabriam. — 5 *quas Gr.* etc.) Tauromenitanum litus intelligit. De Graeco nomine nihil constat. — 6 *labore.)* Ad Scyllam respicit et Charybdim. — 7 *Et quum)* sc. circumna-

vigata maxima Siciliae parte. — 8 *Africam.*) Ubi consedit apud Didonem. — 8 *Acestam*) Ae. 5, 718. — 10 *Euboicis*) Ae. 6, 2; propter
coloniam ex Euboea ad illa Italiae litora deductam. — *Drepani p.*) Serv.
ad Ae. 3, 707. Maji interpp. ibid. "Cato *Drepana* dixit; et Fannius
in VIII annali *Drepanum* modo, modo *Drepana* appellat". — 12 *Circaeam ins.*) Ae. 7, 10 ibiq. Serv. — 13 *ibique etc.*) Ae. 8, 116. Verba
pro pace satis agens petiit corrupta sunt. Leg, *de pace agens eam
obtinuit.* — 21 *Item aliter.*) Serv. ad Ae. 6, 760. — 22 *vivente marito Turno.*) Haec recte absunt a C D; nam Lavinia desponsata tantum
erat Turno. — 24 *suscepit*) commovet C. — *mezentio* C D, ut Virgil.
Ae. 7, 648, et alibi. — 25 *periit Lat.*) *ut supra* (4, 610) *diximus*
add. C D. — *pariter Turnus et Aeneas* rectissime C D. — 26 *maxentium* C D. — *lauro labinimum* C; *laurolaviniam* D. — 27 *labinia*
C. — 28 *ad silvas* C D. — *tyrri* C D. Leg. *Tyrrhi.* — *Ad quam
alludens T. p. etc.*) Haec corrupta sunt et sic e codd. nostris emendanda: *Ad quod alludens* (sc. Virgilius in Ae. 7, 485) *ait: Tyrrhus-
que pater c. r. p. a.* (Has quatuor litteras ut leguntur in C i. e. *cui
regia parent armenta*, omisit D.), *et illic enixa est Silvium.* Majus
pro *pater* proponit *pastor.* — 33 *imperium.*) Serv. pergit: "Unde apud
Livium est (1, 3.) error quis (ita C D) Ascanius Albam condiderit.
Postea Albani omnes reges *Silvii* dicti sunt ab hujus nomine; sicut hodieque Romani imperatores *Augusti* vocantur, Aegyptii *Ptolemaei* (*tho-
lenum* C; quod om. D.), Persae *Arsacidae*, Latini *Murrhani*, ut
Ae. 12, 529.

203. Serv. ad Ae. 1, 469.

Rhessus r. trachie C. — *auxilium* C. — *clausisque jam* C D. —
locavisset C D. — *Dolone prodente trojano* C. — Respicit auctor Hom.
Il. 10, 435. Cf. ibi Eustath. p. 817. Conon. 4. Dict. Cret. 2, 45 p. 106
ed. Dederich. Ovid. Met. 13, 98. — *abductique* C D.

Caeterum cod. Vat. hic verba memoratu dignissima offert: EXPLI-
CIT LIBER SECUNDUS C. HNI FABULARUM, de quibus dictum
est in praefatione.

204. Genealogia deorum et (Maj. *vel*) heroum.

Ophion) Maj. *Ophyon.* Hic est ille *serpens* in cosmogoniis Orphicis. Dictum est de hac re in *Orpheo* nostro p. 157 sqq. Apollonius Rh. 1,
503, et ex eo Tzetzes (ad Lyc. 1191 p. 950 cf. schol. ad Il. 8,
479. p. 236, 32 ed. Bek. ubi Ophion Gigas vocatur, ut ap. Claud. R.
Pros. 3, 348·) Eurynomen Oceani filiam faciunt Ophionis conjugem. —
Oceanus .. de majore Thetide) Orph. ap. Plat. in Cratyl. p. 402 c.
et reliq. quae laudavi in *Orpheo* p. 148 sq. — *qui et Nereus.*) Hunc
omnes ab Oceano diversum esse dicunt. *Majorem* autem Thetidem
intelligit *Tethyn*, Hom. Il. 14, 201. 302. Hes. Theog. 337 fr. Orph.
ap. Stob. Ecl. ph. 1, 11 p. 284 ed. Heeren, p. 373 Herm. — 6
Sthenonem) Maji cod. *Stemnionem*, vid. supra ad 130. Hes. Th. 276. —
11 *Antigonam*) Vid. supr. 179. — 13 *Dymantis fil.*) Hom. Il. 16, 718,
Pherecyd. ap. schol. ad Hom. Il. p. 464, 18 Bek. Hyg. f. 91 p. 171.
f. 111 p. 203, Serv. ad Ae. 7, 320, Lact. ad Stat. 1, 22 p. 432. Apud
Eurip. Hec. 3 est Cissei filia; cf. Athemon. ap. sch. ad Hom. l. l. et Tz.
ad Lyc. p. 266 Mueller. Euripidem sequutus est Ennius, Pacuvius, Virgilius, 10, 705 ibiq. Heyn. cf. Miziriac ad Ovid. Her. p. 401 sq. —
19 *Latinus Ep.*) Haec genealogia diversa est ab ea quam Livius 1, 3
proposuit: *Latino Alba ortus, Alba Atys, Atye Capys, Capye Capetus, Capeto Tiberinus.* Itaque pro *Capum* legendum est *Capyn.* — 20

Acrotas.) Hoc plane novum est. — 26 *non leguntur.*) Immo leguntur
ap. Hyg. p. 11 etc. — *Sterope*) Majus *Strerope*. — 29 *Myrtili*) Majus
Myrtoi. — 31 *Clytem.*) Leg. *Clytaem.* — 34 *Aeetas*) Maj. *Oëtas*, ut
et alibi. Aeetae uxor secundem Hes. Th. 960 (cf. interpp. ad Hyg. p. 15.
67) fuit Idyia. — *Theseum.*) Immo *Chalciopen*, Medeam et Absyrtum
ut pag. seq. v. 32 auctor ipse dicit. Quare et *Oëtas* et *Theseum* corruptum censeo. — Theseus e seq. versu huc irrepsisse videtur. — 38
Alcumena.) De hac nominis forma dictum est supr. 50. — 39 *de Deïanira Hyllum.*) Maj. *de Deidamia Ilum.* De Deidamia Lycomedis
filia, Achillis uxore et Pyrrhi matre vid. Hyg. f. 123 p. 217, Serv. ad
Ae. 2, 263. 477. De Ilo, Trois filio, vid. Hyg. f. 250 p. 358. — 1 *Hermionem*) Vid. sup. 150. — 5 *Cadmo.*) Immo *Lajo* secundum Apollod.
3, 5, 5, Heyn. Obss. p. 234 sq. — 12 *Deiphylem.*) Serv. ad Ae. 1, 97.
Hyg. f. 175 p. 292. — 13 *Thestius*) *Testius* Maj. — *Toxeum*) *Toxium*
Maj. Lact. narr. fabb. 8, 4 p. 848, interpp. ad Hyg. f. 173 p. 289. —
16 *Tydidem.*) Nova profecto genealogiarum explicandarum ratio. — 18
Titani). Fulg. 1, 25 omnes Titanes appellat *Titani* filios, et Isid.
Orig. 8, 11, 53 omnes *Titanos.* — 15 *Gorgem.*) Ovid. Met. 8, 543. —
25 *de lactuca*) quam Apollo ei apposuerat edendam. — 30 *Clytem.*) Leg.
Clytaem. — 31 *Phyllidem*). Reginam Thracum, quae Demophoontem
amabat, memorat supr. 159, Tz. ad Lyc. 495 p. 652. — *Archemorum*)
Maj. *Archemolum.* De illo, qui et *Opheltes*, vid. Apollod. 3, 6, 4,
Hyg. f. 74 p. 147 ibiq. interpp., Serv. ad Ecl. 6, 68, Lact. ad Stat.
Th. 4, 717 p. 155, ad 5, 731 p. 195, Tz. ad Lyc. 373 p. 567. —
Aeetes). Triplici forma utuntur myth. nostri, *Aeeta*, *Aeetas*, *Aeetes*;
secundum Maji codd: *Oeta*, *Oeetas*, *Oëtes.* — 32 *Ovidius*) Her. 17, 232,
ubi Burmannus cum aliis VV DD *Idyiam* pro *Hypsea* (vulgo *Ipsea*)
proponit. — 37 *Apollo*) i. e. Sol. — *Ethea*). Mater Circes est *Persë*
ap. Hom. Od. 10, 139 (cf. ibi sch. p. 339 ed. Butm.), Tz. Chil. 4, 137,
ad Lyc. 174 p. 430, Hyg. p. 14; *Perseis* ap. Hes. Th. 957, Hyg. f. 156
p. 269, Apollod. 1, 9, 1, Apoll. Rh., 4, 591. De ejus patre vid. schol.
ad Apoll. Rh. 3, 200. — 41 *in insula*) sc. Naxo. — 45 *Teucontus*)
Immo *Teuthras*, inquit Majus. Immo *Nauplius.* — *Nauplius*) Immo
Hercules ex Auge; posthac Teuthras, rex Mysiae, Telephum adoptat
regnique sui heredem scribit; Heyn. Obss. ad Ap. p. 189. — 46 *Artilochum*) Leg. *Antilochum*, quamvis et hic vulgo inter Antenoris 19 filios
non memoratur. — *et*) ex Majus — 1 *Miletum*) Hyg. f. 14 p. 47, Lact.
narr. fabb. 9, 9 p. 854. — 2 *Cyanee*) Ovid. Met. 9, 451. Majus *Ciane.*
Ειδοθην affert Anton. Lib. 30 p. 196 ex Nicandro, cf. Burman. ad. Ovid.
l. l. — *Bibl.*) Leg. *Byblidem* cum Burm. l. l, qui docte de hujus nominis scriptura egit. — Paus. 7, 5, 10. 7, 24, 5. — 3 *Prognes* Majus —
5 *Zeten*) *Zethum* Majus; vid. supr. ad 97.

205. Serv. ad Ae. 6, 618.

Phlegyae) Hym. Hom. in Ap. 278, Strab. 9, 442 b = 674 b,
Pherecyd. p. 135 Sturz; Minyadis incolae, Paus. 9, 9, 2. 9, 36, 2. 8,
4, 4. 10, 4, 1. — *Euphorionem*). Meineck. fr. p. 180. — 11 *eos*) omnes C D. — *phlegias* C D. — 12 *Coronidem*) vid. supr. 115 fin. —
escolapium C constanter. — 14 *Unde*) om. C D. Stat. Th. 1, 713. —
Fleiam cod. Cassel; *flegiam ñ sbt'.* C. — *latentem* D. — 15 *Discite*
etc.) Alludere videtur scr. ad Ae. 6, 620: *Discite justitiam moniti et
non temnere divos*, quod Servius explicat *vel nunc in poenis locati*
sc. discite justitiam.

206. Serv. ad Ge. 4, 126. Cf. ad Ae. 3, 551.

v. 18 *Laconices* C. — 19 *timentes* C D. — *virgines eorum* C. — 20 *dum) et* C; *quum* D. — 21 *de inc. par. n.* C. — 22 *spartheniatae* C; *partaeniatae* D. *Partheniae* sive *Parthenii* appellantur ap. Str. 6 p. 278 c = 426 c. ibiq. Ephor. 280 a = 428 c; Marx fr. p. 154 sqq. Exc. Vat. e VII-X Nro. 12 et Dionys. ap. Dind. p. 12. Justin. 3, 4. 20, 1. Maji interpp. ad Virg. Ecl. 10, 57. — *Parthenidae* et *Partheniadae* sunt ap. Prob. ad Ge. 2, 176. 3, 63. — *Phalantho) phalanto* C D; *pallanto* B ad Ae. 3, 551. — Φάλανθος ap. Str. l. l. Paus. 10, 10, 3. cf. Prob. ll. ll., Justin. 3, 7, 9 p. 50 ed. Duebn., ubi codd. *Palantum* et *Falantum* repraesentant. — 24 *Taras) thares* D. — Paus. 10, 10, 4.

207. Schol. ad Stat. Ach. 1, 91 p. 434, mythogr. II, 205. sq. cf. 65.

Varias hujus fabulae narrationes exposuerunt interpp. ad Hyg. f. 54. cf. mythogr. III, 11, 20. — 25 *vellet Thetiden duc.* schol. — 27 *sicut … expul.)* om. schol. — *quemadmodum et ipse Saturno fecerat* Hyg. — *Thetis).* Desidero particulam *ergo* vel *itaque,* quam habet Hyg; *autem* B. — Quae sequuntur, multo copiosius narrat schol. — 29 *consolatur).* Passive, quod vix ferendum. Schol: *illam .. consolatur,* sc. Neptunus apud Stat. Ach. 1, 91.

208. Cf. mythogr. II, 206, III, 11, 20.

Nonnulli codd. Servii hanc fabulam narrant ad Ae. 1, 27; quae tamen abest a C D. — 31 *vel Acei.)* Glossema putidissimum. Nam quis Pelei patrem umquam vocavit *Aceum?* — 32 *accepit)* Leg. *acciperet* secundum sanam Latinitatem. — 33 *praeter Disc.) excepta Eride, i. e. discord.* Hyg. f. 92. — 34 *pulch. d. d.) deae* om. L M; sed B *pulcherrimum donum pulcherrimae deae.* — 35 *collecto).* Ridicule dictum est de uno malo; et quod magis est ridiculum, nemo adhuc istud malum sustulerat. Itaque quovis pignore contendo, auctorem scripsisse *Quo conjecto.* — 37 *sive.)* Male insertum est, nec agnoscitur a Majo. Euphranoris *Paris Alexander* est ap. Plin. N. H. 34, 8 (s. 19 § 16), et *Alexander Paris* ap. Hyg. l. l. et f. 91, ubi vid. interpp. — 39 *personam accepisse)* i. e. *injuste judicasse,* nam *persona* dicitur quidquid simulandi gratia assumitur. — 5 *spretae iujuria formae.)* Virg. Ae. 1, 27.

209. Cf. mythogr. II, 205.

Proponit haec f. Iliadis Hom. argumentum. — 7 *quinquaginta)* Il. 2, 685. — 9 *dum Trojae.)* Ita Majus; cod. autem *quum plerisque.* Facilior emendatio foret *quum plerumque .. Ilion* (s. *Trojam) obsideret.* — 12 *Lyrnesum)* Il. 2, 690; Majus *Larnesum* — *duas) virgines* desidero. — 13 *adj. sibi.)* Immo Chryseïs erat Agamemnonis. Accuratius rem narrat Hyg. f. 106. Majus *Chrysidem* scripsit. — 17 *uterq. exarsit exerc.)* Contentio inter Achillem tantum fuit et Agamemnonem, non inter utrumque exercitum. — 21 *Patroclus).* Palamedi hoc tribuit infr. 211. — *armiger) ἡνίοχος.* — 23 *armis ablatis)* pro *eique arma ablata sunt.* Rem similiter narrat cod. Burm. ad Ae. 1, 483. — 25 *Vulcani arma)* i. e. *arma a Vulcano facta.* — 27 *spoliavit) Hector* h. l. *excidisse* videtur. — 30 *inermis) inermes manus* respicit ap. Virg. 1, 487, de quibus Servius ad h. l.

210. Troilus.

Priami). Apollinis filium fuisse dicit Apollod. 3, 5, 12 § 12, Tz. ad Lyc. 307 p. 531 et Eud. p. 404. Aliud refert Serv. ad Ae. 1, 474, Troili amore Achillem ductum palumbes ei, quibus ille delectabatur, objecisse; quas quum vellet tenere, captus ab Achille, in ejus amplexibus periit.

211. Hector et Palamedes.

Quae hic de Palamede narrantur, ad Patroclum pertinent; nisi forte mythogr. poëtam nobis hodie ignotum sequutus est, quod indicare videtur causa quam affert, cur Achilles noluerit pugnare. — 39 *alio die*). Hoc ab antiquo sermone Latino abhorret. Omnis autem narrandi ratio satis rudis est atque inculta. — *Diomedes.*) Apud. Hom. Il. 9, 168 Phoenix, Ajax et Ulixes mittuntur. — 1 *habitum.*) Nove dictum pro *armis*. Sarre *armorum habitum* Liv. dixit 9, 36. — 3 *poëta*) Virg. Ae. 2, 275.

212. Euphorion ap. Serv. ad Ae. 2, 32 p. 178 ed. Meinecke.

v. 6 *arispa* D. — 7 *nocte*) *die* C D. — *posset Tr. everti* C; *Tr. posset ev.* D. — 8 *papererunt simul et thymoetae* (timoethae D) *uxor et hecuba* C D. — 9 *erat leg.* C. — Majus *Tymotas* contra fidem codd. Virg. meliorum.

213. Serv. ad Ae. 2, 506.

v. 13 *pirro* D. — *sed*) C D; Majus *et.* — 14 *occisusque* C D. — *Sigaeum* Majus. — 15 *nam ibi* etc.) *nam in rhoeteo* (rhoetaeo C, *rheteo* D.) *ajax sepultus est*, quae lectio omnino est praeferenda. — 16 *dicunt*) om. C D. — *Hercei J.*) Ζεὺς ἑρχεῖος Hom. Il. 22, 335, Heindorf. ad Plat. Euthy. p. 302 d. — 17 *Lucanus*) 9, 979, ubi codd. variant inter *hedoreas, hectoreas, hirceas, hirtheas* et *herculeas*. At quod schol. Voss. ibid. addit: *juxta quam Achilles occisus est*, falsum est. Nam *Priamus* ibi extinctus est, ut recte censet schol. Lp., non *Achilles*. — 18 *Virgilius*) Ae. 2, 550. — 19 *illa*) *illam perlibet* (lege *perhibet*) C; *illam*) om. D. —

214. Dido.

Metonis fil.) Serv. ad Ae. 1, 343; *Methes* C; *metthes* D, cujus margo *methes*; — alii codd. Serv. *methres, moetes, mettes*. Serv. addit: *ut lectum est in historia Poenorum et in Livio* (sc. lib. 16, 1 sqq. vid. Freinsh. supp.) Cf. Justin. 18, 4, 3, cod. Burm. Serv. ad Ae. 1, 642. 729, Maji interpp. ad Ae. 2, 82, Heyn. exc. 23 ad Ae. 1. — *Belum* autem *Saturnum* esse et Polybius et Diodorus contendunt ap. Freinsh. supp. Liv. 16, 5. — 22 *Acerbo*). Hunc *Sicarbam* vocat C D ad Ae. 1, 343, ubi alii codd. variant inter *sicharbas, siarbas, socarbas*. — 24 *litora*). Praepos. ad frequenter omittit noster, ut supr. p. 52, 7 *Drepani portum*. — 25 *Iarba*) Ae. 4, 36. 196. Serv. ad A. 1, 367 *Hiarba*; sed C recte *Iarba*. — 26 *corio bovis*) Appian. 8, 1: ὅσον ἂν βύρσα ταύρου περιλάβοι. Cf. schol. ad Lucan. 5, 108. — 28 *stadia XXII*) Serv. ad Ae. 1, 367. — *quod*) abest a Maji ed. — *Byrsam*). Excidisse videtur primum. Str. 17. 832 c = 1189 b *arcem* ita dictam esse asserit; cf. Appian. 8, 2. Maji interpp. ad Ae. 1, 368: *interior pars Byrsa dicebatur, exterior Magalia*, sec. Corn. Nep. fr. 3, 2 p. 114 Daehne. Cf. Justin. 18, 5. Serv. ad Ae. 4, 670. — 29 *postea Carth.*) Serv. ad Ae.

1, 366: *Carthago est lingua Punica* nova civitas, *ut docet Livius,* sc. 16 init, ut epit. ostendit. Cf. Serv. ad Ae. 4, 670.

215. Saturnus.

De Saturni fuga vid. supr. 105, et infr. II, 1. III, 1, 2 et 9. — *Juno . . habitavit*). Serv. ad Ge. 1, 498: *patrii dii sunt, qui praesunt singulis civitatibus, ut Minerva Athenis, Juno Carthagini.*

216. Serv. ad Ae. 1, 443.

v. 36 *pertransiret*) *transiret per* etc. C D. — 37 *quum ei*) *cui* quum C. — 38 *Carth. sedes* C D. — 1 *urbi*). Ita et C D; sed libri editi *urbis*. — 3 *subjugatur*) *subjugatus est* C D. — *est. Et*) Utrumque om. C D. — 5 *concordat*) Serv. addit: *ut ipse* (sc. Virgil.) *plenissime in illo loco* (3, 540 — 542), *quem deinde affert;* sed qui in D mutilatus est. — 6 *et bellicosa* D. — 7 *boves*) *bovis* C D, quod verius est.

217. Serv. ad Ae. 1, 617.

II, 195

v. 9 *amato*) *amoto* D. — 10 *symoin* D. — Hom. Il. 2, 821, Hes. Th. 1010. Idam memorat Theocr. 1, 105. 20, 35. — 11 *Trojae*) om. C D. — *Nymphae*) Hym. Hom. in Ven. 258: Νύμφαι μιν θρέψουσιν, ὀρεσκῶοι, βαθύκολποι, αἳ τόδε ναιετάουσιν ὄρος μέγα τε ζάθεόν τε. — 12 *Quod quum*) *quo quum se* C. — *afflatus est*). Ae. 2, 649: *Fulminis afflavit ventis;* quo loco Serv. Anchisem afflatum igne caelesti semper *debilem* vixisse dicit. Anchisem fulmine ictum memorat quoque Hyg. f. 94 p. 176. — 13 *monoculus* etc.) Haec absunt a Serv. Anchisem fulmine *caecatum* fuisse Theocritus tradit ap. Serv. ad Ae. 2, 687. At apud Virgil. 2, 687 Anchises *oculos ad sidera tollit.* Sophocles in Laocoonte ap. Dionys. Hal. Arch. R. 1, 38 (fr. 3 p. 55 Schn.) de Anchise νώτου καταστάζοντα βύσσινον φάρος, ad quem locum alludit Plutarchus, vid. Miziriac. ad Ovid. Her. 2 p. 143 sqq. — Vox *monoculus* apud Frimicum tantum extat, ut lexica docent.

218. Dionysius tyrannus.

Siciliam . . . spol.) Ael. V. H. 1, 20. Diod. Sic. 15, 13. Cic. de N. D. 3, 34. — 17 *templa . . . dev.*) Non in Sicilia tantum, sed etiam in Graecia, ut Proserpinae fanum Locrense; vid. Cic. de N. D. 3, 34. Val. Max. 1, 1 ext. 3. — *barbam etiam barb. Jovis*). Cicero et Valerius Maximus (ll. ll.) Aesculapii barbam auream Epidauri a Dionysio raptam esse dicunt; neque enim convenire barbatum esse filium, quum in omnibus fanis pater imberbis esset; Olear. ad Philostr. p. 315. — 18 *simulacr. ejus . . . spol.*) Jovis Olympici, cui hoc nomine templum fuit Syracusis. Cicero Jovem Olympicum in Peloponneso perperam intelligit; sed statim addit: *aureum ei detrahit amiculum magno pondere, quo Jovem ornarat ex manubiis Carthaginiensium tyrannus Hiero.* Atqui *Gelon* (ut Paus. 6, 19, 7 tradit) Jovis signum ingentis magnitudinis dedicavit, et maxima templa de manubiis Carthaginiensium quum extruxit tum ornavit; Diodor. Sic. 11, 25. — 19 *non debere . . frigere*). Cicero: *aestate grave esse aureum amiculum, hieme frigidum; eique laneum pallium injecit, quum id esse ad omne tempus diceret.* Paulo aliter rem narrat Val. Max. — 21 *quidam*). Cicero (Tusc. D. 5, 31.) hunc Dionysii assentatorem *Damoclem* vocat. — 26 *aestimaret*). Melius haud dubie foret *existimaret.*

219. Regulus consul Romanorum.

v. 31 cepit). Liv. suppl. 18, 21, Oros. 4, 9 p. 267 ed. Fabric. Appian. 8, 3. — 32 captus est). Liv. suppl. 18, 27. App. l. l. — non parvi). Cic. Off. 3, 26. Suppl. Liv. 18, 35. — 38 Orosius) 4, 10 p. 269 ed. Fabr. — 40 periit) Cic. Off. 3, 27. in Pison. 18. Suppl. Liv. 18, 65. Val. Max. 9, 2 ext. 1. Gell. 6, 4. Appian. 8, 4, alii; vid. interpp. ad Hor. C. 1, 12, 37 et 3, 5, 13.

220. Serv. ad Ae. 6, 825.

Torquatus). Eadem leguntur in commentario inedito bibl. Gottingen. in Boëthii lib. de consolatione fol. 2. Apud Liv. 7, 10 Titus vocatur, Lucii filius. — 3 ejus) om. D. — 4 et nomen C. — 5 ut tant. castra tuer.) absunt a D. — nacta occasione C D. — bellum agressus) om. C D. — 6 victoriam) Liv. 8, 6. — 7 Livius) 8, 7; securi percussum filium esse dicit (4, 29. 7, 4). Cf. Gellium et Val. Max. 2, 7, 6 et 9, 3, 4. — 8 propter inobedientiam) om. C D, qui pergunt: Ergo saevum securi (Virg. 6, 825); saevum (om. C.) jure occidendi, non ferri genere; nam etc.

221. Serv. ad Ae. 6, 826.

v. 12 Romam) om. C. — everterunt C D. — 14 quum diu apud Ardeam esset C. — in exilio) Liv. 5, 25 cf. 32. — 15 vehientanam D. — Is Gallos abe.) et Gallos jam abe. C D. — 16 aurum omne C D. — 17 signa) Serv. ad Ge. 2, 169. — 18 Pinsaurum Majus. — quia) quod C D. — De hoc Camilli egregio facinore vid. Liv. 5, 46 ... 49, Plutarch. Camill. interpp. ad Hor. C. 1, 12, 42, et schol. ad Lucan. 1, 168. 5, 28. 6, 786.

222. Serv. ad Ae. 6, 833.

v. 23 Septies) occies C. — Primo contr. etc.) ter a caesare contra pompejum etc. C D. — 24 secundo) om. C D. — 25 hispaniam C. — item) idem C. — 26 Octaviano) om. C D. Reliqua leguntur quoque ap. Serv. ad Ecl. 4, 13. — 27 philippicis C D. — et item contra) om. D; item om. C. — 28 perusium C ad Ecl. 4, 13. — Sexto contra) om. D; at C om. inde a sexto usque ad septimo contra; cf. Serv. ad Ae. 1, 294. — 29 septima contra) om. D. — et cleopatram in epiro et antonium legatum C; sed rectius ad Ecl. 4, 13.

223. Serv. ad. Ae. 6, 845.

Atilius) C D; editt. autem Attilius. — cf. Liv. 35, 10. — suum agr., C. — 34 dictus est.) Schol. ad Lucan. 10, 153. — Reliqua absunt a C D. — 35 Cincinnatus) Liv. 6, 4. De ejus paupertate Val. Max. 4, 4, 7. Mythogr. autem Cincinnatum cum Serrano confudit. — 36 victor eff.) Liv. 6, 29.

224. Serv. ad Ae. 6, 846.

et sex). Copulam recte om. C D. — Liv. 2, 49, et C ad Ae. 8, 337, ubi alii codd. de numero variant. — conjurati) jurati C. — vegentes C; vehientes D. — 2 superstes fuit) superfuit C D. — maximus fabius C. — 3 jam in civ. D. — Hic postea etc.) At hic erat Q. Fabius Maximus Verrucosus multo junior quam ille, qui unus extinctae ad Cremeram genti superfuit; Liv. 22, 15. 16. Majus at tempora, inquit, immaniter distant. — 4 annibalis C; hanibalis D. — mora) mox C. —

eum) om. D. — De re vjd. Val. Max. 7, 3 ext. 8. — 5 *Campani*
campiani C; sed secunda manus *capuam*, quae genuina est lectio;
Liv. 26, 8. — *ejus*). Ita et C D; sed editi libri *Carthaginiensium —*
Ennius) ap. Cic. Off. 1, 24 et Macrob. 6, 1 p. 574 Zeune, est *h*
pro *qui*: fr. au XII p. 98 ed. Hessel. — 7 *restituit)* restituis M
et D; sed hoc est Virgilii Ae. 6, 847.

225. Serv. ad Ae. 6, 856.

Viridomarum etiam C; *viridomorum et* D. — Apud Liv. 20,
55 est *Britomarus* seu *Viridomarus*, dux *Gaesatarum*. — 12 *opi*
Fest. p. 306 Dac. At Servii editt. *optima*, nescio unde. — *sicut*) C
Majus *sic.* — 13 *Larti*) om. D. — Hic *Lar* sive *Lars* (Serv. a
842) sive *Lartes* Tolumnius, Vejentium dux (Liv. 4, 17) in pro
occiditur ab A. Cornelio Cosso, tribuno militum (Liv. 4, 19.) De
dicto *occide* vid. Val. Max. 9, 9, 3. Cic. Phil. 9, 2.

226. Serv. ad Ae. 6, 862.

Varia) *Tria sunt* C D. — *carmina Virgilii*). Immo *Carminium,*
Carminum, ut C; sed D *Charminium.* Ejusdem scriptoris nomen v:
modis exaratur ad Ae. 5, 233, ubi C *Carpinium* laudat *in libro de*
cutionibus; D autem *Caspium,* libri litulo omisso; alii *Carpium.*
Varro et Carminius afferuntur a C ad Ae. 6, 638, sed abest a D; Pr
et *Carminius* a C D ad Ae. 8, 406. — 17 *Marcellum*) M. *Claud*
sc., de quo Liv. 135, 19, Hor. C. 1, 12, 46. — 18 *XVI*) *quinto*
imo D, qui *anno* omisit. — *in*) om. C D. — 19 *XVII*) *octavo*
cimo C D. — *in Bajano litore* C. — Liv. 135, 28. — 21 *qui*
sexingentos C D. — *electos* etc.) *intra civit. lectos* C; *lectos* om. D
23 *sex mil.*) *quinque mil.* C. — 24 *elatus*). Ita emendavi. Maju:
C D *allatus.* — 25 *Ergo* modo *in* etc. C. — *epitafion* C D. — 2
dicit C D, qui addunt: *et constat hunc librum tanta pronuntiat*
Augusto et Octavio esse recitatum, ut fletu nimio imperarent si
tium, nisi Virgilius finem esse dixisset (dixissent C. om. D.), *qui*
hoc aere gravi (gravido C.) *donatus est.*

227. Serv. ad Ae. 7, 47, mythogr. II, 49.

v. 28 *est*) C D. Majus om. — *Fatuus*) *fatuclus* C D; alii
tuclus et fatuellus; C autem ad Ae. 6, 776: *idem faunus, idem fatuus qu*
fatuclus, pro quo alii fatus fatuclus et fatuus fatuclus; quae tamen v
absunt a D. — *Idem Faunus* etc.) *Idem sunt faunus et fauna* C.
29 *sunt*) om. C. — 30 *a faticinando i. e. fundo* B C, D. Cf. Serv.
Ge. 1, 10, ad Ae. 8, 314: *Faunos etiam Fatuos dicunt, quod per :*
porem divina pronuntient. Similiter Isid. Orig. 10, 103. De *Fa*
Fauna vid. Varronem et Gabium Bassum ap. Lactant. Inst. 1, 22 p.
Bünem., Cornel. Labeonem e pontificum libris apud Macr. 1, 12 p.
Zeune, et Sex. Clodium ap. Arnob. 5 p. 168. *Fatui Fatuaeque*
Fantuae vel etiam Fanae, a quibus fana dicta, quod soleant divir
Martian. dicit 2 p. 41 Grot. — Cf. Vives ad August. de C. D. 7
p. 237. et T. 2 p. 367.

228. Serv. ad Ae. 6, 894, mythogr. III, 6, 24.

v. 33 *quod*) om. C D. — 35 *non sentiunt*) Serv. addit: *sicut*
Cicero dicit in libris de Deorum Natura (2, 57). At nil ibi de
gore. — 36 *designatur*) *significatur* C D. — *a dentibus*) Serv. ad
et scimus, quia quae loquimur falsa esse possunt, ea vero quae viden

sine dubio vera sunt. — *Unde et) Ideo* C D. — *Aeneas)* ap. Virg.
Ae. 6, 899. — 37 *Vel dicitur* etc.) Haec non satis clara sunt, sed
fusius explicantur a C D, quos vid. ad myth. III, 6, 24. — 38 *porta)*
sc. *falsa.* — *sunt)* sc. *falsa esse dicunt.*

229. Serv. ad Ge. 3, 391, Fulgent. 2, 19 p. 701, mythogr. II, 28. III, 7, 3.

Dyndimion C. — *pastor)* om. C D. — *seu Dianam)* om. reliqui
codd. — 3 *spretus ab ea* B. — *suum . . . amorem) swos . . . amplexus*
C D. — De re vid. Plut. Num. 4 p. 62 a, et Paus. 5, 1, 4. — 4
mysticam) mysticae volunt quandam secretam esse rationem C D. Deinde
incipit Fulg. — 5 *quippe) scilicet* E G; *quod dicitur seu* etc. B. — *primus)*
Plin. N. H. 2, 9 § 43 ed. Sillig. — 6 *invenerit) deprehendit* H L M.
— *annis) annos* B G H L M. — *cum illa dicitur dorm.* H M; *dicitur*
cum illa dorm. L N. — 7 *quia) et* E; *qui* G; *quos in hujus rei inqui-*
sitione (inquisitionem L) *consumpsit* H L M N; — *studuit) sicut*
Mnaseas primo libro de Europa scribens tradidit E G addunt. — 8
Sive pastorem Endimionem amasse fertur repetunt E G cum aliis codd.;
at Muncker haec verba expungenda censet. Similiter H L M N repetunt:
sive ideo pastoris Endym. amore fertur arsisse (accensa L). — 8 *roris*
humor) humoris ros L. — *quem)* Majus *qui sunt;* B omittit verba
usque ad *pastor. pros. succ.* — Sed E *quem vaporia siderum atque*
ips. l. animandis h. sucis ensudant, post. prosint succ. Alii, ut G
aporria (ἀπόρροια) pro *vaporia . . . succis insudat . . . prosit . . .* —
H L M N *simpliciter: quem a luna creari ajunt.* — 9 *herbarum)* om.
L. — *consud.) infusus* L. — 10 *plurimum prosit* H L M N. — Pro
consudarunt Majus edidit *consideravit quam;* quae posterior vox e versu
praecedente huc irrepsisse videtur. — *prosint* Majus.

230. Fulgent. 3, 5, mythogr. III, 2, 2.

Bercinthia et Atis E G. — 12 *berinthia* G. De ipso nomine vid.
Serv. ad Ae. 6, 785 et ad 9, 82. — *Atin) Attin* E; vid. Hemsterh.
ad Lucian. T. 2 p. 283. T. 9, 382 Bip. De ipso Ati vid. Hermesian.
ap. Paus. 7, 17, 9-12 (fr. p. 182 sq. ed. Bach) cf. 7, 20, 3 et 1, 4,
5. Totam fab. narrat Serv. ad Ae. 9, 116. — 15 *pro).* Ita codd.,
sed editi libri plerumque *prae* vel *per.* Reliqua multo copiosius exposuit
Fulg. — 17 *Cybebe)* E H L M; *cibebe* G; at editi omnes *Cybele,* ut
ante Lindem. edebatur ap. Fest. p. 40. Vid. Anacr. 13 ibiq. interpp. Eustath.
ad Od. 2 p. 1431. — *cidos bebeon* E G. — 18 *potentia gloriae) poten-*
tiae gloria E G. — *amputat).* Majus et E G *amputet,* quod vitiosum est.

231. Fulgent. 3, 6, Apulej. Met. 4 p. 300 sqq. Ruhnken.

v. 24 *temperata* G. — 25 *ut) quae* E G; alii *qui.* Muncker proponit *quo;* quod sane est ex usu Fulgentii. — 28 *erat)* om. Fulg., qui
majoribus addit: *quae temperata erant specie, connubia venere . illam*
vero etc. — *sed vener.) quam ven. pronus* E; *potius* G a secunda
manu. — *eam)* om. Fulg. — *deplacare).* Ita et E G, ut conjecerat
Modius; libri editi *deprecari* et *placare.* — *intendebant)* om. Fulg. Glossema est. — 29 *Venus ergo) Contaminata ergo (ergo* om. E) *honoris*
majestate, Venus etc. Fulg., qui in seqq. quoque passim copiosior est. —
30 *in . . . vindicet).* De hac constr. Muncker laudat Salust. C. 9, ubi
vid. interpp. — *vindicaret* Fulg. — 31 *se) sese* E. — 33 *demitti)*

Majus *dimitti*, ut E G; Muncker conjecit *desisti* ex oraculo ap. Ap
p. 311. — *penniato*) Cod. *pentiato*. Correxit Majus. — *sponsa*).
E quoque; sed G *sponso*, ut editum est. — 34 *igitur*) jamque Fulg
choragio) conjugio G; *nuptiarum . . virgini choragium struitur* Ap
p. 312, i. e. apparatus quasi scenicus ad virginem in montem istum
ducendam; nam id. p. 315 *choragio itaque perfecto.* Ipse Fulg. in ex
germ. antiq. p. 779 Stav. choragium interpretatur *virginale funus*,
conjecerunt VV DD *coragium* scribendum esse (a κόρη et ἄγω) ut e
E cum glossa interlineari *virginali funere.* De apparatu scenico
vox occurrit ap. Plaut. Cap. prol. 61, ap. Apulej. Apolog. p. 416
choragium funebre ap. eund. Apulej. Met. 2 p. 140. *coragum, chora[*
coragium et *choragium* est in codd. Festi ap. Lindem. p. 40. — *ic*
virginali funere.) om. Fulg. Recte; nam glossema est. — 36 *ibi*
ibidem E G. — 38 *Nam nocte . . . veneriis per obsc.*) *nocte* enim
Veneris proeliis obscure E G, quae verba cum Apulej. melius
gruunt. — 39 *in crepusc.* Fulg. editt.; sed E G non agnoscunt prae
sitionem. — *incognitus etiam* E G. — 41 *adveniunt* E G. — *ge*
nam). Ita et E G; sed editt. *germanum . . . vocabulum*, cui patroc
tur Muncker. — 42 *flagitabant*). Glossa in E *quaerebant.* — *lucifu*
Glossa in E *lucem fugiens.* — *sororios . . . vetaret*) *sorios . . . vi*
G, sed secunda manus correxit. — 1 *inevitab.*) *invincibilis* Fulg. -
Ac) Ergo Fulg. — *flantis*) *flabrantis* E G; et glossa *flantis.* — *
vectitante) *vectura* G; *aura anhelante vectura* E. — 3 '*quae*) *earun*
Fulg. — 4 *consentiens*). Supplevi e Fulg. om. Maj. — 5 *arripuit*)
E, sed cum reliquis addit: *et facillimam credulitatem, quae semper*
ceptionum mater est, postposito cautelae suffragio, arripuit, quo
libri editi duplex *arripuit* exhibent. — 7 *pulvinar* E G. — *cont*
Majus *contigit.* — 9 *lucernaque*). Ita et E G; sed editt. *lucern*
que. — *eruta*) E G addunt *modio custodi.* — 10 *ebullitione*) *desp*
mento Fulg.; sed glossa in E *ebullitione.* — 13 *jactata* editt. F
plurimi. — 14 *in*) E G; om. Maj. *in conjugio* G, sed secunda ma
in conjugium.

232. Fulgent. 3, 2, mythogr. II, 130. III, 7, 3

Perdiccas) *Perdicca* B; *Perdix* myth. III, ut videtur; nam accusa
tantum *Perdicem* utitur. — Nominativi forma non apparet ex E
nam ibi *Perdiccae* et *Perdiccam* occurrit. Muncker tuetur *Perdica*
Perdix, ut *Arcada* pro *Arcas. Perdix* est Daedali soror apud Apo
3, 15, 9, quam Tz. Chil. 1, 493 *Perdicam* appellat; sed vulgo so
filius Perdix vocatur, quem Daedalus propter artis invidiam occidisse
tur, Hyg. f. 39 et 144 fin. Ovid. Met. 8, 255. — 16 *ferarum*) om. :
qui. — *qui quidem* E G. — *propriae*) om. reliqui. — *matris d*
B. — 17 *uterque*) om. B; *utrumque* et E G. — *libidine*) *libido* E
Illud divinaverat Modius. — 18 *vim*) om. reliqui. — *reluctaretur*)
besceret B. — *consumtus atque*) om. B. — 19 *tabem*) *maciem*
labem E. — *hic*) om. Fulg. — 20 *sicut Virgil. ait* (Ge. 1, 143) F
At hic inventoris nomen non affert, sed Serv. ad h. l. et ad 6, 14
cf. Hyg. f. 274 p. 389, Lactant. narr. fabb. 8, 3 p. 847. — *Verita*
s. h.) Sed ut Fenestella in Achaicis (*manifestella marcialis* E;
nestella marcuacis G) scribit Fulg. *in Achaicis* om. B. — 21 *et*
cui quum B et Fulg. — 22 *solitudinum*) om. B. — *currilitas*) err
cursilitas B; *errando curs.* Fulg. — *magis etiam perpendens*) plusqu
etiam videns Fulg. et . . . *perspiceret* B. — 23 *contirones*) *contirol*
B E; *contyroletas* G; libri editi *contheroletas*, quam vocem hybri
vocat Muncker, a con et Θηρολέτης; i. e. Θηρώτηρ, unde finxit *conth*

teras; alios *venatores* scribit mythogr. III. — *contirones* occurrunt in inscr. ap. Mur. 805, 4. — *Ypolitum* E H L; *hippolitum* G. — 25 *venat. execr.) pristinae arti repudians* B; *artis pristinae affectui mittens repudium* Fulg. — *assectatus) secutus* B; *affectatus* E G. — 26 *id est) quasi* Fulg. et B, qui scribit *matrem deúm.* — 27 *maciem)* Majus *matrem.* Plura subjungunt myth. II et III.

233. Hygin. P. A. 2, 35 p. 487 sq. Cf. schol. ad Germ. Arat. 332 p. 78 ed. Buhle.

v, 30 *positus) appositus* Hyg. — 31 *peruen.)* Addit Hyg: *quem Procris, Cephali uxor, laborantem dicitur sanasse et pro eo beneficio canem munere accepisse, quod illa studiosa* etc. — 33 *cujus uxor) quod Procris ejus fuerat uxor.* — 34 *sec. ducens* Th. *pervenit* Fulg. — 35 *ut)* om. cod. Voss; deinde *posse,* ut ediderunt Micyllus et Schefferus, probante Staverenio, qui laudat Burm. ad Phaedr. 4, 25, 27 et in Obss. Misc. 4, 3 p. 391. — 37 *Ister)* Majus *Histrius,* vid. supr. 115. — *utrosque in lapides* Hyg. — 39 *canem)* Majus *cane.* — 40 *Icari).* Vid. mythogr. III, 15, 6. editt. Hyg. *Icarii.*

234. Hygin. P. A. 2, 21 p. 469 sqq.

v. 2 *seu Hyadas)*; Πληιάδας et Hyadas bene distinguit Hes. ἔργ. 613. 381. 570. 617. Quinque Hyadas nominatim affert ap. schol. ad Arat. 172 p. 67, 13 et ad 254 p. 73, 37 ed. Bek. ubi deversae veterum sententiae de hac re recensentur (Tz. Chil. 12, 171, fr. p. 220 Goettling). Πελειάδας idem Hes. dixit ap. Athen. 11, 491 c (fr. p. 207 Goettl.), et Pindarus (N. 2, 16) et Aeschylus (fr. 293), alii, quos laudat Athen. 11, 489 f. — 491 f. — Cf. schol. ad Hes. ἔργ. 381 p. 201—209 et p. 278. 294 Gaisf. Serv. ad Ge. 1, 138. *Sex* Hyadas enumerat Hyg. f. 182, vel *quinque* f. 192, vel *septem* P. A. 3, 22 p. 522. — 3 *Plione)* Πληιόνη Apollod. 3, 10, 1, Tz. ad Lyc. 149 p. 408; sed Πλειόνη 219 p. 488. cf. Hyg. f. 192 *Pleione,* et schol. ad Ap. Rh. 3, 226. De numero non constat inter veteres. Ipse Hyginus altero loco 12 statuit, altero 15. — *Ethia)* Leg. *Aethra* e schol. ad Hom. Il. 5, 486 etc. — 5 *amplius sex).* Alios *quinque* tantum agnoscere idem Hyg. prodit p. 522. — *ponitur) proditur* Hyg., qui pergit *quod de septem* etc. — 8 *uxor fuisse dem.* Hyg. — 10 *Hyriea)* Majus *Nerea;* Ὑγρεα Hyg. Nostrum et proposuit et defendit Muncker. — *Celaeno)* Majus *Celeno.* — 11 *procreasse)* Hyg. addit: *quam alii Oenomai dixerunt uxorem.* — *Meropeam) Meropem* Hyg. — 13 *patrem esse* Hyg. — 14 *quia) quod* Hyg. — 16 *parére) apparere* Hyg. — *propter Tr. c.).* Haec copiosius enarrat Hyg. — 18 *per Boeotiam cum puellis iter faceret* Hyg. — 20 *annis XII) annis septem* Hyg. — *neque eam inv.* Hyg. — 22 *utrosque)* om. Hyg.

"Explicit fabula in pagina plena; adeoque utrum liber reapse expliciat, an vero aliquid desit, judicare nequeo". MAJUS.

NOTAE CRITICAE

IN MYTHOGRAPHUM SECUNDUM.

Prooemium. Isidor. Orig. 8, 11, 1—4 p. 270 sq. Lindem.

Prohoemium Majus. — 3 *ii*) om. Isid. — 5 Leg. cum Isid. *coli apud suos post m. c.* Seqq. extant quoque ap. Lactant. Inst. 1, 15, 8 et 9. — 6 *Jovis* Isid. — *apud Latinos* Isid. — 7 *Quirinus*) Isidor. addit: *eodem quoque modo apud Ath.* etc. — *apud Paphos* vel *Paphum* codd. Isid. — *Lemnos* Isid. — 9 *Naxos* Isid. — *Delos* Isid. — 10 *in quorum* Isid. — *et poëtae* Lindem. e codd. Gu. 1. 2. — 11 *in coelos*). Etsi Lucr. *coelos*, et Ennius *coelus* dixit, hoc tamen loco cum Isid. leg. *in coelum eos*, quod scribae contraxerunt in *coelos*. — *sustuler.*) Isidor. addit: *Nam quorundam ad inventiones artium cultum peperisse dicuntur, ut Aesculapio medicina, Vulcano fabrica.* — *Ab act.* etc.) Serv. ad Ae. 4, 638; infr. 42 et III, 9, 1 et 3 et p. 153, 6. — 13 *et quidam viri f.* Isid. — 14 *simulacra*) Lactant. 1, 15, 4. — 15 *contemplane* Majus. — 16 *Hic error* etc.) *sed paulatim hunc errorem persuadentibus daemonibus ita in posteros irrepsisse, ut* etc. Isid. — *honoraverunt, successores* Isid. — 18 Leg. *existimarent* cum Isid. Eadem confusio 1, 218 fin. observata est. — *Stoici dicunt* etc.) Serv. ad Ge. 1, 5. cf. ad Ae. 4, 638. — 19 *eandemque esse potestatem, quae p. r. off. nostrorum v. n. appellatur* C D, qui et *actuum* omittunt. — 25 *Deum*) unde C D. — 27 *deam eandem*) om. C D. — *eandem Cererem*) om. D; et C om. *eandem* ante *Cererem.* — 28 *Numina* etc.) Serv. ad Ae. 4, 638. —

1. Cf. Mythogr. I, 102. III, 1, 1 sqq.

v. 1 *quidam Saturnum a sat.* etc.) Fulg. 1, 2 p. 627. — 2 *annis satur.*) Cic. de N. D. 3, 24. Isid. 8, 11, 30. — 5 *frigid.*) Serv. ad Ge. 1, 336. — 6 *deus tempor.*) Serv. ad Ge. 2, 406. — *Tempus autem* etc.) Fulg. l. l. p. 628. — 22 *Tria autem* etc.) Serv. ad Ae. 1, 133. — 27 *Cerbero*) Leg. *Tricerbero* et cf. supr. I, 108 et infr. II, 11. III, 6, 22; *cerbero trifauci* C. —

2. Serv. ad Ae. 1, 47, mythogr. III, 3, 1.

Jovem, ut ignem) Fulg. 1, 2 p. 629: "unde et Ζεύς Graece dicitur; Ζεύς enim Graeca significatione sive *vita* sive *calor* dici potest; sive quod igne vitali animata omnia dicantur, ut Heraclitus vult, sive quod hoc elementum caleat"; ad quem l. cf. interpp.

3. Serv. ad Ae. 1, 394. 9, 564, mythogr. III, 3, 4.

v. 33 *armiger)* Ae. 9, 564, Serv. ad Ae. 1, 28, cf. supr. 1, 184, 12. — 34 *nimiae)* Leg. *nimii*. Erravit typotheta. — *quia per naturam nimii est* cal. C D H L M. — 35 *supersidet)*. Ita Majus et Serv.; sed recte H L M N *supersedet*. — *possit coquere* C D H M; *posset excoquere* L; *admoveret* L; *ammoveat* C. — *gagaten)* C M; *gigantem* A; *agaten* D; *gigạntem* H; *achatem* L; *gagathes*-schol. B C L D ad Lucan. 6, 676, ubi Ld. *ertes* et Lb. *cotes* repraesentat; at recte Voss. *gạgaten*. — Qui copiosissime de *gagate* lapide ejusque natura atque usu disseruerunt, ut Dioscorides (περὶ ὕλης ἰατρ, 5, 145 p. 81 ed. 2 Kühn), Galenus (περὶ τῆς τῶν ἁπλῶν φαρμ. κρασ. |9, 9 p, 203 ed. Kühu. cf. Democrit. sympath. p. 837, Orph. de lap. 468 sqq. Geopon. 15, 1 p. 1052 et 13, 8 p. 947 Niclas), Plinius (N. H. 36, 19, 34), Solinus (32, 19 p. 144 sq. Goez. cf. 52, 53 p. 276.), nihil de hac ejus potestate prodiderunt. Nomen traxisse fertur loci et *amnis Gagis* Lyciae, vel Ciliciae (ut scr. Isid. Orig. 16, 4, 3). Urbem *Gagae*, quam Alexander *de rebus Lyciacis* (ap. St. Byz. v.) παλαιὸν τεῖχος καὶ χώραν vocat, afferunt Diosc. Etym. M. Scylax, Nicandri schol., Plin. 5, 28 § 100 ed. Sillig (Salmas. ex. Plin. p. 552 a. F.), alii; at ejusdem nominis flumeh in Lycia esse negat Galenus, qui se ipsum omnem Lyciam studiose peragrasse affirmat. Lapis niger est, planus, pumicosus, non multum a ligno differens, levis, fragilis, odore, si teratur, gravis; — quum uritur, odorem sulphureum reddit, accenditur aqua, oleo restinguitur. In Britannia eum plurimum optimumque esse Solinus auctor est, qui eum attritu calefactum applicata detinere scribit, atque succinum; eundemque *ebeno* comparat. Est itaque lapis quem hodie *Gagatkohle* seu *Glanzkohle* dicimus, eique cognatus est *lapis Thracicus*, de quo egit Beckm. ad Aristot. Mir. Aus. p. 258 sq. — Eum incensum virginitatem et sonticum morbum deprehendere, veteres physici fabulantur (ap. Plin. l. l. et Apulej. Apolog. p. 502 Ruhnk.); at in aquilarum nidis inveniri, nemo veterum tradit. Ergo eum cum *gangite* confusum esse arbitror, quem vulgo *aëtiten* vocant (Plin. 10, 4 § 12 Sillig, ubi omnes fere codd. *gangatem,* pauci *gagytem* legunt; vid. Salmas. Ex. Pl. p. 177 sqq.), cui Str. 16. 747 c ═ 1083 d similem vim tribuit ac gagati, et qui fortasse, latet in ἰγγάγγις πέτρη ap. Nicand. Ther. 37, quam schol. γαγγίτιν λίθον exponit, sed cum *gagate* deinde confundit, ut ostendit Rhodiginus 13, 20 p. 596. — Hunc lapidem ab aquilis nido inaedificari, atque inde direptum ad multa remedia utilem esse tradit Plinius (l. l. et Philostr. vit. Apoll. 2, 7,) Atque hunc haud dubie intelligit Lucan. 6, 676:

Quaeque sonant foeta tepefecta sub alite saxa;

etsi vulgo de gagate cogitant; sed quae scholia ibid. de eo produnt, ad *gangitem* seu *aëtitem* pertinent, de cujus vi medica gemina extat dissertatio; *Guil. Laurembergii historica descriptio aëtitis seu lapidis aquilae.* Rostoch. 1627; et *Joh. Laurentii Bauschi schediasmata bina curiosa de lapide haematite et aëtite.* Lips. 1665. Diversissimus ille est a *gagate,* et ad aliud prorsus lapidum genus referendum, sc. quod vocant *ferri argillaceo siliceum, fusco vel subrufo colore* (Eisenstein), nihil igne deperdens, ut Plinius scribit, quum contra *gangitis* seu *aëtites* igne facillime et accendatur et consumatur. — Quatuor *aetitis* species enumerat Plin. 36, 21, 39. Alterum lapidem intrinsecus continet, cujus tinnitu sonorus est, quum movetur (Solin. 37, 13 p. 227. Dioscorid. 5, 160 p. 818 ed. Kühn. Plin. l. l.). Itaque recte dicit Lucanus *sonant saxa,* quod docte illustrant scholia. Binos lapides in nidis aquilarum inveniri ajunt, marem et feminam, nec sine iis parere aquilas, et ideo binos tantum (Isidor. 16,

4, 22). Hi custodunt partùs contra omnes abortuum insidias (Plin. 30, 12, 44.). In Perside plurimus invenitur (Solin. l. l.). Ἡ τῶν τικτόντων s. λίθος ap. Theophr, περὶ λιθ. § 5 p. 687 ed. Schn. haud dubie est aëtites; vid. Schn. T. 4 p. 543. cf. Sext. Plat. 2, 1, 2. — 36 *foeta) poeta* C. — 37 *Gigantum) adversus Titanas* dicit Fulg. 1, 25 p. 653 sq. — *arma ministrasse)* Hor. C. 4, 4, 1. ibiq. schol. Stat. Th. 3, 532. 507. Aquilam fulmine non tangi scribit Plin. N. H. 2, 56 § 146. et 10, 4. § 15 Sillig. Cf. Eratosth. Cataster. 30. schol. ad Arat. Germ. 315 p. 74. — *ministrasse) ministrarit* C D. — 40 *augurium)* Hyg. P. A. 2, 16 p. 459, schol. ad Il. 8, 247 p. 229, 12 a ed. Bek. Fulg. 1, 25 p. 654 ibiq. interpp. —

4. Fulgent. 2, 3, mythogr. III, 4, 5.

v. 2 *quasi aërem)* sc. ponunt, vel Saturno adscribunt. Cohaerent enim haec cum f. 2. De re cf. Isid. 8, 11, 69. — 5 *quia) quod* E G. — *divitiis tantum* st. E G; qui deinde cum reliquis Fulg. codd. plura inserunt. — 6 *Deam etiam* p. Fulg., qui *et nuptiis praeesse* om. — *praegnaces s. et nonnumquam).* Sic restitui e codd. Majus autem *pugnaces s. et numquam.*

5. Fulgent. 2, 3, mythogr. III, 4, 5.

Hujus quoque in tutelam pavum E; *in* om. G. — *quia) quod* E G. — 10 *aspectum sui semper quaerat* orn. E G. — 11 *Aristoclis).* Ita infr. 89 et plures codd. ap. Serv. ad Ae. 7, 790, sed C D *Aristoris*; Lactant. narr. fabb. 1, 13 p. 793 *Arestoris*, ut Ovid. Met. 1, 624 (ibiq. Burm.), Asclep. ap. Apollod. 2, 1, 3, Tz. ad Lyc. 883 p. 856, Apoll. Rh. 1, 112; Sturz. Pherec. fr. p. 174; — alii Servii codd. *Aristodis, Aristidis, Aristondis.* De fab. cf. myth. I, 18.

6. Fulgent. 2, 3, mythogr. III, 4, 6 et 2.

v. 18 *arcum pacis* Fulg., respiciens procul dubio ad Genes. 9; nam profani scriptores Irim discordiae deam faciunt, ut ipse noster et myth. III. — *apponunt) adjungunt* Fulg. — *sicut etiam ille* Fulg. — 19 *ornatus accipit)* Fulg. ornatus pingens, arcuato curvamine momentaliter refugit, ita etiam fort. — 20 *Jun. ministra)* Il. 18, 166. Virg. Ae. 4, 693. 9, 1 etc. At Il. 2, 786 et Hes. Th. 784 est Jovis ministra, et Achillis precibus adest Il. 23, 198; quin etiam ad omnium dearum preces, excepta Junone, Ilithyiam accerset in Hym. in Ap. 102. — 21 *poëtas)* Serv. ad Ae. 9, 5 *poëticam*; sed D *poëtam*, sc. Virgilium Ae. 9, 5. — 21 *Th. filia)* Hes. Th. 266. 780, Plato Theaet. p. 155 d. Mater est Electra, quacum Thaumas *Harpyias* quoque procreavit; Hes. l. l. Serv. ad Ae. 3, 212. 241. 249. — 22 *ex admir.)* διὰ τὸ θαυμάσαι ταύτην, ut Plato dicit ap. Plut. de plac. phil. 3, 5 p. 894 b. — *quae)* Leg. fortasse *quia.* — 23 *Iris dicitur* etc.) Haec leguntur ap. Serv. ad Ae. 4, 700. — ἔρις) Hes. Th. 782: ὁπότ' ἔρις καὶ νεῖκος ἐν ἀθανάτοισιν ὄρηται. Etymologiam istam vid. ap. Serv. ad Ae. 5, 606 et 9, 2. — 27 *ut)* Virg. Ae. 9, 803; laudat Serv. ad. 5, 606, ubi in codd. *jam* est, sed *nam* ad 9, 2. — 28 *e regione).* Sic correxi. Majus *in regione*, quod contra rerum naturam dictum est. Nam Seneca N. Q 1, 3, 12: *Iris,* inquit, *numquam non adversa soli fit.* — *Saepe talis nubes a latere solis est, nec arcum efficit, quia non ex recto imaginem trahit.* Lucr. 6, 522: *ubi sol radiis ... adversa fulsit nimborum contra.* Aristot. Meteor. 3, 2 p. 371 b, 18. 3, 4 et 5 p. 373 - 377. — 3, 4 p. 373 b, 21 ed. Bekkeri: ἐὰν ᾖ ἐναντίας ᾖ ὁ ἥλιος etc. — 3, 4 p. 373 b, 33:

ἀνάκλασις ἡ Ἶρις τῆς "ὄψεως πρὸς τόν ἥλιόν ἐστιν, διο καὶ ἐξ ἐναντίας
ἀεὶ γίνεται. Idem Aristot. et Metrodorus ap. schol. ad Arat. 940 p. 137,
4 - 10 ed. Bekk. — Plut. pl. phil. 3, 5 p. 894 d: ἀνάγκη πᾶσαν ἶριν
ἄντικρυς ἡλίου φαίνεσθαι, et schol. ad Il. 17, 547 p. 481, 42 ed. Bekk:
ἐξ ἐναντίας τῷ ἡλίῳ. — 39 creantur) illa dat res quia (quae C) est
(est om. D) aqua tenuis, aër lucidus et nubes caligantes (calidantes
C) irradiante (inradiant C; inradiàta D) isto (et C; om. D) varios
creant colores Serv., qui ad Ae. 8, 623: irin, inquit, physica ratione
describit, quae fit, quum aquosam nubem solis ardor irradiat. Metrodorus ap. Plut. pl. phil. 3, 5 p. 894 f: ὅταν διὰ νεφῶν ἥλιος διαλάμψῃ,
τὸ μὲν νέφος κυανίζειν, τὴν δ' αὐγὴν ἐρυθραίνεσθαι. Vid. ibid. Anaxime-
nis opinionem et Anaxagorae, qui et ap. schol. ad Il. 17, 547 p. 481 b,
48 Bekk. ἶριν δὲ καλίομεν, inquit, τὸ ἐν νεφέλησιν ἀντιλάμπον τῷ ἡλίῳ.
Zeno ap. Diog. L. 7, 152: ἶριν εἶναι αὐγὰς ἀφ' ὑγρῶν νεφῶν ἀνακε-
κλασμένας. Quin etiam Pythagoras ap. Ael. V. H. 4, 17: ἶρις αὐγή τοῦ
ἡλίου ἐστὶν, pro quo in codd. est ἡ γῆ τοῦ νείλου. Epicurus ap. Diog.
L. 10, 108: ἶρις γίγνεται κατὰ πρόσλαμψιν ὑπὸ τοῦ ἡλίου πρὸς ἀέρα
ὑδατοειδῆ. Cf. Posidon. p. 21 Bake, Cleomed. cycl. theor. 1, 7.

7. Serv. ad Ae. 1, 47, mythogr. III, 4, 1.

v. 33 et aër) Serv. ad Ae. 4, 167. — 34 paria) Fulg. 1, 2 p. 629:
sibi sunt valde consocia. — 37 Dicitur autem). Fulg. p. 630, qui eadem
exhibet, laudat Theopompum in Cypriaco carmine, et Hellanicum in Dios
polytychia; vid. Munck. Vid. Il. 15, 18 sqq. ibiq. schol. — 28 catenis) aureis addit Fulg. — et degravatam (depravatam E G), illud nihilominus
dicere volentes Fulg. — 39 conjunctus) conjunctior Fulg. —

8. Schol. ad Stat. Th. 4, 589 p. 148 sq.

Phoroneus). Cf. schol. ad Stat. Th. 1, 252, Hyg. f. 225 p. 847,
f. 274 p. 387. — sollemnia) Hyg. f. 143 p. 250 sq. ibiq. interpp. —
sibi copulavisse) compressisse Schol. St.

9. Fulgent. 1, 3, mythogr. III, 5, 1.

v. 11 Neptuno autem) Huic Neptuno G. — Amphitritem) amphitridem G. amphitritidem H; de re vid. myth. II, 107. — uxorem) conjugium E G H L M N. — 12 circa) circumcirca E G; circum H L
M. — tribus) om. E; omnibus addunt reliqui Fulg. codd. — 14 potabili) potabilis Fulg. —

10. Fulgent. 1, 4, mythogr. I, 108. III, 6, 1.

πλοῦτος). Discrimen inter Plutonem et Plutum a serioribus non
observatur. Vid. Muncker. — jurantem) Virg. Ge. 1, 277, qui Ὅρκον
et Ὅρχον confudit, quod Serv. non notavit.

11. Fulgent. 1, 5, mythogr. II, 6. 22.

v. 21 vel. quia) quod Fulg. — 22 mortalium jurgiorum Fulg. et
supr. I, 108 fin., ubi etiam leg: invidiae . . . conflentur, id est. — 23
accidenti B E G; casuale myth. III. — ut canum etc.). Haec manca
sunt, et ita restituenda: canum et leporum; luporum et pecorum; hominum et serpentium Fulg. — 31 zelus atque invidiae Fulg. — accidens
Fulg. — 25 verbis casualiter (causaliter E) oboritur Fulg. — commes-
sationes propter E; comestionis propter G. Hoc lexica non agnoscunt. —
consumtrix) Vid. supr. I, 57, 13. Isidor. Orig. 11, 3, 33.

12. Fulgent 1, 6. Vid. ad mythogr. I, 109.

v. 30 *Noctis*). Ap. Hes. Th. 185 ex sanguinis guttis de abscissis Caeli genitalibus in Terram decidentibus procreantur; Noctis et Plutonis filiae sunt ap. Serv. ad Ae. 1, 82; Aetheris et Terrae ap. Hyg. p. 4. — 31 *Eumenides*) Serv. ad Ae. 6, 375. — 33 *Allecto*) B E G. Eadem habet schol. ad Stat. Th. 1, 477 p. 28. — *Thesisiphone* Majus; *Tisiphonie* E. — 34 *Megera* E G. — 35 *non pausantibus furere* Majus. — *furiam concipere* E G. — 36 *erumpere*) *prorumpere* schol. St. et schol. ined. ad Senec. Herc. F. 90 ap. Staveren. ad Fulg. p. 633.

13. Serv. ad Ae. 3, 209, Cf. mythogr. I, 111. III, 5, 5.

v. 2 *sec. Virgil.)* Ae. 6, 289 affert Munck. ad Fulg. 1, 8; sed nec illic nec ullo alio Virgilii loco Harpyiarum numerum repperire potui. Ae. 3, 211 est *dira Calaeno Harpyiaeque aliae.* Aëllo et Ocypete alienae sunt a Virgilii carminibus. Caeterum myth. I, 111 scripsit *in inferis vigiliis deputantur*, quod ortum esse suspicor e lectione *inferis Virgilius deputat.* — 4 *sec. Apollon.)* Hic (2, 188) nec numerum nec nomina affert; id quod facit Hes. Th. 267. — *duodecimo*) 843: *sunt geminae pestes.* — 5 *canes*) Apoll. Rh. 2, 289. *Stygiae canes* Lucan. 6, 733, cf. ad I, 27. — 6 *Aëllo autem*) Fulg. 1, 8. — αἵρων) edon. allon E G. — 7 *celenum* E G. — 8 *aliena capere*) *alienum concupisci* G; *malignum concupisci* E. — 9 *quae invaduntur*) *quod invadit* E G. — *Ponti* etc.) Serv. ad Ae. 3, 241. — 12 *Thaumantis*) Hes. Th. 267. — 13 *Ut autem*). Hic Serv. incipit. — 15 *dicuntur abripere* Scrv. — *ut*) Virg. Ae. 6, 606. — 16 *prohibent* Serv. — *Unde et av.*) Supr. I, 27 fin. — 17 *paratis*) *partis* A C D L M. — *in III*) 252. — 20 *Lucanus*) 6, 733. — *et Lucan.* C D. — 21 *in VI*) 257. — 24 *in XII*) 845. — *in medio vero* C D. — De triplice hacce divisione vid. Serv. ad Ae. 12, 846. —

14. Supr. ad I, 110, et infr. ad III, 6, 23.

Plutoni). Alii Apollinem praeficiunt Fatis. Schol. (Cruq.) ad Hor. c. saec. 25: (*Parcae vocantur* κατ᾽ ἀντίφρασιν *quod minime parcant*). *Invocat autem Parcas post Apollinem, quia Apollo Fatis praeest, unde et sortilegus vocatur.* Munck. — *per antiphr.*) Serv. ad Ecl. 4, 47. Ae. 1, 22. 3, 63. — 33 *Clotho*) Fulg. 1, 7. *clotos* E. — 35 *quis*) om. Maj. Supplevi ex E G. —

15. Vid. ad mythogr. I, 112. Fulg. 1, 9.

v. 41 *centuplum*) *centuplicatum* E; *centuplatum* G. Primum istud lexica non agnoscunt. — v. 42 *Graeci dicunt*) *Graece sunt* E G. — 1 *domum multiplicem*). Haec interpretatio prorsus nova est et a Fulg. abest. Fortasse scripsit *Hecaten dic. deam multiplicem.* — 3 *gaudium*) χαῖρον Maj. explicat. — 5 *superabundet*) *gaudia super habundent necesse est* E; *gaudia semper abundent* G; libri editi *semper superabundent.* —

16. Vid. ad mythogr. I, 104.

v. 7. *id est antist.*) Sic mythogr. I, 189, 40. — 9 *vel*) Leg. *seu.* — 13 *peperisset*) *pepererat* schol. ad Stat. Th. 4, 785 p. 185. — 21 *qui totum sciunt*). Quis Corybantes ita est umquam interpretatus? Hyg.

f. 139 fin. eos *Lares* appellari affirmat: vid. interpp. — 27 *Astraea*)
Ovid. Met. 1, 149. — 29 *Pudicitia*) Αἰδὼς Hes. ἔργ. 198. —

17. Vid. ad myth. I. 37.

v. 31 *Titanis*). Coei sc. Vid. Hes. Th. 404. — 32 *Asterien*) Hes. Th.
409. — schol. Lucan. 3, 177. — 33 ὄρτυγα) ortygiam Majus. 40 *cataclysmum*) Lact. narr. fabb. 1, 9 p. 792, Varr. de R. R. 3, 1 *cataclys-
mon*. — 42 *venit in Lyciam*). Vid. ad mythogr. I, 187. — p. 80, 13
Gyaro et Mycale est ap. schol. ad Lucan. 3, 177, ubi eadem fabula
narratur. — 16 *Lucanus*) 3, 460:

> *Quum tantum nutaret onus, telluris inanes*
> *Concussisse sinus quaerentem erumpere ventum*
> *Credidit.* ————————

18. Serv. ad. Ecl. 5, 55, mythogr. III, 8, 16 fin.

*Constat secundum Porphyrii librum, quem Solem appellavit, tripli-
cem esse Apollinis potestatem* C D H M N. — Sed L *Constat ..
secundum Porphyrium, quod solem appellaverunt triplicem Ap.* p. — 30
solem esse L. — 31 *ap. inf. Apoll.* L. — 32 *armoniae ymaginem* C D
L. — 33 *quadrigam*). Correxit Majus; cod. Vat. scribe *meum*; sed *gri-
phen eum* C; *gripe meum* D; *gryphen* H L M N. Gryphes Apollini
consecratas dicit Serv. ad Ecl. 8, 27; ap. Sidon. Carm. 22, 66 sq. Apollinis
currum trahunt; cf. Claudian. 6 cons. Honor. 30. Itaque scribere malim
gryphem; etsi bene scio, *quadrigam* quoque Apollini esse sacram (Fulg.
1, 11. myth. III, 8, 6. I, 113 et II, 20.); at qua ratione haec Apollinem terrenum numem ostendat non assequor. — *quae eum etiam* H N. —
34 *indicatur*) *judicatur* L. — 35 *Inde et* H M. — *Graece*) om. C D. —
late perdens dicitur) Istud *late* corruptum arbitror ex *Latine*, quod
habet schol. ad Germ. Arat. p. 109 Buhle. — *dictus est ἀπὸ τοῦ ἀπολεῖν*
C D; *a Graeco apolin* H L. — Fulg. 1, 11.

19. Schol. ad Stat. Th. 1, 717 p. 40.

v. 38 *Achaemenios*). Sic schol. ad Lucan. 2, 49. 8, 224; *Achaeme-
nides* Solin. 54, 5 p. 290 Goez; *Achaemenidae*, regia Persidis familia
Herod. 1, 125, Str. 15. 727 d = 1058 a, Plin. 6, 26 § 98 ed. Sillig. —
gentis Achimeniae est in cod. Taurinensi et al. Stat. l. l. — 40 *Mytra*
schol., qui addit: *ut Hostanes refert*. Zoëga Bassiril. 2, 16. Visconti
Mus. Pio-Clem. T. 2 tab. 19. — 41 *thyara* schol. — *cultu*) *habitu*
schol. — *leonis vultu*). Recte om. schol. Nam non est Mithra qui ita
fingitur, sed *Aeon*. — 42 *pertinet*) *dititur* schol. — 43 *perdens*) Schol.
ad Germ. Arat. p. 109 Buhle, Fulg. 1, 11. — p. 81, 2 *sucum*). Ita
et E G, non *succum*. — *herbarum virentium decoquendo perd.* Fulg. —
et auspic .... reguntur) om. Fulg. — 3 *etiam divinat.* E G. — *quod*)
sive quod E G. — 4 *manifestat in lucem* E G. — *vel*) *seu* E G. —
ortu) *processu* E G. et mythogr. III p. 202, 26. — *multimodis* G;
multitudos E. — 5 *monstret ejus orbita* E G. — *Titan* etc.) Isid. Or.
8, 11, 53 sq. — *Titanibus*) *Titanis* Isid. Vid. ad myth. 1, 113. Serv.
ad Ae. 4, 119. 6, 580, Albric. p. 919. — 9 *ephebus*) *ephoebus* Majus;
novus interpretatur myth. III, 8, 4. — 10 *cottidie*. Majus constanter;
cotidie codd. Lindem. ad Isid. — *nascatur* codd. Lindem. — *Pythius*)
Lact. narr. fabb. 1, 8 p. 792, schol. ad Aristoph. Pl. 39 p. 297 ed.
Bekk. Hyg. f. 140 p. 248. Cf. myth. III, 8, 1. — 13 Πειθώ) Fulg. 1,
16. Πυθώ Majus; *phitos* E; *phithis* G. Jamdudum notata est hujus
etymi futilitas. — 14 *omnis falsa* E G. —

20. Fulgent. 1, 16.

Apollinis triphum adiciunt E G. — *quod sol et praet. noverit, et praes. cernat, et fut. vis. sit* Fulg. cf. myth. III p. 202, 10. — *praeterita novit*) om. E. — *visurus sit* Majus. — 17 *Arc. vero sagittasque h. conscribunt* Fulg. — 18. *sive* Fulg. — 19 *seu* Fulg. — *omnem ductatis* E. — 20 *Hunc quadrijugo* etc.) Fulg. 1, 11. *ydrigiā* E; *quadrigam* G.

21. Vid. ad mythogr. I, 113 fin. schol. ad Germ. Arat. p. 109. ed. Buhle.

v. 23 *posuerunt* Fulg. et schol. — 24 *Aethon*) Ovid. Met. 2, 153, Hyg. f. 183 p. 302. Spanh. ad Callim. in Del. 169. *Actaeon.* Fulg. — 26 *tertia hora*) *tertiae horae momentis insistens* G; *vehemens insistens* E. — 27 *ad summum* etc.) *ad umbilicum diei centratum (contractum* G) *consc. circulum.* — 28 *nona hora*) *nonae horae proclivior v. o. pronus inc.* E G.

22. Sch. ad St. Th. 3, 506 p. 106. Cf. myth. I, 115.

v. 32 *Phleg. fil.*) Serv. ad Ae. 6, 618. *Coronei filia est* ap. Lact. narr. fabb. 2, 7 et 8. sed om. schol. — 34 *occulte temerator* schol. — 36 *comperto ej. adult.*) om. schol. — *cui*) *cujus* schol. — 37 *corvum autem* etc.) Lactant. narr. fabb. 2, 7 p. 798. — 40 *sive quod solus* etc) Mythogr. III p. 207, 45 sq. — *foetus*). Hoc uncis inclusi tamquam glossema. — *oviparos pullulet foetus* Fulg. *ovipares* G.

23. Lactant. narr. fabb. 1, 9. Cf. ad mythogr. I, 116.

v. 5 *quae in Thessalia essent, spec. haberetur, adeo quidem, ut deos pulchritudine sua caperet* Lact. — 6 *exarsit*) *expalluit.* — 10 *laurus de fluv.* etc.) Fulg. 1, 13. — 13 *scripserunt*). Addit Fulg: *ut Antiphon, Philochorus (filiocrus* E; *filocrus* G; *et sic.* edd.) *Artemon (astemon* G) *et Serapion Ascalonites promittant in libris suis.* — 14 *vera somnia* Fulg.

24. Fulg. 1, 14. Vid. ad myth. I, 114.

v. 17 *decem sunt modulamina*). Haec deinde per partes explicat Fulg. ex libris Anaximandri Lampsaceni, Zenophanis Heracleopolitis, Pisandri physici (*philic.* G.) et Euximenis (sic E; *eusimenes* G). — 18 *edicimus*). Sic et G; vulgo *dicimus.* — 19 *cogitatio*) *cognatio* E. — 20 *quae repperit historias*). Singularum Musarum inventiones non memorat Fulg., qui tamen Graeca etyma apponit — Κλέος). Sic G; sed E om. hanc interpretationem. Majus κλύος. Quae sequuntur copiosius explicata reperies apud Fulg. — 24 *suavia dicens vel*) om. E G. — *quasi μελέτην ποιουμένη, id est meditationem faciens permanere* Fulg. — 26 *tertium instare meditando ad id* Fulg. — 29 *plura recordans vel*) absunt a Fulg. — 32 *justum est ut aliquid simile et de suo inveniat* Fulg. — 34 *delectans instructione* Fulg. — 35 *oportet te* Fulg. — *dijudicare* Fulg. — 36 *sonoritas et bona vox* om. Fulg. — 37 *quod*). Sic et E; vulgo *quid.* — 38 *despuas* Fulg. — *despicere*) *despuere* E; *dispuere* G. — 40 *optima tribuens*) om. Fulg. — *hic ordo erit* Fulg. — *primum est* Fulg. — 42 *quod delectatus es* G; *quod desideratum est*

E. — 43 *vel desideratum est*) om. Fulg. — *de tuo s. ei ad quod m.*
Fulg. — *de quo judicas* Fulg. — *bene proferre* Fulg.

Versus novem Musarum). Sunt Ausonii Idyll. 20. — 6 *boatu*). De
hac voce vid. interpp. ad Apulej. Met. 10 p. 691 ed. Ruhnk. cf. T. 2
p. 379. — 7 *Signat* etc.) 'Hic versus ultimus est ap. Aus. ubi vulgo
loquitur Polyhymnia legunt; sed copula abesse nequit. — 8 *Dulciloquos
calamos* libri editi. — 9 *affectus* edd. Aus. — 10 *Uraniae* etc.) Hic
versus penultimus est ap. Aus. — *Comica* etc.) Hic vers. ap. Aus. tertius est ab initio. — 12 *carmine ducto*) *carmine, vultu* vulgo ap. Aus.;
sed quomodo aliquis vultu possit saltare, non assequor. —

25. Schol. ad Germ. Ar. p. 111. Isidor. Or. 8. 11, 56 - 59. Vid. ad myth. I, 112.

v. 15 *similiter lunam* Isid. — 16 *quod in via* pessime schol. — De
re cf. August. de C. D. 7, 16. — 17 *Et ideo*) *idcirco igitur* schol. —
ambo . . . finguntur Isid., *dicuntur* schol. — 18 *terram emittant* schol.,
qui deinde plura de sole inserit. — *Diana autem luna dicta est, quasi
diana* schol. — 19 *luna* app. Isid. *eo quod d. ac. n. apparet ipsa*
schol. — 20 *et*) supplevi ex Isid. *et luna* schol. — *asserunt* Lindem.
Isidoro restituit pro vulgato *asseverant*; om. schol. — 21 *fungatur.*)
Sic schol. Sed leg. *fingatur*; erravit typotheta. Majus *fungitur.* — *de
qua* Virg. (*Verg.* schol.) Ae. 4, 511 cf. ib. Serv. et ad Ecl. 4, 10. — 23
et eadem nonnulli codd. Isid. — schol. addit: *id est caelestis, terrestris
et infernalis.* — 24 *sublustri* etc.) Locus est Prudentii contra Sym. I,
365 sqq., qui olim apud Hyginum quoque extabat; vid. Munck. *diss. de
Hyg. aetate* fol. † † † † ed. Stav. Schol. sic: *De qua quidam
Denique quum luna est sublustri splendet amictu; quum succincta jacet
calamis* etc. — 26 *Quum subn.* etc.) Hic vers. abest a schol. — *Lunam
vol.*) Haec extant ap. Fulg. 2, 19 et myth. III, 7, 2. — 27 *esse*) om.
Fulg. et schol. — *etiam apud inf.* Pros. Fulg. et schol. — 28 *vicinior
terris*) *humilior* Fulg. et schol., quod agnoscit myth. III p. 198, 10, ubi
eadem leguntur. — 29 *Nam lunae*) *unde bigam boum habere dicitur,
illo videlicet pacto, quod detri. et aug.* etc. schol; quocum consentit
Fulg.; sed hic om. *unde big. boum habere dicitur.* — *decrementa*) Leg.
detrimenta. Erravit typotheta. Istud tamen est ap. Apulej. Met. 11
init. p. 752 ed. Ruhnk. Hoc confirmant omnes nostri codd. — *augmentum et detrimentum* L. — *n. s. in terra lapides, sed etiam (et* H M)
animantium (animali ut L) myth. III. — 30 *ac etiam*) *et quod magis
incredibile sit etiam laetamina* etc. schol. et Fulg. — *et quod magis
mirum est etiam laetamina* myth. III. — 31 *sentiant* Fulg. et myth.
III. — *lunae*) *luminis sui* L. — *incrementis* E et schol. — *seminata.*)
Reliqui codd. *ejecta.* — *degenerant et*) om. reliqui codd. — 32 *pariant
hortis* L; *parturiant* schol; *ortis parturiunt* H; *parturiunt ortis* E
H. — Hic schol. et Fulg. plura intexunt. — 33 *ligna*) *furfuraceis*
add. schol. et Fulg. — *deficiunt*) *fistulescunt* Fulg; *fistulascunt* schol. —
Nem. etiam praeesse H M N. — 34 *fenatio; noctu (nocte* L) *maxime
pascatur, die vero dormiat* myth. III; *plus nocte quam die fiat* schol.

26. Schol. ad Stat. Th. 9, 632 p. 327.

Bryten) *Briton* schol. Vulgo *Britomartis*, ut ap. Callim. in Dian.
190. et ap. Str. 10. 479 a = 733 C. ubi interpp. copiose egerunt de
etymo hujus vocis. De ipsa re docte desseruit Heyn. in exc. ad Virg.
Cirin. — *Cretensis Dia.* schol. — *se jecit* schol. — δίκτυα). Sic et
myth. III, 7, 4, et Calim. l. l. vituperatus a Strabone l. l. qui nomen

Dictynnae a *Dicte* monte Cretae derivat. Sane urbem Dictynnam memorat Mela 2, 7, laudatus a schol. ad Lucan. 3, 185. Dianam Tauricam *Dictynnam* vocat myth. I, 20, 5. II, 202, 42. — *Insula tamen Cr. p. laborare coepit, quam ev. penitus nequissent* schol.

27. Schol. ad Stat. Th. 4, 226 p. 130.

Caryae s. *Carya* (St. Byz.) oppidum Laconiae est; Thuc. 5, 55, Paus. 3., 19, 8. 4, 16, 5. — *Cariae* schol., sed haec Statii vox est, quam schol. explicaturus est. Mythogr. eam cepisse videtur pro dativo. — 6 *Carratium* schol. — Καρνάτιον nullibi repperi. — 7 *meditatus*) Maj. conjecit *minatus*. — *est*) om. schol. cum seq. *et* — 8 *fugit* schol. — 9 *caram* schol. — *et templo et de dea* pessime schol. — Originem hujus nominis similiter explicat Serv. ad Ecl. 8, 30 fin.

28. Vid. ad myth. I, 229.
29. Isidor. Or. 8, 11, 60-52.

v. 20 *quia per viros pugnatur, ut sit Mars mas* Isid. ubi Areval. correxit *Maris ars*, improbante Lindemanno. — 22 *a Marte mors* legendum est cum Isidoro. — 23 *Hunc et adult.*' Isid. — *belligerantibus* Isid. — *eventus*) abest ab Isid. — 24 *in*) om. Isid. — 25 *caedis*) *cordis* Isid.

30. Cf. Fulg. 2, 4, mythogr. III, 1, 7.

v. 30 ἄφρος) Isid. Or. 8, 11, 76. mythogr. III p. 214, 29. — 34 *per damnum*) sc. secundum Stoicos. — 36 *fingunt*) *pingunt* Fulg. et myth. III, 11, 1 qui eadem habet. — *quia*) *quod* Fulg. — 37 *Porphyr.*) *in epigrammate* add. Fulg. et mythogr. III. — 38 *Horatius*) Serm. 1, 2, 43. — 39 *Rursusque*) Hor. S. 1, 2, 59.

31. Fulg. 2, 4, mythogr. III, 11, 1.

adiciunt E G constanter. — *et rubent et. p.* E G. — *ut etiam libido. Rubet* etc. Fulg.; sed vid. interpp. — *itemque libido ruborem ingerit e pudoris opp.* myth. III.

32. Fulg. 2, 4 fin. mythogr. III, 11, 1.

Concha etiam marina portari pingitur edd. Fulg.; sed E G ut noster. Cum Fulg. facit myth. III. — *quia hoc animal* myth. III. — *sicut Juba in physiologia refert* addit Fulg. —

33. Vid. ad mythogr. I, 175.

Initium extat quoque apud Fulg. 2, 4. — *adiciunt* E; *ponunt* G. — *illa videlicet causa quod huj.* etc. Fulg. — 14 *sunt*) *sint* Fulg. — *maxime fervidae* myth. III, 11, 1.

34. Vid. ad mythogr. I, 200.

v. 33 *Quid vero . . . sentiat* E G. — *dicamus*) *edicamus* E G. — 34 *arboris*) *in India* addit L M N. — 36 *Adon Graece suavitas dicitur* E G. — 37 *eum amasse dicunt* E G. —

35. Serv. ad Ae. 1, 664, mythogr. III, 11, 18.

v. 2 *res*) *voluptas* C D. — 4 *ex Venere tant.*) Meleag. ep. 50. Simonides enim Veneris et Martis fil. dixit Cupidinem secundum schol.

ad Ap. Rh. 3, 26. — 5 *dicant* D. — 6 *Chai*). Veterum sententias recenset Paus. 9, 27, 2. Cf. Plat. Symp. p. 178 b. schol. ad Ap. Rh. 3, 26. Jovis et Veneris fil. est apud Eurip. Hipp. 534. 1270. — 15 *deficit*). Exemplum addit Servius et myth. III, sc. Didonem in Ae. 3, 76: *Incipit effari mediaque in voce resistit.* —

36. Serv. ad. Ae. 1, 720. Cf. ad mythogr. I, 132.

Aglaie). Nomina absunt a Servio. — 18 *una aversa* etc.) Fulg. 2, 4. — 21 *orchomento boecie civ.* D. — 22 *Acidalia*) *alia* C. — 23 *aut quia inicit* C. — 26 *s. fuco esse debent* D; *s. fuco sunt* C. — *et sine simulatione*) om. C D. — Fulg. 2, 4: *quia omnis gratia nescit subtilem ornatum.* — 27 *gratias*) *amicitias* myth. III, 11, 2, qui deinde cum Serv. Horatium laudat. — 28 *nos respicientes* reliqui codd. — Fulg. l. l. *quia omnis gratia simplex eat, duplex redeat.* —

37. Vid. ad mythogr. I, 176 et 128.

p. 87, 3 *Impetrato* etc.) Serv. ad Ge. 3, 113. — 4 *conjugio*) *conjugium* C. — 5 *dum illa . . . reluctaretur*) *illa reluctante* C D. — *natus est* etc.) Quomodo hic locus e Fulg. 2, 14 restituendus sit, supra demonstravi; cf. schol. ad Germ. Ar. 156 p. 53 Buhle, et infr. ad III, 10, 3. — 8 *in cistam abscondidit* Fulg. — *aclauro* E; *haclauro* G. — Alii scr. *Agraulos.* — 9 *Pandorae*) *Pandroson* intelligit auctor; vid. interpp. ad Hyg. f. 166. Paus. 1, 18, 2 et Heyn. Obss. ad Apoll. p. 329. — *Erythiae fil.*) Alii Cecropis ex Aglauro s. Agraulo filiam dicunt. Istud nomen a librariis corruptum est. — 16 *Virg. in III Georg.*) v. 113 sq. —

38. Vid. ad myth. I, 126. III, 6, 26.

v. 21 *lapsaco* L et vulgo ap. Isidor. Or. 8, 11, 25, qui eadem narrat, — *de qua* etc.) *qui ob v. m. m. a civibus ejectus est* H L M N. — 22 *postea tamen* H M; *p. autem* L. — 24 *pro eorum fecunditate* H M. — 25 *aliae terrae* H L M N. — 26 *semel in anno aliquid creent* H L M. — 27 *aliqui horti numquam sine fr. sunt* L. — 29 *sine Cerere* etc.) Est hemistichium Terentii in Eun. 4, 5, 6 Beutl; quo usus est Fulgentius 2, 4. Ipsius Veneris et Liberi filium Priapum dicit Burm. cod. Serv.

39. Fulgent. 2, 2. Cf. mythogr. III, 10, 2.

v. 32 *lanificii* etc.) Serv. ad Ae. 7, 805. Isid. Or. 19, 20. — 36 *sapientia*) om. Fulg. — *Gorgonam etiam* E G. — 37 *in pectore*) Fulg. addit: *quasi terroris imaginem.* Aliter explicat Isid. Or. 8, 11, 73. — 38 *capiti ejus*) om. Fulg. — *ponunt* Fulg. — *ut cerebrum sapientis* E G. — Fulg. deinde citat Plautum in Trinum. 4, 2, 9. — 39 *Triplici etiam veste subnixa est* G; sed E omisit — 40 *seu quod omnis sapientia sit multiplex, sive etiam quod celata. Longam etiam hastam fert, quod sapientia longe verbo percutiat* Fulg., qui deinde iterum: *Triplici etiam veste quod omnis sap. tecta extr.* etc. — 42 *dicunt*) *volunt* Fulg. — *enim*) *denique et.* — p. 88, 1 *quasi athanathe parthene* Fulg. et myth. II, 119 et III p. 221, 38 L N; ita ut Fulgentium errasse censeam. Ultimo tamen loco ἀϑάνατος cum Majo in textu reliqui, quum id exhibeat cod. Vatic. — 3 *in hujus etiam tutelam n.* volunt E G. — 3 *etiam.*) Adde ex E G *in tenebris.* — *teneat*) *possideat* Fulg. — 5 *Nycteus* etc.) Schol. ad Stat. Th. 3, 507 p. 106 (cf. ad myth. I, 98). — *felicissimus*) *felix si numquam pater fuisset* sch. — 6 *Nyctaeam* schol. — Nyctimene vulgo est Epopei filia,

qui rex fuit Lesbi (Hyg. f. 204. 253. Burm. ad Ovid. Met. 2, 590.) —
8 *vero*) om. schol. — 10 *ille*) om. schol. — *sero illi* schol. — 11 (*Quapropter agn.* schol. — 15 *conscia* schol. —

40. Serv. ad Ae. 8, 414. Isidor. Or. 8, 11, 39-41, mythogr. III, 10, 4.

Volicanus) *volans candor vel Volicanus* Isid. et myth. III; *volans
canus* schol. ad Lucan. 1, 545; *voluntatis calor* Fulg. 2, 14 ibiq. interpp. — 20 *volet.*) Ita omnes mei codd. Lindem. autem *volat.* — 2 *a
Junone ... dej.*) Vid. ad myth. I, 128. — 23 *imo*) Vid. ad III, 10,
4. — 24 *et*) etiam C D et Fulg. — 25 *cadat*) *cadit* C D Fulg. et
myth. III. — *quodque*) *quod quia* C D. — 27 *Claudus* etc.) Isidor. Or.
1, 39; 4. — 28 *Ideo vero* etc.) Hinc incipit Fulg. 2, 14. — 29 *sapientiae*) *sapientibus* Fulg. — *surripiat* G. — 30 *quia*) *hoc est* Fulg. —
32 *quidam*) Leg. *quidem* secundum Fulg. — *erictonius* E. — 33 *dicitur*)
*tonos vero non solum terra, quantum etiam invidia dici potest, unde
et Thales Milesius ait octonos dexescos miceps tarsia* (ὁ φθόνος δόξης
κοσμικῆς φθάρσις), *id est invidia mundanae gloriae consumptio* addunt
E G. — 33 *Et quidnam al.* E G. — *surrepens* E, *quod divinaverat*
Muncker. Recte! — 34 *quod quidem* E G. — 36 *celat*) *omnis sapiens
furorem suum iu corde caelat* addunt E G. — *draconem custodem* E
G. — 37 *commendat* E G. — *aclauro* E; *haclauro* G. — 38 *Aglauros*
dicendum erat mythographo. — 39 *aconleron* E; *haconleron* G; *accon-
loren* Majus, qui *hanc corruptionem,* inquit, *aliis persanandam permitto.
Dicerem* ἀκίδων λήθην, *nisi periret etymologia.* Quamnam corruptam
etymologiam sibi finxerit auctor, non opus est investigare. Fulg. editt.
ἀχόληθον, quod sane monstrum est.' — 40 *commendat*) *quae omnium
munus est* addit Fulg. —

41. Schol. ad Stat. Th. 4, 482 p. 142. Cf. mythogr. I, 119.

Corvilius) Leg. *Cornificius,* cujus *Etymorum libri* saepius a Macrobio
et aliis laudantur. Quinque Mercurios recenset Cic. de N. D. 3, 22,
(ubi cf. interpp.) tres Serv. ad Ae. 4, 577. — 3 *Juppiter cum Maja*)
Serv. ad Ae. 8, 138. — 10 *canino capite*) Isid. Or. 8, 11, 49. Albric. 6
p. 907, ibiq. Staveren. —

42. Cf. ad mythogr. I, 119.

v. 13 *curius*) *curum* dicit Fulg. 1, 18, quod glossa interlinearis in
E explicat *procuratorem;* κύριον est ap. mythogr. III, 9, 1. — 15 *medius inter deos*) Serv. ad Ae. 8, 138. — 17 *rapina* etc.) Fulg. 1, 23. —
20 *Pennatis autem* etc.) Serv. ad Ae. 4, 239. — 22 *Flavus* etc.) Serv.
ad Ae. 4, 558. — *Canino* etc.) Serv. ad Ae. 8, 698.

43. Serv. ad Ge. 4, 464.

v. 30 *etiam testudo est* D. — 11 *putrefacta* C D. — 12 *perc. a
Merc. sonitum dedit, ex cujus imitatione cithara est composita* Serv. —
41 *Mercurius* etc.) Vid. ad myth. I, 119 et ad III, 9, 3. —

44. Cf. mythogr. III, 8, 20.

v. 7 *lyram illi conc.*) Mythorum rationem turbat scriptor. Nam
citharam prius inventam esse in vulgus notum est. Vid. Orph. nostr. p. 177 et
15. — *theologus*) Orph. p. 142. 149. 153. — 11 *Erat autem ipsi* etc.)

Vid. mythogr. I, 76 et Serv. ad Gę. 4, 317. — 15 *accepta*). Fortasse *arrepta* praestat.

45. Schol. ad Stat. Th. 12, 156 p. 407, cf. mythogr. I, 190.

v. 23 *et gravidam fecit*) om. schol. — 25 *et in ejus sinu* schol. — 26 *maturos* schol. *vel ut alii dicunt*). Haec sententia abest a schol. Plura de *Palicis diis*, auctore Aeschylo, Callia, rerum Sicularum scriptore, Polemone et Xenagora disseruit Macrob. 5, 19 p. 554 sqq. Zeune, Aristot. Mir. Ause. 58 p. 115 Beckm. Diodor. XI, 89. — 29 *que*) om. schol. — *Palyci* schol. —

46. Vid. ad mythogr. I, 39, 18. ad III, 2, 2. 47. Vid. ad mythogr. I, 39.

Postea Hippomenes etc.) "Reliqua omittimus, quia eadem prorsus sunt apud mythogr. I. 39." Majus.

48. Vid. ad mythogr. I, 127. 49. Vid. ad mythogr. I, 227.

Faunus infernus etc.) Serv. ad Ae 7, 91. — *incubae*). Leg. incubones, ut est apud Serv. ad Ae. 6, 776, vel *incubi* cum August. de C. D. 15, 23 et Isidor. Or. 8, 11, 103, qui *incubonem* a Romanis Faunum ficarium dictum esse refert, ad quem Horat. C. 3, 18 alluserit. — 38 *vocibus*) Serv. ad Ae. 7, 81: Faunus ἀπὸ τῆς φωνῆς *dictus quod voce, non signis futura ostendit*.

50. Serv. ad Ae. I, 500, cf. ad Ecl. 10, 62, mythogr. III, 5, 3.

p. 92, 1 *sanguis emanat*) Ovid. Met. 8, 763. — 2 *Napaeas*). Has easdem esse ac Dryades Serv. docet ad G. 4, 535. — 5 *Marica*) Serv. ad Ae. 7, 47. — 7 *secundum Varronem*) ap. Serv. ad Ecl. 7, 21. — 9 *commemorat* C D. — 10 *quam aëris icti efficit sonus* C D, cf. Isidor. Or. 8, 11, 96.

51. Serv. ad Ae. 1, 132, cf. mythogr. I, 183.

v. 15 *juxta Hesiodum*) Th. 378. — *ex aëre nubes*) Serv. ad Ae. 1, 587. — 16 *venti cr.*) Serv. ad Ae. 3, 571. 577. 7, 23. De *nube* disserit Seneca N. Q. 2, 30, 4 ibiq. Koeler p. 363; de *ventis* idem 3, 9. 5, 5 ibiq. Koeler p. 402. 530.

52. Serv. ad Ae. 1, 52, Isidor. Or. 14, 6, 36 sq. Cf. mythogr. III, 4, 10.

v. 19 *novem*.) *Septem* dicit Serv. ad A. 8, 454 (cf. St. Byz. v. Λιπάρα, Plin. N. H. 3, 8 § 92 Sillig.) Str. 6. 256 d = 394 b. et 275 c = 422 b. Solin. 6. Schol. ad Hom. Od. 10, 1 p. 330 sq. Butm. ad Ap. Rh. 3, 42.) — *Aeoliae*) Diodor. 4, 67. — 22 *praedixit f.*) *ex quarum nebulis et fumo Vulcaniae insulae praedicens futura fl. vent., ab imperitis vis. e.* etc. Serv. — 23 *Fingitur autem* etc.) Tz. ad Lyc. 738 p. 761, Eudoc. p. 17. — Mythographi nostri in hac fabula enarranda Varronem sequuti sunt. —

53. Cf. ad mythogr. I, 11.

32 *Gorg. cap.*) Hoc auxilio Jovem usum esse contra Gigantes
lae vulgo non tradunt. — 34 *qui et Briareus*). Errat mythogr. -
Encelado Serv. ad Ae. 4, 179; — de Aegaeone ad Ae. 10, 56;
Hom. Il. 1, 403 affertur. — 37 *Revera* etc.) Haec leguntur ap.
ad Ae. 3, 578 et myth. III, 1, 10. — 38 *fabulosa* (*fabulosu.*
acceperimus Serv. — 39 *flaegra* D; quod retinuit Majus; *flegrea* (
quomodo) *quemadmodum est in S. encheladus* C D. — 40 *othus* C I
Sallustium Majus, quod ne semel quidem a nostris codd. confir
qui constanter scribunt *Salustius*, ut est in optimis Salustii codicil
antiquissimis editionibus. Fr. inc. 203 p. 257 Gerl. — 41 *thyphoeus*
Campania) ut add. C D. Est vers. Virg. A. 9, 716. — *Inarime*)
D. — p. 93, 4 *factum*) *fictum* C. — 6 *de imis*) *de humilibus*
L M N; *de humillimis* C. — *habuisse serp.* C D H M. —

54. Vid. ad mythogr. I, 178.

v. 12 *numen.*) Sic et L N; *nomen* H M. — 13 *integro*)
myth. III; qui habet etiam *ambrosiae nectare*, quod retinuit Majus,
ego contra codd. fidem mutare ausus sum.

55. Schol. ad Stat. Th. 10, 845 p. 370. Cf. mythogr. I, 83.

Othus schol. — *Gigantes*). Recte abest a schol. — *erant*)
schol. — *Icti autem*) *et icti* sch. — *missi*) *morsi* sch. Fundus
fab. est ap. Hom. Od. 11, 304. Cf. Eratosth. ap. Schol. ad Ap. R
482, Heyn. ad Apollod. p. 42.

56. Serv. ad Ae. 6, 585. Cf. ad myth. I, 82

v. 24 *filius fuit* C D. — 25 *qui fabric.* C D. — 26 *super eum*
tabat currus C D. — 27 *fuisset jaculatus* C D. — *eum jubebat, o*
C D. — *a Jove fulminatus* om. C D. —

57. Serv. ad Ae. 10, 189. Cf. mythogr. I, 118

v. 30 *pheton climenis* C D. — *fil. fuit, qui quum* etc. Serv. —
esset non de sole C D. — 33 *esset ej. fil.* Serv. — 34 *stygiam* D. —
petit ille ut ejus currus agitaret C D. — 37 *feton* C D. — *excess*
D. — 38 *coeperit mundus ard.* C D. — *heridanum cecidit, qui et*
D. — *Phaëthusa*) *fletusa* D et Majus; *fethusa* C. — *Lampetie*).
correxi ex Hom. Od. 12, 132. 375. Majus *Lampedusa*; sed *lampac*
D; *hlāpedus. adeor* C. — *ut alii dicunt.*) Utrumque dixit Virg. vid
mythogr. I, 118.

58. Schol. ad Stat. Th. 3, 685 p. 115. Cf. mythogr. I, 17.

De Gigantum sanguine.) Alii, ut Apollod. 3, 8, 1. Lycaonem
lasgi fil. dicunt; alii Mercurii, ut schol. ad Theocr. 1, 124 p. 844 Kies
alii aliter, cf. Dionys. Hal. Ar. 1, 13. — 6 *et a*) *nactusque al*
schol. — 7 *seductamque compr.* schol. — 8 *tumens*) *crescens* schol. -
Illa autem) *quae* schol. — 10 *Arctos*) *Arcas* schol., Hyg. P. A. 2
p. 425, Apollod. 3, 8, 2 etc. — 12 *Calysto* schol. — 14 *ursam*
credens misso telo schol. — 15 *sustulit*). Sic Majus. Sed leg. *sustin*
schol. *sustinens.* — *parricidium* schol. — 16 *collocavit*). Sic H
quoque l. l.; sed schol. *rettulit.* — 17 μεῖζον schol. — *Arctos*) Leg. ἀρχ

59. Schol. ad Stat. Th. 3, 685 p. 115.

v. 21 *filia Nerei).* Recte abest a schol. Intelligit enim Thetim *majorem*, quam dixit mythogr. I, 204, 5 et 31, l. e. *Tethyn*, Hyg. P. A. 2, 1 p. 421. — 23 *nutricis)* *nutritae* schol; qui deinde affert Virg. Ge. 1, 246.

60. Serv. ad Ae. 1, 731.

Verborum structura admodum scabra ac rudis est in hac fabula — 29 *hospitalitatis jure).* Hoc nove dictum est pro *hospitii jure.* — 32 *hospitii jura non esse violanda* Serv.

61. Cf. ad mythogr. I, 19.

v. 88 *Victimae enim* etc.) Haec leguuntur apud Serv. ad Ge. 2, 380, cf. ad Ae. 3, 118 et myth. III, 6, 26. — 39 *per simile* L. — *per contrarium* H L M. — 40 *pecus)* om. L. — p. 95, 1 *frug. obest* H M N; *pecora quae obsunt fr.* L. — 2 *et caper* Serv. — Item *et Aesc. c.* Serv. — 3 *qui) quia* H M; *qui deus est* L. — *quum capra n.* etc. Serv. — *sine)* om. L. — 7 *Maera)* Hyg. f. 130, P. A. 2, 4 p. 428, Apollod. 3, 14, 7 § 4 ibiq. Heyn. Obss. p. 331. — 11 *Virgo)* Serv. ad Ge. 1, 33. — 13 *Bootes* Serv. ad Ge. 1, 67. —

Scholion) Serv. ad Ge. 2, 389. — 32 *per intercolumnia* C D, qui omiserunt *inter duas columnas*, ita ut clarum sit, has tres voces esse vel uncis includenda, vel potius ejicienda. — *ita)* om. C D. — 34 *ad risum populo commovendum* D; *emovendum* C. — *in Orphoeo* D. — 37 *enim)* autem C D. — 38 *Sic) sicut et* C D. — 40 *sub) sul* D. — 42 *quod maximum est* C; *quod est maximum* D. —

62. Vid. ad mythogr. I, 103.

v. 5 *Habitavit autem* etc.) Serv. ad Ge. 3, 94. — 7 *sagittarius)* Mythogr. III, 15, 9, cf. Hyg. P. A. 2, 38 et 27.

63. Acr. Porphyr. et schol. Cruq. ad Horat. C. 1, 16, 13, Fulgent. 2, 9, mythogr. III, 10, 9.

v. 10 *limo homines fing.* Acr. et Porph.; *ex limo hominem f.* schol. Cr. — *jussu deorum)* om. sch. Cr.; *jussum* Acr.; *fingere jussum et* Porph. — 11 *prout er. eor. nat.)* om. Porph. — *ei) homini* Acr. Por. et sch. Cr. — 12 *apposuit* Cr. — *Unde)* om. Por. et Cr. — 14 *a lepore) posuit* add. Acr., *depromsit* Cr., quod excidisse videtur ap. nostrum. — *a vulpe ast.*, ceteraque *a reliquis* Cr., qui reliqua omisit. Acr. autem pergit: *a lupo rapacitatem, ab equo velocitatem, a columba libidinem, et ex reliquis reliqua.* — 15 *Fecit autem* etc.) Hic incipit Fulg. — 16 *spondit* G; *spospondit* L. — *ut si)* om. myth. III; idem om. *inquireret.* — *quid) quicquid* myth. III. — 17 *de caelestibus donis ad s. o. adjuvandum* Fulg; *juvandum* myth. III. — *nihil se scire* Fulg; *se minime scire* myth. III. — *in caelestibus)* om. L. — 19 *ut se usque* M. — *superas* E. — *elevaret* Fulg. et M; *transferri* L. — *petiit* addit myth. III. — 20 *atque exinde) ut quid* myth. III. — *suo operi* M; *suae figulinae* Fulg. — *melius inire occultatus arb. praesumpsisset* E; *prosumps.* G. — *ut si quid suo op. congrueret, ipse cerneret et eligeret* myth. III. — 21 *caelo opificem detulit* E G. — *Illa ergo (vero* L) *eum (eum* om. L) *clypeo suo impositum in caelum delulit* myth. III. — 22 *Et dum) dumque* E G; *illic dum videt* M; *illic quum videret* L. — *omnia (corpora* L M) *caelestia flammatis animata (an. fl.* L) *vegetari (vegetare* G) *vaporibus* E G. — 23 *clam ferulam phebiacis ap. r.* E G;

clanculum fer. rotae ap. Phoebi myth. III. — consequitur) furatus est
Fulg. et myth. III. — 24 pectusculo Fulg. — reddidit) reddit Fulg;
qui. cum myth. III recte add. corpus. — 25 προμήθεια) ΠΡΟΜΙΘ
ΕΙΑΝΤΕΟΙ E; proni anteci G. Itaque legendum est cum Munckero
προμήθειαν θεοῦ. — Dei providentiam M; Divinam provid. L; dei)
om. E. — providentiam E G, non praevid. ut edd. omnes. — 26· Quasi)
Ex E G. — caelestis E. — hominem factum E G. —

64. Hygin. P. A. 2, 15 p. 454 sq. Stav.

v. 29 inter sacra) in sacrorum Hyg., qui copiosiore plerumque utitur
oratione in hac fabula enarranda. — 30 pr. excell. ingenii miram Hyg. —
31 impetrasse) recusatione praemisit Hyg., pro quo excusatione proposuit
Schefferus, hao usus ratione Muncker. — 34 immolat Hyg. — jecora)
jocinora Hyg. — 35 reliquam carnem ex utroque tauro Hyg. — 36
ossa autem quae circa fuerunt r. Hyg. — 37 et Jovi fecit p. Hyg. —
38 eorum sumeret p. Hyg. — 40 ne carnis usus utilis hominibus videretur, quum concoqui etc. Hyg. — 42 Minervae auxilio etc.) Hic
incipit mythogr. I, 1. — p. 97, 2 Ipsum autem Pro.) Hic iterum pergit
Hyg. — 3 per Mercurium) om. Hyg. — 5 cor) jocinora exesset Hyg;
sed Hemsterh. cod. exederet. — Deinde ap. Hyg. ea inseruntur, quae
in seq. fab. ap. nostrum leguntur. — 5 Euristheo Hyg. — propter) ad
Hyg — 10 haec memoriae prodita est causa Hyg. haec memoriae causa
pr. est Majus.

65. Hyg. P. A. 2, 15 p. 456; cf. Hyg. f. 54.

v. 13 feruntur Hyg. — ut ... ex se etc.) Haec barbara sunt. —
18 sibi). Omnino legendum est ipsi; vincire codd. nonnulli ap. Hyg.,
probante Staverenio. — 19 adhuc) om. Hyg. — argento) ferro Hyg. —
De ferreo Promethei anulo vid. Plin. N. H. 37, prooem. Isidor. Or. 19,
32, 1. — 20 Haec autem). Hic incipit myth. I, 1, 10. — 37 popilius
C. — 38 eo) om. B D. — et tantum C; tamen B. —

66. Vid. mythogr. I, 29.

67. Vid. mythogr. I, 101.

68. Schol. ad Stat. Th. 3, 453 p. 103. Cf. mythogr. I, 85

v. 21 etenim) enim schol. — 23 edicit) edidit legendum est. Erravit typotheta. — 25 praetulisse deae schol. — His rebus off. J. in juv.
v. puellas schol; — injecit sylvas p. schol. — 26 adeo ut ... timerent)
om. schol. — 27 habere) induxisse schol. — 28 donec Proetus regni p.
etc. schol. — 39 proposuit habiturum et ex his conjugem schol. — 30
autem) ergo schol. Melampo et Majus et schol. — 31 eaedem) om.
schol. — ab) om. schol. — 32 acceptamque Melampus unam ex virginibus duxit uxorem, et consors regni Praeti fuit et gener. hic Melampus
herbariae artis peritissimus fuit schol. —

69. Serv. ad Ae. 1, 27 fin. Cf. mythogr. I, 179.

70. Cf. ad mythogr. I, 91.

quae et Libya dicitur, quaedam puella) Leg. quae Lydia quaedam
dicitur puella.

71. Lactant. narr. fabb. 6, 3 p. 828. Cf. mythogr. I, 156.

v. 6 vel Pelopis fil.) Rectius Lact. Sipylo Lydiae orta. — uxor Amphionis) om. Lact. — 7 partus) par cod. Neap.; om. Staver. — 8 quum) om. Lact. — 9 dum com. gaud. Lact. — 10 ex) om. Lact. — 11 filiis) liberis plures codd. Lact. — Apollini et D.) om. Lact. — per preces thura redderent, sola extitit, quae sacr. i. noluerit Lact. — 12 potiorem se numine deae Lact. — 13 filiis) liberis Lact; qui in seqq. uberior est. — 15 filiabusque). Harum mentionem etsi !in superioribus diserte non fecit mythographus, hoc tamen loco eam sibi negligendam non esse duxit. In reliquis vero toto coelo a vulgari fama aberravit. —

72. Vid. mythogr. I, 100.

73. Cf. mythogr. I, 189.

v. 30 quae antistes terrae f. t.) quae oraculo praeerat schol. ad St. Th. p. 109. — 32 reverti) reparari schol. —

74. Vid. mythogr. I, 97.

p. 100, 6 quorum Zethus etc.) Serv. ad Ecl. 2, 24, Acr. et schol. Cruq. ad Hor. Ep. 1, 18, 42.

75. Hyg. f. 149, schol. ad St. Th. 4, 737 p. 156, Isid. Or. 14, 5, 1.

v. 16 Memphim Isid. Lindem. et Hyg. Stav. — 17 Cassiopa Isid. Lindem. Vid. ad mythogr. I, 80 et interpp. ad Hyg. l. l. — Libyam Isid. Lindem. — 19 quae etiam etc.) om. reliqui. —

76. Vid. mythogr. I, 148.

v. 25. Libyae). Majus proponit Tyri; vid. not. ad I, 148. — 29 et ex ea tres fil.) Hyg. f. 178 p. 296.

77. Vid. mythogr. I, 149.

78. Schol. ad Stat. Th. 3, 274 p. 95. Cf. mythogr. I, 151.

v. 13 Hermionae) Vid. ad I, 150, 20. Schol. rectius scribit Harmonien duxit uxorem. — 17 conscia factum Minerva, i. o. Gorgonis, quos dicit poëta (sc. Stat. Th. 3, 278.) in illo monili gemmis insertos Schol. — 18 Vulcanus) om. schol. — 20 gestanti aer. molibus myth. I, 151, 28. — 21 Mart. et. Ven. fil.) om. schol. — 22 Agen. fil.) om. schol. — 24 dracones schol., qui brevior est in reliquis. — 25 portavit) gestavit schol. — quae fulminibus J. assumpta est schol. — Idem) Inde sch. — 29 Post hanc hab. schol. — quae) om. schol. — 30 igitur praedictae) om. schol. — Hae omnes schol. — 31 Oedipo) om. schol. — 32 et Argia). Schol. pergit: sed Eriphylae dedit, ut mariti proderet latebras. Deinde explicit. — 33 post sortito delenda est virgula. Omnis autem sententia Latini sermonis ignorantiam prodit. — 36 Orestesque furare oc. mat. corr.) Schol. ad Theb. p. 128: Alcmaeon hoc monile occisa matre Apollini consr.; quod saltem ab antiquitate non abhorret. — 37 projectum) missum sch. — hodieque sch. — 38 manu attrect. schol. — dicunt). ostendit schol. — 39 Quatuor autem sor. etc.) Mythogr. I, 120, 36.

79. Schol. ad Stat. 1, 12. Cf. mythogr. I, 120.

v. 2 *quum*) sch. dum. — *Cadmi fil. q. et Th. d.*) om. sch. — 3 *versa decoratam, dolum meditans* sch. — *est, cui ita l. e.* sch. — 5 *hoc ab eo imp.* sch. — 6 *quod quum* etc.) *quas inducta Jovem rogavit. qui quum negaret et diceret, aspectum dei n. m. p. f. m.* schol. — 10 *venit) consuevit* schol. — 12. *ipse et Mercurius*) om. schol. — *femore*) Leg. *femori* cum schol. — *suo*) om. sch. — 18 *talem furorem* schol. — 19 *ut*) *quod* schol., qui reliqua variat. — 21 *Hinc*) *Qui* sch. — *mox*) om. schol. — *Herculis*) recte abest a schol., qui legit *arcu vel sagittis,* sc. eum feram credens; cf. Serv. ad Ae. 5, 241, Hyg. f. 4 et 5. — 22 *Ino*) *Leucothoe* schol. — 26 *deam*) *et vocatur Mater Matuta* add. schol. — De Palaemone Serv. ad Ge. 1, 437. Ae. 5, 823. — 27 *Palaemonis autem corpus* etc.) Haec leguntur ap. eund. schol. ad St. 4, 59 p. 121. — 28 *ex*) de schol. Virgulam delendam esse censeo post contemplati. — 29 *certamen*) *quod Isthmicum vocant, ut quidam volunt* add. schol. —

80. Schol. ad St. Th. 3, 478 p. 104. Cf. mythogr. I, 121.

v. 35 *aquam ei ostendendo*) om. schol. — *Mox*) *Unde* schol. — 36 *subito ar. app.* schol. — *qui pede . . . aries ipsi appar.*) Haec absunt a schol. — 39 *aquam invenit petitque Jovem* schol. — 41 *Hammonis* Maj. et schol. — Sed nostra scribendi ratio etiam myth. I. restituenda est. — 43 *Fingitur autem* etc.) Hic explicit schol. — De sequentibus vid. p. 164, 45. — ἄμμον) Cf. schol. ad Lucan. 10, 38. — *nudus*). Cur *nudus* pingatur explicat Fulg. 2, 15 fin., qui et reliqua cum nostro communia habet. — *Lyaeus*) *Liber* Fulg., quod verum esse sequens interpretatio docet; cf. p. 243, 24 et 43. — 4 *potio*) *passio* E G. — 5 *valde sit vino dedita* Fulg. — 6 *fotae*) *efferatae* E G, quod praestat. — *Lyaeus*) *licus* E G. Sed leg. *Lenaeus,* ut explicatio probat; cf. p. 243, 44. et Serv. ad Ge. 2, 4. Ae. 4, 207. — *Lyaeus* quid sit, demonstrat Isid. Or. 8, 11, 44; et *Lyaeum* vinum, idem 20, 3, 2.

81. Fulgent. 3, 3, mythogr. III, 7, 3.

v. 12 *quum in valle Garg.* etc.) Hyg. f. 181, Lact. narr. fabb. 3, 2. — 14 *nudam s. inc.*) *lavantem vidisse dicitur* myth. III et Fulg; *in conspectum deae incidit* Hyg. et Lact. — 16 *Anaximenes*) vid. Myth. III. — 17 *sed*) qui reliqui libri — 18 *pervenisset* reliqui libri. — *id est quasi nudam* Fulg; sed *id est* om. myth. III. — 19 *extimuit*). Copiosior est Fulg. et myth. III. — *sed dum* reliqui libri. — 20 *dimisisse*) *dimisit* reliqui libri. — 21 *paene et substantiam* absunt ab L. — 22 *ob quam rem* reliqui libri. — *esse*) om. myth. III.

82. Serv. ad Ge. 1, 14.

Aristaeus) *ut etiam Salustius docet* add. C D. — *acteonem fil.* C; *afiteonem fil.* D. — *Chion*) *Cheam* D et Majus; *ceam* C, quod verum est. — *primo adhuc* C D. — *ea relicta* C D. —

83. Cf. Serv. ad Ae. 4, 469.

v. 35 *Acetem*). Sic et Serv. Sed legendum esse *Acoetem* demonstrat Burm. ad Ovid. Met. 3, 582. — 37 *vitulum*) *feram* Serv., *aprum* Ovid. Met. 8, 714.

84. Cf. ad mythogr. I, 16. III, 4, 8.

v. 2 *Eueris*) Cod. *Perierae*. Sed vid. Muncker. ad Hyg. f. 68 fin. et 75. — *Cyllene*) *cillenio* Majus; *Cyllenio* alii. — 10 *triplicem*) *tres uncias habere virum amoris, et novem feminam* Fulg. 2, 8 et myth. III. *novem partibus libidinis dixit foeminam potiorem, et una virum* schol. Stat. p. 49. — 11 *manus praecidit*). Sic et schol. Stat. l. l. Sed Muncker ad Hyg. 75 schol. deceptum esse dicit voce πηρός, quae et caecum et mutilatum significat. — *manu aversa eum excaecavit* Hyg. — 12 *At Jovis ob id fecit* Hyg; *Jupp. fecit* sch. — 13, *vatesque praeter ceteros* sch. — 14 *masculinum* Fulg. 2, 8, ubi similia leguntur. — 14 *tempus*) *in modum temporis posuerunt, quasi tereseon* (θέρους αἰών) *i. e. aestiva perennitas* E G. — 15 *cl͞usira et solicitas* G; sed margo recte *soliditas*. — 16 *effectu*) Leg. *affectu i. e. amore* G; *affecti* E. — 17 *aestu fervoris* E. — 19 *patefacta eodem tempore . . emergant* E G. — 23 *justam de ejus* etc.) Leg. *justum de amoris ratione judicium profitetur*, nam in E G est *justum profert judicium*. — 24 *In fructificandis enim germinibus* E G. — 25 *tripla*) *dupla* E G, ut omnes Fulg. libri; sed omnino legendum est *tripla*. — *quam igni* E G. — 26 *perdurat*) *producit* omnes mei codd., quod verissimum est. — 27 *autem*) *vero* E G. — 30 *conceptionem*) *conceptionale fatum* E; *conceptionale factum* G; alii aliter.

85. Vid. mythogr I, 18.

86. Sch. ad St. Th. 3, 521 p. 107.

Mantus) *Himantis* schol. — *amicitia Ias. fida c.* schol. — *magnus fuit in augurandi peritia* schol. — Haec fabula ad Clarum oppidum (Str. 14. 642 c = 951 c.) vel Colophonem pertinet, (Tz. ad Lyc. 427 p. 599 cf. 439 p. 608 sq.). vel ad Megarsum Ciliciae (Tz. ad Lyc. 440 p. 611. ad 980 p. 895 sqq. Idem Tzetzes tamen l. l. et ad 881 p. 854, ad 1047 p. 917 hunc Mopsum ab Argonauta, Ampyci et Chloridis filio, diversum facit.

87. Vid. mythogr. I, 153.

v. 25 *Sibylla autem* etc.) Serv. ad Ae. 3, 445, cf. Varr. ap. Latant. Inst. 1, 6, 7 p. 39 Bünem., August. C D. 18, 23, Isidor. Or. 8, 8, 1. — *Virgo vero Phemonoë dicta est* (sc. a Virgilio); *nam Sibylla appellativum nomen est* (*est nomen* D) *adeo ut Varro quot* (*quod* D) *Sibyllae fuerint scripserit* Serv., quem cf. ad Ae. 6, 36. — 26 *nomen*) sc. Phemonoë. — *enim*) *autem* C D. — 27 *ut alii dicunt* etc.) Haec corrupta sunt, et sic restituenda: *Nam Aeoli* (*eolyi* C; *aeolii* D.) σιοὶς *dicunt deos*. — 28 *Igitur*) *Ergo* C D. — Leg. σιοῦ βουλάς, et cf. Serv. ad Ae. 6, 12.

88. Serv. ad Ae. 6, 72.

31 *constat servio tullo regnante, tarquinio* etc. C; sed D cum nostro facit. — *mulierem*) *nomine amaltheam* add. C D. — 32 *ei*) om. C. — *s. Virg.*) Ae. 6, 72. — 34 *rem. romana* C D. — *poposcisse* D. — 35 *philippeos, qui aurei* etc. C D. — *Quae*) *qua* C; *qui* D. — *alia die* C D. — 36 *postulaverat* C D. — *hac ipsa re commoto rege, quod pretium non mutabat* addit Serv. — 37 *diligentissime*) abest a Serv.

89. Serv. ad Ae. 7, 790. Cf. mythogr. I, 18.

v. 2 regis) fluminis. Serv., qui pergit: *hanc amavit Juppiter, et dum cum ea esset, supervenit Juno.* — 3 *ille timens* D. — 4 *Jo mut. in vac.* C D. — *eam) ea* C. — 5 *pelicem* B C. — *confiteretur) configeret* C. — *Aristoris* C D. — 6 *deposuit* D. — Vid. ad myth. II, 5. — 8 *quo diu exagitata (vexagitata* C.) *ad Aegyptum venit (pervenit ad Egiptum* D.) Serv. quem cf. ad Ge. 3, 152. — 10 *Fingitur autem* etc.) Myth. III, 3, 5 fin. ubi est *in specie vaccina.* — 12 *credas* myth. III.

90. Serv. ad Ae. 8, 696, mythogr. III, 7, 4.

v. 15 *genium egipti* C. — 17 *fistulam) situlam* recte C; *fistulam* L. D autem haec et reliqua omisit. — *in sinistra tenet* myth. III. — *fluentiam omnium lacunarum* (i. e fossarum) C. Hinc patet, quantopere Maji cod. a vero aberraverit. — Schol. ad Stat. Th. 1, 265 p. 17: "proventum fructuum quaerunt Aegyptii usque ad veros planctus. Nam irrigatio Nili (eorum) fletibus imploratur". — De sistro schol. ad Lucan. 8, 832.

91. Cf. mythogr. III, 6, 3.

Gigas). Quis praeter hunc mythogr. Osiridem umquam dixit *Gigantem?* Similiter myth. I, 12 et 14 Tantalum et Ixionem vocat *Gigantes.* — *quaesivit)* Serv. ad Ae. 4, 609, schol. ad Lucan. 8, 833. 9, 159. — *salutavit).* Corrigerem *sepelivit* (schol. Lucan. 10, 323.), nisi *salutant* mox sequeretur. Schol. ad Stat. Th. 1, 265 p. 17: "*Osirim .. planctibus quaerunt et inveniunt, eundemque Solem dicunt.* Martialis: *Isaeum Seraphin, Nilus veneratur Osyrim,* quo loco *Martianus* legendum est, qui 2 p. 43 ed. Hygon. Grot.: *et Isaeum Te Serapim Nilus, Memphis veneratur Osirim,* loquens de Phoebo. *Isaeum* Hugo Gr. mutavit in *Lyaeum;* cod. Gottingensis, cui mythogr. III adhaeret, legit *iesum,* et *seraphim.* —

92. Serv. ad Ge. 1, 166. Cf. mythogr. III, 12, 1.

Isis) sis C. — *cribro)* sc. areali, quod est *mystica vannus Iacchi,* "tamen et *vallum* secundum Varronem, quod idem nihilominus significat" Serv. — 29 *pertinebant* Serv. — 30 *vannis fr. purgantur* Serv. — 32 *a Gig.) agitantibus* C. — *a Gig. dicit esse disc.* D.

93. Schol. ad Stat. Th. 5, 347 p. 178. Lact. fabb. narr. 5, 6.

v. 34 *Jovis et Cer. fil.)* om. sch. et Lact. — 35 *suum numen contemneret conjugia spernens* sch; *numen s. conjugiaque aspernarentur* Lact. — *Plutoni)* abest a schol. — *Ditem ... impulit in amorem* Lact. — 36 *evomentis) moventis* recte Lact. — 37 *circa Percum lacum Hennae* Lact. — 38 *quum properaret curruque fugeret* schol. *quum properanter curru fugeret* Lact. — *a Gyane* etc. rectius Lact. — p. 107, 1 *amoveret) rumperet* schol. — At Lact. plura et variat et addit in hac f. — 2 *unde praec.) praecepsque* schol. — 3 *est) videtur* Lact. —

94. Serv. ad Ae. 4, 609.

v. 5 *id est Persephonem)* recte om. Serv. — 6 *faculis* Serv. — 7 *perque quadr.) et quadrivia* C; *eam vel quadr.* D; et sic libri editi. — *clamores).* Ita Majus; sed C D *clamoribus* quod myth. restituendum est. — 8 *cunctis*) Leg. *certis* cum C D. — 9 *clamor*) abest a C; — *exerceatur ululatus* D. —

95. Serv. ad Ge. 1, 378. Cf. mythogr. I, 10.

v. 12 *ad relevandam sitim accessit* etc. Serv. — *Tunc Lycii* etc. Serv. — *videntes eam*) om. Serv. — 14 *quum contra eam coeperunt emittere turpem naribus sonum* C; .. *emitterent e naribus sonum* D. — 15 *Unde*) abest a Serv.

96. Schol. ad Stat. Th. 2, 382 p. 63. Cf. ad mythogr. I, 8.

v. 19 *ad Eleusinum regem* schol., qui *Atheniensium* omisit. — 20 *et a quo rapta e. Pr.*) Haec contra antiquitatis fidem traduntur, et recte omissa sunt a schol. — 22 *Hiona*) *Cothonea* schol. *Metanira* vocatur in hym. in Cer. 161. Cf. interpp. ad Hyg. f. 147 p. 257. — 23 *promisit*) *simulabat* sch.; *simulavit* Hyg. — 24 *suscepit*) *recepit* Hyg. l. l. et sch. — *datque ei nutr.* schol. —

97. Schol. ad Stat. Th. 2, 382. Serv. ad Ge. 1, 19. Cf. myth. I, 8.

v. 27 *eum lacte* etc. Serv. — *alebat* Serv. et Hyg. f. 147. — *in igne* Hyg. *in ignem* Serv. — 28 *solebant* Hyg. et Serv. — *Id sic fieri quum p. m.* Serv.; Hyg. magis etiam dissidet. — 29 *et*) om. Serv. — 30 *igne obrueret* rectius schol.; *vellet in ignem mittere* Hyg. — *exclam.*) *expavit* Hyg. — *Eleusinum* schol. Serv. et Hyg. — 31 *ac*) om. Serv. at Hyg. quod verum est. — 32 *contulit*) *dedit* Serv. *tribuit* Hyg. — *propagandas*). Hinc corrigendus est Hyg. — 34 *obseruit* Serv. —

98. Vid. ad mythogr. I, 31.

v. 37 *Lycum*) Leg. *Lyncum* hic et in seqq. id quod ejus transformatio in fine f. comprobat; cf. Ovid. Met. 5, 650 sqq. et mythogr. I, 10. —

99. Schol. ad Stat. Th. 2, 382. Cf. Hyg. 147 fin. et Serv. Ge. 1, 19.

v. 6 *Cepheus*) *Celeus* Hyg. quod verum est. *Cephalus* Serv. — 7 *re cognita*) *per cognita jussa Cer.* Serv. — *regnum dedit* Hyg. — 9 *nomine Eleusinum* schol. Serv. et Hyg. — *Cererique* Serv. — *qui*) om. schol.; *fierique sacrum instituit* Hyg. —

100. Vid. ad mythogr. I, 7. III, 7, 2.

101. Vid. ad mythogr. I, 186 et 42.

Notat Majus se formam *Sirenae* in suo cod. bis legisse. — p. 109, 6 Σιρῆνες *igitur* etc.) Fulg. 2, 11, mythogr. III, 11, 9. — *Sirenae enim Graece tractoriae dicuntur* E G. — 7 *amoris inloecebra* G. *illecebra amoris* E. — 8 *visus* Majus. — 9 *mutantur*) *permeant* E G; leg. *permutantur*. — 10 *quia libidinis affectus omnia quas habet spargit* Fulg. — 11 *olenxenos* G. — 13 *peregrina est* Fulg. — *peregrinos facit* myth. III.

102. Serv. ad Ae. 6, 603. Cf. myth. I, 12. III, 6, 21.

v. 15 *fuit*) om. D. — 17 *volens divin* .... *invitatis*). Haec absunt a Servio. — 18 *occidens*) om. C; *occidit et diis* ep. ap. D. — 19 *Quem quum*) *et quum* D; *et quum eum* C. — 21 *restitutus*) Serv. addit *ut* (*sicut supra* D.) *humeroque Pelops insignis eburno.* — 22 *comesse* C D. — *resolvit* C D. — 24 *prudentiae*) Serv. addit: *per quam philosophi deprehenderunt palingenesiam vel* μετεμψύχωσιν. — 26 *euridano* D. — 27 *fame deficiens*) om. C D. — *Per haec autem avaritia significatur, ut etiam Horatius* (Serm. 1, 1, 68.): *Quid rides? mutato nomine de te fab. narr.*, ut est' in Hor. edd.

103. Vid. ad mythogr. I, 134.

104 Cf. ad mythogr. I, 13. III, 6, 5.

Fundus hujus fabulae est ap. Hom. Od. 11, 576 sqq. — Fr. Pherec. p. 163 Sturz, Heyn. Obss. ad Ap. p. 19. — Majus *Tition* scripsit; *Tytion* est ap. schol. ad Stat. p. 40 et 145. — 10 *vultur*) *serpens* est ap. Hyg. f. 55, ubi cf. Munck. —

105. Schol. ad Stat. Th. 2, 380 p. 63. Cf. mythogr. I, 165.

Lichaeum schol. — 14 *montem positum* schol. — 15 *homines praegravans ingenti saxo necare* schol. — 18 *elapso*) Leg. *relapso*. Erravit topotheta noster. — *quiescere* Majus. — 22 *Sane de his omn.* etc.) Serv. ad Ae. 6, 596, myth. III, 6, 5. — *omnibus rebus* C D. — 23 *et confirmat* C D. Lucr. 3, 994. — 24 *tition* C D; Lucr. 3, 1006. *Titium* Majus. — 28 *non satis fit* C D. — *recrudescet* C, qui cum D addit: *unde ait Horatius* (C. 3, 4, 73): "*incontinentis nec* (*ut* C; *aut* D.) *Tityi jecur*". *Ipse etiam Lucretius dicit* (3, 1009) etc. — 30 *superstando.*) Sic Majus. At leg. cum C D *superstitiosos.* — *designari*) *significari* C D. — 31 *et de diis*) om. D. — *et de diis et caelo superioribus* C H M. — *caelo*) om. L. — 33 *semel*) *semper* D et myth. III. — 35 *negociat.*) *qui semper tempestatibus turbinibusque volvuntur* C D et myth. III.

106. Schol. ad Stat. Th. 3, 538 p. 145. Cf. mythogr. I, 14.

Ixion flegias fil. schol., qui reliquas appositiones omisit. — 38 *venia*) *misericordia* schol. — 39 *sublatus* sch. — 41 *misit* schol. — *quum coiret geniti sunt Cent.* schol. — *Ixyon glor. est cum I. concubuisse* schol. — *serpent. circumf. ap. inf.*) om. schol. — cf. Hyg. fab. 62.

107. Fulgent. 2, 17, mythogr. III, 4, 6.

Sicut nihil Latina gratiosius veritate, ita nihil Gr. fals. orn. Fulg. — 7 *quasi acsionem; acsiona* (*acsionia* G) *enim Gr. dignitas dicitur* E G; sed edd. recte emendarunt ἀξίωμα, quod nostro quoque est restituendum. Deinde Fulg. plura inserit, quae absunt a nostro. — 10 *Democritus.*) Hunc myth. locum laudat Toll. ad Palaeph. p. 142. — *dromocrides in theogonia* (*theolonia* E) *scribit* (*scripsit* E) Fulg. — 12 *adquisivit* E. — 14 *eo quod*) *et quo* E; *ex quo* G. — 14 *pinguntur*) Fulg. addit: *sed ideo centum armati . qui quidem Ixion parv. t.* etc. — 15 *celere regn. adeptus, dehinc regno expulsus est* Fulg. — 18 *ereptiones*) Leg. *erectiones* cum E G. — 20 *Quidam enim Th. r.* etc.

Vid. myth. II, 163, III, 4, 7. — 26 *eundo*) i. e. *quum irent*. — *equos
. . . potando*) Leg. *equi . . . quum potarent*.

108.   Vid. ad. mythogr. I, 162.

v. 34 *Rhoetum*) Ovid. Met. 12, 271. — *Pholum*) Ovid. 12, 306.
Hylaeum) Apollod. 3, 9, 2 § 3. Apud. Ovid. 12, 378 est *Hyles*. —
41 *Caenis*.) Mythogr. I, 154.

109.   Vid. mythogr. I, 205.
110.   Vid. mythogr. I, 157.

v. 9 *morti*). Leg. *mortis* cum schol. ad Stat. Th. p. 17. Erravit
typoth. — v. 8 *qui quia* schol. — 14 *pater eam* etc.) Serv. ad Ae. 7,
372. schol. ad Stat. Th. 2, 220 p. 55. —

111.   Cf. Lact. narr. ff. 4. 17.

v. 22 *Acrisium*) Serv. ad Ae. 6, 289 Polydectem in saxum conversum esse scribit. De Acrisii morte alia tradit Apollod. 2, 4, 4. Paus. 2,
16, 2. Hyg. f. 63 et 273 p. 378. — 23 *Gorgonis*). "Ita cod. Etsi antea
gòrgonam. Sic. infra gorgonae et gorgones". MAJUS. —

112.   Serv. ad Ae. 6, 289. Cf. ad mythogr. I, 130.

v. 26 *Cretidis*) *Cetus* leg. secundum Hes. Th. 270. — 28 *Serenus
tamen poeta dicit* D. — *tres*) om. C D. — 29 *turpebant* D. — 30
quod si quis eos C D. — *vertebatur in lapidem* C D. Cf. Isid. Or.
11, 3, 29. — 39 *Quam Perseus*) Lact. narr. ff. 4, 17 p. 815. —
p. 113, 11 *astutior*) Fulg. 1, 26 p. 656. —

113.   Fulgent. 1, 26 p. 657. Vid. ad mythogr. I, 130. III, 14, 1.

v. 19 *mentis intentum* G; *intentionem* E; *intuitum* turbat Loche-
rus in margine, probante Munckero. — *ingerat* G. — 20 *Unde et
nomina* etc.) Haec copiosius persequitur Fulg., appositis etymologiis
Graecis. — 23 *cum auxilio*) *adjuvante* Fulg. — 27 *semine*) Leg.
sanguine cum Fulg. p. 658.

114.   Cf. Serv. ad. Ae. 4, 246.

v. 34 *deorum*) *terrae* est supr. II, 73, 31. *antiquissima deorum
vase* Serv. — Simili modo hanc fab. tradit Lactant. narr. fabb. 5, 3
p. 819.

115.   Vid. ad mythogr. I, 125. III, 10, 7.
116.   Vid. mythogr. I, 90. III, 10, 7.
117.   Vid. mythogr. I, 88. III, 10, 8.

Haec et quae proxime praecedit fabula ab Hygino f. 191 paulo aliter
narratur. Cf. ibi interpp.

118.   Fulgent. 2, 13, mythogr. III, 10, 8.

v. 38 *quod et Mida rex erat* G; *erat rex* E, sed superscriptum est
fec — ergo lege *fecerat*. — *qui*) sed E G. — 39 *ut solicratestizenus in
libris historiae scribit* E; *ut soli cratestizicenus* G. *socrates* cod. Vat.;
sed correxit Majus *Sosicrates* cum editt. At *Socrates* minime erat dam-

nandas, quum is Thraciae historiam scripserit, atque Midas ad Thraciam
pertineat. De *Sosicrate Cyziceno* egit Voss. de hist. Gr. p. 329, notante
Munckero. *Solicrates Cyzicenus* aliunde nobis non innotuit. — p. 115,
1 *suam*) om. Fulg. — *dirivadit* E; *dirivavit* G. — 3 *medenidon* E G
hic et 3, 9 p. 730 Stav. — 4 *in*) om. Fulg. — *ut sibi prodesse non
novit* Fulg. —

119. Vid. mythogr. I, 2.

v. 7 *Athenarum*) Cod. Vat. *Thebarum.*   Correxit Majus. — 14
Hinc quia Min. m. etc.) Serv. ad Ae. 8, 128, mythogr. III, 10, 6. —
16 *illud proverb.* C; — 17 *Nam quum* etc.) *quod varro in etiis (ethi-
cis?) ponit, quum in agonibus h. i. m. p. dat aliq.* etc. C. — 18 *eum
fat.*) *et fat. esse mel.* C. — 19 *Vittis*) sc. *laneis.* — 21 *oves egere ali.*
etc. C. — *semper*) om. D. — 21 *Equum autem* etc.) Serv. ad Ge. 1,
12, mythogr. III, 5, 4. — 22 *Scitium*) *scithium* C D; *Scinthium* H M;
syrenem L; *sitium* N. — Duos equos a Neptuno in Thessalia esse
procreatos, *Scyphon* et *Arionem,* schol. affirmat ad Stat. Th. 4, 42
p. 120. — *Chironem*) *schironem* C; *sironem* D; *senonem* M. om. L. —
23 *Adrastus*) ap. Stat. Th. 4, 42 ibiq. schol., quem cf. etiam ad 6, 301
et 338. — 24 *Et ideo* C D. — *Neptunus*) om. C D. — 25 *et mobile*
om. D. — *Unde etiam* C D. —

120. Vid. mythogr. I, 47.
121 et 122. Vid. mythogr. I, 43.
123. Vid. mythogr. I, 3.

v. 33 *Nam pro vet.* etc.) Haec absunt ab A. et Serv. Nisum in
aquilam *piscarien* conversum dicit Serv. l. l.; Scyllam autem secundum
alios in *avem*, secundum alios in *piscem*, ad Ae. 1, 239. 6, 286. —

124. Schol. ad Stat. Th. 12, 676 p. 424. schol. ad
Lucan. 2, 612. Cf. myth. I, 43.

p. 117, 1 *non posset*) Schol. addit: *quae domus erat Minotauri.* —
2 *ut . . . . subveniret*) om. schol. — 3 *globum*) Leg. *glomum.* — 4
post se jus. res.) *dedit post se solvendum* schol. — 7 *Liber ux.* etc.)
Burm. cod. Serv. ad Ge. 1, 222, cf. ad Ae. 3, 125. — 8 *Vulcanus*)
Alii aliter, vid. Hyg. P. A. 2, 5 p. 432 sqq. schol. ad Ap. Rh. 3, 996.
ad Arat. 71 p. 58, 37 sqq. ed. Bek. — *VII lamp.*) Leg. *lapidibus* sc.
gemmis, quas *lampades* Romani non dixerunt. De numero stellarum
hujus coronae variae sunt opiniones. *Novem* plurimi veterum afferunt, ut
Hyg. P. A. 2, 4 p. 503. Ovid. F. 3, 515. schol. ad Germ. Ar. 70 p. 43
Buhle; *quinque* schol. ad Arat. l. l.

125. Serv. ad Ae. 3, 74.

v. 12 *vela mutaret*) *vela candida navibus daret* Serv. — *oblitus*)
non cum candidis, sed cum nigris velis reveti coepit addit Serv. — 15
Theseus vero etc.) Schol. ad Lucan. 2, 612. 5, 406. — 16 *Quae quum
omnia* etc.) Vid. mythogr. I, 43 sub fin.

126. Vid. ad mythogr. I. 43 fin.
127. Schol. ad Stat. Th. 1, 333 p. 21, cf.
mythogr. I, 167.

vel transeuntes rectius schol. — *Daedalus percussisse dic.*) *Theseus dicitur peremisse* schol. Omnino *Theseus* legendum est. —

128. Vid. mythogr. I, 46.

p. 118, 14 *Phlegyas autem* etc.) Serv. ad Ae. 6, 618. — 15 *Unde iratus* etc.) Cf. schol. ad Stat. Th. 6, 375 p. 214. — 19 *armenta*) *pecus*, schol. — 22 *Revera autem* etc.) Serv. ad Ae. 7, 84. 5, 95. — 23 *Atis*) *attis* C D. Cf. myth. III p. 185, 15. *herichtonius* D. — 24 *Habent namque* etc.) Serv. ad Ae. 5, 95. — 25 *Variantur autem* etc.) Serv. ad Ae. 6, 617. *Virgilius*) Ae. 7, 769. — At Theseum non liberatum fuisse dicit idem Virg. Ae. 6, 617. — 26 *liberatum* Serv. — Horat. Carm. 4, 7, 25. — 27 *Nam Hipp.* etc.) Acr. et Porph. ad Hor. l. l.

129. Vid. mythogr. I, 129. III, 15, 8.

v. 31 *Pelargus*). Schol. ad Stat. Th. 7, 256 p. 250: *Pelasgus quidam deorum cultor.* A schol. Lucan. 1, 665 *Enipeus* vocatur; ab aliis *Hyrieus.* — 39 *Horatius*) C. 3, 4, 72. — 40 *Lucanus*) 9, 836, ubi cf. schol. — 44 *quo oriente occi*) Hyg. P. A. 2, 26.

130. Vid. ad mythogr. I, 232.

v. 2 *Polycastae fil.*) om. reliqui libri. — 8 *errandae cursilitatis* cod. Vat. Correxit Majus. — 13 *Et quia cunctis* etc.) Haec absunt ab A; sed apparent in E G. — 14 *serram etiam* E. — 15 *id est*) *quasi* E G. — *policasten* E G. — 16 *policapin* E. — 17 *multifructam dicimus* recte E G. *mulfructum* cod. Vat.

131. Vid. ad mythogr. I, 71.

y. 32 *Chimaera autem*). Serv. ad Ae. 6, 288, mythogr. III, 14, 5. — *Cimera* C; *chymera* D. — *ore leo* tertio loco ponit D; sed C cum nostro facit. — 33 *parte*) om. C D. — *caprea* D. *secundum fabulas fuit* C D. — *Revera*) *veraciter* C. — 34 *qui sunt*) *juxta quod sunt l.* C D. — 35 *ima vero mons serpent. plenus* D. — 36 *Hunc . . . occidisse.*) Haec absunt a D. — *Bellerofons* C. — *cimeram* C.

132. Cf. mythogr. I, 78.

v. 43 *Thestii*). Sic correximus. Vid. interpp. ad Hyg. f. 77. Majus *Tindaridis.* — p. 120, 1 *Pollux autem* etc.) Cf. Serv. A. 6, 121. — 4 *salutaria*) Hyg. P. A. 2, 22, schol. ad Stat. Th. 7, 793 p. 271. — 5 *perditionis*). Ita et schol. St. l. l.; at Eurip. Or. 1639 Helenae sidus etiam salutare esse dicit nautis, etsi schol. ad h. l. id neget. — 8 *Tempus autem* etc.) Serv. ad Ae. 2, 601. myth. III, 3, 8. — 13 *potuisset*) posset Serv. — 15 *Proteo*) Cf. Serv. ad Ae. 11, 262. — 16 *malum p. cavare* etc.) Schol. ad Stat. l. l. *cujus tanta est vis incendii ut malum et navis ima pertundat, ut etiam si aes sit hoc calore solvatur. — et navis*). Copulam de meo inserui.

133. Schol. ad St. Th. 1, 476 p. 28, myth. I, 48.

v. 27 *Fertur tamen Th.* etc.) Serv. ad Ae. 6, 617. — 30 *Virgilius*) Ae. 6, 617. Cf. supr. ad II, 128, 25.

134. Vid. ad mythogr. I, 23.

v. 33 *Crethei*) Majus *Cretei.* — *missus erat*). Adde *corrupit.* Omisit typotheta. — *ab*). Addidi ex conjectura. — p. 121, 1 *Quos quam* etc.) Schol. ad Stat. Th. 5, 475 p. 184. — 5 *in Colchos insulam*)

Vid. ad myth. I, 20. Tyrus *insula* schol. ad Lucan. 5, 107. Col
insula schol. ad Lucan. 3, 190.

135. Serv. ad. Ecl. 4, 34. Sch. ad Stat. T. 3, 51 p. 107, ad 5, 335 p. 178. Cf. myth. I, 24.

v. 13 *Iolci*) *illius loci* schol. B. — 14 *resp. fuit, ut ab eo spolic
tur arce* schol. B. — *privatum iri*). Sic emendavimus. Cod. Vat. *)
vandum.* — 16 *supervenisset* schol. A. — 17 *Anauri*) *Euhenum
men* memorat schol. B. — 21 *Aeeta*) *Majus* et schol. St. *Oeta*, et
in seqq. — 22 *quod tamdiu* etc.) Schol. Stat. Ach. 1, 65 p. 433 sq

136. Cf. mythogr. I, 24 fin. et 23 fin.

v. 33 *fabricaverant*). Melius foret *fabricabant*. — *Lucanus*)
717. — 35 *a gubern. usq. ad mal.*) Schol. ad Germ. Ar. 343 p.
Buhle; cf. Eratosth. c. 35, schol. ad Arat. 351 p. 83, 9 sqq. Bek. H
f. 14 fin. P. A. 2, 37. — p. 122, 12 *Deinde Medea* etc.) Serv.
Ae. 7, 750. — *in*) ad Serv. — 13 *ingentem lacum* Serv., qui adc
*qui Marrubii appellabantur, quasi circa mare habitantes, propter pa
dis magnitudinem.* — *Quamquam alii Marrubios a rege dictos velint.*

137. Vid. ad mythogr. I, 188.

138. Vid. ad mythogr. I, 188 et 25 fin.

139. Schol. ad Juvenal. 6, 638 p. 269 Cram.

Petronii.) Ille fortasse est Petronius de quo Tacit. An. 16, 18 ib
Lips. — *filios . . . vendidit*). Veneno extinxisse filios suos Pontia tra
tur in inscr. apud Rupert. ad Juv. p. 388 et Cram. l. l. — *largiter
epulata, incisisque venis a se ipsa extincta* schol.

140. Vid. ad mythogr. I, 93.

v. 6 *eum*) abest a cod. Vat. Sed pronomine supersedere h. l. n
possumus. — 4 *deveniret*) *devolutus fuisset* schol. Stat. p. 99.

141. Vid. mythogr. I, 133.

De initio hujus f. v. ad myth. I, 43. — 12 *in honorem Vulca
Schol. ad Stat. Th. 5, 59 p. 165. — 31 *in cujus servitio.*) Schol.
Stat. T. 4, 717 p. 155. — 35 *quibus sitientibus f. d.* schol., qui on
sit verba *interim dum puer periit ipsa.* — 36 *Graecis vero postea r
ponsum est, non prius eos ad Thebas pervenire, nisi placassent man
Archemori* schol. — 39 *constituerunt* schol. — *Hyps. duo filii*) sc. E
neus et Thoas; vid. myth. I, 199. Haec et seqq. extant apud schol.
Stat. p. 156. — 43 *cognovit*) *agnovit* schol. —

142. Vid. ad mythogr. I, 27.

v. 9 *Ilisso*) *Elyso* perperam sch. ad Stat. T. 12, 630 p. 422. — 1
Phineus in modum etc.) Fulg. 3, 11 eadem habet; cf. myth. III, 5, 6. —
"Comparata quae sequitur doctrina morali cum illa mythographi I, 2
satis cognoscimus utriusque auctoris differentem aetatem atque indoler
Cf. etiam fab. 154." MAJUS. — *a fenerando*) *aufenerando* E G. — 1
quae sua n. v. E G. — *Ideo ei arpiae* E G. — 19 *zetus* E G; *Zethi
Majus. — 20 *dicitur*) *dicimus* E G. —

143. Schol. ad Stat. T. 1, 66 p. 5.

Sphynx Majus et schol. — **26** *agmineque alarum) alis* simpliciter schol., quod verius est. — **28** *Oedipodes* schol., qui tamen recte omittit *Thebarum rex.* — *et victum necavit)* om. schol. Lege saltem *victam.* Addit autem schol. *alii dicunt, quod Sphynx simia violosa* (leg. *villosa,* et cf. Solin. 27 § 59 p. 181 Goez, Hyg. f. 67.) *sit.*

144. Vid. ad myth. I, 146 et 198.

145. Serv. ad Ae. 1, 317.

Graecis) getis C D. — sed glossa: *ut alii volunt a Myrmidonibus.* — De *Harpalice* vid. Hyg. f. 193 ibiq. interpp.

146. Vid. ad mythogr. I, 21.

147. Vid. ad mythogr. I, 22.

p. 126, 17 *Nam illa* etc.) Vid. myth. 1, 147, 15 sqq. et II, 202, 42; et quae ibi a nobis annotata sunt.

148. Schol. ad Stat. T. 12, 301 p. 411. Cf. mythogr. I, 50.

v. **23** *demutatus* schol. — **25** *amoris) concubitus* schol. — **26** *Juppiter).* Recte om. schol. — *esse) fieri* schol. — *sic ut* etc.) *quia triplices cursus luna peregit* rectius schol. — **27** *complexu) compressu* schol. — **28** *Hercules autem* etc.) Haec leguntur ap. Serv. ad Ae. 8, **288.** — **29** *Iphicle) Hyphyto* Majus; *ificlo* C; *ifido* D. — *amphitrionis* C D. — *omnes .... Mercurium)* absunt a C D. — **31** *immisisset* C. — *ificlus* C; *ifidus* D. —; *sed duos serpentes quum Juno immisisset Herculi* D. — *de cunis* C D. — **33** *agentem manibus angues* C; *angues tenentem manibus singulis* D. — **34** *odiis)* om. D. —

149. Serv. ad Ae. 6, 392 et 395, myth. III, 13, 4.

"In indice codicis antiqui p. 30 est fabula 150 *de Hercule.* Verum id mendum videtur et confusio cum fabula subsequente, ut nunc alius codex demonstrat. Quamobrem fabula 150 nulla est, adeoque retrahendus numerus." MAJUS. — **36** *volunt quidam Alciden* C D, in quibus Graeca verba corrupta sunt. — **38** *alcheo* C. — *anfitrionis* C. — **39** *occidentibus* C. — **41** *in undecimo* D. — *aliquid* rectius C D. — **43** *dicitur) inducitur* C. — p. 127, 1 *omnes cupidit.* C D. — **2** *terra est* C D. — **3** *id est consumatrix* D; *quae consumtrix est* C. — *omnium)* om. C. — *dictus est* C D. — **4** *Unde* etc.) Haec absunt a D. — *unde lectum est* C, qui om. *in Virgilio* (8, 297). — **5** *nam ossa citius terra consumit* C et Majus. Vid. ad myth. I, 57. II, 11 et III p. 248, 19. — **8** *populea corona)* Serv. ad Ecl. 7, 61. Ae. 5, 134. — **11** *Quem quia Charon* etc.) Serv. ad Ae. 6, 392. — **12** *objecta sibi Meg.* etc.) Ita Majus conjecit. Cod. Vat. *abrepta sibi Megaera.* At confudit myth. ea, quae Hyg. f. 32 de Megara Creontis filia tradidit. —

150. Serv. ad Ae. 1, 752, schol. Stat. p. 212.

v. **16** *ejus hospitio) hoc exitio* melius schol. — **17** *ab eo in h. r.)* om. schol. et Serv. — **20** *ad solita p. . . . revoc.)* om. schol. —

152. Serv. ad Ae. 7, 662. Cf. mythogr. I, 68. III, 13, 6.

v. 23 *gerio* C; *geriones* D, de qua nominis forma ipse Serv. paulo inferius disputat. — *canem ... occidit.*) Haec absunt a C D, qui statim pergunt: *qui ideo trimembris fingitur* etc. — 26 *subjectae sunt*) *adja-cent* C D. — *baliaricae* C. — 27 *Pityusae*) *ebusae* C; *ebuso* D. — *Ob hoc*) om. C D. — *fingitur etiam* C D. — 28 *quia*) *qui* D. — 29 *bovesque ej. abd.*) om. C D. — 31 *Revertens*) *veniens* C D. — 32 *Camp. civ.* C D. — 33 *triumphi sui* C D. — *ex qua*) *unde, pompeii* C D. — 34 *bubus* C. — 35 *Qui locus* etc.) Haec leguntur ap. Serv. ad Ae. 6, 107. — *dictus est olim* C. — *Boale voc.*) *bojae dicitur* C; *hodieque bauli dicitur* D.

153. Serv. ad Ae. 8, 51. Cf. mythogr. I, 70.

archas D. — *archadiae* D. — *Hic quum p. s. occidisset* C. — *quia*) *quae* D. — 1 *et ob hoc*) om. C D. — *et pulsis* D; *et propulsis* C. — 2 *Roma est* C D. — 3 *Hic autem mons* C D. — 4 *secundum Virgilium a Pall. a E. dictus est, secundum Varronem et alios a fil. E. pallancia et* (*et* om. D) *postea illic sep.*, v. c. *a Pall. ej. fil.* C D. — 6 *a Turno interf. et*) om. C D. — 13 *Dicitur autem ideo* etc.) Vid. ad myth. I, 66. — 17 *malum*) Κάκκον a Romanis dictum refert Plut. Am. 18 p. 762 f. *Malum* explicat Albric. 22 p. 934, et August. C. D. 19, 12. — 18 *Igitur omnis malitia* etc.) Fulg. 2, 6. — 19 *Hunc soror sua* etc.) Haec iterum ap. Serv. sunt ad Ae. 8, 190 et myth. III, 13, 1 fin. — *ejusdem nom.*) sc. *Caca*, Lactant. Inst. 1, 20, 36 p. 131 Buenem. — 20 *Unde etiam* C D M; *unde et* L N. — *ei*) om. D. — 21 *Quum autem Herc.*) Serv. ad Ae. 8, 269, myth. I, 69. III, 13, 7 qui tamen verborum ordinem saepius mutat. — 22 *ac pro numine susceptus*). "Sic suppleo ex Myth. I, 69. Nam in codice relinquitur *spetium*, i. e. lacuna, quia amanuensis vetustum exemplar legere nequivit." MAJUS. — 25 *quaedam capita inventi*). "Rursus in cod. spatium, ut supra." MAJUS. — *boves* C D. — *senes*) *senex* C. —

154. Vid. ad mythogr. I, 92.

p. 129, 2 *petat*) *poterit* E G. — 3 *metus*) *mens* rectissime E G. — 4 *non sperans* E. — *subjungat* E G. — 5 *suae vitae duas* v. *adciscat* E G. — *leonem .... corporis.*) Haec absunt ab E. — 6 *Denique et Apoll.* E G. — 7 *propitiet* E. — 8 *metus*) om. E G. — 9 *obicit ut Alcesta* E G. — *Quam pr. quamvis in periculo mentis* (*mortis* G) *def.* E G. — 10 *de inf.* E G. — *fecit* E G.

155. Fulgent. 2, 5, mythogr. III, 13, 1.

Initium hujus fab. abest a Fulg. et myth. III. — *Sangarium*). Majus *Sagarim.* — 14 *Pro quo facto* etc.) Alias servitutis causas affert Hyg. 32 fin. ejusque interpp. — 17 *enodaret*) *enervare* Fulg. — *et lascivienti pollice fusi teretem rot.* v. Fulg. — 18 *eroncleos* E G; *herocleos* Albric. 22 p. 931. — 19 *omphalon* E G; *Ephile* L; *omphale* M N; sed restituendum Ὀμφαλός. — *in umbilico*) Fulg. addit: *sicut lex divina dicit.* Deinde profert Ezech. 15, 4. — Isid. XI, 1, 98 Lindem. p. 358: "Lumbi ob libidinis lasciviam dicti, quia in viris causa corporeae voluptatis in ipsis est, *sicut in umbilico feminis.* Unde et ab Iob (c. 38, 3) in exordio sermonis dictum est: *Accinge sicut vir lumbos tuos*, etc." —

20 *quamvis etiam* G. et edd.; sed E om. *etiam.* — 22 *libido compressit* Fulg.

156. Vid. ad mythogr. I, 53.

v. 28 *Veneri templ. c.*) ‚Ab Aenea hoc templum Veneri extructum dicit Hyg. 260 et Virg. Ae. 5, 759.

157. Vid. ad mythogr. I, 65.
158. Hercules.

Megaram). Cod. Vat. *Minigeram* hic et infra. Correxit Majus. *Megaeram* codd. Hyg. 241 et schol. Stat. p. 147 et 371. — *Aream*). "Ita cod. Verum apud Apollod. 2, 4, (11 § 6) et 2, 7, (8 § 9) filii Herculis sunt ex Megara *Therimachus*, *Creontiades* et *Deicoon*." MAJUS. *Oxea* et *Leontiadem* Herculis et Megarae filios a Lyco interfectos esse scribit schol. ad Stat. p. 147; at idem p. 371 *Oxeam* et *Creontiadem* affert; Hyg. 32 *Therimachum* et *Ophiten*.

159. Serv. ad Ae. 8, 291.

Eurytius Majus; *euristeus* C; *elichus* D. — *fuerat filius dehortatus* rectissime Serv. — *Megaeram* C D. — *susceptos*) abest a Serv. — *illam sibi deneg.*) Ex conjectura addidi *illam*; Serv. *pr. nuptias sibi denegatas.* — *Eurytum*) *Eurytium* Majus; *euristeum* C; *echilum* D. —

160. Schol. ad Stat. T. 1, 485 p. 29 et 4, 160 p. 126.

v. 6 *theomesium* Majus; *Theumesium* schol., ut vulgo scribunt. — 7 *Clioneum* Maj. *Cleoneum* schol. Vid. Lucan. 4, 612 et Serv. ad Ae. 8, 295. — *Theomeus* Maj. — 8 *dum*) *quum* rectius schol. — 10 *susc. est hospitio,* cujus leo filium interf. schol. — 11 *quemadmodum adversus feram coiret;* quà *superata* schol. — 12 *Nemeos* schol.

161. Vid. ad myth. I, 38 et 106.

v. 17 *Atl. aut. fil.*) *Aegle, Aretusa, Hesperie* schol. ad Stat. p. 58. — Quatuor Hesperides (*Aeglen, Erythiam, Hestiam* et *Arethusam*) affert Apollod. 2, 5, 11, 2, et variatis nominibus Fulg. Virg. Cont. p. 755; quinque Theocles ap. Paus. 5, 17, 1; septem schol. ad Lucan. 9, 358; alii aliter. — 23 *oves*) Palaeph. 19, Agroetas ap. schol. Ap. Rh. 4, 1396, Diodor. 4, 26. — De Hesperidum insulis Plin. N. H. 5, 1 § 3 et 6, 31 § 201. Solin. 24, 4 p. 153 et 56, 13 p. 297 Goez. Isidor. Or. 14, 6, 10 p. 449 Lindem.

162. Schol. ad Stat. T. 5, 263 p. 175.

v. 26 *Dexamenum.*) Sic hoc nomen scribitur ap. Callim. in Del. 102 et Apollod. 2, 5, 5, Hyg. f. 31 fin. — *Dexaminum* schol., quod retinnit Majus; cod. Vat. *Exanirum*. — 28 *sibi*) recte abest a schol. — *ejus*) om. schol. — *Eurytion Jovis filius centaurus uxorem D. petivit* schol. — 29 *quam*) *cujus* schol. —

163. Vid. ad mythogr. I, 62.
164. Vid. myth. I, 55. Cf. sch. ad Luc. 2, 164.
165. Cf. mythogr. I, 58 et 59.

v. 17 *multis*) *procis* addit schol. ad Stat. T. 2, 165 p. 52, qui eadem habet. — 20 *egressi ad certamen*) *congressi in certamine* schol. I.

l. et ad 4, 106 p. 123, ubi eadem fabula recurrit. — 21 *mutatus est initio* melius schol. — 22 *tertio in fluvium, qui per Aetoliam* (*Oetholiam* schol.) *fluens labitur in Arcadiam; ad ultimum convertit se in taurum* etc. schol. — *quem Hercules* etc.) Haec leguntur quoque apud Lact. narr. fabb. 9, 1 p. 851. — 24 *cum quo ille* etc.) *datumque est Copiae, quae est ministra Fortunae* optime schol. St. — 25 *Najades* Lact. — 26 *ereptum capiti erat* Lact. — 27 *Unde in Boethio legitur* (de consol. 1 metr. 5.): *Copia pleno cornu . hoc ideo fingitur quoniam* schol. — 28 *exuberat et supercrescit* schol. — 29 *etiam est virt.* schol. — 30 *ut dicitur* etc.) Pro his et seq. versu Horatii Serm. 2, 5, 8, schol. habet: *quibus multos ad se pertrahit.* — 33 *prohibuit*) *clausit* melius schol. — 35 *Evenum*) om. Lact. ad St. T. 11, 235 p. 383 (cf. Serv. ad Ae. 8, 300), qui eadem habet. — 40 *dedit Deianyrae* schol. — *suo sang.* schol. — 41 *dixit illi, si ab Herc.* etc. schol. — 42 *Unde* schol. — *in insul. E. . . . . evertisset et*) om. schol. — 43 *filiam ejus*) om. schol. — p. 132, 1 *alienum*) *mutatum* legit Lact. narr. fabb. 9, 3 p. 852, ubi eadem verba recurrunt. — 2 *ei.*) Sic et schol.; sed leg. *sibi.* — 4 *Qua*) *eam* Lact. *quam* schol. — 5 *contracta*) Leg. *contacta* cum Lact. — 6 *Licham*) Majus *Lycam.* — 7 *acerbissimi muneris reum projectum a se* Lact. — *mersit* Lact. — 10 *voluntate* schol. St. p. 383. — 28 *dicta a, Petilia*) Serv. ad Ae. 3, 402, qui praemittit ἀπὸ τοῦ πέτασθαι i. e. *volare.*

166. Serv. ad Ae. 2, 751. Cf. myth. I, 60.

v. 33 *h. e. templum ref.*) *locum* (vel *domum*) *ref.* schol. ad Lucan. 1, 97, qui eadem fere habet. — 34 *quocumq. crimine*) Leg. *cujuscumque criminis.* — 37 *a non trah. sp.*) *quasi asyrum* (Serv. et sch. Luc.) "quia nemo inde extrahi posset, vel quod fugienti illuc spolia non detraherentur; σύλα enim Graece aut furta aut spolia dicuntur." — 38 *religionis jus*) om. Serv. et schol. — 39 *sed*) *nisi* Serv. et schol. —

167. Vid. ad mythogr. I, 129.

168. Schol. St. T. 7, 335 p. 254. Cf. myth. I, 99.

Antedonis Majus; *de Anthedone civitate* schol. — Anthedonis filium Glaucum vocat Mnaseas ap. Ath. 7, 296 b, Fulg. 2, 12 p. 685, Lact. narr. fabb. 13, 9 p. 877, et in primis mythogr. III, 11, 8 — *qui quum extr.* rectius schol. — 7 *de iis*) *eam* schol. — 8 *gustavit*) *assumpsit* schol.

169. Serv. ad Ae. 3, 420. Cf. mythogr. I, 3. III, 11, 8.

forci et creteidos C D. — *Nymphae*) om. C. — 13 *marin. deus, Anth. fil.*) om. C D. — 17 *itaque suam deformitatem* C D. — 18 *in maria* C D. — 19 *Homerus*) Od. 12, 118. — 20 *Salustius*). Sic C D. *Sallust.* Majus. — *celebratae* C D; *celephatas* A. Correxit Majus. — Vid. fr. Salustii inc. 220 p. 259 ed. Gerlach. ap. Isid. Or. 13, 18, 4 p. 426 ed. Lindem. Ut Salustius, ita et schol. Ap. Rh. 4, 825 fabulam explicat. Aliter Isid. Or. 2, 12, 6. 11, 3, 32 et 14, 6, 32 p. 452 ed. Lind. — 21 *videntibus* Isid. — 23 *bestiarum*) om. C D. De re vid. schol. ad Lyc. 45 p. 341 et 650 p. 717, ad Ap. Rh. 4, 825. Paeaeph. 21. Eudoc. p. 377 et Fulg. 2, 12 p. 686.

170. Serv. ad Ae. 3, 420. Cf. myth. III, 13, 6.

v. 26 *ferocissima*) om. C; *voracissima* D, quod non displicet. — *caribdis* C D. — 27 *dicitur fulm.* C. — *in maria delecta* C, qui h. l. turbavit. — 29 Majus iterum *Sallustius*, quod nostri codd. ne semel quidem agnoscunt. Fr. Salust. inc. 220 p. 259 cf. fr. 118. 127 p. 251 et 257 ed. Gerlach.

171. Serv. ad Ae. 1, 67, myth. I, 122.

v. 33 *experrectus* C D; *evigilasset* Burm. — 34 *rogavit*) *ait* Serv. — 36 *Et coep. alio vela deflectere* Serv. — 38 *jussit videri* Serv. —

172. Vid. ad mythogr. I, 95.
173. Serv. ad Ae. 3, 694, schol. ad Stat. p. 18, mythogr. I, 166.

v. 9 *dum*) *quum* schol. — 10 *alfeo* D. *flumine* addit schol. — *adamata*) *acclamata* D. — 11 *mutata est et* D. — 12 *meatus venit* C D. — *Quam Alpheus* etc.) Haec clausula abest a C D. —

174. Serv. ad Ecl. 9, 39, myth. I, 5.

Galatheam Majus — 18 *Acis*) *Acilius* Majus. — 19 *Polyphem. multi* etc.) Serv. ad Ae. 3, 636, myth. III, 11, 9. — 20 *quod*) *sed* schol. — 21 *id est juxta cer.* Serv.

175. Vid. ad mythogr. I, 9.
176. Aesacus.

Hesurus Majus, qui tamen laudat Apollod. 3, 12, 5, 5 et Ovid. Met. 11, 762. De hoc *Aesaco* agit Tz. ad Lyc. 224 p. 492.

177. Serv. ad Ae. 3, 680.

Cyparissum Telephi filium dicit Serv., *Amyclei* fil. ex insula Cea Lact. narr. fabb. 10, 3. — p. 135, 1 *lassatus aestu sub quadam arbore s. c.* Serv. — 5 *Apollo*) *misericordia deorum .. conversus est* Serv. — 6 *sui*). Sic et Lact. l. l. Sed fab. seq. *ejus.*

178. Vid. ad mythogr. I, 6.
179. Vid. ad mythogr. I, 126.
180. Vid. ad mythogr. I, 185.
181. Vid. ad mythogr. I, 117.

p. 136, 2 *hic autem flos* etc.) Serv. ad Ecl. 3, 106. ἀ γραπτὰ ὑάκινθος Theocr. 10, 39 ibiq. interpp. Ovid. Met. 10, 206. Voss. ad Virg. Ecl. p. 61. 153. ad Ge. p. 779.

182. Vid. ad mythogr. I, 34.
183. Serv. ad Ae. 9, 4.

bitumnus D; *Picumnus*, ut in quibusdam libris mythologicis legitur, veteribus scriptoribus ignotus est; nam de lectione in Varronis loco ap. Serv. ad Ae. 10, 76 dubitatur, quum Isid. Or. 4, 11, 5 ex eodem Varrone *Pilumnum* (alii codd. *Piliumnum, Pilumnium*) referat. — 11 *sterquilinus* C. — 12 *ab ipso et* C D. — Non. Marc. 12, 36.

184. Serv. ad Ae. 7, 678, mythogr. I, 84.

Praeneste locus est haud longe ab urbe (dictus D) ἀπὸ τῶν πρὶ
i. e. ab (arboribus D) *ilicibus qui illic* (hic D) *abundant. Ibi er*
pontifices et dii indigites, sicut (etiam add. D) *Romae; erant etiam*
C) *illic duo fratres, qui divi appell.* etc. Serv. — 15 ante) ad C D.
17 *est*) om. C D. — *Jovis*) *bobis* C. — *abjecitque.*) Copula abest
C D. — 18 *quem virgines* etc. C D. — 19 *sust. qui a fonte ha*
longe erat, u. V. dictus est filius Caeculus. Caeculus autem ideo
min f. C D. — 20 *frequenter efficit fumus* C; *eff. freq. fum.* D.
23 *ludorum die*) *ad ludos* C D. — 24 *gloriae causa*) *pro gloria* C D.
se fil. C D. — 25 *esse* om. D. — 26 *se*) om. D; *eum* C. — 27 *flam*
est D. — 28 *populi*) *omnes* C D. —

185. Schol. ad St. T. 2, 274 p. 57.

Helchines cod. Vat. Correxit Majus. — v. 31 *et*) abest a schol.
De Telchinibus accuratissime Lobeckius disputavit in Aglaoph.
1181 - 1202.

186. Serv. ad Ae. 2, 21, Isid. Or. 14, 6, 23.

Teneus Majus; *Tenes* C D, Isid. et codd. Cic. 1 Verr. c. 19 init.
fugiens, hanc ins. Isid. — *obtinuit* Isid. — *Unde et Tened.* Iinde
ex nonnullis codd.

187. Serv. ad Ae. 7, 734.

Oebalus). Sic emendavit Majus ex Virg. Ae. 7, 734; cod. V
Thebalus. — *sebetridis* C D. *Sebethis* vulgo. — *haec autem est jua*
Neapolin addit Serv. — *sed telo* C D. — *Capream* C. — *Neapo*
C. — *patriis* D. — *imperiis* C D.

188. Schol. St. T. 4, 222 p. 130.

v. 8 *Tusculorum* schol. *Argivorum* mavult Majus. — 9 *pyratic*
schol. — 10 *Malea vocatur*). Idem schol. ad St. T. 7, 16 p. 239
Graeciae promontorium a Maleo Graeciae (*Argivorum* dicit Isid. Or. 1
7, 3) rege vocatum esse tradit. Sed vid. Lobeck. Agl. p. 585 sq.

189. Vid. ad mythogr. I, 161.
190. Vid. ad mythogr. I, 196.
191. Vid. ad mythogr. I, 160.
192. Vid. ad mythogr. I, 135.

v. 2 et 3 *Corinthi.*) Sic Majus. Sed leg. *Corythi,* et vid. not.
I, 135, 26. — 4 *ubi est Samos*). Melius A *per Thraciam Samum a*
latus est. Sed illud agnoscit Serv. ad Ae. 7, 207, qui priorem hoj
fab. partem ad verbum repetit. —

193. Serv. ad Ae. 2, 610, mythogr. I, 137.

v. 19 *promissis*) *musis* D; *mysiis* C, quod verum est. *Id votu*
avaritia fefellit Hyg. f. 89. — 26 *Theseus*). Haec plane nova sur
Thesei saltem nomen ab aliis mythographis in hac fab. non memoratur.

194. Vid. ad mythogr. I, 139.

195. Vid. ad mythogr. I, 217.

v. 5 *epularetur*). Serv. ad Ae. 2, 649, qui posteriorem hujus fab. partem exhibet, legit *exultaret*, et pro *jactari* habet *gloriatus.* — 9 *fulmen)* om. Serv. — 10 *fuit)* *vixit* Serv.

196. Vid. ad mythogr. I, 180.

197. Serv. ad Ae. 10, 705.

v. 18 *Cissei fil.*) Eurip. Hec. 3, quem Ennius, Pacuvius et Virgilius (secundum Serv. ad Ae. 7, 320) sequuntur. *Secundum alios* (Hom.
Il. 16, 718) *Dymantis* addit Serv., quod repetit schol. ad St. A. 1, 22
p. 432. — 23 *adeo fortis*). Serv. ad Ae. 5, 370, mythogr. III, 11, 24
fin., qui uterque *Troica* (*tragicam* D) *Neronis* laudat. — 24 *ipsum
etiam* H. C D. — 25 *Paridem*) *eum* C D. — 26 *ille et ejus* om. C
D. — 27 *probavit, qui habitu rustici adhuc latebat* C D.

198. Cf. mythogr. I, 184.

v. 30 *Troili*) *Trocli* schol. ad Stat. p. 32. — *Callirrhoës* schol. —
36 *ut Anacreon* etc.) Fulg. 1, 25, mythogr. III, 3, 4 sq. III, 15, 11. —
scripsit E. — 37 *tytanis fil.* E; *qui frater Saturni fuerat* addit Fulg. —
38 *fecisset*) Cod. Vat. *fuisset*. Correxit Majus. — 39 *pro quo tam felici omine* Fulg. — 40 *in signis bellicis* Fulg. — 41 *aquilam' auream*
Fulg. — *tutel. suae virtutis* (*virtuti* vulgo) *ded.* Fulg. — *ap. R. h.
signa tracta sunt* Fulg. — *nave ... habente* E G. —

199. Cf. ad mythogr. I, 49.

v. 9 *aquatum*). Serv. ad Ge. 3, 6. — 12 *Postea* etc.) Serv. ad
Ecl. 6, 43, qui verborum ordinem tantum mutat. — 13 *eum perisse*)
quod perisset C D. — 15 *Virgilius*) Ecl. 6, 43. — 20 *Sigeum*) Serv.
ad Ae. 2, 312. — 21 *urbem*). "Post *urbem* sequitur in cod. *ex Vulcani
manu* (quae verba sunt in media fab. 105.) sine ullo lacunae indicio vel
spatio. Tamen ex indice apparet deesse heic finem hujus fabulae, deside-
rari vero intermedias 200 — 204." MAJUS. Has supplet alter Maji
cod. — 23 *Telamoni*). Serv. ad Ae. 8, 157; vid. myth. I, 136 fin.
Eadem refert myth. III, 3, 8. — 26 *quidem*) *quicquid* cod. Vat. Correxit
Majus. — 28 *Salamina*) *Anchise comite* Serv. ad Ae. 3, 80. 8, 157. —
27 *excessisset e vivis Hercules*). Has voces supplevit Majus. "Nam
lacuna est in codice, relicto spatio." — 28 *profecti sunt legati cum
Priamo* Serv; sed schol. Stat. A. 1, 21 p. 432 (ubi eadem leguntur) *a
Priamo* habet; corrig. *cum Priamo*. — 29 *at*). Sic C; vulgo *et*. — 30
valuit) *potuerunt* reliqui libri. — 32 *abduceret*) *committeret vel in uxorem
regis, aut in filiam* schol. St. — 34 *consentire*) *sequi* Serv. ad Ae.
10, 92.

200. Cf. ad mythogr. I, 45 et 35.

p. 141, 1 *Palamedes*) *ut Apollonius dicit* addit D; quae verba C
post *originem ducens* posuit. Apollonius Nauplii mentionem facit in catalogo Argonautarum (1, 136), tamquam filii Neptuni et Amymones. De
Palamede autem nihil Apollonius. — 5 *aratra suspendit, et ad bellum
ductus habuit justam causam doloris. Postea quum Ulixes*). Haec
verba quae desunt in codice Vat., Majus supplevit e myth. I, 35.

201. Schol. ad Stat. p. 435. Cf. mythogr. I, 144.

v. 27 *Nauplius nomine* schol. — *Amynoës* Majus, — 28 *mortem dol.* schol. — *revertentibus Graecis*) om. schol. — *delatam Trojani* schol. — 30 *Unde*) *quare* schol. — 31 *rimosos*) Leg. *asperrimos* cum myth. I, 144.

202. Serv. ad Ae. 2, 116. Cf. ad myth. I, 20.

v. 33 *rex*) om. C D. — 34 *dea irata* C; *irata dea* D. — 35 *quare quum* C D. — 38 *qui erat astut.*) om. C D. — *adducta* C D. — 39 *yphigenia* D. — *Agam fil.*) om. C D. — *jam in eo esset ut immolaretur* B C D. — 43 *sine capitio*) vid. ad myth. I, 147. II, 147 fin. — p. 142, 1 *Thyestis*) Cod. Vat. *Horestis.* Correxit Majus. — 3 Leg. *Clytaemnestra.* — 6 *Hinc est:*) Virg. Ae. 4, 473 *utricesque sedent in l. d.* ad quem l. Serv. Pacuvium laudat hujus narrationis auctorem. — 9 *Scythicae*) Cod. Vat. *serticae.* Correxit Majus. — 12 *fasce lignorum*) om. Majus. Supplevi e myth. I, 20. — 13 *Facelis* Majus. — 14 *sed et a fasce lign.*) Hinc supplendus myth. I, 20 fin. — 15 *Aricino*) Cod. Vat. *Otitio.* Correxit Majus. — 16 *cruditas* C D. — *quamvis* D. — 17 *est diana transl. ubi* C D. — *adolescentium* C. — De re cf. myth. I, 173. — 18 βωμονίκαι) *homonici* Majus; *bomonicae* C; *bomonici* D. — 19 *Hi tam . . . . fluerent*) om. C D; sed leguntur ap. myth. I, 173, 38. — 21 *posset* C. — 22 *condita sunt ante templum sat. quod est ante clivum capitolinum juxta concordiae templum* C; sed om. D.

203. Sch. ad St. T. 7, 314 et 731 p. 253 et 270.

v. 24 *in aquilam*). Sch. St. 7, 424 p. 258. — 26 *suscepit.*) Sic emendavi. Cod. Vat. *concepit.* "Immo dicatur *quae vitiata fil. nomine Aeacum ex eo concepit.*" MAJUS. — 27 *concitatus caelum petebat infestus* schol. — 28 *Jovis fulmine*) *igne divino* schol. — 29 *hodieque* schol. — *prunis*) Majus *pruinis.* — schol. priore loco *primus ardentibus ripis fluere.* Leg. *prunis.* Asopum bellum tantum Jovi movisse dicit schol. ad Lucan. 6, 374.

204. Cf. ad mythogr. I, 67.

v. 32 *Asopidis quum Aeginam ins.*) Sic emendavi. Majus *quum Aesopidam insulam* etc. — Aegina Nympha *Asopis* vocatur ap. Ovid. Met. 6, 113; cf. Callimach. ap. schol. ad Ap. Rh. 1, 117; sch. Pind. Ol. 9, 104 et 107, sch. Hom. Il. 1, 7. —

205. Vid. mythogr. I, 207. 208 et 36.

v. 40 *Nympharum matrem.*) Haec appositio satis inepta est. — p. 143, 19 *Sed Achilles*). Sch. ad Stat. A. 1, 175 p. 437, cf. Serv. ad Ae. 1, 483. — 20 *Briseidam* schol. — *egredi*) *ad pugnam* add. schol. — 21 *tunc rogatus* sch. — 24 *egressusque* schol. omissa particula *igitur.* — De re cf myth. I, 209 fin. — 29 *ligatum*) Serv. ad Ae. 1, 483. Majus *ligaret.* — 36 *Polyxena*) Serv. ad Ae. 3, 322. De reliquis vid. ad myth. I, 140.

206. Fulg. 3, 7 et 2, 1, myth. III, 11; 21 sqq.

p. 144, 3 *misceretur*) *coëat* Fulg. — *extinguitur* Fulg. — *Juppiter quasi deus* Fulg. — 5 *cum aqua commixtam . . genuisse* Fulg. qui alium sententiarum ordinem exhibet, atque in seqq. multo uberior est. — 7 *devos singulos obtinere* Fulg. — 8 *cor Martem*) *cinctum martis* E G;

Martem vulgo; *cinctus* quid sit explicat Muncker. — 9 *veneris* E G. — *Mercurio* E G. — 11 *intromittitur*) *petitur* Fulg., qui verba aliter disposuit. — 16 *jecisse* Fulg. — 17 *Tripartitum autem* etc.) Fulg. 2, 1, qui uberiore utitur oratione — 20 *theoricam*) omnes mei codd. Vulgo *theoreticam*. — 23 *ad sapientiam et v. inquisitionem* Fulg. — 24 *ornatui petax* G. — *inhiat*) *anxiat* G. — 26 *nata*) *obnoxia* Fulg. — *deputat.*) Ita Majus. Sed leg. *reputat* cum Fulg. — *super*) om. Fulg. — 27 *finem*), Cod. Vat. *finitum.* Correxit Majus. At melius E G *praefinitum* exhibent pro post *finitum.* — 28 *qui*) *sive quia* editt. Fulg; sed E G omittunt *sive.* — 29 *quod itaque* Fulg. — 30 *dimitteret* B E G. — 31 *sed ideo ad hom.* Fulg. — *delegendi* E G. — 32 *quia non ut sag.* Fulg. *et jac. b.* Fulg. — *et v. d. et i. sagacissimus; denique brutum quiddam desipuit, et, ut ferarum et pec.* etc. Fulg. — 34 *limaces visus intorsit, quam virtutem aut divitias inquisivit* E G. — *Achillem natum*). Iterum Fulg. 3, 7 p. 722. — 36 *intinguit* E G. — 40 *faciat* E G. — *Humana* etc.) Transpositae sunt sententiae ap. Fulg. —

207. Serv. ad Ae. 2, 201.

Ut Euphorion (fr. p. 178 Mein.) *dicit* incipit Serv. — *ad Trojam*) om. Serv. — *qui.*) Melius Serv. *quia.* — *non sacr. eorum vet. adv.* Serv. — 1 *abscedentibus.* Gr. Serv. — *Trojani*) om. Serv. — 2 *sorti* D. — 3 *Cereris* D et Majus; at lege *certus* cum C. — 5 *rem habendo*) *eveundo* C D. — *cum suis filiis interemptus est* C D. —

208. Vid. ad mythogr. I, 41.
209. Cf. Serv. ad Ae. 3, 6 15 et 49.

v. 29 *Thraciae*) *ad Thraciam* usitatius foret. — 30 *Polymestori*). Sic codd. constanter. Vulgo *Polymnestori.* — *genero suo per Ilionam filiam* addit Serv. — 32 *eum.*) Melius abest. — 36 *id.*) Addidi de meo. — 38 *Quam Thraces* etc.) *flendo in canem conversa est, quum se praecipitare vellet in maria; quod ideo fingitur, quia nimio dolore inaniter Graecis convitiabatur* Serv. et myth. III, 9, 8.

210. Vid. mythogr. I, 195.
211. Vid. mythogr. I, 15.
212. Fulg. 2, 12 fin. myth. III, 11, 8 fin.

v. 19 χειρῶν ἔργον.) Sic Majus. Cod. Vat. *cironore*; G hic et 2, 10 fin. *cironcre*; E altero loco *Cyroncri*, altero *cironcre*; editt. altero loco χειρῶν κρίνη, altero χειρῶν κριτή. *Manuum judicium* altero loco explicat Fulg., altero *manus dijudicatio vel operatio.* Unde patet Fulgentium sibi finxisse etymon a χειρῶν et κρίνω. — 20 *manuum*) *et operationem* addit Fulg., qui deinde laudat Terent. Andr. 1, 1, 52. — *Hanc etiam Ulixes* E G. — 22 *penelopam* E G. — 23 *jungatur* E. — *Circe autem* etc.) Haec absunt a Fulg., nec facile inde intelligitur, cur Solis filia dicta sit Circe.

213. Vid. mythogr. I, 182.
214. Vid. mythogr. I, 159.
215. Vid. mythogr. I, 158.
216. Vid. mythogr. I, 44.

v. 17 *ut spreta uxore sua eam amet.*) Haec absunt a cod. Vat. Supplevi e myth. 1, monente Majo.

217. Vid. mythogr. I, 4.

218. Serv. ad Ge. 3, 258. Cf. mythogr. I, 28. III, 11, 19.

Leander etro abydenus et estias D. *— abidenus* C. *ero* C. — 3 *Heron)* *eroem* C; *ro rec* D. — 4 *ellesponticum* C D. — 5 et 6 *Extincta ..... periit.*) Hanc sententiam om. C D. — 6 *cujus corpus* etc.) *Quum igitur juvenis oppressi tempestate cadaver ad p.* etc. C D. — 7 *ipsa) illa* C D. — 8 *in mare) e turre* C D.

219. Cf. ad mythogr. I, 75.

v. 13 *quam retineri) nomen extincti* addit Serv. ad Ae. 1, 651, qui eadem habet. — 31 *Ob quam causam* etc.) Haec absunt a reliquis myth. sed extant ap. Serv. l. l. — *adhuc)* om. Serv. — 32 *nomen).* Sic et D. Sed rectius C *numen.* — *Unde et) Hinc etiam* C D. — 33 *Talassio* C D; Majus *Thalassio.* Vid. Liv. 1, 9. ὁ πολυθρύλλητος Ταλάσιος Plut. Q. R. 31 p. 271 e; cf. Dionys. H. 2, 30 et veterum sententiam ap. Fest. fr. p. 268 Lindem. Varro (ap. eund. Fest. p. 152 Lindem.) Talassionem signum esse lanificii asserit. — 36 *remansit) fuit* Serv.

220. Acron ad Hor. Epod. 6, 13.

v. 38 *Lycambus* Majus. — *Hanc quum* sch. — 39 *promissa nec a patre data est, huic iratus Arch.* schol. — 41 *quo Lycambes tanto est dolore c. ut cum fil. vitam laqueo finiret* schol. — Porphyrion brevior est.

221. Acron ad Hor. Epod. 6, 14.

v. *quendam)* bm. schol., apud quem falso legitur *Bubalum.* — *pictorem.*) Hoc docte negat Welcker in fr. Hippon. p. 12 sqq. Eum sculptorem fuisse constat e Suid. 2, 147 et Eudoc. p. 248. — *Clazomenas.*) Sic Majus corrigit. Cod. *laudomenas.* — 4 *per risum) pro risu* schol. αὐτοῦ εἰκόνας πρὸς ὕβριν εἰργάσατο Suid. et Eud. — *Hinc) quo* schol. — 5 *vitae exosus)* om. schol. — De Bupalo cf. Aristoph. Lys. 336. Plin. N. H. 36, 5 (4, 2.) et Welcker. fr. Hip. p. 82.

222. Acron ad Hor. A. P. 404.

v. 8. *cum) omni deformis p. m.* Acr. Leg. *omnino deformis* etc. — 9 *qui) is* Acr. — *tubam inv.*) Tyrrhenus quidam invenit tubam; vid. Paus. 2, 21, 3, Hyg. f. 174; cf. Polluc. 4, 11. Clem. Alex. Str. 1 p. 306 Sylb. Plin. N. H. 7, 56 § 201 Sillig. Athen. 4. 184 d. Serv. ad Ae. 8, 526. — 10 *Lacedaemones* Majus; quam nominis formam defendit Muncker ad Fulg. 1, 1 p. 622. — *vicerunt* Acr. — *Nam quum* Acr. — 12 *consuluerunt Lacedaemonii Apollinem, quibus responsum est* Acr. — 14 *postulantibus)* om. Acr. — 15 *quum hostes novus tubae sonitus terruisset* Acr.

223. Acr. Porph. et sch. Cruq. ad Hor. Ep. 1, 19, 15.

Hyarbita schol. omnes. — *natione) regione* Acr. — *quum) dum* Acr. Porph. et Cruq. — 19 *post convivium et inter pocula decl.* Acr. et Cruq. — 20 *paene discr.* Porph.

224. Vid. mythogr. I, 194.
225. Apicius.

voracissimus). Hunc Plinius (9, 17 § 66 Sil.) *ad omne luxus ingenium mirum*, et (10, 48 § 133) *nepotum omnium altissimum gurgitem* vocat, qui imperante Tiberio gulae famam nactus est (Plin. 19, 8, 41, Athen. 1 p. 7 c). — *multa scripsit.*) "Auctor praecipiendarum coenarum, qui scripsit *de juscellis*. fuit exemplum gulae." Schol. ad Juv. 4, 23 p. 122 Cram. Qui liber hodie Apicii nomen prae se fert, is ad aliud pertinet tempus. Plures autem Apicios fuisse constat; Lips. ad Tacit. An. 4, 1; Casaubon. ad H. Aug. 1 p. 831. — *veneno periit.*) Senec. Consol. ad Helv. 10.

226. Opimius.

Opimii historiam narrat Horat. Serm. 2, 3, 142-157, ex qua mythogr. plura ad verbum retinuit. — 34 *privatis*) *profestis* Hor, — p. 150, 1 *ante se-numer.*). Hoc pecuniae numerandae officium pluribus aliis tribuit Horat. — *Ni tua custodis* Hor. — 2 *fame an morbo per.*) Immo ap. Hor. ipse Opimius exclamat: *eheu! quid refert morbo, an furtis pereamve rapinis.*

226. Sch. Lucan. 6, 427. Cf. mythogr. I, 96.

habundans Majus. — *quibus primi* etc.) Serv. ad Ge. 1, 8, schol. ad Lucan. 3, 441. — *p. columbas aereas*). Immo per *ollas aereas*, ut dicit schol., qui explicat Lucani verba: *quid frugibus altrix aere Jovis Dodona sonet*. De columbis Dodonaeis vid. schol. ad Stat. T. 3, 106 p. 87.

228. Serv. ad Ge. 2, 161.

v. 10 *sinu campaniae contra puteolanam civitatem* C D, quod verius est. Vocem *Bajas* Majus de suo addidisse videtur, nam litteris quas vocant Italicis exarata est. — 12 *vectigalia magna praest.* Serv. — *Romanis*) om. Serv. — 13 *maris impetus plerumque irrumpens* (*erumpens* D) exinde p. e. Serv. — 14 *gravia damna* Serv. — *senatum* C. — *Gajus Jul. Caes.* D. — 15 *quae. antea infesta esse consueverat* Serv. — 16 *reliquitque* C D. — 17 *quo*) *quae et* C D, qui addunt *et fluctus non essent molesti*. —

229. Venus et Diomedes.

Res notissima ex Hom. Il. 5, 297 sqq., ad quam saepius alludunt scriptores posteriores, in primis Plut. Symp. 9, 4 p. 739. — 22 *percussit*) Serv. ad Ae. 4, 288. Juv. 15, 66. — 26 *aves*). Vid. ad myth. I, 143. — 25 *destructuram*). "*Structura* vocabulum probum est. Item *instructura* habetur apud Frontonem ed. Rom. p. 34. Quidni accipiatur *destructura*?" MAJUS.

230. Oedipus.

v. 30 *se occidendum*). Ita saepius hoc participio utitur myth. si codd. veri sunt. — 34 *improperatum*). Vox plebeja, ut ap. Plaut. R. 3, 4, 28, ubi tamen alii legunt *opprobras*. Petr. fr. trag. 38 ed. Burm. *non impropero illi* i. e. non ut probrum illi objicio. — 38 *Sphinx*). Vid. myth. I, 169. II, 143. — p. 151, 9 *domo subter*.) Haec ex vetere quadam Romanorum tragoedia hausta videntur. — 10 *Polynices*). Vid. myth. I, 80.

NOTAE CRITICAE

IN MYTHOGRAPHUM TERTIUM.

De diis gentium etc.) Haec inscriptio quanam auctoritate nitatur, incertum relinquit Maji silentium; Fulv. Ursinus suo codici inscripserat *Incertus de diis gentium.* Item recentiores manus cod. Parisiensi prae-fixerunt triplicem titulum *Anonymi Mythologicon,* et *De idolis et astris incognitus Author,* et *Valerius Soranus,* de quo vid. infr. v. 29. Cod. H et L titulis omnino carent.

Ρrooemium) Majus *Prohoemium,* quae vox abest a meis. — 4 *Fuit vir in Aeg.* d. L N. — Fulgentius, qui eadem tradit (1, 1.) Diophan-tum Lacedaemonium hujus narrationis auctorem laudat, quem (exp. serm. ant. p. 770) *de sacris deorum* scripsisse refert; cf. Voss. de hist. Gr. 3 p. 359. — 5 *Hic habuit*) *habens* L. — *Contigit autem* L; *mori filium* N. — 7 *tristitiae suae* L. — 8 *invenit potius dol. sem.* L N. — 9 *dictum est idolum* L N. — Addit Fulgent. *udosdulo* G, ΥΔ ΟϹΔΟΛΟΥ E; vulgo *idodinin;* unde editores finxerunt εἶδος ὀδύνης. — 10 *possumus dicere* L N. — *domini*) om. N. — *in adulat. domini* L. — 11 *plectebat* .. *offerebat* .. *succendebat* L. — 13 *a domino veniam* M N. — 14 *timoris potius* M; *potius timoris* L N. — *dictum est*) sc. a Petron. fr. p. 872 Burm. ed. II. — 16 *cultu*) *cultura* M N; *culturam* L. — 18 *recipien-dos esse* L N. — *consueverunt* H. — 19 *orationis* H. — *ae. auctoritas ducit* N, sed in rasura, quia totus locus perverso ordine exaratus fue-rat. — 20 *dicunt un. d. e.* L. — 21 *eisdem* M L N constanter — 22 *qua*) *quia* N. — 23 *item*) om. L N; *idem* H. — *nuncupatur* L N. — *enim*) om. M. — 24 *Vitimus quia* v. praestat N; — *Vitimnus* H. — 24 *Sentnius* L. — *quia* N. — De Vitumno et Sentino vid. Augustin. C. D. 7, 3. — 25 *jupiter* H N constanter. — *hetere* H. — 26 *alia*) om. L. — *tamquam plurimorum*) *quasi multorum* N. — 27 *et*) *etiam* N. *unus idem non s.* N. — *idemque deus* L. — 28 *sed et diverso ac vario* M N. — *nominatur* L. — 29 *Solani* L N. Majus conjicit *Sorani.* Sed frustra; etsi *Valerius Soranus* in ipso fronte codicis N legatur, tamquam hujus operis auctor. — *Valerius Serranius,* cujus atavos a *serendo* nomen traxisse affirmat Heins. ad Virg. Ae. 6, 845 (Cf. myth. I, 223.), inter poetas pauperes est apud Juvenal. 7, 80 et Martial. 4, 37, 3; (cf. Frotscher. ad Quinctil. I. Or. 10 p. 228, et schol. ad Juv. l. l. p. 285 Cram.); apud illum codd. et *Sarrano,* et *Sarano* et *Sarnano* ex-hibent. — *repertor.*) Malim *creator.* — *Unde*). Versus seqq. extant etiam ap. Serv. ad Ae. 4, 638. — *mea*) om. D. — *caelicolae magni* C. — 34 *diversa*) *divisa* C D. — 32 *oratio Jovis* N L. — 33 *quos.*)

Leg. *quae*; C *quod* in rasura. — p. 153, 1 *Remigius*). "In commentario amplissimo ad Martianum Capellam, quod opus non spernenda eruditione refertum, typorum lucem non immerito expectare videtur". M_AJUS. — *In magnis vero dispos., ut ait* etc. N. — 2 *vero*) autem L. — *genere effertur* L. — 3 *accepit* H N. — *Sive*) om. N. — *Servium*) ad Ae. 4, 638 — 4 *dogma*) doctrinam L; docma H. — 5 *competiendi causa* p. L; *patiendi causa* N; *pariendi habeant naturam* C. — *Unde est*) *inde est* L; sc. apud Virg. Ge. 2, 326. — 6 *laetae*) Majus *late*. — *autem*) *vero* N. — 7 *vocantur* C D. — *ut*) om. L; deinde *quasi juvans* p. — 8 *liber pater* C. — *data*) om. Serv. — *dicit*) om. N. — 9 *quod quum* L M N. — *a corpore tamen homo*) *quasi factus ab humo* L. — 11 *multis tamen*) *multisque* L. — *in multis tamen per dispensationem sive diversitatem* p. v. M. — 13 *Nunc autem* etc.) *Caput (tractatum hic et in reliquis vocat* M) *de Saturno* hic incipit Majus et L. — H autem omni capitum distributione caret. — *Nunc*) N; *ut* H L, qui deinde post *dimoveamus* non interpungunt, sed verba, a quibus nos novum caput orditi sumus, sc. *Primum deorum*, tamquam apodosin ponunt. — Apud Majum autem non tantum desiderantur verba *Nunc autem deinceps*, sed pro *inexplicitos (inexplicatos* L N) nobis offertur etiam *Explicitos*, quod quomodo explicari possit in hoc sententiarum connexu, non facile est intellectu. — 14 *error. revolv.* E. — *possimus* L. — 15 *auctoritatis* L N. —

1. Saturnus.

1. Cf. ad myth. II, 1. — *deorum saturn.* L. — 19 *habentem*) om. N. — *habentem am. coop.* L. — 20 *falcemque*) om. N. — *falcem* L, sine copula. — 21 *devoret* L N. — *in dextra tenentem*) om. Majus. — 22 *nonnulli* L N. — 23 *aliqui* L.

2. Serv. ad Ae. 8, 317. — v. 25 *regnum* L N. — 27 *receptus est. quem cum* L M N. — 28 *et*) Rasura vacua est in N. — *in parte* L. — *admissus est regni statimque opidum* L N. — 29 *Hoc ait itaque* H. — *magnum opus impendens* L M N. — 30 *perogationem* L. — *populos ad se trahens* L N. — 31 *nominari* L N. —

3. *ergo*) autem L N. — *poetae ut poetae bello* v. utpote etc. H. — 33 *a*) om. N; *regnoque* M. — *expulsum* L N. — *Matematici* H. — 35 *tristia* N; *denunciat* H. — 37 *cum movet* H. — *Unde est*) ap. Horat. C. 2, 17, 19. — 38 *undae*) om. M N. Eadem habet Serv. ad Ge. 1, 336. — 39 *in alio*) om. N. — 40 *nociva* L M. — *apportat*) *operatur* N. — 43 *sol, mercurius, venus* L N; *mercurius, sol, venus* M. — "Mercurii ac Veneris revolutiónem multo breviorem esse solari, quis modo ignorat?" M_AJUS. — *alius*) *solius* H. — *bienium* H. — p. 154, 1 *duodenium* H; *duodecenium* N. — *transseant* L N. De Saturno Serv. ad. G. 1, 336: "Solus est, inquit, qui et longius a sole discedat, et bis ad unumquodque signum recurrat."

4. *Senem quoque* L. — *senum est ut calore juv. destituti frig. laborent* L N; quae lectio praeferenda erat propter parenthesin seq. — *senes v. j. destituti frig. laborant* Majus. — 7 *exist.*) *appellatur* N; *vel etiam existimatur* addit L. — *remotissimus* Majus, apud quem seqq. usque ad verba *Quae a temporis* etc. desiderantur. — 8 *sit etiam aquis* L; *sit aquis etiam* N. — *caelestibus* L N. — 9 *et*) om. L N. — *quae a*) *quae etiam a* N. — 10 *effectu* L M. — *videlicet*) *scilicet.* N. — 11 *sua habeat domicilia* L; *habent* M; *habeant* H. — *positus*). Leg. *posita* cum L. — 12 *tamen*) om. L M N; in H id a se-

cunda manu exaratum est. — *gravissimam nobis et frigidissimam uredi-*
nem brumae praestat N; quam. ultimam vocem L quoque offert. — 13
eum) om. N. — *umbra sua* Majus; *sua substantia* L H; quam genuinam
judico lectionem. — 14 *quia sua contraria videlicet constellatione* L;
constellatio N, omisso adjectivo *contraria.* — 15 *enecet hom.* L. — 15
vero) *enim* L N. — 16 *improprie quidem* L N; *impr tamen* M. — 17
semper) om. L N. — *vicinos*) *propinquos* L N. — *esse*) *fuisse* H. — 18
tantum) om. L N. — 19 *frigidus*) *quandoque* addit N; *quoque* L. —
Majus autem: *dictus est, quia frigidus pro nocente ponitur, ut vult*
Serv. — *ponitur* L quoque. — *vult Servius hoc exemplo, ubi ait Vir-*
gilius Frigidus in p̃ (i. e. *prato*) *z ó senex* N, omissis reliquis Virgilii
verbis. *Similiter* L: *in Virgillo exemplum habens ubi dicit Frigidus in*
pratis etc. At H omisso Servii nomine: *quod autem frigidus d'* (i. e.
dicitur, sed a secunda manu) *o pueri fugite hinc latet ağins i bˢba*, qui
locus est Virg. Ecl. 3, 93. L M N respiciunt Ecl. 8, 71: *Frigidus in*
pratis cantando rumpitur anguis, ubi Servius istud *frigidus* explicat
nocens, cf. eund. ad Ae. 7, 715 et Ge. 1, 336. — 22 *denique*) om.
M. — *quoque*) om. L. — 23 *quod*) *quia* L. — *phlegmatico naturaliter*
L N. — 25 *mensibus suis* L. — 26 *sing. ann. sentimus* L M N. — 27
depingunt L N. — 28 *quia brumas et nives iisdem mensibus cr.* etc. L;
quod brumas et iemes isdem (i. e. *idem, ½ d'e* H) *cr. etc.* N. Istud *idem*
verum est. — 29 *habet*) om. N. — *se muniat et idem suadere nobis pu-*
tetur. N. — 30 *itidem*) *idem* L. — 31 *naturae est* M N; *n. sit* L.

5. *enodat. transe.* L. — 34 *appellant*) *accipiunt* N. — *Hinc*
etiam L. — 35 *ob hoc*) *ad hoc* N. — *tectum ob hoc* L. — *quod*) *quia*
L N. — 37 *ex*) *a* L N. — 38 *pulsat* L N. — *Sed etiam Toex* L;
thex H; sic etiam a gr. τοξ *quod apud nos* CCCV *et* LX *significat, ut*
probant compotistae (sic et H L) N; *quod apud eos* CCC *et* LXV *legit* L,
omissis reliquis. — 41 *Tex*) *Thex* H; *toex etiam a Graecis* L; τοξ *enā*
a Graecis commectens — consumens apud nos int. N; *dicitur apud nos*
L; *a nobis interpretatur* M. — 42 *devorasse*) *comedisse* L N. — 43
quodcumque L. — *genita*) om. L N. —

6. *ferit*) *non immerito* addit L N. — 46 *quod*) *quia* M; om. L
N. — *ut praediximus* L M N. — p. 155, 1 *Saturnus*) om. L N. — *fal-*
cis usum tribuit L N. — *ad*) *in* N. — 2 *curvaminis*) om. N. — *etiam*)
om. L N. — 3 *Qua de causa* M; *hac etiam de causa* L N. — 4 *tenere*
in dextra N. — 5 *quia d. annus* N L. — 6 *annuam*) *animam* H. — 7
omn. frug. dev. L; *frug. omn. prov. dev.* N. — 8 *id est*) *et* N. — *sicut*
et flamma omnia c. L N. — 9 *dicunt* L. — *Est locus Servii ad Ge.* 2,
406. — 9 *in progr.*) *recto incessu* C. — 10 *vero*) om. L M. — *quum*
retrogr. est, esse periculosum C D L M; *sed retrogradum esse pericu-*
losum N. — 11 *habere in tutela* C D. — *quod ipsa* (*protenta* C D)
impulsa L; *quod ipsa in impulsu* M N. — 12 *quicquid ei occurrerit*)
om. N; *occurrit* M; *quicq. autem offendit* L, omisso priori *vero*;
sed retroacta secat L. — 13 *esse dicit eum* L N. — *Fulgentius*)
1, 2. — 14 *producunt fol. tegantur umbracula* L; *obnuti tegantur*
umbraculo E G, ita ut manifestum sit, *tegantur* verum esse; *tegant*
umbracula N.

7. *Habet quoque fabula* M N. — *vel*) om. N M. — *celii* H
L. — 16 *abcidisse* H; *abscisisse* M; *amputasse* N. — *abscisa in m.*
projecisse L M N. — 18 *de ipsis videlicet* M; *ipsis* L. *in mare mis-*
sis) om. N. — 20 *testiculi enim* N; *naturalia enim . . . abscisa* M. —
utriusque abscisi L N. — 21 *Fulg.* 1, 2 et 2, 4. — 22 *et*) om.

L N. — *a seminaribus priorum* L. — *generati* N; *nati* L. — 23 *creand.) generandos* N. — *propagantur a. noscuntur* L N. — 25 *mersos* N. — 26 *Comicus) sc. Terent.* vid. ad myth. II, 38. — 27 *philosophi enim* M; *ph. autem* L N. — *dicunt hoc ideo fictum esse* L; *hoc ideo factum dictum esse, quia* etc. N, omisso verbo *dicunt*. Vid. Serv. ad Ge. 2, 406. — 28 *in terram descenderit, nihil creatur* Serv. *desc. ad terr.* L. — *phys. ven. terr. dicunt pulcrit.* N; *pulcrit.* intelligunt L. — 30 *Alii,* ut Serv. ad Ae. 5, 801. — 31 *hac aut. ratione* H L. — 33 *per dampnum nata* L N. — 34 *quia dicunt physici* C D. — *esse semper, quem* M. — 35 *semper)* om. L N. — *elicit) producit* L N. — *et) etiam* C. — *quia* N; *quae* C D. — 36 *eam ideo* M; *pot. eam* N. — 37 *quia* M N, ut saepius pro *quod.* De re cf. Fulg. 2, 4. — 38 *stimulos* L. — 39 *reling.* N. —

8. *quum secund. fab.* L. — 41 *fing. posse* L N; *posse fie. p. fing.* M. — *Quod) Idem* L N. — 42 *ortum fuisse* N. — 43 *hieme. (ieme* N) *senesc.* L N; *in hieme* M. — *reviv. autem in vere vid.* L; *reviv. vere* N; *et reviv. in v. v.* M. — 44 *modo)* om. N; *et* L. — *draconis habere* N. — 45 *nunc) et* L N. — 46 *nunc) et* N; *sed* L. — *cristas)* om. N. — p. 156, 1 *quae omnia rectius* L M N. — 2 *varietatem* N. — *evenire necesse est* L N. — *addit et quod* N; *addunt etiam* etc. L M. — 4 *habet)* om. N. — *ab iisdem* L. — 5 *deus)* om. L. — *de)* om. L. — 6 *in arto f.* N. — 6 *Servius)* ad Ge. 4, 153. — *tantum)* om. L. — *comedisse fil.* N. — 7 *deus est* L M. — 8 *Ideo autem* L. — *Tullius)* N. D. 3, 24. — 9 *vocatum* L. — *victus* L M. — 10 *ne immoderatos cursus h.* L M.

9. *Polluris* H N. — *Fulg. ref.* L N. — Cf. ad myth. I, 102 et II, 1. — 13 *quod) quam melius* M L N. — 15 *ut quidem paulo* (sic et M) *evagari* L N. — 16 *facta) sordida* N; *secunda* L. — *suum a)* om. N. — 17 *depulsum)* om. N. — *Jov. pacem quae* etc. L M. — 19 *ab)* om. L. *saec. aur. i. e. aureis moribus dicunt in* etc. N. — 19 *eatenus) aetas ejus* L. — *dictum est) fulgebat* L. — 20 *dicit convertisse* L. — 21 *jam)* om. L; *in terrenis jam* N. — *subditis) substantiis* L N. Recte! — 22 *atque) et* L. — 23 *Lege aggressi.* — 24 *bellicis instrumentis* L N. — *vicit* N. — *fulmin. dicitur* L N. —

10. *de his quae Var.* L N. *quae vera est lectio.* — *memorat* L. — *vel partim ad pr. negamus attin.* M; pro *attinere* est *contingere* in L N. — 27 *per tempus dil.* L N. — 29 *facile eos ex* etc. L N. — Cf. myth. II, 35 fin. — 34 *habere serp.* M; *serp. habuisse* L. — *eorum tempore* L N. — 36 *fictum est* L M N, *sine sic.* — 36 *aut in caveis vel speluncis* N. — 37 *manebant homines* L N. — 38 *aut quum suam* L. — *sunt dicti procreati* M L N. — 39 *refert) ait* L. — *Lactant.)* vel Placidus in fabb. narr. 1, 3 p. 789, ubi *antea, inquit, aut in antris habitabant aut incolebant frutecta sylvarum; vel Firmianus* in Inst. 6, 10; notante Majo. — *dum* om. L. — 40 *more pec.* L N. — 41 *montium) cautium* L N. — 42 *vel) seu* N. — *putabant* L N. —

11. *est)* om. N. — *archades dic.* L N. — 45 *quia)* om. L M N. — *namque et ipsi* M. — *densitate) diversitate* M. — 46 *exierint* N. — *quia nec* L M N. — p. 157, 1 *prius)* om. L N. — *eas)* om. L. — *se prius extitisse crediderunt,* omissa neg. *nec,* rectissime N. — *crediderunt est etiam in* H L M. Apud nos erravit typotheta. — 2 *archades constanter* L. — *frigiis* N. — *certantes* L N. — De Aegyptiis hanc refert historiam Herod. 2, 2. — 4 *ut) dum* M. — 5 *vox innata* L N. — 5 *frigum vel archad.* L. — 6 *vero) autem* L M N. —

puuere N, omissa voce βικος, pro qua H M *vere* offert, et L
phrige. — 8 *panis) prior esse intell.* L N. — *cognitum est) con-*
tigit M. — *non)* om. N. — 9 *autem)* om. L. — *nobiles dicti s.*
arch. L M N. — 11 *Referunt* H. — 11 *tuquirides* H. — *thuchiri-*
des L N. — *lib. pr.)* cap. 2. — *fuisse Graecorum* L N; *graeciae f.*
M. — 12 *cognoverunt* L N. — *devast.* N. — 13 *ex sterilitate* L N. —
14 *ideo soli inq.* L M N. —

2. Cybele.

1. *Uxor deor. m. Sat. deputatur* N. — 16 *ream* H L. — *cybe-*
len L. — 17 *opim* L M N. — *Opis vero* L M N. — *ut ait Servius*
(ad Ae. 11, 532), *idem innuere videtur latine quod Gr. etc. rectissime*
N. — 18 *rea graece* L M. — *autem)* om. N. — 19 *Fulg.)* 1, 2 *quod*
opem esurientibus ferret; cf. Albric. 1 p. 897. — 20 *juxta eund.)* 3, 5;
cf. myth. I, 230. — 21 *volunt* L. — 22 *pro superbia* recte E G M;
prae et per editt. Fulg. — 23 *habitare ferunt* L. — *excelsi et superbi*
M. — 24 *Daemon. autem* L; *vero illos d.* M. — 25 *studuerunt* M. —
populus) om. N. — *ις) ys* H; *is* E G L. — 26 *inquit)* om. N. —
indigetes inquit L. sc. Fulg. 3, 5. — *quasi) quidam* L. — *indigetes*
quodammodo indigentes N; *indigetes quasi nihil indigentes* E G. — 28
interp. daem. L. — *enim)* om. L N. — 29 *a δημ.) ā demonti* H L;
quasi diamones M; *quasi demonti* N. Ergo legendum est δημουχοι. —
δαημονες explicat Mart. Cap. 2 p. 39 ed. Hug. Gr., atque id haud dubie
voluit M, qui priorem interpretationem omisit. — 30 *diamones)* Leg.
δαημονες et cf. Mart. Cap. l. l. — 31 *vocaverunt* L N. — 32 Leg. *Me-*
dioximus; cf. infr. p. 250, 22. — 33 *et homines* L; *et hominem discer-*
nitur M. — 34 *terrestria . . . caelestia* L M N. — 35 *medioximos*
Apulejus L; sc. de dogm. Plat. 1 p. 204 (T. 2) ed. Ruhnk. citat. a
Serv. ad Ae. 8, 275. Cf. Non. Marc. p. 141 et Mart. Cap. 2 p. 39.
Apuleji codd. meliores αρχαικως scribunt, *medioxumos.* — 37 *hujusmodi*
N. — *dix. Virg.* L N. — 38 *vocasse deum* M. Nostram lectionem
confirmant codd. Virg. Ae. 8, 275. — *videt. Herc.* L N. —

2. *in)* om. N. — *Fulg.)* 3, 5. — *diutius docmate* N. — 41 *verni*
cinctos L H; *v. cintos* E; *v. quintos* G. — *cinthos en.* E G; *cinctos en.* H. —
42 *Attica lingua* E G. — *unde etiam cintus* etc. G. — 43 *quasi hios*
cinthos E G; *hians cintos* L N; *iascinthos* H. Itaque leg. ιος pro
υας, — *solus)* om. E; *flos solus* L N. — *videl.)* om. N. — 44 *perfec.*
dicitur L. — p. 158, 1 *cibelle* H; *cybile* N; sed vid. ad myth. I,
230. — 2 *Homer.)* Il. 1, 279 οτε Ζευς κυδος εδωκεν, quae verba misere
corrupta sunt in E G. Majus post Munckerum laudat Il. ρ, 566. Alii
praeterea loci afferri poterant, ut Il. 11, 300. — *Ideo etiam* L; *Ideo et*
M. — 5 *trahent. curr. suum* L N. — 9 *omni potentia ornata est et*
i. e. v. dominatur N; *dominatur est etiam* in L H atque haud dubie
verum est. — 7 *potentia* M N. — 8 *sive indigetes)* om. N. — *sive*
indig. s. daem. L. — 9 *dicti) appellati* L N. — *divitum autem* L
N. — *Haec autem pu. form. Atin* L N; *Atin)* om. M. — 10 *quem*
etiam L M. — 11 *Ergo quia* L N. — *maximorum fam. suorum* L M
N. — 12 *et)* om. L N; sed agnoscit Fulg. — 13 *diligit vel amputat*
quod odit N; *amputat)* om. L; *amputet* M et editt. Fulg., sed *amputat*
E G. — 14 *potentia nunc usque* L. — 15 *diuturn.) divinum* N. —
Ideo Latini dici vol. atyn quasi eton L N. *athin* H M. — 16 *Ergo-*
que L.

3. *Ope etiam* L M; *vero)* om. M. — 19 *ponit* M N. — *dicit.*
grand. L. — 20 *et)* om. L N. — *corp. mater*; *mater quod* etc. L N. — 23

metallisque L N M. — *Haec enim) quia haec* L N. — 24 *terrae vel
in ar.* N. — *sed)* om. N. — 25 *Cybile* N; *cibele quasi cubile* H. —
cubele L; *Cubela* M. — 26 *cube n. graeci* etc. L N. — *cubos numer*
N. — 28 *cubile dicitur* L N. — 29 *ratio capitis* N. — *quia) quae* L.,—
30 *exerc.) exsecuisse semet* M. — *commem.) dicunt* L N. — 31 *Idem,
paene sed p. p. de ea Serv. sent.* L; sc. ad Ae. 10, 252. — *paulo)* om.
N. — 32 *deor. (deûm edd. Serv.) par. terra dicitur* L; sed om. M. —
tellus) om. N M. — 33 *tamen inquit* N. — *damus) datur* Serv. — 34
autem) om. N. — *esse)* om. L N. — 35 *ejus* L M N. — *verno temp.
ap. hiemali claud.* L N. — 37 *ostendat* L N. — *omnia posse sup.* L
N. — 39 *terra in aëre pendeat* L N. *pendet* M. — 40 *quod m. portatur et volub. e.* L N. Sed vid. myth. II, 46. — 41 *cum)* om. L N. —
glad. ping. L.

4. *De hoc etiam* L N. — *Athin* H M; *atim* N. — *amavit* M;
berecinthia addit L. — 46 *inquit)* om. L N. — p. 159, 1 *causa) creator* L N. — 4 *Scotus tamen* L. — 5 *impetum) rapetum* N. — *Ipsi
etiam Opi d. t.* L M N. — 7 *in tut. ejus sunt* L N. — 8 *Vestam ei)
Opi etiam Vestam* L N M. — 9 *dicit Mart.* N; sc. p. 2 ed. 1599. —
10 *exc.) creari* L; *elici* N.

5. Lege cum L N: *Quia v. de V. sermo casu (casu sermo* M)
ort. e., aliquantul. de ea proc. — 12 *esse)* om. L N; *fuisse* M. — *suo-
que* L N; *suo gr. eum* M. — 13 *legitur* L N. — 14 *fictum esse* L
N. — 16 *nutriri post caelestem collocat* N.—*esse)* om. L M N.—17 *custod.
inext. ignis* L; *ignis* om. M; *ignis inext.* N. — 18 Fast. 6, 268 de
Vesta: *Significant sedem terra focusque suam;* et 301 *At focus a
flammis et quod fovet omnia dictus.* Itaque N ab antiq. quoque innuit
veneratam Vestam foco fuisse. — 19 *templi ejus olim ignem* L N. —
20 *de quo loco* L N. — *cunctos) junctos* H; *cinctos* L. — *quippe)* om.
N. — *inire)* om. N. — 22 *putant* N. — *Addunt* N. — 24 *et)* om.
L. — 25 *et)* om. L N, *deinde numen ignis esse meruit.* — *Juppiter)*
Lege *jugiter* cum H L N. — 26 *habuit* L N. — *potissime* L. — 27
igne) om. L; *igne ut legi nullum* N; *ut legitur nullum* L; *legi est
etiam in* M. — 28 *ulla)* om. L M N. — *religio)* om. N. — *et ipsi
Ianus* L; *et ipse Vulcanus* M. — 29 *futim) futin* M; *suum* L; *futile*
Serv. ad Ae. 11, 339, ubi C habet *futtis*, D *futilis*. — *futis) suus* L.
Sane *futis* lexica non agnoscunt; *futile* iisdem verbis ac Serv. explicat
schol. ad Stat. p. 287, et Donat. ad Terent. Andr. 3, 5, 3 et ad Phorm.
5, 1, 19. Vasa *fûtilia* a *fundendo* dicta affirmat Fest. p. 67 ed. Lindem.,
quae verba male intellixit Isidor. 10, 109. — 32 *hausta ad ej. sacra*
L N. — 33 *piaculum) periculum erat et ideo* L. — 34 *vas excog.* L
M N. — 35 *statim pos. effund.* etc. L. — *contineret* L; *in se* addit
N. — *id ipsum* L M N. — 36 *aestimo* L. — *ut sicut* L. — 37 *nullo
tempore) numquam* L N. — *esset* L. —

6. *Ovidius* L N *post terram ponunt.* — 39 *tholum) colum* N;
tolum H. — 40 *rotundum* L; *rutundae* N. — 41 *prob. evid.* L N. —
42 *quasi sita sistit* N; *sita sit* L. — Apud Ovid. 299 est: *Stat vi
terra sua; vi stando Vesta vocatur.* — 43 *omnia)* om. L. — *elementa
de loco et in se moveri* N, sed in rasura. — 45 *Tullium)* N. D. 2,
27. — 46 *est illa quae* L N. — p. 160, 2 *denique) namque* L; *itaque*
N. — *Vest. num.* L. — *ubi).* Leg. *urbi;* erravit typotheta. — *urbi Romae
pr. scire lege facinorum prohibetur* L; *rome urii pr. sciri lege fatorum
proh.* N. — 3 *Quod vero legitur* M; *quia, ut leg.* L. — *in cruce* L. —
5 *Virgil.* Ge. 1, 498. — *dicimus) videmus* M. — 8 Virgil. Ge. 3,

294. — *dicimus*) *legimus* L N; *videmus* M. — *cui XI Kl. maj. die
festa quae palida* d. L N. — 9 *terrac*) *deorum* L N. — 10 *alii autem*
L. — 12 *Nonnulli* etc.) Tractatum III de Jove hic incipit Majus. — 13
omnium procreatorem sive factorem L N. — *factorem omnium* M quoque. — 15 *Jov. prim.* L. — 16 *polluris* H N. — *i. e. pollifilium* H;
quasi poli-vel etc. N L. — 17 *videlicet*) om. L. — 18 *gign.*) *girantem*
N, pro *generantem.* — *phys.*) *philosophi* L. — 20 *volunt intell.* L. N. —

3. Juppiter.

1. *id est*) om. L N. — 24 *esse*) om. L N. — *viderunt* L M N. — *germano* L N. — *Quia vero Juno ..a juvando dixerunt*). Utraque haec sententia abest a M. — 25 *aër Jovi i. e. igni* L N. — *subjectus* L. — 26 *jure*)
igni L N. — *datum*) *traditum* L N. — *Hos vero* N. — 27 *ambos*)
om. L. — *ab adjuvando alios dix.* L. — *Nihil enim sic* etc. N. —
28 *ullum*) *aliquod vivere an. potest vel spirare* L N. — 29 Ζεύς) *et
eisdem* L; *idem* N. — *pater nuncupatur* L. — Cf. ad myth. I, 105. —
30 *vita*) *juxta* N H. — *quod hoc* sc. *el. et calet et igni vit.,* ut
vult Her. (ap. Serv. ad Ae. 6, 265) *cuncta sunt an.* N. — 32 *ergo*)
quoque L N. — *juvans*) *vivens* M. — *interpretatur* N. — 33 *Ipseque est
.... appellatur.*) Haec sententia bis exarata est in L. — *ipse et
(etiam* N) *a luce, quam omnibus praestare videtur, lingua tuscorum
lucentius (lucerius* N), *latina vero lingua* etc. N; *Latine vero* L. —
Lucetius est ap. Serv. ad Ae. 9, 570, ibique *lingua osca; sed Tuscorum* praestat. —

2. *hominum atque*) *omnium* L N. — Respicit Ae. 10, 18: *O pater, o hominum rerumque aeterna potestas.* — 37 *philosophos* L. — 38
Probus) *prius* L; vid. Serv. ad Ae. 10, 18. — 41 *Jovis st. irr. hominibus hon. tr.* L N. — 43 *div. potest. Apoll.* N L, omissa copula. —
p. 161, 2 *sent. sua* L N. — 3 *ergo*) *enim* L N. — *marcescentibus* L
N. — 4 *poscat*) post *igne* ponit L. — *ex*) om. L M N. — 5 *aethere
vel igne* L N. — *hoc fieri tamen* N. — 7 *ign. aeth.* N; *ignis i. e.
aetheris* L. —

3. — Perversum verborum ordinem exhibet M. — 11 *fatum* L
N. — 13 *qui non indig. infer.* N. — 14 *amniniculis* L N. — 17 *Nam*
L. — *dicunt* N. — 18 *temper. et salut.* L N. — 19 *at Sat. pos.* L. —
mutuat L N. — *videl.*) om. L N. — *vero*) om. L N. — 21 *trahens*
L N. — *Hinc autem Virg.* L; sc. Ae. 2, 690. — *aspice terram* L. —
hoc tantum) om. L N. — 22 *Quos*) *quod* L. — *rad. affl.* L N. —
afflaverunt .. vivant L; *juvant* N. — 23 *alibi*) Ae. 10, 473. — 24
fecundiorem L N. — *sicut* L. — 25 *in contr.* N. — 26 *Diva*) *obluta*
L; *obvia* N. — *adversa* L; *aversa* N. — 27 *deos*) om. L N. — *adversos* H L N. — *et ibid.*) *idem* L N. — 29 *alibi*) Ae. 4, 362. — 30 *adversa* H L N. — 31 *adversam* H L N; *aversa .. irata* M. — 32
quarto Aen.) v. 362. — 23 *cartaginis* H; *karthaginis* M N; *kartaginis*
L. — *ut impellat Ae.* L N. — 35 *sequitur*) sc. 4, 221. — 38 *fictum
est* L N M. — *physica*) *philosophi* L. — 39 *autem quum a sin. p.
veniunt* M L N. — 40 *nuntiant*) *erunt* L; *erant* N. — *cael. intuent.
vid.* L N M. — 41 *bona sint* L N. — 42 *quae sinistra nobis sunt,
dextra sunt caeli* L; *quod sin. nobis st st.* (utrumque est sunt) *dextra
cae.* N M. — 43 *advers. de reb. terr.* L; *adv. terr.* N. — *nuntiare*
L N.

4. *vero) autem* L. — *quae sicut refert fab.* L N; *quae sicut)*
om. M. — 46 *administravit* L N. — p. 162, 1 *et)* om. M L N; ac
profecto melius abest. — *philosophi dant rat.* L M. — 2 *caloris est* L.
De hac re vid. ad myth. II, 3; — *adeo etiam ut ova* L. — *posset* L
H. — 8 *excoquere* L. — *gagaten).* Sic H a secunda manu et N; *achatem* L. — *admoveret* L. — 5 *acutum adeo* L N. — *intuit.) visum*
N. — 6 *radiis solis* L. — *flectat visum* L N, quod verius judicio;
intuitum M. — *Ajunt etiam matres* L. — 7 *ut)* om. L N. — *contra
radios solis obvertere* L N. — 8 *ut si ipsos s. r. sustineant, vitae res.*
L N. — 9 *in X* L N; sed est IX, 900. — 10 *dicit)* om. M N. — 11
volucer editt. Luc. — 12 *videl.)* om. L N. — *Elementa ig. calidissima
et limpidissima sunt aetheri, i. e. Jovi, sicut animal, corporata, qui*
etc. Majus; *aetheri i. e. Jovi merito hoc animal consecratur, quod calore
et p. abund.* N; *aeth. i. e. Jovi merito consectatur animal, quod cal.
et perspicuitate habundet* L. In hac lectionis diversitate *illud animal
consecratur* verum est. — 13 *perspicuitate* M; pro quo Majus conjecit
perspicacitate, ut est in H N. — 14 *fuerunt Ro.* L N. — 15 *quod* L
N. — *aquila)* om. N. — 16 *sic et* L N. — *omn. pop. obtinebant principatum* L N, *reliquis omissis.* — 17 *aliud alii senserunt* L N. — 18
auctor) om. N; *quidem* L. Vid. ad myth. II, 198. — 19 *trojanos i. e.
tytanis fil,* L; *tianos i. e. fil. titanis* N. — 20 *erat* L N. — 21 *et)*
om. L; *deinde sacr. C. fecit.* — 22 *Cujus quum* etc.) *quum autem vic.
ejus aug.* L N. — 23 *aur. sibi aq.* L N. — 24 *secuta* N. — *factum*
M. — *quod) quae* N. — 25 *dim. aq.* L N. — 26 *natum est aquilas*
(*aliquas* L) *militum signa comitari* L N. —

5. *tytanibus* L N; *titanis* H. — *de iis)* om. L M N. — 28 *feruntur* L. — *eos fabulae)* om. L N. — 29 *ejus) sui* N. — *procreati* L. —
tytanes L; *tytanides* N. — *a tyseos* L N; *a tiseos* H M. Vid. Serv.
ad Ae. 6, 580; cf. ad myth. I, 11 et II, 53. — 30 *ab)* om. L N. —
30 *Ex his* L N. — 31 *narratur) dicitur* L N. — *unde et deificari
meruit* L N. — 32 *tenet nom.* L. — 33 *reg. Troj.* L N. — 35 *compre-
hendendum .. mutasse* L N. — Vid. ad myth. II, 198. — 37 *dic. adh.*
L. — 38 *Aquarium).* Vid. infr. III, 15, 11, Hyg. P. A. 2, 29. Philarg. et Burm. cod. ad. Ge. 3, 304, schol. ad Germ. Ar. 283 p. 68 ed.
Buhle, ad Lican. 1, 653, ad Arat. p. 76, 40 Bek. — 39 *quoque) etiam*
L. — 40 *ysidem* L; *ysidra* H. — 41 *i. hujusmodi pict. navi sim. et
ipsam tulit* N; *hujusmodi similiter pict.* L; *habente picturam similiter*
M. — 42 *credas) sit* L N. — *ysidis* L; *adhuc* addit N. — 44 *quidem)*
om. L M N; *non aureo imbre, sed auro corr. e. ab eod. J.* L N; *auro,
non aureo imb.* M. — 45 *dicit Hor.* N, sc. C. 3, 16, 8. — *verso* H L
M N. — *in principium* N. —

6. *Habet etiam* L N. — *versum* N. — 2 *concubitu* L. — *ova
duo* L N. — *protulisse* L. — 3 *sed tamen tres* n. L N. Nostram
lectionem confirmant Fulg. codd. E G. — *et)* om. L N. — 4 *Fulg.)* 2,
16. — *inquit)* om. L N. — 5 *ponit pot.* L N. — λοιδῄ) *lide* E G H N; *lida*
L. — *quod nos Latine aut injuriam aut convicium dicimus* Fulg; *injuria aut
invid.* L. — *aut) sive* N. — *Omnis enim* L N; *ergo omnis* E G. — 7 *alicui)* om. L N. — *se declinans* L. — *et ei* M N. — 8 *veniens ad
Led.* L N. — 9 *transformare* L. — *fingitur) dicitur* L N. — *ideoque in cy.* N. — *quia) quod* reliqui codd. — 10 *ferant* Fulg. —
esse plen. L N M; *ita conviciis esse ple. ut* E G. — 11 *ipsa ave*
E G; *ceterae* L N, omisso nom. *aves.* — *fuerint* E G L M; *sunt*
N. — 12 *quoque)* om. L M N. — *alienis) alicui* L M N. — *faciendam* L N. — 13 *descendens)* om. N. — 14 *acipitur* L N. — 15

visc.) viciosi L. — 16 *affectu* N; *effectus injuria* E. *effecta injuria* G. — *tantum)* om. L. — 17 *Ex)* om. L N. — *tria* L M N. — *Castor, Pollux, Helena. Nihilominus sem.* etc. Fulg. — 18 *utpote est* L. — *disc. et scand.* N. — *Uberior hic incipit esse Fulgentii oratio.* — 19 *Troj. et Gr.* L N. — 21 *et)* om. L N. — 23 *quam quisp. alteri* N; *recte haud dubie.* — *timor)* amor N. —

7. *praemissa)* om. L N; *praedicta* M. — 30 *et)* id est L. — *ipsa).* Lege *ipso.* — 31 *quidam) quidem* H L; *qui* N. — *pululant* L. — 32 *timor)* amor N. — *perhennis* H L N sine *que.* — 33 *fab. alia* L; *aliqua* M. — 35 *Castorem Tindari fil.* M; *Cast. vero Tind. fil. fuisse et mort.* L N. — 36 *divin. ei* L N. — 38 *permisit* L N. — *fuerat* L M N. — 41 *oritur una, altera lateat* L N. — 42 *occ. pr.* L N. — 43 *Quod autem altera oriente altera occidat* L N. — *et alt .. occidat)* om. L; sed N pro iis habet *et exverso* vel *ecverso.* — 44 *dici solet) dicitur* L N. — 45 *nulla rat. ver. esse poterit* L; *verum esse n. r. poterit* N. — 9 *stellae eorum cont. s.* L N. — 46 *quos) quae* L; *quod* M. —

8. *consilium) seminarium* L M N. — *certe)* om. L; *saltem* M N. — *veri)* om. N. — *inquir. non relinq.* L N M. — 3 *frat. ejus* L M N. — Vid. myth. II, 132. — 4 *eorum fil.* L N. — 5 *Trojam* L. — *Si igitur Hel.* L N. — 6 *sine dubio)* om. L M N. — *posset* L N. — 7 *prius)* om. L. — *a Th. legimus nuptam* L; *prius nuptam* N. — 8 *Qua rat. quid. ind. apud Trojam dicunt bellum habitum non ob ej. rap. quibusdam* (*quibus* N) *al. c. quibus tamen non Servius* (ad Ae. 2, 592. 601. 11, 262) *consentit* L N. — 11 *Ilio) diu* L. — 12 *Hylan) iliv* L; *ylium* N. — 13 *quod is) qui* L N. — 14 *muros ascenderat, dedit* L N. — 15 *profecti nam* que *deinde cum* etc. M N; *profectique sunt c. Pr. deinde leg.* L. — 16 *virinis red.* L. — 17 *minime eam* L M; *eam quem.* N. — 18 *repetere* L M N; *et hoc verum est.* — *potuisset* L; *potuisse ab illis* M. — Vid. myth. II, 199. — 19 *cum ex. Par. in Gr. m.* L; *in Gr. Par.* M N. — 20 *qui) quod* L. — *videl. filiam vel ux. regis abd.* L N. — 21 *primum)* om. N. — *hosp. receptus* L N. — 22 *Hel. eum* L. — *sollicitata)* om. L N. — 23 *seq. voluisset* N. — *Spartam civ.* L N. — 24 *a mar. rec. mer.* L. — 25-27 *sicque foedus inter Gr. et Tr. ruptum est* L N, *caeteris omissis.* — 27 *denique) vero* L N. — 28 *que)* om. L; *nociva est et temp, tempr. pr. fratrum v. pr. sunt stellae* N. — 29 *frat. vero prop.)* om. L. — 30 *mali videtur fuisse* L. — *Inde est)* ap. Stat. Th. 7, 793. — 31 *qui cum jam* M. — 32 *therampnei* H; *Therapnam* M; *terapnei* L; *theraphei* N. — Θεράπνη sive Θεράπναι Laconicae oppidum satis notum est; Θεραπναίος Ap. Rh. 2, 163. Itaque *Therapnaei* vera est lectio, Cod. Taurin. Stat. legit *Trenarei.* — *fugerent* M; *fulserunt* L N; *fugierunt* cod. Taurin. —

9. *quidam)* om. L N. — 34 *hujus)* om. M. — *in hujus mundi fig.* L N. — *unde) quomodo* L; *quoniam* N. — 35 *univers. vis ut aj. d. e.* L N. — *mundo hinc* L; *huic* N. — 36 *sese) esse* L M N. — 37 *verae aeternitatis* L N. — 38 *reintegr.* L M; *repetendo* N. — *aet. form. se* L. — 40 *qui) quoque* L N. — 41 *palmam* L N. — *unde et* N. — Juven. 10, 38. — 42 *illin. de rubr.* L; *rubica illi pingunt* N. — *adinstar aeth. col.* L N. — 43 *in Libya Ham. i. e. harenosus* L N. — 44 *appellatur* L; *a libycis vocatus est harenis* N. — 44 ἄμμος) *aminora* H; *hāmonia* L N. — *arena) harenosa* L N. — *dicitur)* om. L; *vocatur* N. — 45 *unde etiam sim. ej.* L N. — *cum)* om. M. — *dentur ibi* L N. — Vid. ad myth. II, 80. — p. 165, 1 *epyretyco* N. — *docu. fut.*

N. — 2 *thessalica* L. — *et vat.*) *et* om. L. — 4 *const. religionem coluisse* L N. — Vid. myth. I, 96. Serv. ad Ae. 8, 352.

4. Juno.

1. v. 7 *statuerunt* N. — *utraq. philosophi mar. appellaverunt*
L N. — 10 *data sunt* L M N. — 12 *alterum* L N. — *aërem jux.*
Tull. dixerunt. Vid. Cic. N. D. 2, 26. — 13 *quia nih. eo moll. e.*
L N. — 16 *videret* L; *videtur* N. — *igitur*) Lege *ideo* cum H L M
N. — *Sed quia haec d. et.* L N. — 17 *sunt magis tenuia fecul.*
hab. N. — 18 *hisdem* L. — 19 *illud vero sororem, ut videl. sex.* L
N. — *in conjugium serv. adtrib.* N. — 20 *ideo*) om. N. — *fing. Nept.*
L. — 21 *alumnum*). Lege *alumnam; alumpnam* L. — 22 *humore*)
rore L N. — *eam*) om. N; sed restituit secunda manus. — 24 *et nymph.*
vel yridis L N. — 25 *quidem*) om. L M N. — *nichil* H N, ut sae-
pius. — *agat* L N. — *operemus* L. — 26 *utitur ope: commotione vent.*
N; *ope* om. L. — *ut*) om. L N. —

2. *Hinc etiam ei yrim* L N. — 29 *yris* L. — *perforata vel*
penetrata N L. — 30 *Virgil.*) Ae. 4, 701. — 32 *Unde semper in*
reg. soli opposita app. L N. — Vid. ad myth. II, 6. — *Thauman-*
tis post *fingitur* ponit L N; *teumantis* L; *taumancis* H. — 35 *sortita est*
h. nom. L; *sic dicta est* N. — *taumantos* H; *taumantios* L; *tau-*
manthos N. — 36 *ejus*) om. M; sed typotheta noster omisit *colo-*
rum. — haec. est rat. jux. philosophos L N. — 38 *creant col. sic*
enim est necesse L. — 38 *Haec*) *Quae* M. — *et*) om. L M N, qui
deinde recte pergunt v. 39 *aeri, id est Junoni;* et M: *Junoni dic. des.*
id est aeri. — deservisse fing. N. — 40 *sit persec.* L N. — *pelices*
H L M. — 41 *ideo tantum dicitur* N. — 42 *pliades* N H. — *qui*)
Lege *quae.* — 43 *facit* L M N.

3. *Haec* L N M. — *parientibus* L. — *dicunt* L M. — 2 *com-*
plura) *quam plurima* L; *et plurima attr. ei nomina* N. — *Lucina vel*
Lucesia H M; *Lucina et Lucesia* N; *et Luc. et. Luces.* L. — Itaque
lectio cod. N revocanda est, etsi haud ignoro, a Martian. 2 p. 37 eam
Lucetiam vocari, ut Juppiter dicitur *Lucetius;* vid. Fest. et Cn. Naev. ap.
Gell. 5, 12, Macrob. Sat. 1, 15 p. 283. — 3 *quia* N. — *dic. dea port.* N. —
4 *lucis praebeat* L N, qui deinde haec inserunt: "Quum enim puer ani-
matur, tunc aërem, qui per Junonem significatur, attrahere incipit. Haec
enim duo se (*se* om. N) semper comitantia et inseperabilia (*seperab.* N)
sunt. Impossibile enim est, aliquem esse animatum et spiritum non attrahere, vel e converso". — 5 *et Flu.* N M; *etiam Fl.* L. — *fluuonia* H
N; *fluinoma* L. — *fluxionibus* L N; *fluuioribus* H. — Fluvonia est ap.
Mart. 2 p. 37; Fluvionia quidam codd. Arnobii 3 p. 118 ed. Elmenh.
Augustin. C. D. 7, 2, 3; *Fluonia* Fest. p. 69 ed. Lindem. — 6 *in fe-*
bruali partu L; *a partu* N. — *Februalis*) om. L. — *eas*) *ea* L. — 7
secundis) om. N. — *egressibus* L; *egredientes* N. — *enim*) om. L N. —
purgo Lat. L N. — At *februo* non est vox Graeca, sed Sabina; Varr.
L. L. 6 p. 195 Sp. *februum Sabini purgamentum;* cf. eund. p. 214 Sp.
et ap. Non. 2 p. 114 Merc. et Fest. p. 64 Lind. Ovid. F. 2, 19
sqq. — 8 *Februus*) Isid. Or. 5, 33, 4. — *quod purg. anim. praesit* L
N. — 10 *celebr.*) *fiebant* L N. — 11 *iterduca* H L; *interduca* M.
Illud verum est, et confirmat Augustin. C. D. 7, 3 et Martian. Cap. 2
p. 37 secund. cod. Gotting., etsi alii ibid. legunt *interduca.* — 12 *introd.*)
Lege *per iter ducat* cum H L M N. — *dicitur etiam domiduca* L N,
quae lectio praestat. — 13 *eas*) om. L N; *ducat* deinde N; Recte. —

etiam) om. L N. — 14 *nub. ungueb.* L N. — *et quod p. domus* L
N. — 16 *dici volunt* L N. — *Cinthia* L; *cincia* M. — 17 *dicitur re-*
solvere L N. — *Cinctia* est ap. Mart. Cap. 2 p. 37. *Cinxia* ap.
Fest. p. 48 Lind. cf. Varr, ap. Augustin. C. D. 4, 11. — 18 *societ* L
N. — 20 *et*) om. N. — *apell.*) *dicitur* L. — 21 *Virg.*) Ae. 11, 736. —
23 *Idem alibi.* M; *et item alibi* L N. — *de equo seniore*) om. L M
N. sc. Ge. 3, 99. — 26 *populonem* H L M; *plutonem* N. — Nostram lectionem tuentur codd. Mart. Cap. 2 p. 38, Arnob. 3 p. 118,
Macrob. Sat. 3, 11. — *quod plures populos* etc. L N. — 27 *Curitim*)
currum L N. De *Curiti* vid. Fest. p. 38 et 48 Lindem. Mart. Cap. 2
p. 38. Eadem et *Curis* audit et *Quiritis* in inscr. ap. De vita AA.
Benev. ol. 1 n. 8. et ap. Gruter. 308, 1. — *id est*) *ei regal. .i. (a se-*
riore manu) N. — 28 *Serv.*) ad Ae. 1, 8, ubi *Curetis* vulgo scribitur,
cf. ad Ae. 4, 59; sed *Curitis* vel *Carritis* ad Ae. 8, 84 in C D. *Curis*
autem est vox Sabina secundum eundem ad Ae. 1, 292.

4. *Varro eas* N; — *Varro ait eas id. li. non tang. sol.* M. —
31 *solitas*) om. N. — *inchoantes essent* N. — 33 *Unde est*) ap. Lucan.
2, 359, ubi hodie legitur: *Translata vetuit contingere limina planta.* —
35 *consecrata* L N. — *culina*) *culmina* L N; *pulvinar* M. — 36 *Her-*
ceo Jovi.) Sic emendavimus. *Herculi jovi* H; *Herculi,* omisso *Jove,*
L M N. Vid. ad myth. I, 213. — 37 *Dicit* (sc. Varro) *ante eas fac.*
pr. H; *Deinde ante eas faces pr.* L; *Dicunt etiam fac. ante eas pr.*
N. Lectio H erat recipienda. — *antea*) om. N. — 38 *Nuces quod* L;
nuces quae N. — 39 *assignat* L; sc. Varro. — *quod cum Jove com-*
mune mat. N; *ut Jovis commune* etc. L. — 40 *et celebrarent ut* etc.
N. — 41 *Jovis sunt* N. — *ioglandes* N. — 42 *et illud* N. — 43
capientibus L N. — *eas*) om. L N. — *sonitus fieret* N. — *vox pu.*
L. — 44 *depon.*) *amittentis* L N. — *posset* N. — 45 *vittis*) om.
L. — *ad lim. mar. cum simul ven. postes ligabant, anteq. ingr.* N. —
46 *Virgil.*) Ae. 4, 459. — p. 167, 1 *Fingi* N; sc. Varro dicit. —
quod praecedat) om. N. — *Juno praecedat Ven.* L. — 2 *post usus*
veneris in co. L N. —

5. *Fulgent.*) Virg. cont. p. 748. ed. Stav. — *eneidis* N. — 5
regem ventorum) om. L N et Fulg. — *naufr. Troj.* L N et Fulg., qui
pro *ut* legit *quo.* — 6 *diopeie* L N; *deiopee* H. Lege *Deiopeiae.* — 7
ponitur in mod. L N. — *et*) om. N. — *dispendium*) om. M. — 8 *et*) *vel*
E G. — *infantium* L; *infantem* M; *infanti* N. — 9 *nam ut evidentius*
hoc intellegas E G; *inquit* addit L M, — *quidem*) *quidam* H; *quae dea*
partus est rectissime L E G; *quodam partu* N. — 10 *sed ad n.*) hoc
naufragium gen. E G H L N; verissime procul dubio. — 10 *Nam et*
oleum imm. E; *et ulum* G. — *immittit*) *invitat quasi; secli interitum.*
Aeolus namque quasi eolonus. (*aonolus* H M E G) *quasi seculi inter .*
interpr. L N; *namque saltem est revocandum.* — 11 *In*) om. M. — 12
enim) *igitur* L N; om. E G, qui leg. *in qua necess.,* sed sententiis
transpositis. — *universali* L N. — *hum. volvitur genus* E G. — 13
diopeiam L N. — *domos* E; *deinos enim* Gr. *pulcer interpretatur*
N. — 14 *publ. gr.* L. — *iopa* E; *cipa* G; *yopea* L N H; *popeia*
M. — *oculi* E G. — 15 *in modo* E. — *nascendi*) om. E G; — *pe-*
ric. nasc. E G. — *cui quidem perfectioni* E G. — 16 *a dea*) adeo
L. — *partus*) om. L; *pariter* N. — 17 *quoque*) om. L M N. —
deam L. — 18 *et*) om. L. — *cum sceptro pingitur* L N et Fulg. 2,
3, apud quem eadem leguntur. — 19 *sunt* L. — 19. 20 *habundant*
aspirant L N. — cf. infr. p. 241, 29, et supr. myth. II, 4 et

5. — 20 cap. vel. eam L N. — pingunt M. — omnes) om. N; sed
agnoscunt reliqui codd. — 21 plerumque) semper sint absconsae E G. —
absconsae sint N. — M omisit verba plerumque s. absc. deam etiam p.
vol. eam quia div. — 21 deamque etiam ideo p. faciunt, quod de divitiis novae div. semp. gen. L N, reliquis omissis. — 23 Sed et (et om.
L) ipsae nonnumquam abortivum patiuntur quum semel eos et lucra
pereunt L N; nonnumquam abortiuntur M. — 25 in suam habet tutelam M. — semp. ornatus est app. L N; — 27 anterius (alterius E)
faciem ornat Fulg. — posterioraque t. Fulg. — denudat N. — 29
ornaverint N. — Hinc in editt. Fulg. explenda est lacuna, quam tamen
et nostri codd. E G sic explent: ita divitiarum gloriaeque appetitus
momentaliter ornat, postremo (postrema G) tamen nudat. — 29 et
quidam L N. — sc. Theophrastus in Moralibus ap. Fulg. 2, 3: τὰ ἄλλα
περίγραθν, quae E omisit; G autem Talipanoti scripsit. — 30 Salamon
E; Salemon L.

6. et yrim L N. — autem) om. M. — quod sicat Fulg., ubi
editt. perperam addunt etiam, quod abest ab E G. — 33 refulget M;
fugit G. — 34 citius fugitiva Fulg. — 35 quasi ἔρω) Vid. myth. II,
6. — 37 certam. saepe oriantur L N. — et sedit,) om. L N. — 39
etiam) quoque N. — regnorum) om. N. — 43 regnor. dea L N. — 46
id est dignitatem habentem r. s. L N. Cf. myth. II, 106. 107. — p. 168, 1
q. perhenniter durat, non quod transit L N. — non istud M. — 2 et)
om. L; etiam N. — Ixion L N. — primus L. — 3. regnum affectasse
L; regni gl. in Gr. aff. N. — 3. 4 primus omnium) om. L N. — 4.
et) om. L N. — dicti sunt) om. L N. — 5 celeriter) om. N; celebre
L; celere M. — 6 adeptus est L N. — est) om. L N. Cf. infr. p. 177,
15. — 7 cito superiora deicit L N. — 9 viol.) vim. L N. — cito
depr. L N. —

7. inventione N. — 2 sic sentit Serv. L N; s. Serv. sent. M;
sc. ad G. 3, 115, myth. I, 163. — 13 Cum enim, inquit N. — bobus
L M; suis addit L N. — 14 ire coëgisset L; misisset M; misit N. —
15 et ii ad tant. curs. M; tantum) om. L N. — non sufficientes N. —
16 et eor.) quorum M. — seculi e. stim.) om. L N. — revocabant L
N. — Sed ii M; quum hi N. — aut) om. L N M. — 17 eorum equi)
om. N. — 19 id est) om. L M N. — 20 Centauri ... dicti sunt) om.
M. — quasi a centauris L N. — 21 Alii tamen L M N. — 23 velo-
ciss. esse const. L; esse voloc. c. M; esse om. N. — 24 achademici H
L; vid. Serv. ad Ae. 3, 90. — et de ceteris L N M. — 26 iheronimus
ponit ex. L; beatus Hier. apt. ponit ex. in libro de patr. vita, ubi
etc. N. — Vid. Hieron. vit. patr. fol. 27 vers. ed. Venet 1505. 4. — 27
sancti Mac. L N. — agit) ait L. — 28 inquit) om. L N. — 30 equa)
om. L N. — puella esse non videretur L. — 31 adduxissent, illi ante
quam ullus percunctaretur (sic et L et ed. Venet.) dix. M. — 33
puella) om. L N. — 34 converterunt N. — 35 ergo te ut L M N. —
ad) om. L N M. — commutes N. in id L N. — 37 pecudis in se L;
in se nih. pec. N. — 38 in oc. vestris et intuent. L. — 29 daemonum)
om. L. — 40 suam) om. L N. — 41 unxisset L. — 42 visus) om. L
N. — virg. videri omnibus, ut et sibi etc. L M et ed. Venet. Recte. —
43 etiam) om. L N. — omnis) om. N. — 44 sicut Plin. L N. Serv.
ad Ae. 3, 90. 4, 493.

8. a divert.) om. L N. — 46 dicimus aërem L. — p. 169, 1
de volup.) om. L. — Tiresiam). Vid. myth. I, 16. — 2 Quos quum)
illisque percussis ab eo esse mutatum in fem. N; illisque ab eo percussis

in fem. mutatum L. — *3 Tum*). *Iterum legendum est cum* L M N. —
4 eosd. vid. conc. simil.) om. L N, *qui pergunt: ab eodem iisdem percussis prist. accepisse formam. Ob hoc igitur ab his de voluptate certantibus (judex* L) *electus, virum tres uncias amoris, feminam vero triplum (amplius* N) *habere dixit. Juno vero ob hoc irata eum excaecavit.* —
9 vero) *autem* L N. — *ut ei restitueret quod am.* L; *ut ei hoc quod am. rest.* N. — *aliquat.*) om. L N. — *11 itaque*) *namque* L. *Vid.*
myth. II, 84. — *unde etiam* L N. — *12 ponitur*) *accipitur* L N. — *15 jam lascivia anim. et coëuntia* etc. L N. — *16 aestu ferv.* N. — *sexum*) *estum* N. — *17 id est in*) *in* om. N. — *18 posuerunt* M N — *in*) om. L N. — *19 omnia*) om. N. — *sic a suis* L N. — *quasi de m. u. emorgantur* (*sio et* L) *foll.* N. — *20 folliculis*) *foliis* M. — *21 videl.*) om. L N. — *dum item* L. — *22 germ.*) *grana* L; *gna* N, i. e. *grana; recte.*
— *iterum*) *idem* L; *item ea* N. — *23 jam*) om. N. — *25 enim*) om.
N. — *omnia stringit* L N. — *26 jam moriantur* L N. — *arborum jam exs.* L N. — *27 inclinans* L N. — *28 vertitur* L N; *redit* M. —
29 variare vic. temp. L N. — *31 igni atque aëri* L N. — *32 qui justum expertus pr. jud.* L N; *re exp.* M. — *34 prov. mat.* L N. — *35 effovet* L. — *perducit* L. — *36 calor enim* N. — *maturitatem tantum confert in gr.* L; *rant. moderare nov. in agriis* N. —
37 excaecatur L N. — *de causa* L. — *39 tamen i. calor* L H M; *et Hoc revocandum est; tam. i. aër* N. — *quantulumcunq.* L; *qualiscunq.*
N. — *40 sat.*) *sparsorum* L. — *saltem*) *salem* N. — *41 et*) *ut* N. —
ei dicitur ded. L N. —

9. Cf. Serv. ad Ae. 7, 607. — *bifr. dicitur* N. — *43 quem et alii* N; *et* om. L. — *45 eum quadr.* L N. — *prob. illa res* L N. —
p. 170, 1 *appellatur* N. — *2 etiam dicitur diei d.* L M; *diei etiam dic. quod deus diei* N. — *que*) om. N. — *pingunt* M; om. N. — *3 Horat.*)
S. 2, 6, 20. — *5 sacratur* L; *sacratum omne* N. — *6 et*) om. L N. —
anni) *jam* N. — *7 nuncuparunt* L N. — *vel*) *et* N. — *8 ratio*) om.
N. — Serv.) ad Ae. 1, 291. — *9 quum jam vinceretur* L. — *10 erup.*) *ebullisse* L. — *11 ergo*) *ferunt* N. — Brevissime autem L:
Unde et simulacrum Jani ibidem fuerat constitutum. — *14 facto*) *sacro*
M. — *15 Janus dicitur hab. d. f.* L N; *Janus ipse du. f. habet* Serv. —
16 cognit.) *conventionem* L N; *cätionem* C D M, *quod praestat.* — *et*)
om. L N. — *melior* L M N. — *17 causa*) om. N. — *ituri*) *adineuntes* N.

10. *fecimus*) om. N. — *20 Varro*). Vid. ad myth. II, 52. — *fu. reg. ins.* L. — *21 et*) *ex* L. — *scilicet insulae* L. — *fut. praed. fl. vent.* M N; *flamina* L. — *22 visus est* L N M. — *24 rege Aeolo* L
N. — *25 De quarum una* N. — Virgil.) Ae. 8, 417. — *26 Liparim*
M. — Martian.) Nupt. Phil. 6 p. 208. — *27 tamen*) om. L. — *28 a nonnullis Vulc.* — *29 stoyle* L; *stroyle* N. — *regn. et ipse commemorat* N. — *30 ex flamine* M. — *pror. in prox.* L; *in prox.* om. N. —
31 quis vent. L N. — *hodie quoque* L N. — *inquit*) om. L N; *quod, inquit, hodie* M. — *32 incolae praes. dicuntur* N, *qui deinde cum* L
pergit: *Quae quia expositae erant, et de illis, qui venti flaturi essent, cognoscere potuit, (ideo addit* L) *rex ventorum dictus est (fingitur*
L): — *32 philosophica autem* L. — *33 Aeolus*) om. L N. — *sedere dicitur* L N. — *34 Juno dicitur* L N. — *35 id est Junonis*) om. L
N. — *36 et*) om. L N. — *vent. cr. sec. quosd.* L N. — *37 Unde in Aen. sec. Serv.* (ad Ae. 1, 71.) *Nymph. ei sp. Juno* L N. — *ideo*)
om. L N. — *in Aeneidos initio Juno* etc. M, *qui om. ideo et ei.* — *38*

quum sit rex vent. L N. — adjung. ei L N. — 40 Nymph. in sua
pot. habere L N. retinere Serv. — 41 creantur) quae expressae in
aquas rediguntur addunt L N. — Unde est) apud Virg. 5, 20. —
apud Lucanum addit C. — 42 dimittuntur L N; om. C D. — 43 quas
constat esse Nymph. L N. — notant) vocant M. — 44 quod) qui C
D. — tamen) om. C D; quem tamen M. — 45 competenter) om. N C
D. — Unde) ut C D. Vid. Salust. Jug. 80. — 46 habent uxores
N. — p. 171, 2 ostendit) Serv. ad Ae. 1, 57. — 3 aliquatenus) om.
L N. — 4 Praeterea) Hinc ait L N. — quis) quisque N. — 5 impot.
inquit Aeolus N. — quodcunq.) Ae. 1, 78. — 6 regnum est N. — Mis.
tybicen N; tibicen. M. Serv. ad Ae. 3, 239. — 7 ex) om. L N. —
Deinde L N tractatum de ventis subjungunt: "Sed de ventorum origine
intercalatus habeatur tractatus. Aër est inanitas (quaedam add. N) plurimum (leg. plus) habens admixturae quam cetera elementa. De quo Virgilius (Ae. 12, 354, confus. cum Ecl. 6, 31 ubi est magnum etc.) Longum
per inane coactus (secutus Virg. priori loco). Aër autem dictus est ἀπὸ τοῦ
αἴρειν (a notos IHIN. L; ἀπὸ τοῦ. PNIN. N) ab eo quod ferat terram, vel ab
eo quod feratur. Hic autem partim ad caelestem partim ad terrenam pertinet
materiam. Nam ille subtilis (est N), ubi ventosi ac procellosi motus
existere non possunt, ad caelestem partem, ille vero turbulentior pertinet
ad terrenam, qui exhalationibus humidis ex se multas species reddit. Nam
commotus ventos facit, vehementius excitatus ignes et tonitrua, contractus
nubila, conspissatus pluviam, (et spissatus pluvias N) congelantibus nubibus nivem, turbulentus densioribus nubibus grandinem, distentus serenum
efficit (facit N.) Nam aërem spissum sub nube esse, nubem rarefactam
et solutam (nube soluta N) aërem serenum nemo dubitat. Nubes autem
dictae sunt ab obnubendo, id est operiendo caelum; unde et nuptae,
(nubtie L N) quod vultus suos nubent, id est velent; unde et Neptunus,
qui nubat mari terram. Nubes autem aëris densitas facit; venti aëra con-
glomerant nubesque faciunt".

5. Neptunus.

1. Cf. myth. I, 107 II, 9. — 10 a nando L M N, ut codd.
Cic. N. D. 2, 26. Itaque hoc est praeferendum. — 11 Portunum L N
et codd. Cic. — paululum N M. — mutatis L N; paulum primis lite-
ris immutatis Cic. — 12 nominant L N. — Hanc Gr. L N. — posi-
doniam L; posidonina H; possidontia N. — 14 aqua) om. L N. — in
se transformat (format L) spect. L N. — 15 acc. de qu. elem. L N. —
et ἐννόσ.) et nossacon H; ennosaron L; ennisaron N. — conversione M
N. — fit terr. L N; fieri terr. motus constans opinio est M. — 17
sicut quorundam continent op. L N. — 18 triplici utantur natura L;
tr. utantur vir. M N. — 19 Huic autem amphitridos conjug. L M (qui
om. autem) N. Nostram lectionem confirmat Fulg. 1, 3. — 20
τρίτον terens, ut in Fulg. super Aen. (p. 753) L N. — 21 quasi detri-
tenon L; q. tetrimenos Lat. contritos N. — dicimus L N M. — 22
quasi constricta L N. — 24 vel put. Fulg. 1, 3. — Macrob. ostend.
L. — 26 quod videlicet L N. — terras) om. L. — terant L N. —
Doris) om. L. — 28 Graec. ext. L; Graeciae om. N. — qui in m. cum
(omni add. L) exercitu suo dic. per. L N. — 29 deserv. ubiq. L N. —
31 Phorcus). Vid. myth. I, 129. — 32 corticae L N. — 33 mag. sui
parte exe. L. — 34 fuisset) post rege ponit N. — obrutus) abreptus
L. — itidem) eum L N. — 35 dixerunt L N.

2. multas advenisse superat. L N. — Plato in eo lib. L N. —
37 testatur L N. — 38 silvicolae L N; silvicedi M. — 41 id genus)

hujusmodi M. — Deinde) Hi iidem L N. — 42 membratius M. — 43
eas) om. L N. — assignaverunt H L N. — scientiam enim L. — p. 172,
2 Sic queque) om. N; sicque L M. — loco religionis L M N. — orta
est L; superstitionem orsi sunt N. — 3 Haec autem est quae ab an. L;
hoc autem quae, etc. N. — 4 t. Servio) ad Ae. 8, 187. — vocab. sumpsit H L N. — 5 enim) namque N. — delirar.) durarum M. — 6 nominibus L. — 7 Lucret.) 1, 66. — 8 rerum) om. L N. —

3. Tullius) N. D. 2, 24. — suscepit) sic incepit M. — 12 voluptate N. — tollant H. — 13 Castor et) om. L. — hinc Pollux,
hinc Castor N. — hesclapius L. — deificati sunt N. — 16 damnatus
est; praedicans deo et non diis esse serviendum add. L N; sed absunt a
Serv. Ae. 8, 187, unde haec derivata sunt. — Jud. et Chald. N; et Jud.
et Chal. M; et Chal. vel (al. et) Jud. Serv. — ab) om. L M N et
Serv. — 17 in VIII) v. 186 sqq. — 21 ut) om. L N. — 23 ignore-
mus L N. — 24 est causa L N. — 25 dat hunc Serv. ad Ae. 1, 590,
myth. II, 50. — 27 Graed. vero L. — oron L N. — enim) siquidem
N. — 28 drias enim L N. — 29 et) om. L N. — 30 et nasc. et per.
Serv. ad Ecl. 10, 62. — 31 deae) om. L N. — mar. deo L M N. —
33 venti creantur L; procreantur N. — Serv. ad Ae. 3, 571. 577. 7,
23. —

4. Habetur etiam M; Hoc et habetur L. — Vid. myth. I, 2. —
36 illius N. — 37 bellis N. — 38 hasta jactata N. — 29 ut) et N. —
40 idem est N. — 41 utrumque etenim N. — immortalitatis L. —
appellatur L. — 42 Scinthium alii) om. N. — Vid. ad myth. II,
119. — syronem N. — 43 Sunt igitur L M. — ego) om. N. — 44 et)
om. L N. — 45 quae lit. L. — 46 omnem autem terram ill. L N;
omnem om. M. — p. 173, 1. auctore e. Cecrope N. — 2 has duas urbis
L N M. — 3 maris viciniam recte M; m. jocunditatem L N. — habeat
L. — 4 re civitati) om. L; nomen re civitati N; civitati) om. M. —
nomen acciperet L. — 5 numina) Neptunum et Minervam L. — certasse
ad invicem N. — 6 ear. usu dea L N. — 7 intitul. et ab illo nomen
mutuasse addit L. — 8 Ideo vero L N. — 10 ab ocis Gr. L. — 11
praeterea N. — Serv.) ad Ge. 1, 12. —

5. Neptunus etiam H. dicitur gen. L N M. Cf. Serv. Ae. 3,
241. 249. — 14 fere) om. L M N. Nec mirum est L N. — 15 Miles.
Thal. L N. — 16 Unde est) ap. Virg. Ge. 4, 382. — 17 quorum non
L M N. — terram et parent. N. — 18 dicimus fil. L N. — arpiae
L. Vid. myth. I, 27 fin. — 19 dicuntur esse L N. — 20 Inde etiam
av. L N; inde et M. — 21 a partis L N. — Fab. de Harp. fictam s.
exp. Fulg. (1, 8; vid. myth. II, 13.) L N; fictam agnoscit et M. —
23 Celae. dic. L N. — 24 tantum) om. L N. — igitur) om. L N. —
25 virgo fingitur L N. — 28 rap.) primam praedam L. — ad fugam
N; — ad fugi. velox sit M. — 29 tollens) concupiscens L N. — nigra
L N. — 30 aliena L. — 32 invaserit L. — 33 dicuntur N. — 34
de incestu L. — 35 excaecavit L M. — 36 raperent L N M. — 37
foedarent L N M. — 37 a Zeto L; Zetho M. — 38 fugatae s. L
N M. —

6. Cf. myth. II, 142, Fulg. 3, 11. — 39 dicitur et in mod. L
N. — 40 Nati) Nam L M N; recte. — 41 servatae et) om. M. — 42
adultae vid. dici L N — 43 et ip. fulgent clare et poss. L N. — 44
non dub.) praedicantur L N M. — Dum vero N. — a parva L. — 45
nov. dicitur L N. — 46 exp. reprimuntur L N. — p. 174, 1 quidem

in thesauris L N; *quod in thesauro* M. — *app. possunt vel fulg.* L
N. — 2 *et possessores s. l. gl. obscuros redd.* L N. — 3 *Hinc etiam
vid.* L. — *ex dolore novercae et fil.* N; *ex nov. illusione fil. a patre
caec.* etc. L. — 4 *imm. dic.* L N M. — 5 *Fulg.*) 3, 11. — *sed etiam
id. u. vult Fulg.* M. — *Phineus rex* L N. — *omnis amans sua* etc.
L N. — 6 *nec umq.* M. — 8 *eum*) om. N. — 9 *stercoribus* L M
N *et Fulg.* — *innuit*) *significat* L N. — 10 *a*) om. N; *de N.* —
11 *Zetus* L N. — *et* καλòν L N; Gr. καλ. *bonum* ζητ. *quaerens dicitur* M. — 12 *dicitur* N; *dicuntur* L. — . *Hi vero* L N; *hi duo*
M. — 13 *terrenis bonis numq. misc.* L N. — 14 *spiritalis* M N. —

7. Cf. myth. II, 193. — 17 *fabricasse* L; *composuisse* N. —
18 *certam vov. dare pec. ad sac. fac. diis praedictis* L; N *tamen
om. dare.* — *diis*) om. M. — 19 *fabricationem* L N. — *contulit* N. —
20 *et dii* L N. — 21 *Messapus*). Serv. ad Ae. 7, 690. — 21 *me-
sapus dicitur esse dictus esqua per* etc. N. *fictus est* M. — 22 *qui
et inv.* L N. — *numquam* L N. — 23 *bello victus est* N. — *Quod
autem fl.* L N. — 24 *et ips.*) *et* om. L N. — *in mare* L M N. —
25 *universi decurr.* L M; *decurr. universae* N. — *Qui et ideo* L N.
Vid. Serv. ad Ae. 8, 77. — *cum*) om. L N. — *pingitur* L N. — 26
mugitus L N. — *imitatur aquae murmur* N; *imitantur aquae murmure* L, *imitari murmure videntur* M. — 27 *curvas ripas cernim.*
L N. —

6. Pluto.

1. Cf. myth. I, 108. *Quartus S. filius, ut volunt, habet inf.
regnum, quem videl. terr. pr. p.* L et N, *qui tamen filius Pluto recte
servat.* — 31 *praesidem vol.* M. — *Eum autem Stat.* (8, 91) *in libro
Thebaidis sator.* (*rerum* om. N) *v. fin. et auctorem* L N. — 33 *omn.
corp.* N. — 35 *interpretantur* N. — *et Latine Dis recte* L M N. — 36
vel) om. L M N. — *div. esse considerantur* L N; *condantur* M. — 37
infero nihil N. — *omnia rapiat* N. — 38 *quod*) om. L. — 39 *dius* M;
divus L N. — 40 Ορc. *dicitur* L. *ab* ορχω̃ *quod* Gr. N. — ορχος *enim*
Gr. *jusjurandum dic.* M; *Graece* om. L. — 41 *sine*) om. L N. — 42
Tullium) N. D. 2, 26: *quia et recid. omnia in terr. et orian. e terris.* —
43 *decidant* L N; *in terris recondantur* M. — 44 *Tenebris vero* L N.
— *ideo*) om. L N. — p. 175, 1 *elem. sit* L N. — 2 *namque, inquam*
L N, *pro inq. nam.* — *physicas intendimus ra.* N; *philos. intendamus
ra.* L. — 4 *quidem nec posse* L. — 5 *et si est qualis sit vel ubi vel
quid* L N; *qualiter sit, vel quid, vel denique ubi* L. — 6 *inquiratur*
L M N. — *nobis vero* M N. — 7 *ex parte aliqua* L N M. "Notandum
dictum hoc, ne forte miremur auctorem nostrum in sequentibus multa
dicentem, quae cum christianae religionis, quam ipse profitebatur, doctrina
non consonant. Quippe auctor sententias ethnicorum sive poëtarum sive
philosophorum historice recitat." MAJUS.

2. *Igitur ut p. tr. et phisica* N. — 12 *et Lu.*) *et* om. N. —
quod dicitur) *quidem* L. sc. Ae. 6, 439. — 13 *Et*) om. N. — *cohaeret*)
coërcet L M N, *ac ita legunt codd. Virg. meliores.* — 14 *terra circ.* L
N. — *et in terris e. probantur* L N. — Cf. Serv. ad Ae. 6, 127. 426.
645. — 16 *in*) om. L. — *fluvios*) om. L. — *Lethen* L M N. — 17
Acharontem N; *Acheruntem* M. — *stygiem esse* L N. — 18 *lethes*
L M. — 19 *Acharon* N. — 20 *chere* L. — *à enim sine*) om. M, *qui
legit* χαῖρα *enim de gaudio vel salute dicitur.* — *et*) om. M. — *chiria*

chere L; *cyrio chaire* N. — 21 *in hymnis*). Sie L N H; *in imperiis*
M; hinc. Majus *in mysteriis*. — 22 *acharontem* N; *Acheruntem* M. —
23 *huj. aest.*) *et hinc st. creari* L N. — *de stygie* N. — 24 *Ejus rei*
M. — *etym. est* L N. — 26 *haec autem* L N. — *contristare* L M N. —
anim. hominum N. — 27 *Acharonta* N; *Acherunta* M. — *qui non*
longe L N. — 28 *a Bajis* om. M; *aliis* L. — *undiq. mont.* L N; *undi-*
que) om. M. — *septum*) *separatum* L; *separatur* N. — 29. 30 *Loca*
... scatent). Haec sententia abest a M. — *Loca autem* L N. — 30
autem) om. L N. — 31 *nigromantia* H L N. — *et cynomantia* L;
cinomancia N; *chiromantia* M. — 32 *consueverunt* N; *consueverat* L
M. — 33 *misseno* H. — *Elp.*) *hisperione* L N; *Helpenore* M. — 34
cochitus H, et sic supra. — *Acharonti* N; *Acherunti* M. —

3. *Stygiem* N. — 37 c. *extremum Aegypti esse* p. L. — 39
a fratre) *a sientifone* L N. — 41 *tumul. sunt* L N. — 42 *gig.*)
generat L N. — 43 *etiam*) *quoque* L M N. — *suorum propter lau-*
dem illam ad alt. reg. nav. def. L; *quem ordinem sequitur* N *quoque,*
retinens tamen paludem, *et defer* mutans *in transferunt* — 45 *in fluv.*
forte N. — *perierit* L. — 46 *Virgil.*) 6, 329. — p. 176, 1 *err.*)
erant. L. — *volitantes littora* L N. — 2 *de stygie* N. — Ae. 6, 324;
cf. myth. I, 178. — 4 *sec. fabulam* L M. — 5 *ob .. remunera-*
tionem M. — 6 *dii*) om. L N. — 7 *ejus numen* L N. — 8 *Lege*
nectare. — 12 *per*) *prout* L. — *contr. nat. suae* L N. — *jur.*) *vi-*
vunt N. — 13 *per exactionem* N. — 14 *aliunde* L. — *execr.*) e
contrario N M. — 17 *dixerim* L. — 8 *vinc. via* L N. — *prior est*
L. — 19 *nec hoc*) *non* L; *nequaquam* M; *nichil* N. — 20 *Dum non*
etc.) Ovid. ar. am. 1, 363, ubi est in codd. *Tunc quum tristis erat*
def. etc. Itaque memoria lapsus est myth. — *ylion* L N. — 21 *grata*
recepit N. — 22 *et mut.*) *et* om. L N; *etiam* M. —

4. *a floi i. e.* L N; om. M. — *Est enim*) *En* N. — 26 *tot.*
ignis amb. infert L N. — 27 *animi incend.* L N. — 29 *nat. flui-*
dam L. — 31 *aër*) om. L. — 32 *densatur* N. — *crassatur* L N. —
in q. peccantes purg. L N. — 33 *esse nonnulli* L N. — *inf. inc. aut.*)
incipientes N simpliciter. — 34 *circ. Martis infernum dic.* N. — 35
const. fab. L N. — 36 *alii autem* L N. — *Serv.*) ad Ae. 6, 640.
888. — 37 *esse Elys. contendunt* L N. — *elisis enim* L N; vid.
Serv. ad Ae. 5, 735. —

5. *Lucr. reddit;* vid. myth. II, 105. — 42 *ticyum* L N. — 43
jecur) om. L. — *dantem*) *datum* N; *amantem* L. — 44 *in jec. sec. phys.*
sita est — 45 *est*) om. L N. — *et*) om. L N. — *in*) *ut p. afferat*
ren. dic. L N. — 46 *in re sem.* N. — p. 177, 1 *non sufficit* N; *non*
est satis M. — *recrescit* L N. — *Hor. ait* N; se. C. 3, 4, 77. — *in-*
cont.) *innumentis* L; *inextinctum* M. — 2 *ticii* H L M. — *Hinc* H.
— *et*) om L N M. — *ob incestum* M. — 3 *de stupro*) om. L N M. —
interpellaverat L N. — 4 *Inde Lucr.* L N. — 5 *de phlegea leg. etiam*
sup. L N. — 6 *inaniter s. ver.*) *in aurem semper vertuntur* alia lectio
ap. Maj. — *de diis i. e. super.* N; *de d. et de sup.* L; *de d. et caelo*
sup. H M. — 7 *male suspicantur* N. — *relig. non sunt, qui pro re-*
verentia N; *relig. s. qui se per reverentiam continent* alia lectio ap. Majum. — 8 *Unde etiam* L N. — 9 *dicitur mer.* L N. — 11 *repetentes*
N. — 13 *dici videtur*) *dicitur* L M N. — 14 *tamen*) om N. — *non de-*
sinunt N. — 15 *ostend.*) *constat intelligi* L N. — 17 *hujusmodi* L N M.

6. *Macrob.*) Som. Sc. 1, 10 p. 58 Zeun. — 21 *tond.*) *tundentem*
Macr. codd. *tendentem* L; *mandentem* N. — *se* L M N. — 22 *quia se*

L N. — **23** *vit.*) *mutare* L N. — **24** *destr.* N. — *qui*) *quia* L M. — *praev. consil.* L. — **26** *seque et act.* Macr. — *permittentes* Macr. — *cas. et fort.* Macr. *casib. suis fort.* L N. — **28** *ineff.*) *inexplicabiliusque* L. — *vit. trahentes* L N. — **28. 29** *et atram sil. s. lapsuram* Macr. et L N. — **30** *iminere* L. — *qui ard. pot. et infaustam ambiunt tyrannidem* Macr. — *ard.*) *affectuosas* N. — **31** *qui*) *et* Macr. — *se*) om. Macr. — *dum metuat* H M *et* Macr. *recte haud dubie.* — **32** *vid. sibi* L; *exit. sibi* N. — **33** *q. videntur meruisse* N. — *acharonte* N. — *et stige et stige* L N. — **34** *satis cum Lucr. Servius idem* N.

7. *Per Leth.* L. N. — **36** *nih. aliud volunt* q. L; *n. a. dici volunt* q. N. Macr. p. 57. — *herrorem* L. — **37** *vit. pr.* Macr. — *quam*) H L N; *qua* M *et* Macr. *edd.* — **38** *et tamen*) *solamque* Macrob. — *esse in corp. etc.* Macr. *vit in c. p. esse* L N. — *Alii tamen*) Serv. ad Ae. 6, 705. — **40** *viri ac mem.* N. — **41** *circumvenientibus* L; *circueuntibus* N. — **42** *Leg. eum.* — *esse senect. voluerunt* N. — **43** *vigent*) *agiles* L N. — **44** *virentem*) om N. — **46** *interv.*) *imminet* N. — *Et sic fl. Leth.* L N. — p. 178, 1 *semp. morti* L N. — **3** *philos. sp.* L N M.

8. §§ 8 ... 20 *absunt ab* H. Ac profecto modo dixerat auctor, se hanc de animis disquisitionem huic operi minus idoneam judicare. — *infinitis* M N. — **7** *etiam compet.* L N. — **8** *sive magis*) om. N, qui exhibet rasuram. — *dic.*) *ajunt* L N. — *frivolophorum* L. — **9** *ab in. m. animae cr.* L N. — **10** *locatae sunt* N. — **11** *ex desid.* N. — **12** *ut*) om. L N. — **14** *contag.*) *labe* N. — *possident* L N. — *et perf.* L N. — **15** *et .. et*) *Utrumque* om N. — *et fut.* L N. — **16** *obtinent* L N. — **17** *ab illa splendida et altiss. luce et perpetua* L N. — Sed nostram lectionem confirmat Macrob. in som. Sc. 1, 11 p. 64, unde myth. hausit. — **19** *ipse*) om. L N. — **20** *quidem*) om. Macr. — *hac perf. inc.* Macr., ubi tamen Gronovius antiquarum edd. et codd. lectiónem *a perfecta* praefert. — *ad perfectam corporabilitatem* L N. — **23** *siderei corporis* Macr. *fedi corporis.* L N. — *incr.*) *detrim.* L. — **24** *quadam*) om. Macr. — **25** *obvol.*) *oblivione* L N. — **26** *testei*) *lutei* N. — **27** *ibid.*) *quidem* L; *quadam* N. — *quam*) *quq* M. — **28** *subtilitate* L N. — *eatenus*) *hactenus* L; *actenus* N. — **29** *perfectione* L N. — *Trahit enim etc.*) Serv. ad Ae. 6, 714. — **31** *libid.*) *inertiam* C. — **33** *ne*) *ut* L N. — *non possit* L N. — *proprüs*) om. N. — **34** *numinum*) om. L N. — **35** *sumus* L N.

9. v. **38** *vero*) *autem* L. — **39** *tumult. variis* L N. — *et*) om. L N. — **40** *pluviarumque* L N. — *tandem corp. ten.* L N. — **41** *adeo rigua* M. — **42** *ante*) *prius* L N. — *jam*) om. L N. — **44** *lucente*) *lucernae* M. — *oblivionibus* L N. — *utrum*) *an* L N. — **46** *animam*) om. L N; *illis*) om. L. — *eas negant* L N. — p. 179, 1. *clar. tamen obscuretur* M. — **2** *an. illis* L N. — *et jam*) *etiam* M. — *ex eo quod* L. — **3** *Macr. in somn. Sc. 1, 12.* — *a corpore*) om. N; *tand. a corp.* L. — **5** *sumserunt* N; *assumpserant* M. — *illicque eisdem* N. — **6** *ad integr.*) om. M. — **7** *non essent, inquiunt* L N. — **9** *quod anima si sic incorporetur* L N. — **10** *pr. sit ver. corp. respicitur, respond.* L N. — **12** *et quum ad an.* N M. — **13** *anim. et corp.* L N. — **14** *phys.*) *philosophi* L. — *Intrusae vero animae corp.* L N. — **15** *reduci mer.* L N. — *ex natura* M. — *mereantur* M. — **16** *et concup.* N. — **17** *bona app.* N. — **18** *Duo quoque ex ind.* L N. — **18** *discern.* N. — **19** *priorum.* M. — **20** *et inde* M. — **21** *cogn. nuncupatur* N. — **22** *pertrahat ad eff.* M. —

10.   Serv.'ad Ae. 6, 724. — *Quia vero* N. — *aliquantum* N. —
24 *ratio* L N — 25 *paritatem vel*) om. M N. "De animarum origine
legatur perutilis adnotatio historica doctissimi Lusitani *Ignatii Monteiri*
S. J. metaphys. Tom. 1. part. 2. p. 341 sqq. Ibi enim cognoscere sum-
matim licet quicquid non veteres solum philosophi, verum etiam Christiani
aliqui doctores praeter veritatem alucinati sunt." MAJUS. — *portionem*).
"Haec sententia ad pantheismum vergit." MAJUS. — 26 *ut ajunt*) om.
M. — 27 *quid per* N. — *elementa*) om. N. — 28 *si de deo et elem.*
N. — *nascantur* M. — 29 *nat. omn.* L N. — 30 *a deo, quid ab ipsis*
es. p. elem. M. — 33 *probatur* L; *probant* N. — 34 *et calor* N. —
sicut elem. omn. L; *sic. omn. elem.* N. — 35 *vero*) om. L. — 36 *Praet.*
ut deus, sic et corp. illa L. — 37 *contra vero an.* N. — 38 *elementa*
mutantur M. — *proprie* N. — 40 *inferunt* N. — *quod inde* N. — 41
ducit) *trahit* L. — *Sed*) *Si* L N. — *occurrerit* N. Vid. Serv. ad Ae. 6,
724. — 42 *quod ratio plus* L N. — *illis*) *aliis* N. — 43 *viget* L N. — 44
fuerint M; *fiunt* N. — *viv.*) *nutantia.* — 46 *animalis* L N. — p. 180, 1
viv. rationis L. — *in satis*) *infans* L; *in aliis in satis invalida* C; *insa-*
nis invalido D. — 2 *adeo ut qu.* N. — 3 *ex ejus qual.* L N. — 5 *Gal-*
los) *teutonicos* L. — *ing. vid.* L N. — 6 *ex quad. p.* L; *ex om.* N; —
reprehendit L. — *qui ad aliud transtul.* L N. — 7 *mutare ex p. dicit*
L N. — 8 *De toto enim* L N.

11.   Serv. ad Ae. 6, 724. — *est*) *sit* L N. — 11 *Atqui* M. — 12
animi) om. L N. — *debuit nat. corr.* L N. — 14 *quam*) *eo* L N. — *in-*
cludatur M. — *in fovea* N. — 15 *imp. inde suam virtutem non perd.*
N. — 16 *ita et* N; *sic et* L. — *vitia*) *vitam* M. — 18 *Omne . . .*
anim. corrumpitur) om. L. — 20 *cui*) *quum* M. — *sint contr.* M. — 22
ratio) *ideo* M. — *refringatur* L. — *inquiunt per se* L N. — 27 *re-*
tracta legendum est. — *quando autem* N; *quae si retecta* M. — 32
antiquum) *suum* M.

12.   Serv. ad Ae. 6, 724. — *propriam*) om. N. — 35 *poenam*
L N. — *patitur ap. inf.* L; *recipit ap. inf.* N. — *ajunt*). om. L N. —
36 *posito* L. — *vigorem* L N. — 37 *speciem candidam* C D. — 38 *non*)
om. L N. — *inde eam afferas* L. — 39 *req.*) *quaerit* L; *ablutione in-*
diget N. — *ex corp.* L. — 40 *etiamsi corpus dep.* N collocat post *ne-*
cesse est. — 42 *Virg.*) Ae. 6, 746. — 45 *quod aliae*) om. L; *q. ani-*
mae aliae N. — *quaedam solarem* N. — p. 181, 1 *purgationis*) *perfecti-*
onis M. — 2 *circumdari* N. — 3 *legim.*) ap. Virg. A. 6, 340. — 4 *vix*
etiam m. N. — 5 *de Did.* 6, 453. — *Occurrit*) om. L N. — 6 *Sic*
ergo N. — 7 *pallingenosio* L. — "Famosum errorem metempsychoseos
quis ignorat, vel quis jam refutari postulet?" MAJUS. — 8 *inexthsio-*
bosis N; *inextensiobolis* L. — 10 *amb.*) *dubium* M. — 12 *futurum*
sit desidertum habeant in corpora redeundi L; *futuri s. ignarae, ut*
desidcrium habeant incorporandi N. — 13 *accepimus sap.* N; *accep.*
scientiae L. — 14 *desc.*) *decessu* L N. — 15 *tamen*) *autem* N; *etiam*
L. — *secundum quosd.*) om. L N. — 16 *animas) sed quasdam* addit
M. — 17 *fati*) *facti* L N. — 18 *apothesin* L; *apetitum suum* N. —
aeterne M. — 19 *ad. s. cons.* N.

13.   *superius* N. — 21 *genita* M; *an etiam generata* L. — 22
inn. vid. Plat. L N. — *Generatam eam esse* N. — 23 *Tim. refert*
N; *thimei* L. — *ubi dicit* L N. — 25 *sementem*) *scientem* L; *cien-*
tem N. — *phedrone* L. — 27 *ingeneratam* L N. — *ideo dixit quod*
L N. — *eam*) om. L N. — 28 *gen. rer.* N. — *ut*) *nisi* L. — 29
act. vel nat. L N. — 30 *diss. act.* L. — 31 *vero*) om. L. — *div.*

actualiter non dissolvuntur, sed naturaliter L. —, 32 *dissolvatur* N. —
33 *pateretur* N. — *illi*) om. L. — 34 *igitur*) om. L. — 35 *ideo*) om.
N. — *et ipsa* L N. — 36 *ilen* L. "Haec quoque Platonis sententia
est, cui videbatur Deus rotundus, quia nulla sit pulchrior rotunditate figura." Majus. — *et plato numquam* L. — *testatur* N. — 37 *inter-
dicit* N. —

14. *tamen*) *autem* L N. — 39 *id est*) om. L. — 40 *unicaique
rei* L N. — 41 *invenit* N; *innuunt* L. — 42 *divina* N. — 43 *formam*
om. N. — *rationalitatem* N. — p. 182, 1 *plur. vult.* L. — 3 *pro cor-
porabilitate div.* L N. — 4 *exerc. constat* L. — 8 *relinquat* N. —
exerc. vir. L N. — 9 *Anima en. ut diximus* etc. N. — 10 *habet pot.*
N. — 12 *mundanam eandem*) om. L; *eandem*) om. N. — 13 *anima*)
om. L N. — *in corpore esse* N. — *in homines viv.* M; *in corpore viv.*
N. — 14 *duas hom. an.* L; *duas an. eund. hom.* N. —

15. *sunt*) om. M. — 16 *vehiculis* L N. — *cottidie* L; *cotidie*
N. — 18 *Nam*) om. M N. — *ab hebraica veritate* M N. — 19 *arbi-
trantes* N. — *quia dicunt* M. — *fratris*) om. M. — 20 *ad me de
terra*) om. L. — 21 *de*) *cum* N. — *Abel erant*) *abluerant incorpo-
randum* M; ubi Majus "Ita cod., inquit. Videtur tamen dicendum
optabant incorporari." — 22 *in corp. beat.* L N. — 23 *auct.*) *dignitatis* M N. — 24 *efficitur* M N. — *in vita*) *munita* M. — 27 *dicebant*) *volunt* N. — 28 *hoc trah.* L; *id trah.* N. — *et insp.* L N. —
29 *ut ajunt* N. — 30 *redit* L. — 31 *Hi igitur deo* N. — *tamq. et
divisib. sit vel localis* N; *vel divis.* L M. — 32 *Asser. quidam* pro *alii*
L N. — 33 *innasci* L. — 34 *et anima*) om. M; *ita anima filii de
anima patris putetur pr.* N. — *trahunt argum. de similit.* M; *argum.
trahentes a cons.* N. — 36 *indubiae* M. — *nec hinc animas nec il.
nasci* L, qui reliqua inde a verbis *vel creari* .... *corpore nasci* cum N
omisit. — 38 *quod est temp.* L; *quia e. t.* N. — 39 *quo*) *quod* L. —
40 *in corpore* L N. — "Immo contrarium passim demonstrant catholici
philosophi ac theologi, quos inter Monteirus prop. X. Videsis etiam
fragmenta Graecorum Patrum a me edita in tomo I coll. Vat. in Leontii
locorum sacrorum specimine." Majus.

16. *duae*) om. L N. — *vires sunt* N L. — *altera*) *et alia* M. —
42 *inferior*) *superior* N. — *Animae* .... usque ad p. 183, 2 *superiorem*
omisit L. *super. en. celest.* N. — 43 *ce illa concupiscen* N. — 44
Animus autem N. — *qui* N. — 45 *cons. corp.* N. — 46 *Est quoque
sup.* N. — p. 183, 2 *sed inferiorem* N. — *Est autem* N. — *eve* L
N; *Evae* M. — 3 *rexiss.*) *extitisset* L. — *Eva*) om. M. — *infer. Eva*
N. — 6 *poët. et N* M. — 7 *Si inquiunt* etc. L N. — 8 *qua*) *cur* L;
cum N. — 9 *incorporeas non* L. — *vid. tot.* N. — *vivac. est* N; *vi-
cinitatis est* L. — 10 *agn.*) *cognoscere* L N. — *coeperit* N. — 12 *post*)
om. L N. — *oblivione* N. — Serv. ad Ae. 6, 714. — 14 *iterum*) om.
N. — *de caelis* L N. — 16 *philosophorum sententiam fut.* L. — 16
Virg.) Ae. 6, 715.

17. v. 19 *expressio est* N. — *quom.*) *qualiter* L; *quando videl.
vel qualiter* N. — 20 *fuerunt* N. "Inter ceteros diu multumque in hoc
argumento versatur Proclus ineditus ad lib. X reip. Platonis." Majus. —
20 *tam sont. quam innoc. secundum philosophos ad astra revertuntur*
(*referuntur* L) *ut aviter* (*ut ajunt* N) pro etc. L N. — 22 *pretio*)
merito N. — *aeterne* M, qui om. *lucis.* — *aet. luc. opt. merc.* N. — 23
malis comm. L N. — *proiciantur stellis* N; *stellis puniantur* M; *proi-
ciuntur* L. — 24 *ita* om. L N. — *idem* om. L N. sc. Ge. 4, 225 sqq. —

25 *hoc ... absurdum* L N. — 26 *scilicet* om. L. — *huc* om. N. — *deinde) demum* L. — *huc) ac* codd. Virg. — 29 *Lucan.)* 9, 8. — 30 *imi) uni* N. — 31 *animam* M, ut vulgo edd. Luc. — 32 omn. in orig. *s. redire* L N. — 33 *quod inde* N. — *fund. poss. perire* L N. — 34 *in quo* L N. — 36 Serv. ad Ge. 4, 225. — 37 *quasi) quia* M. — 38 *mixit.) maximarum* M. — *quaque) quippe* N M. — 39 *contingit* M N. — *interire) exitium* M. — 40 *resolvantur* N.

18. *mire agit (ait* M) Virg. dicens N sc. Ae. 6, 740. — 43 *inanes) aduos* N. — 44 *iurgite* N. — 45 *infestum ... exuitur* L. — 46 *poetica obsetvat* N. — *a phisica* N. — p. 184, 1 *secundum)* om. L. — *philosophorum sententia* L. — 2 *quod) quam* N. — 3 *nimiis fuerunt. sord. opp.* L N. — 6 *nihil exurit* N. — *transe. in marina corp.* L N. — *marina) maxima* M. — 7 *vixerunt* L N. — 8 *transeunt* N. — *suscipiunt* N. — 9 *ergo) genus* L N. — *etiam* om. N. — Stat. Th. 3, 485. — 10 *Inde in sacr. omn. etiam istae tr. purg. s.* L N. — 11 *sunt)* om. M. — *purgant* M. — *vel) at* L N. — *aut aqua abluunt* M. — *in)* om. N. — 12 *ventilant* M. — 13 *consuetum* M. — Virg. Ge. 2, 389. — *tibique)* om. L N. — 14 *alto* N. — 15 *In ips. et. sacris purgationum* L. — 16 *Virgilius* L N collocant post *meritorum. ut) ubi* L N. — 17 *aqueam* L N. — 18 *male)* om. N. — *vixerunt* L N. — *corporationem* N. — 20 *diut. temp. c. num.* L N. — *autem)* om. N. — *addit) ait* M. — Virg. Ae. 6, 743. — 21 *man. pat.* L N M. — 22 *quae) quasi* N. — 23 *ea quae in) aquae vel ignis jud. continemur* M. — 24 *aliud quod* L N. — *veritas est* M. — Serv. ad Ae. 6, 743. — 25 *unum qui* L N. — 26 *hort. ad bona* L N C D. — *alium* L; *alius* N. — *pravat* L; om. N. — 27 *quia) quod* L; *qui* N. — *hominum)* om. N. — *unusquisque gen.* Serv. — 29 *inserimur* N. — *in mel. vit.* C D. — 30 *aut vacationem* C D, *qui omittunt i. e. ascens. ad sup.* — 31 *meremur* L N C D. — 12 *dicit* sc. Virg. Ae. 6, 743. *dicunt* N. — Cf. Serv. ad Ae. 12, 538.

19. *Apud plocium* L. — Serv. ad Ae. 9, 184, qui alium verborum ordinem exhibet. — 36 *moveamur* L. — *primi) primo* C D; *primi quidem* L. — *qui)* om. L. — 37 *deprehendunt* L N. — *et genio* L N. — 38 *quod) qui* L N. — 39 *nos)* om. N. — *et)* om. L. — *considerare* L N. — 41 *nihil mali* N. — 42 Ae. 9, 184. — 43 *ard. humanis mentibus* N. — 45 *cupiditates)* om. N. — *ment. nostr.* L N. — *injiciunt haec desid.* L N. — *fit) sit* Serv. — p. 185, 2 *omnibus rer.* N. — *Genio etiam* L N. — 3 *volupt.) ventri op. damus* L. — *Unde in secundo eneidos* L N. Sed L deinde pergit: *Sed nec aliquem esse sine genio locum voluere priores,* deinde subjungit Terentii locum, qui est in Phorm. 1, 1, 10. — 4 *Sive) suum* N. — *defraudas* L. — 6 *in V) in secundo* N; at est Ae. 5, 95. — *Unde etiam* L. — *de)* om. L. — *prorumpente* N. — 7 *geniine* L. — *addit* N. — 8 *duci)* om. L N. — Serv. ad Ae. 5, 95. — 9 *mos antiquorum* N; *haec maj. consuetudo* C D L. *sicut hodieque apud Indos est* addit Serv. — 10 *his) iis* N. — *et servi* N. — *de ux. una* N. — 11 *incenderetur* L N. — *erat)* om. M; *fuit* N. — 12 *servum) unum* L. — *Anchisa* L N. — 13 *Sive) aut* Serv. *Sive apotheosim sive deificationem quia poë. etc.* N. — 14 *ei dat) credat* M. *et)* om. C D. — 15 *superiora)* om. C D. — *res inferiores* L. — Cf. myth. II p. 118, 22. — *habent)* om. N; *hab. ministr.* L. — 16 *adonim* D M; *adona* C. — *mat. deorum* N. — *athim* L; *atim* N. *atyn* M. — *erictonium* L N. — 18 *Pythagora* L N; *assertione)* om. L N; *secundum Pythagoram dicit* C D. — 19 *deprehendit de med. hominis, quae est etc.* C D. — *procreari* N. — 20 *et)* om. N;

etiam C D. — *XV met.*) v. 389. — *metamorphosios* N; *metamorphoseos*
L M D. — 21 *anguillam* L. — *a genio* L N. — *spec. dari* N. — 22
Persius 1, 113, laudatus a Serv. ad Ae. 5, 85. — *pingue* L. — *etc.* i.
e. *et cetera* addit N. Serv. integrum Persii versum adducit. — 23 *enim*)
om. L N. — 24 *Servius*). A nostro Servio haec observatio omnino abest. — *togatos daem.*) M. *esse daem.* L N.

20. — *inferni animas distri.* L N. — 26 *esse*) om. L N. — 27
Virg. 6, 427 sqq. ad quem locum Serv. eadem habet ac noster. — 28
nequeunt N. — 30 *fortium*) om. L, qui legit *eorum virorum*; N autem
virorum praestantium. — *nocentes* L. — 31 *a*) om. L. — 33 *animae*)
om. N. — 34 *subtilissimum* L N. — 35 *inquit*) om. L N. ad Ae. 6,
439. — *quaesierunt* N. — 36 *inter* N. — *circ. m. clausas dicunt* L
N. — *esse*) om. L N. — 38 *et iracundiae sint* (*sunt* C D) *et cupidi-*
tates L; *quibus insunt et iracundiae et cupiditates* N. — 39 *nascitur*)
om. N. — *inter* N. — 40 *haec*) om. L. — 41 *Unde dicitur* L N. — 42
daem.) *deos videlicet et eorum hab.* L N. — 43 *purgatiores* M; *datur*
purgationes esse L. — *extra*) *contra* L N. — 46 *tradi*) *racione* N. —
dijudicavi L. Fulg. Virg. cont. p. 757 sq. — p. 186, 1 *tantum parvam*
L N. — *philosophicas* L N. — 2 *nullomodo sap.* L N. — 3 *esse*) om.
N. — 4 *fictum est* L. — 5 *omnes quidem* L N. — 6 *vero vivent.* N. —
Lege ad superiores circulos id est cùm L N; sed absunt haec verba a
M. — 7 *f. posse redire* N. — *Lucan.* 9, 1 sqq. — 8 *in his permuta-*
tione quadam permorari N; pro *diversa* L habet *varia permor.* — 9
esse contend. semper N. — 10 *saepe*) om. M N. — 11 *id est* N. — 12
Juvenal. 7, 194. — 14 *te sidera* L. — *incipientem primos* N. — 16
elevat N. — *hoc est* N. — *ad aethera virtus* L N, et sic codd. Virg.
Ae. 6, 130.

21. Vid. myth. II, 102. I, 12. — 20 *fuerat* L N. — 21 *suscip.*
freq. L N. — *et*) *quia* H. — 22 *occisum*) om. H. — 23 *ejus*) *suum*
L. — 24 *At*) *et* L M N. — *eum*) om. N. — *revocarent* L N. — 26
eum comedisse N. — 30 *methesicosin* L N. — *deprehendunt* H N. —
31 Verba παλίν namq. usque ad *anima interpr.* omisit M. — *item*) om.
N. — 32 *methen transitio, sicosis anima* H L N. — *autem*) igitur L
N. — 33 *ap. inf. hac lege dic. damn.* N. — *in*) om. N. — 34 *vicinis*
ei L N. — 35 *pomis* L. — 36 *quod*) *qui* L. — *vis. vol.*) Fulg. Virg.
Cont. p. 759, ubi E G Graeca addunt *teantelon* i. e. θίαν θίλων, deinde
sic pergunt: *Omnis enim avaritia jejuna fruendi usu solae visionis ima-*
gine pascitur. Tantali fab. idem. Fulg. tangit in mythol. 2, 18. — 37
Av. namque L N M. — *usu jejunus* L M N; et hoc verius est. —
sola rer. s. L M, quod firmat Fulg. — 38 *stare dicitur* L N. — 39
esse) om. L. — *dic. esse* N. — *cetus* L N. — *dicitur locatum* L. *haud*
longe a ceto (*cyntho* C) Serv. ad Ae. 6, 659, qui eadem habet. — 40
Sic) *Hic* L M N C D. — *qui in Italia, i. e. in Venetia P.* voc. C D;
quae scil. pars. e. It. L; *It. pars quae Padus vocatur* N. — *quaedam*
pars. M. — 41 *quem alii etiam* C D. *alii* om. N. — *ad inferos volunt*
tendere C D; sed om. M. — 42 *e*) *a* L M N; *exire in terras* C D. —
43 *quae*) *qui* N L. — 44 *id est tyrrhen.* M. — *scil. quod*) *solusque*
H. — 45 *et inde ducitur* L N; *et tendit* C D. —

22. — Fulg. 1, 5. mythogr. II, 11. *Cerb. triplicem* H. — *Cerb.*
vero M. — *quem*) *quoque* H. — *adiciunt ped.* L N. — 2 *odium post*
exercetur collocat N; *odium quod* H; *odium quidem* M. — 3 *exercere*
intell. M. — 4 *serpentium* M. — *canis et catti* N M; sed om. H. — 5
aliud causale ... commovetur) om. L N. — 6 *aliud causale* H. —

quum) om. L M N. — 7 tripertitam M N H. — 8 recipiunt H. —
Sed quid L N. — Sed) om. M. de eo om. N. — sentiunt N. — 9
inf. docebimus L N; docebimus inf. M. — 10 fratrum) scribi H. —
divisa ex quadam parte N; diversa ex quadam p. L. — 13 Nec immerito tria. Namque M. — 13 haec om. L N. — licet diversa N. — 14
habeant imp. L. — putantur hab. N. — 15 ipsa electa quae poss. L;
quae possident) om. N. — elem. quibus praesident M. — 16 philosophi
ea quad. rat. inter se jungunt L; philosophica q. r. inter se etc. N. —
17 de alienis elementis conq. N. aliis L. — Ae. 1, 133. — 20 miscetur N.

23. Myth. II, 12. I, 109. — Tres) om. L. — Plut. fur. L
N. — in terra L. — 22 Fulg. I, 6. — 23 impausab.) om. N. —
Thesiphone H L N. — quasi triumphone L N. — i. e. ist. v. N. — 24
Lege μεγάλη. — et magn. N; i. e. magn. L. — 25 enim) om. N. —
inquit) om. L. — est enim M. — 26 concip. fur. N L. — jurium N. —
27 Alii autem L. — thesiphonem L N H. — 28 vol.) vocant N. —
vel) om. L N. — 29 vel ululationis m. L. — asser. videlicet L. —
esse pri. N. — 30 quietis) qui eas L. — 32 vel post H M. — juria
N. — in malivolentia tant. et detractione H M. — 34 Fata) facta
H; fora L. Myth. I, 110. — 35 parcant fata N. — 36 Serv. ad Ae. I,
22. — 37 fila ducit L N C D M. — vero una L N. — Homer.) Errat
mythogr. — bajolat N. — 39 despensationis L. — ducant L. — 40
tamen om. L N. — 41 cloto H L. — 43 vit. hum. N. — enim) om.
H. — hom. pr. N. — in) ad N. — utero mat. L N. — 45 ad luc.
N. — unicuique L N. — p. 188, 1 observat L M N. — 2 ad se) om.
H M N. — indifferenter) om. L.

24. Myth. I, 228. Abest § 24 et 25 ab H. — 4 phisica L N;
physiologia Serv. ad Ae. 6, 894. — 7 sentiunt post testatur collocant
M N. — Cicero) curio L N. — de nat. deor. ait M. — 9 quia quae
M. — 10 ea) om. N, qui legit quae vero vid. — maxime) om. L N. —
11 et) om. N. — inmissus N. — 12 emissus est egressus N. — 13
sumitur) sentitur M. — pingi.) "Hoc animadvertant artifices." Majus.
Vid. Serv. l. l. et ad Ae. 1, 692. — 15 personae possib. rectissime M
N. — hab. saep. N. — 16 ajunt) om. L N. — visa etc.) est vicina
cornu N; est porta vicina cornu L; vicina sunt cornu recte Serv. —
unde etc.) Unde cornea vera fingitur porta Serv. Quae digne cornea
fingitur, eo quod veror. porta sit somn. N. — 18 nimium) solum C. —
orn.) conatum L. — var.) unamque L; vanamq. N. — jacturam L
N. — esse etiam L. — 19 conf.) probantur N. — Unde et N. —
orn.) conatior L. — datur) fingitur Serv., qui falsis om. — 20 earum.)
Leg. geminarum e Macrob. in Somn. Sc. 1, 3 p. 19 Zeun. — 21 ab
Homer.) Od. 19, 562. — Latet) Licet M. — 22 enim) om. M et
Macrob. codd., qui addunt hoc pro sed; haec N. — 23. 24 interdum
aspicit, interdum) om. L N. — 24 nonnumquam tendit ac. Macrob. —
pervidet.) Codd. et Macr. pervenit. — 25 tamen non Macr. — 26
obducit L et Macrob. — et haec N. — 26 esse Virg. L N; esse idem
Virg. Macr. sc. Ae. 2, 604. — 29 tibi visus N. — 30 caligant
N. — 31 ad verum usque recte L N et Macrob. — animae) om. L
N. — 33 sit perv. L N et Macrob. — 34 intuit.) obtutum Macr. —
35 natura densatum est Macr. — est) sit L; fit N. — quamvis ad)
L N. — 36 ad ulteriora L N et Macr. — tendente) om. L N. — 37
Serv. ad Ae. 2, 604. — 38 intutibus N; virtutibus L. — et inquit
N. — 40 haer. ref. Virg. L N. Serv. ad Ae. 6, 284. — tractaverunt
N; scripserunt C D. —

25. v. 43 *dicit obt.* N; sc. Vlrg. Ae. 6, 274, ubi vid. Serv., qui cum nostro consentit. — 44 *aut*) om. M. — *vic. morti* M. — 45 *in mortem* M. — 46 *esse*) om. N. — *figurantur* M. — *cadunt*) concurrunt C D ad Ae. 6, 275. — *ut sit* N. — *naturaliter nec est* L. — p. 189, 1 *Unde et* N. — *dicunt* C D. — *non sentiunt, quibus mors creatur* C D. — 2 *Sed et* L N. — *et gorgones* L N. — *arpias* L N. — 3 *stabul. in for. jux, Serv. dic.* N. — 4 *quaecunque* N. — 5 *cosm.*) *chorographos* exhibet D et alii codd. ad Ae. 6, 532, ubi eadem leguntur. — 6 Lege *geometris* cum L M N C D. Erravit typotheta. — *terram*) om. L N. — 7 *sphaericam esse* L N; σφαιροϊιδῆ C D. — *quae aq. et a . sustentatur* C D. — *Quod sic ad antip. potest in nav. perv.* L; *sic etiam ad antip. pot. perv. nav.* N. — 8 *navigatione* C D. — *qui*) *quod* N. — 9 *sunt nobis* N. — *et nos* N. — *Aeneam in inferna ductum put.* M. — *in inf.*) om. N. — 10 *put. dict.* N L. Ae. 6, 532. — 11 *vento allatam*) om. N; *ab antipodibus* addit C D. — 12 *reciproce et hoc* L; *hoc quod diximus supra* C D. — 13 *etiam animas per metempsicos inducunt* C D. — *quasi*) *quas* N. — *per*) om. L. — *metapsitesin* L N. — 15 *pr. fuerant orbe versari dixerunt* N. — *fuerint* C D. — Lucan. 1, 456. — 16 *metapsitesis* L N. — 17 *nec serv. nec mut.* N. — 18 *ceneus* L M N. Vid. myth. I, 154. II, 108 fin. — 19 *pro stupri pretio* N. — 20 *Fuit etiam invuln.*) om. N. — 21 *lafithis* N. — 21 *paulatim*) om. L. — 22 *simile* L N. — 23 *extit.*) *fuisse* L. — 24 *nihil*) om. L N. — *compatriot.*) "Notemus medii aevi vocabulum, quod Itali hodierni retinent." Majus. — 25 *multo*) om. L N. — *nomen*) om. N. — 26 *autem*) om. L; *enim* N.

26. Serv. ad Ge. 2, 380. Ae. 3, 118. Vid. ad myth. II, 61. — 28 *per simile* L N. — *per contrarietatem* M. — 29 *decernuntur ut nigr. ipse pec. Plutoni pro similitudine* N. — *pecus*) om. L. — *ipsi*) *hiemi* M, e Virg. Ae. 3, 120. — 30 *ut pecora quae obsunt fr.* L. — 31 *ascalapho* N. — *qui deus est* L N. — 32 *sit sine febre* M N. — *sine* om. L. — *qui ejus turp.* L M N. — 33 *ruditu*) om. L N. — 34 *Serv.* ad Ge. 2, 84; vid. myth. 1, 126. — *Servius*) om. H. — *lapsavo* H L. — 36 *Postea autem* L N. — 37 Hor. S. 1, 8, 5. — 38 *cohercet* L. — 39 *rubet* N. — 40 *arundo*) *nudo* L N. — 42 *dic. praee.* N. — *pro eor. fecunditate* H. — 43 lege *creent*, cui M addit *aliquid*. — 44 *aliqui*) om. H M. — 45 *existit* L. — *quare* N; *quia* L. — p. 190, 1 *phaphie* L H. — 3 Virg. Ae. 1, 335. — *tum haut* H. — 6 *tumulos* L N. — *est causa* N; *ratio est* M. Vid. Serv. ad Ae. 3, 68. — 7 *et post an. conj. cum corpore anima* etc. N. — *et*) om. L. — 9 *an. sep. esse vag.* N L. — 10 *id est divisi*) om. M. D; *Stoici ercis cundi, i. e. medium sequentes* C. — 11 *dic. dur.* L N. — *duret* L N. "Pro animorum immortalitate auctoritates veteres egomet protuli ad Fronton. de nep. am. Item ad Cic. de rep. VI. Denique ad antiq. comm. in or. pro Sextio cap. XXI, 1." Majus. Cf. in primis Wyttenbach. de eadem re doctissime disserentem. — 12 *et Aegyp. N.* — *periti sapientia incondita* L N. — 13 *servant cadavera* L N. — *duret* L N. — 14 *ad aliud* C D; *ad alias* L. — 15 *faciunt* L N M. — *statim anima* L N. — *ad gen.* N; *suam* addit L. — *in suam natur.* C D.

27. Serv. ad Ae. 3, 68. — *secutos* L N. — 19 *statim*) om. L N. — *vit. pr.* C D. — 20 *non*) om. L; *non metapsicosin* C D. — *palingenosiam* N. — 21 *quidam*) om. H M N D. — 23 *animas non cum corp.* L N. — 24 *inde* om. L N. — 25 *morari et ideo* L N. — 26 *duricia* N. — 27 *subtrahant* M N. — *est, inquiunt eas deser.* L N. — 28 *quam diu durat. hinc* etc. L N. — 29 *synodles poëta statius videlicet*

in nono thebaidos L et N, qui tamen *simonides* exhibet. — *Statiusque
... ait* M. v. 739. — 31 *animae* N. — Cf. Serv. ad Ae. 3, 140. —
32 *autem*) om. L N. — *et*) om. L N. — *aqúa*) om. C D H M. — *ca-
tidi* H. — *conclamabant* M. — 33 Plin. ap. Serv. ad Ae. 6, 218. — 35
put. excl. N. — 34 *reddit*) *dedit* L. — *solere*) om. L N. — 35 *falli* L. —
quendam) om. L; *superp. quend.* N. — 36 *erect.*) *crematum* H. — 37
Unde etiam L. — *septem*) *octo* D. — 38 *aqua*) om. H M. — 39 *traxit*)
om. L M N. Terent. Eunuch. 2, 3, 57. — 42 Virg. Ae. 6, 152. —
hinc referenda L N. — *et itid.*) *Idem mos fuit, ut in domo serv. sept.
die.* N; *et item* L. Vid. Serv. ad Ae. 5, 64. — 43 *octavo conclamare-
tur* N. — 45 Hor. Epod. 17, 48. — *novemdial.* C N; *novendinales* L,
et sic infra. — 46 *Unde etiam* C; *inde et* D H M. — *in honore* L N. —
celebrantur N. — p. 191, 1 *dicebantur* M H N. "Novendialium ritus
in pontifici maximi exequiis adhuc Romae manet." MAJUS. — 2 *orta
est*) *coepit* L N. — 3 *in domo colantúr* L N; *colantur* est etiam in C
D, et recte quidem.

28. — *vel juxta Lact.* L M N. — 5 *hac not.* Rom. L N. — 6
illa steril. L N. — *accomoda* L N M. — 7 Serv. ad Ae. 6, 216. — 8
repululat L. — *sic. et m. non rev.* N. — *per eam* L N C D. — 9
dom. fun. ostend. L N; *funestata* C. — *quod attritos* L. — 10 *significat* N. — *sicut laeta veste frond. ind.* N; *sicut Latini vestae judicant
frond. l. et ol.* L. — *frontis* H. — *laetam* C D sc. *domum.* Recte. —
11 *lauri ol. et sim.*) om. Serv. *et his simil.* N. — 13 *polluer. ingr. per
ign.* L N. — 15 *dare sacrif.* N. — 17 *Unde etiam* L N. — *ut in tullio
legitur* L N; *ut in Livio legitur* M. sc. 2, 8 de Horatio Pulvillo. Vid.
Serv. ad Ae. 6, 8. — 18 *quum Capitol.* L N. — *ei nunt. fil.* N; *ejus
fil.* L. — 19 *ut poll. ded. non p.* M; *ne ... non* H. — 22 *eum*) om.
N. — *ejus*) *erat* L N. — 24) Ae. 5, 869. Lege casuque cum L N. —
25 *ipsa quod implerat quae agnoverat et de quibus doluerat* M. — *de*)
om. L. — 26 *unde et flum. ei ad se exp.* L. — *expianda* N. — *ut in
sexto Ae. monstratur* N, sc. v. 8, ad quem locum Serv. eadem exhibet
ac noster. — 28 *in undecimo* (185) *introducitur* N. — 29 *ad sociorum
et Pallantis* L; *ad socios a Pallantis sepulcro rev.* M; *ad Pallantis et
sociorum* N. — *reverti*) om. L. — *Varro*) ap. Serv. ad Ae. 6, 216. —
pyras ideo C D; *piras* L. — *ust. cadav.*) *ustrinae* Serv. — 31 *ne eo*
Serv. — *corona pop. circumdantis pyram* N. — *quae quamdiu staret*
N. — 32 *praef.*) *pontificis* L N. — *principi* C L N. — 33 *collect. oss.*)
diebus omnibus H; *coll. cineribus* C L M N. — 34 *ilicet i. e. ire licet*
L N; *quod .. significat*) om. L N. — *dicer.*) *daretur* L. — 35 *Vale quoque dicebant* N. Vid. Serv. ad Ae. 6, 231. — 36 *dicti sunt* L N. —
Serv. ad Ae. 9, 486. — 37 *ad quos* L. — 38 *et amitam vel matert.*
N; sed om. Serv. — 39 *Nescit tua* N L; *nec tua f. m.* M. Virg. Ae.
9, 486.

29. Sunt Varronis verba. ap. Serv. ad Ae. 11, 97. *Salve et Vale*
Serv. — 41 *possunt* C. — *discessimus* N; *discedamus* M; *recedimus* C
D. — 42 *Hinc coeptum* N L. — *ut etiam* C D. — 43 *interdum valeat
obt.* C D. — *ut et vale mal. etc.* L N. *ut*) *unde* N. Terent. Andr. 4,
2, 14. — *nos discidium usque ad v. 45 sic Virgilius absunt a* N. — 44 *et
pereant*) om. Serv. — 45 *ad*) *in* L. — Virgil. Ecl. 8, 58, et Ae. 3,
493 ibiq. Serv. — *vivite salve* L N. — p. 192, 1 *opt.*) *dicentis* L N. —
haec) om. L M N. — 2 *salva*) *amara* editt. Serv. — *vener. ejus* L
N. — 3 *dicimus*) L. — 6 Serv. ad Ae. 11, 196 cf. 143. — 7 *prim.*)
proprias recte C D N. — 8 *eraclitus* C L; *heradiatus* N. — *ex igne
vult* L N. — 9 *in ign. corp. res.* L N. — *tales millesius* L. — 11

obrui cont. L N. — 12 Serv. ad Ae. 10, 519. — *in sepulturis* L. — 13
necari C D. — Hom. Il. 21, 26 sqq. — *compl. legimus) completur* L N.
— 14 *fun. Pall.* L N. Ae. 10, 518. — 15 *Id tamen si nimis* L N; *quod
postquam crud.* C. D. — 16 *a bustis) ab istis* L N. — *bustarii* L N;
alii *bustiarii.* — 17 *in inferis* L N; leg. *in inferiis.* — *id est in inferorum sacr.* N. — *quod antiqui nox.* L N; *utpote noxiis* M. — 18 *et)*
om. N M. — *Varonis* H; *Maronis* M. — 20 *satisfaciant* L N. Serv.
ad Ae. 3, 67. — *Unde et* M N. — Serv. ad Ae. 1, 139. — 22 *et)*
om. L. —

30. *Atque* L M N. — *quod vel quid* N; *vel qui* L. — 25 *habitae sunt)* om N; *var. op.* hab. L, qui om. *sunt.* — 26 *et opportunissimae* L N; *et quia potissimae* H. Lege *repperiuntur.* — *quas) quarum q. omnis* H M. — 28 *consensi sed ad vulgatiora* L N. — 29 *quorum) quidquam abusu confusus ign.* M. — *usu* L N, — 30 Serv. ad
Ae. 2, 539· — 32 *sepulcrum* C D; *recte.* — *et aliis* N; *et aliis diis*
L. — Serv. ad Ae. 3, 407. — 34 *in religione* L N. — *aliquis* L N M.
—. 35 *vagus off. oblutus* M. *obt. off.* L N. — *tamen)* om. L N; *excepto tantum Saturno* C D; *recte.* — 36 *imitatio) numen* L N. — 37
Ae. 3, 406. — *sacros ign.* L N. — 39 *interrupti enim* L N. — *erat)* om.
M. — 40 Ae. 8, 110. — *sacra vet. Pall.* L N. — 41 *quum) cur* L. —
celebr. Ap. N. — *et quia quod Han.* L. — 42 *port. immineret* N. —
quum) om. H M N. — *ingruere nunt.* H M; *nuntiatus esset* C D,
omissis quod et quum; recte. — 43 *raptim occurr.* L; *raptim concurr.* M;
raptim armis occ. N; *raptis arm. conc.* H C D. — 44 *inven. sen. quend.
etc.* L N; *inven. saltant. in cir. sen. quend.* C D. — 45 *interrog.
dixisset* C D. — *non)* om. N. — *se salt. non interrup.* L. — 46 *responderet* N. — p. 193, 1 *est)* om. L N. — *saltat senex* C D; cf. Serv. ad
Ae. 3, 279. — *sacrificia* H M N. Serv. ad Ae. 8, 173. — *annua* L. —
2 *Unde in eneide* L; *Unde idem in eneidis* N. — 4 *kalend.* L N. —
fuerint D. — 6 *par) pax* H. — *et animae)* om. N. — 8 *vel) et* H. —
Serv. ad Ae. 3, 371. — *quod anima per se non possit* N. — 9 *ex
cognitione* L; *ex cogitatione* N. — 11 Ae. 4, 518. — *Unum)* om. L N.
— *excussa* L N. — *in veste vinclis* N. — *recissa* L N. — 12 *In sacrificiis* L N. — *ligatum* L N. — *Sed Hel.* L N. — 13 Ae. 3, 371.
— *cuncta vinc. corp.* L N. — 14 *ne quis animo etc.* L N. — 15 *sacrificiis observ.* N. — 16 *ost. Juven.* L N, sc. 12, 5. — 17 *extentum*
H M. — 18 *pro vero* H M. Serv. ad Ae. 2, 116 fin. — 20 *vel) et* L.
— 22 Ae. 4, 512. — 23 *esse)* om. L. —

31. *Atque in usibus sacr.* L N. — *habetur* N. — 26 *unde* L;
ut est N. — Ae. 6, 230. — 27 *Sparg.) Peragens* N. — 28 *superis autem* L. — Ae. 2, 719. — *me abluero* L. — 29 *ut est* N. Ae. 3, 354.
— 30 *bachi* L N. — 31 *ut est* N. — Ae. 6, 225. — 32 *Stat.* Th. 6,
init. — 33 *in inferor. etiam* L. — *numer. servabant parem, qui* L N.
— *qui) quia* M. — 34 *posteris* N. — 35 Ecl. 5, 66. — 36 Ecl. 8, 75.
— 37 *supra* N. — *extrunctis* L. — 38 Serv. ad Ae. 2, 515; cf. ad
Ecl. 5, 66, ad Ae. 3, 305. — 39 *et arae) et* om. L N. — *inferorum vero*
L. — 41 *superorum* M. — *fundebantur* N. — *ut est in Lucano* N. Est
versus Virg. Ae. 4, 61. — 42 *in)* om. L N. — Ae. 6, 244, ubi vid. Serv.
— 44 *vergere* C D L N; *autem est* add. C D. — *in sinistram partem)*
om. N. — *manu simul ita* L N. — 45 *ad sacrif.* N. — p. 194, 1 *erant)*
om. N; *erant sacrif.* L. Brevius C D: *Haec autem pertinent ad victimarum explorationem, ut si non stuperent ante* (leg. *aptae) probentur.*

32. — *cenabantur i. e. vinciebantur* L; *vinciebantur* N. — 4
vinctis L. — Serv. ad Ae. 2, 133. — 5 *et cultri)* om. L N. — *Fiebant*

L M N C D. — 6 de cena id est de feda fruge et ceno sale, unde horatius cena fr. L. pro horna et horno N exhibet scena et sceno; M autem orna et orno. Hor. C. 3, 23, 3. — 8 ducebant N. Sed vid. Serv.
ad Ae. 12, 173. — Ae. 12, 174. timpora N; cadavera L. — 9 Etiam
erant N; hae quoque er. pr. L. — 11 ut illud N. Ae. 9, 627, ubi vid.
Serv. — 13 ornatum N; auro cenatum L. — 14 Ge. 2, 395. Cum
duct. N. — 15 vinctima N. — reluctabitur M. — ostendit L N M. —
16 Luc. 7, 165. Vid. Serv. ad Ge. 2, 395. — etiam) om. L M N. — 18
praesign. immol. L M N. — 19 signati H L N. — 20 quum anim. d.
host.) om. M, qui habet: aut de parte hostiae, aut de int. v. — 21)
Ae. 6, 253 ibiq. Serv. — imponunt M. — 22 tractis) detractis C; tectis
H D; jactis M. — de) om. C D. — superimponebantur C D; impone-
batur L; imponebat N. — 23 reddebant L N. — 24 Ae. 6, 254. In-
fundens L. — 25 ut est N. Ae. 5, 227 ibiq. Serv. — proicit L N. — 26
fuso tant. in ar. L N. — ut est N. Ae. 3, 67. — 27 moris quoque erat
sacerdotibus L N. — 29 interiret L. — ut est N; om. L. Ae. 6, 248
ibiq. Serv. — 31 ominis) hominis H; in alto nimius M. — 32 macta
D L N; mactare C. — augere C M N; auge L D. — 33 autem)
etiam H. — aut) om. N. Sunt iterum verba Serv. ad Ae. 9, 641. —
et vinum N. — fundebant N. — 34 dicebant L M N. — Mactus est
taurus C D. — et) vel C D. — thure vel vino N; thure videlicet vino
L. — id est) om. L N; hoc est C D. — 35 cumul. est hostia et m. a.
C D. — cumul. i. e. magis a. L N. — 36 Ae. 9, 641. — Macte nova
v. p. L et codd. Virg. — 37 et alius H M. Recte; nam Stat. Th. 7,
280 affertur. — 39 etiam) item M. — legim. verb. N. — ut est N. Ge.
2, 193. — 40 pandis) sparmis M, in margine autem spandis. — spir.)
fumantia vulgo ap Virg. — exta) om. L. — 41 reddimus N. — enim
et exta om. N. — quae) quum L M N. — 42 cavebant L. — 43 macul.
hab. N. Hinc corrig. Serv. ad Ae. 6, 39 ubi est aculeatam. — nec) ne
C D M. — aur. scissam L N; fixam M. — 44 bident. ubiq. L N. — 45
in sacris N. — admittebant L N. — 46 bubus N. — Ae. 6, 38 ibiq.
Serv. — de intacto grege L N. — p. 195, 1 Serv. ad Ae. 4, 57. 6, 39.
— quasi bientes L N. — 2 nec majores aut (nec C N) min. L N. —
immol.) hostias dare C D. — 4 et hae solae) sed in his quae Serv. —
5 propr.) Primum M. — dab. ov. lect. L; dab. lectis portis M. "Ita
cod. pro porrectis; nisi quis mavult porcis." Majus. — 6 exim. porc.
L N; pro quo M exuviis. — bubus N. — id est) et M. —

33. Ad hoc L N. — 10 repetebant L N. — 11 arpiar H L. —
12 Ae. 3, 231 ibiq. Serv. — ignes L. — 13 mov. simul. L N. — Hor.
C. 1, 18, 11. — 14 Virg. Ae. 4, 301 ibiq. Serv. — 15 thias L. — Et
sciend. L M N. — ei om. L N. — sacrificabatur L M. — 16 ipse locus N; om. M H. — cujus simulacrum M. — 17 Alia vero N. — 18
alibi) om. N; alibi id. L. — 19 Ge. 3, 16 ibiq. Serv. — 20 ait) om.
L. — 21 fore) om. L. — adduxit L. — 22 quid enim dicebat templ.
N L. — 23 potestatem ten. N. — num. dic. L. — 24 necesse erat L N.
— et) om. L; ut N. — discederet N. — 25 etiam R. moris leg. L. —
26 pollic. num. N. — Romae) om. M. — 28 aliquid) om. L N. — dab.)
debebatur L N. — hoc) om. L N. — 30 Ae. 3, 222 ibiq. Serv. — 32
nonnumq. ven. N. — 33 ad num. immorabantur L N. — 34 quod L N.
— 35 ov. populi immolabant L M N. — dictus N. — 36 nam et L N.
— 37 a plebibus et eq. L N. — 39 triumphabant L N. — albis tantum equis uteb. N. — utebantur L N. — 40 in Capitolium N a secunda manu. — mactabant L N. —

34. v. 42 ut diximus post caelestes collocat N, et omittit sunt.
— 44 qui deprec. sunt N. — Hinc etiam est L. — qui) quod L. —

45 *infer. etiam* L. — *adyta*) *addita* H; *ei adyta* N. — 46 *ut est* N.
Ae. 3, 93. — *submissi* N. — p. 196, 1 *manusque* N. — Ae. 2, 687
ibiq. Serv. — 4 *cum voce*) *utrasque* M. — 5 *ore favente* L N; *ore
favere* M. — *hic*) om. M. — 6 *non sacrif.* M. — *esset et ludis apt. v.*
L N. — *sit* M. — 7 *est fav.* N. — 8 *ore quivis* M. — Hor. C. 3,
1, 2. — 11 *ab*) om. L N. — 12 *cocco*) *croco* L N; *croceo* M. — *itidem*)
om. L N. — 13 *in sum. dicta est* N. — *pilleo* H. — 15 *constat* om.
L N. — *statuisse ferebant* N. — 16 *autem*) om. N. — 17 *et mortuis*
L. — *eor. columen* M. — 18 *quia*) om. L. — *sacrif.*) Haec omiserunt
L N usque ad v. 22 *sacrificarent*. — 20 *eas terrere* M. — 21 *Inde
etiam* M. — *permansit ut apud Laurol. ingentes h. v.* M, aliis omissis.
— 23 *non ut in urbe* N L. — *hujuscemodi* L. — *pillea* H. — 24 *grav.
fer.* M. — 26 *et*) om. L N. — 27 *filo*) om. L N; *verum hoc festum
pillea* L. — 28 *Et de his* N M. — *actenus* H.

35. *discretae* L N. — 30 *in parte*) om. L N. — *figimus* N. —
31 *transc. otiosos* L N. — 32 *unimode*) om. L N. — *dii electi* L N;
culte H. — *omn. ead.* N. — 33 *creata s. d.* L N. — 34 *offerantur* L.
— Ae. 5, 54. — *sterneremque* L N. — 37 *ap. Thrac. Jovi taur.* L N.
Ae. 3, 21. — 38 *statim*) om. L N. — *de ceteris numinibus* H L N. —
legatum subsec. est. L N. — 40 *tunc*) om. L N. — 42 *sacrificabant*
N. — 43 *ut*) om. L N. — 44 *saltari* L N. — 49 *nostri part. esse vol.*
L N. — *sentirent* N. — p. 197, 1 *ad*) om. N. — 2 *pertinebat* N. — 3
Ae. 4, 62 ibiq. Serv. — 4 *et*) om. L N. — *sacrif. ips.* L N. — M
hanc sententiam ita decurtavit: *Matronae enim et ipsae sacrificare elegantius quam necesse est probis*; ad quem locum Majus "ita codex,
inquit. Imitatur autem noster sallustianam locutionem in Catil. cap. 25."
— 4 *faculas ardentes ferebant* L N. — 9 *prob. nec. est* L.

7. Proserpina.

1. *Plutonis* L N. — *vol. Pros.* L N. — 10 *ergo*) *vero* L N. —
deam fr. L N. — 11 *fingunt* N. — *ibi*) om. L M N. — *superabundent* M; *superabundet gaudium* L N. — 12 *nec. sit* N. — 13 *volunt*
N; *intelligi volunt* L. — *serpentem rad.* L N. — 14 *et*) om. L N. —
echate H; *heccate* L. — *apud Graecos* L N. — *enim graece* L N. —
15 *centuplum prof. seg.* L N. — *segetes proferunt* M. — 16 *Hinc a
Pl.* M. — 17 *Cer. cum lamp.* N. — 18 *lampadum dies . . dedicatur*
L N. — *cum gladio* H. — 20 *requiruntur* L N. — 21 *dicit nominatam*
L N. — *a pros. i. e. porro et ultra crescendo* M. — *et*) om. L M N.
— 22 *nascantur et*) om. H M. — *Idem etiam* L. — 24 *quasi cerem*
H; *crererem* M; *creem* N. — 25 *et crescendo*) om. L M N. — 26
Serv. ad Ge. 1, 7. — Cic. N. D. 2, 26. — 28 *mutata* L N. — *asserat*
N. — 30 *quaereret* M N. — Serv. ad Ge. 1, 212 et 78. — 31 *quo
dum frumenta* M; sed Majus edidit *quo eso* etc. — 32 *aliq. ann.* L N.
— 34 *propriae*) om. L N. — 35 *Leg. superinvenisse dicitur* L N. — 36
inv. a Cer. frum. ut ait Ser. L N, sc. ad Ae. 4, 58. — 38 *inventum
post usum* N. — *postq.*) *dehinc* N. — 40 *primum* N. — *Osir. in Aeg.*
L N. — *aravit* L N. — 41 *invenit* L N.

2. *hetnam* H; *ethnam* L M. — *fil. dic.* L N. — 43 *sit fer.*
L. — 44 *mer. a Jove* L N. — 45 *cum patre* N. — p. 198, 1 *sive quod*
L N. — *tanto tempore* L N. — 2 *sive quod* L N. — 3 *Serv.*) Vid. ad
myth. I, 7. II, 100. — 4 *et sex decrescit* L M N. — p. *mens. sing.* L N.
— 5 *conscendens* L N. — *descendens* L N. — 6 *vid. esse* N. — Fulg.

2, 19. — 9 *dim. cum sole* N. — *quasi*) om. N. — *videatur* L N. — 10
currit N. — 11 *ministret* L M. — 12 *augmentum et detrimentum* L. —
non sol. ejus detr. et augm. etc. N. — 13 *sed etiam* L N. — *animalium* N; *animali ut* L. — 14 *in luminis* cr. M N; *in luminis sui* cr.
L. — 15 *ortis* H. — *pariant* L. N. — 16 *cloceaeque* H; *cocleaeque* L. —
et aliae plures res N. — 18 *aestimantur* H. — *in venationibus vol.*
L. N. — 19 *herb. et arb.* L. N. — 20 *dimittit* H M N. — *crementum*
videlicet M; cr. *suppeditet* corr. Majus. — 21 *Nemoribus quoque* L;
nemoribus etiam ideo M; *nemoribusque ideo* pr. N. — 22 *nocte* L N. —
23 *autem*) om. L N. — *Tull. dic. Di. nominari* L N. — Cic. N. D.
2, 27. — 24 *noctem* L; *nocte* N. — *autem*) om. H. — *partubus*
adh. L N. — 25 *hi aut*) om. L N. — *aut vero*) *sed multotiens et*
plerumq. L N; *immo multotiens aut pl.* M. — 26 *maturescatur* L. —
mensa) om. L N; *demensa* M. — 27 *constituunt* L M N. —

3. *amasse dicitur ob hoc* Lu. L N. Vid. myth. 1, 229. — 30
dic. cum illa d. L N. — 31 *inquisitionem* L. — 32 *fert. accensa* L N.
— *humoris ros* L M N. — 33 *herbarum*) om. L N. — 34 *Habet quo-*
que N. Vid. myth. II, 81. — 35 *se*) om. M N. — *ab ea*) om. L N; *ab*
hac M. — *mutatum fuisse* L N. — 37 *Refert igitur* L M N. — 38
deseruit L. — *dilex. venat.* N. — 40 *rat. suae art.* L N. — 41 *cervi*
cor L; *cervus timidum cor* N. — Hom. Il. 1, 225: Οἰνοβαρές, κυνὸς
ὄμματ' ἔχων, κραδίην δ'ἐλάφοιο, *quae verba misere corrupta sunt in* E G
Fulg. 3, 3. — 42 *habens*) abes H. — 44 *paene omn.* H. — *subst. omn.*
L N. — 45 *dicitur*) om. N. — 46 Vid. ad myth. I, 232. — *Dian. pr.*
L. — *suae matr.* L N. — p. 199, 2 *Fuit* etc.) *Dicitur autem quod*
et h. L; *dicunt a. quod* N. — *qui item*) *quietem nullam ven. sed*
gravem lab. L N. — 3 *venatus* M. — 4 *Ypolitum* H. — 5 *exit. vid.*
N. — *itidem*) *tandem* L N. — 7 *ductus* L N. — 8 *gen. omn.* L N;
omn. gen. terram M. — 9 *policarpos* L N. — 12 *maliloquentiam* L M N.

4. Myth. II, 26. — 14 *dictannam* N. — *nominamus* L N. — *ei-*
que . . . arcum L N. — 19 *rebus*) om. N. — *Remii* L. — 17 *sicut*
spec. — 20 *et*) *etiam* L. — 23 *Aeg. tantum* L M. — 24 Vid. ad
myth. II, 90. — *Ysidis* H. — *sitrum in dextra gestum Nili* etc. L N.
— 26 *per fistulam* L N. — *in*) om. M N. — 27 *fluenta* L N. —
Sane Isis) *Sanetis* H; *Sane isidis* N. — 28 *est*) *dicitur* L N. — *Ysim*
H L N. — 29 *adv. de* Gr. L N; *pro Graecia* H *habet genera.* — *pri-*
mum N. — 32 *id est terrae* N. — 34 *signif.*) *figuratur* M N. — 35
proserendo H N. — *proserp. quasi* M. — *nata*) *nominata* N. — 36
cresc.) *conscendens* L N. — 38 *est frumenti* L N; *frumenti est* M. —
40 *Junonis*) om. L. — 41 *veneratione colunt, a* St. etc. L N. — *desc.*
credimus L N. — 44 *quoque iisd.* L; *quandoque iisd.* N. — 45 Ae.
6, 138. — *sacra* N. — *id est*) om. N. — 46) Ae. 4, 638. — *sacra*
L N; *recte.* —

8. Apollo.

1. v. 5 *extraminans* N. — *et*) *sive* L N. — 6 *phitius* H L. —
vel) om. L N. — *phitone* H L. — 7 *natum* H. — 8 *verbo phito* L H.
— 9 *fitios* L N. Lege πειθοῦς. — 10 *afferens* L; *foedum auferens*
M. — *phitonem* H L. — *interfecisse dicitur* L M N. — 11 *per tenebr.*
usque ad credulitas v. 12 om. L N. — 12 *phyton* H M. — 13 Cic. N.
D. 2, 27. — *vel*) om. N. — 14 *tant. est sid.* L N. — *ortus* N. — 15
licius H L. — 16 *a lino f.* H; *a lucie f.* N. — Virg. Ae. 4, 346. —

17 *sive a licio lycoi* H L N; sed haec et quae sequuntur usque ad *Hinc* et *Pan* L N collocant post *ov, deus*. — 19 *Hinc) Hic* L. — *qui) quod* L. — 20 *liceus* L; *lycerius* N; *lucus* H. — 21 *ment. fec.* L N. — *brevem nunc et utilem* N.

2. Myth. I, 127. — *Var. dic.* L N. — *potestatem tract.* L N; *de deor. potestate tr.* M. — 25 *radiorum)* om. L N. — *ad simil. l. et s.* L N. — 26 *ad)* om. L N, qui leg. *imitatione*. — 32 *tamen)* om. L N. — 34 *hylon* H L; *hylion* N. — 35 *elementum* L N; Serv. ad Ae. 1, 814 *elementorum congeriem*. — *faesem) esse* L N. — 36 *creantur* N. — *quam hylen lat. dicunt mat.* L N.

3. *Del. dic. Ap.* L. — *quia sol* L M N. — 39 *in qua est. nat.* N; *nat. dicitur* L. — 41 *tota)* om. L. — *eruditior fieret* M. — 42 *inchoandum est* L N. — *Ceus igitur* N. — *duas)* om. L M N. — Vid. myth. I, 37. — 43 *vero)* om. L N. — 44 *etiam)* om. N. — *asteram* N; *ejus sor. etiam astream* L. — 45 *a diis opt.* L N. — p. 201, 1 *in cornicem* N. — 2 *cornicum* N. — *a Jove est in lap. et diu* etc. N. — 3 *Jove* N. — 8 *matrem de injuria* N. — 11 *Namque idem est. sec. opinionem non paucorum* N. — 18 *Post. autem Myc.* N. — 19 *ut ea. ten.* N. — 20 *cuj. incrementum* N. — 22 *cetegia* N. — 23 *quod Gr.* N. — 24 *dicitur* N. — 25 *verius est* N.

4. v. 30 *vel in mari)* om. L N. — *Lege calore*. — *procreantur* H. — 31 *tamen) tunc* N; *etiam* L. — 32 *nascendo* L N. — *quasi)* om. L N. — *videtur* L N. — 33 *quia* L M N. — 34 *cottidie* L N. — 34 *Epicuros* N. — 35 *athomis* H L. — *perire credatur* L N. — 36 *omn. ann.* L. — 37 *et)* om. L N. — 38 *a radiis solls* N. — 39 *et) sive* L N. — 40 *sive) vel* N. — 41 *nunc pro quolibet sapiente viro, nunc pro aug.* etc. L N primo loco ponunt. — *divino ore* N pro *divinatore*; H *diminatorie*; L *divino rore*. — 42 *sapientiae viro* N. — *modul. hum. vocis* L; *humanae)* om. L. — 43 *consueverunt* L M N. — *In huj. etiam tutela l, describ.* L N. Myth. I, 116. — 44 *quod laur.* L N. — *peeni fl.* N. — *fluv. aq.* L N. — p. 202, 2 *videl.)* om. L M N. — *ut* om. N. — 3 *de)* om. L N. — *interpretationes* L N. — 4 *promittant sub lauro dorm. vel ad cap. posita v. s. somniare* L N.

5. *Est autem et tr.* N. — 8 *sit ejus vis* L; *ejus vis jussit* N. — 10 *scil. et)* om. L M N. — 11 *phitii* H L. — 12 *ipse loc.* L N — 14 *illic certa* L N. — *sunt* L N. — 15 *nuncupatam* L M N. — Serv. ad Ae. 3, 92. 6, 347. — *a graeco etymologiam* L. — 17 *contegebatur vatis cor* L N. — 18 *et)* om. L M N. — 19 *Phoebus* H. — 20 *Lucan.* 5, 162. — *configit ad triphodas* H. — 22 *phitonis* L. — *septusve* L M N. — 23 *illud)* om. L M N. — *sup. ejus. dicta Luc. d.* L N; *sup. ejusdem Luc. dictam demus* M; sed Majus "Ita, inquit, in codice videtur." Lucan. 5, 134. — 24 *Phoebus) deus* L M N. Fulg. 1, 11. — 25 *Phoebus put.* L M N. — 26 *sive quod per progressum suum et occasum* L N. — 27 *exiebat* H.

6. *seu quod* L N. — 29 *quadripertitis* M N. — *scil. veris.* N. — 30 *seu quod varia s.* L N. — 32 *eq. suis vocabula impos.* L N. — Myth. I, 113. — *ericteus* N. — *acteon* N; *acteus* H; *acurteon* L. — 33 *vel ardens)* om. L N. — 34 *Vere ergo* L M N. — *vel sing.)* L. — 35 *cottidie* H *constanter; vero vel cottidie* L. — 36 *tert. hor.* L N. — *arcteon* N; *acteos* H; *acurteon* L. — *vero)* om. L N. — 37 *diei* N. — *jam)* om. N. — *incancro pos.* L. — 39 *jam)* om. L N. — 40 *et)* om. L. — 42 *Martian.* 2. p. 43. — *habenas* L N. — 44 *const. temp.* N. —

45 *physicos*) om. L. — p. 203, 1 *propr. hab. dub. non est* L N. — *et autum.* M N. — 2 *hiems comparatur aq.* etc. N.

7. Martian, 1 p. 19 sq. quem locum Remigius copiose illustravit in commentariis ineditis supra laudatis, quorum insigne specimen §§ 7 .. 10 exhibent. Ipsos commentarios inspexit Majus, atque paucas lectionis discrepantias inde excerpsit. Bonos Remigii codices Parisiis extare auctor est Daebnerus, qui et ipse plura inde derivavit. — 3 *Phoebus* L N. — *lapidibus flammeis fulgentem* M. — 4 *flagrantem* L N. — *quae*) om. L. — *itid.) scil.* L N. — *dant) habet* L N. — 5 *et a fron.* N. — *g. tres esse* L N. — *lych.) lithius* L N; *lichnis* H; *lychnus* M. — 6 *ceraunis* H; *ceraunos* Mart. — *ej. effigiem reverendam* Mart. — *concup.) conspicientium* L. et Martian.; *asspicientium* N. — 7 *impen.) vibrantes* editt. Mart. sed cod. Gotting. *vibrantibus.* — *occultat* L; *ooculebant* Mart; *occulerent* M; *occultat* L. — 8 *de*) om. Mart. hic et in seqq. — *ex) 'de* N M. — 19 *sex) septem* N. — *smaragd. scilicet* L N. — 10 *scitis* H et cod. Gotting. Mart.; *scitus* L; *scythos* N. — *eliotrop.* H L et cod. Gotting. Mart. — *dendrides* H; *dentrides* L; *demptrites* N. — *iacinctius* H L N. — 12 *et*) om. L M N. — 13 *amante* H. — *datite* H; *idalite* L N; *idatide* cod. Gotting. Mart. — 14 *commemoratur* L. — *naturas et typos Remigius exponit* H, qui Remigii commentarium non transscripsit, sed pergit p. 205, 21. — 16 *per III lap. III menses per IV ejusdem anni temp. supputati trini* M. — *et IV anni* etc.) *per quadrigam IV anni temp.* L N. — 17 *supputatis trinis).* Sic emendavi; *vel eadem tantum supputari* L; *quae* om. N. — *tres* L M collocant ante *positas.* — 18 *transcurrat* M. — 19 *videlicet*) om. L N. — 20 *lithius* L; *lichius* N. — 22 *lychios* N. — *dicitur Latine* L N. — 23 *et fertur subita r. incendia* L N. — 24 *ideoque) ideo quia* M. — 25 *geminis gemmis* L. — *in mense* N L. — 26 *est in sig. Gem.* N. — *purpurei*) om. M. — 27 *est*) om. M. — *intra habens* N, omisso *se.* — 28 *et*) om. L N. — *ab astro) qbastos* M. — 29 *varietatem, altitud. et clar.* L N.

8, *est lap. fulv. et reperitur* L N. — 32 *fulgura* L N bis — *fert.) dicitur* L. — 33 *habet) accepit* L N. — *fulgur gr. ceraunum* L N. — 34 *ob) propter freq. fulm.* L N. — Serv. ad Ae. 3, 506. Ge. 1, 332. — 35 *nuncup. s. Cer.* L; *dicuntur Cer.* N. — 38 *promunctorium nuncupatur* L N. — *et hinc* L N. — 39 *nov. montibus* L N. — *sicut) sed* N. — 40 Mart. 6 p. 207. — *a tribus promunctoriis* L N. — *cens.) mensuratur* L N. — 41 *bachinnus quippe* L N. — *ut ipse docet)* om. N. — *ait* L. — 42 *Pelor. autem* N. — 43 *Siciliam) Latine* addit L; *Latini* N. — *triquertam* L; *triquestam* N. — *tamquam)* om. L N. — 44 *tria*) om. L. — *promunctoria* L N. — 45 *consueverunt* L N. — *fuerant* L N. — 46 *frequenter* N. — p. 204, 1 *Rom. tria* N. — Serv. ad Ae. 1, 200. — *dabantur* N. — 4 *consumit et exurit* L N. — 5 *occultant* L; *occulunt* N. — 6 *mor. in praed.* L N. — *claritatem* N. — 8 *lychius* N. — *id est Junii ante dicitur* collocat N. — 9 *similitudinem et juc.* M. *et jacund.)* om. N. — 10 *et*) om. L N. — 11 *non pauca* M. — 13 *claritudinem* L N. — 14 *fer. leonis in oc.* etc. L.

9. *Memorantur smar.* etc. N. — *esse virides* N. — 18 *quod dum* L N. — *terra ... incipiat* N. — 19 *jam*) om. L N. — 23 *iaspis est* L N. — *a iapide* M. Sed Remigius *ab aspide serpente,* auctore Majo. 24 *invenitur* L N. — 25 *et fulv.* L N; *fulmen* M. "Remigius *fulvius.* Certe ff. 8 noster ait *ceraunus* (fulmen) *lapis est fulvus.*" Majus. 26 *phantastica* L N. — *eliotr. dentrid. iacinctus* L N. — 27 *vices) vices* L N. — 28 *quoque)* om. L N. — *et missus* N. — 29 *pelvem* L N.

— 30 *color. mutat* L N. — 31 *nominis) coloris* M. — *prov.) phisici* L
N. — 32 *solis) scilicet* L. — *illa)* om. L N. — *de clucie conficta vo-*
cant L; *de climitie conficta dicunt* N. — 35 *splendidissimus* L N. — 36
vocab. quoque inde tr. N. — 37 *quod jux.* L N. — 38 *Haec etiam her.*
L N. — *solem sequi) solsequium* recte N; *sol sequi* L. — 39 *vesp. ut*
ajunt L. — 40 *expl. fl. s.* L. — 41 *ponitur in corona solis ob clar*
Virg. etc. L N.

10. *Dentrides est lap.* L N. — *sucin.) fustinus* L N. — 44 *arbor*
dendrus N. — 45 *circiter)* om. L N. — *in octobre* L N. — *Libr. part.*
N. — 46 *iacinctius* L N. — p. 205, 1 *caerul.) purpureus* L. — *muta-*
bilis L N, *quod verum est.* — 2 *purus et fluidus* L N. — 3 *et)* om.
M. "*Remigius ait friget in ore, inciditur in adamante.*" Majus. *ful-*
get M; sed *friget* L N. — *portatus)* om. M. — 4 *tribuitur etiam* L. —
6 *lapis)* om. M. — *ex glacie* L N. — 6 *a glacie)* om. L N. — 7
quod eo L N. — 8 *in decemb.* N. — 10 *nuculeo* M. "*Notemus vo-*
cabulum pro nucleo (L N). *Certe et apud Gargilium cap. de persicis*
scribitur nuculeus." Majus. — *solid. tant.* L N. — 11 *nullo modo*
exc. caprino s. secari p. L N. — 13 *idalites* L N. — 15 *interno) la-*
tente L N. — 18 *scatur.) sanguinis* M. — 21 *Ergo et per duod.* N;
Ergo XII L. — *coronae)* om. L. — *quoque)* om. H. — *horas volunt*
intelligi L N. — 23 *Martian. 2 p. 43.* — 25 *menses totidem)* om. H. —
quod) qui L hic et supra. — 26 *illis aliud) hoc et aliud* M. — 27
sumpserint M; *senserunt* N; *phys. sens.* L. — *scr. ips.* N. — 28 *inter*
principia M. — *St. Theb.* L N. v. 29. — 30 *impediat* H M; *imprimet*
L; *imprimit* N.

11. v. 32 *eorum jux.* L N. — 33 *inut. est* L N. — 34 *ac pri-*
mum sc. est L N. — *ipsa)* om. L N. — *quam) nisi* L N. — 35 *certa)*
om. L N. — *et mira* L N. — 37 *diurnisque* L N. — 38 *dinumerave-*
rant L. — 39 *vert. numq.* L N. — 46 *quas immobiles* L N. — *posi-*
tione N. — *sol. proc. ips.* M. *progressus* L. — p. 206, 1 *signentur*
L. — 2 ζώδια M. — 3 *Namque* L. — 4 *animal* H; *vitalis anima*
L. — *animalis dicitur* N; *animal* M. — *animantium* N L. — 5 *dictus*
sit) om. N. — *allusione* N. — *excogit.)* om. N; *dictum* L. — 6 *exp.)*
et evidentiorem addit. N; *evident. et exped.* L. — 7 *facer. viam et*
doctr. N L. — *fig.) signis* L. — 8 *indid.) crediderunt* M. — *et in nom.*
L N. — *ips.) in priorum ed. reperitur* L N. — 9 *rationes* L N. — 10
compotist. L. — 11 *et)* om. N. — *die quinta decima* N. — *kl.*
L. — 13 *fuis. diem.* L. — *vol. esse sign.* L N. — 14 *id est ex ips.*
N. — 15 *quia) quod* L; *hoc an. quia* N. — 16 *ab eo* N. — 17 *terram*
eatenus br. vigore concretam L N. — *radiorum suorum* N. — 18 *exer-*
cere L N. — *quod a vernali aeq.* L N. — 19 *et usque* H M. — 20
XVI kl. octobris fit die L N. — 21 *corulo* N. — 22 *signo tang.* M. —
23 *illud ab hoc* M; *illud animal tot.* N; *et hoc animal tot.* L. — 24
sol sinistrum i. e. infer. L N. — 25 *peragit* L N. — 26 *inc. lat.* L
N. — 27 *locamus* N. — *quod sic. hoc animal .. infirmum* L N. — 29
habet L N. — 30 *accessum* L N. — 31 *in fut. inc.* L N.

12. *Secundo pos. t.* L N, *omisso loco.* — *quod .. adurente* L
N. — 35 *et segetes* L N. — 36 *etiam met. in ferv. ter.* N; *metantur*
L. — 37 *quod taur.* L N. — 40 *sic sole nobis prop.* L N, *omisso*
jam. — 41 *incumbere* L N. — 42 *mihi mag.* L N. — 43 *videtur* L
N. — *a)* om. N; *et* M. — 44 *ergo) vero* L. — 45 *et)* om. M. —
sicut) sed et in illo L N. — 46 *jam tempore* L N, *qui* om. *etiam.*

13. *Canc. signum* M. — *erit sol)* 'currit' L N. — 4 *quod . . ar*
malis L N. — 5 *cedit* N. — *quum sol ad h. sign. vener.* L N. —
'*non volens* M. — 7 *VII kl.* L N. — 8 *Sign. L. seq.* L N. — 11 *etiai*
om. L N. — 12 *saevientis ut put.* N; *ut putatur* L. — *nec)· nunc*
M. — 13 *nec) nunc* H M. — 16 *sign. intr.* L N. — *quae etiam*
N. — *in manu* L. — 18. 19 *segetes . . surgebant . . maturescunt* N.|
20 *Libella* M H. — *formata* L N. — 22 *XII kl. octobris* L N.
significat N. — 23 *aculeo caud.* N. — 24 *quod) et* L N. *post autui*
nalis temporis frigoris mol. etc. L. — 26 *nunc) jam* L N. — 27 *L*
mium H M. — *jam solem* H M. — 28 *jam tamq. sag. mittet* N; *miti*
jam L. — 31 *Quod vero* N. — 32 *relinquitur* L N. — *deprehendi*
oculis prospici potest N. — 34 *Sic etiam* L N. — *sol. h. sign.* N.
de inferioribus part. N. — *transacto namque* L N. — *in)* om. L.
in IV sui gr. N. — 38 *conversione* L N. — *dicunt* N. — '39 *in)*
N. — 40 *Inde) Ideo* L N. — 41 *portas caeli* N. — *quod* L N. ·
44 *sunt)* om. N. *appell. sunt* L. —

14. — *vel)* om. L N. — 46 *sec. Fulg. solus.* L N. *Vid. myth.*
115. — 26 *contr. flagrantium nat. rer.* N. — p. 208, 1 *vel) et* N. ·
2. 3 *Inde ab auguriis* usque *ad augurii* om. L. — 2 *est) sit* N. —
augurils N. Stat. Th. 3, 506. — 5 *sec. Fast.)* v. 253 sqq. — *affi*
L; *affecit* N. — 7 *possit* N. — *fictum dicitur* N. — 8 *guttur ej*
pert. esse perh. L N. — 9 *Sol)* om. L N. — *climone* H; *climene* L. ·
Nympha) om. L N. — *coiens* N in rasura. — *phitonta* H; *phitonte*
L. — 10 *genuisse Sol.* N. — *patrios* N. — 11 *sol)* om. L N. — *cui*
om. N. — 12 *aliquos)* om. L N. — *qui ideb* L; *quae ideo* N. — 1
exiliens H. — *apparent* N. — *phetontes q. phetantes* L N. — 1
pheton H L N. — *quidem) quod* N. — 15 *fructus)* om. L N. — *su*
om. N. — *sed) et* L. — 17 *secundo)* om. L N. — *metamorph.)* om 1
metamorphoseos H. sc. v. 340. — *succinaq.* M N. — 19 *cortic. inau*
N. — *Quae etiam* L. — *eliades* H. — 20 *nuncup.) helios enim s*
interpretatur add. L N. — 21 *una et eadem* L N. — *ferv. et hui*
N. — 22 *jugabilitate* H. — *gign.) ignuntur* H. — 23 *quae) quide*
L. — *dum dematuras* H. — 24 *Jul. Junioq.* L N. — *et Leon.* N. —
25 *attigerit* H. — *et cum aestu* L N. — *scissis* L N. — *cort. succe*
sivi liquoris meridiano fervore aquas in electra duratas emitt. M. — 2
sui liq. N L. — *aq. cum electro duratum immitt.* N L. — 27 *ver*
autem L N. — Plin. 37, 2, 11. ap. Serv. ad Ae. 8, 402. — 30 *tert*
aethereum H. — *de)* om. L N. — *auri fit* N L. — *etiamsi quas par*
tes natura res. N; *q. p. etiamsi naturam res.* M H. — 31 *si resolva*
om. L H. — *massam invenies* L N. — *si naturale resol.* C D. —
Electrum autem a nat. L N. — 32 *mittit* H. — *ad) et* N. — *a*
dissimil. M D; *ad indissimil.* C. — 33 *venenati)* om. C D H M N.

15. *non imm. Ph.* N; *deus non imm.* L. — 35 *quod vel* L N. —
solis fervore N. — 37 *solis discursus* L N. — *humoris* L N. — *ve*
inaequal.) om. L N. — 38 *ex)* om. L N. — *et salus et aegritudo* l
N. — 39 Ovid. Met. 1, 117. — *metamorphoseos* H. — 40 *vocat)* om
N. *vocat inaeq.* L. — 42 *morbus* H. — 44 *frig. dur. sunt* L N. —
45 *solis calore et aestatis* L. — 46 *etiam omnes* N. — Serv. ad Ae
10, 316. — p. 209, 1 *med. deo* N. — 2 *quia) qui* M L. — 3 *excisu*
L N. — *aescolapius* N constanter. — 4 'Caesaris' L M N. — 6 *matri*
utero M N. — *Unde et) Bene etiam* L N. — 7 *huj. vocabuli* L N

16. v. 13 *enim)* om. N. — 14 *aquas* L; *cujus etiam aqui*
N. — *Habet etiam fab.* N. — 16 *nocere sibi* N. — 18 *ei fil. ej*
L N. — 19 *auf.) aurigam avertit* L N. — *autem)* om. L N. Serv

ad Ae. 1, 572, cf. 6, 623. 11, 262. — 20 *micenas* H L. — **21** *cui*)
Sedei N. — *fr. inv.* L N. — *decessit* L. — *tempore*) om. M. — *quando
ejus dicta pr. s.* L M N. — 22 *et fig.* N. — 23 *diversa*) *divisa* H. —
Nam et Ap. L N. — 24 *ap. telophos* N. — *in hum. .. in lup.* N. —
pingitur H. — 25 Myth. II, 18. — 27 *sol. esse* L N. — 28 *ap. inf.
Ap.* L N. — 29 Cf. Serv. ad Ae. 6, 98. 2, 115. — 31 Serv. ad Ecl.
5. 66. — 32 *armon.* L constanter. — 33 *gryphum* N. — *eum*) om. L
N. — 35 *judicatur* L; *ostenditur* N. — *Unde et Ap.* L N. — *apollin*
N. — 37 *Homerus*) om. L N. *et Hom.* C D. — *eum dicunt* L N. —
eundem C D. — 38 *Hinc .. assignamus*) om. C D. — 39 *cytharam* H;
chitaram L. — 40 Horat. Carm. Saec. 33. — *mitisque placidoque* L N. —
41 *supl.* L. — 42 *etiam ideo* L. — *liram* L. — 43 *omn. reparantur*
L N. — 44 *sol*) om. L N. — *apar.* N. —

17. — *ciclopes divin. sp.* L N. — 2 *et*) om. L N. — 3 *nomis*
H; *mones* L; *nomes* N; *nomine* M. — *Sol. etenim* L. — 5 *alim.*)
elem. L. — *tamen*) om. M; *autem* N. — Serv. ad Ecl. 5, 35. Ge. 3,
1. 4, 7. — 6 *tannoman* H; *natomam* L N. — *cordarum* H. — *cele-
ritatis* L N. — *fil. sol.* L N. — 8 *est*) om. L N. — 10 *fore*) *esse* L
N. — 12 Cast. *fonte* L N. — 13 *autem*) om. L. — *istum et. loc.*
L N. — *coluere* L N. — 16 *nonnumq. Ap. accip. ut dix.* L N, —
Unde et) *Bene enim* L; *Bene etiam* N. *et*) om. M. — 17 *nov. masas
ei ideo applicant* L; *ei*) om. N. — Copiosius haec exponuntur a Fulg. 1,
14. Eadem habet commentarius Gotting. ineditus in Boethium *de cons.* Nro.
2. — 18 *quae ... sunt* om. L N. — *scil. duo* N. — 19 *labra* comm.
ined. — *gutt. cav.*) *repercussio palati* comm. ined. — 20 *hanelitus* comm.
ined. — 20 *hanelitus* comm. ined. —

18. *Mus. nov.* L M N. — Myth. I, 114. — 23 *modos*) om. L
N. — 24 *assig. ord.* L N. — 26 *nisi qui*) *qui non* L N. — 27 *appellata*) om. L N. — 29 *sec. desiderare quod velis* M N; *des. quae velit*
L. — 30 Verba inde a *Tertia Melp.* usque ad v. 32 *velis* omisit N, et
L. — 32 *meditari* L N. — 33 *talia* L N. — 34 *pollimnia* H L; *talim-
nia* N. — 35 *eratho* H L; *aretho* N. — 36 *veniens* H. *similitudinem
afferens* L N. "Etymologiam qualemcumque dat Fulgentius 1, 14 εὑρὼν
ὅμοιον." MAJUS. — 37 *et*) om. L N. — *inv. sim.* N. — 38 *ter-
sicore* N H L; *terpsicore* M. — 39 *discere op.* N. — 40 *oct. Ur.*
L N. — 41 *dicas*) *dijudices* L N; *quid despicias eligis* M. — 42
utile est caeleste ing. et caduca desp. N. — *celestu* L. — 45 *in*)
om. L. — p. 211, 1 *memorare* L. — *tuo*) *eo* N; *illo* L. —
ei) om. N. — 3 *dijudicare* L N. — *de eo de quo jud.* N M. —
5 *ordin. Mus.* L N. — 6 *tant.*) *tamen* L. — 8 *judico* L N. — *ut
diximus* L M; *quibus diximus* N. — 9 *ad*) om. L N. *sapientiae gr.* L
N. — 10 *praevidere* L N.

19. Macrob. in somn. Sc. 2, 3 p. 134 Z. *musicos* L N. — *autem* N. — 13 *concinnantiae* L N; *consonantiae* M. — 15 *reliq. lum.*
L N. — 16 *enim*) *etiam* L. — *planetam*) *aplanos* L N. — 17 *subj.
sph.* L N. — *jungi*). Sic N; *jugi* H L M. — *proportionesque* M. —
18 *ad verticem* L N. — *sing. singulos sonos* L N. — 19 *concinnantiam*
L N. — *conf. universitas* H. — 20 *quoq.*) *etiam* L. — Serv. ad Ae. 1,
12. — 21 *VII*) Leg. *novem* cum L N; *VIII* legit M. — 22 *harm. conso-
nantiis* L N. — 23 *Uran.*) *armoniam* L N. — 24 *vocum diversitatem*
L N. — 27 *esse*) om. L N. — 28 *novum prov. son.* N. — 29 *est princ.*
L N. — 30 *eorum* N. — 31 *sed et*) om. L N. — *sua cum varietate
ab* etc. N; *sua convariatione* L. — *ab astrologo* H. — 32 *comprob.
efficare* L N. — *moyphetes* L N. — *ap. Graecos*) om. M. — 33 *Huic*

cyg. quae etc. L N. — 35 Serv. ad Ae. 6, 645. — 86 *item*) om. L
N. — 37 *terr. dictus est* N. — 39 Ae. 6, 646.

20. Albric. de D. Im. 18 p. 924 sq. Serv. ad Ae. 6, 645. — *paulum* L; *pauxillum* N. — 43 *vir optimus* L N. — *claritudine*) om. L
N. — *quia*) om. L. — 44 *fuit*) om. L N. — 46 *et*) om. L N. —
p. 212, 1 *et volucr.* L N. — 2 *Sic autem* N. — 4 *muros effic.* L N. —
dicitur illex. L. — 5 *antea*) *quidem* N. — *disparsimq.* M. — 6 *et
civil. viver.* L N. — 10 *Arist.*) *euristeus* H. — Serv. ad. Ge. 4, 317.
Hyg. f. 164 p. 277 sq. — 11 *sequitur ut amans* L N. — 13 *conv.*)
in regressu L N. — 14 *conv. conjunx* N. — 15 *est design.* L N. —
Fulg. 3, 10. — *Orph. enim. ut diximus* etc. L N. — 16 *dijud.*) *divinatio* L. — 18 *sibi conjungere* L N. — 20 *compreh. prof.* L N. — 21
artificiosaque N. — 23 *euristcon* H; *aristeon* L; *euristeon* N. — *enim*)
om. L. — *optimus* L N. — 24 *communionem*) om. M. — *hominum*)
om. L. — 26 *infera transmigravit* L N. — *hanc*) om. N. — *artem*)
arcem L. — 29 *inquis. mus.* L N. — 31 *captaret* L N.

21. *ficmento* N. — *tamen aliter* L. — 33 *quod* N. — *esse*) om. L. —
39 *respexerit* L N. — *ad terrena retrah.* L N. — 40 *secular.* L N. —
41 *a*) om. M. — *Proserpina*) *serpentina* L; *serpente* N. — 42 *a max.*
L N. — *illeceb. ten.* L N. — 43.) Serv. ad Ae. 6, 119. 459. — 44
vol. reduc. N. — 45 *recepta jam conjuge* N. — *dura* C D L M N. —
46 *et*) om. N L. — *virgilius* L. Ae. 6, 119. — p. 213, 1 *accersers*
L. — 2 *accers. pr. est evocantis inquit* L N.

22. *recurr. ad mus.* N. — 4 *qui*) *et* N. — 5 *Camoenas* M; *can-
tenas* N. — *quasi cantantes amaene* explicat commentator ineditus I,
bibl. Gotting. in Boeth. de cons. f. 3., sed comm. ineditus II, qui Ma-
crobium (in somn. Scip. 2, 3 p. 135 Zeun.) laudat, cum nostro consentit. — *Quod et. theol. cael.* L. — 6 *probar.* L. — *sonosque* L. — 7
lira vel chitara L. — 8 *instrum. exerc.* L. — 9 *Graece*). "Immo Ae-
gyptiace." Majus. — 11 *vox per gutt.* L N. — 12 *can.*) *emittitur*
L N. — *etiam*) *autem* N. — *Mus. ips. sunt* L N. — Serv. ad Ecl. 7,
21. — *nec enim* L. — 14 *Leg. efficit*; N *efficit.* — *sicut in ydraulicis*
L N. — 15 *org. i. e. aqu.* L. — *Item et. tres Varr.* L N. — 16
comm. mus. N. — *ex aqua mota* L N. *nascitur*) om. L N. — 17 *aeris*) om. L N. — 18 *melica tant.* L N. — 19 *cens. meo* L N. — *Leg.
oneros.* M *honeros.* — 21 *majorum* N.

9. Mercurius.

1. v. 26 *Hunc*) *Mercurium quasi* N. — Myth. II, 42. — 27
kirrion H; *kirion* L. *kyriom* N. — 28 *dm* N, i. e. *deum.* — *cur.*) *cre-
antem* L. — 32 *studet* L N. — *in*) om. L N. — 33 *vel*) *et* N. —
38 *Fing. Mart. ipsum* L N. — 39 *contul. dot.* N. — 42 *sapientia*
N. — 43 *scilicet et acum.* L N. — p. 214, 1 *tuncque* N. — *VII*)
om. H. — *facile perv.* N. — 2 *Sane . . . . . interpretatur*). Hanc
sententiam om. L N. — 4 *nisi*) *ut apotheosi* L N. — 5 *i. e. edifica-
tionem* H; *deificatione* L N. — 7 *fing. ideo* L N. — 8 *mort. est et
cad.* L N. — 9 *Bene*) *Sane* L N. — *fronesis* L N. — 10 *dicitur*)
om. N; *est* L. — 11 *quasi mater* L N.

2. *et*) om. H M. — 13 *eum*) *tamen* L N. — 14 *applicuit* N. —
divitum lacte H L. — *perfud.*) *provenit* L. — 16 *id est humilia et*)
om. N; *humilia* om. L. — 17 *Unde*) *Bene* L N. — 18 *alt. mortali*

altero immort. L N. — *Dum igitur)* et *quia* L N. — *tantum)* om. L
N. — 21 *alt. physicae* N. — 22 *discenda* M; *disserenda* H. — 23
etiam) vero L N. — 24 *voce)* om. L N. — *percusso)* om. L N, qui
leg. *et formato.* — 25 *et nutr.* N. — 27 *hermafr.* L N. — 29 *afrodeis*
L N. — *nuncupatur)* om. N. — *afro* L. — 30 *sp. vocatur* L M N. —
32 *igitur)* om. N. — 34 *et)* om. N; *etiam* L. — *androgeos* L N. —
Graece vir et mulier dicitur Latine N. — γυνή) om. L N. — *Totam*
interpretationem om. M. — 37 *ratione veritatis* L; *rationis veritate*
N. — 38 *legim. Soph.* L N. — 40 *orn. verb.* L N. — 41 *immoderanti*
L. —

3. *Fulg. tamen Merc. a neg. dicit ideo Merc. etc.* L N. — 45
semper) suis L N. — p. 215, 1 *ling. discretio* L N. — 2 *superior. et*
inferior. N. — *nuntius* L. — 3 *negotiatores* L. — *furum* M N. — 4
esse furem L. — 5 *distant* L N. — *quia* M N L. — 7 *falcati* H. —
8 *decipiunt et defraudant* L N. — 10. 11 *mercatoribus maxime h. s.*
N. — *praedenotare* H. — 12 *ideo)* etiam L N. — 13 *et)* om. L M
N. — *promptissime* M. — 14 *rethoris* L constanter. — 16 *invicem* L. —
bellant. etiam L. — 18 *sec. plinium* N. Myth. I, 119. II, 43. — 20
Mercur. ideo L N. — 21 *putatur* L N. — *sydus* L. — 22 *abs.)* *apsidis*
M. — 23 *fertur* N. — *octo tantum latit. part. tang. zod.* L N. — 24
Ex quo) Egq. N. — 26 *incedere* N; *rect. proc. tr.* L. — 27 *quia)* om.
L N. *sermo enim quael. a. m. reducit* L N. — 29 *lit. ut dix. alias*
N. — *et alias* L N. *etiam)* om. L N; *et* M. — 30 *vitamque* N. —
auf. et larg. L N. — 31 *idem)* om. N. — *hunc . . hunc).* Utrumque
om. L N. — *cum ut causis liberat et damn.* N; *sed* L pro *cum ut*
recte *in.*

4. v. 33 *quidem)* om. L. — 34 *potentiam* N. — *ad)* in L N;
nihil H. — *assignantis* H M. — 36 *litigiosa* rectius M N. — 37 *Ser.*
enim N. — 38 *est)* om. L N. — 39 *injuriam prov.* L N. — *serp. per*
gem. L. — *virga innect.* L. — 41 *autem)* om. L N. — 42 *sermo rhet.*
L N. — 43 *sicut virga)* om. L N. — 44 *est cap.* N. — p. 216, 1
per) et L N. — 2 *lig.)* *signatam* L N. — 5 *serpentibus call. plena* N.

5. *habebat* N. — *Merc. habeat* L. — *aurea* addunt L M N. —
id est) om. L N. — 8 *calc. laxum* L N. — *verbo peta* L. — 10 *ejus)*
om. L N. — 13 *eloquentiae* L N. — 15 *stell. al.* N. — 16 Serv. G. 1,
335. — 17 *appellatur)* om. M; *dicitur* L N. — 18 *etiam)* om. N. —
21 *iterum)* tunc L N. — 22 *defer. circ.* L N. — *ideoque)* om. L N. —
fing. vero L N. — 23 *tartara fr. recurrant* N; *recurrit* L. — *Illud*
autem nimis jud. obsc. L N. — 25 *hac)* om. L N. — *dicitur ortum*
L N. — 27 *desc. et asc.* N. — *discurrit* L; *discurrat* N. — *vel quia*
H M. — 29 Leg. *mathem.* — Serv. ad Ge. 1, 335. — 30 *V)* om.
L N; agnoscunt C D. — *esse duos* L N. — 31 *Vener. et Jov.* — 33
min. deor. L N C D. — *obtemperat* C. — 34 *Hoc est* N. Ge. 1, 337.
— 35 *ignes* L N. — *scillenius* L N. — *caelo* hodie editum est in
Virg. — 36 *ex qualitate illius Merc. poss. agnosci* L; *ex illius quali-*
tates Merc. possint agn. N.

6. *nox. vel quos bonos* L N. Serv. ad Ge. 1, 488. — 39 Serv.
ad Ae. 10, 272. — 40 *certisque temp. app.* recte L N; *certis* agnoscunt etiam C D. — *easd.* L N. — 42 *bona* C D. — *Nam si . . . Sat.*
deteriora). Omnis haec sententia abest a N. — 43 *aut)* et L. — 44
de Sat. L. — *talis est semp.* L N. — 45 *cohaerent* D. — *et ipse)* om.
L N. — *fingi dicunt deor. min.* L N. — 46 *quoque)* quidem N. —

10

ultra has XXXV e. d. L N. — p. 217, 1 *quarum* L N. — *has stellas . . quarum* C D. — *Avienus) ematius* L; *ametius s. anietius* N. Serv. 10, 273. — 4 *nititur viribus* N; *utit. vir.* L. — 5 *pestil. quidem* N. *vero)* om. L. Serv. ad Ge. 1, 218. 4, 425. — 6 *etiam)* om. L; *etiam rem* N. — 6 *consentiat* M. — 7 *cert. semp. temp.* L. — *nox. semp. est* N; *s. nox. est* L. — 9 *paucis dieb. inest* L N. — 10. 11 *Apparet . . . . fuisse).* Hanc sententiam omittunt L N. — *vero) autem* L N. — 12 σύρῳ) *siren* H; *syrius siquidem tr.* N. — 13 *Est. enim* N. — 14 *occup.) implere* L N. — 15 *Quartus enim* L; *ortus enim* N. — *quando) cande in sole pos.* L. — 17 *et)* om. L M N. — 18 *dieb. or.* L N. — *unde et. ejus temp. ap. multos imper. est inc.* L N. — 19 *Or. namque* L; *Quartus namque* N. — 20 *Hic namque* N. — *aculo* N. — 21 Serv. Ae. 1, 539. 4, 52. 3, 517. — *interem. esse a scorp.* L N.

7. *status) motus et pr.* — 24 *vel) et* N. — *et)* om. L M N. — 25 *infirmissime amplectitur* L N. — *gentilis* L. — 26 *hab. opin.* L. — *prov. nostr. variet. omnium vel pot,* etc. L N. — 28 *designari* L M N. — *et)* om. L N. — *seu)* om. N. — 29 *seu voce* L N. — 30 *dispos. ascr.* L. — 31 *Nec umquam christianam verit. in his* L N. — 33 *expositiones* L N. — 34 Serv. ad Ae. 11, 51. — 35 *honorum) horum* H M. — 37 *in morte extinctos* L; *exitus* N, *qui cum* L pergit : *Hoc rero alii paulo aliter et prol. irradiant, sed istud secundum Servium suff.*

8. v. 40 *quodamm. cum sole* L; *quodamm. luct.* N. — 41 *certat* L; *currit* N. — 42 *XXXV pass.* L. — 43 *etiam) enim* L. — 44 *solis calorem* L N. "Utinam, o mythographe, hanc rem astrologis narrandam permisisses, quod ff. 5 prudenter fecit!" MAJUS. — 45 *sortiri et divers.* N. — 46 *scillenius* L N. — *archadiae* constanter L. — *scilleno* L N. — p. 218, 1 *dicitur natus* L N. — 2 *nomen ej. e. kirios* L; *kirros* N. — 3 *deum prud.* L N. — 4 *unde etiam Merc. deum esse dictum* L N. — *dictum) dicunt* M. — *qui et ap. egiptiacos* L. — 5 *quia* N H M. — Serv. ad Ae. 3, 6. — 12 *et ign. veritas* L N. —

9. v. 14 *et deos non e.* N. — 15 *esse)* om. L N. — *rebus curam impendendam* L N. — 16 *epicuri* L N. — *eventibus)* om. H M. — 17 *secund. quod* L. — *ait)* om. L N. — Ae. 4, 379. — 18 *Si talis superis* etc. L N. — *cura) causa* M. — 20 *omn. creare* L. — *necess. trad.* L N — 22 *enim)* om. L N. — 23 *umquam)* om. L N. — Serv. ad Ae. 10, 467. — 25 *tant. epicuros* L N. — 26 *oppositas esse* L N. — 27 *ipsius)* om. L N. — 26 *ap. eund.) in uno poeta* C D. — 27 *ignor.) vitio* C. — 28 *contrarietate sect.* L N. — *Illud namque* C D. — 29 Ae. 4, 797. — *miseri* L. — 30 Ae. 10, 467. — 32 *Idem semper tamen* L. — Serv. ad Ae. 8, 334. — 33 *solis)* om. H. — *med. omn.* L N. — 35 *fing.) dicitur* L. — 37 *docma* N. — 39 Ae. 8, 334. — *eluctabile* H; *indubitabile* L; *indubile* N. — 40 *Nam) Sed* L N.

10. *Sed et.* N. — *juxta) secundum* L N. — *constare videtur.* N. — 42 *XXX* N. — *annos solares* L N. — 43 *nogenti* N. — *tres)* om. L N. — 45 *stellar. intercedat* L N pro *tert. ej. superet curs.* — p. 219, 1 *similia his* N. — 2 Ae. 4, 653. — 3 *peregit cursum* L N. — 5 *enim)* om. N. — *que)* om. L. — 6 *De eo) Deo* N. — 7 *ibidem* L. — *terram ituram dicit esse* L N. — 8 *lectioni huj.* L N. — 11 *phil. disputatum est diu quae sint quae de n. inf. petant* L N. — 13 *superior est* L N. — 14 *quam) quod* L. — 15 *Lucr.) lactantius* L N. — 16 *inquit* N. — *sicut) si* L N. — 17 *est) enim* M. — 18 *dixerunt* N. —

19 *ad nostram effigiem fic.* L N. — 20 *et esse tantum spec.* L N. —
21 *Unde* N. — 22 Ae. 6, 391. — 23 *Hom. etiam tangit* L N. — 25
apothesin L. — 26 *Unde autem homines sint ap. inf.* etc. L N. — *illac*
L. — *descendere* N. — *dicantur* L N. — 27 *de Libero) delibat* L N.
Car. 2, 19, 29. — *videt* N. — 28 *Caron* H L N. — Ae. 6, 392. —
29 *alcidem* N. — 30 *pithoumque* L; *perith.* N. — 32 *vel)* om. L N. —
et umbram L N.

11. v. 35 *Aen. suo redderet amori* L N. — Ae. 4, 516 ibiq.
Serv. Plin. N. H. 8, 42 § 165 Sill. — 37 *carnem)* om. N. —
quandam om. L N. — 38 *forte) fronti* N. — 39 *odit) laedit* L N. —
41 Juv. 6, 616. — *cur totam* L N. — *hinnuli fr.* L; *emimuli fr.* N. —
cenosia L N; *et ceson.* C D. — 42 *incidit* M. — 44 *ex se progenitum*
N. — *Obit. autem eam* L; *Ob autem ex se* N. — *ob hoc)* om. L
N. — 45 *videatur)* om. L. — *non casu* N. — 46 *natura) non* L. —
p. 220, 1 Ae. 4, 696. — *namque nec* L N. — 2 *Iridem)* om. L N. —
eidem N; *eadem* L. — *posset* L N. — 3 *facit abscidi* N. — *itidem)*
om. N. — 4 *dicit crinem Alc. sec.* N; *vidit carmina a caelesti sec.*
L. — Serv. ad Ae. 3, 46. 4, 703. — 7 *nomen ejus notasset* N. — 9
ap. inf. in urna N. — 10 *exir. pr.* L N. — *serius* H L N. — 11
asserunt L N.

12. v. 13 *ad invenienda* L; om. N. — 14 *semp. garrul.* L N. —
17 *poterat* N; *poterat quis* L. — *nisi ex auctorati illa* M H. — *Unde)*
juxta Virgilium addit L. — 19 *conservantur* L N. — *illam)* om. L
N. — 20 *mundum quidem* L. — *accip. non obs.* N. — 22 Hor. Car. 2,
3, 26. — *ociusve* L M N. — 23 *ab)* om. L N. — *dicere vid.* L N. —
24 *ut legitur)* om. N. — *uspiam* L N. — 26 Ae. 4, 705 ibiq. Serv. —
27 *quo rec.* N. — 28 Ae. 4, 705. — 29 Ge. 4, 225. — *accersere* L. —
30 *dic. esse aërem* L N. — *rediit* L N. — 30 *certe) terrae* N. — 31
secundum epicuros L N. — *ubi* pro *ut* L. — 32 *intelligimus* L N. —
Quamobrem L N. — *eos* L N. — 33 Ae. 2, 646.

13. *kartaginis* H L N. — 16 Ae. 4, 58 (ibiq. Serv.) ubi vulgo legitur *Legiferae Cer.* — *Lyaeo) leono* L. — 37 *induc. sacrif.* L N. — 39
supra) om. L N. — *praeest) praestat* N. — 40 *lieno* L. — 41 *apte)*
om. L N. — *liber. urb.* L N. — *minist. ej.* L N. — 42 *judicium* N. —
Namque et alii dii si L N. — 43 *causam) curam* L. — *ut idem* N. —
55 Ae. 4, 59 ibique Serv. — 46 *simulatur* L N. — p. 221, 1, *habet
hic sens.* H M. — 2 *sacrificabant* N; *sacrificabatur* L. — *praes. urbi*
L N. — 5 *aj.) inquiunt* L N. — *deos plac.* L N. — *sic et* H. — 7
Ae. 3, 120. — 8 *modo) Dido* L. — 9 *exsecratur* L N. — 12 *Julum)*
om. L N. — 13 *numam occid.* N. — *sagitta)* om. L N. — Ae. 9, 651
tibi hanc L N. — 14 *ideo se* L N. — 16 *sibi suum* L N. — *vendicat*
L N. — *consensisse* L N. — 19 *ii) hii* L H; *hi* M N. — *sunt propr.*
L N. — *et)* om. N. — 20 Ae. 4, 125 — *tua sola vol. sit mihi* L
N. — 21 *conubio* M. Hoc hemistichium recurrit etiam Ae. 1, 73. —
id est N. — 22 *impleri* H, qui deinde post *officium* explicit in media
pagina, ita ut planum sit, librarium hoc volumen ad finem perducere
noluisse. —

10. Pallas.

1. — *volunt) dicunt* M. — *Hanc. sap. hanc belli* N. — 26
dicit) om. M. — 27 *ei)* om. M. — 29 *athene* L; *atheno* N. — 30
dicitur pallingo boxoï L; *palingoborin* N. Serv. ad Ae. 1, 43. — 31

q. videl. bellantium dea sit L N. — *sive quod* L N. — 32 *Pallantem)*
om. L N. — *interfecit* L N. — 34 *interf. sap. jacentèm* M. *interf.
Pallas i. e. sap.* L N. — 35 *Sap. en. vetustatem nullumque sentit senium* L N. — 37 *immortalis* L N. — 38 *sonat et athenae* L N. —
athene quasi athenate L N. Cf. myth. II, 39. — 39 *tritona vero secundum Rem.* L N. — 40 *tritonia nuncupatur* L N. — *terna) tertia*
N. — 41 *namque) enim* L N. — *mentibus) in tribus* N. — *tantum)*
om. L N. — *agnoscendis laborant* L N. — 44 *quasi)* om. L N. —
p. 222, 1 *teretrion* L; *trietrion* N. Fulg. Virg. Cont. p. 753. — *dicim.)*
interpretatur L N. — *inquit) juxta eum* N; om. L. — 2 *tritona dicta
e. d. L. sap. dicta e.* N. — 3 *sap. facit* L N. — *trün enim jux. Serv.*
L N. — τρεῖν) *triton* M. Serv. ad Ae. 2, 171. — 4 *appell.) interpretatur* L N. — 6 *ad caelum)* om. L N. — 5 *meruit* L. — 6 *ascens.
et descdns.* N. — 7 *Nam et leg.* N. — 8 Lucan. 9, 354. — *Et se*
etc.) L N. hunc versum ita exhibent, *dicta esse tritonida.* Editt. Lucani
Tritonida.

2.   *Unde etiam fingitur* L N. — 10 *rec. vitii* L N. — 11 *mor.
gaud.* L N. — 13 *videlicet)* om. L N. — *quia sapi. in excel.* L N. —
Pro *sapientia* M legit *savius* "superadditum tamen antiqua manu. Nisi
vero id mendum scribentis fuit, quod suspicor pro *sapientia,* habemus
medii aevi vocabulum, quod Itali adhuc retinent." Majus. — 15 *habito*
L N, qui reliqua *Sapientiae verba* ap Salom. omittunt. — 16 *Fingit
etiam* L. — 17 *Jovis) ejus* N. — 19 *est) sit* N. — *Ergo enim* L;
Ego, inq. enim N. — *prodii* L N. — 20 *ostenditur* L. — 21 *sap.
aetern.* L N. — *ext.) substantiis* N. — 22 *quia virgo* L N. — 23 *ei)*
om. M. — 24 *ille)* om. M. — *sicut arithm. tradit* L N. — 25 *a) ex*
M. — *ab alio nisi* L N. — 26 *unit. gignitur* L N. — 27 *pectore)*
capite N. — 28 Serv. ad Ae. 8, 437. — *confundat* N. — 29 *impedi-
tos ac* M N. — 30 *quod . . sit . . puod* L N. — 31 *Noct. in ej. tut.
pon. quod* L N. — 32 *fulgentiam propriam in teneb. possidet* L N. —
vero) autem L N. — 33 *a Jovis vert. quod* L N. — 34 *esse)* om. L. —
dicitur L. — *ac) et* N. — 35 *divitiora)* L N; *diutiora* M. Illud divinaverat Majus. — Serv. ad Ecl. 2, 61. Ae. 2, 610. 615. — *consecrata* M. — 36 Virg. Ecl. 2, 62. — *et)* om. L N. — 36 *dicit arc.*
Ae. 2, 615. — 38 *consult. dat. op.* N. — 39 *portus* L N. — *quorum*
L N. — 41 *mov.) etiam moliri* L. — *Quem et nossaton* L N. — 42
ut dicitur L N. — *appellamus* N.

3.   *haec fingitur fab.* L N. — 44 *Jovi fulmen* L N. — 45 *praes.)*
peteret L N. Myth. II, 37. Fulg. 2, 14. — *conjug. petit* L N. — 46
suam) om. L N. — p. 223, 1 *defend. arm.* L. — *introiret* M. —
Myth. I, 128. — 2 *Vulc. certando semen* N. — 5 χθών) om. L N. —
terram aelis lictrion N. — 8 *toũ terra sive inv.* L N. — 9 *in cista*
L N. — 10 *pandrasae* L N. — 11 *et)* om. L. — 12 *propriae voluntatis* N. — 13 *et) is* L; *Jovis fulmina* L N. — *civilibus* N. — 14 *conjungi app.* M. — 17 *igitur)* om. L. — 18 *erictonius nasc.* L N. —
status invidiae L N. — 20 *surripientis* L N. — 21 *crimen invidiae potest gen.* L N. — 22 *Quamquam Min. inv.* N. — 23 *lenior est) livorem*
M. — 24 *suum)* om. M. — *ejus cust.* L. — 25 *ei adhibet* L N. —
comm. duab. L N. — 26 *virg.) sororibus* N. — *pandrasae* N; *pandrosae*
L. — *pandrosa* L; *pandra* N. — 27 *aglaures* L; *aglauros* N. — 28
enim) vero L N. — *si quis* L N. — *irae)* om. L N. — *aliquem) cum*
L; *eum aliquid* N. — 29 *mun. est naturale* L N. — 30 *ex)* om. L.

4.   Myth. II, 40. — v. 33 *Vulcan. quasi vol. cand.* L N. — 34
Rem. quod. in l. L N. — 36 *refract.* L N. — 37 *incedit) est in eodem*

L N. — *et*) *etiam* L. — 88 *mar. fing.* L N. — *luctuosus dic.* L N. —
40 *luctuosis ment.* L ,N. — *lemnos namq.* L; *limnes n.* N. — *luctuosus
inter.* L N. — 41 *aereus* N. — 43 *et*) om. M. — 44 *hoc interest* L
N. — *aethereus ign.* L N. — 45 *vero*) *quoque* L. — 46 *mortalium*
L N. — p. 224, 1 *autem*) om. L N. — *intell. ign.* L N. — 2 *put.
dici* L. — 3 *volat* N. — *philosophos* L. — 5 *credatur claudus* L N. —
6 *Lemnon* L. — 7 *Lemnius*) om. L. — *natus est vulcanus* N. — 9
Leg. imo pro uno. Vid. ad myth. II, 40, 23. — *fulmine* L. — 12
Quia vero frequenter cadunt fulmina in ins. etc. L. — *autem*) *vero*
N. — 13. *Vulc. dicitur* L.

5. *physica causa*) *philosophia* L; *physiologia* N. — *inter. lippa-
rim et ethnam dicitur off. hab.* L N. — 16 *fabris*) *fabulis* Majus. Serv.
ad Ae. 8, 416. *Etenim*) *Est autem* L; *Est vero* N. — 17 *lippare una
de ins. ubi Ae. regnavit* L N. — Serv. ad Ae. 1, 56. 8, 416. — 18
fam. Vulc. L. — *fabricentur* L. — *decern.*) *deputantur* N. — 19 *et
Ster.*) *et* om. M. — *piragmon* L N. — 20 *incude*) *vicu* L. — 21 *ag-
mon* L N. — *vicus* L. — *Priorum*) L M N. Majus Praestat. — *inquirere* M. — Serv. ad Ae. 8, 425. — *enim*) om. L N. — 23 Serv. ad
Ae. 8, 427. — *fulm. dejici ait Virg.* M. — 24 *quindecim part.* N. —
de) om. L. — *jaci in terras* L N. — 25 *ibi* N. — 26 *imbres* L N. —
28 *insin. fulm. cod.* L N. — 29 *ost.*) *designat* L N. — 30 *tres* L N
hic et in seqq. — *imbris*) *ignis* L N. — 31 *design. hiem.* L N. — 32
sq. *nubes aquosas* L N. — 33 *tempore*) om. N. — *pluv. nim. sunt* L
N. — 34 *alibi idem* L N. Ge. 1, 313. — *ignes* N. — 36 *omnibus*)
om. N. — 37 *quia necesse* N. — 38 *vero*) *autem* L N. — *bisulcum
vel tris.* L N. — 40 *findit*) *incendit* N. — *dicunt* N. — *fulminis* L
N. — 41 *inquiunt* L N. — 42 *ut illud* N. — Ae. 1, 230. — 44 *afflatum ventis* L N. Ae. 2, 649. — p. 225, 1. Vid. Ae. 4, 25. — 3
Ecl. 1, 17. *mimini* L. — 4 *marit. Ven. jux. Serv.* L. Serv. A. 8, 389.
— 6 Ge. 3, 97. — 7 *mollit ac* L N. Serv. ad Ae. 8, 724.

6. v. 9 *habet*) *dicit* L N. Myth. I; 181. — 12 *dispersit*) om.
N. — 15 *manathiae vernales* N. — 17 *sydera* D. — *habent* D. —
18 *tamen*) om. C D. *tamen tempestate* L N pro *potestate.* — *sunt*) om.
C D. — *ofiucus* C; *ofiuchus* D; *osphincus* L; *ophineus* N. — 19 *esco-
lap.* C N. — *quoque*) om. C D. — *appollinares* L. — *signa* L N; om.
C D. — 20 *et*) om. C D. — *Min. Aries* C D. — *signum*) om. C D;
sidus L N. — 21 *fert. Min.* L N. — *punivisse* L N. — 22 *sunt*)
fuerint M. — *in*) *ex* N. — *legitur* L N. — 24 *et apud* L N. — 25
ne fulm. aliis addere (*adicere* N) L. — 26 *unde et*) om. N. — *nom. ab
eodem meruisse videtur* L N. — Serv. Ae. 8, 116. — 27 *oleos* L N. —
29 *sapientiae* L N. — *quantocius*) om. L N. — 30 (*Quod autem* L N. Serv. A. 8, 128. myth. II, 119. — 31 *cum vittis*) *cunctis*
N. — *offerebatur* L N. — *significat partim natura ipsius* N; *par. f.
p. natura effecit* L. — 35 *eum esse* (D. *et*) om. C; *etiam* L. — *dictum
est*) om. D; *est* C. — 36 *do*) om. L; *concedo* N, qui postea hoc verb.
om. — *cedo victor.* C. — *In agone enim* N. — 37 *herbam*) om. L N. —
dabatur ei L N; *ab aliquo* addit N. — 38 *non*) om. N. — 39 *id est*)
et M. — *i. e. institas*) om C; *instita lanea* L N. — 41 *oves*) *omnes*
Majus. *ov. egere alieno aux.* C D, qui om. *semper.* — 42 *sunt dict.* N.

7. *De et etiam* om. L N. — *invenerit* N. Fulg. 3, 9; myth I,
125. II, 115. — 44 *bucc. tum.* N. — 45 *Tritonem* N. — p. 226, 1
canendo L N. — 2 *igitur*) *autem* L N. — 4 *tant. tons.* L N. — *eique*
L N. — 5 *pollicitus est* N. — 6 *defodit* L N. Myth. I, 90. — *et in*

fossae terrae d. N. — 8 *quidam*) om. M N. — *tibiam fecit* M. — *inquit, rex* N; *inquit*) om. L. — 9 *Mida* L N. — *ergo*) enim N. — *sicut er. cepheus in theogroma scr.* L. — Fulg. 3, 9 p. 727 sq. — 10 *fab. rep. est* L N. — 11 *suae artis* L N. — *ord. habuerunt* L N. — 12 *id est canticum* L N. — *et*) om. N. — 13 *Vox est tibiae in omn.* etc. N L. — 15 *voc. viv.* M. — 16 *tam. non aliq. impl.* L N. — 17 *vix*) *vox* L N. — *suff. impl. extr.* L N. — 18 *vox viva* M. — 19 *id est*) *atque* L. — 20 *persona*) *mens* Majus, qui in cod. scribi dicit pars. — 21 *invenit* L N. — 22 *in musica* L N. — 25 *ergo*) *vero* M. — 26 *doct.*) *peritus* N. — 27 *ridet*) *videt* M. — *i. e. sapient.*) om. L, qui pergit: *illam aqua respectam quasi exprobr. umbram proicit* — 28 *assumit* N. — 29 *solus stult.* N L; — *alterum solus* om. N. — *cithar. praep. voluit* L N.

8. *Mida asseritur imper. judex* L N. — *aur. dic.* L N. — 34 *quod omnis omnia ignorans nihil* etc. L N. — 35 *et*) *etiam* L. — *dicitur auriculare dedec.* L N. — 36 *ut dicitur* L N. — 28 *can. autem illa* L N. — 39 *illud prol. e. ded.* L N. — 41 *audit* L. — 42 *primam insc.* L. — *deprehendunt* L N. — *Mida* L N. Ovid. Met. XI, 102 sqq; myth. I, 88. — 44 *ei in ult.* L N. — 46 *et potus* L N. — *marmorabat*) "Ita cod. significatione neutrali." Majus. *mutabatur* N; mox iterum *mutabatur* L. — *idem*) om. L N. — p. 227, 1 *a Baccho iterum post.* — *desideria* N. — 2 *ut ter* P. fl. se supp. L N. — 3 *aur. tr. aren.* L N. — *inexplicabili* L. — 4 *dicunt hanc* L N. — 5 *suum*) om. L N. — 6 *qual. de re* M N. — *cup.*) *tendentes* M. — 7 *ad lib.*) *adhibitum* L; *ad habitum* N. — 9 *de eo historia* M. — *suar. pecun.* N. — 12 *derivavit* L N. — *sicque .. reddiderit*) om. L N. — 13 *censum suum* L. — 19 *dictus est* M N. — 15 *ar. aur.* M. — *dictus est* M. — *ea quod* N. — *quod frig. .. quod avarus*) om. M. — 17 *sit stultus* N. —

9. *usus est Prom.* L. — 19 *fingunt* L N. — 20 Myth. II, 63, 15. — *et eum* L N. — 21 *de bonis* N. — 22 *min. se* N. — 23 *ut*) om. L N. — 24 *et quid op. suo* N. — 28 *ferulam*), "Ita heic codex; at idem infra *faculam.* Sic omnino variat lectio ap. Serv. ad Ecl. 6, 42." Majus. — 30 *vult. fer.* L N. Fulg. 2, 9. — *perhennæ* L. — 31 *Nicag.*) *Pythagoras* L N. — Fr. Petr. p. 474 ed. Anton. — *pecnius arbit.* L. — 33 *eum dente* L N. — *mordebant* L N. — 34 *divinam prudentiam* N; *divin. prov.* L. — 35 *esse cael.* N. — 36 *sapientiam vel animam*) om. M. — *prov.*) *sapientia* L N. — 39 *de caelo traditam* L N. — 40 *et*) om. L N. — *incendit* L. — *quia* L N. — *secundum*) om. N. — 41 *ab*) om. N. — 43 *celeri*) *caeli* N. — *voluc.*) *volubilitate* L; *voluntate* N. — *mundus* ante *quadam* collocat M. — 44 *cadaver* L. — *perhennitate* L. — 45 *pasc.* N. — p. 228, 1 *omne munus* M. — 2 *quia .. munus sit* L N.

10. Myth. I, 1. — v. 8 *macies*) *mulieres* M. "Sed scribendum esse *macies* demonstrat Horatii locus subseq., nec non myth. I, 1. et quidem plurali numero. Et sic est *macies* in variis Servii lectt." Majus. — 9 *tangit dicens* L N. — 10 *etherea* N. — 11 *macies*) om. L N. — *nova cohors feb. incub. terr.* L N. — 14 *religatum ferunt* N. — *saxum*) *fatum* L. — *cor ejus* L; *cor ei* N. — 15 *omnia*) om. L N. — *non absurde fing.* L. — 16 *etiam*) om. L N. — 17 *dict. est* L N. — *promethias i. e. a prudentia* N L. — 19 *Caucaso*) *Atlante* M. — *providerat* N. — 21 *demonstrant* N. — 22 *assignant* N; *assignatur* L. — 24 *hoc*) *haec* N. — 26 *esse*) om. L. — 28 *furat. esse* L N. — 31 *usu homin.* L N.

32 *Tullo hostili* N. — 34 *igne rapto ab)* om. N. — 35 *dicuntur homi-
nib. rapto igne imm.* N.

11. Venus.

1. v. 38 *exegimus veneris* L. — Fulg. 2, 4 p. 668. — *Hanc
rem epicuri* N. — 40 Cic. N. D. 2, 27. — *quod ad omn. veniat venus*
L. — 42 *nudi conveniant* L N. — 43 *celare* L. — 44 Myth. II, 31. —
quod rosae pung. et rub. L N. — p. 229, 1 *ex pud.* L N. — *et pungit*
L; *pungunt* N. — 2 *enim) etiam* L N. — *celeri)* om. L N. — *in motu*
L N. — 3 *ita) itidem* M. Myth. II, 33. — 4 *sicut et freq. inn. natura*
M. — 5 *dicuntur* N; *fervere dicuntur* L. — *pingunt* L. — *eam)* om.
N. — 6 *quod l. nauf. reb.* N. — *inferet minime dubitet* L; *inferre mi-
nime dubitetur* N. — 9 *etiam)* om. L N. — *quod h. a.* L N. Myth. II,
31. — 10 *in coitum* N L. — 11 *deputata dicitur* L N. — 12 *dicitur
de mari procreari* L N. — 13 *est)* om. N. — *semper)* om. L N. — *coit.
elic.* N. — 15 *necess.) necreatibus* L. — *apta sit* L N. — 16 *emittat*
L; *amittat* N; — *ara cincta c. v.* N. — 17 *fecundissima* M. —

2. *ei) etiam* N; *enim* L. — *carites* N; *caritates* iL. — 20 *eugiale* L M N. — *enprosine ei min.* L N. — 23 *amicit. insol. esse* L
N. — 25 Hor. C. 3, 21, 22. — 26 *duae vero) vero* L; *nos respicere
dicuntur pingi* N. — 27 *est rat. quia* L N. — 28 *grat. fere* L N. —
31 *ego)* om. N. — 32 *eugiale . . enprosine* L M N. — 33 *sit prim.*
N. — 34 *blandimentis)* om. L N. — *demulcere* L N. — 36 *dicitur Hym.*
N. — *ut Rem. ait post nimiam pet.* etc. L N. — *gr. himeneus quasi*
L; *Gr. himine q.* N. — 38 *mem. mulieris* L. — 39 *Inde)* om. L N. —
deus nupt. fictus e. L N.

3. v. 42 *testatur* L N. — Myth. I, 75. — 43 *ut se fem.* L
N. — 44 *virgo)* om. L N. — 45 *mutuo adam.* L N. — 46 *semel Att.*
L N. — *mulieres cui superscriptum est virgines* N. — p. 230, 1 *sacra)
nupcias* N manu secunda. — 2 *deportatae* N. — *etiam Hym.* L N. — 3
subs. erat L N. — 7 *fil. suas* M. — 8 *voto) noto* N. — *cui quia)
ejusque* L N. — 9 *obtigit* etc.) *obtinuit, consecutus est etiam* L N. —
invocaretur L N. — 12 *nomen ejus* L. — *falsum esse)* om. L N.

4. *Virg. fing.* N. — *in libya expulso* L N. — 15 *methonomiam*
L N. — *mathesim* L N. — 16 *joviana* L N. — 17 *significare videtur*
N. — *aliquam* L. — *proveniat felic.* N. — 18 *quia) quoniam* L N. —
20 *etiam idem* L N. — *advertendum* N; *animadvertendum* L. — 23
desc. ad occas. L N. — 24 *id est* etc.) *et ima tenere refert* L N. — 27
fing. Virg. N. — *virginis)* om. N. — 28 *quod et mis.* L N. — 30
permixt. est L N. — *comitem ei* L N. — 31 Serv. ad Ae. 1, 174. 312.
— 32 *semp. est com. reg.* L N. — 33 *Plinius)* om. N. — 34 *anulo suo*
L N. — *gratiosior est (sit L) suis* L N. — Fulg. Virg. Cont. p. 750. —
35 *infantiis* L. — 35 *nat. hum.* L N.

5. *theolica* N. — *quia* L N. — *venereum* N. — 38 *videntur*
L N. — 39 *noctis)* om. L. — *condente* L N. — 40 *tunc Aen.* L N. —
41 *inimica)* om. M. — *app. inimica* N. — 42 *id)* om. M; *ibi* N. —
mathesim N. — 43 *praesentis* N. — *anereticos* N; *anencitos* L. — 45
genit.) naturae N. — *radiis)* om. L N. — *pulsav.* L N. — 46 *existimantur* L N. — p. 231, 1 Hor. C. 2, 17, 22. — 3 *eripuitque* M. — 4
tard. fati alas L. — 5 *fati necess.* L. — *dicit. imp. poss.* N. — 6
elidi L N. — *Inde est* L N. Virg. Ae. 8, 398. — 7 *Nec) Nam* M;

non N. — 8 *decem al.* M. — 9 *vero) autem* L N. — *subj. vers.* L
N. — 10 *id est)* om. L. — 13 Ae. 7, 498. — *Nec deus err. dex.* L
N. — *affuit* L; *fuit* N. — 14 *quum) quo* L. — *fuerat* L; *fuit* N. —
allecto L. — Serv. ad Ae. 2, 632. — *Et est in Cyp.* M. — 15 *virginis id est)* om. M. — 16 *sexus participarilia put.* L; *s. participari vel
put.* N. — Cf. Serv. ad Ae. 7, 498. — 17 *ass. ut vid.* L N. — 18
ind.) sumerent L N. — *non viderentur nec h. v. app. possent* N. — 19
sciend. sec. poët. disc. est L N. — 21 *ibi)* om. L N. — Ae. 2, 591. —
22 *id)* om. M. Ae. Ecl. 8, 102. — 23 *nec) ne* N. — *autem)* om. L. —
I en. Ae. ibid. L N. — 24 *nunquam defut.* L; *n. obfut.* N. — Serv.
ad Ae. 2, 801. — 26 *laurentum* L N. — *stellam ven. ,s. v.* L N. —
27 *etiam)* om. L N. — Ae. 1. 382. — 29 Ae. 2, 801. — 31 *ipse)* om.
N L. — *se)* om. M. — 33 *praes.) suffragio* M N. — *eam)* om. L N.

6. — *sacra ejus* L N. Myth. I, 100. — 37 *dilacer.* L N. — 38
est) om. N. — *ab) de* L N. — 40 *etiam)* om. L N. — 41 *conc. Mars.
f.* L N. Myth. I, 43. — *Ille) Ipse* L. — 43 *jac. ost.* L N. — *pasi-
phen* N M. — 44 *et)* om. N. — 46 *polluta id est corrupta* L N. —
corruptes N. — p. 232, 1 *veritas* M. — *judicio* L. — 2 *prava) parva*
L N. — *ill. fervoris consuetudine* N; *ferv. constrictione* L. — Fulg. 2,
10. — 5 *variam) avaritiam* N. — *pr. physici* L. — 7 *voluptati faciat*
L; *voluptatem faciat* N. — 8 *corr. sing.* L; *singulas* N. — 9 *Sol. fil.*
L. — 10 *pasiphe prima* L. — 11 *nonnisi)* om. L N. — 12 *designa
enim aud.* L N. — 14 *pro contactu* L; *per contactum* N. — 16 *est)*
om. L N. — *arte judic.* L N. —

7. *Quare vero* N; *quod autem* L. — *amasse dicitur* etc. L N. —
Myth. I, 43 fin. — 20 *Taur. not.* L N. — 21 *cum ea* N. — 22 *pep.)
genuit* L N. — 24 *mixtumque* N recte; Vid. Ae. 6, 25. — *hujus rei*
L N. — 25 *rex) mox minos* N. — *eum)* om. L N. — *in carcere clausit*
N. — *sed)* om. L N. — 27 *et virgilius jungens dicit* N. — 30 *vero)
et filias* N L. — *qui minotauro dev. mitt.* L N. — 31 *Minoi)* om.
N. — 33 Serv. ad Ae. 7, 19. — *fil. Sol. fing.* L N. — 34 *ut sole n.
est. cl.* L N. — *sua)* om. L N. — 36 *ducebat* L N.

8. *haec)* om. L N. — 39 *antedone* N, *sed insertum ab antiqua
manu.* — Myth. II, 169; cf. L 3. — 40 *vero)* om. L. — *antedonis*
L; *antenodis* N. — *Solis filia glaucus (glaucum* N; *sed correctum
glaucus) vero scyllam amabat, zelata scyllam* etc. L N. — 42 *ab inguine)* om. L. — 43 *alia) aliud* M. — *antedon* L N. — Fulg. 2, 12. —
45 *ergo) igitur* L N. — *quae)* om. L N. — 46 *perd.) corruptio* N. —
p. 233, 1 *ignorantiae* L. — 2 *quisquis* M. — 5 *insipiens putandus est*
L N *pro insip. et putidus e.* — 6 *quod mul.* L N. — *ipsarum* L. — 8
voluptati) om. N. — 9 *a corruptionibus* L N. — 11 Juv. 6, 362. —
12 *Inde a Canes vero* usque ad v. 14 *imitatur* omisit N. — Serv. ad
Ae. 3, 566. — 15 *in monstrum)* om. L. — 16 *quod l. impatiens* L
N. — *minus* L N. — *quam etiam feminini generis turp.* etc. L N. —
18 *et mut. dic.* L. — *supra)* om. N; *superius* L. — *jud. manus* M.
Cf. myth. II, 212. — 19 *judicium scilicet vel)* om. M. *scilicet)* om. N.
— 22 *in operum) imperitam* L.

9. *transit* M. — *sapientem* L N. — 24 *penelopam dic. habere*
L N. Myth. II. 212, Fulg. 2, 12 fin. — 25 *quod omnis sapientia*
N. — *pud.) prudentiam* L N. — 26 *expat.) expectandum* L N. — 27
Serv. ad Ae. 3, 636. — *hoc)* om. N. — 28 *in fr. unum* L N. — 29
videat L N. — 31 *caec. dicitur* L N. — *Idem etiam Ul.* L N. —
32 *olon senos i. e.* L; *oleum senos i. e.* N. Myth. II, 101. — 34 *syre-*

nes bis L. Myth. I. 42. 11, 101. — *duxisse* L·N. — 35 *dicuntur tres fuisse* L N. — *in parte* L; *et parte* N. — 36 *acheoli* N. — 37 *thibiis* L. — 40 *ducebant* N. — 41 *obtuderat* N. — *se ipsum* N; *semet* L. — 42 *transivit* L N. — 43 *sunt mort.* N. — *syrenes* L N. — 44 *quod. corp. volupt.* N. — *quor. mentes* L N. — 45 *syren namq.* L N. — *Unde etiam* L N. — p. 234, 1 *suor. aures obdurat* L N. — *aud. modulationem* N. — 3 *transit)* om. L N. — 4 *licet* ante *sentiat* collocant L N. — 5 *sempiternae) semper verae* L; *suam* N. — 6 *pereunt* L N. — 7 *contemta)* om. L N. — 8 *sor. tres* N. — 9 *ducebant* L N. — *iis)* om. N; *inde* L. — Fulg. 2, 11. — 11 *mentes) merces* L. — 12 *gallinacios* L. — 14 Rep. *sua dixit* L N. Plat. 10 p. 617 b. Macrob. in somn. Scip. 2, 3. — 15 *tractet* M. — *singulis singulas orb. syrenes* N. — 16 *motu) notat* L N. — *arm. jocund.* L N. — 17 *nubibus exhib.* N. — *significavit)* om. L N. — 18 *syren* L N. Macrob. l. l. — 19 *dic. Scyll. sax. esse* L N. Myth. II, 169. — 20 *visent.) inspicientibus* L. — *Canes* usque ad v. 23 *imitatur).* Haec sententia abest a M. — 21 Serv. ad Ae. 3, 566. — *et loca ipsis m. plena s. max.* N. —

10. *orta)* om. L. — 26 *gr. itur ad bellum* N. — *in praelium)* om. L. — *vel a graden* L N. "Verba sunt Remigii, ut lego in ejusdem codice vaticano quo continetur commentarius ad Martianum Capellam. Num pro χρατεῖν? Codex unus Vat. mythographi *grademi,* alter *graden.*" Majus. — 28 *id est)* om. L N. — *potens inq. div. est* L N. — 29 Serv. ad Ae. 1, 296. — 31 *mer. templa* L. — 33 *vid. dici* L N. — 34 *primo loco* L N. — *super* N. — *esse ardent.* N. — 35 *praesagire* L; *praefigurare* N. — 36 Serv. ad Ge 1, 34. — 38 *est frig.* N L. — *est novembris* N. — 39 Serv. ad Ae. 12, 119. — 42 *robur) ruber* L; *rubus* N. — 43 *re publica ag.* L; *relpublica ag.* N. — 45 *eum)* om. L N. — *sine patre dici natum arbitror* L N. — *quod ej.* L N. — 46 *si sola per* L N; deinde *sola* om. L N. — p. 235, 1. *domiscil. suorum* L N. — *signif. videtur* N. — 2 *orturum* N. — *et Ven.* N. — *fuerint* N. —

11. *ei fil. fingunt* N; *ei fil. fingitur* L. — *quod* L. — *viri)* om. L N. — 5 *quod enim a lupa* L; *quod autem lupa* N. — 6 *Rom. generis) Romanorum* L N. — 7 *fictum et excogitatum* N. — 8 Myth. l, 30, 22. — 9 *voc.) apellamus* N. — *etiam hoc an.* N. — *etiam esse in tut.* L. — 10 *Marti)* om. L N. — *ei consecrant* L N. — 11 *detulisse* L. — *quod* L N. — 12 *cusp.) acumine* N. — *duriss. ling.* L N. — *perforet* N. — 13 *fabula de P. r.* L N. — Serv. ad Ae. 7, 190. — 14 *ut ait* L N. — 15 *sort. est* L N. Ovid. Met. 14, 339 sqq. — 16 *Canente) Amente* M. — 18 *Circe) vece* L. — 19 *in av. picum Mart.* M. Myth. I, 182. II, 213. — 23 *Virg.* Vid. Serv. ad Ecl. 9, 15. Ae. 7, 187. — 25 *Certas) cunctas* N. — *notab.)* ponebant L N. — *inter quas* N. — 26 *circem ab eo* etc. M N. — *induc. fuisse* N. — *ab eo quod veneficiis abrenuntiaverit interemtam dicunt* L.

12. *postul.) hortari* L N. — *de auguriis* N. — 29 *ammonuit* L N. — 30 *ne usquam)* om. N; *hic aliq. ne usq.* L. — 31 *deliberare monemur* N. — 32 *nostris* N. — *cup.) cudimus* L N. — *alt. liceat inch.* N. — 33 *Magica ig. ut ajunt general.* L N. — 34 *praest.) praesagia* L. — *malef. sortileg.* L N. — 35 *mathem.* M N. — *praesagia sunt* L. — 37 *daemonica* M. — 38 *phan. imminant* L. — *praesagiatores* L. — 39 *daemonicas* M. — 40 *legationes* N. — *coop.) corporatione* L. — 41 *nefando* L N. — 42 *per sort. divina inquirere intendunt* L N. — 44 *nigromantia* L N. — *ut legitur* N. — 45 *nigros enim* L N. —

mantia div. L N. — p 236, 1 *quem daem.* N. — *2 est)* om. L N. —
3 *geon* L N. — *et)* om. L N. — *georicon* N. — *id)* om. M. — 4 *cult.
terrae* N. — *orgo enim* L N. — *dic. gr. cult.* N L. — 6 *tandem)* de-
mum L; *deinde* N. — 7 *bachi* L *constanter.* — 8 *orgia)* om. M. —
ceteris) L N. — *est)* om. M. — *ydrom.* L. — *i. e. divin. in aqua)* om.
M. — 9 *graece)* om. M. — 10 *ydropices* L N. — 11 *pereunt* L N. —
vel hydraula) om. L N. — 12 *nuncup.) appellata* L N. — *aule* L N.
— 13 *aerimant.* L M N. — *pyrimant.* N. — 15 *dicitur)* om. M. —
unde πύρινον *et* πῦρ *Phlegethonta* M; *u. et piram et pirflegetonta*
L N. — 16 *tyresiam* L. — 17 *Thebaidos)* om. L.

13. *i. e. nigromantia* L N. — *infernum* M. — *pert. vid.* N. —
20 *syllaba)* om. L. — 22 *creditur) est* N. — 23 *quadruvium* N. —
i. e.) scil. N. — *aritmethicam* L. — 24 *et)* om. N. — 25 *sine aspiratione* L. — 26 *aurusp. et horosc. Aruspicina scientia est per aves vel
aras divinandi, et dicta est quasi ararum insp., quod ar. etc.* L; *ar.
et horoscopia aruspicina scien. per aves (cui eadem manus superscripsit
vel aras) div. dicta est quasi ar. insp. quod etc.* N. — 29 *futura sentirent* N. — *qui etiam* L N. — 30 *harioli* M. — *circa)* om. M. — 32
divinaverunt L N. — 33 *aut)* om. L N. — 34 *quam etiam* L N. —
qua) quam L. — 36 *geneciologi).* "Alius cod. *genediaci,* id est *geneth-
liaci.*" Majus; *genecliaci* N. — *metemat.* N. — 37 *quique olim* N;
qui etiam olim L. — *magi) magni* L. — 38 *horospici* L. — *horoscopia*
L N. — 39 *dicit* Juven. N. sc. 6, 562. — 40 *matematicis* N. — 41
artis) augurum L N. Serv. ad A. 12, 869. — *auroscies sunt vel ho-
roscies, i. e. quae fata horae canuut, aut praep. etc.* L. — *i. e. qui*
N. — 42 *cantent* N. — *qui* N. — 45 *speculatur* M. — p. 237, 1
utrumlibet L N.

14. v. 8 Virg. [Ae. 6, 190 ibiq. Serv. — 9 *esset) fuisset* L. —
non adjecisset L. — 10 *aug. ipsa* L N. — *devoratione* L N. — 11
quae) quo N. — Serv. ad Ae. 12, 246. 259. *proveniebant* L; *prove-
niunt* N. — 12 v. 194. — 13 *Leg. et aug.* L N. — 15 *pertin. ad se*
L. — 18 *pertin. non* L. — *aquil. app.* L N. — 19 Ae. 12, 246. — 20
augurem L. — 21 *sedes indicat neg.* N; *sede sibi ind. n.* L. — *Maro
firm.* L N. — 22 *sed. sibi firm.* L; *firm. ei dat sed.* N. — *sicut* L
N. — 23 Ecl. 1, 18, qui versus paululum immutatus vulgo etiam legitur
in Ecl. 9, 15; sed vid. Heyn. — Codd. nostri ob oculos habuerunt Ecl.
9, 15. — *saepe) an* L N *i. e. ante;* om. M. — *praed.) monuisset* L M
N. — 24 *Inde etiam hoc aug. lib. dicit cygn.* N. — 26 *nec oblatum
nec impetratum fuerit* N. *fuisset* L. — 27 *imm. est* N. — *ubique)* om.
N. — 29 *considente Aenea* N. — 30 *fuit mox* L N. — *contra m. taurum Jovi sacrificavit* L N. — Serv. ad Ae. 2, 202. 3, 21. 85. 118. —
32 Ae. 3, 176. — *videbantur* L. — 33 *secuta* N. — 34 Ae. 2, 302
ibiq. Serv. — *civitati) urbis* L N. — 35 *enim)* om. M. — *aufugit*
N. — 36 *malum omen* L N. — *Nec juxta eum imm.* N. — 37 *et
ut* N. — *Et)* om. N; *ex* L. — *deorum* L N. Ae. 2, 269. — 38 *gra-
tissime* N L. — *ita non* N. — *munus deor. ex abr.* L.

15. v. 41 *vellet) valet* N. — *refutaretur* N. — *abhominar.* L. —
42 *subjectum* N. Ae. 12, 260 ibiq. Serv. — 45 *in quarto* L N. At
est Ae. 5, 531 ibiq. Serv. — p 238, 1 *non)* om. N. — 2 *prius)* om. M. —
confirmarent N. — Ae. 2, 691. — 5 *Qu. ego* L. — *aonias* L N. —
Virg. Ecl. 9, 13 *quantum Ch. dicunt aq. etc.* — 6 *plus columba* L
N. — 7 *Aeneae)* om. N. — Ae. 6, 190 ibiq. Serv. — 9 *Foecunditati*
M. — 10 *quia) quas* M. — 11 *incomit. sunt* N. — *quod idem* N. —

11 *addidit* N; *additum est* L. — Ae. 6, 197. — *fatus* L N. — 12
affata L N. — 13 *auguris pr.* N. — *Unde et augures* L N. — 14
dicebant N. — *affatus* L N. — 15 *aug. capt.* L N. — 16 Serv. ad
Ae. 6, 15. — 18 *nuncup.) dicuntur* N. — 19 *aves)* om. N. — *anteriora pet.* L N.

16. *Merito autem* N. — *et horospiciam* L; *horoscopiam* N. — 21
subjiciunt N. — *quod* L. — 22 *abhomin.* L. — 25 *obtigit), objungere*
N. — *genera* L N. — 26 *ait Cic.* L. — 27 *distribuitur* L N. — *in
vaticinantibus* N. — 28 *in)* om. N. — *aruspicipibus* L. — *genediacis*
L N. — 31 *quem) quod* N. — *perf. vult* L. — *ut est* N. — Ae. 3,
360. — *tripodas* L N. — 32 *Et alibi)* om. L. — 35 Ae. 10, 176. —
36 *ling. volucr.* L N et codd. Virg. — 37 *id est) enim sive* L N. —
qui fulmina L N. — 38 *incantiones* L. — *exercebant* L N. — *qui illis*
N; *qui in illis* L.

17. *evagari* L N. — *excusemur* N. — 43 *lacr. fusis planxit*
L N. — 45 *plangit)* om. L N. — *qui per Adon. design.)* om. L N. —
p. 239, 1 *interf. apri plangit* L N. — 2 *amoto* N. — 3 *aliter sentit*
L. Fulg. 3, 8, myth. I, 200. — *evid. fiat* N. — *inch.) incipiamus*
L. — *Quod quum rem recensisset* N. — 7 *Quam arborem pat. quum*
N. — 8 *arb. est* L N. — *de qua sucus ipse exudat (exud. ipse G).
Haec patrem amasse dicitur. Istae enim arbores in India sunt* E G. —
solis caloribus E G. — 9 *crementantur* E G. — *quem) quam* N; *et
quia* E G. — *pet. omn. rerum solem esse dic.* E G. — 10 *quod ejus)
cujus* E G. — 11 *adolescit maturitas* E G. — *unde et* N; *ideo et* E
G. — *Quae etiam quum* N; *dumque jam* E G. — 12 *ardore crepata
(cremata* L) *rimas* L N. — *crepans) i. e. fissurans* addit glossa in E. —
ragades efficit E G. — 13 *per quas* E G L N. — *sucum) sudum*
L. — *qui) quod* E G. — *itidem)* om. E G L N. — 14 *ob q. r.)
unde* E G. — *generasse* L N. — *odoris* N. — 16 *quod . . picm.*
N. — Petr, fr. 10 p. 475 ed. Ant. e Fulg. 3, 8. — 18 *myrtinum*
N. —

18. *Cur fil. Ven. A. dat.* L N. — 20 *ex omnibus voluptatibus
desiderium amoris* L N. — Myth. II, 35. — 22 *perfectus* N. — 23
amante) om. L N. Serv. ad Ae. 1, 663. — Ae. 3, 76. — 24 *af-
fari* L N. — 25 *Al. autem quod* L N. — *non) nec* L N. — *mutab.
sit* L N. — *quia ipsae* L. — 7 *vult) ait* L N. — *quod* L N. — 30
res) om. N. — 31 *vel quod* L N. — 32 *secr. est* L N. — 33 *quam)*
om. L. — *hon. uxoribus praeesse* L N. — 34 *uxor. Vulc. asserit* L
N. — 35 *libidinis* N. — *hermofrod. dicunt* L N. — 36 *Itemque* L N.
— 38 *boni) veri* N. — 39 *plerumque)* om. L N.

19. *resp. fab.* L N. — 42 *igitur) ergo* L N. — *juvenis)* om. N. —
hero N. — 43 *Ad cum de etc.* N. — *illa)* om. M. — 44 *constans* L. —
aberret L; *oberraret* N. — 45 *Quad. vero n.* N. — *extincta lucerna
caeca tempestate* L N. — 46 *extinctus est* L; *interiit* N. — *ubi) ut*
L. — p. 240, 1 *sequa in* N. — 3 *indulg. facta Her.* N. — *in)* om.
L. — 4 *accensus* L. — 5 *ard.) vehementer* L N. — 6 *nat. nocte* L
N. — *Leg. obscuro.* — 7 *ei)* om. L N. — *ne aberraret (aberret* L)
lucern. asc. L N. — 9 *juvenalis* L. — 10 *ard. amor.* L N. — *ea scil.*
N. — 12 *subst.* N. — 15 *libido convincetur* L; *l. dominetur* N. —
Cf. Myth. I, 28. II, 218. Fulg. 3, 4. — 16 *in senect. in quilibet (cui*
superscriptum est *quol.) inquietationes* N. — 17 *humor.) humida* L. —
19 *significat* N. — *consideratione* N a secunda manu. —

20. Fulg. 2, 1. — v. 22 *ejusque) eamque* L N. — *certamen)*
om. L N. — 23 *eleg. posuere* L N. — *rei)* om. L N. — 24 *titidem*
N. — Fulg. 3, 7, myth. II, 205. — 25 *protheo* L N. — 26 *se) eum*
L N. — 28 *omnibus)* om. N. — 29 *in medio* L N. — 30 *pulcherri-*
mum donum pulcherrimae deae L N. — 31 *cert.) contendentes* L N. —
32 *praef.) judicasset* L N. — 33 *misit* L N. — *Qui quum* M N. —
34 *sibi regn.* L N; *regn. ipsi* M. — *propter promissionem* L N.

21. *a Peleo* L; *et Peleo et tethide* N. — *natus Ach. est* N. —
Fulg. III, 7, myth. II, 206. — 38 *appell.) dixerunt* L; *dici voluerunt*
N. — 39 *conjunxit* L N. — *peleus enim* N. — 40 *mixtam)* om. L N.
— *volunt)* om. L. — 41 *Jovem i. e. ignem f. c. exoptasse* L N. —
conjugium L. — 45 *non vocatur* N. — *discordiam* N. — 46 *necesse*
est elem. fieri L N. — p. 241, 3 *decertant* L N. — 4 *adhuc)* om. L
N. — *ignorant* L; *ignoratur* N. —

22. Fulg. 2, 1, myth. II, 106. — *tripertitam h. esse vit.* L N. —
6 *volunt* N. — 7 *activ. contempl.* L N. — 8 *voluptuariam* N. — *igi-*
tur) om. L N. — 9 *omnibus)* om. L. — *archana sap.* L N. — 11
manachi N. — *ap. veteres* L N. — 13 *mundanarum rerum* L N. —
nulla) om. N. — *insanies* L N. — 15 *cura) causa* N. — *macerat) inescat*
L N. — 16 *inornat* L N. — *vel) lis* N. — 17 *tantum) tamen* M. —
18 *est) gerit* L N. — *petax)* om. L N. — *pecuniarum et hab. ins.*
L N. — 21 *aliquot apurhtiqus omn. mund.* N. — *apudnos* L. — 22
voluptuaria N. — 23 *rep. bon.* L N. — *corrupt.) voluptatem* L N. —
24 *apud illos* L N. — *tantum)* om. L N. — *epicuri* N. — 25 *vita)*
om. N. — *natura reputatur* N. — *est)* om. N.

23. Fulg. 2, 1 fin. — 27 *id est)* om. L N. — *et)* om. L. — 29
quae . . . dea est) deam regn. etc. L N. — 32 *duas) duabus eas* L
N. — *cond.) contempnere* N. — *Vider.) Diceretur* L N. — 33 *lib. destr.*
L N. — *ex)* om. L N. — 34 *vitarum)* om. L N. — *agend.) augendam*
L. — *contemtis i. e. damnatis* L. — 35 *solam propon.* L N. — *ad ho-*
minum jud. L N. — *transfertur* L. — 36 *liberum arbitrium el.* etc.
L N. — 37 *quoddam* N. — *et ut* L N. — *ae) aut* L N. — 38 *sed*
delendum est; non agnoscitur enim a L M N. — 39 *totsit* N. — *prae-*
elegit N. — 40 *judicavit* N. — 41 *convocati sunt* L N. — *coop.) com-*
paratione L; *compositione* N. — 42 *omnium consensu* L. — *sive quod*
N. — 43 *gent. putab.* N. — Fulg. 3, 7 p. 721. — 44 *optin.* N. —
46 *consecrantur* L N. Cf. myth. II p. 144, 9. — p. 242, 1 *frons*
Genio L. — 2 *dextra* N. — *Misericordiae) Minervae* M. — *unde et*
rog. haec tang. N.

24. *quasi perf. homo natus est* L N. — 5 *tinxit* L. — Fulg. 3,
7 p. 722 sq. Myth. I, 178. II, 205. — *id est)* om. N; *et* L. — 6 *mu-*
nit N. — *Unde solum* L N. — *tinguit* L N. — 7 *fab. sign.* L N. —
quae) om. N. — 10 *esse in talo lib. pinc. loc. significat vel indicat*
L N. — 11 *ostendit* N. — 12 *libidinis)* om. N. — *ictib. tam.* L. — 14
licomedes enim L N. — γλυχὺ μηδὶν addidit Majus; agnoscit Fulg. — 15
et dulc.) et om. L N. — 16 *polixinae* N; et sic in sqq. — *periit* L
N. — *pro libidine* L N. — 18 *seu quod* L N. — 20 *vagetur) versetur*
N. — 21 Myth. I, 36. — 22 *excepto talo* L N. — 23 *qua tentus est)*
om. L N. — *ut)* om. L N. — 24 *accipere* L N. — *simul. Apoll.*
N. — 25 *jure) mire* M. — 26 Ae. 6, 57 ibiq. Serv. — *direxit scil.*
L; *direxi* N. — *quasi)* om. L N. — 28 *idea)* om. N. — *adulterio*

N. — 29 *enim) autem* L N. — *arcum tenente* L. — 30 *direxit* N. — *Par. idem* L N. — *hic) hoc* N. — 31 *adeo)* om. L N. — 32 *Troj. in* L N. — *etiam ips.* N. — 33 *superarit* N. — *in eum iratus* L N. — 34 *ablatis* L N. — Serv. ad Ae, 5, 370, myth. II, 197 fin.

25. *prothei* L N. — 36 *nisi)* om. L N. — *illigatus* N. — *non claret resp.* N; *non* om. L. — 37 Serv. ad Ge. 4, 400. — *philosophicam* L. — 38 *hab.) esse* L N. — *homo, inq.* L. — 39 *libid. in se* N. — *odium et dolum* L N. — 40 *quae est vicina* L N. — 41 *vires suas* N. — 42 *protheum* L. — 43 *tunc)* om. N. — 44 *fuerat* L. — *cup. in eo* L N. — *id est silv.* N. — 45 *animi mobilis* L. — *consimilis mobilitati aq.* L N. — *Nam et)* om. L N. — 4 *quam de eo . . . georgicorum* L N, ut constanter exhibet cod. Fuldensis Servil. Ge. 4, 392. — p. 243, 1 *vates omn.* N. — 2 *futura trah.* M N. — 3 *tantum)* om. N; *tamen* L. — *enim) eum* N. — 4 *dicendus est)* om. N; *dicend. e. suscep. div.* L. — *etiam)* om. L N. — 5 *vincla* N. — *subjunctum* L N. — 7 Horat. C. 1, 13, 10. Vid. Serv. ad Ae. 3, 2. Ge. 4, 394. — 9 *quendam in d. h. vener. quandam* L N. — 14 *etiam) ad* N, qui om. *esse.* — *dic.) volunt* L. — *quam* L. — 15 *scil.* N. — *potuerunt* N. — *evertere* L N. — *Protheum* L N. — 16 *deos fere* L. — *quod alb. fer. eor. cap. aquar. sp.* L N. —

12. Bacchus.

1. *Bacchum* L N. — *quoque)* om. L N. — *numen vini* L. — *prae. vit.* N. — 20 *filium dicunt* L N. — *assignantur* L N. — 21 *quod* L N. — *ebrii) sibi* L N. — 22 *videantur* L N; *post vinum* addit L. — *et)* om. L N. — 23 *ut alii dic. missis quod* etc. L N. — 25 *feminas . . . dicunt* L N. — 27 *quod sacr.* L N. — *purg.) liberationem* N. — 28 *superius* L N. — *diximus)* om. N. — 29 *Ibique* L N. Virg. Ge. 2, 389. — 30 *ex) et* N. — 31 *et) etiam* L N. — *ei id est) et* L N. — *Cereale) areale* Serv. ad Ge. 1, 162, myth. II, 92. — *dicata sunt ei, quod* L N. — 32 *vannus* L. — *sic etiam* L N. — *ej. ministeriis* L. — 33 *etiam vann.* L. — Ge. 1, 166 Ibiq. Serv. — *app.) vocat* L. — 34 *eundem esse pler. deum asserunt* L N. — *Unde) Bene etiam* L N. — 35 *auspiciorum* N; *auspicia* L. — 36 *c. o. ascriberentur illi* etc. L N. — *civibus) cuilibet* L N. — 37 *stipendiatae* L. — 38 *erant)* om. N. — Serv. ad Ae. 3, 20. 4, 58. — 40 *Liberi)* om. L. — 43 *ab)* om. L.

2. *et leneus vel lineus* L N. — *lenor* L; *linor* N. — 45 *lacu* L N. — p. 244, 1 Serv. ad Ge. 2, 4. Ae. 4, 207. — *quod) quia* L. — *primam)* om. N. — *asserit) ait* N. *ideo dicit quia secundum gr. nom.* etc. L N. — 2 *excipiat ety.* N. — 3 *de eo)* om. L M N. — *supr. diximus et alii* L N. — 5 *fit) sit* N. — 6 *al. consecratum est eo* etc. N; *al. vocatum est eo* etc. L. — 7 *alios et alios* N. — *a)* om. N. — *Vestae* N. — *limen)* om. L N. — 8 *ut)* om. N. — *vol. ulii* N; *illi vol.* L. — *dictum esse* L N. — Serv. ad Ae. 6, 273. 2, 469. — 11 *Utri) Cui* N. — 12 *legib. contr.* N. — 13 *gen. nom. sit* L N. — 14 *semper)* om. L N. — *pater)* om. L N. — *vocatur bachus* L N. — 16 *deum quisq.* N. — 18 Ae. 11, 785 ibiq. Serv. — *custos sancti* N. — 20 Ae. 1, 665 ibiq. Serv. — 21 *hujusmodi aliorumque* M. — *deorum)* om. L N. — 22 *de quib. auth. non legi script.)* om. M. — *auctenticam* L; *nec ipsa memoranda judicavi* insuper addit N. — 23 *adhibent, vel hiachus vel cur euchius nuncup.* L N. — 25 *item etiam Bris. appellatur* L N. — 26 *vin. prim. Liber* N; *quod* L. *p. ab uva vin.* L. — *a vite*

expr. N. — *ex ubere* L N. — *de)* a L N. — *27 is)* om. L. — **28** *eum
ferunt* L; *ferunt eum stat.* hab. L N. — *et dict.* L. — *.29 Lenei
L.* — *ejus)* ministrarum ejus L N. — *dimissa* L. — *in)* om. L N.
— *31 sq. nuncupantur* L N. — *Horat.)* Vid. supr. p. 195, 14. —
33 *et Line emineas* L N. — *carimbus* L. Versus satis obscurus. —
34 *autenticis* L N. — **35** *inventa* L N.

3. *vel)* etiam L N. — *vic. dic. jux. Fulg.* N. sc. 2, 15 p. 692.
— **37** *potat. facit* N. — *fit)* om. L N. — **38** *vel maronanum* L N;
vel me-oitanum E G. Eadem lectionis varietas est ap. Lucan. 10, 117
ubi vid. interpp. — Mareotis vini feracissima; vid. Serv. ad Ge. 2,
91 ibiq. Heyn. Str. 17, 1150, schol. ad Hor. C. 1, 37, 14. — De
vino quod *Meroë* fert vid. Coripp. ap. Muncker. — *Falernum* vinum
alienum est ab hoc loco, etsi E G id quoque agnoscunt. Legendum
haud dubie est *Sareptenum*, auctore Munckero; vid. Corrip. 3, 43,
Sidon. Carm. 17. — *lanta).* Lege *tanta.* — **39** *ut)* quo E G. —
vin.) ebriosus E G. — *totum)* om. L N; toto E G. — **41** Similiter
Pers. 3, 3. — **42** *dom. posse* N. — **43** *et apud* L N. — *ysidis mar.*
N. — *sic et* N. — **46** *tygr.* L. — p. 245, 1 *feritates* L. — **2** *Len.)*
Lyaeus M et edd. Fulg. *ligeus* L N; vid. supr. ad II, 80 fin. — **3**
dicitur) om. L N. — *His de caus.* N; *His iisdem d. c.* L. — **4** *ba-
chas eidem a bachando* N. — *ei sacrumus)* om. M N. — Serv. ad
Ecl. 6, 15. — **6** *ut ait alibi* N. — *sign.)* interpretatur N. — *uti mal-
lones* N L. — **7** μαίν.) *metu* L N. — *idem* N. — *ut)* om. N. — **8**
furor interp. L N. — *monades* N; *menades nuncupamus ministras clarii
dicimus. Nam quod a graeco mene, id est l.* etc. L. — *ei)* om. N. —
9 *id est luna menad.* N. — **10** *lunaticorum* N. — **12** *quasi insignem
visus persp.* etc. L N.

4. *pingitur* N. — **16** *jux. Fulg. quod* M. — Fulg. 2, 15 fin. —
17 *per lectum* L N. — *vel)* seu L N. — **19** *seu quod* L N. — *tegere
nesciat* M. — **20** *femore sutus* M N. — *fing.)* dicitur L. — **21** Mart.
Cap. 6 p. 224. — **22** *nisa* L M constanter. — *mons nisus Jov.* etc. L N.
— **23** *et ipse* L N. — *e)* om. L N. — *fem.)* semine L; sed N in rasura.
— μηροῦ) om. L N. — **24** *nisam esse m.* L. — **25** *in quo quoque h.*
N. — **26** *Sane autem* L N. — *dionisius* L N. — **27** *hederae)* om. L. —
28 *mer. ejus sacr. int.* L N. — **29** *quod)* om. L. — **30** *conveniunt* L. —
vel ut L N. — **31** *qui) vel quia* L N. — *insaniebant* L N. — *unde et*
L. — **32** Hor. Ep. 1, 19, 3 ibique schol. — *adscribit* L N. — *Faun.
Satyr.* L N. — **33** *vel quod s. hed. vir.* L N. — *vivunt* Serv., quem
cf. ad Ecl. 8, 12. — **35** *significant* pro *merentur* L N. — *Habet)* est
L N. Myth. I, 128. — **36** *temnens* N. — **37** *ut ait Serv.* L N. — **38**
de) a M. — *ingenii et naturae* N.

5. *una)* om. L N. — *filia catmi et Jove* L N. — **40** *perhibetur*
N. — *dign. tradi* L. — **41** *Hoc)* om. N, qui legit *Non tamen* etc. —
non) om. L. — *praetermittendum* L N. — **42** Quatuor nomina absunt a
L N. — **43.** Fulg. 2, 15, myth. I, 120. — *ebrietatum* L N. — **44** *obl.
rer.* L. — **45** *antonoe* N. — **46** *ipsam* N. — p. 246, 1 *agane* N. — **2**
ejus) om. L N. — **3** *incogn. est* N. — *praetereo)* pro eo L N. — *quod
pentei* L N. — **5** *ordiri) evehi* M. — **7** *sepelivisse* N. — **8** *Orphei)*
om. M. — **10** *intelligentes* N. — **11** *quasi)* om. M. — **12** *se)* om. L
N. — *redintegrari* N L. — *emerg. e corp.* L N; *de corp.* M. — **13**
reformans L N. — **14** *nullam)* om. N. — **15** *in sacr. fab.* L. — *ejus)*
om. M N.

13. Hercules.

1. v. 18. ab) om. L N. — enphile N; ephila t. sive iole L. —
prae amore) om. L N. — 19 quem nere etc. M. — exerc. coëg. L
N. — 20 heroicleos L N. — Myth. II, 149. — 22 alcimenam N. —
23 habuit L N. — Nec mirum. Etenim) Nimirum M. — 24 ingenium L. — vel ut N. — ex) et N. — 25 ut matre N. — 26 acli-
nena L. — gl. nasci L N. — quae) et M N. — 27 Ephile L N. —
Leg. ὀμφαλὸς, et cf. myth. II, 155. — 28 mul. in umb. N. — Unde
ostend. L N. — 29 ergo) om. L N. — etiam) om. N. — 30 dic. esse
L N. — eas L N. — 31 tractas L N. — 32 eruct.) evomentem
L N. — 33 Hercules M. — 34 quod . .. est contr. L N. — 35 quod
.. libera sit a terr. L N. — Myth. I, 66. II, 153. — 37 vendicat
M. — visu M. — 39 et) etiam L. — quod m. non simplex sed mul-
tif. e. N. — 40 aut potentior evidenter L N. — 42 Idem etiam N. —
44 ducuntur N L. — 45 Myth. I, 66. — enim) om. L N. — Cac.
inquit L. — p. 247, 5 Myth. II, 153, 19. — 6 perdidit N. — unde
et L N.

2. Antheas L; anteus N; et sic in seqq. — quoque gig. L
N. Myth. 1, 55. — fuit L. — 9 est N M. — accubabat L N. —
10 a terra eum N; eum) om. L. — 11 antheus L; et sic in seqq. —
12 anteon N; antheon L. — 13 natus dicitur, quod L N. — carne)
terra L. — 14 valentior N. — quia libido) om. L N. — 15 quanto
enim carni consenseris L N. — novicior L. — 17 ipsi) sibi L N. —
moritur L N. — et dum altius elevatur L N. — 20 Dicitur tamen
etiam ibi div. L N. — 21 fecisse N. — 22 vitiis et concup. L N. —
24 Nam et quod M. — alcestam L N. — liberavit M. — 25 fab.
hab. L N.

3. Fulg. 1, 27, myth. I, 92. — ut ajunt L N. — alcestam L
N G; alcestem E. — in) E in rasura. — conjugio E G. — 27 petit
G. — 28 sibi dispares E G. — suo curr. E G L N. — jungeret, ipse
illam in conjugio accepisset E G. — acciperet L N. — 29 Is igitur
Adm. E G. — et) atque G. — aux. petiit L N. — 30 apr. et leon.
L N. — 31 conjug. Alcestam L N. — cecidiss.) cicidiss. L. — 33 se nil
L N. — ei conferre posse L. — 34 pro eo de prop. se L N. — 36 Cerb.
abstr. M. — ad inferos) om. M. — descendisset L N. — et ips. N. —
41 alce L. — 42 dic.) interpretatur N. — 44 est) om. L. — 45 videl.)
scil. N. — Subjungat N L, qui igitur addit. — 46 id est) om. L N. —
p. 248, 1 et) om. L N. — et Herculem N. — propitiet L. — 2 virt.
et sap. N. — 3 obicit L N. — alcesta L; alcestam N. — defendendae
L. — 4 vigore) conjuge L N. — periculosa M. — tamen) om. L N. —
5 revocat) levat L N. — 6 alcestam N.

4. ut ait Serv. etc.) ut dicitur a prudentioribus, Herc. magis
m. etc. L N. — 8 induc.) videtur L N. — Serv. ad Ae. 6, 395. —
adeo vero ut L. — 9 ref. poss.) pertinent L. — 10 tamen) om. L N. —
ei tant. N. — XII anni L. — 11 Serv. ad Ae. 1, 745. — athlas L
constanter. — 12 Herculem N. — 13 videl.) om. L N. — enim) om.
L. — 15 et) om. L N. — 18 Myth. 1, 57. — 19 creosberos L N. —
i. e. vor. carnes N. — 20 Myth. I, 62. II, 163. — 21 pal. Arg. L N.
— 22 capite) om. M N. duo N; sed eadem manus superscripsit tria. —
23 dictus est N. — 30 etiam) autem N. — fractum L N. — 31 quia
ut) Quod autem N; quod ideo aj. quod etc. L, Myth. II, 165, 31. ●
Serv. ad Ge. 1, 9. — 32 exsiccaverit . . reddiderit L.

5. et) om. L. — Myth. I, 38. — 34 reg. fuerunt Afr. N. —
35 et hort. L N. — aur. er. mala L. — 38 erant pu. L. — 39 mala
N. — hoc est oves) om. M. — 40 mala dic. oves N. — inde) quin
M. — malanomes N. — 41 Fulg. Virg. Cont. p. 755. — 42 eglo L
N. — 43 hesper L N. — et ferusa L N. — latini N. — 45 mala aur.
L N. — per) om. L. — p. 249, 2 appositum M. — 3 adjecimus L N. —
eurysteum inv. fuisse reg. L N. — Myth. I, 64. — 4 generis) geni-
tor N; gratus L. — 5 varia) vana L. — 6 videl.) om. L N. —
noverc. od. L. — 8 atlantes N. — Serv. ad Ae. 8, 134. — quem
et maximum N. — 9 unde) de qua L N. — 10 archad. L constanter. — 11 Virg. Ae. 7, 207 ibiq. Serv. — 12 errorem L. — 14
hanc) idem L N. — 15 filias habuit etc. L. — 16 Serv. ad Ge. 1,
137. 225. Ae. 4, 577. — 17 est) om. M N. — splend. est L N.

6. gerion L; gereon N. Myth. I, 68. — 20 barbatae maj. et
min. ebuso L; barbarte min. et maj. ebuso N. — 21 can. hab. L. —
22 ideo) tunc L N. — 23 ad eum) om. L N. — 24 Leg. munitam. —
Karibdis L N. — 26 Unde et) et om. N. — 27 et sorbet L N. —
Myth. II, 170. — 28 tauromantinum L; taurominit. N.

7. armamentis N. — gereonis N. — 30 venisse et N. — Mythogr. I, 69. — 32 esse hab. N. — 33 ara) om. N. — 35 Serv. ad
Ae. 8, 269; — namque) om. C D. — adv. raro L N. — 37 sucipieb.)
post advenae collocant C D. — 35 nisi aberent jus hosp. C D. — 36
eo quod) om. L N; qui legunt incertum enim etc.; deinde ea narrant,
quae myth. praemisit. — 37 Quum ergo de etc. C D L. — 38 boves
ded. C D. — piramo N; sed secunda manus correxit. — et potico
L. — 41 sacra repetenda) om. N. — 43 Potitiis) impotibus L; in
patibus N. — 44 complenti N. — 45 ἀπὸ τῆς πίνας C D. — pynas
N. — 46 quod Virg.) paulo post C; post D. — p. 250, 1 sacr. H.
exeq.) om. C D. — tantum) om. D. — facit mentionem N. — 2 dicens) ut C D. — Quod autem praem. C D; quod om. L. — 3 Et)
om. C D. — hercules N. — 4 huic rei) om. C D. — non) om. L N.
— custos) om. M. — 5 pro ministra L M N. — ut) unde N. —
nam custos est ministra, ut in XI (836.) C D. — 6 summis) jam du-
dum C D; recte, nam sequitur alta sedet summis. — 8 etiam) om.
L N. — 9 Hercules M. — ingens) om. M. — ligneum vas N; sed
recentior manus superscripsit poculum. — 11 servab. N. — sign. Virg.
L N. — 12 quod) om. L N. — et sacer. ... ciphus L N. — Ae. 8,
278 ibiq. Serv. — 13 quod L N. — 14 nec lib. interer. L N. — 15
apius L N. Serv. ad Ae. 8, 179. 269. — et) om. M. — 17 cre-
tici N. — 18 introd. de Troj. L. — 19 ymnorum L. Serv. ad Ae.
8, 291.

8. eum) enim N. — 22 de hom. apothesim adept. L N. —
appellari N; sed recte superscriptum est annumerari. — 25 et) om.
L N. — Serv. ad Ae. 8, 275. — Cic. pro Mil. 21. — 26 Herc.
Sal. dat. N. Cf. Serv. ad Ae. 8, 285. — 27 ut) om. L N. Ae. 12,
118 ibiq. Serv. — 28 azoneos L N. — 29 certas caeli non habeant
(habent L) partes N. — 31 Ideoque L N. — dicitur) om. L. —
32 ajunt) om. L N. cum omn. comm. ejus est p. N. — 34 quod)
quia L N. — 35 exhibebatur N. — 36 quod hii in etc. L N. —
est) esse L N. — 37 creditum est man. L N. — 38 Serv. ad Ae. 8,
564. — fecerant N. — 39 primo in N L. — 40 libi L; liberi N. — 41
minime) om. M. — 43 et) om. L. — ipsae tamen N. — 44 conseq. L.

14. Perseus.

1. *numerant filios* L N. — p. 251, 1 *Habet autem* L N. — 2
volat. dicunt quod L N. — *reg. mult.* M. — 3 *affric.* L constanter. —
4 Myth. I, 130. — 6 *arpe* L N. — 7 *est gen.* L N. — 8 *Servius*) ad
Ae. 6, 289; *Serenus Majus; illud agnoscit* L N. — *fuere sorores* L N. —
9 *uter. oculo* N. — 11 γεωργοι *i. e.*) om. L N, *a quibus et seqq.
verborum Graecorum interpretationes absunt.* — 14 *picta) dicta* M. — 16
quod L N. — 17 *illi saepe occurrerit et obst.* N. — 18 *ablata* L N. —
19 *regna ejus nec pauca n. p. obt.* L N. — *et*) om. L N. — 21 *fugere comp. . . . in montem*) om. L N.

2. Fulg. 1, 26, myth. I, 130. — 24 *gorgon* L N. — *interpr.
terror* L N. — 25 *quod tr.* L N. — *sint* L. — 26 *et tres*) om. L N. —
i. e. terroris affectus L N. — *qui etiam* M N. — *per*) om. N. — 27
significantur M; *designatur* N. — *stennio* L N. — 28 *tantum*) jam N;
jam tantum L. — *debilitet* N. — 31 *tant. mentis* N. — 32 *enim*) om.
L N. — 33 *operantur terrorem* L N. — 34 *quod* L N hic et in versibus seqq. — 35 *versus* L N. — 36 *numquam* L N.

3. Fulg. 1, 26 fin. myth. I, 130 fin. — 43 *dicitur*) om. M. —
reperisse dicitur N. — *heroum famam post habent* collocant N; *sed* L
cognita addit, *et celeri cogitatione recollecta.* — p. 252, 1 *nat. mundi*
N. — *celeri cogit.*) om. L N. — 2 *font. Mus.* L. — *dicitur quia* L
N. — 3 *prolocuntur* N. — 5 *ut dix. initium* L N. — 7 *crescat* L N. —
et quia L N. — 9 *quia fin.* N. — 12 *ponitur gorgon* L N. — *fixa est*)
om. L N.

4. *Pegaso bellorofons thim. interf.* L N. — Myth. I, 71. — 15
Precus N. — 16 *amabat* L. — 18 *bellorofons* N. — 19 *interfecit* L N. —
precus N; *prus* L. — Fulg. 3, 1. — 20 *ancia* N constanter. — 21
quia . . . contr. quemadm. est lib. N. — 22 *praetus* L; *praecus* N. —
23 *possit adhaerere bellorophons v. cons. sap.* N. — *consultor* M. — 25
investig. laborat L N. — *a sa*) om. N L. — 26 *assentitur elong.* L
N. — *itaq.) igitur* L N. — 28 *susc.) sumat* N. — 29 *quam* N. — 31
quia) om. L. — 32 *est pege i. e. f.* N. — *autem etiam* L N. — *nomen omn. fl.* L. — 33 *hab. fig. cab.* L. — 34 *pagus* M, qui om. *dixerunt.* — *quod* L N. — 35 *consueverunt* N. — 36 *voc.) nuncupati* L N.

5. — v. 38 *videl.*) om. L N. — 39 *sq. quod . . . sint* N. — 40
id est N collocat post Fulg. (3, 1.) — 41 *nos in adel.* L N. — 42
Inde sequitur L N. — 43 sq. *in libidinem sit prompt.* N. — 45 *quod*
L N. — 46 *draco est* L N. — *actionem* L N. — p. 253, 3 *et potes hoc
quidem* L; *et potes quidem haec* N. — 5 *designat* N. — 8 Serv. ad
Ae. 6, 288. — *haec ad hist. quoque* N. — *Rev. enim* L N. — 9 *siciliae* L N. Myth. I, 72. — *hodie quoque* L N. — 10 *manent* L N. —
fiunt pasc. capris L. — 13 *apte* N. — Ovid. Met. 9, 647.

'Felici fine. felici claudere fine" N, qui deinde exiguum fabularum indicem exhibet, in cujus fine haec leguntur: "Tridens est sceptrum
trium fratrum, Jovis, Neptuni et Plutonis, et dicitur a tribus potest-
atibus eorum, quoniam quisque in se triplicem continet naturam vel
virtutem. Nam primus Jovis tridens findit, urit, afflat, et secundus
Neptuni est nabilis, subilis et potabilis; tertius Plutonis consumit
animam et carnem cum ossibus". Cod. L explicit in pagina plena,
et ultima mythographi verba fere oblitterata sunt.

15. Duodecim caeli signa.

Hoc caput unus tantum codex agnoscit, sc. Vaticanus secundus. "Quem tractatum ejusdem esse auctoris, hic sane suadet codex, sed haud scio an neget paulo incultius fortasse stili genus". MAJUS in praef. p. VI. Plura medii aevi vestigia tum ex rerum narratarum ratione tum ex Latini sermonis usu satis rudi in hoc capite deprehendisse mihi videor.

1. v. 20 *piscis* M. — De fabula seq. vid. myth. I, 23; et cf. Hyg. P. A. 2, 20, fab. 3 et 4, Eratosth. c. 19 etc., ubi interpp. de ejus varietate satis copiose exposuerunt. — 30 *excoriavit*.) De hoc verbo, cui Gr. ὑποδέρω respondet, vid. Apulej. in fr. Met. 10, 717. — 31 *insula*)! Medii aevi scriptores terras transmarinas sibi ignotas saepius insulas vocant. Vid. ad myth. I, 20. II, 134. — 33 *retro*) Hyg. P. A. 3, 19, "caput ad exortum habens conversum." — 35 Serv. ad Ae. 1, 206.

2. *Lydiae*). Lege *Libyae*, et cf. ad myth I, 148. — 41 *sign*.) Hyg. P. A. 2, 21. 3, 20. — p. 254, 1 Ovid. Met. 1, 747. — 4 *quia* etc.) Hinc Ovid. F. 5, 619:

Hoc alii signum Phariam dixere juvencam,
Quae bos ex homine est, ex bove facta dea.

Cf. Eratosth. 14 et schol. ad Germ. Ar. — 5 Serv. ad Ge. 1, 205. 217.

3. Myth. I, 78. II, 132. III, 3, 7. — 12 Myth. I, 77. Majus laudat Hyg. fab. 80. Adde P. A. 2, 22 ibiq. interpp. Eratosth. 10. — Apollinis et Herculis istud sidus esse dicit Serv. ad Ae. 11, 259, myth. I, 181 fin. — 16 *frater Pollux*). Supplevit Majus; in cod. enim hae voces oblitteratae sunt; et sic infra v. 17 *idcirco rixa*, et 19 *vitam cum fratre*, et 21 *mergitur*.

4. De Cancro diversissimam fabulam affert Hyg. P. A. 2, 23, alii. De Chirone vid. myth. I, 103, Hyg. P. A. 2, 38. — *Quum Chironis filius, nepos*). Haec verba Maji sunt, qui pauca in cod. legi non posse affirmat. Ita et infra. At nomen filii Chironis h. l. haud dubie excidit. — 26 *miserabiliter*). Ita conjecit Majus. Cod. *mirabiliter*. — 27 *Chiron sagittis cancrum percussit filiumque expedivit*). Haec iterum probabili conjectura supplevit Majus. — 30 Serv. ad Ge. 1, 218.

5. Hyg. P. A. 2, 24 Leonem inter sidera collocatum refert, quod omnium ferarum princeps esse existimetur. "Nonnulli etiam hoc amplius dicunt, quod Herculis prima fuerit haec certatio, et quod eum inermis interfecerit. De hoc et Pisandrus et complures alii scripserunt."

6. Myth. II, 61, Hyg. P. A. 2, 4 p. 428 et 2, 35 p. 488. De Virgine varias traditiones idem collegit Hyg. P. A. 2, 25, Serv. ad Ge. 1, 33. Cf. Eratosth. et schol. ad Arat.

7. Novum est quod de Libra mythogr. tradit. — Libram et Scorpium vulgo unum faciunt signum astronomi; vid. Hyg. P. A. 2, 27, Serv. ad Ge. 1, 33. — 17 *dijudicare*.) Hoc verbum, aliunde mihi ignotum, lexicis est inserendum. Caeterum supra Graeci dicti sunt pro Argivis.

8. De Chironis filio, quem *Carystum* fuisse tradit schol. ad Pind. Pyth. 4, 82, nihil refert Hyg. P. A. 2, 26, aliique hujus fabulae narratores. — 25 *deglutivit*.) Vox e Frontonis ep. 15 et Alcim. Avit. 4, 364 tantum nota. — 28 Myth. I, 32 II, 129. — 45 Serv. ad Ge. 1, 219. Ae. 1, 539. —

9. Longe aliam hujus signi historiam tradit Hyg. P. A. 2, 27. Eratosth. 28, alii — 5 *sagittationem*). Vox rarissima, quae in lexicis vulgo desideratur. — 7 Diversam et hujus et reliquorum signorum caelestium explicationem praebat Macrob. Stat. 1, 21 p. 330 ed. Zeun.

10. Myth. I, 104. — 10 *esset*) *erat* Majus. Verborum structura in hoc capite saepius vix Latina est. — 13 *submersit*). Quis praeter mythographum nostrum hoc tradiderit nescio. Idem de Plutone in fovea suffocato nova tradit. — 22 *Pan* dicitur ab Eratosth. 27, et Hyg. P. A. 2, 28 fin. Alii aliter.

11. Aquarium Hegesianax *Deucalionem* esse dicit; "Eubulus autem Cecropem demonstrat esse, antiquitatem generis commemorans et ostendens, antequam vinum traditum sit hominibus, aqua in sacrificiis deorum usos esse; et ante Cecropem regnasse quam vinum sit inventum." Hyg. P. A. 2, 29 fin.

12. Hyg. P. A. 2, 30. 3, 29. Ovid. F. 2, 458 sqq., Eratosth. 41. — 39 Venerem cum filio in Euphratem se projecisse, et ibi figuram piscium forma mutasse tradit Diogenetes ap. Hyg., qui hinc factum esse dicit. ut Syri, qui his locis sint proximi, a piscibus edendis abstineant.

OBSERVATIONES
IN MYTHOGRAPHUM PRIMUM.

1. Prometheus.

Promethei fabula, quae ingenii humani providentiam designat, sicuti reliqua Iapeti Titanica progenies naturae humanae tolerantiam (Atlas ab *à* intensivo et *τλῆμι*), temeritatem (Epimetheus) et mortalitatem (Menoetius i. e. *ὃν μένει οἶτος*), quibus bonis atque malis summa hominis audacia in suam ipsius perniciem usa est, optime repraesentat, ad antiquissima Graeciae tempora haud dubie referenda est. Homerus Promethei quidem nomen non memorat; Iapetum tamen affert una cum Saturno in Tartaro latentem (Il. 8, 479) et callidum Atlantem caeli pondus humeris sustinentem (Od. 1, 52. 7, 244). At Hesiodus geminam de Prometheo traditionem exhibet, alteram simpliciorem et haud dubie vetustiorem (*Ἔργ.* 42-205), alteram magis excultam, quae serioris videtur aetatis esse (Th. 506-616). Illa de igne tantum e caelo subrepto atque de Pandora in hominum perniciem a diis terris immissam agit; haec omnem insuper Promethei stirpem persequitur, et ipsius Promethei, qui nimio mortalium adjuvandorum studio flagrabat, fraudem contra Jovem inter sacrificia commissam memorat, poenas denique, quas ideo catenis alligatus luat, et aquilae, jecinora ejus lacerantis, caedem ab Hercule confectam exponit. Post Hesiodum hanc fabulam nobilissimam, quae inter splendidissima Graeci ingenii monumenta admiramur, tragici in primis poetae ad partes vocarunt, ut Aeschylus in celeberrima illa trilogia, de qua explicanda Welcker nuper optime meruit. Sophoclis quoque Prometheus olim extabat secundum schol. ad Pind. Pyth. 5, 35 (fr. Soph. p. 77 Schn.); nisi cum Boeckhio (Trag. Pr. p. 121) id potius ad Aeschylum referri malis (Prom. 85); in ejus *Κόλχοις* certe fabula narrata erat (argum. Aesch. Prom. cf. Athen. 13. 602 e) et fortasse etiam in ejus *Pandora* (Athen. 11. 476 c.). Deinde Epicharmi comoedia *Πύῤῥα ἢ Προμηθεύς* (Ath. 3. 86 a. 10. 424 d. Poll. on. 10, 82. Etym. M. v. *στατήρ*, schol. ad Pind. Ol. 9, 9. Fr. Aesch. p. 123 Schütz.) huc pertinet, ut alia praetermittam.

Hujus mythi antiquissima sedes Peloponnesus esse videtur secundum Hesiodum (Th. 536), qui Meconae i. e. Sicyone (Str. 8. 382 d = 587 a. Steph. B. v. *Σικυών*, schol. ad Pind. Nem. 9, 123, ad Aesch. Pr. 1022, ad Il. 15, 18.) deos et homines, quorum causam agit Prometheus, inter se de sacrificiis contendisse refert, vel ubi dii mundi officia inter se distribuisse dicuntur (schol. ad Il. 15, 21 p. 410 b, 12 Bekk.), cujus rei mentionem Pindarus facit Ol. 7, 101 (55), et Plato Crit. p. 109 b. Hinc Callimachus (fr. 195 p. 513 Ern.) Meconam deorum immortalium domicilium vocat; atque ibi Aegialus *αὐτόχθων* primus natus esse narratur (Paus. 2, 5, 5). Itaque non satis caute egisse videntur, qui hujus mythi

originem Caucaso vindicare student (Creuzer Symb. 2, 295.), qui monis
ne supplicii quidem de Prometheo sumpti sedes ab antiquissimis scriptoribus designatur; nam Hesiodus Prometheum columnae alligatum dicit,
non adjecta loci mentione (Th. 522), quem Aeschylus in Prometheo *soluto* Caucasum fuisse dixerat, in Prometheo *vincto* autem extremam Scythiae partem versus mare Scythicum sitam statuit, ejusque scholiasta in
fabulae argumento Caucasum fuisse contendit, etsi idem ad v. 1 prudenter
addat: Ἰστέον δὲ ὅτι ἐν τῷ Καυκάσῳ οὐ φασὶ δέδεσθαι τὸν Προμηθέα,
ἀλλὰ πρὸς τοῖς Εὐρωπαίοις τέρμασι τοῦ Ὠκεανοῦ, ὡς ὑπὸ τῶν πρὸς τὴν
Ἰὼ λεγομένων ἐστὶ συμβαλεῖν. Primus qui Caucasi nomen memorat, Pherecydes fuisse videtur (schol. Ap. Rh. 2, 1210 fr. p. 150 Sturz.). Postea
in hac re nihil frequentibus est Caucasi mentione, ut apud Eratosthenem
(schol. ad Ap. Rh. 2, 1247), Duridem (sch. Ap. Rh. 2, 1249), Apollodorum (1, 7, 1), Apollonium Rh. (2, 1247) Ciceronem (Tus. Q. 5, 3),
Hyginum (fab. 54 et 144. P. A. 2, 15 p. 456 sq. Stav.), alios; quem
Caucasum una cum Promethei supplicio describit Cleanthes in ᾗ Θεομαχίας
ap. Plut. de fluv. p. 1151 a. Caucasum Indiae montem plurimos statuisse
refert Philostratus vit. Ap. 2, 3 ibiq. Olear.

De primis hominibus a Prometheo factis serioris aetatis fabula est,
nec ab Hesiodo, ut perperam statuit Ovidii scholiasta ad Met. I, 34 apud
Burmannum (cf. Muncker ad Lact. narr. fabb. 1, 1 p. 788 Stav.), nec
ab Aeschylo tradita, qui ignis tantum beneficium, quo Prometheus vitae
humanae cultum insigniter auxerit, memorant. Primus, qui a Prometheo
et hominum et animalium originem repetit, Philemon est (ap. Stob. flor.
2, 27 p. 79 Gaisf. fr. p. 392 ed. Meineck.), antiquiorem fortasse famam
sequutus; cujus fragmentum Euripidi olim tributum est (ut in ed. Lips.
2 p. 496 fr. 15), sed a Matthiaeo hodie merito rejectum. Afferuntur
quoque versus illi ab Huschkio de fabb. Archil. p. 3. — Hinc Callimachus (fr. 87 p. 459 Ern.) hominem vocat πηλὸν τὸν Προμηθῆος, quod
facete dictum facetius posthac exornavit Lucianus (Προμ. ἢ Καυκασ.
§ 13) et Juvenalis (14, 35); fortasse etiam Aristophanis πλάσματα πη-
λοῦ huc referenda sunt (Av. 687 s. 653.) Hinc idem Lucianus (Προμ. ἐν
λόγοις 2): καὶ αὐτοὶ δὲ Ἀθηναῖοι τοὺς χυτρέας καὶ ἱπνοποιοὺς καὶ πάντας ὅσοι
πηλουργοὶ, Προμηθέας ἀπεκαλοῦν. Sane apud seriores scriptores frequentissima est Promethei tamquam humani generis auctoris mentio (cui
ἀνθρώπων πλάσις tribuitur a Lucian. περὶ ὀρχήσ. 38, Προμ. ἢ Καυκασ.
3 et 11.), ut apud Apollod. 1, 7, 1. 2, 5, 11 § 12, Aristid. ap.
Phot. p. 420 a, 35 Bekk., Steph. B. et Etym. M. v. εἰκόνιον. Ovid.
Met. 1, 82, Hyg. P. A. 2, 15 p. 454, alios. Quin etiam apud Pa-
nopenses fama erat de lapidum reliquiis a Prometheo in formam humanam effictis (Paus. 10, 4, 3), atque ipsa Jovis stella unus de illis
hominibus esse dicebatur, quos Prometheus formaverat, quem per Mercurium inter sidera translatum Juppiter fecit immortalem (schol. Lucan. 1,
661.) Prometheum homines fingentem plura artis opera repraesentant
(Winckelm. Op. 5 p. 285, Boettig. Amalth. 1 p. 216.)

Secundum Platonem (Prot. p. 320 d) ipsi dii primos fingunt homines,
vel ut Stobaeus ex antiquis philosophis refert (Ecl. phys. 1, 52, 40
p. 949), Vulcano hoc officium tribuit deus; Prometheo autem et Epime-
theo homines recens facti excolendi traduntur. Cujus figmenti philosophicam rationem docta dissertatione persecutus est Arnoldus Ekker *de
Prometheo et generis humani ad humanitatem progressione*. Antequam
homines essent creati, Prometheus ipso Jove familiariter usus esse dicitur,
ita ut Jovis σύμβουλος habitus sit (Plat. l. l. et Ael. V. H. 12, 25 fin.).
Quin immo Aeschylus 219 Jovem Promethei consiliis in bello contra Titanas Saturnum vicisse dicit. Ac posthac quoque Prometheus Jovi auctor

est, ne Thetidem ducat (Aesch. Pr. 906 coll. 167 et 767). Deinde et
Io et Hercules ejusdem consiliis utuntur. Deucalion denique, ejus filius,
patre auctore arcam struit (Apollod. 1, 7, 2); atque ipse Juppiter caput
suum a Prometheo aperiri patitur, ut Minerva prosiliat (Apollod. 1, 3, 6),
cujus adeundae desiderio mox incenditur Prometheus (Duris Sam. ap.
schol. ad Ap. Rh. 2, 1253. cf. Creuz. Symb. 2, 653.). De ejus vaticinio
ad Herculem spectante plura olim legebantur in Aeschyli Prometheo
soluto (vid. fr. p. 129-137 Sch.). Quae omnia probant, quod vel ipsum
Promethei nomen probat, huic fabulae ethicam subesse notionem, quam
prudentiam esse nemo non videt; ideoque Prometheus ipsius Jovis (Ammonis) pater vocatur a Laurentio Lydo (de mens. 4, 49 p. 228 Roet.
cf. Toelken. Iter ad templ. Jovis Amm. p. 101. 374).

De Promethei origine nihil produnt mythographi nostri. Iapeti et
Clymenes filium tradit Servii glossa; quae sane est et vulgatissima et
antiquissima, sed non sola ejus genealogia, a Creuzero (2, 441) ad ignem
et aquam relata. Etenim Arati scholiasta (254 p. 73, 18 Bekk.) Ura-
num patrem, et Euphorion (ap. schol. ad Il. 14, 295 p. 398 b, 15 Bekk.
fr. p. 171 Mein.) Eurymedontem affert, quem Perseum esse idem testatur Euphorion (fr. 16 p. 68), a quo Argos Eurymedentis urbs dicta est;
Aeschylus vero ejus matrem Themidem sive Tellurem (18. 209. 876 et
sch. ad 347 p. 52 Schütz.) vocat, quae a serioribus, ut a Lycophrone
(1283. 1412 ibiq. schol. p. 988 et 1027, Eustath. ad Dionys. 620. 270),
Apollodoro (1, 2, 3 cf. schol. ad Ap. Rh. 1, 414), aliis, Asia fuisse perhibetur (ap. Procl. quoque ad Hes. Ἔργ. 48 p. 65 Gaisf. pro Ἀσώπης
legendum est Ἀσίας). At antiquiores scriptores Asiam Promethei uxorem
faciunt (Herod. 4, 45, cf. Creuz. Fr. hist. Gr. p. 153 sqq. Hermann.
ad Hom. hym. in Ap. 250 p. 25), vel ipsam Junonem antequam Jovi
nuberet (Euphor. l. l.).

Faculam soli applicasse fingitur Prometheus secundum myth. I et II;
at myth. III et Servius modo faculam dicunt modo *ferulam*, quam
νάρθηκα vocat Hesiodus et Apollodorus (1, 7, 1 cf. Fulgent. 2, 9 p. 679,
Hygin. f. 144. P. A. 2, 15 p. 455.); hinc ignis apud Aeschylum (109)
ναρθηκοπλήρωτος est. Schol. ad Hes. Ἔργ. 52 p. 67 Gaisf. ἔστι μὲν πυ-
ρὸς ὄντως φυλακτικὸς ἡ νάρθηξ, ἠπίαν ἔχων μαλακότητα εἴσω, καὶ τρί-
φειν τὸ πῦρ καὶ μὴ ἀποσβεννύναι δυναμένην. "Ignem asservare in ferula
Prometheus docuit". Plin. N. H. 7, 56 § 198 Sillig.

De malis ob ignis usum hominibus immissis Hesiodus Ἔργ. 100:

Ἄλλα δὲ μύρια λυγρὰ κατ᾽ ἀνθρώπους ἀλάληται,
πλείη μὲν γὰρ γαῖα κακῶν πλείη δὲ θάλασσα,
νοῦσοι δ᾽ ἀνθρώποισιν etc. — φοιτῶσιν.

Sapphonis locus est f. 130 p. 99 ed. Neue.

Apud antiquos poëtas Prometheus in Tartaro quoque versatus esse
debet (ut in exitu fabulae Aeschyleae); quod in primis patet ex Aristot.
poët. 17 p. 244 Buhle; cf. Horat. C. 2, 13, 37 et 2, 18, 35 ibiq.
interpp. Aquilam autem Promethei cor dilacerantem Pherecydes (ap.
schol. Ap. Rh. 2, 1248 fr. p. 94 St.) a Typhone et Echidna Phorci filia
procreatum esse tradit (cf. Apollod. 2, 5, 11 § 12.), quod repetit Hyginus (P. A. 2, 15 p. 456) addens: "Alii ex Terra et Tartaro; complures
Vulcani factam manibus demonstrant, animamque ei a Jove traditam dicunt."
Alii jecinora non cor Promethei memorant (ut Hyg. P. A. 2, 15 p. 454
secundum Hesiod. 523, Aesch. Pr. 1024 ibiq. schol. p. 127 Sch. et ap.
Cic. Q. Tusc. 2, 10, Apollod. 1, 7, 1. 2, 5, 11 § 12, Ap. Rh. 2,
1250, Lucian. Dial. D. 1, 1. Προμ. ἢ Καυκ. 4 et 21.), nec aquilam,

sed vulturem (Fulg. 2, 9 p. 679 sq.). Cujus rei argutam quandam proposuit interpretationem Petronius fr. p. 867 ed. Burm.

> Qui vultur jecor intimum pererrat
> Et pectus trahit intimasque fibras,
> Non est quem lepidi vocant poëtae,
> Sed cordis mala, livor atque luctus.

Similia Aristoxenus et Nicagoras protulisse dicuntur apud Fulg. l. l., qui etiam jecur conciliare studet cum corde, "quia in corde, inquit, aliquanti philosophorum dixerunt sapientiam, et jecur est quod nos cor dicimus."

v. 10 *non sine ratione fing.*) Hujus explicationis auctor Theophrastus fuisse videtur (apud schol. ad Ap. Rh. 2, 1248). Historice fabulam interpretatus est Agroetas in *rerum Scythicarum* volumine (schol. Ap. Rh. l. l.), qui Prometheum Caucasi regem fuisse contendit, et Aëtum (Aquilam) fluvium fertilissimos ejus agros (ἧπαρ) devastantem, cujus alveum Hercules in mare verterit; unde et aquilam interfecisse et Prometheum vinculis liberasse dicatur. Similia protulerat Herodorus, qui Prometheum Scytharum regem a Caucasi accolis vinctum esse dicit (schol. Ap. Rh. l. l.) propter Aëtum fluvium agros suos inundantem; ab Hercule vero liberatum postquam is regionem istam aquarum inundatione liberasset. Hanc Herodori narrationem in Aegyptum transtulit Diodorus (1, 19). Cf. Plotin. Ennead. 4 lib. 3, 14, Heraclid. Pont. Alleg. Hom. 26 p. 93 ed. Schow, et schol. ad Hes. Th. 527 p. 427 ed. Gaisf.

v. 11 *vir prudentiss.*) ἀπὸ τῆς προμηθείας explicant myth. II et III; cf. schol. ad Pind. P. 5, 35. ad Hes. Ἔργ. 47 p. 63 Gaisf. Heraclid. P. All. Hom. 26 p. 93, Phornut. 18. alii; Creuzer. Sym. 2, 799. Buttmann. Myth. 1, 55. 58. — Alludit ad hanc etymologiam Aristoph. A. 1511, alii. Προμήθεια sane haud rara vox est illo quidem sensu, ut ap. Aesch. P. 86. Suppl. 681. 175; cf. προμαθέος αἰδώς ap. Pind. O. 7, 81 (44), quod schol. explicat προβουλεύσεως (cf. Boeckh. ad h. l.), qua significatione occurrit etiam ap. Eur. Bacch. 588; cf. Soph. Ph. 557. El. 1036, 1350; Meineck. ad Euphor. p. 128; προμηθία ap. Soph. El. 990, Oed. C. 332. 1043. Eustathius vero (ad Hom. Il. p. 117, 19) nomen Promethei derivat a μῆθω i. e. μήδω, vel (p. 1436, 64) a μῶ, μήθω i. e. ζητῶ. Caeterum Promethei nomen Achilli quoque apud Lycomedem versanti tributum esse refert Ptolemaeus Hephaestio, auctore Aristonico Tarentino, ap. Phot. p. 147 a, 21 ed. Bekk. Cf. Meziriac. ad Ovid. Her. p. 232.

v. 12 *astrologiam*). Philosophiae auctorem Prometheum dicit Theophrastus l. l.; omnium artium inventorem Aeschylus 441-504. Dissentit Plato (Polit. p. 274 c), qui *artes* a Vulcano et Minerva inventas, τὴν ἔμπυρον τέχνην vero (Prot. p. 321 d.) Prometheum hisce diis clam abstulisse dicit. Procl. ad Hes. Ἔργ. 52 p. 67 Gaisf. Κλέψας ὁ Προμηθεὺς τὸ πῦρ εἰς πόλιν ἦλθεν Αἰτωλίαν, ἀφ' οὗ συνέβη τὴν πόλιν κληθῆναι Πυρηγίαν. Vid. Holsten. ad Steph. B. p. 268. Ex Argivorum traditionibus Phoroneus primus hominibus ignem attulisse traditur (Paus. 2, 19, 5); quod beneficium Mercurio tribuit hym. Hom. in Merc. 111. Caeterum Arnobius (5, 1) de Numa et Jove fabulam admodum similem narrat ei, quam de Prometheo et Jove sacrificia inter se sortientibus vulgo tradunt.

De mythogr. II, 64, cujus fundus est Hesiodus, pauca hic addere juvat. Duplex erat Promethei fraus. Prima Meconae inter sacrificia commissa est; unde Juppiter iratus ignem, *cujus usus hominibus antea notus fuerat*, abscondidit. Deinde Prometheus iterum ἐξαπάτησε Jovem ignis furto; Schol. ad Aesch. Pr. 1022, ad Pind. N. 9, 123. De sacrifi-

candi ritu illinc derivato vid. Heyn. Obss. ad Il. 15, 189. Voss. Ep.
Myth. 2, 354 - 377. Non satis accurate Hyginus secundum antiquissimam
famam rem tractat; Cf. tamen Hom. Od. 14, 427 et sch. ad Il. 1, 461
p. 36 b, 42 Bekk: ἀπὸ τῶν ὠμῶν ἱερείων ἀπαρξάμενοι ἔκοψαν μικρὸν ἀπὸ
παντὸς μέλους, καὶ ἐπέθηκαν ἐπὶ τὰ μηρία, ὡς δοκεῖν ὅλα τὰ μέλη τοῦ
ἱερείου καρποῦσθαι. διὸ ἡ διπλῆ. Hesiodus (Th. 556) ostium comburen-
dorum morem illinc repetit. Hyginus autem (p. 456) originem ludorum
solemnium in Promethei honorem Athenis celebratorum (τὰ Προμήθεια,
Xenoph. de R. Ath. 3, 4, Isae. de Apollod. her. p. 184 Reisk. Plat. de
rep. 1 p. 328 b, schol. ad Aristoph. R. 131) ab ignis furto derivat.
Quam λαμπαδηδρομίαν pluribus describit Paus. 1, 30, 2, Polemon ap.
Harpocr. v. λαμπάς, Phavorinus; Cic. ad Herenn. 4, 46 alii; vid. Boeckh.
Staatshaush. 1 p. 496, Welcker. Trilog. 121. (λαμπαδηδρομικὸς ἀγὼν est
ap. schol. ad Pind. Ol. 13, 56. τὰ λαμπαδηδρόμια in Anecd. Bekkeri
p. 228). Hunc lampadis honorem solum homines Prometheo concesserant
secundum Menandrum (ap. Lucian. Am. 43 fr. p. 193. 522 Meineck.),
et ut ipse conqueritur apud Lucianum (Προμ ἢ Καυκ. 14). Nam etsi
Prometheus ύna cum Minerva et Vulcano in Academia colebatur (Apollod.
ap. schol. ad Soph. O. C. 56, fr. p. 400 Heyn.) et παλαιὸν ejus ἵδρυμα
in Minervae templo fuisse constat, adeoque divino gaudebat honore (deus
non ab Aeschylo solum in Pr. 29. 37. 92. 119, sed etiam a Sophocle in
Oed. C. 56, et Catullo in ep. Pel. et Th. 295 vocatur; etsi confitendum
est, eum ab Horatio genti humanae accensitum esse, unde patet, antiquos
scriptores Titanicae ejus originis non semper memores fuisse); nullibi tamen proprius ejus memoratur templum. Lysimachides sane (ap. sch. ad
Soph. l. l.) Promethei et Vulcani signa in vestibulo templi Minervae
posita esse affirmat, ac Prometheum quidem sceptrum dextra gestasse;
quod sceptrum haud dubie lampas fuisse videtur, cum qua Prometheus
ab antiquis sculptoribus fictus esse dicitur, ut patet ex Eur. Ph. 1138,
Philostr. vit. Sophist. 2, 20. Huc etiam pertinet Soph. O. C. 56: ὁ
πυρφόρος θεὸς Τιτὰν Προμηθεύς.

p. 97, 4 XXX millia an.) Haec Aeschylus tradiderat secundum
Hyginum; sc. in Prometheo ignifero; vid. schol. ad Aesch. Pr. 94, qui
μυριετῆ χρόνον affert; Strab. 11 p. 505 d = 771 d mille annorum spatium.
At idem Hyg. f. 54 p. 119 et f. 144 p. 252 triginta tantum annos
scribit. Διὰ τὸ τῆς Ἀθηνᾶς ἐρασθῆναι hoc supplicio Prometheum affectum esse tradit Duris Samius ap. sch. ad Ap. Rh. 1249. —

v. 5 Hercules etc.). Ita jam Hesiodus 526, ubi cf. sch. p. 477
Gaisf.; sed eandem fabulam Aeschylus potissimum tractaverat in Prometheo soluto, cujus fragm. huc pertinentia vid. ap. Srab. 4 p. 183
a = 277 b, et Dionys. Hal. Arch. 1, 41. — Cf. Pherecyd. ap. sch.
Ap. Rh. 4, 1396 fr. p. 142 St. schol. Aesch. Pr. 1022, Hyg. f. 54
et 144, Diod. 4, 15. Phot. bibl. p. 332 a, 20 Bekk., Lucian. Προμ.
ἢ Καυκασ. 20, Serv. ad Ecl. 6, 42. Ae. 8, 300. Apud Lucianum
(D. D. 1, 2) Vulcanus Promethei vincula solvere jubetur; quae libera-
ratio in tabula Olympica depicta erat (Paus. 5, 11, 2), atque in alia
ab Evanthe facta (Achill. Tat. 3, 8).

Myth. II, 65. Nihil de Promethei vaticinio ad Jovis et Thetidis connubium spectante Hesiodus prodit; sed vid. Aesch. 906. 167. 767,
Apollod. 3, 13, 5, Lucian. Prom. vel. Cauc. 21. D. D. 1, 2, schol.
ad Il. 1, 519 p. 40 b, 24 Bekk. Quint. Sm. 5, 338, Nonn. 33, 250.
Alii hoc vaticinium Themidi tribuunt, non Prometheo, ut Pind. Isth. 8,
68 (7, 32 Boeckh.), Ap. Rh. 4, 810. Tz. ad Lyc. 178 p. 456,
Lactant. Inst. 1, 11, 9. Ovidius autem id Proteo tribuit Met. 11,

221. Vid. Meziriac. ad Ovid. Her. 1 p. 219. Cæterum Arrianus (8, 28. 5, 13.) et Philostratus (vit. Ap. 2, 3) hunc Herculem, qui Prometheum vinculis liberasse fertur, a Thebano illo diversum fuisse censent et ad Caucasum Indiae transferunt (cf. Diod. 5, 13. at Str. 11. 505 d = 771 d et 15. 688 b = 1009 a, irridet hanc opinionem), cujus accolae ob Promethei memoriam aquilis infestissimi, neque Jovem tamquam illius supplicii auctorem coluisse, sed Herculi potius sacra tulisse dicuntur (Dur. Sam. ap. Ap. Rh. 2, 1249). Nec tamen Prometheus vinculis prius solutus esse fingitur, quam Chiron mortem pro eo subierit; Apollod. 2, 5, 4 § 6. 2, 5, 11, 12, Heyn. obss. p. 147.

v. 19 *anulos* etc.) "Cui post sacramentum, quod eum numquam se soluturum juraverat, anulum de ipsis vinculis de monte Caucaso lapide dedit ad poenae praeteritae indicium." Serv. ad Ecl. 6, 42; cf. Plin. N. H. 33, 4. 37 prooem. 1, Isid. 19, 32, 1. 16, 6, 1. Coronarum quoque gerendarum morem Aeschylus (ap. Ath. 15. 674 d) repetit a Promethei vinculis (cf. Aesch. fr. p. 151 Sch.); quae opinio satis divulgata erat secundum Ath. 15. 672 f. Alium insuper morem ab aquila ab Hercule interfecta Hyginus repetit p. 458: "Homines instituerunt, ut hostiis immolatis jocinora consumerent in deorum altaribus, ut exsaturare eos pro visceribus Promethei viderentur".

2. Neptunus et Minerva.

Hoc de Athenarum nomine certamen, quod pluribus exponit Aristides (Panath. 13 T. 1 p. 169 ibiq. schol. T. 3 p. 60 ed. Dind.), Himerius (or. 2, 7 p. 380 et ap. Phot. p. 373 b, 31 ed. Bekk. cf. Geopon. 9, 1 p. 566 Nicl.), alii, et quod ipso secundo Boëdromionis die accidisse credebatur (Plut. de frat. am. p. 489 b et Symp. 9, 6 p. 741 b.), non valde antiquum est. Antiquior sane est fama de Neptuno mare in acropoli procreante (Ovid. Met. 6, 77). Illic enim ex Erechthei fani rupe, cui tridentis signum insculptum erat, aqua salsa prorumpebat, θάλασσα Ἐρίχθηις dicta; atque ibidem in Pandroso Minervae Poliados sacello sacra illa Palladis oliva cernebatur (Herod. 8, 55. Callim. ap. sch. Hom. Il. 17, 54 p. 471 a, 47 Bekk., Apollod. 3, 14, 1 Diod. 5, 73, Varro ap. Aug. C. D. 18, 9, Paus. 1, 26, 6. 1, 27, 3). Haec μορία una cum arce a Xerxe combusta, sed postero die renata visa est (Herod. l. l.) Ab hac autem sacra oliva omnes illae μορίαι, quae in Academia circa Minervae Μορίας templum haud procul a Jovis Μορίου καί Καταιβάτου fano cernebantur, derivatae sunt (Ar. Nub. 992 ibiq. sch. p. 131 Bekk., Ister fr. p. 60, Apollod. f. p. 401 Heyn. Paus. 1, 20, 2, Suid. et. Phavor. v. μορίαι). Quae quia 'επάρατοι ac inviolabiles habebantur (Meurs. Att. Lectt. 4, 6), Lacedaemonii quum Atticam devastarent regionem, ab iis caedendis abstinuerunt (Philochor. fr. p. 57, Androt. fr. p. 119), quam rem pulchre tangit Sophocles O. C. 702 sqq. Ramis denique oleagenis ex illis μορίαις decerptis ludorum Panathenaicorum victores coronabantur, ut Aristoteles tradit ap. schol. ad Soph. O. C. 701.

Fabula de Neptuno equorum auctore ignota est Homero, quippe qui equos Neptuno sacros tantum dicat (Il. 23, 584). Potest sane Arion Adrasti equus, ὃς ἐκ θεόφιν γένος ἦεν (Il. 23, 347) ad Neptunum referri, ut factum est a sch. p. 613 b, 17 Bekk. secundum poëtas cyclicos, in primis secundum Thebaidis auctorem, qui Arionem vocabat κυανοχαίτην, (unde Arcades Neptunum Ἱππειον colebant hoc quidem sensu), quem Antimachus Telluris filium dixisse perhibetur (Paus. 8, 25, 5). At haec

fabula ad Thessaliam pertinet, ubi primus equus a Neptuno creatus est
(Lucan. 6, 393, sch. ad Pind. P. 4, 246, Philostr. Im. 2, 14, Prob. ad
Ge. 1, 12, sch. ad Stat. T. p. 120. 210). Neque tamen me fugit, Atticam quoque εὔιππον esse (Soph. O. C. 668. 711.) ex ejusdem Neptuni
beneficio, qui equos ibi primus *frenis domuisse* fertur; quam rem Pamphos
attigisse videtur in hymno apud Paus. 7, 21, 3: Ἵππων τε δωτῆρα νεῶν
τ' ἰθυκρηδίμνων, qui versus cum Soph. O. C. 711 sqq. plane congruit;
nec tamen probat, Neptunum in Attica primos equos procreasse, sed *domuisse* tantum, ut Diodorus quoque dicit (5, 69). Aelianus vero (V. H. 3,
38) Erichthonium primum in Attica equos junxisse, i. e. quadrigis vectum
esse (cf. Hyg. P. A. 2, 13 p. 446; ludos enim Panathenaicos primus
instituit) affirmat. Hinc Neptunus Ἵππιος seu Ἵππειος, de quo vid. *Boettig.
Andeut. zur Kunstmyth. des Neptun.* p. 155, et Creuzer. Symb. 2 p. 278.
598. 782.

3. Scylla.

Apollonius Rhodius (4, 829) nomen Crataeidis pro *Hecates,*epitheto
cepisse videtur, quod significat *praevalida*, *praepotens;* ita scilicet Ho-
merus (Od. 11, 597) et ingens istud Sisyphi saxum vocat. In Μεγάλαις
Ἠοίαις Scylla Phorbantis et Hecates filia dicta est (fr. Hes. 66 p. 219
Goettl.). De patre nihil Homerus. Matrem Stesichorus affert *Lamiam*
(Schol. Apoll. Rh. 4, 828 Eust. ad Od. p. 1714, 34. fr. p. 72 Kl. Virg.
Ciris 66 ibiq. interpp. de quo monstro vid. Arist. Vesp. 1035 et 1177.
P. 742 cum schol. p. 171 a et 215 b; Bekk. Acusilaus Scyllam Phorcynos
(cf. Tz. Lyc. 45 p. 340) et Hecates filiam dixerat (Schol. Apoll. Rh. 4,
828 fr. 84 p. 237. St. cf. Schol. ad Od. 12, 85. 124.), quae sane vulgaris est fama, quam praeter nostrum mythographum Eustath. quoque sequitur p. 1714, 30. ubi eorum quoque opinio laudatur, qui Scyllam *Tritonis*
filiam faciunt. Ibidem Anaxilae comici affertur τρίκρανος Σκύλλα ποντία
κύων (cf. Athen. 13, 558 a.). Typhone et Echidna parentibus eam natam
esse dicit Hygin. f. 151 p. 262 et 125 p. 222 St.

v. 3 *Glaucus*). Hunc Anthedonis filium vocat myth. II, 169. Theo-
lytus, poeta Methymnaeus, Glaucum Anthedonium *Copei* filium vocat;
Promathidas Heracleotes, et ipse poeta, eum *Polybi* (ita Schol. Ap. Rh.
1, 1310.) et *Euboeae* filium dicit; Euanthes, poeta epicus, Neptuni et
Najadis (Ath. 7. 296. b. c.). Glossae ad Virg. Ge. 1, 437 scripturae menda
offerunt *Antiodonis f.*, vel *Poliphei*, vel *Polimbae* et *Terrae* filio. Vel
sic tamen Glaucum a veteribus falso *Anthedonis* filium habitum esse censeo; quod vel inde patet, quod Anthes s. Anthus, qui avus paternus fuit
Anthedonis, ὁμωνύμον civitatis parente, a Neptuno et Alcyone prognatus
esse dicitur; quae genealogia deinde ad Glaucum translata est, a quo
posthac Carystius Glaucus genus suum derivavit (Paus. 6, 10, 1),
Paulo aliter ac myth. I, 99 fabulam de Glauco narrat Paus. 9, 22, 6.
Philostr. Im. 2, 15, sch. ad Ap. Rh. 1, 1310, ad Lyc. 754 p. 769,
Eustath. ad Il. 2 p. 369, 18, Palaeph. 28, et in primis Athen. 7 p. 296
sq. 15 p. 679 a, Str. 9, 405 b = 621 b. De hac varietate egit Voss.
Ep. Myth. 2 p. 229 - 232 ed. 2.

v. 4 *Circe*]. Alii Scyllam ab Amphitrite mutatam esse dicunt, ut
Virg. Ciris 66 sqq. Serv. ad Ecl. 6, 74. Tz. ad Lyc. 45 p. 340, et ad
650 p. 716. Consentit cum nostro Hyg. f. 199 p. 330 et Fulg. myth. 2,
12 p. 685. A Neptuno illam transformatam esse narrat Serv. ad Ae. 3,
420. — *fontem*]. Ita omnes quos modo laudavi scriptores. At Hyg. f.
199. Scyllam *in mari* lavari adsuetam fuisse tradit. v. 6 *commutato*

est]. Addit Serv: "Hanc postea Glaucus fecit deam marinam, quae classem Ulixis et socios evertisse narratur." Quae sententia recurrit ap. myth. II, 169. Hyg. autem f. 199 "ab inguinibus ejus, inquit, canes sunt nati, atque ferox facta, quae injurias suas exsequuta est: nam Ulyssem praenavigantem sociis spoliavit." Fulgentius autem 2, 12 "ab inguine, inquit, lupis canibusque marinis inserta est." Tz. ad Lyc. 650 p. 717: ἐξ μὲν κεφαλὰς ἔχον, κάμπης, κυνὸς, λέοντος, Γοργόγος, φαλαίνης καὶ ἀνθρώπου, δώδεκα δὲ πόδας. Hyg. f. 125 p. 222: "quae superiorem corporis partem muliebrem, inferiorem ab inguine *piscis* et sex canes ex se natos habebat, eaque sex socios Ulyssis nave abreptos, consumpsit." Idem f. 151 p. 262: "quae superiorem partem mulieris, inferiorem canis, et canes sex ex se natos habebat." De hujus fabulae varietate inde ab Homero vid. Voss. Ep. Myth. 1 p. 244 sqq. ed. 2. et ad Virg. Ecl. p. 332; cf. Burm. ad Val. Fl. 1, 590. Broukh. ad Tib. 3, 5, 89. Scyllam navem piraticam fuisse contendit Palaephatus cap. 21. — Interpretationem hujus fabulae etymologico — ethicam profert Fulg. 2, 12 p. 686 St. Caeterum Schol. ad Lyc. 45 p. 340 sqq. et ad 650 p. 717 Scyllam ab Hercule interemtam, deinde a Phorco patre in vitam revocatam esse tradit; cf. Eudoc. p. 377.

v. 7 *Nisi . . . filia*] Aesch. Ch. 605-12, Apollod. 3, 15, 8. Str. 8 573 b. Paus. 1, 19, 5. 2, 34, 7, schol. ad Eur. Hip. 1190 p. 505 Matth. Eust. ad Od. p. 1688, 57, Tz. ad Lyc. 650 p. 716. Hyg. fab. 198 p. 328. Ovid. Met. 8, 1 sqq. Voss. ad Virg. Ecl. p. 332 sqq. Ep. Myth. 1 p. 245 ed. 2.

4. Tereus et Procne.

Aliter rem narrat Hom. Od. 19, 519 (cf. 20, 66 sqq.) ad quem locum Eust. p. 1874, 59 sqq. vulgarem famam accurate exponit. Alludit ad hanc fabulam Hes Ἔργ. 566 dicens Πανδιονὶς χελιδών (cf. schol. p. 275 — 277. ed. Gaisf.). Aesch. Suppl. 58: Τηρεία ἄλοχος ὑηδών. Sophocles hanc Terei fabulam in scenam produxit (vid. fr. ap. Schn. p. 83 — 86.) et Philocles (schol. ad Arist. Av. 282 p. 236 b. Bekk.). Rem exponunt Thucydides 2, 29, Apollod. 3, 14, 8. Strab. 9, 423 c = 648 a. 7, 321 b = 494 c. Paus. 1, 5, 4. 1, 41, 8. 10, 4, 6. 9, 16, 4, Schol. ad Arist. Av. 212 p. 234 b Bekk., Ovid. Met. 6, 412 sqq. Tzetz. Chil. 7, 142. Hyg. f. 45. In alia discedit Boeus ap. Ant. Lib. cap. 11 p. 71 — 87 ed Verh. cf. Hellad. ap. Phot. p. 531 a 19 sqq. Conon. ap. Phot. p. 136 a 18, Bekk. Eust. ad. Od. p. 1875, 5.

v. 27 *upupam*]. Arist. Av. 15 Τηρεὺς ὁ ἔποψ. cf. ibid. 46 et 101. Sophoclem et Philoclem idem tradidisse patet e schol. ad Av. 281 p. 236 b. Bekk. deinde Conon ap. Phot. p. 136 a, 31. Apollod. 3, 15, 8 § 7. Ovid. Met. 6, 674, et omnes seriores scriptores, praeter Hyginum, qui f. 45 p. 110 Tereum in *accipitrem* mutatum esse refert; quod confirmare videtur Demetrius a Munckero ad illum locum citatus.

v. 7 *phasianum*] φάσσαν i. e. *palumbam*; Arist. Av. 303. Ach. 1069. 1071. Bekk. Ath. 9. 394 a. d, Alexander Myndius ap. schol. ad Theocr. 5, 96 p. 891 Kiessl. Luc. judic. voc. § 8. Tz. ad Lyc. 358 p. 561 Eust. ad Od. p. 1712, 42. 44. At Lact. narr. fabb. 6, 7 p. 832 *phasidnum* i. e. *Phasidis avem* memorant (vid. schol. ad Arist. Nub 110). Diversam originem huic avi assignat Longus Past. 1 p. 22 Villois.

v. 28 *hirundinem*] Anacreon 12, 6 et Aesch. Suppl. 58. Soph. El. 107 et Eurip. Rh. 550. (cf. Gorg. ap. Plut. Symp. 8, 7, 2 p. 727 e, Eust. ad Od. p. 1875, 12) *Philomelam* in hirundinem mutatam esse referunt. Ita Aristophanes quoque Av. 212 (iblq. sch. p. 234 b. Bek.) censet; cf. Apollod. 3, 15, 8 § 7, et Conon. ap. Phot. p. 136 a, 29. Bek. Ovid. 6, 670: *Neque adhuc de pectore caedis effluxere notae, signataque sanguine pluma est*, quae verba ad Procnen in hirundinem versam referenda sunt; vid. Meurs. de Regn. Ath. 2, 5.

5. Cyclops et Acis.

Polyphemi et Galateae amores a Siculis in primis poëtis celebrati sunt, ut ab Alexide (Ath. 7, 314 d. 12, 544 e. f.), a Philoxeno (Ath. 1 p. 6 e et 7 a, cf. 13 p. 564 e. Eust. ad Od. p. 1558, 16, schol. ad Theocrit. 11, 1 p. 941 Kiessl., Plut. Symp. 1, 5 p. 622 c.), a Theocrito C. 11, aliis.

Alludit ad illos amores Callimachus (epigr. 49), Moschus (15, 3), Virgilius (Ecl. 9, 39), alii. Scripsit de hac fabula *Feder: Amor Polyphemi ex Theocrito, Ovidio et Metastasio* (Erl. 1765.)

Caeterum Acis antiquus Siciliae rex fuisse dicitur, ut ex inscriptionibus elicere studuerunt viri docti.

6. Silvanus et Cyparissus.

Silvanus ad antiquos Italorum deos agrestes pertinet, qui ex parte Graecorum Pana repraesentat. De ejus origine Probus ad Ge. 1, 20 haec habet: "Silvanum quidam sic ortum ferunt. Cratis pastor in *Italia* quum juxta flumen aliquod pasceret capellas et unam earum incurrere soleret, hoc est, libidine sua in eam saeviret, et obdormisset in ripa sedens, somnique pondere caput quasi dejectum subinde nutaret, caper, qui eam capellam soleret salire, impetu in eum facto, cerebroque cum cornibus discusso, abjecit eum in flumen, quod in facti memoriam *Cratis* est appellatum. Quum autem ex capella puer esset natus, cujus pars inferior erat caprina, eumque dominus educaret, augeretque ea re familiaritatem, ut animadvertit adultae esse aetatis, educator timens ne feritas ejus noceret suis, clam eum tollit in silvam et ibi destituit. Quem quia in silva primum agrestes conspexere, ut deum venerati Silvanum appellarunt." Serv. ad Ge. 1, 20: "Quidam Silvanum primum instituisse plantationes dicunt.".
Ipse Virgilius hujus dei cultum a Pelasgis repetit Ae. 8, 600:

> Silvano fama est veteres sacrasse Pelasgos,
> Arvorum pecorisque deo, lucumque diemque,
> Qui primi finis aliquando habuere Latinos.

Ad quem locum Servius: "publica ceremoniarum opinio hoc habet, pecorum et agrorum deum esse Silvanum. Prudentiores tamen dicunt, esse eum ὑλικὸν θεὸν h. e. deum τῆς ὕλης. Ὕλη autem est *faex* omnium elementorum, i. e. ignis sordidior et aër, item aqua et terra sordidiora, unde cuncta procreantur; quam ὕλην Latini *materiam* appellarunt; nec incongrue, quum materiae silvarum sint. Ergo quod Graeci *a tota*, hoc Latini *a parte* dixerunt". Intelligit Graecorum *Pana*, qui a serioribus pro *anima mundi* (τὸ πᾶν) habitus est. Silvanus senex exhibetur in antiquis monumentis. *Silvani*, ut *Panes*, occurrunt ap. Ovid. Met. 1, 193 et alibi.

Caeterum Cyparissum ab *Apolline*, non a Silvano dilectum fuisse refert Ovid. Met. 10, 107, atque inde Serv. ad Ae. 3, 64 et 680, qui ad-

dit: "vel ut alii, a Silvano". Atqui quum Ovidius tum alii cervum illum
ab ipso Cyparisso interfectum esse dicunt. Quem Cyparissum Ceae gentis
fuisse tradit Ovidius (Met. 10, 120), *Telephi* filium (Serv. ad Ae. 3, 680),
vel *Amyclei* ex insula Cea (Lact. narr. ff. 10, 3 p. 857 St.). Servius addit: "Alii hunc Cyparissum Cretensem puerum pulcherrimum et castissi-
mum fuisse, quem quidam ab Apolline, nonnulli a Zephyro amatum volunt. Qui quum castitatem suam incorruptam tenere cuperet, relicta
Creta ad Orontem fluvium et montem Cassum (Casium) dicitur pervenisse
atque in cupressum arborem commutatus; quae arbor ideo mortuis consecratur, quod caesa semel nescit renasci" (Accuratius hanc arborem describit
idem Serv. ad Ae. 3, 64, et Geopon. 11, 5). Hinc quidam Silvanum
deum funebrem putant (Serv. ad Ge. 1, 20), quippe qui cupressum manu
tenere fingitur. Virg. Ge. 1, 20:

> *Et teneram ab radice ferens, Silvane, cupressum.*

At idem Ecl. 10, 24: *Venit et agresti capitis Silvanus honore,*
> *Florentis ferulas et grandia lilia quassans.*

7. Ceres et Proserpina.

Celeberrima haecce fabula etsi ab Homero disertis verbis non memo-
rata, ab Hesiodo tamen (Th. 912) adumbratur, atque in Hymno Homerico
et accuratissime et pulcherrime describitur. Ejus varietates enarratas reperies apud Welckerum (Zeitschr. für Geschichte der alten Kunst 1, 1
p. 1 — 95, cf. Creuzer. Symb. 4, 169 — 198, et interpretes hymni
Homerici). Pamphos, qui antiquissimos Atheniensibus hymnos composuit,
raptum Proserpinae carmine celebraverat (Paus. 1, 39, 1. 8, 37, 9. 9, 31,
8). Vulgarem Atticorum famam narrat Apollodorus (1, 5, 1 sqq.), quem
imitatus est Zenobius (1, 7. Cf. Diod. 5, 4). Plures regiones illius
raptus honorem sibi vindicare studebant, inter quas Sicilia principem obtinet locum; cujus rei diversissimas traditiones VV. DD. jam illustrare
conati sunt, in primis Spanhemius ad Callimachi hymnum in Cererem; Cf.
Heyn. ad Apollod. Obss. p. 24 sqq. —

v. 6 *grana*]. Hym. Hom. in Cer. 372 de Plutone: αὐτὰρ ὅγ᾽ αὐτὸς
ῥοιῆς κόκκον ἔδωκε φαγεῖν μελιηδέα λάθρη. —

v. 11 *Luna*]. Luna a serioribus philosophis Proserpina vocatur.
Plut. de fac. in orb. Lun. 27 p. 942 d: ἥ δ᾽ (sc. Κόρη) ἐν σελήνῃ καὶ
τῶν περὶ σελήνην. Κόρη τε καὶ Περσεφόνη κέκληται, τὸ μὲν, ὡς φωσφόρος
οὖσα, Κόρη δὲ ὅτι etc. Lact. ad St. Theb. 8, 63 p. 277 de versu Ovid. M.
5, 567: *Cum matre est totidem, totidem cum conjuge menses* agens, "per
lunam fieri, *inquit*, manifestum est, quae a veteribus Proserpina nominatur." (Creuzer. 4, 220 sqq.). Antiquiores poetae Jovem dicunt rem ita
composuisse, ut Proserpinam *tertiam* cujusque anni partem cum Plutone,
duas reliquas in coelo esse diceret (Hym. in Cer. 447; cf. Apollod. 1, 5,
3). Quae sane res non potest ad Lunam referri. Ergo bene schol. ad
Hes. Th. 913 p. 442 Gaisf: τοῦτο περὶ τῆς σήψεως τῶν σπερμάτων λέγει,
ὅτι ἐὰν οὐ κάτω ἀποθάνῃ, ἄνω οὐ ζωογονεῖται. Atque de raptu dicit:
τοῦτο δὲ λέγει, ἐπεὶ οὐχ ἑκοῦσα ἡ γῆ δέχεται τὰ σπέρματα, quam rem
pluribus etiam persequitur alius schol. p. 491 et Theo ad Arat. 150 p. 65,
14 Bek. cf. August. de C. D. 7, 10. Historicam huic fabulae adhibet
interpretationem Perizon. ad Aelian. V. H. 4, 5, alii. Cum nostro myth.
facit Hygin. f. 146 p. 256.

8. Celeus et Triptolemus.

De Celeo Triptolemi patre vid. Hym. Hom. in Cer. 96, ibiq. interpp
Apollod. 1, 5, 1 § 4. Paus. 1, 39, 1; cf. 1, 14; 2. 2, 14. 3. 1, 38, 3

Haec et antiquissima et vulgatissima fama fuisse videtur. Sed jam Panyasis, *Eleusinem* Triptolemi patrem vocat, et Pherecydes (fr. 36 p. 165) Triptolemum ab Oceano et Terra procreatum esse refert (vid. Apollod. 1, 5, 2.), quae genealogia reperta etiam est in Musaei carminibus apud Paus. 1, 14, 3. *Eleusinem* heroem, a quo urbs nomen traxerit, memorat Paus. 1, 38, 7, qui ejus originem a Mercurio et Daira Oceani filia derivat, atque alios eum pro Ogygi filio habuisse tradit. Romani scriptores *Eleusinum* Triptolemi patrem vocant, ut Hyg. f. 147 p. 257. et 275 p. 393. Serv. ad Ge. 1, 19 et Lact. ad Stat. Th. 12, 628 p. 422, ubi *Eleusini* corrigendum est pro *Eleusi.* (*Eleusinum* recte legitur p. 63); cf. Harpocr. et Etym. M. v. Ἐλευσίς. Caeterum et *Celei* et *Eleusinis* nomen saepe corruptum apparet, e. c. ap. Serv. ad Ge. 1, 19 *Cephalum* habemus et *Icarum*; ap. Lact. 63 *Cepheum* et p. 257 *Teleum*. Hymnus Homericus Celei filium a Cerere nutritum *Demophontem* vocat; Triptolemus vero secundum hunc hymnum est unus e principibus, qui una cum Diocla, Polyxeno, Eumolpo et Dolicho rebus Eleusiniis praeerat. Iisdem Ceres posthac mysteria tradit, quae Eleusine instituunt. In Orphicis carminibus Triptolemi pater Dysaules audit (Lobeck. Agl. p. 206 et 238); apud Choerilum est *Pharus* (Naeke p. 115). Caeterum nullam matris facit mentionem myth. noster. Metanira est in hym. Hom. 212: apud Pausaniam, Apollodorum, alios Polymnia quoque occurrit et Neaera et Hionia; vid. interpp. ad. Hygin. p. 257. ed. Staveren. Triptolemi autem nomen cum initiis agriculturae apud Athenienses arctissime conjunctum est. Serpentes, in quas ejus corpus exire fingitur, ad nihil aliud nisi ad agrorum culturam alludunt, quam is primus antiquissimos Atticae incolas docuit. Hinc ipsa etiam Ceres alatis serpentibus vehi dicitur.

9. Ceyx et Alcyone.

Ceycis illustrissimum est antiquitatis nomen, quod Hesiodus non in Sc. Herc. tantum laudat (354. 472. 476, ubi cf. schol. p. 531 et 534 Gaisf.), sed in peculiari, etiam carmine (Κήϋκος γάμος) celebraverat (Athen. 2 p. 49 b). Is secundum schol. Soph. Tr. 40 Amphitryonis erat filius; qui error ex quanam confusione ortus sit, non liquet. Matrem Philonidem affert Hyg. 65. Trachinis, ubi Thraces olim consederant (Burm. cod. Serv. ad Ge. 1, 399), fuisse dicitur rex, qui Herculem hospitio suscepit (Apollod. 2, 7, 6 § 4. 2, 7, 7 § 2. Paus. 1, 32, 6. Athen. 5 p. 178 b. Tz. ad Lyc. 50 p. 346, Chil. 2, 455 Eudoc. p. 209. Phavor. v. Ἡρακλῆς) et posthac Heraclidas (Apollod. 2, 8, 1). —

Deinde Alcyone apud Homerum (Il. 9, 562) cognomen est Cleopatrae, uxoris Meleagri, οὕνεκ᾽ ἄρ᾽ αὐτῆς μήτηρ, Ἀλκυόνος πολυπενθέος οἶτον ἔχουσα, κλαῖ᾽ ὅτε μιν ἑκάεργος Φοῖβος Ἀπόλλων etc., ad quem locum schol. p. 267 b, 13 Bekk. et Eustath. p. 776, 19 Ceycis et Alcyones transformationem in aves narrant, sed aliter. Secundum Apollod. 1, 7, 3 § 4 Alcyones mater est *Enarate*, Deimachi filia; vel *Canoce* secundum schol. Theocr. 7, 57 p. 912 Kiessl., vel *Aegiale* secundum Hyg. l. l. Ejus autem pater fuit Aeolus, Lucian. Ἀλκ. ἢ περὶ μετ. § 1. De Alcyones mutatione cf. Apollod. 1, 7, 4. schol. ad Arist. Av. 250 p. 235 b Bekk. Clem. Alex. protrept. p. 47 f. Sylb. Pausan. ap. Eustath. p. 776, 36, Hegesand. ap. Arsen. Viol. p. 40, Eudoc. p. 63. Mythographus noster Ovid. secutus esse videtur (Met. 11, 410).

Alcyonem seu alcedinem poëtae plerumque amoris perpetui et conjugii honestissimi exemplum proponunt; quam imaginem pulcherrime adumbrat Plut. de sol. anim. 35 p. 983. Est alcedo ispida Linaei, quam describit

Aristot. H. A. 9, 15 p. 432 Schn. et Plin. N. H. 10, 32 § 89 ibiq.
Cuvier T. 7 p. 402. Plerique autem scriptores Alcyonem tantum in avem
sui nominis versam esse tradunt, ut Eurip. Iph. T. 1098, Senec. Ag. 678,
alii; Ceycem vero in larum quendam vel mergum, sc. κήϋκα, qui ab Homero κῆξ vocatur (Apollod. 1, 7, 4 et schol. ad Il. p. 267 b, 17 Bekk.)
vel κηρύλος (schol. ad Aristoph. Av. 250 p. 235 b), quem Antigon.
Caryst. 27 p. 49 Bekm. et Suid. v. alcedinis marem vocant; cf. Hesych.
v. κηρύλος, schol. Theocr. p. 912 Kiessl. Pausan. in lex. ap. Eustath.
p. 776, 39 et schol. ad Lyc. 750 p. 768. — Aelianus sane (N. A. 7,
17 p. 232 Schn. cf. 5, 48 p. 169) distinguit inter utramque avem, etsi
dicat κηρύλος καὶ ἀλκυὼν ὁμώνομα καὶ συμβιοί. Hinc Mosch. 3, 40: Ἀλκυόνος δ᾽ οὐ τόσσον ἐπ᾽ ἄλγεσιν ἴαχε Κῆϋξ, οὐδὲ τόσον γλαυκοῖς ἐνὶ κύμασι
κηρύλος ᾖδεν etc. Duas alcedinum species recenset Aristot. H. A. 8, 5,
7 p. 358; alcyones et ceyces junctim memorat Plin. N. H. 32, 8 (27).

Alcedinum faustissimus nautis erat volatus. Hinc imagines derivatae
sunt poëtarum, ut Stesichori (ap. Aristot. H. A. 5, 8, 2 p. 191 fr. p.
118 ed. Kl.), Alcmanis (ap. sch. Arist. Av. 250 p. 235 b Bekk. f. 12
p. 29 Welck.), Pindari (fr. paean. 34 p. 573 Boeckh.), Apollonii Rhodii
(1, 1086, cf. Philostr. Im. 2, 15 p. 833), aliorum.

De alcedinum autem nidis, quos media hieme in mari fieri tradunt,
multae fabulae extant apud antiquos scriptores. Ridicule profecto sch.
Arist. R. 1003 p. 400 b. Bekk. has aves ova sua in profundum mare de-
mittere atque insuper natantes calefacere dicit; deinde autem addit, eas in
arenam ova ponere; quod verius effertur παρὰ τοῖς αἰγιαλοῖς a schol. ad
Ap. Rh. 1, 1086, ad Theocr. 7, 57, ad Hom. p. 267 b, 18 Bekk.
Ipsum etiam nomen ἀλκυὼν derivarunt παρὰ τὸ ἐν ἁλὶ κύειν (Etym. M.
p. 65, 33 et 612, 2, Orion Theb. p. 13, 5, alii). Schol. autem Soph.
Tr. 104 Elmsl. τίτει ἐν ταῖς ὑφάλαις πέτραις, εἶτα, τῶν ᾠῶν ἀφανιζομένων
δακρύει. Hinc Euripides Iph. T. 1096: ὄρνις ἃ παρὰ τὰς πετρίνας πόντου
δειράδος (ἀκταία ὄρνις Ap. Rh. 1, 1087 ibiq. sch.), ἀλκυών, ἔλεγον οἶτον
ἀείδεις etc. Ergo verba Soph. Tr. 105 οἷα τιν᾽ ἄθλιον ὄρνιν etc. ad alcedinem referre malim, non ad lusciniam. Pendentibus aequore nidis de al-
cedinibus Ovid. Met. 11, 746. Foetus suos nido pavidae titubante fo-
vent Senec. Ag. 683. Ah miser alcyonum scopulis adfigar acutis Prop.
3, 5, 15.

Quos dies alcyonia mythogr. vocat, eos halcyonios dicit Varro (L.
L. 5, 13 p. 84 Sp.) et Columella (11, 2, 21 p. 510 Schn.); unde
corrigendus Sarisb. Pol. 2, 2. Apud Aristot. H. A. 5, 8, 2 p. 191 codd.
offerunt ἀλκυόνειοι, sed emendavit Schneiderus ἀλκυονίδες, ut legitur ap.
Arist. Av. 1594 ibiq. schol. p. 267 b Bekk., Lucian. Ἀλκ. § 2, schol. ad
Ap. Rh. l. l. Orion, Th. p. 13, 5, Etym. Gud. p. 36, 25, Etym. M.
p. 65, 33, Hesych. 238. Hinc dies halcionides Plin. N. H. 10, 32 § 90
cf. 14, 7. Inter varias lectiones apud Tz. ad Lyc. 750 p. 768 est ἀλ-
κυονίτιδες, et sic schol. ad Arist. Av. l. l. et ad R. 1305 p. 400 b Bekk.,
Arsen. p. 40 et Apostol. 2, 51. Numerum horum dierum Simonides (ap.
Aristot. 5, 8, 2 fr. 18 p. 365 Gaisf.) bis septem statuit; quae est vulga-
ris antiquitatis opinio (Plin. N. H. 2, 47 § 125 et 10, 32 § 90, Etym.
M. p. 65, 33, sch. Hom. Il. p. 267 b, 22, Arist. Av. 250 p. 235 Bekk.
Hesych. p. 238.), sed male intellecta a Suida v. ἀλκυονίδες ἡμέραι,
Apostol. pr. 2, 51 p. 350 Schott., Arsen. p. 40. Immo Pausanias in
lexico ap. Eustath. p. 776, 34 et Eudoc. p. 35 ex Aristotele et Simonide
quinque dies alcyonios afferunt; Philochorus (fr. p. 94), nescio unde,
novem; alii septem, ut Demagoras Samius (ap. Arsen. p. 40), gloss. ad
Virg. Ge. 1, 399, Ovid. Met. 11, 745, schol. ad Lyc. l. l., ad Arist.

Av. 1594 p. 267, Lact. ad Stat. Th. p. 318, Hyg. 65. Alios bis septem, alios quindecim statuere auctor est schol. Ap. Rh. 1, 1086.

11. Titanes et Gigantes.

Frequentissima apud veteres scriptores est confusio inter Titanes Gigantes inde ab Onomacrito (ap. Paus. 8, 37, 5 cf. 8, 29, 1 sq. 32, 36, 2. 47, 1. et 1, 25, 2.); de qua re vid. Agatharch. ap. Phot. p. 44. 38 Bekk., Dorion. ap. Athen. 3 p. 78 a, Plut. de esu carn. 1, 7 p. 996 c. Heyn. Obss. ad Apollod. p. 28, Lobeck. Agl. p. 584. 426. 763. 793, Voss. Ep. myth. 2 p. 300 sqq. Titanes Homerus vocat ὑποταρταρίους (Il. 14, 279; cf. Hes. Th. 851, Paus. 7, 18, 4. 8, 37, 5.); Gigantum tamquam populi alicujus mentionem facit Od. 7, 59 et 206. 10, 120. Utramque stirpem accurate distinguit Hesiodus (Th. 185 coll. 207. 630) et Servius (Ae. 6, 580 cf. Apollod. 1, 1, 3. 1, 6, 1, sch. ad Arat. 16, p. 50, 40 Bekk. ad Ap. Rh. 2, 40, ad Lyc. 63 p. 359), qui eam a Terra procreatam dicit (γηγενῆ, terrigenam), *Titanumque* nomen derivat ἀπὸ τῆς τίσεως, i. e. ab *ultione* Terrae contra Saturnum (sic quoque Hes. Th. 209 et Etym. M. p. 760, 40). Gigantum autem fabula originem traxisse videtur a *montibus ignivomis*; quae res inde potissimum patet, quod gigantomachiae sedes vel Bathos est, vel Pallene, vel campi Phlegraei; quibus locis saxa et ignes e montibus ejiciuntur in caelum (Viscont. Mus. Pio. Clem. T. 4 p. 78 ed. Mediol.). Typhonem ignem subterraneum ex Aetna prorumpentem intelligendum esse jam suspicatus est Boeckh. ad Pind. Pyth. 1, 13 p. 228. Quod autem myth. noster de montium supra montes aggestu et congerie dicit, id proprie ad Otum et Ephialten (qui ab aliis quoque scriptoribus saepius accensentur Gigantibus) spectat (Hom. Od. 11, 304, Apollod. 1, 7, 4, Ap. Rh. 1, 481); quae autem deinceps de Typhone narrat et de deorum transformationibus in animalia, ea iterum non satis accurrate tradita sunt. Singulorum deorum transformationes in pugna contra Typhoeum describit Eratosth. Cat. 25, scho. ad Arat. 284 p. 77, 4 Bekk. Plut. Is. et Os. 72 p. 379 e, Nicand. p. Anton. Lib. 28 p. 184 sqq. Verh., schol. ad Il. 2, 783 p. 92, a, 16 et Ovid. Met. 5, 326.

CORRIGENDA
IN NOTIS AD MYTHOGR. I.

Nro. 3 v. 2 pro 424 leg. 124
— 5 inscript. pro 93. leg. 39
— 11, 6 pro *refragantem* leg. *refragrantem*
— 15 inscript. pro 21 leg. 211′
— 81 p. 30, 5 pro *Brachidarum* leg. *Branchidarum*

IN NOTIS AD MYTH. II.

Nro. 11 inscript. pro II leg. III.
— 129 inscript. pro 129 leg. 32.

Gottingae, typis Dieterichianis.

CPSIA information can be obtained at www.ICGtesting.com
Printed in the USA
BVOW001037190613

323753BV00008B/108/P